（宝鸡图片社供稿）

2002年泥塑马生肖邮票首发式暨“中国民间艺术游”（陕西）活动开幕式

在宝鸡市隆重举行

（李长纪　摄）

（封底照片摄影　赵录贤）

無限關懷 無限希望

2002年3月31日，江泽民总书记视察秦川集团，集团党委书记、董事长龙兴元向江泽民总书记汇报工作

2002年3月31日上午10时20至45分，江泽民总书记在曾庆红、于永波、王刚、曾培炎等领导人的陪同下，视察了秦川机床集团有限公司的子公司—杨凌秦川节水灌溉设备工程有限公司。江总书记在“秦川节水”公司长达25分钟的时间里，听取了公司董事长、党委书记龙兴元对节水灌溉器材和制造设备的详细介绍后，对公司节水产品表示了极大的关注。在亲切的接见、参观后，龙兴元应江总书记的要求赠送了补偿式滴头样品。陪同江总书记视察的还有省委书记李建国、省长程安东及陈宗兴、张光强等领导。杨凌秦川节水公司总经理孙宏明、副总经理吴水生、张民强等也受到了总书记的接见。

宝鸡年鉴

2002

（总第4期）

陕西省宝鸡市人民政府主办

《宝鸡年鉴》编纂委员会编

陕西人民出版社

领导视察

2001年4月全国政协副主席周铁农来
宝鸡视察，图为步入“两节一会”会场
（赵录贤　摄）

2001年4月15日，中共中央政治局委员、军委副主席、国务委员兼国防部长迟浩田在省市领导李建国、庞家钰、吴登昌陪同下，参观法门寺并题词
（宝鸡图片社供稿）

2001年9月15日，原新华社香港分社社长周南来宝鸡考察，图为参观宝鸡青铜器博物馆
（韩强娃　摄）

庆祝建党八十周年

宝鸡市隆重庆祝中国共产党成立八十周年，市党政军领导和群众同台高歌

2001年6月27日，市委书记庞家钰、副书记王俊彦等领导观看解放大西北图片展

宝鸡市各界群众在纪念建党八十周年期间，纷纷来到宝天烈士纪念馆，参观解放大西北纪念图片展，缅怀革命烈士

在“献给母亲的歌”大型文艺晚会上驻宝部队大合唱

（此页照片由李长纪　摄）

全国政协副主席周铁农为“两节一会”开幕仪式剪彩

市委书记、市人大常委会主任庞家钰致词

市委副书记、市长吴登昌主持大会

法门寺国际文化旅游节大型广场文艺展演

中国宝鸡

全国政协副主席周铁农在省、市领导陪同下参观展厅

外国友人在“两节一会”上

法门寺国际文化旅游节 太白山旅游登山节 暨招商洽谈会

太白山旅游登山节文艺演出

（宝鸡图片社供稿）

友好交往

2001年4月23日，宝鸡市与澳大利亚墨尔顿市友好交流协议签字仪式在宝鸡宾馆举行

（潘伟朝　摄）

应法国贝尔福省议会主席普鲁斯特先生邀请，宝鸡市友好代表团团长、市委书记、市人大主任庞家钰于2002年7月率团赴法国访问考察，图为贝尔福省议会主席普鲁斯特先生和庞家钰亲切握手

（宝鸡市外事办供稿）

2001年9月2日至6日，宝鸡市经贸代表团在宁夏吴忠市第十三届中国西部商品交易会上签约招商引资项目6个，资金4428万元

（市经协办供稿）

2000年9月6日，宝鸡石油钢管厂与世界500强企业——日本住友金属工业株式会社及住友商事株式会社，在北京钓鱼台国宾馆签署组建中日合资宝鸡住金石油钢管有限公司合同

（杨晓东　摄）

2001年5月17日，吴登昌市长会见来访的英国斯托克港市议员代表团一行

（潘伟朝　摄）

2001年10月11日晚，来自世界五大洲11个国家的300多名民间艺术家，为宝鸡观众奉献了一台具有民族特色和异域风情的音乐舞蹈晚会

（宝鸡图片社供稿）

新世纪辛巳年清明节炎帝故里——宝鸡各界民众祭祀炎帝典礼

中共宝鸡市委书记庞家钰，副书记刘忠良敬献花篮

宝鸡市市长吴登昌恭读祭文

各界民众登祠瞻仰炎帝塑像

此页照片由李长纪摄影，宝鸡炎帝研究会提供

2001年清明节，宝鸡市隆重举行祭祀炎帝典礼

《宝鸡年鉴》编纂委员会

宝鸡市地方志办公室

《宝鸡年鉴》编辑部

主　　编　赵忠虎　刘改荣

特约编审　王达山

副 主 编　袁玉生　区雅蓉　朱江厚　罗永石

责任编辑

袁玉生　特载　宝鸡概况　人大　人民政府　政协

区雅蓉　中共宝鸡市委　纪检·监察　工业　交通·邮政·电信　高新技术开发区　重点工商企业选介　社会生活　文件·政令·题录

朱江厚　旅游业　财政·税务　金融·保险　文化·新闻·文物　人物

罗永石　民主党派·工商联　城乡建设·环境保护　对外经济贸易　国内贸易　经济综合监督管理　重点工商企业选介

王宏伟　人民团体　县区概况　统计资料

纪天仓　军事　政法　县区概况　附录

李晓毅　大事记　农业·农村经济　教育　科学技术　卫生·体育　重点工商企业选介

编 辑 说 明

一、《宝鸡年鉴》是在市委领导下，由市政府主办，《宝鸡年鉴》编纂委员会编，市地方志办公室具体承办的大型地方综合年鉴，创刊于1999年，每年出版一本，旨在逐年记载宝鸡市社会主义现代化建设的历史进程，为了解宝鸡、研究宝鸡、建设宝鸡提供全面实用、信息密集、准确权威的地情资料。

二、《宝鸡年鉴》（2002）全面系统记载2001年全市政治、经济、社会、自然等方面的发展情况，汇集全市经济社会发展的基本资料和重要信息，反映各行各业的新成就、新经验、新事物、新问题。

三、全书除特载、文件·政令·题录、大事记、统计资料、附录外，其主体内容均按类目、分目、条目分类编排，共设34个类目、212个分目、1913个条目。条目为记载资料的基本单位，其标题均用黑体字并加【】表示。

四、本卷年鉴增设了宝鸡市“十五”期间十大工程、2001年十大民心工程、大事要闻、重点工商企业、学校、医院、名优产品选介和县区主要经济和社会发展指标一览表、宝鸡历史沿革、交通网络、旅游资源等类目和分目，并在补白页选登有关社科知识。

五、年鉴所用的资料由市级各部门、各县区人民政府130多个单位的专人撰写，并经单位负责人审核。统计资料由市统计局提供，凡全市性的数据均以市统计局的资料为准。

六、为给全市人民和来宝鸡办事、投资、旅游的客人提供工作生活咨询服务，在附录中汇集了交通、食宿、购物、娱乐、医疗、旅游、办事等方面的指南和便览资料，力求增加年鉴的实用性。

七、配合文稿内容，设置彩页专栏，汇集了各行各业具有史料、新闻和艺术价值的照片，使年鉴图文并茂，以增强鉴赏性。

八、《宝鸡年鉴》的编辑出版，得到了全市各部门、各县区和驻宝单位的大力支持，在此表示诚挚的谢意。恳请广大读者对编辑工作中的失误和纰漏给予批评指正，使《宝鸡年鉴》越办越好。

供稿单位主审

（按篇目顺序排列）

张丰龙	刘改荣	丁广恒	商宝庆	马　渠
张小平	冉宗海	李万勤	张民义	兰传林
范志哲	黄　龙	朱宝利	陶振海	邓生波
史俊生	马金路	房玉环	史德文	方向毅
周东晗	毛胜利	勇保罗	马耀斌	郑明忠
曹连魁	李玉堂	任勇夫	宋建国	富　君
田　庄	刘桂芳	田芸台	刘怀科	刘世斌
齐　桢	龚晓燕	邱宝平	许道化	雷群昆
陈宗信	雷建平	史建泉	郭宝生	白庆林
贾东明	刘义成	陈继东	齐军智	张志平
谭茂生	白　晓	王书林	常大保	赵双田
王云飞	崔　武	姚复庆	曹书明	苏智轩
马文烈	杨金善	田长才	刘拴良	宁可欣
盛平想	亢兰斌	张苏林	黎兴权	杨长林
张中利	豆成涛	冯宗善	薄团会	陈　涛
何长庚	巨百省	李维洲	孙彦卿	肖永宽
戴留成	魏崇勇	李仓岐	王矿兴	苏正东
任周勤	魏科超	雷炳毅	王江宏	宁喜祥
李　俊	汶庆舍	耿立新	白建平	关永贤
冯维明	秦永贵	曹玉军	贾兰平	朱　伟
熊宏星	郝小宁	余光雅	朱明政	刘国英
余卫国	张丛笑	蔡宏斌	张陇得	王启贤
任周方	杨治平	韩满奎	李伯侠	童效前
邹福焕	陈靖劳	王恩长	屈喜梅	杨中哲
胡亚军	沈勇飞	侯蔻绵	张宗智	何满焕
刘升周	张育仓	苏红旗	张彩变	牟林乐
姚建社	杨瑞霞	窦林吉		

目　　录

特　　载

大 事 记

宝鸡概况

中共宝鸡市委员会

宝鸡市人民政府

中国人民政治协商会议宝鸡市委员会

纪检·监察

纪律检查·监察工作

民主党派·工商联

中国国民党革命委员会宝鸡市委员会

中国民主同盟宝鸡市委员会

中国民主建国会宝鸡市委员会

人民团体

军 事

政　　法

城乡建设·环境保护

农业·农村经济

交通·邮政·电信

国内贸易

重点工商企业选介

旅　游　业

经济综合监督管理

财政·税务

金融·保险

教 育

科学技术

文化·新闻·文物

卫生·体育

社会生活

人　　物

县区概况

渭滨区

岐山县

扶风县

麟游县

文件·政令·题录

统 计 资 料

附　　录

工作生活便览

旅游指南

办事指南

选　介

宣传彩页

CONTENTS

SPECIAL PUBLISH CHRONICLE OF EVENTS

GENERAL SITUATION OF BAOJI

BAOJI MUNICIPAL COMMITTEE OF THE COMMUNIST PARTY OF CHINA

THE PEOPLE'S REPRESENTATIVE CONGRESS OF BAOJI MUNICIPALITY

BAOJI MUNICIPAL PEOPLE'S GOVERNMENT

CHINA PEOPLE'S POLITICAL CONSULTATION CONGRESS OF BAOJI MUNICIPALITY COMMITTEE

DISCIPLINE INSPECTION AND SUPERVISION

DEMOCRATIC PARTIES AND BUSINESS ASSOCIATION

PEOPLE'S ORGANIZATION

MILITARY AFFAIRS

LEGAL SYSTEM

URBAN AND RURAL CONSTRUCTION AND ENVIRONMENT PROTECTION

INDUSTRY

AGRICULTURE AND RURAL ECONOMY

TRAFFIC, POST AND TELECOMMUNICATION

BAOJI NEW AND HIGH TECHNOLOGY IN DEVELOPMENT ZONE

FOREIGN ECONOMY AND TRADE

INTERNAL TRADE

SELECTIVE INTRODUCTION OF IMPORTANT BUSINESS ENTERPRISE

TOURIST INDUSTRY

COMPREHENSIVE ECONOMIC CONTROL

FINANCE AND REVENUE

BANK AND INSURANCE

EDUCATION

SCIENCE AND TECHNOLOGY

CULTURE, JOURNALISM AND HISTORICAL RELICS

PUBLIC HEALTH AND SPORTS

SOCIAL LIFE

PERSONAGES

DISTRICTS AND SUBURBAN COUNTIES

DOCUMENTS, STATUTES AND TITLES FOR THESISES

STATISTICAL DATA

APPENDIX

特　　载

在市委八届六次全体会议上的讲话

宝鸡市委书记　庞家钰

（2001年11月20日）

同志们：

今年9月，我们党召开了十五届六中全会，集中研究解决党的作风问题。这次会议是在我国进入全面建设小康社会、加快推进社会主义现代化建设的新的发展阶段，我们党面临许多新情况、新考验的形势下，召开的一次十分重要的会议。会议通过的《中共中央关于加强和改进党的作风建设的决定》，对于抓好新时期党的作风建设、全面推进党的建设新的伟大工程具有深远的历史意义和重大的现实指导意义。前不久省委召开了九届七次全会，对我省党的作风建设作了进一步的部署，提出了新的要求。我们召开这次全会的主要任务，就是要认真贯彻党的十五届六中全会和省委九届七次全会精神，全面落实“八个坚持、八个反对”的任务，把我市党的作风建设推向一个新阶段，为宝鸡在新世纪抢抓机遇、加快发展、后来居上提供良好的思想和作风保证。

刚才，全会一致通过了《中共宝鸡市委关于贯彻〈中共中央关于加强和改进党的作风建设的决定〉的意见》和《关于召开中国共产党宝鸡市代表会议的决议》，圆满完成了预定任务。现在，我代表市委常委会，就贯彻落实全会精神和做好当前工作，讲几点意见。

一、以保持党同人民群众的血肉联系为核心，狠抓作风建设各项任务的落实

党的十五大以来，市委在全面贯彻党的基本路线，集中精力抓经济建设，全力以赴加快宝鸡发展的同时，坚决贯彻党要管党、从严治党的方针，坚持不懈地加强党的建设，全市各级党组织的思想、组织和作风建设得到新的加强。尤其在作风建设方面，深入开展了“三讲”、“四教育”、“警示教育”和“三个代表”学习教育活动，建立健全了一系列规范党内生活和党员干部行为的规则和制度，推行了市、县级领导“双深入”制度、联系点制度、信访接待日制度等深入基层、联系群众的做法和措施，全市各级党组织和广大党员干部的作风有了明显的进步。这是全市保持团结稳定、加快发展、富有活力的生动局面的一个重要原因。应该说，我市党的作风总体是好的，广大群众对各级党组织是拥护和信赖的，广大党员干部的工作作风是比较扎实的，党群、干群关系是比较和谐融洽的，绝大多数领导干部能起到模范带头作用，在群众中是有威信的，这是我市党的作风的主流，是主要方面。但是，用“八个坚持、八个反对”的要求来衡量，我市党的作风方面也还不同程度地存在一些问题。一是思想不够解放，存在因循守旧、满足现状、闯劲不足的问题。二是学风不浓、深度不够，存在本本主义和装潢门面的问题。三是作风不实，存在官僚主义、形式主义的问题。主要是工作漂浮、不扎实、不深入，习惯于以会议落实会议，以文件落实文件，看起来忙忙碌碌，实际上收效不大，“文山

会海”、繁文缛节、接待应酬牵扯了很大精力，不能集中力量想大事、作调查、抓落实；有些干部热衷于出名得彩，只图形式，不重实效，不怕群众不满意，就怕上级不注意；一些市级机关不同程度地存在“衙门”作风，特别是一些执法部门缺乏大局意识、公仆意识、责任意识，办事人员态度生冷，吃拿卡要，推诿扯皮，办事效率不高，影响了我市投资环境；虚报浮夸、弄虚作假、报喜不报忧的问题在一些方面也表现比较突出；有些机关纪律松弛、作风懒散，工作人员精神不振，工作缺乏主动性和责任心，应付差事。有些基层干部的工作方法简单粗暴，引起群众不满。四是在贯彻民主集中制方面，民主和集中不够的问题同时存在。一些班子的主要领导民主意识不强，存在着“家长”作风；有些班子则好人主义盛行，不敢大胆负责，以致软弱涣散，缺乏战斗力。五是以权谋私等消极腐败现象和行业不正之风仍然存在。少数领导干部不严格要求自己，讲阔气、讲排场，经常吃吃喝喝，不注意形象，在群众中影响不好。有些则经不住考验，腐化堕落。行业不正之风抓一阵好一下，一放松就反弹，广大群众对“三乱”问题、行业报刊硬性摊派问题等反映强烈。这些问题，归结起来，集中表现为形式主义和官僚主义，深究到底，实质都是脱离实际、脱离群众的。它们虽不同程度地存在于少数县区、部门和领导干部身上，但危害是十分严重的。我们各级党组织和每一位党员干部必须清醒地看到这一点，要增强忧患意识，居安思危，进一步把思想统一到六中全会精神上来，以高度的自觉性、责任感和紧迫感，全面落实“八个坚持、八个反对”的任务，扎扎实实地推进党的作风建设，使各级党组织和广大党员干部的作风有新的明显进步，使党群干群关系得到新的明显改善，使广大干部群众看到实效、增强信心。

加强和改进党的作风建设，核心是要保持党同人民群众的血肉联系。我们党来自于人民群众，植根于人民群众，人民群众是我们党的根本和力量源泉，失去人民群众的支持和拥护，我们党就会成为无本之木、无源之水。保持同人民群众的血肉联系，最基本的就是要牢固树立群众观点，坚持群众路线，诚心诚意为人民谋利益。江泽民同志在“七一”讲话中指出，必须始终把体现人民群众的意志和利益作为我们一切工作的出发点和归宿，始终把依靠人民群众的智慧和力量作为我们推进事业的根本路线。现在，群众之所以对我们的干部有意见，一个重要的原因就是一些干部的群众观念淡薄，对群众缺乏感情，不尊重群众意愿，工作简单粗暴，不能很好地体现和努力实现群众的利益。各级领导和党员干部，一定要牢固树立马克思主义的群众观点，在任何时候任何情况下，与人民群众同呼吸共命运的立场不能变，全心全意为人民服务的宗旨不能丢，坚信群众是真正英雄的历史唯物主义观点不能忘。不论在什么岗位上工作，不论担负什么领导职责，都要兢兢业业地为党做工作，诚心诚意为人民谋利益，体察民情，了解民意，集中民智，珍惜民力，把群众的安危冷暖时刻放在心上。要多到困难的地方去，到群众最需要领导解决问题的地方去，扶贫帮困，救危解难，着力解决群众的当务之急和切实之需，真心实意、扎扎实实地为群众办一些实事。在我们各方面财力物力都比较紧的情况下，绝不能贪图虚名，搞劳民伤财的达标升级活动，甚至搞不切合实际、加重群众负担的“形象工程”、“政绩工程”。当前，尤其要关注下岗职工、困难企业职工、城市贫困人口、贫困地区、受灾地区群众、工资被长期拖欠的基层干部等困难群众，切实把他们的工作和生活安排好。不仅要保障群众的经济利益，更要注意维护群众的民主权利，尊重群众的政治权益。在制定政策、拟定计划、决定事项时，必须发扬民主，走群众路线，充分尊重人民群众的主体地位。无论是农村产业结构调整，还是国有企业改革，凡是关系群众切身利益的事情，都要由群众做主，依法办事，通过村民大会、职工大会等一定的民主程序来决定，决不能不顾群众意愿，搞行政命令。要适应新的形势变化，学会做群众工作。善于运用思想教育、示范引导、提供服务、民主协商、依法处理等方式方法，把群众的利益实现好、维护好、发展好，切不可简单粗暴，草率行事。要把评判干部政绩的标准交给群众，把是否得到群众公认，取得让群众满意的工作实绩，作为评价任用干部的重要依据。要真正把加强和改进党的作风建设的出发点和落脚点归结到始终代表最广大人民群众的根本利益上来，归结到立党为公、执政为民上来，归结到一切为了群众，一切依靠群众，全心全意为人民服务上来。

加强和改进党的作风建设，一靠思想教育，二靠制度建设。作风问题，说到底是一个世界观、人生观、价值观的问题，是一个对待社会、对待组织、对待群众的态度问题。加强和改进作风建设，要着眼于从思想认识上解决问题，紧紧抓住思想教育这个中心环节，全面加强党的思想路线教育、群众路线教育、干部路线教育、学风教育、民主集中制教育、艰苦奋斗教育以及党性党风党纪教育，着力提高各级党组织的凝聚力、号召力和广大党员的先进性、纯洁性。省委已决定，近期开始在全省县以上党政机关及党员干部尤其是领导干部中开展“立党为公、执政为民”的教育，我们务必高度重视，精心组织，务求取得实效。同时，要高度重视加强制度建设。对于作风建设，制度更带有根本性、全局性、稳定性和长期性。现在看，形式主义、官僚主义盛行，一个重要的根源，就在于制度不完善，落实不到位。各级要把制定针对性强、明确具体、操作性强的制度规定作为加强和改进作风建设的切入点和硬措施来抓。对作风方面的一些突出问题，尽可能建立严密、有约束力的制度，能量化的要尽量予以量化，减少“弹性”，增强刚性，用硬制度管出好作风。为切实解决会议多、文件多、领导公务活动新闻报道多等几个干群反映强烈的突出问题，市委专门制定了4个规定，为加强和改进作风建设提供了制度上的保证。各县区、各部门要结合各自实际，对学习制度、联系群众的制度、党委工作规则等规章制度作进一步的健全完善，做到与时俱进，科学管用。要注重把制度建设和思想教育结合起来，通过思想教育来清除执行制度的障碍，通过落实制度来巩固和检验思想教育的成果，推动作风建设不断深入。

加强和改进作风建设，领导机关和领导干部带头是关键。党的作风是千百万共产党员自身作风的凝聚。只有全党行动起来，领导干部带头，人人从我做起，党风才能得到明显改善。目前，党内存在的一些突出的作风问题，不少是由于领导机关和领导干部对作风建设重视不够、抓得不紧造成的，有些则是上梁不正、上行下效的结果。加强和改进作风建设，一定要从领导机关和领导干部抓起。要求下级做到的，上级要首先做到；要求普通党员做到的，领导干部自己首先要做到；要求基层做到的，领导机关要首先做到；凡是要求下属不做的，领导机关和领导干部首先要坚决不做，做到令行禁止。“榜样是无声的命令”。领导干部以自己的嘉言懿行立规矩、树标杆，就能感化和教育群众，影响和带动群众。因此，各级领导干部要认真检查反思一下自己在思想作风、学风、工作作风、领导作风和生活作风方面的现实表现，找准突出问题，带头改进作风，以自己的实际行动落实好《决定》精神。当然，作风建设涵盖很多方面。针对我市实际，我认为当前各级领导干部应该强化六种作风：即调查研究的作风，开拓创新的作风，求真务实的作风，认真负责的作风，雷厉风行的作风，艰苦奋斗的作风。市委常委要首先带头，减少会议文件，减少讲话，减少会议和领导公务活动的新闻报道，严格执行市委加强和改进作风建设的《意见》及四个配套性规定。市委常委要带头深入基层，调查研究，排忧解难，推动工作，督促落实，自觉做出表率。市级机关要抓紧清理各类达标评比活动，坚决不搞没有实质意义的表彰会、庆功会、联谊会，努力克服形式主义和“衙门”作风，着力规范行政行为，改善服务态度，提高工作效率。总之，要以领导机关和领导干部作风的转变，带动和推进全市党的作风建设。

各级党委要把作风建设摆上重要议事日程，放在更加突出的位置，切实担负起本县区、本部门、本单位党的作风建设的领导责任。各级党委“一把手”对作风建设要负总责，亲自抓，切实履行党风建设“第一责任人”的职责。要通过落实责任，一级抓一级，一级带一级，真正把作风建设的各项任务落到实处。各级党组织和纪检组织要加强对作风建设的检查，敢于动真。对于群众反映作风上有这样那样问题的干部，经调查属实的，要严肃批评，限期整改，不改的要采取组织措施，果断调整。对有令不行、有禁不止的反面典型，要进行公开曝光。同时，要注意抓好正面典型，弘扬正气，以先进典型来带动党风、政风、行风和社会风气的根本好转。

二、坚持解放思想、实事求是的思想路线，千方百计加快宝鸡经济发展

解放思想、实事求是，是我们党的生命之源、智慧之源。改革开放20多年来的实践证明，每一步大的发展其前导必定是一次思想的大解放。十一届三中全会以来，我们宝鸡所取得的一切进步和成绩，都离不开解放思想、实事求是这个前提，这是一条基本经验。十五届六中全会《决定》提出的“八个坚持，八个反对”，首要的一条就是坚持解放思想、实事求是，反对因循守旧、不思进取。进入新世纪，我们要顺应时代进步潮流，永葆党的先进性，增强创造力，带领全市人民顺利完成加快宝鸡发展的光荣使命，就必须进一步解放思想、实事求是。

近年来，我们坚持不懈地抓好理论学习，以好的学风促进思想作风建设，以理论学习推动思想解放，取得了不少积极的成果。市委、市政府立足宝鸡实际，集中全市党员、干部、群众的智慧，提出了建设工业强市、畜牧大市、旅游名市、百万人口

现代化生态园林城市的宏伟目标。按照“四换”思路，运用经营城市的理念，不断扩大投融资渠道，有效地缓解了城市建设资金不足的问题。加大对外开放和环境整治力度，招商引资工作取得了可喜的成效。这些在解放思想催动下的工作创新，极大地增强了全市经济发展的活力和后劲。但是，我们的发展在我们省内还不是最好最快的，有些环节还没有开足马力。在国有企业改革方面，我们头脑里条条框框还比较多，体制还没有完全理顺，还没有真正放开手脚。特别在有进有退、做大做强、股权多元化方面，效果还不明显。尤其是市属企业改制步伐缓慢，困难重重。在推进国民经济市场化、创造良好的投资环境方面问题还相当多。小城镇建设、农业产业化、高新区发展等事关宝鸡发展全局的大事，各方面都做了不少努力，也都有了发展思路，但步子还不大、进展还不快。所有这些工作上的问题，归根到底都反映了我们的思想还不够解放，闯劲不足，面对经济全球化和市场经济发展的新形势，仍有许多不适应的地方，用“三个解放出来”的要求来衡量仍有相当差距。思想不够解放，其原因归结起来主要有四点：一是学风不浓，学习与工作联系不够紧密，运用科学理论指导实践，创造性地开展工作不够，存在本本主义倾向。二是思维方式仍未摆脱小农意识和计划体制旧观念的双重束缚，市场经济观念树得不牢。三是怕担责任，怕冒风险，唯书唯上，过分依赖于上级指示和“红头”文件，没有文件等文件，有了文件等经验，有了经验还要等等看。往往是醒得早行动迟，坐等机遇，错失良机。四是小富即安，小进则满，闯劲不足。从基层到市上都不同程度地存在自我满足、自我感觉良好的思想问题。有些则相反，对改革和发展有畏难情绪，在县级财政紧张、国企处境艰难的境况下，一些同志精神不振、信心不足。这些，都是我们加快发展的思想障碍，必须下决心克服。为此，我们要抓住深入学习江泽民同志“七一”重要讲话和贯彻十五届六中全会精神这一机遇，以“三个代表”为指导，掀起一次新的思想解放热潮。

解放思想，实事求是，就必须坚持理论联系实际的马克思主义学风。始终把理论学习摆在思想政治建设的首位，继续认真扎实深入地学习马列主义、毛泽东思想、邓小平理论和江泽民同志“三个代表”的重要思想，夯实理论功底。坚持“一个中心、三个着眼于”，善于运用马克思主义的基本原理来解决现实问题，特别是要紧密联系我市实际，创造性地贯彻党的路线方针政策和省委的部署，努力解决影响我市改革开放和加快发展的各种障碍、阻力。江泽民同志“七一”重要讲话是一篇马克思主义的纲领性文献，是我们党进入新世纪的政治宣言。我们要继续组织党员干部深入系统地学习，准确理解和把握讲话提出的一系列新思想、新观点、新论断，不断加深对“七一”讲话的理解，从而自觉地把思想认识从那些不合时宜的观念、做法和体制的束缚中解放出来，从对马克思主义的错误的和教条式的理解中解放出来，从主观主义和形而上学的桎梏中解放出来。我市作为一个历史文化积淀深厚的内陆地区，要高度重视和警惕“左”和右两种错误倾向的干扰和影响，坚持有“左”反“左”，有右反右，避免走入把因循守旧视为实事求是的“误区”。

解放思想，实事求是，对我们宝鸡而言，最关键的就是要抓住机遇，加快发展，保持一个较快的发展速度。为此，我们要重点在以下几个方面进一步解放思想，做好工作。一要坚持与时俱进，在开拓创新上解放思想。要积极迎接新世纪、新经济的挑战，坚持以发展为主题，以经济结构调整为主线，以西部大开发统揽全局，带动各项工作。要广泛开展走出去、请进来、到发达地区挂职等活动，拓展视野，更新观念。要增强创新意识，结合宝鸡实际，不断研究新情况、解决新问题，积极推进理论创新、制度创新和科技创新，善于把理论的成果、上级的要求、外地的经验同本县区、本部门的实际结合起来，努力在“结合”上下功夫，在创新中求发展，在工作中见成效。各级党政组织作决策、谋发展、办事情、抓落实，都要坚持解放思想，实事求是，从实际出发，自觉地消除计划经济的烙印、小农意识的影响和自我满足的心态，带头探索，敢于突破。各级领导干部要坚定地站在改革和发展的前列，争做解放思想的先行者，争做各项改革的积极推进者，带头敢闯敢试敢于超越。要旗帜鲜明地支持和保护改革者，努力营造有利于创新的社会氛围和有利于人才发展的环境，重视培养和大胆使用创新人才，使创新成为宝鸡工作的一个特色。二要扩大对外开放，在优化投资环境上解放思想。要进一步开阔眼界，放远、放宽视野，增强开放意识，不能习惯于站在过去看现在，而要放眼未来看当前，不能习惯于站在宝鸡看宝鸡，而要立足全国和世界看宝鸡发展。要自觉适应加入WTO和建立社会主义市场经济体制的要求，打破思维定势，转变政府职能，改进管理方式，优化发展环境，着重在简化审批程序、敢于“放权”、舍部门和个人利益保发展大局上解放思想，不能整天喊着解放思想，说别人不解放思想，事到了自己头上，动辄这条条那框框，放不下部门和个人利益，甚至吃拿卡要，不给好处不办事，给了好处乱办事。要在着眼长远发展、乐于“让利”上解放思想，树立你发财我发展的“双赢”观念，做到舍眼前而顾长远，让小利而谋大利；要在营造发展高地、善于招商引资上解放思想，要来真的动硬的，进一步优化和整治投资环境，在招商引资上项目方面要以积极主动的态度，只争朝夕的效率，疾如流星的行动，去争取、去拼抢、去落实，绝不能按部就班，四平八稳，贻误时机；要在规范政府行为、与国际惯例“接轨”上解放思想。加入WTO后我们面临着更加国际化的市场环境，当前必须抓紧研究和提出我市的应对措施，并要对我市以前的有关政策规定进行清理、修订和完善，努力营造一流的政策环境、法制环境、人文环境，推进深层次全方位的开放。三要增强中心意识，在加快经济结构调整上解放思想。要紧紧抓住经济建设不放松，毫不动摇地贯彻“一个中心、两个基本点”的基本路线，在加快国民经济战略性结构调整、推进国有企业改革、大力发展非公有制经济、培育特色产业等方面解放思想，重点突破，使我们的思路更清、措施更实、进展更快、效果更佳，力争实现后来居上。无论是工业、农业还是第三产业，都要加大结构调整力度。当前我市经济发展中存在的许多问题和深层次矛盾，根本症结是结构不合理，结构调整缓慢。如果我们在这个问题上认识不提高，思想不解放，思路就不活，办法就不多，发展的步子也就迈不大。从实际情况看，国有企业改革是我市经济结构调整的重点和难点所在。当前尤其要在两个方面解放思想，大胆推进。一方面，对一些竞争性领域中利润、效益比较好的企业，要积极吸引国内外著名品牌和大企业进行高起点嫁接改造、合资合作，推进股权多元化，也可支持非公有经济参股、控股，大踏步发展混合经济和非公有制经济。在这一点上，要改变“一股独大”的旧观念，树立甘当配角的新思想。另一方面，对一些负债较重、效益不好的企业，要推广市车辆厂的经验，积极进行分立改制，把有效资产剥离出来，寻找合作伙伴，组建新的公司，培育新的增长点；对一些资不抵债、脱困无望的企业，要果断采取零资产出售等办法主动退出。在这一点上，尤其要敢于有所不为，国有经济该退的要大胆地退出来，不要怕把自己的坛坛罐罐打烂。要自觉服从于全市国有经济战略性调整这个大局，迎难而上，主动出击，努力突破“退不出来，卖不出去”的状况，使国有企业尽快摆脱困境，走上健康发展的路子。

三、以十五届六中全会精神为动力，努力完成今年各项工作任务

加强和改进党的作风建设，关键要雷厉风行，付诸行动。目前最迫切的就是要以全新的工作作风和昂扬向上的精神面貌抓好经济建设和社会事业发展的各项工作。首先要正确认识当前全市的总体形势。今年以来，我们始终坚持以经济建设为中心，以加快发展为主题，抢抓西部大开发的历史机遇，大力实施开放促开发、科教兴市和城市化带动战略，积极推进经济结构调整，着力改善投资环境，实现了经济较快增长和社会全面进步。今年前三季度全市国内生产总值预计达到166.2亿元，增长9.6%；社会固定资产投资55.6亿元，增长15.2%；地方财政收入5.95亿元，增长8.5%。经济运行总体态势良好。

在农业和农村经济中，我们始终贯穿结构调整这条主线，稳粮促经，突出果菜，强抓畜牧，积极推进农业产业化。粮、果、菜、畜四大产业发展势头良好，科技兴农初见成效，已建成4个基地、15个农业科技示范园和12个良种养殖场及农业信息中心，农业产业结构调整和产业化步伐进一步加快。粮食生产形势是夏丰秋歉，总产预计可达129.4万吨，属平年偏低的水平。

在工业经济和企业改革中，坚持有进有退、有所为、有所不为的原则，大力调整所有制结构、产业结构、产品结构和企业组织结构，实现国有经济结构的优化升级。围绕股权多元化，积极推进改组、兼并、破产，企业改革取得了一定成效。企业技术改造步伐明显加快，到9月底，已完成投入7.2亿元，同比增长1.5倍。通过实行签订责任书、领导包抓重点企业、实行分立改制等措施，扭亏增盈取得明显成效。加大综合协调力度，促销增产，工业生产持续增长。前三季度全市实现工业总产值105.9亿元，同比增长12.7%。

在对外开放方面，市委、市政府把今年确定为“开放年”和“投资环境整治年”，组织了十项大型活动，特别是“两节一会”取得了圆满成功，签订了一大批合作项目，进一步扩大了宝鸡在国内外的知名度。大力改善投资环境，进一步理顺了市政府政务大厅的对外办公机制，对涉外的规范性文件进行了全面清理，精简行政审批事项，减少行政性收费项目，全市投资环境有了较大改善，前来洽谈考

察的国内外客商明显增多。

在重点项目建设上，抢抓机遇，多方争取资金，全力抓好全市50个重点项目建设。到9月底，50个重点项目完成投资33.4亿元，比去年同期增长27.4%；累计到位资金32亿元。完成了东风路、清姜路等7条城市道路的改造任务，城乡电网改造等4个项目可于年内竣工，20个续建项目基本上都完成了计划进度。宝鸡高新区东区建设也取得了积极进展。旅游产业和非公有制经济发展势头喜人，成为我市新的经济增长点。

在抓好经济建设的同时，集中精力狠抓党的建设。坚持把思想政治建设摆在首位，组织党员干部深入学习邓小平理论和“三个代表”重要思想，认真抓好“七一”讲话和十五届六中全会精神的学习宣传和贯彻落实工作。全面贯彻《深化干部人事制度纲要》，改进干部选拔任用工作，在扩大民主、加强监督等方面出台了一系列政策措施，取得了积极的进展。按照中央和省委的统一部署，从严要求，严格把关，扎实深入地开展了首批农村“三个代表”重要思想学习教育活动，基本达到了“干部受教育，群众得实惠”的目的。按照省委部署，集中力量抓了农村“双无村”和国有企业软弱涣散党组织的集中整建工作，基层组织建设得到进一步加强。根据新的形势，加强了非公有制经济组织和社区党的建设工作。同时，精神文明、民主法制和维护稳定工作也都取得了显著成效。

在看到成绩的同时，也应看到我们还面临不少困难和问题。主要是农民收入增长缓慢，企业改革步伐不快，投融资渠道不畅，非公有制经济发展步子缓慢，干部作风有待进一步改进，社会不稳定因素依然存在。这些都应引起我们高度重视并认真加以解决。现在到年底只有一个多月时间了，各项任务异常繁重，完成全年任务还须付出艰苦的努力。全市各级党政组织一定要把加强党的作风建设同做好当前各项工作紧密结合起来，以加强党的作风建设促进各项工作，以做好各项工作的实际行动检验作风建设的成果。要把加强党的作风建设激发、调动起来的一切积极因素，引导到进一步加快经济发展上来，引导到努力完成和超额完成全年各项工作任务上来。

一是要集中精力抓好经济工作。前三季度，全市国民经济保持了稳定增长的态势，各项工作进展良好，但离既定目标任务还有一定距离。后一个多月，全市上下要齐心协力，再鼓一把劲，确保完成国内生产总值增长10%的目标，并为明年的工作打好基础。农业上，要切实抓好农民增收和减负工作。继续加大结构调整力度，抓好麦油果菜冬季技术管理和病虫害防治；认真解决卖难问题，帮助农民把手里的农副产品销售出去，有效增加农民收入；积极实施退耕还林还草项目和山川秀美工程，发动群众种草种树，特别要集中抓好北坡绿化；严禁趁年末岁尾向农民乱伸手、乱摊派，切实把农民的不合理负担减下来。工业上，要进一步加快企业改革步伐，确保年内完成10户企业改制任务；加大扶持协调力度，用好各项金融扶持政策，确保工业增长速度和扭亏增盈目标的完成；积极开拓市场，加大营销力度，拉动工业经济持续增长。在重点项目建设上，一方面要千方百计加快在建项目进度，另一方面要提早动手，积极向中央和省上有关部门汇报，搞好明年项目的衔接；对于签约项目，要盯住不放，跟踪落实，“勤跑多催”，力争取得实效。这里我要强调一点，明年中央在继续实施积极财政政策的基础上，将对国债资金的使用作一些调整，在国债投资资金中将加大用于企业设备和技术改造的使用比例；加大国债资金分配给地方使用的部分；在西部地区还将考虑上一些能利用当地资源、增加财政收入的工业项目。有关部门要注意这一政策动向，切实做好项目争取工作。

二是认真传达贯彻市委八届六次全会精神，全力抓好党的建设。这次会上审议通过的《意见》，是我市贯彻中央《决定》和省委《实施意见》，结合宝鸡实际制定的具体意见，会后将很快以市委文件印发，文件提出的加强和改进党的作风建设的各项措施，具有较强的现实针对性和可操作性。各级党委一定要高度重视，及时传达学习，认真抓好贯彻落实。各县区、各部门要找准党风方面存在的突出问题，制定和完善有关制度和措施，逐一抓好落实，确保中央和省、市委会议精神真正落到实处。各级宣传部门、新闻单位，要把十五届六中全会和省委九届七次、市委八届六次全会精神的宣传作为最近一个时期的宣传主题，认真部署，加大力度，迅速在全市掀起宣传高潮，形成浓厚的舆论氛围。同时，要按照中央要求，着力抓好村级“三个代表”重要思想的学习教育活动。进一步抓好党风廉政建设，特别是要坚决刹住元旦春节期间公款吃喝、请客送礼、制发代币券等歪风。

三是要切实抓好安全生产和“四防”工作。各级领导干部要谨记江总书记“责任重于泰山”的要求，时刻绷紧安全这根弦，经常保持“如履薄冰”的心态，严防各种不安全事故发生。元旦前后，要普遍进行一次安全大检查，消除各类隐患，落实安全责任和措施，确保不出事故。

四是要努力做好社会稳定工作。要进一步落实维护稳定工作领导责任制，加大责任追究力度；要超前工作，未雨绸缪，积极化解和消除各种不稳定因素。对于各类群体性事件，各级、各部门都要本着“谁主管、谁负责”的原则，积极主动地做好工作，决不可简单粗暴，莽撞行事，要尽量把事态消除在萌芽状态。已经酿成事端的，要严防事态扩大。进一步加大农村合作基金会清理整顿力度，坚决完成省上下达的清欠任务，坚决保证年底向农民一次兑清股金。要继续严厉打击各种刑事犯罪活动，抓好规范和整顿市场经济秩序工作，坚决防止“法轮功”顽固分子的滋事活动，严防一切敌对势力的各种破坏活动。

五是要努力做好城镇“双保”和困难职工、贫困人口的冬寒救济工作。入冬之后特别是元旦春节期间，对“双保”落实情况要进行一次检查，保证企业离退休人员、进中心的下岗职工、破产企业职工的基本养老金和基本生活费按月足额发放。要保证老干部的医疗费和住院费按时报销。县区要集中解决工资拖欠问题，哪个县区、乡镇拖欠，就是哪个县区、乡镇的书记、县区长、乡镇长失职。同时积极开展向困难职工、贫困人口、灾区群众送温暖、办实事活动，保证他们有饭吃、有衣穿。

六是要积极稳妥地进行市级机关机构改革。目前，市级机构改革正在按计划实施，进展比较顺利。需要强调的是，在这一过程中，要严格遵守组织人事纪律，坚决制止突击提拔干部，突击调入人员，以及未经批准擅自在机关评定职称。严格执行财经纪律，不得突击花钱，私分财物。要加强国有资产管理，防止国有资产流失。要保管移交好各类文件、档案、资料，防止失散和泄密事件的发生。市级部门班子调整已经结束，下一步要抓紧内部定编定岗、竞争上岗等工作。市级机关的全体干部，都要振作精神，坚守岗位，勤奋工作，努力开创机关廉洁、勤政、务实、高效的新局面。同时，要抓紧做好县级机构改革的各项准备工作，为明年的县级机构改革打下良好的工作基础。并乡建镇工作也要按计划抓紧进行。

七是要认真安排筹划好明年的工作。全市各级各部门、各单位要根据这次会议精神，结合各自实际，及早研究筹划明年的工作部署。与此同时，要提早动手，结合年终岗位责任制检查，把各项目标任务落实下去，为明年的改革发展打下基础。关于明年全市的经济工作，要认真实施“十五”计划和既定的发展思路，突出结构调整这条主线，强化改革开放和科技进步两大动力，全面实施开放促开发、城镇化带动和科教兴市三大战略。农业的结构调整要围绕农民增收，大力发展果业、畜牧业，推进产业化经营；工业的结构调整，要围绕股权多元化，加快企业改革步伐，加大技术改造力度，提高工业经济运行质量和效益；大力发展非公有制经济和旅游业，在优化所有制结构和产业结构方面迈出较大步伐。明年要继续把扩大开放作为一个突破口，以加入 WTO 为契机，进一步优化投资环境，办好大型经贸洽谈活动，在招商引资方面取得新的突破，为我市经济发展注入新的活力。积极实施城镇化带动战略，加快高新区东区建设步伐，渭河生态公园要初现雏型；结合并乡建镇，加大小城镇建设力度，带动区域经济快速发展。同时要全面抓好精神文明建设、民主法制建设和党的建设，为改革开放和经济建设提供坚强的思想、组织和作风保证。

同志们，加强和改进党的作风建设，既是一项长期而艰巨的政治任务，又是一项现实而紧迫的重要工作。全市各级党组织和全体党员，要高举邓小平理论伟大旗帜，以“三个代表”重要思想为指导，全面落实十五届六中全会和省委九届七次全会精神，以新的作风和精神风貌，带领全市人民进一步解放思想，开拓创新，团结一致，扎实工作，努力夺取我市改革开放和现代化建设的新胜利！

政府工作报告

2002年2月24日在宝鸡市第十一届人民代表大会第五次会议上

宝鸡市市长 吴登昌

各位代表：

我代表市人民政府向大会作政府工作报告，请予审议。并请市政协委员和其他列席人员提出意见。

2001年工作回顾

过去的一年，在中共宝鸡市委的领导下，我市各级政府以实施西部大开发战略为主线，紧紧围绕把宝鸡建成工业强市、畜牧大市、旅游名市和现代化生态园林城市的目标，以开放为动力，抢抓机遇，加快发展，国民经济保持了稳定增长势头。预计全市国内生产总值195亿元（统计口径变化后），比上年增长9.6%；地方财政收入8.87亿元，增长8.7%。

开放年活动圆满成功，开放促开发成效显著。成功举办了“两节一会”，全市招商引资签约项目402项，合同引资117亿元，总投资额和引资额均比上年翻了两番。当年到位引资额33亿元，209个项目建成投用。新批外商投资企业14个，合同利用外资2447.5万美元，增长86.3%。出口创汇完成3520万美元，增长51.7%。开展了以“四清理五整顿”为重点的投资环境整治活动，投资环境有了较大改善。

结构调整力度加大，经济持续稳定增长。积极调整农业结构，种植业开始由“二元结构”向“三元结构”转变；畜牧业增势强劲，建成畜牧小区88个，畜牧业总产值14.2亿元，占农业总产值的30.5%；12个乡镇工业园区建设初具规模；积极实施山川秀美工程，治理水土流失面积380.8平方公里，退耕还林（草）7.8万亩。依靠科技调整工业结构，完成技改投资11.5亿元，东岭锌品、宝烟膨胀烟丝等一批项目建成投产，宝鸡车辆厂等一批企业通过资产重组焕发新的生机，全市规模以上工业完成增加值54.8亿元，增长10.5%。高新区建设取得新突破，实现技工贸总收入46亿元，增长31%，东区建设开始启动，已签约一批工业项目，高新大道一期主体工程完工。以旅游业为龙头的服务业快速发展，社会消费品零售总额60.3亿元，增长8.6%；旅游综合收入15.23亿元，增长22.8%；所有制结构调整步伐加快，非公有制经济占国内生产总值的比重达到35%。

各项改革日益深化，机制创新步伐加快。以股权多元化为核心，完成了8个企业改制任务，市属大中型企业改制面达到57%。中小企业基本完成改制，产权制度改革面达到70.3%。宝光股票上市，宝钛集团通过证监会批复，近期可上市。下岗人员基本生活费和离退休人员养老金实现了省级统筹，国有和国有控股企业养老保险统筹覆盖面和社会化发放率均达100%，城镇医疗保险参保职工22.35万人，城市低保人数达到4.35万人。市级机构改革稳妥推进，政府职能转变迈出了新步伐。

重点项目建设进展顺利，城市化水平不断提高。全社会固定资产投资完成77.7亿元，比上年增长10%，其中50个重点项目完成投资47.3亿元。宝鸡二电厂四台机组全部投用，宝汉公路、常兴和蔡家坡渭河大桥等14个项目竣工。“十大民心工程”进展顺利，城市道路新建和改造工程顺利完成；金陵游园、火车站音乐喷泉、炎帝园广场建成开放；广元路渭河大桥、渭河人防隧道、污水处理厂、垃圾处理厂、陈仓园二期等项目开工建设；北坡绿化造林5.07万亩，南山（秦岭北麓）生态示范区建设启动，渭河市区段防洪暨生态治理工程完成护滩堤建设和滩地绿化，城市绿化覆盖率达到

26%；集中供热面积达到190万平方米，天然气用户发展到4万户，城市气化率提高到75%。城市化进程加快，宝鸡县撤县设区方案已经省政府上报国务院待批，撤并乡镇44个，城市化率达到33%。成立了城市管理行政执法局，在全省率先推行综合执法试点，市容市貌有了新的改观。

人民生活水平进一步提高，各项社会事业健康发展。“两个确保、两个保证”得到较好落实，教师干部工资当年无拖欠，城镇居民可支配收入、农民人均纯收入分别比上年增加390元和60元。城镇居民人均住房面积12.9平方米，解决了3.5万人的温饱问题。继续开展创建教育强镇和农村示范小学活动，企办子校整体移交地方迈出新的步伐，信息技术教育工程启动，完成中小学危房改造36万平方米。城镇社区卫生服务、农村合作医疗和乡镇卫生院建设进一步加强，强化药品监督管理，医疗服务环境有了新的改善。广播剧《天凤》获全国“五个一工程”奖，民间社火展演在德国大放异彩。国土资源管理进一步加强，环保执法专项行动取得阶段性成果，人口自然增长率控制在6‰以内。

民主法制建设得到加强，精神文明建设迈上新台阶。加大依法治市力度，制定并实施了“四五”普法规划。加强安全生产工作，层层落实责任制，安全生产工作受到国家表彰。深入开展社会治安综合治理“基层年”活动，大力开展严打专项斗争，打击取缔邪教，重视做好信访工作，及时稳妥地处置了一批影响较大的事件，保持了社会稳定。坚持依法行政，自觉接受市人大和各位代表的监督，充分发挥政协委员和各民主党派、工商联、人民团体的作用，积极实施人大决议，认真办理人大代表建议和政协委员提案。加强廉政建设，坚持标本兼治，深入开展反腐败斗争，全年共查办违纪违法案件766件，党纪、政纪处分703人，挽回经济损失659万元。认真组织开展“三个代表”重要思想的学习教育活动，学习和发扬郭秀明、杨文洲精神，进一步加强社会公德和思想道德建设，突出抓了以文明社区、十星级文明户为重点的“五大创建”活动，城乡文明水平有了新的提高。

民政、人事、司法、审计、统计、档案、文物、地方志、侨办、人防、地震、气象等工作得到加强，民族宗教、妇女儿童、老龄、残疾人事业也取得了新的成绩。

各位代表，过去的一年，我们坚持以发展为主题，咬定目标不放松，加快发展不动摇，保持了经济的持续快速增长；坚持以开放促进经济发展，加快体制创新和科技创新步伐，增强了经济社会发展的后劲与活力；坚持以结构调整为主线，优化经济结构，培育特色产业，促进了一、二、三产业协调发展；坚持“两手抓、两手都要硬”的方针，推动了两个文明建设和社会事业全面进步；坚持以人为本、富民为先的指导思想，尽职尽责，办好实事，人民生活质量不断提高。一年来所取得的成就，是全市人民团结奋斗、顽强拼搏的结果，是方方面面通力合作、大力支持的结果。在此，我代表市人民政府，向全市广大干部群众，向人民解放军驻宝部队指战员、武警官兵和公安干警，向各位代表、各位委员以及所有关心支持我市改革开放、经济建设、社会事业和政府工作的各界人士，表示崇高的敬意和衷心的感谢！

全面地看，我市经济社会发展中还存在一些突出的困难和问题：一是我们的思想还不够解放，观念更新的程度仍不适应西部大开发迅猛发展的新要求；创新精神还不够强，缺乏敢为人先的强烈意识和劲头。二是改革的力度还不够大。政企不分、条块分割的问题仍然较为突出，受“谁属谁管”的旧观念制约，企业资产重组步伐缓慢，市场竞争力强的大企业、大集团发展还不够快，部分企业活力不强、效益低下；社会就业压力增大，城市下岗职工、低收入困难群众的生活保障水平偏低，城乡居民收入增长缓慢，特别是农民增收缺乏新的渠道，群众生活水平的改善程度与期望还有较大差距；农业产业化组织程度不高，龙头企业小而散，农村城镇化水平较低。三是由于国家近几年没有在宝鸡安排大的项目，固定资产投资对全市经济的拉动乏力，导致经济总量扩张趋缓，财政收支矛盾尖锐。特别是县域经济实力不强，县级财政普遍困难，保发工资的压力很大。四是政府管理体制和工作方式不适应社会主义市场经济和我国加入世贸组织的要求，政府职能转变相对滞后，还远没有实现从微观管理型到宏观管理型的转变，办事程序和环节较多。五是部分政府工作人员作风飘浮，法治观念淡薄，官僚主义、形式主义的问题在一些部门比较突出，特别是群众对基层“七所八所”吃拿卡要的问题反映强烈，投资环境有待进一步改善。这些问题，已经引起市政府的高度重视，我们将诚恳接受人大代表、政协委员和社会各界的意见、建议和批评，采取得力措施，认真加以解决，为在新世纪实现宝鸡经济社会的跨越式发展，奠定坚实的基础。

2002年的主要工作

今年是我国加入世贸组织的第一年，也是完成“十五”计划的重要一年。对外开放进入了新的阶段，我们将在更大范围、更深层次上参与经济全球化，由有限范围和有限领域的开放，转变为全方位的开放，有利于我们发挥自身有利因素和资源优势加快发展。西部大开发相关政策的具体实施意见相继出台，政策效应进一步显现，有利于我们吸引外资来我市投资。国家继续实行积极财政政策，有利于我们加快基础设施和生态环境建设，增强发展后劲。国家进一步加大财政转移支付，用于西部适当增加机关、事业单位职工工资，扩大退耕还林（草）规模，强化社会保障措施，有利于我们提高城乡居民收入，保护和培育扩大内需的能力。特别是近年来通过不懈努力，我市一批事关全局的重大项目陆续建成，必将加速潜在优势向经济优势的转化，提高国民经济的运行质量和整体素质。同时，加入世贸组织对政府职能带来了严峻的挑战，农产品、电子、机械、食品等行业将受到较大冲击，企业将直面国际市场的激烈竞争。我们既面临着市场化、信息化、城市化的艰巨任务，又面临着西部地区在人才、资本、技术、环境方面的全方位竞争。机遇来自挑战，发展源于创新。我们只有进一步解放思想，把握机遇，扬长避短，才能化挑战为机遇，变压力为动力，掌握先机，在激烈的竞争中实现更好更快的发展。

2002年全市经济社会发展的总体要求是：**以邓小平理论和“三个代表”重要思想为指导，认真贯彻党的十五届六中全会、十六大和省十次党代会精神，按照“稳定、安全、灵活、多元”的思路，积极应对入世挑战，用足用活西部大开发的政策措施，大力推进开放促开发、城市化带动和科教兴市战略，狠调经济结构，强化项目建设，推进体制创新，改善投资环境，维护社会政治稳定，进一步加强精神文明建设和民主法制建设，与时俱进，开拓创新，坚定信心，迎难而上，转变作风，狠抓落实，推动国民经济持续稳定增长和社会全面进步，为把宝鸡建设成工业强市、畜牧大市、旅游名市和百万人口的现代化生态园林城市奠定坚实的基础。预期目标是：国内生产总值增长10%左右，地方财政收入同口径增长8%，城镇居民人均可支配收入增长9.6%，农民人均纯收入增长6.3%，人口自然增长率控制在6‰以内。**

一、突出机制创新和技术创新，建设工业强市

打好国企改革攻坚战。以产权制度改革为突破口，加快国有企业改制步伐，两年内全面完成改制任务，年内改制面达到80%。重点抓好陕西机床厂、制药机械厂、叉车三厂等17个国有大中型企业的改制。对已改制企业，通过引资嫁接、股权转让、市场配售等途径，优化股权结构，建立规范的法人治理结构。加大中小企业产权置换力度，完成16个国有小企业改制任务，加快民营化步伐。大力拓展资本经营，鼓励和引导有条件的企业积极争取上市；对进入上市辅导期的宝桥、秦明、忠诚集团等企业，加大帮扶和指导力度；引导上市公司募集资本的正确投向，培育和增强再融资功能。

狠抓企业技术改造。加快用高新技术和先进技术改造传统产业，以信息化带动工业化。重点改造提升食品、电子、机械、有色金属四大支柱产业，培育扶持信息工程、生物制药、环保产业、新材料等高新技术产业。突出抓好秦机高速轴生产线、宝鸡机床厂柔性单元、秦岭水泥千阳生产线、北照细管灯、宝商制药等一批重点技改项目，完成技改投资15亿元。引导企业加大技术创新力度，开发和培育一批具有比较优势和市场竞争力的名牌产品。

积极推进资产重组。以市场竞争力强、投融资能力强的企业为龙头，以资本为纽带，联大、联强、联外、联资、推进资产重组，组建企业集团。年内促成陕西机床厂、关中工具厂并入秦川集团，宝鸡车辆厂并入陕汽集团，以宝商控股晨鸡药业为契机，组建宝鸡药业集团。继续优化工业结构，以秦机、陕汽为龙头，振兴机械装备工业；以宝光、长岭为龙头，壮大电子工业；以宝烟、西凤酒、毅武、宝啤为龙头，做强食品工业；以宝钛、东岭锌品为龙头，做大有色金属工业。年内形成销售收入超20亿元的企业集团2家，超10亿元的企业集团5家。

健全企业服务体系。破除“谁属谁管”的旧观念，树立“在宝企业都是宝鸡企业”的新观念，不求所有，只求发展。积极为企业提供WTO政策咨询，开展世贸知识培训。进一步营造良好的社会信用环境，加强银企协作，开办多种金融服务，组建中小企业信用担保公司。大力发展会计、法律、信息资询等中介组织，培植一批与国际接轨、精通WTO事务的专业服务机构，争取3—5年内，初步建立管理规范、运作高效的行业协会和市场中介服务体系。建立优秀企业家脱颖而出的人才选拔机

制，实行国有资产经营目标责任制，推行企业经营者年薪制，开展股权期权制试点，强化激励约束机制，提高企业管理水平。

二、积极推进农业结构调整，努力建设畜牧大市

坚持以市场为导向，以科技为动力，以畜牧业为突破口，大力调整农业结构，全面提高农业综合效益。

加快发展畜牧业。以莎能奶山羊、秦川牛、布尔羊和陇州黄改奶牛为重点，实施万头（只）良种牛羊胚胎移植产业化示范项目，提高育种规模和水平，培育畜牧品牌。以优质高蛋白玉米带棒青贮养畜为重点，大力发展规模养殖，新建100个畜牧小区。逐步实行畜禽疫病保险制度，做好疫病防治，保证畜牧业生产安全。全市畜牧业总产值达到18亿元，占农业总产值的35%。

壮大产业化龙头企业。农业产业化经营是“三农”工作的一件关系全局性、方向性的大事。要按照“建基地、强龙头、扩市场、搞服务”的思路，大力推进农业产业化经营，重点扶持得力康、恒兴、世联、毅武等20户规模大、起点高、带动力强的龙头企业，组建企业集团。以得力康为龙头，打造宝鸡乳业“航母”，用2~3年时间，建设100个奶源小区。通过“公司+基地+农户”、订单农业等方式，提高农民进入市场的信息化、组织化程度，加快产业化进程。引导乡镇企业发展农产品深加工，加快12个乡镇工业园区建设步伐，带动农村二、三产业发展。大力扶持发展农业中介机构，建立农产品质量安全保障和标准化体系，实现农产品生产系列化、包装标准化、营销品牌化。

大力推进科技兴农。在20个专家大院基础上，再建一批专家大院，实行企业化管理、社会化服务、实体化经营、多元化投资，形成与市场衔接的新体制。抓好“十大中心”改制，年内完成布尔羊、秦川牛、良种奶牛三个中心的改制工作。大力推广优质专用小麦、线辣椒、优质苹果、美国黑核桃、黄金梨、秦王桃等10项农业新技术，推动优质粮、畜牧、果业、蔬菜四大基地建设上规模。延伸农业信息网络，形成集信息采集、加工、发布、服务于一体的市场化信息服务体系。

积极实施农业生态工程。紧紧抓住国家扩大退耕还林还草规模的机遇，抓好政策兑现，保护和调动农民积极性，全面实施退耕还林还草工程。抓好生态环境综合治理重点县和农业综合开发工程建设，加强天然林保护，治理水土流失面积355平方公里，造林55万亩，封山育林50万亩。加强水利基础设施建设，加快冯家山水库和石头河水库灌区改造、渭河千河治理、病险水库除险加固等工程建设步伐，年内新增灌溉面积3万亩。

三、培育新的经济增长点，构筑宝鸡特色经济新框架

突出抓好高新区建设。认真落实市委、市政府即将出台的《关于加快宝鸡高新区发展的决定》，举全市之力，加速东区开发，实现二次创业。突出抓好生物医药园、机电材料园建设，年内促成6~7个大项目落地。加快高新区体制创新，不断完善服务体系，形成小政府、大社会的格局。大力发展民间风险投资，推动技术与资本的结合。加大招商引资力度，全年合同引资15亿元，技工贸总收入增长30%以上。加快金台、渭滨、虢镇、蔡家坡、眉县科技园区建设，尽快形成“一区多园”的产业新格局。

加快建设旅游名市。唱响“东华山、西太白”的口号，加大宣传促销力度，创出宝鸡旅游品牌。精心组织“民间艺术游”主题年活动，办好中国宝鸡法门寺国际文化旅游节、太白山旅游登山节和首届钓鱼台古文化旅游节，加快关山草原等重点景区基础设施建设。积极推进旅游集团的企业化运作，启动天台山旅游区开发和宝鸡宾馆五星级改造，全年实现旅游综合收入18亿元。

放手发展非公有制经济。不断优化非公有制经济发展的外部环境，继续实施“550工程”，对技术含量高、发展前景好的私营企业大户进行重点扶持，促其上规模、上水平、上档次。积极引导和支持非公有制经济参与国有企业资产重组，实现投资主体多元化。特别要把加快民营科技企业发展放在重要位置，有重点地对一批成长性好的企业加大扶持力度，使其尽快成为我市新的经济增长点。今年，力争非公有制经济占全市经济总量的比重达到40%。

大力培育信息产业。加强信息基础设施特别是宽带网建设，大力发展多种接入方式，积极促进电信、电视和计算机三网融合，构筑统一高效的信息交换平台。依托宝鸡信息港，建设重点企业、招商引资、政策法规等六个数据库，实现资源共享。积极推行电子政务，年内完成市政府电子政务平台建设，实现网络互通。继续实施政府上网和企业上网工程，县区和政府上网率达到80%，市属大中型企业全部上网。以数字家电、微波通讯、网络应用为重点，大力发展信息产业，努力提高信息产业在

我市经济总量中的比重。

四、以重点项目为支撑，建设现代化生态园林城市

加快重点项目建设。年内完成全社会固定资产投资85亿元，其中50个重点项目完成投资50亿元。力争316国道留凤关至双石铺段改造、省道212线千阳段改造、省级苗木繁育中心、电信大楼等12个项目建成投用，继续抓好姜眉公路、均利广场、联通通信、广电综合信息网等21个续建项目建设，确保扶风冀东水泥、关中旅游环线、冯家山引水二期、贫困县通县油路等17个项目开工。

增强城市载体服务功能。以“五路二桥一隧道”为重点，实施基础设施工程。开工建设滨河路及其跨310国道的立交桥、陈仓大道（宝虢路）、代家湾渭河大桥，完成渭河人防隧道主体工程、广元路渭河大桥、宝平路、川陕路北段和清姜路中南段改造工程。以创建环保模范城为目标，实施“蓝天、碧水、绿色、朝阳”四大工程。重点抓好渭河市区段防洪暨生态治理、北坡和南山绿化两大骨干工程，渭河公园“五一”节前建成开放，北坡、南山绿化累计完成造林8万亩。加快陈仓园广场、污水处理厂和垃圾处理厂等工程建设步伐，经过三至五年的努力，把我市建成西部最佳人居环境城市。以综合执法为手段，实施城市综合整治工程。加强社区建设，理顺管理体制，集中整治影响市容市貌的突出问题，不断提高城市管理水平。

积极推进城市化进程。按照建设现代化百万人口大城市的目标，“不求最大，但求最佳”，修订城市发展总体规划；按照特色突出、功能协调的要求，细化城市分区规划，制定城镇体系发展规划；按照撤县设区方案，积极做好陈仓区规划和建设工作。加快居民小区、产业和文教卫生设施东移步伐，拓展城市发展空间，力争2~3年在上马营形成副中心。加快小城镇发展，重点抓好常兴、蔡家坡、法门、汤峪等中心城镇，提高工业化水平。改善县城基础设施条件，重点抓好县城供水工程，力争岐山、凤翔早日撤县建市。

积极探索经营城市新路子。树立经营城市理念，对城市土地实行政府统征，放开搞活二级市场，推行土地招投标制度。对经营性用地实行限量供应，有序开发，调控市场，升值增效。通过资本运营，盘活用好城市资产与资源。对公交、供水、排水、污水处理等城市公用事业实行多元化投资，形成依托城市建设城市、发展城市的良性循环。

五、营造良好投资环境，推动全方位对外开放

开放是实现经济社会跨越式发展的动力。要认真总结“开放年”的成功经验，继续组织实施好第二个“开放年”活动。

集中整治投资环境。继续开展“四清理五整顿”，重点解决基层“七所八所”问题，严肃查处吃拿卡要、刁难投资者的人和事，努力做到“四个到位”：诚信到位，把“帮你成功，促我发展”落实到每个环节，诚信到人、诚信到心；人才服务到位，主动与国内高等院校合作开展高级人才培训工作，营造管理、营销、技术人才高地；办事效率到位，完善政务大厅功能，建立项目首谈负责制、限时办结制和市级领导现场办公制度，及时解决客商反映的问题；政策措施到位，认真抓好《关于加大招商引资力度，优化投资环境的暂行规定》的落实，对大项目，采取更有针对性的政策措施吸引。真正在办事效率、服务态度、管理机制等方面营造尊商、亲商、安商、富商的良好环境。

突出抓好招商引资。重点抓好已签约项目的跟踪落实，力争项目早落实，资金早到位，全年合同引资80亿元，资金到位30亿元。按照“小型分散、确保安全、讲求实效、提高水平”的原则，继续办好“两节一会”。广泛发动全社会和各行各业，走出去、请进来，加大招商引资力度。实施分区招商，提高招商工作的组织性。针对东部沿海和港澳台、东南亚、欧美等国家和地区的不同特点，系统确定目标，分区强力推进，力求取得重大突破。实施分类招商，提高招商工作的针对性。根据加入WTO后国际资本新流向，筛选骨干项目，扩大引资领域，明确主攻方向，采取针对性措施。实施系统招商，提高招商工作的实效性。对大公司、大项目的招商引资，认真研究策略，周密制订计划，主动出击，多形式、多渠道轮番推进，提高招商的成效。积极扩大外贸出口，增加自营出口，全年实现创汇3850万美元。

六、加强社会保障体系建设，努力提高人民生活水平

加强财税工作，实现“两个确保、两个保证”。加大财税征收力度，规范和整顿税收秩序，深化财政体制改革，逐步建立公共财政基本框架。加大转移支付力度，集中一切可用资金，千方百计确保国有企业下岗职工基本生活费按时足额发放，确保企业离退休人员养老金按时足额发放，保证机关事业单位干部职工工资按时足额发放，保证离休干部医药费按规定实报实销。

健全社会保障体系，增加城乡居民收入。扩大社会保险覆盖面，切实做好企业兼并破产和事业单位改制过程中的养老保险工作，有计划、有步骤地完成下岗职工基本生活保障制度向失业保险制度并轨。积极完善医保政策，逐步解决困难群体医保问题。全面建立城镇最低生活保障制度，逐步建立以行政村为主体的农村最低生活保障制度，确保低收入群体的基本生活。健全政府促进就业服务体系、以社区为基础的就业网络体系和劳动就业市场化体系，多渠道扩大就业。落实中央政策，千方百计增加城镇居民收入。大力发展县域经济，培育壮大支柱产业，形成各具特色的县域经济新格局。积极稳妥地推进农村税费改革，减轻农民负担，增加农民收入。以实施百村扶贫示范工程为重点，加大扶贫资金投入，改善贫困地区生产生活条件。

坚持人民政府为人民，认真办好十件实事。一是加快人畜饮水工程步伐，年内解决16.5万人的生活饮水困难。二是启动百村扶贫开发示范工程，年内完成移民搬迁1.5万人，2.5万人解决温饱问题。三是改造中小学危房20万平方米，完成新宝中教学区主体工程。四是实施再就业工程，再就业率达到50%，城镇登记失业率控制在4%以内。五是扩大城乡居民最低生活保障覆盖面，做到应保尽保。六是加快经济适用房建设，年内建成住宅35万平方米，陈仓园二期、姜园小区主体工程完工。七是积极推进社区建设，年内30个社区全面建成老年、托幼、助残、卫生保健、健身活动“五个一”设施。八是新增集中供热面积130万平方米，建设天然气储气罐，城市气化率达到90%，城市大气质量达到二级标准。九是扩大城市公共绿地，人均公共绿地达到8平方米。十是实施“健康工程”，全市农村合作医疗覆盖面达到60%，完成市中医医院住院综合楼主体工程，开工建设市中心医院门诊综合楼，改造15所乡镇卫生院。

七、大力实施可持续发展战略，实现经济社会协调发展

加强环境保护、国土资源管理和计划生育工作。加大环保执法力度，巩固工业污染源达标排放成果，加强冯家山水库、清姜河等饮用水源地保护，年内建成环保信息中心和大气环境质量日报系统工程，不断提高环境质量。认真实施土地利用总体规划，严格控制地下水开采，加强矿产资源管理，抓好开采山林的复绿，实现资源的永续利用。深入开展计划生育综合服务县创建活动，加强流动人口计生工作，稳定低生育水平。

优先发展教育事业。继续开展创建教育强镇和农村示范小学活动，年内创建教育强镇5个，建成农村示范小学20个。大力发展职业教育和高中阶段教育，加快新宝中建设，组建宝鸡高等职业技术学院。大力发展信息技术教育，实施“校校通”工程，年内建成市级教育信息平台。整治学校周边环境，为学生健康成长创造良好环境。推进人事制度改革，吸引和培养一批善经营会管理的企业家，一批具有较高知名度的学术和科技带头人，一批发展新兴产业急需的高层次人才，使宝鸡成为优秀人才的聚集地。

大力发展社会事业。加快县级图书馆和文化馆建设，规范文化娱乐场所，做好文物保护和开发利用，实现贫困地区广播电视“村村通”。重视老龄工作，维护和保障老年人合法权益。推进体育产业化，实施全民健身和奥运争光计划，全面推进城镇卫生体制改革，建立多层次的城乡医疗保健服务体系，加强药品市场监督管理，提高人民群众健康水平。

八、加强精神文明建设和民主法制建设，努力维护社会稳定

深入学习邓小平理论和江泽民“三个代表”重要思想，认真落实《公民道德建设实施纲要》，大力弘扬“爱国守法、明礼诚信、团结友善、勤俭自强、敬业奉献”的道德规范，推动社会主义道德体系的形成和发展。继续开展“五大创建”活动，努力争创全国文明城市。以食品、药品、农资为重点，严厉打击制售假冒伪劣商品行为，增强全社会的诚信意识。加强全民国防教育，做好双拥工作，增强军政军民团结。重视和加强民族、宗教、侨务工作，充分调动各方面积极性，促进全市经济快速发展。

加大依法治市力度，认真实施“四五”普法规划，增强全民的法制和法律意识。大力推进基层民主政治建设，搞好第五次村委会换届选举工作，继续推行村务公开。全面落实社会治安综合治理的各项措施，深入开展以“打黑除恶”为重点的严打斗争，重点解决群众反映强烈的突出问题，确保社会治安两年内实现明显好转。切实加强安全生产工作，认真落实安全生产责任制和安全防范措施，巩固专项整治成果，遏制重特大事故发生。继续开展对“法轮功”等邪教组织的斗争，重视做好信访工作，妥善处置群体性事件，及时化解和消除各种不稳定因素，努力形成社会安定繁荣、人民安居乐业的大好局面。

适应WTO需要 创新政府管理体制

加入世贸组织，对政府的管理水平和工作效率提出了新的挑战。各级政府将以江泽民同志“三个代表”的重要思想为指导，全面加强政府自身建设，建立符合国际惯例的政府管理体制。

加强理论学习，实现观念创新。认真学习贯彻江泽民同志“七一”重要讲话和党的十五届五中、六中全会精神，自觉地把思想认识从那些不合时宜的观念、做法和体制中解放出来，在解放思想中统一思想，在开拓创新中加快发展，在埋头苦干中振奋精神，切实增强对外开放意识、事在人为意识、争先责任意识，有胆有识，创新工作。各级干部要熟悉掌握世贸规则，明确我们在体制和机制上存在的差距和应该努力的方向，研究制定应对入世的具体措施，坚定信心，奋发有为，不断熟悉新情况，解决新问题，开创新局面。

转变政府职能，实现管理创新。全面展开县乡政府机构和事业单位改革工作，真正使政府职能从计划经济体制的管理方式转向市场经济体制的管理方式，从内向型经济管理方式转向开放型经济管理方式，从微观管理转向宏观管理，强化宏观调控，弱化微观管理，转化社会职能。认真抓好行政审批制度改革，规范行政审批行为，推进行政审批法制化、科学化。坚持依法行政，完善行政执法监督检查机制，认真清理规范性文件，把行政工作纳入规范有序的法制化轨道。自觉接受人大依法监督和政协民主监督，认真办理人大代表建议和政协委员提案，提高政府决策的科学化、民主化水平。

改进工作作风，实现工作创新。紧紧围绕与人民群众保持血肉联系这个核心，全面落实党的作风建设“八个坚持、八个反对”的主要任务，切实解决作风和政风上存在的突出问题。认真开展“转变作风年、调查研究年“活动，一切工作都要坚持实事求是，注重调查研究，突出群众观点，以民为本，真抓实干。坚决精简会议和文件，改进会风和文风，简化公务接待，取消各种检查达标评比活动。积极推行政务公开，加强政府部门之间、政府与公众之间的信息交流，建立公开透明的行政运行机制。实行服务承诺制，推行首问责任制和引导办理制，建立高效、快捷的行政工作机制。加强行政效能监察，健全完善对各部门工作的可评价体系，建立科学合理的行政考核机制。大力表彰奖励那些善于学习、与时俱进、求真务实、不图虚名、坚持原则、弘扬正气的人，绝不让那些埋头苦干、任劳任怨、政绩突出而不事张扬的人吃亏，努力营造谋事、干事的良好环境。

人民群众是我们的衣食父母。要始终把代表人民群众的根本利益、关心人民群众的安危冷暖、提高人民群众的生活水平作为各级政府的第一要务和根本职责，常怀爱民之心，恪守为民之责，善谋富民之策，多办利民之事。建立健全联系群众的制度，坚持深入群众，广开言路，集中民智，以深厚的感情、满腔的热情解决群众生产生活上的困难，特别要多做雪中送炭的工作，把城乡居民中弱势群体的衣食冷暖时刻记挂在心上，确保“人人无饥寒”。广大干部特别是领导干部要以新时期优秀共产党员郭秀明、杨文洲为表率，真正以人民公仆的崇高风范影响和带动群众，以实实在在的作风，扎扎实实的工作，给人民群众带来实实在在的利益，赢得群众的信赖和拥护。

坚持廉洁从政，实现制度创新。全面落实党风廉政建设责任制和领导干部任期经济责任审计制，规范政府工作人员特别是领导干部的从政行为。进一步加大大案要案查处力度，重点查处执法机关、经济管理部门的违法违纪案件。大力纠正部门和行业不正之风，加强预算外资金管理，全面推行政府采购，扩大会计集中核算面，完善工程招投标制度，从源头上预防和治理腐败。

各位代表，新的一年，挑战与机遇并存，困难与希望同在。加快大开放，促进大开发，实现大发展，任重而道远。让我们在中共宝鸡市委的领导下，解放思想，与时俱进，抢抓机遇，开拓进取，为实现宝鸡新世纪的宏伟目标而努力奋斗！

大 事 记

宝鸡市“十五”期间十大工程

1. 生态建设工程。主要规划建设渭河市区段防洪及生态环境建设工程、苗木基地、天然林保护、退耕还林、污水垃圾处理、环境治理等15个项目，总投资21.56亿元，“十五”计划投资15.5亿元。

2. 基础设施建设工程。主要规划建设高新大道、广元路渭河大桥、集中供热、城市引水、陇海铁路宝兰段复线、姜眉公路、段家峡水库扩建、灌区改造等44个项目，总投资264亿元，“十五”计划投资135.9亿元。

3. 信息网络建设工程。主要抓好宽带信息网、广电传输网、综合信息网、市话、移动通讯扩容等7个项目，“十五”计划投资13.38亿元。

4. 高新技术产业化工程。主要抓好喷气织机电控箱、心血管生物材料、行架式机械手、供水机器人、生物工程技术生产应用等12个项目，总投资6.83亿元，“十五”计划投资6.66亿元。

5. 科技、经济园区建设工程。主要抓好宝鸡高新技术开发区东区基础设施建设和蔡家坡、虢镇、金台3个科技、经济园区及重点乡镇工业园等7个项目建设，总投资34.9亿元，“十五”计划投资23亿元。

6. 小城镇建设工程。主要抓好县城、重点集镇的道路、供水、供热、环境治理、天然气利用、住房绿化等10个项目，总投资20.21亿元，“十五”计划投资16.81亿元。

7. 旅游开发工程。重点抓好太白山生态旅游、周原周文化旅游园区一期开发、天台山和凤县溶洞旅游开发、旅游专用公路建设等10个项目，总投资24.44亿元，“十五”计划投资14.3亿元。

8. 工业结构升级工程。主要实施高效数控机床规模化生产、铁路道岔及钢结构、钻机生产等扩能改造、垃圾综合处理系统开发、西气东输工程配套钢管生产线、微电子商品防伪系统生产线、钛冷炉床熔炼炉引进、矿山资源开发加工、大水泥等生产线建设共38个项目，总投资93.9亿元，“十五”计划投资91.4亿元。

9. 农业产业化工程。主要建设百万亩优质专用小麦生产基地、百万亩优质水果生产加工出口基地、30万亩无公害蔬菜生产基地、畜牧产业化开发等13个项目，总投资36.45亿元，“十五”计划投资27.4亿元。

10. 市场体系建设工程。主要建设粮食储备库、仓储式卖场、蔬菜果品钢材批发市场等13个项目，总投资10.53亿元，“十五”计划投资8.07亿元。

2001年宝鸡市十大民心工程

2001年市委、市政府将实施十大民心工程，建好五路二桥一园，进一步改变城市面貌，优化投资环境，把宝鸡建成现代化生态型园林城市，为广大群众创造一个环境优美、居住舒适的生产、生活环境。

生态 城市生态工程包括北坡和秦岭北麓绿化、渭河市区段防洪及生态治理两大工程。北坡绿化完成造林3万亩。渭河市区段生态治理分两期实施，第一期春季开始护滩堤建设和绿化工程。绿化以灌木、草、花为主，建设渭河公园。第二期工程汛期后建设拦河闸工程，两年内完成，进而下闸蓄水、造成水面，与渭河公园相融，形成“水中有园、园中镶水”、“回廊九曲、环环成景”的生态环境新景观。彻底改变渭河少水、河床裸露、荒草丛生、沙尘飞扬的局面，提高城市品位，改善城市生态条件，优化城市投资环境。

道路 旧城道路改造工程拟对市区群众路、清姜路、新建路、广元路、太白路、宝福路、宝十路、姜谭路等十多条城市“卡脖子”、“盲肠”路段进行整体改造，彻底改变城区道路狭窄、拥挤、凹凸不平、灯黑路暗的面貌。同时对经二路、东风路等人行道、路灯、绿地和沿街建筑物外装饰及灯光进行高标准改造。对金台南巷、交通巷、新民路、新华巷等路面进行改造、美化，方便群众出行。修建火车站广场音乐喷泉，新增100辆公交车辆，彻底改变道路狭窄拥挤问题。

桥梁　桥梁工程包括广元路渭河大桥工程和代家湾—下马营渭河大桥工程。广元路渭河大桥是宝鸡市南北连接的主要桥梁之一。主桥全长690米，形成跨渭河市区段东西交通环流，以缓解市内南北交通压力。代家湾—下马营渭河大桥是连接市区与高新技术开发区东区的主要桥梁，是高新区东区配套工程之一。计划年内完成设计、征地、招商工程，力争年内开工。

高新区　高新区东区建设工程主要包括高新大道工程、代家湾—下马营渭河大桥工程和新区天然气管网建设工程。高新大道全长13.5公里，是连接市区高新技术开发区西区与下马营高新技术开发区东区的主要干道。2001年重点实施一期工程，长4.9公里。与此同时铺设天然气管网15公里，完成水、电配套建设，年内初步达到项目进区的基本条件。

天然气　天然气利用工程分为两部分。一是利用国家开发银行贷款，加快天然气工程建设步伐，年内基本建成市区管网，新增用户10000户，尽快提高天然气的普及率。同时积极推进天然气替代燃油、燃煤工作，对现有燃煤工业及采暖锅炉进行气代煤改造。对出租车、公交车等燃油设备进行气代油改造，减少废气污染。二是年内完成球型储气罐工程，使天然气利用工程不断完善。

供水　供水管网改造工程包括完善冯家山引水市区管网和对市区现有管网进行改造，以满足不断加大的供水需求。2000年虽已建成日取水8万立方米的冯家山一期取水工程，但由于市区管网缺少调节，布局极不合理，加之超负荷运载，很难满足冯家山二期引水工程的配套要求和市区日益扩大的供水需求。2001年拟开工完善冯家山引水工程市区管网配套工程，同时对市区现有的自来水管网予以改造扩建，增大管径，扩大供水区域，彻底解决供水需求矛盾。

环卫　环卫工程涉及垃圾处理厂、污水处理厂和公厕建设等具体内容。2001年拟开工建设设计容量为1亿立方米的陵原垃圾处理厂，修建进厂渠道、筑坝，完成防洪、防渗设施建设，达到可进行垃圾卫生填埋的能力。同时开工建设卧龙寺污水处理厂，形成日处理污水12万立方米的能力，以净化地表水源。年内还拟新建公厕2座，改造公厕6座，建成垃圾转运站4座。

供热　年内完成宝鸡发电厂热源改造项目，新形成230万平方米的供热能力，力争2001年冬季投入运行，使姜谭、清姜地区群众受惠。完成上马营集中供热建设项目，铺设3公里主干管网，新建2座热交换站、扩建2座热交换站，新形成30万平方米的供热能力，进而扩大市区供热面积，提高群众生活质量。

街巷　背街小巷“四化”工程结合城市生态环境治理工程规划，集中对城市道路、居民小区、城乡结合部实行绿化，以达到背街小巷的绿化、净化、美化和亮化。全年结合对金台南巷、交通巷、新民路、新民二路和新华巷的改造，加快背街小巷“四化”进程，植树、栽花、种草，创造舒心漂亮的居住环境，形成“林在城中、城在林中、园园成绿、带带成荫”的生态景观。

住房　在住房建设中实施广厦工程。包括廉租房建设工程、陈仓园二期工程、姜园小区建设工程、纸坊头小区建设工程和旧住房区整治工程。廉租房建设工程完成清姜东一路小区182套、高新区6号小区330套、瓦厂街小区140套廉租房建设任务。陈仓园二期工程完成征地270亩，开工建设5万平方米。姜园小区开工建设5万平方米。纸坊头小区完成征地，开工建设5万平方米。旧住房区整治工程完成河堤新村和沿河新村旧住宅整治，重点做好公建配套、绿化等工作，完善小区功能，年内纳入物业管理。

2001年宝鸡市大事要闻

（一）喜迎“开放年”

1．2月1日，市委市政府召开“开放年”活动动员大会，提出要优化投资发展环境，加大招商引资力度，完成年内招商引资100亿元的目标。

2．2月8日，全市计划、经贸、体改、物价工作会议召开，提出要以大开放推动大发展。市政府提出当年的目标任务是：国内生产总值增长10%，地方财政收入增长8%，城乡居民收入明显增加。

3．3月12日，宝鸡炎帝园拆除了大门，免费向市民开放，成为全省第一个不收门票的公园。炎帝园的开放是宝鸡“开放年”的象征。

4．4月4日，市委、市政府在西安举行“开放年”新闻发布会。“开放年”活动的4项主要内容出台：全力抓好招商引资，合同引资额达到100亿元；精心办好“两节一会”；整治和改善投资环境；加快城市基础设施建设步伐，实施以“五路二桥一园”为主的“十大民心工程”，重点抓好渭河市区段生态治理和北坡绿化。50多家国内外新闻媒体近200名记者参加会议。

5. 4月26日，宝鸡法门寺国际文化旅游节、太白山旅游登山节暨招商洽谈会隆重开幕，来自全国18个省市区的代表和16个国家的数百名贵宾和国家及省上领导参加开幕式。当天宝鸡共签约项目66个，引资35亿元。

6. 4月26日至30日，历时5天的“两节一会”取得圆满成功，总投资过百亿元，合同引资89亿元，成为宝鸡市历史上规模最大、规格最高的一次盛会。

7. 5月22日，全市改善投资环境、扩大对外开放工作会召开，提出要加快发展开放型经济，推动新一轮对外开放，实现宝鸡经济跨越式发展。

8. 9月4日至6日，以市委书记庞家钰、市长吴登昌为首的宝鸡代表团出席“2001·中国西部论坛”，3天时间引资近20亿元，成为论坛的热点。中央电视台“中国报道”播发了宝鸡引资的消息。

9. 11月6日，中国石化机械行业引进外资最多、投资数额最大的中外合资项目——中日合资宝鸡住金石油钢管有限公司挂牌运营，公司总投资6.6亿元人民币。

（二）国家、省领导来宝考察

1. 1月6日至7日，国务院副总理温家宝深入岐山、扶风访贫问苦、调查研究。温家宝走访了5个乡镇15家农户。在调研中，他称赞宝鸡的畜牧业发展成绩喜人；在农村建“专家大院”为农科专家提供了用武之地，是个好办法。

2. 4月15日，中央政治局委员、军委副主席、国务委员兼国防部长迟浩田参观法门寺，对法门珍宝赞不绝口。

3. 4月26日，全国政协副主席周铁农为“两节一会”剪彩，对宝鸡取得的成就给予了充分肯定。

4. 6月5日至8日，省委书记李建国到麟游、凤翔、千阳、陇县及高新技术开发区调查研究。他称赞宝鸡建设“工业强市、旅游名市、畜牧大市、生态园林城市”的思路对头；农业结构调整创出了一条农民脱贫致富的好路子，畜牧业发展喜人。并对宝鸡在城市发展、高新产业技术开发等方面取得的成绩给予了肯定。

5. 2月6日至7日，省长程安东来宝考察工作，现场办公。他称赞宝鸡领导班子团结奋进，经济发展，社会稳定；调整农业结构、发展畜牧业、建“专家大院”等经验值得全省推广。他还对宝鸡渭河生态治理工程及“开放年”活动等给予充分肯定，并指示省上相关部门要鼎力支持。

（三）重点工程捷报传

1. 5月16日，渭河生态治理工程首期渭河公园建设拉开序幕，经过300多名建设者的奋战，渭河公园雏形已见，市上要求2002年5月1日前建成开放。

2. 8月27日，总投资4000多万元的广元路渭河大桥正式开工，年底大桥基础工程已基本完工。

3. 11月16日，东岭集团5万吨炼锌高炉点火一次成功，它是全市2001年四大支柱产业建设重点项目之一，总投资3亿元。

4. 荒芜了数百年的北坡披上了绿装。这个长达98公里，穿越金台区、宝鸡县、岐山县、眉县、扶风县22个乡镇109个村的浩大工程至2001年底已造林5万多亩，完成了60多公里的绿化任务。

5. 计划投资6.98亿元的姜眉公路宝鸡段119.4公里的工程经过数千名建设者的日夜奋战，已完成计划80%以上，在秦岭大山中架设桥梁11座，打通隧道5座，防护工程已完成浆砌块石21万立方米。这条公路西起汉中市留坝县姜窝子，东至眉县常兴大桥，它的贯通将使关中地区与四川、甘肃的来往更加通畅。

6. 11月16日，计划投资9500万元的渭河隧道人防工程开工。这项工程北起市区斗中路，南至石嘴头，从渭河河底穿过，长1569米，宽20米，是宝鸡市加强基础设施建设的又一举措。

7. 12月中旬，全省六大重点水利工程之一的宝鸡峡渠首加坝工程大坝主体贯通，这项总投资4亿元的大工程年底已完成总工程量的92%。

8. 连接高新技术开发区东西两区的高新大道通过一年的建设，12月28日，长4.9公里、总投资1.2亿元的一期工程竣工通车。

（四）欢庆鼓舞开心事

1. 1月11日，宝鸡获中国优秀旅游城市称号。同时，法门寺和太白山旅游区获全国4A旅游区称号。

2. 4月23日，宝鸡火车站广场音乐喷泉试喷成功，“五一”长假期间音乐喷泉吸引了众多的游客，7天时间数十万人争相观看。

3. 7月13日，当国际奥委会主席萨马兰奇宣布北京获得2008年奥运会主办权时，陈仓大地一片欢腾，人们用各种方式欢庆北京申奥成功。

4. 10月7日晚9点30分，中国足球队以1:0战胜阿曼队，冲击世界杯提前出线，数千名宝鸡球迷拥上街头，欢呼雀跃。

5. 11月15日，法门寺博物馆新馆建成迎宾，中央电视台当晚做了报道。

2001年宝鸡市大事记

1月

2日

△市委召开会议，部署农村“三个代表”重要思想教育活动。

3~5日

△中共宝鸡市第八届委员会第五次全体会议举行。

5日

△市级机关会计核算中心及市财政投资评审中心成立。

8日

△市重点工程陈仓园二期总体工程奠基，占地面积175.88亩，建筑面积16.6万平方米。

9日

△全市困难企业职工生活保障会召开，要求9~10日将360万元救济款发到特困职工手中。

11日

△中组部检查组检查扶风县“三个代表”重要思想学习教育活动。

△市中级人民法院举行公判大会，7名罪犯被依法判处死刑。

12日

△陕西省暨宝鸡市2001年卫生下乡启动仪式在法门寺举行。

13日

△2000万元中国福利彩票首发仪式在金台区举行。

14日

△宝鸡代表队夺得全国律师电视辩论大赛（陕西赛区）决赛团体冠军。

15日

△市政府全体会议通过了即将提交市十一届人大四次会议审议的《“十五”计划纲要》(草案)。

17日

△铁道部重点工程——一座日产90吨冰块的制冰生产线在宝鸡铁路东站建成。

18日

△应香港国际青年文化交流中心邀请，市民间工艺美术团前往香港举办“中国西部·宝鸡民间工艺美术作品展览”，作品包括凤翔彩绘泥塑、马勺社火脸谱、草编、木版年画18个品种1000余件。

20日

△晚，“世纪之光”宝鸡自贡大型恐龙艺术灯会在市人民公园开幕。

△市打假办在金河垃圾场销毁了价值145万元的假冒伪劣商品。

21日

△宝鸡—西安城际特快列车K796/7和K798/5再次提速，宝鸡到西安100分钟可到达。

31日

△宝鸡市召开各界人士座谈会，通过“法轮功”痴迷者在天安门广场自焚事件声讨李洪志及“法轮功”组织反人类、反社会、反科学的本质。

2月

2日

△香港摄影家简庆福、连登良、黄贵权摄影作品联展在市工商银行后楼展厅开展。

△市长吴登昌在全市清理整顿农村合作基金会工作会上指出，2000年累计回收借款4.57亿元，但企业借款回收难度大，要加大力度，2002年底结束清欠工作。

5日

△市纪律检查委员会召开第五次全体会议。

△市政府廉政工作会议落实全年反腐败任务，吴登昌市长要求政府系统管好“权、事、钱、人”。

8~9日

△全国政协委员、原全国总工会副主席薛昭鋆来宝鸡，就贫困群体问题及工会自身改革、建设工作进行调研。

10日

△市政府召开部分人大代表、政协委员座谈会，征求对《“十五”计划纲要》(草案)的意见。

13日

△市直机关工委、市科协联合组织的“反对邪教保障人权”万人签名活动举行。

14日

△渭滨公安分局公开销毁近万张淫秽光盘、部分淫秽录像带及书籍。

15日

△陕西关山乳业有限公司的专利产品——瑞芙

干吃奶粉春节期间投放市场，填补了中国乳制品业的一项空白。

△市禁毒委员会主任、常务副市长孟祥义在全市禁毒工作会上号召开展创建“无毒社区”活动。

21～24日

△政协宝鸡市八届四次会议召开，343名委员参加。

22～26日

△宝鸡市第十一届人民代表大会第四次会议召开，出席会议代表360名。大会开幕式由执行主席庞家钰主持，市长吴登昌作《面向新世纪，谋求大发展，努力实现宝鸡经济社会新跨越》工作报告。

22日

△陕西秦川机械发展股份有限公司博士后科技工作站建立，在全国机床行业、全省地市属首例，已有1名博士后进站工作。

23日

△市政府纠风办根据国务院、省上要求，提出严禁使用代币购物券（卡），在2月28日全国统一期限前自查清理完毕，对3月1日后继续使用者追究责任。到2月28日共清理代币券765万元。

24日

△陕西省首辆胚胎移植专用车在宝鸡县八鱼乡境内的市高产奶牛繁育中心落户。

25日

△姜眉公路最长的隧道——马槽沟隧道（377米）贯通。

27日

△太白县在李家沟村首次发现秦国墓葬，为褒斜道考古研究提供了实物资料。

28日

△宝鸡市公安机关开展的安全服务市场清理整顿工作到2月底共清理“黑保安”365人。

3月

1日

△宝鸡市执行《会计法》重点检查全面启动，重点检查共7大类26款67项，首批35户均系企事业单位。

2日

△市委宣传部、宝鸡军分区政治部举行新闻发布会，号召全市党员、干部群众和预备役官兵向陇县民兵女子防雹连学习。女子防雹连组建于1974年，27年来共减少损失3.45亿元。

5日

△全市城乡学雷锋活动日，被誉为“活雷锋”的全国学雷锋标兵李润虎（2000年担任驻宝某部装备部副部长）带领官兵上街为民服务。

6日

△宝鸡市在北京民族饭店举办宝鸡同乡联谊会，出席九届全国人大四次会议的市委书记庞家钰、市长吴登昌向在国家各部委工作的宝鸡同乡通报了“两节一会”的有关情况。

7日

△陕西省第九届科技之春农村科普示范活动在凤翔县举行。

8日

△市人大常委会向社会公布了《宝鸡市公民旁听市人民代表大会常务委员会会议试行办法》，公民旁听市人大常委会会议制度正式实施，在全省地市中属首家。

9日

△宝鸡市在北京民族饭店举办宝鸡市与首都新闻记者座谈会，市委书记庞家钰、市长吴登昌介绍了宝鸡市情，通报了将要举办“两节一会”，诚邀各新闻媒体记者来宝观光采访。人民日报社、新华通讯社、中央人民广播电台、中央电视台等20多个新闻单位的记者40多人参加了座谈。

15日

△陕西省军区司令员马殿魁少将检查宝鸡民兵预备役建设工作。

16日

△西部证券股份有限公司宝鸡红旗路营业部正式开始B股开户预约登记，当日有27人正式登记，结束了宝鸡外汇不能炒股的历史。

△副市长、市民盟主委冯月菊与近百名民盟盟员庆祝中国民主同盟会成立60周年，宝鸡市现有盟员500余名。

19日

△市人大、市政府、市政协联合召开人大代表政协委员提案交办工作会议，安排了2001年“两案”办理工作。

21日

△市委召开传达九届全国人大四次会议精神大会，全国人大代表、市长吴登昌传达了会议精神和江泽民总书记、李岚清副总理参加陕西代表团讨论时的讲话精神。

△解放军第三医院运用多弹头自动导航射频治疗仪成功进行了一例肝癌灭活手术，标志宝鸡地区治疗肝癌技术达到国际先进水平。

22日

△市区用水管理大会决定2001年取水许可将严格审批程序，并逐步关闭自备水源，当前市区日缺水量达12万立方米。

△市长吴登昌在宝鸡宾馆会见了参加宝鸡住金石油钢管有限公司第一次董事会议的日方代表，就公司生产筹备情况和今后发展进行了交谈。

24日

△市纪委、监察局决定从2001年开始，在全市实行建设工程项目向纪检监察机关报送备案制度。

25日

△宝鸡市城乡建设开发总公司正式更名为宝鸡市中房房地产开发有限公司，成为全市首家国有资本从企业全部退出的国企改制企业。

27日

△市委、市政府召开全市领导干部与困难职工“交友帮扶”动员大会。

28日

△宝鸡市援藏专家医疗队抵达拉萨投人工作，这是本市第三次派出医疗队，由4名专家组成，工作时间一年。

31日

△市长吴登昌在检查宝鸡北坡绿化工作时要求：三年完成北坡绿化任务。

4月

1日

△市政府从1日8时起，启用全国统一政府热线电话号码“12345”，设在市政府总值班室。

△新版商品明码标价签在宝鸡市全面推行。

△宝鸡市从1日起调整公交票价，零票全程一票制，票价由每人0.5元调整为1元，职工月票由24元调整为36元，学生月票由9元调整为10元。

1～3日

△全国政协副主席陈锦华视察了秦川机床厂、市青铜器博物馆、法门寺博物馆和太白山国家森林公园。

2日

△中共陕西省委作出决定：追授原太白山国家森林公园管理处党委副书记、主任杨文洲“优秀共产党员”称号。

3日

△天津“家世界”集团与宝鸡均利购物广场有限公司开设超市合作项目签字仪式在西安举行。

4日

△全市目标管理责任制工作表彰动员大会召开。

7日

△4月7日是“世界卫生日”，宝鸡市第13个爱国卫生月宣传活动拉开帷幕。

7～8日

△香港国际贸促会会长甘右成一行来市参观，市委书记庞家钰会见甘右成一行，向客人介绍了“两节一会”期间确定的重点招商引资项目。

9日

△宝鸡市与天津市津南区在宝鸡宾馆举行缔结友好市区签字仪式，市长吴登昌、津南区区长刘树起代表双方在协议书上签字。

10日

△2001年中国东西部合作与投资贸易洽谈会结束，宝鸡市共签订招商引资项目48项，引进资金45亿元。

△副市长吴苏平在高新技术产业开发区会见英国福瑞公众有限公司董事麦克唐约·尼尔，洽谈飞机发动机“钛环”件合作项目。

18日

△西北地区中等城市首家股份制商业银行——宝鸡市商业银行正式成立。由市区7个城市信用社组建，市政府和企业法人参股，下设13个支行。

19日

△市中级人民法院分别在市区和凤翔、扶风、太白、陇县、宝鸡县召开公判大会，7名罪犯被执行枪决。

21日

△宝鸡市增开4条旅游专线：宝鸡—法门寺，宝鸡—汤峪，宝鸡—大散关、嘉陵江源头，宝鸡—关山草原。

22日

△由中央电视台军事部和宝鸡军分区、宝鸡有线电视台联合拍摄的《古今聚焦—关中行宝鸡专集》专题片在央视播放。

23日

△全国部分机构改革试点城市第14次交通改革研讨会预备会在宝鸡市召开。

25日

△市燃气公司安全供气5000天。

26日

△宝鸡市和澳大利亚墨尔顿市举行签字仪式，市长吴登昌和墨尔顿市副市长约翰签署了两市关于全面加强文化、教育、科技、旅游、经贸交流协议书。

28日

△投资500万元的宝鸡市第一家民营图书城——聚丰万邦图书城开始营业。

29日

△日本八幡市中日友好协会会长吉田明率领的访华团访问宝鸡。

5月

1日

△以刘忠副市长为主任的市安全生产体系委员会成立，市安全生产监督管理局从1日起开始工作。

6日

△国家农业经济专家考察组结束在宝鸡市调研工作，称赞了国内首创的“科技大院”。

8日

△继中国电信、中国联通后，吉通网络通信股份有限公司经营的17920IP国际、国内长途电话业务和167中国金桥网接入业务在宝鸡市正式开通。

10日

△全市召开社会治安暨整顿和规范市场经济秩序工作会议。市委书记庞家钰、市长吴登昌提出：两年内社会治安明显进步，整顿和规范市场秩序工作年内见成效。

11日

△全市“双万工程”总结表彰暨部署动员会召开。

△吴登昌市长主持召开渭河市区段治理领导小组会议，指出筹备工作结束，要求工程严格按规划进行。

14日

△宝鸡市对外开放领导小组召开第一次全体会议，常务副市长孟祥义部署整治投资环境工作。

15日

△天水、宝鸡书画交流展在市群众艺术馆开展。

17日

△市长吴登昌在宝鸡宾馆会见了由英国斯托克港市议会议员、斯托克港足球俱乐部董事长兼主席莱登·爱尔吾德带领的斯托克港市访华团一行，并接受了英国广播公司的采访。

18日

△在下午举行的中英国际足球对抗赛中，陕西国力队以7:6险胜斯托克港队。

△市卫生局查封红旗路综合门诊部肿瘤专科配制的非法制剂——沙叶口服液3号，该药自称“对早、中、晚期癌症患者治愈率达96%以上”。

△宝鸡市财政证券公司经理胥宝生、副经理夏嘉陵受贿、挪用公款案在市中级人民法院开庭审理。

19日

△法国威望迪通用水务集团投资宝鸡市水务项目签字仪式在国贸大酒店举行。5.4亿元投资主要用于冯家山第二期8万吨引水工程和清姜河9公里水厂4万吨供水工程及污水处理工程。

△市委、市政府举办的第一期领导干部信息化知识讲座开课。

20日

△宝鸡市流浪儿童救助保护中心与世界“无国界医生组织”合作项目典礼仪式在市流动人口中转站举行，无国界医生组织将为60名流浪儿童提供生活费用，市流浪儿童救助保护中心提供场地及充当监护人。

22日

△市委、市政府召开三年文艺创作总结表彰大会，对1998年以来优秀文艺工作者和文艺作品给予表彰。

23日

△总投资近3亿元的宝鸡聚丰大厦和宝鸡美伦大厦正式开工。

△宝鸡市第五次人口普查显示：全市常住人口366.47万人（2000年11月1日零时）。与1990年普查相比，新增34.21万人。市区人口为61.17万人。

△中铁宝桥股份有限公司成立，其前身为宝鸡桥梁厂，改制后的中铁宝桥股份有限公司以中国铁路工程总公司为主发起人。

24日

△宝鸡市中级人民法院对原金河乡农协会理事长杨凤翔非法吸收公众存款罪一案作出终审裁定，维持宝鸡县人民法院判处杨凤翔有期徒刑10年、并处罚金50万元的判决。

28日

△意大利政府贷款市天然气利用工程项目合同签字仪式在颐和酒店举行。贷款总额507万美元。

6月

1日

△市级机关会计集中核算工作正式启动，市级各部门和直属机构不再保留会计出纳岗位，私设“小金库”经查出即没收资金。

△国家烟草专卖局副局长姜成康视察宝鸡卷烟厂。

4日

△为期4天的中国西部布尔山羊繁育技术培训班在宝鸡市开课。

8日

△市检察院出台18条措施依法维护民营企业权益。

9日

△全国政协副主席杨汝岱视察太白山国家森林公园。

13日

△广西柳州市和宝鸡市缔结友好城市签字仪式在宝鸡宾馆举行，柳州市市长宋继东和市长吴登昌代表两市签字。

15日

△宝鸡市在市体育馆召开公判大会，4名罪犯被执行枪决。

16日

△国家旅游局在太白山国家森林公园举行《中国旅游战线楷模——杨文洲》一书首发式暨杨文洲雕像揭幕仪式。

19日

△市政府就2001年夏粮收购工作发出通知，要求做到“四不准”，即：不准限收、拒收、停收；不准代扣农业税以外款项；不准给农户打白条；不准以任何借口压级压价。

△市纪委、监察局发出《通知》，要求各级领导干部严格执行个人重大事项报告制度，具体规定有6条。

20日

△市财政局以委托代管的形式向市商业银行移交财政周转金1.19亿元，财政周转金推向市场，降低了风险，弥补了政府管理资金的缺陷。

22日

△胥宝生、夏嘉陵因受贿、挪用公款罪被市中级人民法院一审判处死刑，并处没收个人全部财产，该判决是在二被告人的羁押地西安公开开庭宣判的。

26日

△西北第一个消防宣传教育基地——“宝鸡消防宣传教育基地”正式建成并对外开放。

28日

△参加全国庆祝建党80周年纪念表彰大会的优秀党员代表王云侠、优秀基层党组织代表赵军离宝赴京。

29日

△宝鸡市纪念中国共产党成立80周年大会在宝鸡电视演播中心召开，市委书记庞家钰讲话，市委副书记、市长吴登昌主持大会。

△在香港举行的香港陕西投资贸易洽谈会上，宝鸡市签订2项引资协议，总投资4亿元，引进外资3.28亿元。法门寺文化坛项目总投资1亿元，引进外资8200万元，眉县中国西部民俗文化公园总投资3亿元。

7月

2日

△宝鸡旅游（集团）有限责任公司成立。

3~4日

△市委采取封闭学习的办法，召集市委、市人大、市政府、市政协领导，各县区和市级各部门、各人民团体的主要负责人在陇县关山牧场学习讨论江泽民总书记在庆祝建党80周年大会上的讲话。

3日

△全市首例双髋关节同时置换手术在省七建公司职工医院获得成功。

5日

△陕西宝鸡第二发电公司4台机组正式投产。

6日

△全国人大副委员长、民进中央主席许嘉璐来市检查畜牧业发展情况。

5~6日

△市委、市政府在陇县召开全市上半年工作汇报会，市委常委、常务副市长孟祥义安排了下半年工作。

10日

△著名风景区——陇山吴山发现大量古生物化石。

12日

△市区群众路拓宽改造工程开始，南起中山路，北至柳沟路，共1.65公里。

17日

△市委召开国有大中型企业“三讲”学习教育部署动员大会。

18日

△中央党校校委李忠杰教授作学习“七一”讲话专题报告，市五大班子领导和市级部门副县级以上干部300多人参加。

23~24日

△常务副省长贾治邦和副省长赵德全带领省委安全生产检查组，分四路深入全市检查安全生产情况。

24日

△宝鸡市夏粮定购任务全面完成，国有粮食购销企业还按保护价超收农民余粮1.02亿公斤。

△凤翔县集中销毁近万件非法生产的烟花爆竹。

25日

△市领导庞家钰、吴登昌等深入企业生产第一线，慰问在高温下坚持生产的干部职工。

26日

△投资1500万元，年产3万吨的宝鸡首家即开型纸包装鲜奶生产线在宝鸡县惠民工业园落户。

△宝鸡市药品监督管理局正式挂牌成立。

△麟游县慈禅寺石窟名列第五批全国重点文物保护单位和现有文物保护合并项目名单。全市全国文物重点保护单位增加到4处（周原遗址、雍城遗址、九成宫遗址、慈禅寺石窟）。

28日

△宝鸡市警方集中销毁收缴的9000多枝民用枪支。

8月

1日

△由香港孔教院院长汤恩佳捐资30多万元塑造的张载铜像在眉县横渠张载祠正式落成。

3日

△宝鸡市有5部公交车装上了天然气，第一座汽车加气站已竣工，可满足180辆车的日加气需要。

5日

△副市长王宏带领各县区主管农业工作的县区长和市级有关部门负责人组成农业工作考察组，深入各县区进行了为期6天的调研。

6日

△宝鸡县西山560多名农民赴新疆务工。

8日

△陕西省广播电视信息网络股份公司宝鸡分公司正式挂牌。

△宝鸡有线电视台与宝鸡电视台合并为宝鸡电视台。

10日

△宝鸡火车站站前广场改造工程开工，总投资110万元。

11日

△蔡家坡渭河大桥正式通车，总投资2760万元，长1300米，宽14米。

12日

△市工商局金台分局与西街派出所捣毁位于长青路的一家非法私家侦探所——“金探服务社”，犯罪嫌疑人被抓获。

13日

△全市召开严打整治斗争第三次公捕公判大会，6名罪犯被处以极刑。

△宝鸡市开展反盗窃自行车专项整治斗争。

16日

△陇凤公路秦岭段发生卡车与运钞车相撞事件，警方及时处置，几亿元巨款安全运离。

18日

△宝鸡市规模最大的图书发行网点——宝鸡书城开业，营业面积2100平方米。

△“8·7”特大凶杀案犯罪嫌疑人，在宝鸡县虢镇镇西堡村连杀6人的段石玉被抓捕归案。9月21日被判处死刑。

△宝鸡新闻摄影学会正式成立。

20日

△国内一流的大型电脑自控温室在眉县省苗木繁育中心建成并投入使用。

△国家能源建设项目“西气东输”大口径螺旋焊管生产线在宝鸡石油钢管厂投产。投资近亿元，属国内首创。

22日

△投资1400多万元的中瑞合资宝鸡鲁瑞先行电气有限公司在高新技术产业开发区举行开业庆典。

△宝天二线官主园铁路隧道贯通，这是二线在宝鸡境内的关键工程之一，全长1299米。

23日

△甘肃陇南运输公司一辆双层卧铺车在316国道凤县境内灵官峡处翻入嘉陵江河道，死亡31人，18人受伤。

△市物价局对成品油销售市场进行大检查，加油站将严格执行国家统一价格。

24日

△由共青团中央、中国青年企业家协会共同组织的“青年企业家西部行”赴宝分团来市开展经贸协作考察，60多名全国著名青年企业家与全市工商企业签订合作项目15个，签约资金5.49亿元。

△宝鸡市首次举行军转干部安置双向挂牌洽谈会，40多个企事业单位和100多名军转干部直接见面洽谈。当天有26人与用人单位签了协议书。

25日

△宝鸡市首届人体摄影作品展在市工人文化宫

展出。

△市上召开销毁假劣药品现场会，512个种次、标值93万多元的假劣、过期、失效药品被送往西安集中销毁。

△“口腔保健微笑工程——2001西部行”活动宝鸡市暨陕西省启动仪式在宝烟广场举行。

27日

△宝鸡市友好城市——广西柳州新闻采访团来市参观采访。

28日

△市长吴登昌在宝烟公爵饭店会见了以美国得克萨斯州第五选区联邦众议员彼得·塞斯什为团长的美国得州达拉斯市访华团一行。

△连续14次抢劫出租车女司机的犯罪嫌疑人沈卫斌被抓获。

30日

△中国人寿宝鸡分公司推出“国寿千禧理财两全保险（分红型）”，买保险也可分红利。

31日

△渭滨区创建的国家可持续发展实验区通过科技部验收。

9月

1日

△市公安局公布《关于放宽户口迁移的意见》。

4日

△市自来水公司与法国威望迪水务集团合资组建宝鸡水务公司，外方投资5亿元人民币，凤县四方金矿与加拿大普拉赛尔多姆公司合资勘探开发黄金生产，外方投资2亿美元，一期勘探投资1300万美元的两个合资项目在西安签约。

5日

△人民公园从上海野生动物园租借的一头重5吨的雌性亚洲象落户人民公园动物园。

10日

△公安部部长贾春旺签发命令，给破获眉县“8·28”系列抢劫杀人案的专案组记集体一等功。此案发生于1999年，抢劫杀人犯罪团伙曾连续作案76起，杀死6人，伤8人，强奸多人。

△全市质量月活动拉开帷幕。

12日

△中国儒家研究会副会长、中华炎黄文化研究会高级顾问、原新华社香港分社社长周南来市考察周秦文化。

18日

△第十二届中国地市州盟报总编辑新闻摄影研讨会在颐和酒店开幕。

△市行政学院正式成立。与市委党校合署办公，每年培训人次可达1400人以上，成为培训公务员和行政管理人才的基地。

△宝鸡县民间社火艺术团赴德国柏林参加柏林亚太周、中国节演出活动。

19日

△陇县民间艺人绣制的2600多件刺绣工艺品销往德国，被抢购一空。

20日

△召开全市并乡建镇工作会议，乡镇总数将减少20%。

21日

△中国第一台越野式箱内作业叉车在宝鸡合力叉车厂研制成功。

24日

△范良在2001年全国残疾人田径、举重锦标赛上打破F54级铅球世界纪录，自1996年以来已4次打破世界纪录。

26日

△市长吴登昌到扶风、岐山检查教师工资发放情况，强调教师工资不能拖欠。

27日

△全省城市居民最低生活保障和社会捐助工作会议在宝鸡市召开，要求在10月20日以前，凡符合最低生活保障条件的居民必须全部纳入保障范围。

28日

△中铁宝桥股份有限公司中标上海磁悬浮列车轨道功能件和安庆长江大桥钢围堰制造工程。

10月

1日

△“中外优秀影片电影周”在市区拉开帷幕。

8日

△2001年《宝鸡年鉴》出版发行，共33个类目89万字。

10日

△市委书记庞家钰、市长吴登昌到金渭两区慰问百岁老人（李季周103岁，江唯一103岁）和特困老人。

12日

△香港旅游业议会主席袁家齐带领香港旅行商考察团考察宝鸡旅游资源。

△副市长王宏分别会见了澳大利亚牧草专家和荷兰花卉专家。

△连云港市常务副市长周宝发带领连云港市代表团来访，并向市社会公益事业捐款50万元。

△中共宝鸡市委政法委员会发布公告，决定自2001年11月起，每月第一个工作日为市委政法委和市级政法部门领导干部接待日。

15日

△参加第五届中国国际民间艺术节（陕西）的11个国家的300多名民间艺术家来宝演出。

16日

△宝鸡石油机械厂子弟学校正式移交金台区政府，三年过渡期后所有经费由金台区财政负担。

17日

△全国政协副主席钱正英率全国政协、中国工程院渭河考察团来市考察水资源开发利用及城市建设、供水等情况，就“引洮入渭”工程的前期可行性研究情况听取了汇报。

18日

△总投资1900多万元的市区北坡簸箕山滑坡治理工程全面开工建设。

△省秦川肉牛繁育改良中心与加拿大爱生公司合作的肉牛胚胎移植项目成功，秦川牛产下的美国“海福特”原种小牛发育良好。

△新成立的秦川机床集团有限公司举行揭牌仪式，该公司2亿元的债务转化为股本。

△全市首家超市化24小时自助银行在农行宝鸡分行营业大楼揭牌，推出个人存取款等多种个人金融业务项目，配备有专职经理，实行“一站式”一对一贵宾服务。

19日

△召开全市市属国有企业改革动员会议。市长吴登昌提出改革目标：用两年时间完成大中型企业股权多样化、中小企业全部民营化。

20日

△宝鸡“心连心”电视艺术团慰问演出在渭滨区马营镇燃灯寺村举行，200多名文艺工作者为群众献上了一台精彩的文艺节目。

21日

△美中经济文化促进会会长谷敏率代表团来市考察。

22日

△宝鸡市社会福利院庆祝建院50周年暨新世纪第一个老人节。

25日

△中国银行宝鸡分行原行长、党组书记刘金城因涉嫌利用职权收受贿赂、挪用公款、私分国有资产，被依法逮捕。

26日

△来自海内外31个客家社团和单位的300多名客家人在炎帝陵举行大典，参祭中华民族始祖炎帝。

29日

△宝鸡残疾人就业培训基地正式开学。

11月

2日

△市长吴登昌在宝鸡宾馆会见了法国贝尔福省议会国际部部长菲力普，双方就开展贸易合作、文化交流等交换了意见。

7日

△金台工商分局在全市首家实现市场办管脱钩。

△全市19个二级以上医院开始实行药品集中公开招标采购。

△宝鸡农业科技专家大院暨农业高科技成果新闻发布会在杨凌国际会展中心召开，向国内外媒体介绍了市科技大院、科教兴农情况。

8日

△宝鸡市污水处理厂和陵原垃圾场工程正式开工建设。污水处理厂总投资1.43亿元，日处理污水12万吨，排放标准将达到国家一级标准，预计2002年建成的一期工程日处理污水可达到9万吨。垃圾场设计总容量1亿立方米，一期工程完工后可处理2000万立方米，可用20年。

10日

△宝鸡市首届机器人科普展览开展，共展出30多件机器人。

12日

△由市委宣传部、市人事局、市文明办共同举办的“做一个人民满意的公务员活动图片展”开展。

14日

△市级机关机构改革工作动员大会召开，宣布了宝鸡市市级机构改革方案和市级党政部门领导班子组成人员名单。

16日

△宝鸡赛艇运动员秦丽、张兰花在九运会上为陕西夺得一枚金牌。

19日

△中共宝鸡市第八届委员会第六次全体会议召开。

20日

△中共宝鸡市纪律检查委员会第六次全体会议召开，24名市纪委委员出席了会议。

21～23日

△法国巴尔尼姆专区专员博得·伊尔克来市考察访问，双方签订了宝鸡与巴尔尼姆专区友好合作交流意向书。

27日

△全市社会治安综合治理工作会议召开，要求继续抓好“严打”斗争，表彰了齐宏岗等6名见义勇为先进个人。

28日

△市人大常委会对机构改革中新任命的16名领导干部进行法律考试，全省属首创。

29日

△市委出台《关于减少会议的规定》、《关于减少文件的规定》、《关于市委、市政府领导班子成员深入基层调查研究的决定》、《关于改进和规范会议及领导公务活动新闻报道的规定》等4个规定。

△考古工作者在眉县发现10万余枚北宋铁钱，这是该县发现的第四批北宋钱币。

30日

△宝商集团股份有限公司斥资1700万元控股陕西晨鸡药业有限公司。宝商集团是宝鸡惟一上市的市属企业。

12月

5日

△岐山县天然气利用工程正式投运，该工程历时两年半，是西安—宝鸡天然气工程的一个分支，岐山县城和蔡家坡镇1300户用上天然气。

△宝鸡市在宝鸡宾馆举行了为贫困肢残人免费安装假肢仪式。

10日

△宝鸡市应征的首批400名新兵奔赴军营。全市共征兵近3000名。

△宝鸡市第一件被指控利用邪教组织破坏法律实施案件——吕跃平、蒲根劳散发“法轮功”传单案，在宝鸡县法院开庭审理。

11日

△市政府出资为160名有突出贡献专家和拔尖人才免费体检。

12日

△省委常委、宣传部长张保庆在眉县农村指导村级“三个代表”重要思想学教活动。

△全市乡级人大换届选举开始，到2002年2月底结束。

14日

△市政府在扶风县召开遏止“十五小”等环境违法企业污染反弹工作会议。

15日

△应美国帕萨迪那市商会的邀请，以市委书记、市人大常委会主任庞家钰为团长的陕西省经贸代表团离陕赴美进行考察，并将在洛杉矶市举办“陕西周”活动。

17日

△宝鸡市决定在农业生产中禁止使用25种农药和1种化肥，在饲料生产中禁止使用四大类违禁药物及动物性饲料。

18日

△金台科技园破土动工，位于宝虢路南侧，占地500亩，首家入园的新地中海锦秀园项目投资2亿元。

△宝鸡作家李凤杰、杨红柯当选为中国作家协会第六次全国代表大会代表。

19日

△市长吴登昌在县区长会议上要求，教师工资在12月31日前必须足额兑现，4.33万名城市低收入居民要全部纳入最低生活保障范畴。

23日

△省精神文明检查组对宝鸡精神文明建设工作进行了为期三天的检查。

26日

△著名相声表演艺术家马季来宝参观。

△市中心医院、中医医院、人民医院、扶风县医院、凤翔县医院、岐山县医院等6家医院首批获全国“百姓放心医院”称号。

27日

△市严打整治领导小组在宝烟俱乐部召开公捕公判大会，8名罪犯被处以死刑。

△“12369”环保热线电话在宝鸡市开通，是国家环保总局向全社会公布的统一环保热线电话，专门受理水资源、大气、噪声、废渣污染等投诉。

30日

△市委召开违法违纪案件通报会，通报了原市公安局局长范太民、新三维公司原负责人违法违纪案件，范太民因涉嫌受贿罪已被依法逮捕。

△全省“百万妇女健身活动”启动仪式在市体育馆举行。

31日

△宝鸡石油机械厂年产钻机首次达到40套、泥浆泵首次突破220台，位居世界之最。

宝鸡概况

地理环境

【位置、面积】 宝鸡市位于陕西省关中西部，东经 106°18′～108°03′和北纬 33°35′～35°06′之间。东连咸阳，南接汉中，西北与甘肃省的天水和平凉毗邻。秦岭南屏，渭水中流，关陇西阻北横，渭北沃野平原。东西长 156.6 公里，南北宽 160.6 公里，总面积 18172 平方公里，其中市区面积 555 平方公里。

【地质、地貌】 宝鸡市位于秦岭纬向构造体系与其他构造体系的复合交接部位，具南北衔接、东西过渡的特点，可分为南部的秦岭褶皱带、中部的渭河断陷带和北部的鄂尔多斯台向斜区 3 个地质构造单元。中生代（末期）的燕山运动奠定了现代秦岭山脉的基础。渭河断陷盆地处于鄂尔多斯台向斜和秦岭褶皱系之间，为第四纪沉积物所覆盖，形成渭河平原及其两侧不对称的黄土台原。渭河由西向东横贯其间。渭河北部的岐山是以奥陶纪灰岩为主的低山，而渭河南部则是由古老变质岩和不同时代的花岗岩组成的中高山。

宝鸡市地貌具有南、西、北三面环山，以渭河为中轴向东拓展，呈尖角开口槽形的特点。山、川、原兼备（山地占总面积 56%；丘陵占 26.5%；川原占 17.5%），呈“六山一水三分田”之势，巍峨峻峭的秦岭群峰与平畴沃野的渭河平原互为映衬，构成了宝鸡市的地貌主体。位于宝鸡市太白县境内的秦岭主峰太白山海拔 3767 米，是中国大陆东部的最高山峰。而扶风县揉谷乡北石村海拔 438 米，是宝鸡市的最低点。

（袁玉生）

自然资源

【河流、水资源】 宝鸡市河流网排列以秦岭为界，分属黄河、长江两大水系。黄河水系河流主要是以渭河为干流的渭河水系，其主要支流有通关河、小水河、清姜河、石头河、汤峪河、金陵河、千河、漆水河等，渭河横贯宝鸡市境内 206.1 公里，多年平均径流量为 35.51 亿立方米。长江水系以嘉陵江上游河段为主干，其主要支流有将龙沟、北星沟、安河、石家沟、小峪河、旺峪河等，宝鸡市境内流长 72 公里，多年平均径流量为 56.27 亿立方米。秦岭主脊南侧还分布着汉江水系的支流湑水河、红崖河等。宝鸡市地下水储量估算，可供开采水量约 7.56 亿立方米。宝鸡市还有较为理想的地表水源基地。如已建设完成的引嘉济清工程，每年可向宝鸡供水 912.5 万立方米；冯家山引水工程，每年可向宝鸡供水 2920 万立方米，基本上保证了宝鸡市的用水。

【土壤、动植物】 宝鸡土壤分布由于地质地貌结构复杂，海拔高度差异悬殊，形成十分复杂且多种多样的成土环境，主要分为秦岭、关山山地和渭北黄土台原、渭河谷地等不同区域。据普查，全市共有 15 个土类，34 个土壤亚类，83 个土属，286 个土种。多样化的土壤类型，为区内种植栽培多品种农作物提供了十分有利的条件。

宝鸡境内植物类型很多。植物区系以华北区系成分为主，华中、中国喜马拉雅区系成分也占重要地位。森林植物主要集中在秦岭和关山，秦岭山地随海拔递升，依次有落叶阔叶林、针阔叶混交林、针叶林和高山灌丛草甸等植被类型。植物资源丰富，宝鸡境内有种子植物2000多种，仅秦岭主峰太白山就有种子植物1550多种。特别是宝鸡有极其丰富的经济植物，据统计共有经济植物1000余种，太白山已发现的药用植物就有510多种，有广阔的综合利用前途。渭北台原、渭河平原主要为大田农作物、蔬菜、果园和城市绿化等栽培植物类型。野生动物资源主要分布在秦岭、关山山地，市境内有国家一级保护珍贵动物10种，即大熊猫、金丝猴、羚牛、秦岭虎、云豹、豹、朱鹮、大鸨、黑鹳、白肩雕。国家二级保护动物18种。为加强保护自然生态系统和珍稀动植物资源的力度，境内还建立了国家级的太白山自然保护区。

【矿产资源】 宝鸡市自元古代至第四纪地层发育齐全，经历多旋回构造变动和岩浆活动以及复杂的变质作用，形成多种内生矿床和沉积矿床，矿产资源丰富。境内已发现矿产资源23种，产地255处，以有色金属矿占优势。有铁、铜、铅锌、镍、金、银、钨、钼、汞、黄铁等金属矿产212种，石灰石、电石灰石、大理石、白云石、硅石、耐火粘土、萤石、磷块岩、石英岩等非金属矿产43种。宝鸡地区煤矿主要集中在凤县，有草滩沟、罗钵庵、扈家窑等煤矿，陇县娘娘庙、麟游北马坊也有分布。境内地热资源比较丰富，主要分布在渭河谷地、渭河北岸断裂带和秦岭山前断裂带上，眉县汤峪是陕西省内著名的温泉疗养地。宝鸡市还申请设立了宝鸡地区地热调查项目，将进一步开发利用地热资源。

（袁玉生）

气 候 与 气 象

【气候】 宝鸡属暖温带半湿润气候区，全年的气候变化受制于季风环流，冷暖干湿四季分明。冬季天气干冷少雪，夏季炎热干燥和温热多雨交替出现，春季升温迅速而气候多变，秋季降温快多连阴雨。光、热、水资源较丰，年日照时数1860～2250小时，年平均气温7.6℃～12.9℃，最冷的1月平均气温在－0.8℃～－4.7℃之间，最热的7月平均气温19℃～26℃，年极端最低气温－25.5℃，1975年12月15日出现在太白县，年极端最高气温42.7℃，1966年6月19日出现于扶风县。川原地区多年平均无霜期209～220天。年降水量590～1000mm，号称"关中水龙头"。7、8、9三个月降水集中，占全年降水的50%左右。年平均湿润指数扶风、眉县、岐山、凤翔为0.70～0.73，陇县、千阳、凤县在0.76～0.79，宝鸡市区及宝鸡县为0.83上下，麟游、太白植被较好，湿润指数达0.87～1.07。年最多风向为东风，大风主要出现在春夏两季，极端最大风速超过40米/秒。对农业生产来说宝鸡气候的有利条件是：雨热同季，日照充足，冬夏时间长，春秋时间短，光热水等气候资源与作物生长需求基本匹配。不利因素是气候多变，降水量年际、月际变率大；气象灾害频繁，主要有干旱、雨涝、低温冻害、冰雹、大风、干热风等，其中以干旱雨涝危害最大；北部山区多发生干旱、冰雹，适宜开展人工增雨、防雹作业；南部山区降水多，水资源丰富，但雨涝、低温冻害、大风较多，须重点防御。

【2001年气候特点及评价】 2001年宝鸡全市年降水量属正常偏少，时空分布不均，全年气温属正常偏高。冬季（2000年12月～2001年2月）气温正常偏高，季降水偏多，日照偏少，特别是1月降水显著偏多；春季气温偏高，降水持续偏少，日照偏多，倒春寒严重，春旱突出；夏季平均气温正常偏高，降水偏少，日照正常偏多，有轻度伏旱；秋季阴雨寡照，气温偏低，"秋淋"显著。全年主要灾害有：春旱、春季低温、大风、局部暴雨、冰雹、伏旱、秋淋等，属灾害多发年。

【气温】 2001年全市年平均气温为9.0℃～14.2℃，与历年平均值相比，偏高0.5℃～1.3℃。冬季：全市平均气温为－1.4℃～2.7℃，比常年均值偏高1.1℃～2.3℃。春季：全市平均气温为9.4℃～15.1℃，比常年平均值偏高0.6℃～1.6℃。夏季：全市平均气温为18.5℃～25.5℃，与历年同期平均值相比，大部分地区偏高0.5℃～1.0℃。秋季：全市平均气温为8.9℃～13.4℃，比历年同期偏高0.2℃～1.1℃。

【降水】 本年度全市降水量为437.3～693.6mm，与历年平均值相比，太白、凤县偏少5%～7%，千阳、陇县、麟游、凤翔及眉县偏少12%～19%，其余各县区偏少22%～28%。冬季降水量为12.0～32.0mm，比常年平均值偏多2～8成，其中1月份大部分县区月降水量达 8～14mm，偏多 1～2 倍。春季降水量为 37.8～64.2mm，比历年同期偏少 6～7 成，季降水量为近 50 年以来的最低值。夏季降水量为 187.3～401.7mm，其中凤县、太白为 337.4～401.7mm，偏多 3%～13%，其余各县区为 187.3～230.6mm，偏少 12%～34%。秋季降水量为 176.2～250.3mm，陇县、千阳、凤翔偏多 32%～54%，其余县区接近常年。但各月降水分布差异大，9 月偏多 25%～112%，10 月偏少 11%～41%，11 月偏少 56%～91%。

【日照】 全年日照时数全区为 1596～2554 小时，与历年同期相比，宝鸡县、麟游偏多 17%～18%，陇县、岐山偏多 7%，千阳、眉县持平，其余各县日照均偏少 4%～12%。其特点是春、夏季偏多，秋、冬季偏少。冬季日照时数为 319～557 小时，大部地区偏少 2%～23%。春季日照时数为 461～712 小时，光照充足，普遍接近常年或偏多。夏季日照时数为 543～750 小时，大部地区日照接近常年或偏多。秋季日照时数为 272～470 小时，全区均偏少 2%～32%。

（常　军）

主要气象灾害

【春旱】 春季全区降水总量为 37.8～64.2mm，较历年同期值偏少 60%～70%，特别是 3 月份，全区降水量仅为 0.2～0.4mm，较历年平均值偏少 83%～99%，加之春季头场透雨出现偏晚，致使农作物普遍受旱，尤其对夏田作物影响甚大。

【倒春寒】 全区自 4 月 8～12 日出现了一次明显的大范围降温降水天气过程，日降温幅度达 11℃左右，极端最低气温川原为 0℃～4℃，山区为 -5℃～-11℃。山区林果经济作物冻害严重。

【冰雹】 2001 年宝鸡市共发生 8 次冰雹天气。5 月 13 日下午，陇县、千阳、凤县发生局地冰雹；6 月 12 日下午，北部山区、渭北及太白山区出现冰雹，其中太白县桃川至鹦鸽一带积雹厚度达 20cm，局部地方受灾较重；6 月 22 日，凤县黄牛铺镇遭受冰雹袭击；6 月 23 日，凤县红光乡发生冰雹灾害；6 月 21～24 日，陇县、麟游、凤翔、太白局部地区多次出现冰雹。

【暴雨】 2001 年全市共出现 6 次局地暴雨天气，造成程度不同的损失。6 月 12 日，眉县、太白出现暴雨，35 分钟降水达 35mm；6 月 23 日太白出现暴雨，日降水量达 57.7mm；6 月 28 日太白出现局地暴雨，日降水量 53.9mm；7 月 10 日，岐山县出现局地暴雨，日降水量 51.9mm；7 月 24 日，凤县出现局地暴雨，日降水量 65.6mm。

【大风】 3 月 2 日，岐山县出现大风，最大风速为 22 米/秒；4 月 9 日，陇县、千阳出现大风，最大风速为 18 米/秒；6 月 12 日，市区、宝鸡县、千阳、麟游、凤翔、岐山、扶风、眉县、太白等 9 个县区出现 8～9 级大风，最大风速达 22 米/秒，局部地区受灾。

【连阴雨】 8 月 26～31 日，出现全区性连阴雨天气，降水量为 16.0～54.4mm；9 月 16～29 日，出现全区性连阴雨天气，降水量为 88.2～163.8mm。

（常　军）

历史沿革

宝鸡古称陈仓，据《三秦记》记载，陈仓以古陈仓山（今鸡峰山）得名。宝鸡之名始自唐肃宗至德二年（公元 757），沿用至今。

早在新石器时代，宝鸡就是先民们活动生息的地区之一。宝鸡共发现新石器文化遗址数百处，其中最著名的北首岭遗址，据《中国大百科全书·考古学》记载，早期遗存为公元前 5150～5020 年的母系氏族公社时期，距今 7150 多年，是早于仰韶文化半坡遗址的一种文化遗存。

宝鸡是我国历史上著名的周秦王朝发祥地。公元前 11 世纪，周先祖之一的古公亶父率族人迁徙到岐山下的周原（今宝鸡市岐山县），“古公乃贬戎狄之俗而营筑城郭室屋而邑别居之，作五官有司”（《史记·周本纪》），建立了周王朝早期的国家组织。古公亶父被后世尊为太王。周在古公亶父死后的季历和文王时期，国势发展很快，先后征服了西落鬼戎、始呼、翳徒之戎，邻近的许多部落和方国也归附于周，巩固了周族在渭水中游的统治，为伐纣灭商，建立西周王朝奠定了基础。

秦王朝是中国历史上第一个统一的、专制主义中央集权的封建国家，而宝鸡是秦前期政治、军事和经济活动的中心地区，是秦始皇能够“续六世之余烈，振长策而御宇内”，一举统一全中国的前期奠基地。周平王元年（前770），以秦襄公攘夷，护送平王东迁之功，封襄公为诸侯，赐之岐以西之地，从此，建立了秦国。秦文公四年（前762），秦在“汧渭之会”（今宝鸡市眉县附近）建立国都。秦宪公二年（前714），为备战攻戎，秦将国都由汧渭之会徙往平阳（今宝鸡县东阳平村），并建有封宫（《史记·秦本纪》）和羽阳宫（《汉书·地理志》）。以此为政治中心，至秦武公十一年（前689），西起甘肃中部，东至华山一线，整个关中的渭水流域，基本为秦国所控制。秦德公元年（前677），秦国迁都于雍（今宝鸡市凤翔县）。此后，秦国先后有十八位国君以雍为国都，共历时294年。秦穆公（前659～前621）在位期间，“开地千里，遂霸西戎”。秦由一个落后的诸侯国，跻身当时最先进的国家行列之中，为以后东向攻灭六国，奠定了雄厚的基础。

秦始皇统一中国后（前221），宝鸡属内史地。汉高祖元年（前206），属雍；汉高祖二年（前205），改为中地郡；汉高祖九年（前198），又改属内史；景帝分属右内史；武帝建元六年（前135），仍因之；太初元年（前104），更名右扶风，为三辅之一。献帝时（189～220），省扶风都尉，置汉安郡。曹魏（220～265）为扶风郡。晋惠帝时（290～306），改为秦国。北魏太武帝时（424～452），置秦平郡，兼置岐州。西魏（535～556）改秦平郡为岐阳郡。隋初，置岐州；炀帝大业年间（605～618），废州置扶风郡。唐初置岐州；玄宗天宝年间（742～756），改为扶风郡；肃宗至德元年（756），改为凤翔郡，不久又改为凤翔府；代宗宝应年间（762～763）因之，属关内道。五代属关西道。宋属秦凤路，为凤翔府。金置天兴军，属陕西西路。元初立凤翔总管府，后更为散府，先后属陕西等处行中书省、陕西汉中道肃政廉访司。明仍为凤翔府，隶陕西布政使司，分属关西道。清初，仍沿旧制为凤翔府；康熙九年（1670），裁关西道，分隶西安粮盐道；乾隆九年（1744），改隶驿盐道，为分巡凤邠道。民国2年（1913），属陕西省关中道；民国22年（1933）撤道，由省直辖宝鸡各县；民国27年（1938），在凤翔设陕西省第九行政督察区，督察专员公署辖宝鸡，凤翔、千阳、陇县、麟游、岐山、扶风、眉县、武功、周至；民国30年（1941）2月，第九区督察专员公署迁至宝鸡。

1949年7月14日宝鸡解放，陕甘宁边区政府宝鸡分区机关进驻宝鸡市。时领宝鸡、凤翔、岐山、扶风、千阳、陇县、眉县、凤县共8县和宝鸡市（县级市）。1950年1月宝鸡分区划归陕西省辖；5月2日，分区增领麟游、武功等6县，共领14县1市。1950年10月11日改宝鸡分区为专区。1953年1月30日，宝鸡专区又增领兴平、周至等5县，并新设太白区，共领19县1市1区。1956年10月1日，宝鸡专区撤销，原属县市直隶于省。1960年至1961年9月，宝鸡市领凤翔、陇县、凤县（均为并县以后）3县。1961年，复设宝鸡专区，领宝鸡、凤翔、岐山、扶风、麟游、武功、眉县、凤县、千阳、陇县、太白共11县和宝鸡市（县级市）。1966年，宝鸡专区改领11县，宝鸡市为省辖。1969年专区改名宝鸡地区，仍领11县1市。1971年2月，地区撤销。1971年3月至1979年3月，改为宝鸡市（地级市）领11县2区。1979年3月，复设宝鸡地区，只领11县；地市并存，宝鸡市领金台、渭滨2区。1980年8月，宝鸡地区与宝鸡市合并，以地级市领导县、区代替地区领县的体制，时领11县2区。1982年12月，新设杨陵区，共领11县3区。1983年11月，武功县与杨陵区划归咸阳市辖；宝鸡市辖金台、渭滨2区和宝鸡、凤翔、岐山、扶风、麟游、陇县、千阳、凤县、太白、眉县10县。

（袁玉生）

交 通 网 络

【交通地位】 宝鸡市位于陕、甘、川三省的结合部，处在西安、成都、兰州、银川四个省会城市的交通中心。陇海、宝成、宝中铁路交会于此，宝鸡是新欧亚大陆桥上东西贯通陇海，北连包兰，南接成昆诸线的全方位铁路交通枢纽。公路交通以宝鸡市区为中心，形成了以310国道为主轴，以“三横五纵”公路网为主骨架的干线公路网络结构。

【铁路交通网络】 宝鸡的铁路交通始于民国26年(1937)1月，时陇海铁路通至宝鸡。民国34年(1945)，宝鸡至甘肃天水段通车。1958年，宝成铁路建成通车。1970年6月，西安至宝鸡复线建成。1975年，宝成线全线实现电气化，这是我国建设的第一条电气化铁路。1995年6月，宝（鸡）中（卫）电气化铁路建成通车。形成以宝鸡为枢纽，陇海线横贯市区，宝成线向南伸展，宝中线往北延伸，辐射我国西南、西北、华北和中原地区的铁路运输网络。每天从宝鸡始发和途经的旅客列车有40多对，西铁宝办辖区内总计营业里程603公里，其中陇海线茂陵—天水287.3公里；宝成线宝鸡—白水江178.9公里；宝中线虢镇—安口窑车站136.8公里。

【公路交通网络】 宝鸡的现代公路交通始于民国20年（1931)，宝鸡境内第一条公路西安至凤翔段正式通车。此后凤陇路、凤汉路、凤虢路、长益路、西眉路、宝平路、麟凤路等都于民国年间陆续通车。新中国成立后，公路建设飞速发展，1995年12月5日，被称为“西北第一路”的西宝高速公路全线通车。2000年11月28日，国家主干线公路310国道宝鸡至牛背段正式建成通车。截至2001年底，宝鸡全市公路总里程3940.76公里，其中国道208.66公里，省道778.98公里，县道1647.22公里，乡道903.8公里，专用公路402.1公里，公路密度为每百平方公里21.5公里。通过不断的建设和改造，宝鸡形成了以310国道为主轴，以干线公路为骨架，以县乡公路为脉络的“三横五纵”的公路交通网络。其中“三横”是：国家主干线公路310国道；西宝北线；西宝南线。“五纵”是：乾县—法门寺—汤峪；麟游—益店—常兴—斜峪关—太白；麟游—凤翔—潘家湾—太白—姜窝子—留坝；周公庙—蔡家坡—五丈原；陇县—千阳—宝鸡—凤县—留坝。

【全市公路状况】 四级以上的等级公路共3704.16公里，占全市公路总里程的93.9%；全市12个县区已有9个县区通上了二级公路。中级以上路面总里程3081.22公里。晴雨通车总里程3490.78公里，占公路总里程的89.87%。全市已通柏油路的乡镇为116个，占乡镇总数的84%。村级公路总里程5121.5公里，其中沙石化公路里程4100公里，全市基本上实现了村村通公路。

（袁玉生）

旅 游 资 源

【概况】 宝鸡是华夏民族的发祥地之一，中国历史上著名的周秦王朝肇基于此。宝鸡历史悠久，文化积淀深厚，享有“炎帝故里”、“诗经摇篮”、“佛骨圣地”、“青铜器之乡”、“民间工艺美术之乡”的美誉，是中国优秀旅游城市。宝鸡境内山川雄峻，自然风光绚丽多姿。人文、自然景观星罗棋布。据统计，截至2000年底，在全市现有的300多个景区点中，已建成年接待能力在万人以上的旅游景区共40处，其中人文旅游景区共22处，自然旅游景区共18处。最有代表性的是蜚声海内外的国家4A级景区法门寺和太白山国家森林公园；还有“姜太公钓鱼，愿者上钩”的国家3A级景区姜子牙钓鱼台。宝鸡的文物旅游资源十分丰富，全市共有文物点3300余处，其中国家重点文物保护单位4处（周原遗址、秦雍城遗址、九成宫遗址；慈禅寺石窟)；省级重点文物保护单位67处；县级239处。馆藏文物共有5万余件，其中一级文物481件（组)，有特别珍贵的国宝级文物55件。现有文物旅游景点9处（不含风景名胜区)。

【国家4A级景区】 法门寺景区、太白山国家森林公园是国家旅游局首批评定的最高级别的AAAA级旅游景区。法门寺以安置释迦牟尼指骨舍利而驰名中外，被誉为“东方佛都”、“佛骨圣地”。史载唐代皇帝七次恭迎佛骨，顶礼膜拜，遂使法门寺成为皇家寺院和举国向往的佛教圣地。1987年重修宝塔时，在原塔基地宫发现世界惟一的佛祖真身指骨舍利及上千件唐宫廷供奉珍宝，在海内外引起极大轰动，被评为“20世纪中国十大重要考古发现之一。”法门寺位于扶风县城北10公里的法门古镇。东距西安市120公里，西距宝鸡市90公里。寺内塔基地宫置佛指舍利一枚，供游人瞻拜。寺院内恢复了大雄宝殿、钟鼓楼、宝塔、藏经阁等古代建筑。寺院西侧新修法门寺博物馆，陈列地宫出土文物。修葺后的法门寺规模宏伟，具有极高的宗教文化品位，吸引了大批的海内外游客。

太白山国家森林公园位于眉县汤峪镇。园内的太白山是秦岭主峰，海拔3767米，也是我国大陆东部的最高峰。太白山气势恢宏，山上保存有完整的第四纪冰川遗迹和丰富的动植物资源。李瑞环同志题词赞誉："在我国长江以北，气势如此之大、景色如此之美、科学价值如此之高、离大城市如此之近的自然景观实属罕见。"因园内有春秋战国时王禅老祖修道的"鬼谷子洞"，道教始祖老子骑牛过玄关路经汤峪的"青牛洞"等古遗址，古称道教第十一洞天。园内还有神功石、骆驼山、世外桃源、铜墙铁壁以及泼墨山、七女峰、太白飞瀑等特色景观。山上著名的"太白三池"为高山冰斗湖，湖水清澈碧透，景色幽绝。公园入口的汤峪为陕西省内水温最高的天然温泉，高达摄氏60度的温泉水长年喷涌，唐代称"凤泉汤"，为皇家达贵沐浴之所。太白山旅游区已成为陕西省关中西部最大的休闲度假疗养胜地，与西岳华山并称为"东华山、西太白"。公园内建有客运索道，入山道路状况良好，园前区的温泉疗养和接待服务设施也颇具规模。园内开展的旅游休闲和科考项目有登山、攀岩、动植物和地质地貌观赏、科研、科普以及温泉疗养、避暑消夏等，每年接待游客100余万人。

【主要人文旅游景区】 全市年接待能力在万人以上的人文旅游景区共22处，分别是：佛骨圣地、唐代皇家寺院法门寺；华夏始祖之一的炎帝陵；瞻拜、公祭先祖的炎帝祠；造型为五鼎相叠、我国惟一的专题青铜器博物馆——宝鸡青铜器博物馆；"太公钓鱼，愿者上钩"的姜子牙钓鱼台；"周公吐哺、天下归心"，纪念周初大政治家姬旦的岐山周公庙；中国古代智慧人物的化身诸葛亮鞠躬尽瘁、病逝军营的驻军地——五丈原诸葛亮庙；张三丰修道之所金台观；道教龙门派创始人邱长春（处机）修真之所龙门洞与景福山；秦都雍城遗址及秦公一号大墓；早于西安半坡的北首岭新石器文化遗址；周王朝早期建都之地，被誉为"青铜器之乡"的周原遗址；苏东坡在凤翔任职时倡修的渭北台原明珠——凤翔东湖；青铜器收藏丰富的扶风县博物馆；"秦秋五霸"之一的秦穆公墓；著名理学大师、北宋哲学家、关学创始人张载祠与张载墓；东汉名将、伏波将军马援墓；隋、唐王朝离宫别墅九成宫遗址，魏征撰文、欧阳询手书的《九成宫醴泉铭》碑，《万年宫铭》碑，唐井等；慈禅寺石窟；《汉书》撰著者班固墓；孔子七十二贤徒之一的燕伋东望恩师之望鲁台；关中西部名刹灵山寺。

【主要自然旅游景区】 全市年接待能力在万人以上的自然旅游景区共18处，分别是：太白山国家森林公园（太白山自然保护区）；炎帝活动史迹集中、自然风光优美的宝鸡天台山国家重点风景名胜区；鸡峰山自然文化区；古战场"铁马秋风"大散关；地跨长江、黄河水系，山分秦岭南北的嘉陵江源头风景区；红河谷森林公园；关山草原；风景秀丽的西镇吴山；武则天沐浴之玉女潭；高山草坦和溶洞奇观凤县紫柏山景区；崛山森林公园；云台山景区；宝鸡峡渠首公园；千湖风景名胜区；石头河水库景区；千王海水上游乐中心；宝鸡人民公园；宝鸡植物园。

【历史文化、民俗风情旅游】 炎帝故里游；周秦王朝发祥地游；青铜文化游；以五丈原武侯庙、陈仓、褒斜、连云等古栈道为中心的秦汉、三国历史文化游；历史文化积淀深厚，历史名人名地众多。

民俗风情游种类十分丰富。凤翔六营彩绘泥塑驰名海内外，并被中国邮政生肖邮票采用；西府社火鼓乐流传千古，热闹壮观；凤翔南肖里木版年画曾与天津杨柳青、苏州桃花坞木版年画齐名；民间工艺美术品有剪纸、刺绣、雕塑、花灯、布制品、编织品、面制品、纸制品等八大类，历史悠久，古朴庄重，构图巧妙，形象逼真，深受海内外游客的喜爱。

（袁玉生）

行政区划与人口

【行政区划】 2001年，宝鸡市辖12个县区。其中：辖区2个，金台区，渭滨区；辖县10个，宝鸡、凤翔、岐山、扶风、眉县、陇县、千阳、麟游、太白、凤县。

由于2001年实行了撤乡并镇，乡镇级行政区划变动较大，调整后全市共有101个镇，减少4个镇，乡由77个减少为37个乡，12个街道办事处，2112个村民委员会，328个居民委员会。

101个镇，其中：**金台区**1个，陈仓。**渭滨区**4个，马营、石鼓、神农、高家。**宝鸡县**19个，虢镇、钓渭、阳平、天王、贾村、县功、坪头、拓石、千河、磻溪、八鱼、慕仪、周原、蟠龙、桥镇、新街、香泉、凤阁岭、赤沙。**凤翔县**12个，城关、柳林、彪角、陈村、虢王、横水、田家庄、糜杆桥、郭店、南指挥、长青、姚家沟。**岐山县** 11个，凤鸣、蔡家坡、益店、五丈原、青化、蒲村、祝家庄、枣林、麦禾营、曹家、安乐。**扶风县** 9个，城关、绛帐、杏林、召公、法门、午井、段家、南阳、天度。**眉县** 9个，城关、槐芽、齐镇、马家、常兴、金渠、横渠、汤峪、营头。**陇县** 10个，城关、东风、八渡、杜阳、东南、棱底下、温水、天成、曹家湾、固关。**千阳县** 6个，城关、崔家头、南寨、张家原、水沟、草碧。**麟游县** 5个，九成宫、崔木、招贤、两亭、天堂。**凤县** 10个，双石铺、黄牛铺、河口、凤州、唐藏、红花铺、平木、坪坎、三岔、留凤关。**太白县** 5个，嘴头、靖口、太白河、桃川、鹦鸽。

37个乡，其中：**宝鸡县** 5个，陵塬、金河、硖石、晁峪、胡店。**凤翔县** 5个，尹家务、唐村、董家河、范家寨、汉丰。**岐山县** 3个，大营、故郡、京当。**扶风县** 3个，上宋 、揉谷、太白。**眉县** 1个，青化。**陇县** 5个，牙科、河北、李家河、火烧寨、新集川。**千阳县** 5个，沙家坳、文家坡、柿沟、寇家河、高崖。**麟游县** 5个，常丰、河西、丈八、桑树塬、酒房。**凤县** 2个，岩湾、温江寺。**太白县** 3个，王家塄、黄柏塬、高龙。

街道办事处12个，其中：**金台区** 7个，西关、中山西路、中山东路、群众路、店子街、东风路、十里铺。**渭滨区** 5个，金陵、经二路、清姜、姜谭、桥南。

全市总面积18172平方公里，其中：市区面积555平方公里，占全市3.1%，建成区面积36.4平方公里，占市区面积的6.6%。10县面积17617平方公里，占全市面积的96.9%。

【人口与民族】 全市年末总户数为97.7万户，常住人口367万人，户籍人口364.5万人，其中，男性189.7万人，女性174.8万人；总人口中，非农业人口85.7万人；人口出生率为9.2‰，自然增长率为4.45‰（公安局统计数字）。

人口分布为：渭滨区32.7万人，金台区26.8万人，宝鸡县72.4万人，凤翔县50万人，岐山县45.7万人，扶风县45.4万人，眉县29.9万人，陇县25.1万人，千阳县12.7万人，麟游县8.7万人，凤县9.9万人，太白县5.2万人。

宝鸡市市区人口59.5万人，占全市总人口的16.3%；县辖人口305万人，占全市总人口的83.7%。

全市人口平均密度为每平方公里201人，其中市区为每平方公里1072人，县为173人。人口密度最大的金台区为3724人，密度最小的太白县是19人。

全市总人口中，汉族362.6万人，占99.5%；少数民族1.9万人，占0.5%（根据人口普查资料推算）。

（张　琳）

国民经济与社会发展

2001年是新世纪的第一年，也是“十五”计划的起始之年。宝鸡市人民在市委市政府的正确领导下，认真贯彻落实“三个代表”的重要思想，在国家继续实施积极的财政政策和稳健的货币政策中，加快经济结构调整，积极稳妥地推进各项改革，整顿和规范市场经济秩序，国民经济持续健康发展，经济运行总体质量和效益不断改善，实现了“十五”计划的良好开局。

【综合】 国民经济持续健康发展，综合实力增强。全市国内生产总值195亿元（口径调整），按可比价计算，比上年同期增长9.6%，高于全国2.3个百分点，其中：第一产业25.6亿元，增长1.9%，第二产业91.8亿元，增长10.3%，第三产业77.6亿元，增长11.6%。

财政收入稳定增长。地方财政收入8.87亿元，比上年增长8.7%，全市财政支出15.2亿元，增长13.9%。税收总额25.2亿元，增长10.7%。

市场物价基本稳定。全年居民消费价格总水平比上年上涨1.8%，其中：食品价格指数99.6，娱乐教育和文化用品及服务价格指数113.0，家庭设备用品及维修服务价格指数98.6，衣着价格指数99.4，医疗保健和个人用品价格指数100.4，居住价格指数100.6，服务项目价格指数109.4，商品零售价格总指数99.9。

劳动就业工作取得新进展。年末全市从业人员190万人，其中机关、事业、企业单位（国有、集体及其他所有制）34万人，个体从业人员20.1万人，私营企业从业人员8.8万人，2.1万名下岗职工实现了再就业，再就业率达30.97%。

国民经济和社会发展中面临的困难和问题是：

经济回升的基础尚不稳固；农村居民收入和城市低收入群体的收入增长缓慢，制约消费增长；投资方面，民营和中小企业投资的体制障碍依然存在；金融货币政策对经济的拉动作用没有得到充分体现。

【农业】 农业生产在结构调整中稳步发展，畜牧大市战略已见成效。粮食生产按照“压缩面积、主攻单产、提高品质、增加效益”的思路，加强对中低产田的改造，狠抓了关键增产技术措施的推广应用，优质粮良种推广面广，地膜粮覆盖面大，沃土示范工程、规范栽培等实用技术发挥了较大的增产潜力，粮食生产在遭遇了春冻、干旱、秋淋等严重灾害的情况下，全市粮食总产达到130.4万吨，单产水平较上年增长3%，其中夏粮单产水平较上年增加18公斤，增长9.8%。优质粮播种面积达到213.2万亩，占粮食播种面积的35.9%。新型的农业生产方式“订单农业”从无到有，生产规模达到10.1万亩。“粮经”二元种植模式逐步向“粮经饲”三元种植模式转变，全年种植优质带棒青贮饲草玉米35万亩。水果产量35.3万吨，蔬菜产量50.6万吨。

林业生态环境建设成效显著。全市2001年完成造林64.2万亩，比上年增长14.4%，其中：麟游、凤翔、眉县示范县完成退耕还林（草）7.8万亩，完成全年计划。21个重点种苗基地建设项目进展顺利，已有16个投入使用，可为宝鸡市生态环境建设提供大量的优质壮苗。天然林资源保护、退耕还林（草）、生态环境建设综合治理、三北四期防护林、北坡南山绿化工程治理均超额完成了计划任务。为改善全市生态环境，促进经济可持续发展奠定了良好的基础。

牧业生产强劲增长。全市大牲畜存栏43.1万头，猪、羊、禽存栏分别为88.8万头、46.6万头和788.1万只，增长9.4%、19.0%和3.9%。肉类产量10.3万吨，增长3.1%。奶业生产发展迅猛，良种及改良奶牛存栏达到5.72万头，增加1.59万头。奶类产量14.6万吨，增长21.0%。舍饲养畜规模提高，规模养殖户达到2.5万户，建成百头肉牛育场37个，千头猪场35个，万只鸡场36个，畜牧小区88个，布尔羊胚胎移植928例，完成布尔羊杂交改良15.57万只，防疫密度96.8%。牧业生产呈现出“大引进、大推广、大开发、大产业”的格局。

【工业和建筑业】 国企改革进展顺利。2001年，先后有宝鸡钛业、中铁宝桥、秦明公司、宝鸡机床厂等一批企业进行股份制改造并进入上市辅导期，宝光股份已在上交所上市交易。以股权多元化为中心，完成了8个市属企业改制任务，市属大中型企业改制面达到57%。宝鸡棉纺织厂破产重组成功，安置企业职工3200多人。

工业生产持续快速增长。全市全年完成工业增加值73.3亿元，增长9.9%，其中，国有工业企业及年产品销售收入在500万元以上的非国有工业企业（简称规模以上工业企业）实现增加值54.8亿元，增长10.5%。在规模以上工业企业中，国有企业实现增加值34.7亿元，增长11.0%；集体企业5.0亿元，增长3.3%；股份制企业13.3亿元，增长10.1%；其他经济类型企业1.8亿元，增长66.6%。重工业增加值33.0亿元，增长16.6%，轻工业增加值21.8亿元，增长2.3%。

技术改造工作取得了新突破。全年安排重点技术改造项目20个，东岭集团5万吨电解锌扩建、和氏乳品公司液态奶生产线、宝鸡卷烟厂二氧化碳膨胀烟丝生产线、北照公司新增一条拉管生产线等技改项目先后完成，提升了技术装备水平，产生了良好效益。全年完成技改投资11.5亿元，为全市工业增添了活力。

规模以上工业实现利润3000万元，上缴税金18.0亿元，增长14%，工业企业经济效益综合指数为84.9%。

全社会建筑业完成增加值18.5亿元，增长10.8%。全市四级以上建筑企业实现利润6306万元，增长1倍，税金10775万元，增长29%。施工工程1587个，其中投标承包工程1092个，占全部施工工程68%；施工面积374.28万平方米；房屋竣工面积196.81万平方米。

【固定资产投资】 固定资产投资再创新高。全社会固定资产投资完成77.69亿元，比上年增长10%，其中，国有及国有控股单位投资完成59.29亿元，增长10.7%；集体经济投资完成8.55亿元，增长14.3%；城乡居民个人投资完成9.85亿元，增长2%。全市50个重点项目进展顺利，其中，310国道宝鸡—牛背段工程已建成竣工投入使用；宝兰二期复线工程累计完成12.02亿元；凤县东岭5万吨炼锌炉点火一次成功；全省重点水利工程之一宝鸡峡渠首加坝加闸工程大坝主体已贯通；高新大道一期工程已竣工；山川秀美工程中的生态环境建设、种苗基地、天然林保护、退耕还林、北坡绿化等工程进展顺利。

全市固定资产投资新增主要生产能力：火力发电30万千瓦，11万伏以上输电线路45.16公里，锌冶炼5万吨/年，硫酸2万吨/年，中成药1800万片/年，新建公路79.15公里，改建公路107公里，新建独立公路桥梁1746延长米，桥梁7座，城市道路扩建长度23.5公里，扩建面积30万平方米，城市防洪堤长度9.53公里，粮食仓容面积1.07万平方米，可容纳3575万公斤粮食。

【教育和科学技术】 教育事业持续发展。全市普通高校招生3390人，在校生9211人；成人高校招生1934人，在校生4242人；各类中等职业技术学校招生13739人，在校生31631人（其中职业高中招生9504人，在校生19217人）；普通高中招生22867人，在校生56614人；初中招生82376人，在校生228246人，入学率95.87%；小学招生63725人，在校生450749人，入学率99.81%。特殊教育在校生489人；在园幼儿（含学前班）70041人。教育质量继续提高，全市高考达本科线比率已连续三年居全省第一。至目前，全市共建成省级重点中学7所，省级示范中小学18所，艺术教育特色学校6所，省级示范幼儿园6所；创建省级职业高中3所；创建省级农村教育综合改革实验县5个。建成市级教育强镇29个，农村示范小学345所，素质教育示范学校10所；市级示范乡镇成人文化技术学校33所。

科学事业欣欣向荣。2001年全市安排实施各类科技开发计划项目104个，其中国家级30个（火炬计划10个、星火计划8个、重点新产品计划12个）、省级43个。组织实施国家科技型中小企业创新基金项目1个，农业科技成果转化基金项目3个，争取国家和省上科技经费374万元。全年取得重大科技成果53项，其中填补国内空白达到国内先进水平26项，授政府科技进步奖53项，其中省级7项；授政府农业科技成果推广奖8项。全年专利授权100件以上。宝鸡高新区完成投资8.9亿元，同比增长53%，技工贸收入同比增长31%；新增企业48家，其中新增高新技术企业7家。新批准外商投资企业7家，新增到位外资1731万美元。新批准入区项目22个，涉及合同引资额17.5亿元，实现到位资金4.7亿元。民营科技企业快速发展，总户数达1087户，全年技工贸总收入达30亿元。金台、渭滨、虢镇、蔡家坡科技园和眉县民营科技园建设已启动实施。宝鸡市生产力促进中心以宝鸡农业信息港为支撑，将服务范围延伸至县、乡、村三级，建立了80个农业信息服务示范站点，开通了市级农业信息“110”热线电话。陕西东岭工贸股份有限公司、岐山岐星企业集团公司、陕西恒兴果汁饮料有限公司等10户企业被列为陕西省2000年度星火企业20强。

【交通、邮电和旅游】 全市公路运输业保持稳定发展势头。全年公路运输共完成货物运输量2086万吨，比上年增长53.4%，货物运输周转量16.9亿吨公里，旅客运输周转量41.2亿人公里。

全市现有营运车辆12994辆，其中客车4947辆，比上年同期增长11%，货车8047辆，比上年同期下降14%。

邮电通信事业迅猛发展。全年邮电通信业完成邮电业务总量6.6亿元，比上年增长20.9%，年末局用交换机总容量达到60.1万门，增长39.1%。全市电话普及率达到13部/百人，增加1.6部/百人；移动通讯迅猛发展，电话用户达到24.6万户，增长90.7%；国际互联网用户达到36344户，增长3.7倍。

旅游业继续保持强劲发展势头。2001年，中国体育健身游陕西活动启动仪式、法门寺国际文化旅游节、太白山旅游登山节成功举办；春节、“五一”、“十一”三个旅游黄金周顺利、圆满、安全运行；旅游形象更加鲜明，产业素质显著提高。全年共接待国内外游客467万人，其中，入境旅游者2.08万人，实现旅游综合收入15.23亿元，分别较上年增长14.1%、13.7%和22.8%。

【国内贸易】 市场商品销售平稳增长。全年社会消费品零售总额60.25亿元，比上年增长8.6%，剔除价格因素，实际增长9.5%。其中：城市消费品零售额28.62亿元，县及县以下消费品零售额31.63亿元，分别增长10.1%和7.2%。分行业看，批发零售贸易业增长9.8%，餐饮业增长15.5%，其他行业增长2.1%。

【对外经济】 由于经济持续快速增长，“开放年”活动的深入开展，对外贸易高速增长。全年进出口总额5960万美元，比上年增长31%，其中，出口总额3520万美元，比上年增长51.7%；进口2440万美元，增长17.7%。进出口相抵顺差1200万美元。浓缩果汁、钛产品、双烯醇酮、棉布、冻大肉、机床、石油机械、冰箱、空调等产品出口增速明显。全市新批外商投资企业14个，合同利用外资2447.5万美元，增长86.3%。世界500强企业日本住友在宝鸡建立合资企业。

【金融和保险业】 金融运行良好，不良资产得到有效控制。金融业持续稳定发展，各项存款大幅增长，信贷结构调整力度加大，贷款投入重点更加突出。全市各项存款余额261.39亿元，比上年末增长13.8%，存款继续向国家银行集中，存款稳定性增强。各项贷款余额195.24亿元，比上年末增长2.8%。2001年是国有商业银行资产质量管理年，各行加大了不良资产处理，到年末，全市金融机构不良资产率比上年下降3.8个百分点，实现了上级要求下降2—3个百分点的目标任务。

保险事业突飞猛进。全年保险收入44828万元，比上年增长40.9%。其中，财产保险收入11778万元，增长3.1倍，寿险保险费收入30185万元，增长65.7%，健康险和意外伤害险保费收入2865万元，支付各类赔款及给付12667万元，增长32%，其中财产险赔款5470万元，增长1.5倍，寿险给付7197万元，增长1.2倍。

【文化、卫生和体育】 年末全市共有艺术表演团体14个，文化馆13个，公共图书馆13个，博物馆10个，市区有广播电台1座，电视台1座，县级广播电视台有10座，乡村电视差转台432座。广播和电视综合人口覆盖率分别达到98.94%和98.3%。

宝鸡市人民广播电台创作制作的三集广播剧《天凤》荣获全国“五个一工程”优秀广播剧奖。宝鸡电视台拍摄的专题片《大山在悲恸——追忆优秀共产党员杨文洲》获全省好新闻二等奖；戏曲电视片《哑女告状》获全国第四届百家电视台节目展播铜奖；元宵秦腔晚会《秦缘天宝》获全省电视文艺三等奖；电视台总编、副台长贾雷鸣撰写的电视论文《商业电视文化与国家意识形态》获第二届中国电视“金鹰奖”电视艺术评论三等奖，这是我省在这次评奖中惟一的一个论文奖项。原有线电视台拍摄的音乐专题片《山村教师》获全国百家电视台音乐节目展播金奖、全国有线电视节目一等奖和宝鸡三年文艺创作优秀作品一等奖；电视文艺晚会《颐和之光》和电视专题片《深山祖孙行》分别获全国有线电视节目二等奖；电视专题片《非法行医害人不浅》获省第六届残疾人事业好新闻三等奖。

卫生事业不断发展。年末全市共有医疗卫生机构（含诊所）1108个，其中：医院87所，乡镇卫生院179所，卫生防疫、防治机构14个。医疗机构实行了分类管理，其中营利性机构889所，非营利性机构350所。床位达到10340张，其中医院8073张，卫生院2152张。卫生技术人员14703人，其中医生6842人，护士（师）3788人。

农村合作医疗覆盖面达58.7%以上。全市无偿献血14647人次，315万毫升。儿童“四苗”接种率达99.4%。孕产妇和婴儿死亡率分别下降到44.97/10万和26.52‰。

体育事业成绩显著，竞技体育水平不断提高。在全国第九届运动会上宝鸡输送到省上的运动员有14人入围，8人获奖，取得1.5金、1银的好成绩。全年参加省内各项目比赛，获金牌44枚，银牌43枚，铜牌49枚，名列全省第二。有7人破12项市纪录，创5项市纪录，56名运动员达到国家二级运动员标准。成功承办了中英国际足球对抗赛及“两节一会”文艺演唱会的保障工作，并顺利举办了宝鸡市第七届青少年运动会和市级机关第十一届运动会。群众体育活动蓬勃开展，新建全民健身工程6处，全民健身活动高潮迭起，市木兰拳专委会被评为全国亿万妇女健身活动先进集体，受到了国家体育总局和全国妇联表彰。

【环境保护】 城市环境质量进一步改善。宝鸡发电厂向市区供热工程开始启动，新建20吨供热锅炉1台，附设供热管网16620米，新增城市供热面积22.59万平方米，从而使全市区域集中供热总面积达190万平方米，加上大型厂矿企业联片供热，城市热化率达到35%，十里铺污水处理厂和陵塬垃圾处理场开工建设。

对东岭集团凤县锌品厂5万吨锌冶炼工程等38个建设项目实行环境影响评价和“三同时”管理。

环境污染的趋势得到控制，局部地区环境质量有所改善。全面完成了第三轮排污申报登记工作，顺利完成秦岭化肥总厂烟尘治理，北马坊煤矿、伟宝粤钢管有限公司、宝鸡电力机车段等废水治理工程。城市环境综合治理定量考核继续名列前茅。

全市工业废水排放达标率达到72.9%，工业废气处理率达到88.4%，工业固体废物综合利用率达到32.8%，分别提高了4.2、0.1和12.8个百分点。

【人民生活】 全市城镇居民人均可支配收入5145元，比上年增加391元。全市农民人均纯收入1603元，比上年增加60元，全市城镇居民人均住房面积12.90平方米，农民人均住房面积22.3平方米。

社会保障事业进一步巩固。年末全市参加失业保险的职工为32.05万人，月平均4346人领取失业保险金；22.43万名职工参加了基本养老保险。

社会福利社会化步伐进一步加快。全市社区老年福利服务“星光计划”全面展开。渭滨区作为“星光计划”的试点区已有52个为老年福利服务项目得到省、市450万元的福利基金资助，试点工作进展顺利。全市各类福利机构床位达到850张，收代养人员1000人（次），基础设施建设成绩显著，建成县区福利中心3所，发展民办福利机构2个。城市居民最低生活保障工作取得了突破性进展，全市享受城市低保待遇的户数和人数分别达到15653户、43504人，占城镇非农业人口的5%，实现了应保尽保，市区保障标准为月人均130元，10个县为100—130元。确保了城乡困难群众的基本生活。

注：国内生产总值，各产业增加值为现价，增长速度为不变价。

（市统计局）

招　商　引　资

【概况】 宝鸡市委、市政府确定2001年为“宝鸡开放年”，确定全市全年合同引资100亿元，引资到位30亿元的目标任务。围绕“开放年”活动，全市狠抓整治和改善投资环境，扎实工作，加大招商引资力度，形成了全市“人人都是投资环境，全民参与招商引资”的大好局面。实现了宝鸡市招商引资大突破，对外对内开放迈上了一个新的台阶。2001年宝鸡市共签订各类招商引资项目合同402项，总投资152亿元，合同引进资金117亿元，已落实到位资金33.03亿元，209个项目建成投运，比上年有突破性增长。全年招商引资项目总投资、合同引资额和资金到位额均比2000年翻了两番。其中，利用外资项目32项，总投资5.69亿美元，合同利用外资3.54亿美元，到位资金3890万美元；内资项目共370项，总投资109亿元，合同引进资金87.7亿元，到位资金29.8亿元。在全部到位资金中，区域外引资到位额29.9亿元，占资金到位额的90.6%。

【优化投资环境、完善优惠政策】 围绕为外来投资者创造宽松、良好的投资经营氛围，召开了全市对外开放会议，总结近年来对外开放工作，重新修订《关于加大招商引资力度，改善投资环境的暂行规定》，出台了《关于贯彻省委、省政府〈关于改善投资环境，进一步扩大对外开放的决定〉的实施意见》，市计委、人事局、公安局、工商局、国税局、地税局、劳动局、土地局、外经贸局、规划局等十个部门还据此制定了具体的实施意见。进一步理顺宝鸡市政务大厅对外办公机制。由市计委、经贸委、外经贸局、工商局、国税局、地税局、土地局等有关部门抽调骨干力量组成市政府政务大厅日常对外办事机构，主要围绕咨询、办证、会商等三大职能，建立了一套适应对外开放的工作制度和办事程序，重点落实了首问责任制和重大问题会商制度。明确规定了项目审批工作时限，简化了办事程序，提高了办事效率，使境外投资者找人有门、办事有人，为外来投资者提供良好服务。适应我国即将加入WTO和全省投资环境整治工作的新形势，下大力气清理、废止、完善了一系列涉外政策法规，确保各项政策、文件规定与国际惯例接轨。

【建立全市招商引资工作目标责任制】 市政府将全年合同招商引资100亿元的目标任务进行了分解下达，吴登昌市长与12个县区和市级15个有关部门签订了《招商引资目标任务责任书》，与9个综合部门签订了《改善投资环境责任书》，明确了奖惩办法和考核指标，实行合同引资额和资金到位率“双达标”，并纳入年度岗位责任制考核。

【开展项目筛选推介工作】 围绕实施“开放年”活动，着力开展全方位、多领域、深层次的招商引资活动。当年征集各类招商项目360多项，经反复筛选、审定，确定了155个项目，编成《宝鸡市招商引资项目册》向外广泛宣传介绍，并通过国际互联网向世界公布。

【形式多样的招商引资】 市政府成功举办了盛况空前的中国宝鸡法门寺国际文化旅游节、太白山旅游登山节暨招商洽谈会，组团参加了中国东西部合作与投资贸易洽谈会、西部论坛会、在华外资企业再投资洽谈会、香港、厦门贸洽会、成都洽谈会和宁夏吴忠西交会等十多次经贸洽谈活动。走访了国内东南、华南、华中、华东、东北、西南及陕甘川宁等地区70多个地市，与广西柳州市、天津市津南区达成了建立友好城市协议，洽谈了一批经济合作项目。这些活动宣传了宝鸡，加强了对外经济合作，取得了对外宣传和招商引资工作的“双丰收”。

【国际经济友好交流活动】 2001年，宝鸡市利用各种机会，“走出去、请进来”，有针对性地组织党政、经贸代表团和国有、民营企业代表团，出访了美国、日本、德国、法国、意大利、澳大利亚、南非、埃及、东南亚等十多个国家和地区，增进了国际友好交流。与美国好莱坞市、法国贝尔福省、德国巴尔尼姆专区等建立了友好交流关系，与澳大利亚墨尔顿市缔结了国际友好城市。还邀请莫斯科国际商会、法国兴业银行、法国威望迪集团、加拿大普拉赛尔多姆公司、日本住友集团、印尼鲁哈公司、韩国三星集团、香港中华出入口总商会、香港贸促会、世界杰人会及美国、意大利、比利时、印度、东南亚等国家和地区20多个代表团及300余名外商来宝鸡观光考察、洽谈合作，充分展示了宝鸡市对外开放的新形象。

【狠抓招商引资项目落实】 为抓好抓实签约项目的落实工作，成立了由市政府主管领导挂帅的宝鸡市项目推进工作领导小组，对重点招商引资项目建立了由有关部门领导负责的重点项目推进服务中心，对市上确定的重点招商引资项目明确由各县区和市级部门行政主要领导负责包抓；主管部门深入县区、部门和项目单位，检查督促项目进展情况，建立定期汇报、通报制度，通过检查、汇报，定期填报统计报表等方式，对重点招商引资项目进行跟踪服务，协调解决项目实施过程中的困难和问题，促进招商引资工作整体推进和提高。

【招商引资存在的问题】 主要是部分县区引资力度不大，大项目太少，对区域经济发展有支撑作用的项目还不多；高新技术产业引进项目不多；项目管理制度还不够完善；市属国有企业重组的招商引资没有取得突破等。

（刘 祥）

经 济 协 作

【概况】 2001年，市对外经济技术协作紧紧围绕市委市政府确定的“服务年”的总体要求，面对入世和全球经济一体化的挑战，积极应对，转变职能，转变工作作风，搞好服务。为了抢抓西部大开发的历史机遇，扩大对外开放，全市进一步优化投资环境，加大招商引资力度，吸引更多的外商、外资来宝投资、合作；继续加强东西部合作，利用宝鸡市的资源、市场等优势，吸引东部的技术、资金、人才来宝共谋发展；继续加强与柳州等友好城市的经济协作关系，着力以“淮海”“陇海兰新”、“中原、陕甘川宁毗邻经济区”为纽带，加强横向经济联合与协作；积极参加“东西部合作与投资贸易洽谈会”、“西交会”。创办了首届“中国宝鸡法门寺国际旅游文化节、太白山旅游登山节暨招商引资洽谈会”，并取得了圆满成功。

【参加经联会第十六届年会】 2001年10月24日至26日，在四川省绵阳市召开了陕甘川宁毗邻地区经济联合会第十六届年会，吴登昌市长带领宝鸡市科委、经协等部门的负责人参加了会议。会议由经联会常务副执行主席吴登昌主持，经联会第十六届执行主席绵阳市黄学玖市长致开幕词。年会的主题是：“开放、创新、联合、发展”。会议讨论审议经联会的工作总结、工作安排、汉中第十四届西交会筹备工作大纲等报告；经联会办事处领导班子换届；经济区的发展壮大。与会的经联会各成员方市长、专员、经协部门、分会负责人着重就“我国加入WTO后，经联会如何抢抓西部大开发的机遇，与时俱进，拓宽联合协作渠道，加快经济区发展”以及“如何深化改革西交会”等问题，展开了深入地探讨和研究。会议由经联会第十七届执行主席方平凉地区行署副专员邓晓龙致闭幕词。

【组团参加第十三届中国西部商品交易会】 2001年9月2日至6日，第十三届中国西部商品交易会在宁夏回族自治区吴忠市隆重举行。宝鸡市成立了由副市长刘忠任团长的经贸代表团参加了西交会。经贸代表团由轻工、重工、机电、纺织、二轻、科技、食品、商务、粮食、旅游、供销、部省属企业及12个县区等18个分团组成。交易会期间，组织展位37个，组织参会货源6.5亿元，实现交易额2.7亿元，其中现金交易额1664.13万元，共有130个企业12大类270余种产品上会交易。期货贸易额居十五方（除东道主宁夏吴忠市）之首，达2.7亿元，参会人数近500人。当会签约招商引资项目6个，其中合同项目5个，涉及资金4428万元，意向1个，涉及资金2000万元；会外签约项目11个，涉及资金1.98亿元；会内会外共签约项目17个，涉及资金总额2.63亿元。

【组团参加2001年中国东西部合作与投资贸易洽谈会】 2001年4月6日至10日，中国东西部合作与投资贸易洽谈会在西安市举行，市政府成立了2001年中国东西部合作与投资贸易洽谈会陕西代表团宝鸡分团，吴登昌市长任团长，副市长吴苏平、刘忠、市经贸委主任王秉钊为副团长，市政府办公室、经贸委、科委、城建局、规划局、农业局、水利局、乡企局、商务局、机电局、农发办、工商局、粮食局、市委宣传部、高新区管委会、外事旅游局、轻工局、重工局、交通局、二轻、纺织、供销、经协办、食品协会等市级有关部门主要负责人和12个县区主管县区长为成员。筹备期间，筛选、编印《宝鸡市招商引资项目册》2000册，向陕西省经贸委代表团推荐省级重点项目45个，组织摊位23个，共有70个企业400多种产品上会参展交易，参会人数近1500人。贸洽会期间，宝鸡市共签订利用外资项目15个，总投资30459.70万美元。其中吸引外资4741.08万美元，签订国内横向联合项目33个，总投资23亿元，其中吸引外地资金22亿元。贸洽会上，共完成外贸成交额2429万美元，完成内贸成交额20.41亿元。同时，宝鸡市还借机在会期内举行了宝鸡市人民政府新闻发布会，成功召开了“宝鸡市兄弟城市联谊会”、“宝鸡市工商企业”、“乡镇企业”、“非公有制企业”等四个联谊会，很好地宣传了宝鸡、宣传了企业，增强了政府间、企业间的相互联系与沟通，为城市之间、企业之间的共同发展、项目合作搭建了一个有效平台。

【举办首届“两节一会”】 2001年4月26日至30日，宝鸡市举办了首届中国宝鸡法门寺国际文化旅游节、太白山旅游登山节暨招商引资洽谈会。市上成立了由庞家钰书记任顾问、吴登昌市长任主任的“两节一会”协调委员会，下设办公室，专门负责协调工作。市上还成立了“两节一会”筹委会，下设招商宣传、保卫等7个处室，分别由12个县区和市经协办、机电局、工商局、商务局、粮食局、供销社、房管局、重工局、高新开发区、外经贸局、农业局、旅游局等部门组成。

市级有关部门抽调29名县级领导、200多名机关干部参与筹备工作。充分利用各种新闻媒体，全方位、多角度、多层次加强宣传；将筛选确定的总投资150亿元的100个重点项目编成项目册；在国际互联网上设立“两节一会”招商引资项目网页；按照省上要求，邀请客商参加西安洽谈会；还由市上四大班子领导带队分10路出访邀请，分赴华东、华南、西南、西北以及港澳台地区的重点城市、友好城市进行走访邀请，宣传宝鸡“两节一会”，宣传宝鸡招商引资的优惠政策，发布招商引资项目信息；共向国内外大型企业、大财团和工商客户对口发出20000份邀请函。

“两节一会”期间，在市均利国际广场设立总面积为16000平方米的“两节一会”商品展览馆，提供440个展销摊位，组织商品货源150多亿元，20多个经贸代表团、1000多个企业、2000多种商品，分南北两个展区各设220个摊位，共有3万多名客商参会。同时，还按县区、行业划分为部省属、轻工、高新技术、外经贸等21个展区、5个专业市场。“两节一会”期间，共组织了6场集中签约仪式，签订各类经济合作项目合同、协议236项(含部分西洽会签约项目)，总投资105.48亿元，协议引资89.15亿元。其中利用外资项目35个，总投资3.05亿美元，协议引资2.39亿美元；国内联合项目201个，总投资80.16亿元，协议引资69.3亿元。会期内还召开了“中外企业项目交流会”、“港澳台企业西部开发恳谈会”、“兄弟城市经济合作座谈会”，使中外客商了解了西部，提高了宝鸡的知名度。

（张甲瑞）

精神文明建设

【概况】 2001年，精神文明建设工作以邓小平理论和江泽民总书记“三个代表”重要思想为指针，认真学习贯彻党的十五届三中、六中全会精神和中共中央颁布的《公民道德建设实施纲要》，以创建文明城市为目标，按照“重建设、铸灵魂、抓载体、强基础、求实效”的工作思路，以“五大建设”为龙头，广泛开展“讲文明树新风，塑造新世纪宝鸡人新形象”活动，有力地促进了全市改革开放、经济建设和社会发展。精神文明建设工作连续17年受到省委、省政府表彰。至2001年底，全市共有省级文明单位179个、省级文明单位标兵35个、省级文明镇7个、省级文明村21个；市级文明单位544个、市级文明机关52个、市级文明校园34个、市级文明村87个。

【学习贯彻《公民道德建设实施纲要》】 《公民道德建设实施纲要》颁布之后，市文明委提出贯彻《纲要》的具体意见。市文明办组织召开各行业代表座谈会3次，编写学习《纲要》问答50题，下发各县区和新闻媒体学习宣传。市供电局代表全市各级文明单位发出学习贯彻《纲要》倡议书。各县区相继召开动员大会，组织开展了学习贯彻《纲要》和签名活动。使《纲要》的基本道德规范和“三德”教育内容，家喻户晓，深入人心。市教育局深入开展调查研究，根据不同对象和不同层次开展教育活动，建立完善了学校、家庭、社会三结合的教育网络。3月份，全市开展学雷锋“扶贫帮困义务奉献”活动。深入贫困户、敬老院做好事5万多人次。广大干部群众积极开展“立足岗位学雷锋”、“爱岗敬业无私奉献”等实践活动。以文明市民学校为阵地，注重在群众性、广泛性和时效性上做文章。组织各种报告会140多场次，巡回展出“崇尚科学，反对迷信”大型图片展览80多次。

【“讲文明、树新风”活动有声有色】 以弘扬五种精神为主线，组织开展“讲文明树新风，塑造宝鸡人新形象”活动。在全市开展“纪念建党80周年，塑造陕西人新形象”演讲活动。共举办演讲会289场次，参与演讲548人，直接听众近10万余人。市工商局李静代表宝鸡市参加全省纪念建党80周年塑造陕西新形象演讲比赛获得二等奖。创佳评差系统和20多个涉外服务企业开展了整顿投资环境，规范优质服务的“百日竞赛”，举办“改善投资环境，争做文明人”征文活动，评选出优秀征文30篇。全市乡镇以上党政机关开展了第二届“创十佳公务员”、“做人民满意公务员”评选活动，举办了“宝鸡市做人民满意公务员活动大型图片展览”，近10万人观看展览。形成了“人人都是投资环境，个个都是宝鸡形象”的良好氛围。结合全省整治年活动，市区和县城广泛开展了以美化大街小巷、整顿交通秩序、清理占道经营、规范户外广告、取缔露天烧烤、拆除违章建筑和净化市容环境为重点的城市市容综合整治活动。

【群众性精神文明创建活动】 群众性精神文明创建活动以创建文明社区引领文明城市创建，把创建文明社区作为落实“三个代表”重要思想，为群众办实事的大事来抓。在渭滨区新开路社区召开了经验交流座谈会。全市命名创建文明社区先进单位4个。凌云社区被中央文明办确定为全国创建文明社区示范点。

【完善文明单位动态管理机制】 除对当年创建的文明单位进行集中培训外，重点对1989—1992年期间命名的文明单位进行整顿，经过自愿申报和复查保留了44个单位市级文明单位荣誉称号。2001年，市委、市政府命名文明单位38个，文明机关11个，文明校园10个，文明村9个。

【狠抓文明行业创建】 创建文明行业被列为创建活动的重头戏。市文明办制定了创建文明行业规划，在市地税系统等十个行业开展了创建文明行业活动。召开了全市创建文明行业现场经验交流会，在全市开展了“学地税经验，创文明行业，树文明新风”活动。命名市地方税务局为市级文明行业。

【“创佳评差”竞赛活动】 “创佳评差”竞赛活动以提高优质规范服务水平和纠正行业不正之风为主要内容，不断扩大领域，深化教育。年初，市委、市政府主管领导同各部门签订创评任务书，各部门又同所属单位层层签订承包责任书。市卫生局等21个系统被评为优胜系统，评选出最佳单位58个，优质服务标兵56个。在商务、卫生、粮食、电信、金融等行业确定了28个示范点。各“窗口”和示范点纷纷推出新的服务措施和服务承诺，有力地促进了“窗口”执法行业的形象建设。

【市供电局被中央文明委命名为“创建文明行业先进单位”】 市供电局狠抓行业建设和规范服务，实行服务承诺制，向社会发出了“只要您一个电话，剩下的事由我来办”的诺言，坚持实行“三公开、四到户、五统一、一上墙”的经营管理制度，使市民的综合满意率达到了100%。2001年被中央文明委命名为“创建文明行业先进单位”。

【文明村镇建设覆盖面扩大】 农村精神文明建设从整治村容村貌、改变农村风气入手，开展了以“治三乱”、“刹三风”、“创三优”为主要内容的综合整治。全市101个镇都制定了创建文明镇规划，在全市开展了创建文明村镇竞赛活动。渭滨区高家镇高家村、凤翔县横水镇紫柏村等9个村被命名为市级文明村。"十星级文明户"创建活动扩大创建面，平原覆盖面占80%，山区占50%。

【群众性文化活动十分活跃】 企业文化、社区文化、街道文化、校园文化、村镇文化等群众性的文化活动广泛开展。群众自发组织的自乐班、老年歌舞队、秧歌队、演唱队，常年活跃在街巷、公园、厂矿。在庆祝建党80周年和建国52周年期间，各县区、各大系统开展以歌颂社会主义、歌颂共产党、歌颂改革开放为主要内容的演唱会、舞蹈音乐会85场次；摄影展览、书法绘画展览50多次。产生了良好的社会效果。文化、卫生、科技"三下乡"活动在太白县嘴头镇集中示范，各种活动日趋制度化、经常化。

【建成贫困县文化站2个】 麟游县申报贫困县文化中心立项。继九成宫和两亭之后，麟游县招贤镇文化站建成，内部配套设施到位，对外开放，3个乡镇文化站活动正常。2000年乡镇文化站建设项目指标1个，地点在眉县小法仪镇，中、省、市资金全部到位，已经建成。

【首批西部开发助学工程受助大学生11名】 西部开发助学工程分配宝鸡市受助学生名额11名。郑宝兵、李红菊、冯青龙、秦亮亮、任博哲、魏婷婷、王蓉、任宏超、冯建英、张文亮、朱海军成为宝鸡市首批西部开发助学工程受助大学生。

【机构与人员变动】 2001年1月，市文明委增补吴登昌为文明委副主任，12月，增补吕晓明为文明委副主任。11月，宝鸡市实施机构改革，原市精神文明建设办公室承担的全市精神文明建设工作的职能划入中共宝鸡市委宣传部，随职能划入6人。

（魏　红）

培　根　谈　读　书

读书之用有三：一为怡神旷心，二为增趣添雅，三为长才益智。

读书费时太多者皆因懒散，录章摘句过甚者显矫柔造作，全凭书中教条断事者则乃学究书痴。天资之改善须靠读书，而学识之完美须靠实践；因天生资质犹如自然花木，需要用常识对其加以修剪，而书中所示则往往漫无边际，必须用经验和阅历界定其经纬。

读书不可存心吹毛求疵，不可尽信书中之论，亦不可为己言掠辞夺句，而应该斟酌推敲，钩深致远。

有些书可浅尝辄止，有些书可囫囵吞枣，但有少量书则须细细咀嚼，慢慢消化；换言之，有些书可只读其章节，有些书可大致浏览，有少量书则须通篇细读并认真领悟。有些书还可以请人代阅，只取代阅人所作摘录节要；但此法只适用于次要和无关紧要的书。

读书可使人充实，讨论可使人敏锐，笔记可使人严谨；故不常作笔记者须有过目不忘之记忆，不常讨论者须有通权达变之天资，而不读书者则须有狡诈诡谲之伎俩，方可显其无知为卓有见识。

读史使人明智，读诗使人灵透，数学使人精细，物理使人深沉，伦理使人庄重，逻辑修辞使人善辩，正如古人所云：学皆成性；不仅如此，连心智上的各种障碍都可以读适当之书而令其开豁。

中共宝鸡市委员会

市委工作概述

【概况】 2001年，市委以邓小平理论和“三个代表”重要思想为指导，认真贯彻落实十五届五中、六中全会、中央经济工作会议精神和省委的重大部署，以实施西部大开发为主线，紧紧围绕把宝鸡建成工业强市、畜牧大市、旅游名市和百万人口的现代化生态园林城市的目标，积极实施开放促开发、科教兴市和城镇化带动战略，抢抓机遇，加快发展，全市国民经济保持了稳定增长的势头，全市国内生产总值完成195亿元（口径调整），同比增长9.6%；地方财政收入8.87亿元，同比增长8.7%。城镇居民人均可支配收入5145元，比上年增加391元，农民人均纯收入1603元，增加60元。

【农业经济在结构调整中稳步发展】 大力实施优质粮工程、优果工程，狠抓规模养殖和蔬菜的设施化栽培，使粮、果、菜、畜四大主导产业不断发展，种植业开始由“二元结构”向“三元结构”转变，粮经比调整到70∶30。全年粮食总产130.4万吨，水果产量35.3万吨，蔬菜产量达到50.6万吨，畜牧业产值占农业总产值的比重达到30.5%。大力推进科技兴农，聘请科技顾问，建设专家大院，组建了苗木、布尔羊、果业、草业等10个良种繁育中心。积极实施山川秀美工程，退耕还林示范县、生态建设重点县项目进展顺利。认真组织实施冯家山灌区配套续建、冯坊河西干渠引水及节水改造工程。加快12乡镇工业园区建设，引导乡镇企业从事农副产品深加工，推进农业产业化经营。同时，扶贫开发工作力度进一步加大，小额信贷、移民搬迁、温饱工程以及社会扶贫等工作进展顺利。

【工业经济在改革中持续增长】 以股权多元化为核心，完成了8个企业改制任务，市属大中型企业改制面达到57%，宝鸡车辆厂、陕西机床厂通过资产重组焕发了新的生机。宝光、宝钛股票上市交易。加大技术改造力度，全年完成技改投资11.5亿元，东岭锌品、和氏乳品液态奶生产线、宝烟膨胀烟丝等一批项目建成投产。全市规模以上工业增加值54.8亿元，增长10.5 %，盈亏相抵后盈利3000万元。

【高新区建设、旅游业和非公有制经济快速发展】 高新区年内新入区企业48个，实现技工贸总收入46亿元，深圳聚友、山东鲁能等上市公司入区发展。深化旅游体制改革，加快了旅游产业化、集团化进程，旅游业综合收入同比增长30%，创建中国优秀旅游城市获得成功。积极实施“550工程”，非公有制经济发展势头良好，占国内生产总值的比重达到35%。

【“开放年”活动成效显著】 4月26日至30日隆重举办了“两节一会”，取得了圆满成功。同时，还组团参加了一系列大型经贸洽谈活动，共签订各类招商引资协议、合同380项，合同、协议引资113.4亿元，已落实到位27亿元。出口创汇和利用外资也取得了新的成效。集中开展了以“四清理、五整顿”为重点的投资环境整治活动，全市投资环境有了明显改善。

【重点项目建设进展顺利】 全社会固定资产投资完成78亿元，50个重点项目完成投资48亿元。经过多方争取，已落实国债资金4.06亿元。宝鸡二电厂四台机组全部投入运行，城乡电网改造、常兴和蔡家坡渭河大桥加宽改造等9个项目建成投用，20个续建项目基本完成计划进度，姜眉公路、陈仓园二期等11个项目已开工建设，长岭稀土永磁电机、天台山旅游区开发等9个项目的前期工作进展顺利。

【城市建设和管理迈上新台阶】 加快市区东扩步伐，下大力气抓了以五路二桥一园为重点的“十大民心工程”建设，渭河市区段防洪暨生态治理工程进展顺利，渭河公园已具雏形；新建路、汉中路、体育路整体改造已完工；清姜路、群众路、高新大道等工程完成计划进度；高新区东区水、电、气等配套设施建设陆续开工；金陵游园、火车站音乐喷泉、炎帝园广场建成开放，受到广大群众的普遍赞誉；新组建了城市综合管理执法局，加大了城市环境综合整治力度，市容市貌有了较大改观。

【高度重视理论武装工作】 加强党员干部理论学习，市委中心组年内集中学习20次。精心安排部署，重点抓了江泽民“七一”重要讲话和十五届六中全会精神的学习宣传，各级党委中心组带头学习，召开各种形式的座谈会、研讨会、专题报告会，先后举办了两期市级领导及部门主要负责同志学习“七一”讲话研讨班，市委还组织宣讲团巡回宣讲，不断把学习引向深入。

【开展农村“三个代表”重要思想学习教育活动】 按照中央和省委的统一部署，从元月起开展了首批“三个代表”重要思想学习教育活动，参学单位2525个，其中县区部门954个，乡镇182个，乡镇站所1389个；涉及学习教育对象28488人。市委对学教活动高度重视。建立了党员领导干部抓学习教育活动联系点制度，市委常委、党员副市长各包抓1个乡镇，并指导搞好联系点所在县区面上的工作。各县区委都制定了县区党员领导干部联系点职责及考核办法，把领导责任落在了实处。市委组成4个检查组，加大检查指导力度，有效地推动了学习教育活动的深入开展。“学教”活动中，全市共征求意见34.5万条。有8000余名乡镇干部、县区部门领导干部进村住户实行“三同”5天以上。参学单位严格按照“四不召开”、“两不放过”的要求，认真召开民主生活会。坚持边查边改，解决突出问题。全市共确定需整改的问题2.7万多个，已有2万多个得到初步解决，基本达到了干部受教育、群众得实惠的目的。按照省委统一安排，在全市49个村开展了村级学教活动试点工作，10月份全面铺开了村级第一批学教活动，占全市村总数的68%。

【在机构改革中加强各级领导班子建设】 推进和深化干部人事制度改革，制定了《关于推进我市干部人事制度改革的实施意见》和公开选拔、考察预告、任前公示、试用期制等7个文件，出台了3个干部监督方面的制度。加快干部队伍年轻化步伐，及时调整和充实领导班子。围绕转变职能、提高效率这个核心，积极稳妥地进行了市级机构改革，改革后人员精简了26%，市委机构大格局没变，市政府行政机构由原来的47个精简到33个，市级部门班子成员平均年龄下降2.2岁，大学以上文化程度占到66.9%，干部队伍结构得到进一步优化。

【党的基层组织建设】 贯彻全省基层组织建设工作会议精神，组建186个工作组，对全市166个基层组织薄弱的村（其中58个“空白村”）和20个停产、半停产企业进行了集中整建。加强街道社区和非公有制经济组织中的党建工作，各县区委在具备条件的非公有制经济组织中都建立了党组织，在金台区、渭滨区认真进行街道社区党建工作试点。

【加强领导作风建设】 从5月16日开始，22名市级领导先后分两批深入到工厂企业、街道社区，开展“双深入”活动。10月20日至11月20日，又组织市级机关382名副县级以上领导干部自带被褥，进村入户，集中开展了一次“双深入”活动。十五届六中全会召开后，市委及时召开了八届六次全会，研究制定了《关于贯彻中央〈决定〉的意见》，制定了关于减少会议、文件、领导公务活动新闻报道和调查研究的四个规定，市级领导带头执行，有效地推动了全市党的作风建设。继续坚持市级领导信访接待日制度，年内市级领导公开接待11次。

【开展党风廉政建设和反腐败斗争】 认真落实党风廉政建设责任制，狠抓领导干部廉洁自律，集中开展了对党员干部接受现金、有价证券和支付凭证的清理活动，加强了案件协调，加大了查办案件力度。今年全市纪检监察机关共立案查处违法违纪案件630件，结案573件，给予党政纪处分551人，挽回经济损失488万元。纠正医药购销中的不正之风、减轻农民负担、治理中小学乱收费等工作也收到明显成效。

【精神文明建设和社会各项事业全面发展】 以“倡导文明新风，共建美好家园”为主题，广泛开展讲文明、树新风活动，继续抓好“五大创建”活动。认真学习宣传《公民道德建设实施纲要》，组织开展了一系列道德实践活动。围绕改进机关作风，全面开展“做优秀公仆，让人民满意”竞赛活动；围绕“开放年”活动，开展涉外“窗口”单位百日竞赛活动；围绕理想信念和宗旨教育，开展了学习宣传郭秀明、杨文洲先进事迹活动，均收到了明显的成效。坚持不懈地开展“双拥”共建活动，争创全国“双拥模范城”五连冠。继续深化教育体制改革，开展创建教育强镇和农村示范学校活动，加强中小学校舍建设，改造危房36万平方米（占危房总面积的65%），教育质量进一步提高，高考本科上线率连续三年居全省第一。科技事业发展较快，年内取得重大成果53项。全面推进城镇医药卫生体制改革，医疗机构业务建设和预防保健工作不断加强。唱响主旋律，大力发展文化艺术和广播电视事业，推出了一批文艺精品，三集广播剧《天凤》获全国“五个一工程”优秀广播剧奖。实施全民健身计划，开展了丰富多彩的体育竞赛活动，极大地丰富了城乡群众文体生活。继续开展创建计划生育综合服务县活动，强化“三个一”领导机制，稳定低生育水平，人口自增率控制在6‰以内。依法保护土地和矿产资源，从严控制农地转用和建设占用耕地，做到了合理开发、有效利用资源。加大执法和宣传力度，全民环保意识得到进一步增强，“一控双达标”工作全面通过省环保局检查验收，创建国家环境保护模范城市工作进展顺利。

【推进民主法制建设】 坚持和完善人民代表大会制度、共产党领导的多党合作和政治协商制度，支持开展法律监督、民主监督和代表、委员的调查、视察活动，积极采纳意见和建议，充分发挥人大、政协的重要作用。加强与各民主党派、工商联和无党派人士的合作共事，市级五个民主党派和工商联圆满完成了换届任务，实现了组织上的新老交替。工会、共青团、妇联、侨务等工作都取得了新的成绩。全面推行政务公开、村务公开和厂务公开，基层民主政治建设得到进一步加强。积极开展普法宣传和依法专项治理，依法治市五年规划得到较好落实。

【全力维护社会稳定】 强化“稳定压倒一切”的思想，进一步落实维稳工作领导责任制，坚持矛盾纠纷定期排查调处制度，深入开展“严打”整治斗争，扎实开展社会治安综合治理“基层年”活动，保持了全市社会稳定。继续开展同“法轮功”邪教组织的斗争，有效防止了“法轮功”顽固分子进京滋事以及在宝鸡市的非法活动。重视做好信访工作，突出抓好集体上访和上访老户两个重点，使全市赴省越级上访大幅下降。

【集中力量抓好安全生产工作】 吸取全省几起重大事故的教训，把安全“四防”作为重中之重来抓。先后召开市委常委会议、市级四大班子领导联席会议、消防安全工作会议等，对安全工作进行研究部署，层层落实安全生产责任制。在全市集中开展了四次拉网式大检查，及时消除不安全隐患，确保了人民生命和财产安全。

【“两个确保”、“两个保证”得到较好落实】 顺利完成了下岗职工基本生活保障移交工作，下岗失业人员基本生活费和离退休人员养老金实现了省级统筹，国有和国有控股企业养老保险统筹覆盖面和发放率都达到100%。全面推行城镇职工医疗保险制度，参保职工达到22.35万人。不断扩大城市居民最低生活保障覆盖面，城市低保人数达到4.35万人。千方百计扩大就业，有2.1万名下岗职工实现了再就业，再就业率达到31%。同时，全面实行县处级以上领导干部与困难企业的特困职工的“交友帮扶”活动，动员全社会开展多种形式的扶贫帮困活动，加大了对企业特困职工和农村特困户、受灾户的救济力度，确保了城乡困难群众的基本生活。

【市委八届五次全体会议】 1月3日至5日在市委会议厅召开了中共宝鸡市委第八届委员会第五次全体会议。参加这次会议的有：市委委员、候补委员，市人大常委会党员副主任，市政府党员副市长，市政协主席、党员副主席，市纪委副书记，不是市委委员的县区委书记、县区长，市委和市级国家机关各部门、各人民团体主要负责人，以及从市级岗位退下来做中心工作的干部和从市级正职岗位退下来的干部，共180人。党的关系在市委的驻市部、省属企事业单位及市属县级企事业单位党委书记列席了大会。会议的主要任务是：高举邓小平理论伟大旗帜，按照江泽民“三个代表”的要求，深入学习贯彻党的十五届五中全会、中央经济工作会议和省委九届六次全会精神，审议通过《关于制定国民经济和社会发展第十个五年计划的建议》和《市委2001年工作要点》。会上，与会代表对《建议》（审议稿）进行了认真扎实的讨论，庞家钰代表市委常委会作了《抓住机遇、团结奋进、为胜利实现“十五”伟业而努力奋斗》的讲话，吴登昌就《建议》作了说明，并安排部署了2001年全市的经济工作，会议最后一致通过了《建议》和《要点》。这次全会明确了“十五”期间宝鸡改革和发展的总体思路、奋斗目标和主要任务，描绘了宝鸡在新世纪初发展的宏伟蓝图，是一次事关全局的重要会议，对于实现宝鸡在新世纪初更快更好的发展、胜利完成“十五”伟业具有十分重要的意义。

【市委八届六次全体会议】 11月19日至20日在市委会议厅召开了中共宝鸡市委第八届委员会第六次全体会议。参加会议的有：市委委员、候补委员，市人大常委会党员副主任，市政府党员副市长，市政协主席、党员副主席，市委、市政府咨询员，市长助理，不是市委委员的县区委书记、县区长，市纪委委员，不是市纪委委员的县区纪委书记，市委和市级国家机关各部门、各人民团体主要负责人，以及从市级正职岗位退下来的老干部。党的关系在市委的驻市部、省属企事业单位及市属县级企事业单位党委书记列席了大会。会议的主要任务是：高举邓小平理论伟大旗帜，以江泽民“七一”讲话和“三个代表”重要思想为指导，认真学习贯彻党的十五届六届全会、省委九届七次全会精神，研究部署加强和改进党的作风建设工作，并对今年后几个月的总体工作进行安排部署。会议认真讨论并审议通过《中共宝鸡市委关于贯彻中央关于加强和改进党的作风建设的决定的意见》，庞家钰作了讲话；会议还通过了《关于召开中国共产党宝鸡市代表会议的决议》，决定市党代表会议于2002年2月召开，选举产生出席省第十次党代会的代表。

（赵甲宏）

中国共产党宝鸡市委员会

书　　记　庞家钰
副 书 记　吴登昌　王俊彦　刘忠良
陈鼎金(1～8月)　吴新成(7～12月)
王韩民(11～12月)
常　　委　庞家钰　吴登昌　王俊彦　刘忠良
陈鼎金　吴新成　王韩民　赵锦明
黄　龙　孟祥义　许道化　孙晓杰
吕晓明(6～12月)　戴征社(8～12月)
秘 书 长　张文通(1～11月)
副秘书长　李万勤　李　明(11～12月)　张陇得
罗新远　史钧生　崔建华(11～12月)

市委工作部门负责人

市委办公室
主　　任　李万勤(兼)
副 主 任　崔建华(兼)

市委组织部
部　　长　孙晓杰(兼)
副 部 长　张民义　赵录全(1～11月)
侯万宝(11～12月)
王都让(11～12月)

市委宣传部
部　　长　吕晓明(兼)
副 部 长　郑宝平　赵周荣　冉宗海(11～12月)

市委农工部(市委政研室)
部　　长(主　任)　范志哲
副 部 长(副主任)　张良铭(1～11月)
王申明　杨宝玉

市委政法委
书　　记　黄　龙(兼)
副 书 记　李剑涛　靳战民(1～11月)

市委统战部
部　　长　田志刚
副 部 长　陈　平　周菊梅(11～12月)

市委老干局
局　　长　邓生波(11～12月)
副 局 长　王德年(10～12月)

市直机关工委
书　　记　朱瑞虹(女)
副 书 记　谢宏春

市委企业工委
书　　记　刘　忠(兼)
副 书 记　徐　强(兼)　赵录全
党史研究室

副 主 任 史俊生

市档案馆

馆　　长 房玉环(女)

副 馆 长 梁敏祥 杨福仁

市委党校

副 校 长 马金路 刘振平 蒲宏福

市编办(11月机构改革时定为市委常设办事机构)

主　　任 周东晗(兼)

副 主 任 陈留根(兼)

宝鸡日报社

总　　编 卢 愚(1~11月) 张陇得(11~12月)

副 总 编 王顺清(1~11月) 符广成

(赵甲宏)

组 织 工 作

【举办干部教育培训班】 根据中央和省委“十五”干部培训规划，在全面总结全市“九五”干部教育培训工作的基础上，结合实际，制定实施了《宝鸡市2001~2005年干部培训规划》，全市在市委党校共举办县处级领导干部、市属事业单位领导干部、优秀年轻干部、农村支部书记、乡镇工会主任、市级机关科级干部、纪检监察干部、统战干部、妇女干部等各类培训班20期，培训干部1553人（次）。

【调整补充领导班子】 结合机构改革，对市级部门领导班子进行了调整配备，共调整领导干部86人。对县区班子缺额进行了调整补充，共调整补充领导干部59人。调整补充市属企事业单位领导班子54个，领导干部114人。

【交流县处级以上领导干部67名】 按照省委安排，对中央有关部委、省级机关6名干部到县区挂职、任职工作做了安排。完成了市检察院领导干部跨市交流任务，对7名县区公安局正职、5名县区检察长、2名县区法院院长进行了跨县区交流任职，全年共交流县处级以上领导干部67名。

【加强干部监督工作】 2001年，召开了全市干部监督工作会议，传达贯彻了全国、全省干部监督工作会议精神，安排部署了全市干部监督工作。修订下发了市委管理干部《回复组织函询制度》、《关于建立健全干部选拔任用工作和领导干部日常管理监督机制的若干意见》。9月份，抽调12名干部组成4个检查组，由县级领导带队，对12个县区和9个系统较大的市级部门贯彻省、市干部监督工作会议精神和1998年以来贯彻《条例》情况进行了全面检查。撰写了《关于全市干部工作检查情况的报告》，呈报省委和市委。全年共罢免、调整不称职、不胜任现职干部105名。

【开展村级“学教”活动】 首批“三个代表”活动从元月初开始，主要抓了县区部门、乡镇及部门驻乡镇站所的学习教育活动，全市参学单位共2525个。村级“学教”活动试点工作从7月中旬开始，全市在12个县区的34个乡镇共确定试点村49个。第一期村级“学教”活动从11月下旬开始，参加“学教”活动的共1411个村，占村总数的68.4%，“学教”对象1.18万人，占总数的70.8%，其中村党支部书记、村委会主任2791人。

【街道社区、非公有制经济组织党的建设】 制定下发了《关于加强街道、社区党的建设工作的意见》，指导两区建立社区党组织86个，占应建数70%。加强了社区党组织制度建设，培养树立了一批社区党建典型。制定下发了《关于加强非公有制经济组织党的建设工作的意见（试行）》，对《意见》贯彻执行情况进行了全面检查。指导县区在非公有制经济组织中建立党组织的工作，全市在非公有制经济组织中建立党组织128个，占应建数的73.3%。

【开展评选、表彰先进活动】 结合纪念建党80周年活动，开展了先进基层党组织、优秀共产党员和优秀党务工作者评选表彰活动。向省委推荐了5个先进基层党组织、11名优秀共产党员和7名优秀党务工作者。全市表彰了106个先进党组织、158名优秀共产党员和64名优秀党务工作者。

【推选三级党代表】 起草了《中国共产党宝鸡市第八届委员会第六次全体会议关于召开中国共产党宝鸡市代表会议的决议（草案）》，提交市委八届六次全会通过。对全市三级党代表推选工作进行了安排部署，对县区、市级有关部门、部省属单位的工作的开展情况进行了检查和督促指导。

（郑世怡）

宣 传 工 作

【**概况**】 2001年，全市宣传思想工作坚持以“三个代表”重要思想为指导，紧紧围绕市委、市政府工作大局，紧扣经济建设这个中心，突出抓住机遇、加快发展主题，充分发挥统管意识形态工作的综合职能作用，着力营造良好的思想舆论环境。理论武装工作以江泽民“七一”讲话和“三个代表”重要思想为主要内容，重点突出；舆论宣传导向把握准确，突出经贸宣传，主题鲜明；建党80周年纪念活动形式多样，坚持唱响“三好（社会主义好、共产党好、改革开放好）主旋律；“塑造宝鸡人新形象”活动，以宣传倡导“五种精神”（解放思想、实事求是的精神；紧跟时代、勇于创新的精神；知难而进、一往无前的精神；艰苦奋斗、务求实效的精神；淡泊名利、无私奉献的精神）为契机，声势浩大，效果好；学习贯彻《公民道德建设实施纲要》使基本道德规范和“三德”教育内容家喻户晓，深入人心；基层思想政治工作不断加强，杨文洲、陇县女子防雹连等先进典型产生广泛社会影响；文艺创作日趋繁荣，广播剧《天凤》获全国“五个一工程”奖，市委宣传部获全省组织工作奖。短篇小说《吹牛》获鲁迅文学奖。

【**加强理论学习、宣传和研究**】 2001年，各级党委中心组理论学习，市、县（区）两级党委中心组都能够严格按照计划和安排进行学习。仅市委中心组就集中学习达20次。还对市级部门和各县区党委中心组的理论学习进行了抽查，普遍坚持较好。先后举办了两期市级领导及各部门主要负责同志学习“七一”讲话研讨班，参加研讨人员150多人。承办了两次学习“七一”讲话报告会，分别邀请中央党校李忠杰教授、陕师大党委书记江秀乐作了专题辅导报告。举办了全市学习“三个代表”理论骨干培训班，受训学习80多人。举办了科级干部学习“三个代表”培训班，培训500余人。市委组织的“三个代表”重要思想宣讲团巡回宣讲11场次，受教育党员干部和群众1万多人次。组建市委学习“七一”讲话宣讲团，累计宣讲10场次，听众7000多人。参加村级“三个代表”学教宣讲团巡回宣讲11场。部领导及讲师团成员共为基层干部理论学习作辅导50场次。市委宣传部还举办了形势报告会，市委常委、宣传部长吕晓明作了《关于中国加入WTO的几个问题》专题报告，市级机关科以上干部500余人参加了报告会。围绕学习“七一”讲话，贯彻六中全会精神，市级新闻媒体先后开设了7个栏目，发稿450多篇，其中，“三个代表”的理论宣传稿件达150多篇。宝鸡电台《切实加强和改进思想政治工作》获全省优秀理论节目一等奖，宝鸡日报有关栏目获全省优秀理论栏目二等奖。省委宣传部《送阅件》刊发了宝鸡市学习宣传“七一”讲话的做法和经验。

【**做好扩大宝鸡知名度的宣传**】 2001年，在北京举办了40多名首都记者参加的新闻座谈会；在西安召开了海内外200多名记者参加的新闻发布会；在宝鸡市召开了社科理论界研讨会。“两节一会”期间，67家媒体近百名记者来宝采访。在《人民日报》、美国《国际日报》、《中国改革报》、《陕西日报》刊发了4个专版。新华社、中央电视台、中央人民广播电台、广东卫视、四川卫视、天津电视台和省内各媒体都播发了“两节一会”新闻，中国新闻社通过互联网发布消息，凤凰卫视进行了半小时专题报道，市经济台和陕西经济台联合作了现场直播。围绕“两节一会”，中央、省级及境外媒体共发稿268篇，市级媒体发稿上千篇，扩大了宝鸡知名度，受到了市委、市政府的表彰。

【**开展整治投资环境专项宣传**】 市委宣传部成立了专项宣传工作办公室，制定下发了宣传方案，及时推出系列述评“回眸两节一会”，总结改善投资环境、扩大对外开放的成功经验。《宝鸡日报》开设了“整治投资环境，促进经济发展”、“塑造新形象，促进大发展”等专栏、专版，通过消息、照片、特写、通讯、述评、专访等多种体裁深化宣传活动。市电台和电视台开设了“搞好开放年”、“优化环境促开放”等专题节目，集中报道了整治投资环境的新举措、新成果，宣传了一批先进典型。各新闻媒体按照统一部署，推出“改善投资环境，我该怎么办”大讨论专题征文。截至年底，市级新闻单位已发整治投资环境的稿件300多篇。完成了《飞越新三秦》宝鸡专题片的拍摄，并在陕西电视台播放。在香港《大公报》编发宝鸡新闻专版6期。省委宣传部《送阅件》刊发了宝鸡市整治投资环境的经验。

【纪念建党80周年系列宣传活动】 一是营造强大的舆论声势。《宝鸡日报》推出了“党旗飘飘”征文，“风雨辉煌80年”专栏，发稿80多篇；宝鸡电台举办了“辉煌80年”、“好歌献给党”专题节目；宝鸡电视台开办“党旗颂”和“我心中的80年”专题，推出建党80周年系列节目，营造了庆祝建党80周年的浓厚氛围。二是文艺节目丰富多彩。举办纪念建党80周年优秀影片展映活动，一批优秀影片陆续在全市各大影院上映；宝鸡电台介绍了一批歌颂党、歌颂祖国的音乐作品；宝鸡电视台举办了纪念建党80周年电视文艺节目展播，70集大型文献片《风云80年》，纪录片《毛泽东》、《邓小平》等一批优秀影视作品陆续播出。市委宣传部等5部门和宝鸡电视台成功举办了大型专题文艺演出《献给母亲的歌》。三是开展形式多样的纪念活动。组织参与了纪念建党80周年知识竞赛活动，参与者2.2万人，党员参与率列全省十地市前茅，县处级以上党政领导干部全部参加了竞赛，此项活动获省上组织一等奖。举办了纪念建党80周年理论征文活动，收到征文近百篇，10件作品入选全省获奖名单，获奖数量名列前茅。同时，还广泛开展了群众性的歌咏、书法、绘画、摄影比赛等多种纪念活动，在“七一”前夕形成了隆重、热烈、宏大的气势。

【“塑造宝鸡新形象”宣传教育活动】 根据省上关于“塑造陕西人新形象”活动安排，宝鸡市以宣传倡导“五种精神”为契机，大力开展了“塑造宝鸡新形象”宣传教育活动。从3月20日起，组织市级新闻媒体围绕这一主题营造强大舆论声势，累计发稿100多篇。召开了“弘扬五种精神、塑造宝鸡人新形象”理论研讨会，对塑造新形象的重要意义及其与投资环境的关系等八个方面的问题进行了深入研讨，研究成果在宝鸡日报进行了集中刊发。摄制了《古今聚焦——关中行（宝鸡专集）在央视播出。省委宣传部《送阅件》38期刊发了宝鸡市“以弘扬五种精神为主线，塑造宝鸡人新形象”宣传教育活动的经验。制作12块展示宝鸡新貌的宣传版在西安展出，产生了良好的宣传效果。

【开展《公民道德建设实施纲要》学习宣传教育活动】 中央《公民道德建设实施纲要》颁布后，市委宣传部和市文明办及时做出具体安排，发出了《关于认真宣传贯彻〈公民道德建设实施纲要〉的通知》。为了把学习贯彻《纲要》活动引向深入，组织召开了各界代表学习《纲要》座谈会和新闻单位宣传《纲要》协调会议。市级新闻媒体集中一个多月时间，以多种形式对《纲要》的主要内容和基本精神进行了连续宣传，对各县区、各部门学习贯彻《纲要》的情况进行了及时报道，在全市形成了强大的舆论声势。

【加强基层思想政治工作】 市委宣传部先后两次发文对学习郭秀明、杨文洲活动做出安排，并组织力量为市级媒体撰写了系列评论，召开了学郭秀明、杨文洲事迹座谈会。《宝鸡日报》和宝鸡电台刊播了介绍郭秀明、杨文洲先进事迹的长篇通讯，开辟了“学习杨文洲从我做起”等专题栏目，刊发体会、言论等稿件70多篇。宝鸡电视台制作了新闻专题片《魂系太白山——追记杨文洲》等节目。陕西电视台专题报道了宝鸡市开展学习杨文洲的活动。全市20多万人收听收看了郭秀明事迹报告。邀请西安易俗社来宝鸡进行大型秦腔现代戏《郭秀明》的专场演出，观众达3000余人。市委宣传部与宝鸡军分区联合推出了陇县女子防雹连先进集体，中央、省市媒体作了连续报道，在社会上产生了广泛的影响。市委、市政府、军分区联合做出了学习决定，省委、省政府、省军区在陇县召开了表彰命名大会，号召在全省掀起向陇县女子防雹连学习活动。组织了城镇社区思想政治工作调查，召开了全市思想政治工作年会，表彰奖励了思想政治工作论文获奖作者。推广了渭滨区社区思想政治工作的经验，举办了政研会秘书长研讨班和政工干部培训班，广泛开展了揭批“法轮功”宣传教育活动。

【组织开展“三下乡”集中示范活动】 组织协调市级12个相关部门和八大商业企业共500多人赴太白县嘴头镇开展文化、科技、卫生“三下乡”集中示范活动和送货下乡活动，共发放宣传资料9万多份，组织宣传版面87块，赠送图书1000多册，义诊和科技咨询近万人次，免费赠送价值3000多元的药品，组织了文艺演出，放映了科技影片，深入田间地头提供农技培训，产生了良好的社会效应。宝鸡市的经验在省上召开的“三下乡”会议上作了介绍。

【实施精品战略、繁荣文艺创作】 实施精品战略，落实重点项目，加强协调指导，文艺创作势头良好，新人佳作不断出现。3集广播剧《天凤》被中宣部评为第八届全国“五个一工程”获奖作品。大型报告剧《红岩魂》在全市演出5场之后，在全国4个省市连续演出79场，引起轰动。宝鸡市作家红柯的短篇小说《吹牛》获鲁迅文学奖。市委宣传部召开了全市三年文艺创作总结表彰大会，回顾总结了三年来文艺创作的成绩和经验，以市委、市政府名义表彰了2名“宝鸡市有突出成绩的文学艺术家”，30名优秀文艺工作者及68件优秀作品。制定下发了第四个三年文艺创作规划。

（王剑英）

政策研究工作

【概况】 2001年，市委政策研究室围绕市委中心工作和热点难点问题开展调查研究，形成各类调研材料42篇，其中重点调研课题11项。在中央、省、市级刊物发表和会议交流22篇，获市以上优秀成果奖3项。出刊市委内部刊物《宝鸡通讯》12期，刊载各类重要文件、领导讲话、调研报告、经验交流等文章100篇46万字，发行近2万份，交流到省内外136个大中城市及有关单位。编发《送阅件》30期，摘发信息64条；上报全市改革动态、经济发展信息10条，采用6条；编发《宝鸡小康建设》12期，为市委指导全市工作发挥了决策咨询和参谋助手作用。

【重新确定本室机构、职能及内设机构】 市委政策研究室是1994年机构改革时，由原市委政研室和市委农工部合并而成，对外挂市委农工部（政研室）牌子，具有指导农村工作和调查研究两项职能，内设6个科室和后勤服务所，人员编制41人，其中行政编制35人，事业编制6人。2001年11月进行市级机构改革时，撤销了市委农工部（政研室），成立市委政策研究室（市农村工作领导小组办公室），明确其职能是市委从事全市经济社会发展调研，指导全市农村工作，为市委决策和中心工作服务的工作部门。重新核定政研室编制共34名，其中行政编制28名，事业编制6名。核定室主任为一正两副；正副科长职数8名，其中科长（主任）6名，副科长（副主任）2名；主任科员职数3名，副主任科员职数3名。核定政研室内设机构为6个科室，即办公室（市农村工作领导小组办公室秘书组）、工交财贸调研科、对外开放调研科、社会发展调研科、农村政策科（对外挂宝鸡市农村改革试验区办公室牌子，市农村工作领导小组办公室综合组）、农村经济调研科。政研室机构改革工作已经结束，现实有31人，其中正式在编28人，非在编人员3人（2名司机、1名打字员）。通过内部竞争上岗，科级及其以下工作人员均已定岗到位。

【开展工业结构优化升级和企业改革调研】 为了加速传统产业的改造升级步伐，2001年市委政研室对全市传统产业改造情况进行了一次调查，形成了《运用高新技术和先进适用技术改造传统产业，努力提高我市工业的市场竞争力》调研报告，提出了改造提升传统产业的基本思路及当前和今后一个时期应该做好的四个方面工作，引起市委领导重视，批示在《宝鸡通讯》刊登，同时在多家报刊发表。6～8月按照省市委安排，从市级有关部门协调人员，分6个专题组对全市工业结构调整情况进行了一次全面调查，形成了6个专题调查报告，在此基础上完成了题为《宝鸡市工业结构调整的进展和构想》的综合调查报告，经市委领导审阅同意，以市委、市政府名义报送省有关部门。为促进县属国有小企业改制，政研室对凤翔县企业改制情况进行了调研，形成了《因企制宜，重点突破，不断深化企业改革》调查报告，对凤翔县国有小企业改制的成功经验进行系统总结，经市委领导批示，在市委《决策参考》印发，为各级领导指导国有小企业改制工作提供参考。

【开展农村产业结构调整问题调查】 2001年面对中国加入世界贸易组织和中国农业和农村经济发展进入新阶段的新形势新要求，市委政研室历时半年对全市农业结构调整问题开展重点调研，形成了《我市农业和农村产业结构调整情况的报告》，提出了加快全市农业和农村产业结构调整的一系列工作措施，并起草了《关于加快我市农业产业结构调整步伐的意见》，市农村工作领导小组办公室印发农口各部门参照执行，并报市委批转各县区。在进行专题调研的同时，还形成了《结构调整要充分发挥农民的主体作用》、《结构调整要正确处理政府指导与农民主导关系》、《结构调整要重视农业生态环境》等调研文章。《宝鸡通讯》编发了农业产业结构调整专刊，交流各县区工作经验。

【开展党的建设调查】　市委政研室在金台、渭滨两区对社区党建试点工作进行调研，总结试点经验，研究存在问题，提出了搞好社区党建的五条措施，形成的调查报告被市委批转。为贯彻党的十五届六中全会精神，市委政研室参与了全市党的作风建设情况的调查，形成的全市党的作风建设情况的调查报告在市委八届六次全会上印发。

【开展农村税费改革调查】　在全市农村税费改革全面铺开之前，市委政研室会同有关部门深入山区、塬区、川道、城郊等不同类型地域进行调查研究，形成了《关于我市农村税费改革的调查与思考》调查报告，为市委、市政府指导农村税费改革工作提供了决策依据。减轻农民负担和农村税费改革使农村公路建设的资金来源和筹资渠道发生问题，农村公路建设面临困难，市委政研室会同交通局开展调查，形成《广开渠道，发展农村交通——全市农村公路建设资金情况的调查报告》，除上报省上有关部门外，在报刊发表，为各级领导决策提供了参考。

【《宝鸡工业发展史》出版】　该书由王景文、张良铭、程锋撰写，三秦出版社于2001年7月出版。它反映了宝鸡工业从远古到20世纪末以来的发展历史，特别是社会主义现代工业的产生和发展轨迹，展示了从原始手工工具到精巧手工工具，从半机械化到机械化、电气化、自动化、信息化的全过程。它是陕西省第一部区域工业发展史，是全市社会科学研究的一项重大成果，为了解宝鸡、研究宝鸡提供了丰富的资料，对指导宝鸡工业建设具有决策参考价值。

【承办清理和暂停达标评比活动的具体工作】　为了应对加入世界贸易组织的新形势和新任务的需要，宝鸡市开展了清理和暂停达标评比活动的工作。市委决定由市委政研室牵头，从市级有关部门抽调人员开展清理工作。全市共清理出涉农、涉企、涉校等各类评比达标项目文件81项，其中省级23项、市级35项、县区级23项。在市、县区58个项目中取消12项，停止15项，修改5项，保留26项，对省上的23个项目报省上清理。对清理出的项目汇总成册，随文上报省委审定，完成了任务。

（蔡广林）

农　村　工　作

【起草《关于做好2001年农业和农村工作的意见》】　全省农村工作会议之后，市委农工部按照《中共宝鸡市委2001工作要点》和市委八届五次全体会议要求，代市委、市政府起草了《关于做好2001年农业和农村工作的意见》，提出了全市农业和农村工作的指导思想和目标任务，部署了全年农业和农村工作。通知要求各级党委和政府把增加农民收入作为新阶段农业和农村工作的基本目标，放在整个经济工作的突出位置。提出2001年全市农业和农村工作要以“三个代表”重要思想为指导，贯彻中央、省委农村工作会议和市委八届五次会议精神，抢抓机遇，调整结构，推进农业产业化经营；实施科技兴农战略，加强农业基础设施建设；推进农村税费制度改革，减轻农民负担；开展“三个代表”思想教育活动，提高基层干部素质，促进农村社会全面进步，确保农业发展、农民增收和农村稳定。

【全面推进农村小康建设】　新世纪开始，中国将进入全面建设小康社会的新阶段。市委农工部起草了市委、市政府《关于做好2001年及今后一个时期农村小康建设工作的意见》，要求全市小康建设工作从转换工作思路入手，结合实际确定新的目标。2001年小康建设工作实行分类指导，整体推进，对已建成的小康村以巩固提高为重点，以新村建设为突破口，主攻薄弱环节，提高小康村建设水平。对尚未达到小康标准的村以增加农民收入为重点，保证如期建成。8月份市委小康办对省市级小康示范村进行了检查，总结经验，查找问题，提出了今后的工作措施。

【深化农村改革试验工作】　按照全省第七次农村改革试验区工作会议精神，2001年宝鸡市将农村改革试验工作重点转移到探索落实中央大政方针和重大决策的措施，解决农村热点、难点问题上来，调整充实了农村改革试验项目，调整后全市共有试验项目9个，其中省级试验区1个、省级试验项目2个、市级试验项目6个。市农村改革试验区办公室对宝鸡县、扶风县和凤翔县3个试验项目提出了可行性分析报告和试验方案。对金台区“农村城市化”试验项目，按照市委东扩南移的总体规划，增加了“社区服务、实施村民再就业工程”等内容。对眉县“农村市场中介组织试验项目”成果进行总结，形成了《架起农民通向大市场的金桥》的调查报告，被省委政研室《调查研究》刊载。

【扶风县法禧村农民因上访被判刑问题得到妥善解决】 2001年扶风县揉谷乡法禧村3名农民因上访被县法院以“聚众扰乱社会秩序罪”判刑后，省电台记者根据群众反映写成《参考》稿件送省委、省政府领导。省委、省政府主要负责人多次批示，要求查明情况，妥善处理。2001年4月，市委责成市委农工部组成调查组，对这一问题进行深入调查。市委农工部抽调人员，以市委调查组的名义进驻法禧村，经过3个多月的调查，并广泛征求市县有关领导的意见，查明了事情的原委，写出了《法禧村问题的调查报告》，8月10日向市委常委会作了汇报。市委常委会提出7条处理意见，责成市委农工部会同市委组织部组成市委督查组，督促扶风县委落实市委常委会的决定，妥善解决法禧村的问题。经过多方努力，市中级法院对3名被判刑者的上诉进行了审理，依法作出二审判决，3名农民被无罪释放。县委工作组进村对村级领导班子进行了整顿，使问题基本得到解决，该村各项工作步入正常轨道。

（蔡广林）

政　法　工　作

【概况】 2001年，进一步强化了稳定工作责任制，重申各级党政一把手是本部门本单位维稳工作的第一责任人，严格维稳工作责任追究制度。突出抓了矛盾纠纷的排查调处工作，及时处置了一批群体性事件。狠抓安全防范和重大节庆期间的安全保卫工作，加强隐蔽战线斗争，严密防范和依法打击各种敌对势力的渗透破坏活动，依法制止了一批非法宗教活动等。以开展“基层年”活动为载体，以深化综合治理“三制”为核心，全面落实社会治安综合治理各项措施。经测评人民群众对治安状况的满意和基本满意率达到83.4%。2001年，宝鸡市被评为全国综治工作优秀地市，受到中央综治委的表彰。宝鸡市获全省政法宣传工作优秀组织奖。

【“法轮功”练习者得到转化】 “法轮功”是影响社会政治稳定的重要因素。按照“防串联、防进京、防滋事、防反弹”的总体要求，在全市涉及“法轮功”问题的县区、乡镇、村组（单位）层层建立帮教责任制度。广泛开展揭批活动，举办了“崇尚科学、拒绝邪教”万人签名活动。对“法轮功”顽固分子举办了法制教育学习班，重点帮教，全市“法轮功”练习者转化率达95.7%，其中重点人员转化率达70%。同时，加强案件侦破和深挖工作，依法打击处理了一批“法轮功”违法犯罪分子，制止非法聚会事件多起。在重大节日和敏感期基本杜绝了结伙进京滋事事件发生。

【强化服务职能】 2001年是宝鸡市的“开放年”。市政法委下发了开展投资环境整治工作的安排意见，组织政法部门认真清理和依法审结久拖不决的涉外案件，对外资企业周边治安秩序进行专项整治，对省委政法委督办的5起涉港台经济纠纷案件，及时组织调查，上报了结果。公检法机关加大了打击经济犯罪的力度，维护了正常的市场经济秩序。全年侦破了一批走私、制售假冒伪劣产品、诈骗等破坏市场经济秩序犯罪案件，查办了一批贪污、贿赂、挪用等经济犯罪案件。

【执法监督工作】 加强检察机关的法律监督职能和政法部门的内部监督，对超审限问题继续进行监督纠正，对超期羁押、保外就医等重点问题进行专项治理，开展以规范案件办理、杜绝隐案不裁等为重点的执法检查和案件评查。完善了党委政法委执法监督的程序和方法，制订了《市委政法委执法监督实施细则》，并由市委办批转执行。坚持政法委书记和政法部门领导接待日制度，处理群众来信来访，改进工作作风，确保了严肃公开执法。

【政法队伍建设】 2001年，全市已全面完成三年教育培训任务，提高了政法干警的业务素质。深入开展创建“人民群众满意”的政法单位（干警）活动。2001年，市委、市政府命名“人民群众满意”的政法单位10个、政法干警20名。推行各种公开办事制度和警务公开制度，强化内部监督，及时掌握和督促政法部门对违法违纪案件的查处。今年共查处干警违法违纪案件22案23人。开展对警用车辆和警用器材的专项整顿工作，乱鸣警笛的现象基本杜绝，警车乱停放现象明显减少。

【政法调研】　2001年，全市政法部门围绕政法中心工作，组织专题调研，共形成政法调研文章300余篇，其中3篇分别获省委政法委一、三等奖。宝鸡市获全省政法调研工作优秀组织奖。本委撰写的《关于政法队伍作风建设情况的调查》、《关于政法部门人才状况的调查》和《关于建立政法经费保障机制的调查》3篇调查报告，得到省、市领导的好评。

（郭洪良）

社会治安综合治理

【概况】　2001年，市社会治安综合治理工作以重点项目建设为主线，开展综治“基层年”活动，以基层安全创建活动为载体，全面加强基层基础工作，确保了社会政治稳定。市社会治安综合治理工作被中央综治委评为社会治安综合治理优秀单位，在全省年度考核中名列前茅。

【落实领导责任制】　一是层层签订治安责任书。年初，市委、市政府主要领导与12个县区主要负责同志签订了2001年社会治安综合治理责任书，市综治委向市级部门下达了综合治理目标任务。各级党委政府将综合治理任务通过责任书，落实到党政群机关，事业单位的科室、个人，企业的班组、门店、重点岗位，农村的中心户。全市共签订责任书210445份，覆盖率达95%以上。二是市县两级共建立综合治理领导联系点298个，实行领导分片包抓责任制。三是严格考核奖惩。12月份，市综治委抽调有关人员，由领导带队，对12个县区2001年度完成目标任务情况进行了考核，共发放问卷1.6万份，群众对社会治安状况满意和比较满意率达83.4%，据此评出优秀县区4个，一等县区8个。对市级部门采取集中汇报，查看资料等办法，评出优秀单位60个，一等单位28个，二等单位1个，三等单位2个，并对三等单位实行了一票否决。

【开展严打整治斗争】　党中央作出在全国开展严打整治斗争的重大决策后，及时召开了全市社会治安暨整顿市场经济秩序工作会议，制订下发了《关于两年内实现社会治安明显进步目标领导责任制的实施意见》、《关于严厉打击刑事犯罪活动，集中整顿社会治安的总体方案》等4个文件进行部署。同时，对全市排查出治安问题较多的52个地区、路段、学校和单位进行集中整治。市县两级普遍成立机构，制定方案，采取分级负责的办法，先后组织2300多名专门力量逐地区、路段、单位进行了集中整治，90%以上的群众对整治后的治安状况表示满意或基本满意。

【矛盾纠纷排查调处工作机制形成】　市制定下发了《关于进一步加强矛盾纠纷排查调处工作的实施意见》，各县区健全了党政挂帅、综治协调、政法联动、依托基层、干群参与的大排查、大调处格局，建立健全了矛盾纠纷管辖、领导包案、重大矛盾纠纷报告、纠纷激化过错责任追究等工作机制。全年乡镇司法调解中心共调处各类矛盾纠纷2285起，成功率96%，化解群体性矛盾纠纷224件，防止集体上访123起。基层调委会调处各类纠纷21098件，成功率97%，防止民转刑案件281件，使一批久拖不决的疑难信访案件得到妥善处理。

【开展社会治安综合治理“基层年”活动】　市确定2001年为社会治安综合治理基层年，突出加强基层组织建设，强化基础工作。市综治委于8月下旬在凤翔县召开了全市综治基层年活动现场经验交流会，与会人员实地参观了基层村级综治组织和乡镇法律调解中心等规范化建设。市委、市政府于11月27日召开了全市社会治安综合治理工作会议，下发了贯彻中共中央、国务院《关于进一步加强社会治安综合治理的意见》的实施意见。全市共建立村级规范化综治办1267个，占60%以上，市区新建的124个社区均建立了综治领导机构和办事机构。大力加强了以党支部为核心的村级配套组织建设，健全治保会3080个150205人，调委会2718个10995人，联防队959个，季节巡逻队2605个，10户联防10519个，护楼护院队5105个。形成了乡乡都有专业巡逻队，村村都有义务巡逻和10户联防，基本形成了门有人看，院有人守，村有人护的群防群治机制。

【开展“双创”活动】 全市各级党委、政府按照“整体推进，全面覆盖，不留死角”的要求，坚持思想认识、安排部署、宣传动员“三个到位”，健全创建领导、责任、管理“三个体系”，完善基层组织、安全防范、法制教育“三个网络”，充分发挥综治主渠道、警民共建和企地共建、群众自建“三个优势”，进一步加大了企地共建、校地共建、基层安全创建活动的力度。市委、市政府命名第四批治安模范单位65个，第二批安全小区14个；同时，对近两年来在社会治安综合治理工作中成绩突出的37个先进集体和68名先进工作者给予了表彰奖励。坚持年审制度和动态管理，市上对前三批命名的治安模范单位、安全小区进行了考评年审，128个单位、28个小区年审合格，保留市级治安模范单位和安全小区荣誉称号，4个单位、1个小区因发生治安问题，撤销荣誉，摘掉牌子，3个单位工作滑坡，予以黄牌警告，责令整改。

【预防和减少青少年违法犯罪】 市综治委成立了预防和减少青少年违法犯罪工作领导小组，设立了办事机构，建立了“职责明确、分工清楚、分层管理”领导责任制和部门工作责任制，把预防和减少青少年违法犯罪纳入综合治理目标责任制检查考核范畴，基本形成了社会、学校、家庭三位一体预防和减少青少年违法犯罪工作网络。市委总结推广了市教委、渭滨区等4个单位典型经验，市委办印发了市综治委《关于进一步加强预防青少年违法犯罪工作的意见》的通知。各中小学普遍把法制教育、纪律教育和预防犯罪侵害的教育纳入教学内容和课程计划。市综治办、团市委、市教委联合举办了《陕西省暨宝鸡市青少年违法犯罪展览》，市区50多所学校2万多名师生参观了展览。

【重点项目建设】 2001年初，市向12个县区下达综治重点项目21项，通过健全机制，采取领导包点抓、成员单位逐级抓、县乡村层层抓和树立典型、推广经验等方法，狠抓了各项措施的落实。各县区突出工作优势，针对薄弱环节，落实治安防范、法制教育、深化“三制”等重点项目建设，使全市综治工作闯出了新路子，形成了新格局。

【综合治理和法制宣传教育】 为了纪念中央和全国人大关于加强社会治安综合治理的两个《决定》与省人大社会治安综合治理决议颁布十周年，市组织开展了综合治理第十个宣传月活动，全市共设立宣传点872个，召开报告会、座谈会736场（次），在宝鸡日报、宝鸡人民广播电台和经济广播电台开辟专栏和专题，宝鸡电视台制作两部《综治十年》专题片在《警视天地》、《宝鸡警坛》中反复播放，宣传综治工作成效和先进典型。全市还组织开展了“为西部大开发营造良好法制环境”的普法宣传活动，并以县区党校为阵地，对近2000个村的基层干部进行了普法培训。市综治委对近两年来涌现出的6名见义勇为先进分子进行了表彰奖励。

（宋虎城）

宝鸡市社会治安综合治理委员会办公室负责人

主　任　靳战民
副主任　刘冬立　应振华　朱宝利

统　战　工　作

【概况】 2001年，市委统战部共协助市委或受市委委托主持召开有民主党派和工商联负责人、各族各界人士参加的民主协商会、情况通报会、座谈会6次，指导召开了6次全市统战系统内部的“双月座谈会”。6月中旬召开了市级民主党派、工商联自身建设经验交流会。先后帮助市民革、民建、民进、农工、九三和市工商联完成了换届任务，促进市委常委与22名党外人士交友制度的落实。协助和指导市县有关方面聘请各类特邀人员229名。为宝鸡改革、发展、稳定方面的问题提议案、提案、意见和建议300多条（件）。

【开展为经济建设服务活动】 全年举办各类培训班28期，受训人数3600多人次；就经济建设和社会发展方面形成的调查报告126篇，其中，12篇被中央级刊物采用，40多篇被省级刊物采用，20多篇被市委、市政府批转有关部门参阅，80多篇被市级有关刊物采用；农科专家举行农业科普知识讲座60多场次，听众6万多人次，医疗专家下乡义诊46场次，诊治病人14800多人，发放医疗知识宣传材料3万多份，免费发放药品价值2200元，展出科技知识图片版面26块。

【为贫困地区、灾区和教育捐款捐物】 市委统战部还倡导民主党派成员、工商联会员、私营及个体经济代表人士、台胞台属和宗教团体为贫困地区、灾区、教育等捐款90多万元（其中：宗教团体为公益事业捐款60余万元，台胞捐款25万元，民主党派成员、非公有制经济代表人士捐款59860元），学习用品、衣物2000多件；桌椅32套。

【召开全市统战工作会议】 7月12日召开了全市统战工作会议，下发《中共宝鸡市委关于加强统一战线工作的意见》，会上市委书记庞家钰作了重要讲话；7个县区书记交流了统战工作经验；市委统战部部长田志刚作了工作报告，结合宝鸡市实际，回顾总结了四年来全市统战工作，提出了当前和今后一个时期统战工作的指导思想和主要任务。市党政领导，各县区主管统战工作的副书记、统战部长及市级部门主要负责同志，驻市部省属企事业和市属企事业单位负责人共160人参加了会议。为了抓好会议精神的贯彻落实工作，会后组成四个检查组，于11月中旬分赴12个县区和市级12个部门，对贯彻三级统战工作会议精神情况进行了全面细致的检查，达到了弄清情况，促进统战工作深入开展的目的。

【在传播媒体开设统战宣传专栏】 2001年，市委统战部在宝鸡电视台开设了“县区委书记谈统战”专栏，主要采访了统战工作比较突出的金台、岐山、凤翔等三个县区，并在宝鸡新闻上播出。在《宝鸡日报》发表理论文章、笔谈、体会等，开设了统战知识有奖问答栏目，刊发统战基本理论，介绍、普及统战知识，吸引了众多读者参与，全年共举办了10期，收到全市社会各界人士837份答卷。在宝鸡电台开设栏目，通过热线、特写、录音报道、评论等多种形式，多角度地报道学习贯彻“三级”统战工作会议精神情况，介绍统战基本理论和基本知识。全市统战系统给电台、电视台、报刊投稿218篇，刊播200余篇；编发《宝鸡统战信息》24期，刊发信息153条；举办报告会、学习会28场次，参加人员2700多人次。

【举办宝鸡市统战系统艺术作品展】 为配合庆祝建党80周年，市委统战部和有关部门一起成功地举办了宝鸡市统战系统书法、绘画、摄影、工艺作品展，共展出作品240余件（幅、套）。展出作品中，有获吉尼斯世界大奖的，也有曾获全国、全省大奖的，先后有万余人参观展览。这次展览规模之大，水平之高在宝鸡市统战系统尚属首次。

【8篇专题统战调查被省市刊物采用】 市委统战部下发了《2001年度统一战线理论政策研究实施计划》，选定重点调研课题分配到各县区、市级各民主党派和部内各科室，并成立了调研工作领导小组；形成的《党外干部培训推荐选拔工作情况的调查》、《统战干部队伍状况及其有关情况的调查》、《统战系统机关自身建设情况的调查》、《天主教地下势力转化工作的调查》等8篇被省市有关刊物采用。11月30日，市委统战部和市统战理论学会专门召开了全市统战理论研讨会，会上有10位同志交流了论文。

【民族宗教工作体现办实事暖人心】 春节前夕，看望宗教界上层人士并赠送慰问品。“开斋节”看望回族群众，“圣诞节”到市基督教两会表示祝贺，“六一”节给民族小学赠送学习用品，向少数民族儿童祝贺节日；动员各界人士捐赠钱物支持民族教育事业。统战部领导经常深入寺、观、堂点等宗教场所，看望民族宗教界上层人士。通过“办实事，暖人心”，认真做好民族宗教界人士的团结教育和培养。开展评比文明神职人员和文明堂点活动，共评出文明神职人员15名，文明堂点10个；引导宝鸡市宗教团体和个人先后向学校、灾区、贫困地区捐款捐物资金达60多万元，仅法门寺捐款捐物资金50万元。

【加大对台宣传力度】 全年组写对台宣传稿件70篇，先后有38篇被《统一论坛》、《陕西日报》、《陕西对台工作》、《炎黄情》、《宝鸡日报》以及海外等报刊刊用；组织各类学习会、报告会、座谈会18场次，参加人员3200多人次。

【开展台资企业情况调查】 对全市台资企业情况进行调查，协调解决了台资企业陕西秦鑫皮革制品有限公司与岐山县蔡家坡镇城建开发公司纠纷问题；对3个曾发生纠纷的台资企业，尽力作协调、沟通工作，化解了矛盾。

【为招商引资牵线搭桥】 配合“两节一会”把引进台资寓于对台工作的各个环节，动员“三胞”发挥海外联系广的优势，为招商引资牵线搭桥，协助有关单位与台商签订了4个合作项目，总投资2.2

亿元，引资1.5亿元人民币。

【接待台胞102人】 全年接待探亲、旅游、洽谈贸易台胞102人，因私赴台人员46人；走访定居台胞、重点台属80余人次；清明节组织80名“三胞”亲属代表参加了公祭炎帝活动；组织重点台属、定居台胞及有关方面人士38人恭谒桥山致祭了华夏始祖轩辕黄帝陵。

（王志林）

老　干　部　工　作

【老干部生活待遇得到落实】 认真做好补发拖欠离休干部“两费”工作。通过安排部署，摸清底子；成立机构，制定方案；层层把关，严格审核；一丝不苟，认真兑付；及时回访，确保落实等五个环节，市直共兑付294名老干部医药费98万元。加强对老干部“两费”落实情况的检查督办。8月份集中一个月时间，对各县区老干部工作情况进行了半年检查，督办了一次性补发“两费”中存在突出问题。11月下旬分别召开了各县区老干局长会议和市直有关部门人教科长会议，安排了春节前清欠工作。经过市县两级的共同努力，“两费”清欠工作全部兑付到位。市直4个部门8户企业的9名离休干部转由财政供养。全市累计由企业转归财政的离休干部达到61名。

【组织老干部参加政治理论学习】 各县区、市级各部门结合老干部的思想实际，采取灵活多样的方法，认真组织老干部学习邓小平理论和江泽民“三个代表”的重要思想，使老干部受到了深刻的思想教育。2001年市委书记庞家钰、市长吴登昌先后四次向老干部通报全市社会经济发展情况。

【加强离退休干部党支部建设】 2001年，市县老干局针对一些单位党员人数少、居住分散的实际，以及企业破产、改制中的具体情况，合理调整了老干部党组织的设置，新成立了15个老干部党支部。市委组织部、市委老干局，以宝市组发［2001］97号文件推广了扶风县法门镇老干部党支部工作经验，促进了全市老干部党支部建设。“七一”前夕，全市有2个老干部党支部、3名优秀离退休干部党员、1名优秀离退休干部党务工作者受到省委组织部、省委老干局表彰。2001年，岐山县干休所、宝鸡县干休所被评为省级文明干休所，市老干部活动中心、宝鸡县、眉县、岐山县老干部活动中心被评为全省先进活动中心。

【注重发挥老干部作用】 在全年开展的“三个代表”思想学习教育活动中，各级党组织注重发挥老干部作用，让党性强、党务工作经验丰富的老干部担当宣讲员、检查员，为学教活动做出了贡献。各县区还积极组织老干部在农村减负、基金会清理、撤乡并镇、建校修路、调整产业结构、深入揭批“法轮功”活动等工作中做群众的思想政治工作，促进了安定团结，维护了社会稳定。

【老干部活动丰富多彩】 “七一”前夕，市老干部活动中心举办了宝鸡市离退休干部书画展，展出作品120多幅，参观群众5000余人。市老摄影家协会经过半年多的准备，查找、翻拍了老照片200多幅，配以文字说明，再现了60多名西府地下工作者的革命历史。老集邮协会举办了中共党员纪念邮票展。凤翔县、宝鸡县、千阳县等县区在老干活动中心举办了老干部理论学习班。金台区、渭滨区请专家教授专门给老干部进行了“七一”讲话专题辅导。9月底，市委老干局等单位在市老干中心举办了庆国庆、迎老人节宝鸡市老年书画展。市活动中心的舞操队、京剧队、木兰拳队、豫剧队、时装队、合唱队等文体团队，除在老干中心演出外，还多次深入工厂、学校、街道演出20多次，受到社会各界的好评。宝鸡县、扶风县、凤翔县、陇县以活动中心为阵地，成立了秧歌队、舞操队、曲艺班、夕阳红演唱队，深入乡镇巡回演出，深受广大群众喜爱。

【老年大学工作稳步发展】 2001年6月20日，市老年大学第四期书法、绘画两个班的81名学员毕业，学员累计毕业人数达到477名。9月份，市老年大学新招书法班学员37名，绘画班学员45名，共计82名。扶风县、宝鸡县、岐山县老年大学也都正常开展工作，在校学员153名，为老有所学起到了示范作用。

（贺　华）

党史资料征集研究工作

【出版发行《迈向新世纪的宝鸡乡镇》】 市委党史研究室编写的《迈向新世纪的宝鸡乡镇》一书于2001年底出版发行。该书从征稿修改到最后成书，历经一年，共42万字，266幅照片。该书以图文并茂的形式，坚持辩证唯物主义和历史唯物主义的观点，立足于宝鸡的历史与现状，着眼于新世纪的发展，以简明的语言，可信的资料，对宝鸡各乡镇的自然环境、经济发展、社会事业、名胜古迹、风俗民情等都作了全面的介绍，是一部反映宝鸡各乡镇（街道办事处）地情资料的工具书。

【撰写《杨静仁副总理在抗洪救灾第一线》】 3月底，市委党史研究室撰写的《杨静仁副总理在抗洪救灾第一线》一文，被省委党史研究室2001年10月出版的《情系三秦——党和国家领导人在陕西纪事》一书收录。该文记述了1981年8月，陕西汉中地区和宝鸡市的凤县、太白县出现了百年不遇特大洪灾。杨静仁副总理到受灾县慰问灾民，转达党中央、国务院对灾区人民的亲切关怀和深情慰问。

【征编宝鸡市"三反五反"专题资料】 "三反五反"专题是省委党史研究室布置的工作任务，内容包括综述、典型材料和大事记。此专题年代较远，工作量多，室领导带领专题组的人员翻阅档案60多卷100多万字，征集了8万余字的资料。撰写"三反五反"综述、大事记2万多字，附有5篇文献资料2万字。2001年10月底按时完成了任务。

【举办图片展览】 为了纪念中国共产党建党80周年，市党史研究室在市委大院举办了《没有共产党就没有新中国》纪念建党80周年图片展，展出图片150幅，展期两周。"七一"前夕，市委党史研究室与西安市委党史研究室在宝天铁路纪念馆联合举办了《解放大西北》图片展览，市委书记庞家钰、副书记王俊彦等领导参加了开幕式。在展出的5天中，参观人数达1万多人次。

【拍摄电视专题片《宝鸡百年》】 年初，市党史研究室编写出《宝鸡百年》专题片脚本初稿，先后两次召开由专家、学者和部分老干部参加的论证会，对大纲及脚本进行了讨论。与会专家学者在肯定主题、思路、表现手法的同时提出了一些修改意见，党史研究室经过整理和归纳后，对脚本作了认真的修改，包括核对史实、调整布局等，力求做到政治和艺术完美统一。脚本9月份定稿，并投入拍摄。按照进度计划，扶眉战役、红军过境、麟游游击队等分镜头完成了实拍。该片预计建国53周年前摄制完成。

【编辑发行《宝鸡党史》】 《宝鸡党史》是宝鸡市党史工作者发表党史研究成果、交流工作经验的阵地，也是宣传党史工作的一个窗口。年初，党史研究室对办好刊物提出了"充实内容、提高质量、服务现实"的具体要求，对版面作了调整。改版后的《宝鸡党史》突出党史主题，增加了活泼新颖有可读性和知识性的稿件。全年共编辑出版3期，发表文章35篇，约15.8万字。在宣传党史、资政育人及为西部大开发服务方面，起到了很好的鼓舞和激励作用。

【6篇稿件被《我的党史情结》收录】 《我的党史情结》是省委党史研究室组织编写记录党史工作者工作情感的一本纪实书。市委党史研究室组织全市各县区党史工作者于5月底完成稿件8篇，其中6篇被收录。

【上报宝鸡党史成果简介】 根据省委党史研究室要求，市委党史研究室在4月底上报了宝鸡自1982年成立党史机构以来，先后编辑出版的《新民主主义革命时期宝鸡大事记述》、《宝鸡革命英烈》、《抗日战争时期中共宝鸡地区党组织及其活动》、《伟大的胜利》、《解放宝鸡》、《解放宝鸡》连环画、《中央领导在宝鸡》、《西府风云》、《不朽的丰碑》、《迈向新世纪的宝鸡乡镇》、《宝鸡党史》期刊等20年来党史成果和重要活动简介20余篇1万多字。

【为山区群众办实事】 市委党史研究室联合市机关工委先后筹措资金1.5万元，为宝鸡县赤沙镇放马沟村改善办学条件奉献爱心，对该村小学危房校舍进行了翻修，新建教室8间。通过社会捐资1万元，为该小学新做课桌凳108套，给群众捐衣物280件，受到该村群众赞誉。

【市委党史研究室被评为全省党史工作宣传先进集

体】　市委党史研究室被省委党史研究室评为2001年度全省党史工作宣传先进集体，史俊生被评为全省党史工作先进个人和全国党史先进工作者，赴京参加会议受到胡锦涛等中央领导的接见，并出席“七一”纪念大会。

（张　诚）

党　校　工　作

【教师队伍建设】　一是针对党校专职教师缺员较多的状况，市委党校从社会上公开招聘了9名具有大学本科以上文化程度的年轻教师，充实了教师队伍力量，改善了教师队伍结构。二是继续完善校内外兼职教师队伍，选聘了一部分有教学、科研能力的行政管理人员和党政机关、企事业单位领导以及专家学者作为党校兼职教师，进一步充实和加强了党校教学和科研力量。

【教学工作】　在继续坚持和完善“一个中心、五个结合”、“三讲”、“三基本”、“五当代”等教学内容的基础上，适当加大以研究和解决本地经济和社会发展中出现的新问题、新情况为主要内容的课程比例，围绕党风廉政建设、西部大开发和中国加入WTO等学员密切关注的问题开设相关课程，在提高学员学习兴趣的同时提高了他们的理论素质和业务素质，增强了学员解决实际问题的能力。2001年全市各级党校共举办各种主体班次132期，培训干部12402人次，其中市委党校举办了县处级领导干部进修班、乡镇干部培训班、农村支部书记培训班、优秀年轻干部培训班、全市企事业单位纪委书记培训班、市直机关工委科级干部培训班等主体班次16期，培训干部1202人。2001年，各学历班次共毕业大专生752人，本科生409人。

【科研工作】　根据教师的学历层次和科研水平，结合以往科研工作实践，制定了党校科研工作宏观规划和体现学科特色的、切实可行的各处室科研计划，在教师中积极开展“一对一”帮教活动；不断完善经费管理、科研课题和招标立项管理、活动管理、成果管理制度以及奖励制度，进一步拓宽业务渠道，提高科研层次。2001年全市党校系统教师在市级以上刊物上发表论文46篇，出版个人专著1部，有23篇论文获得省以上奖励。其中市委党校教师在市级以上刊物发表论文22篇，有13篇论文在全省党校系统第十五次理论研讨会上分获一、二、三等奖（一等奖2项，二等奖5项，三等奖6项）；出刊《宝鸡理论学刊》4期。

【基础设施建设】　一是投资30万元，对学校大门和沿街房舍进行了改造；二是为学员公寓新增床板、桌凳40多套，改善了学员的住宿条件；三是与中央党校签订了建立远程教学网络B级站的协议，计划在2002年上半年完成建站工作。

【扶贫帮困】　全市党校系统积极开展“献爱心、送温暖”活动，市委党校教职员工为遭灾地区和贫困山区捐赠衣物300余件，现金1750元。为“双万工程”扶贫点宝鸡县晁峪中学捐赠桌凳35套，为麟游县常丰中学捐赠打字机1台、油印机1台、桌凳20套，为贫困地区学生上学和群众生活创造了条件。

（马俊鸣）

档　案　工　作

【概况】　2001年市档案局（馆）贯彻《档案法》和《陕西省档案管理条例》，狠抓干部队伍思想作风建设，完成了全年10项工作任务：机构改革；档案法制建设；市、县区档案馆“两个中心，一个基地”建设；档案目标管理工作；企业、农村档案工作；馆藏档案的安全保管、抢救及鉴定开放工作；档案教育工作；档案宣传工作；档案学术研讨活动；对档案工作的领导。12月份市档案局进行了机构改革，新的档案机构设置为宝鸡市档案馆（宝鸡市档案局），为市委直属事业机构，一套人员，两块牌子，履行全市档案利用保护职能，受市政府委托承担全市档案行政管理和行政执法职能。馆（局）内设4个科（室）：办公室、法规科、宣传编研科、保管利用科。人员定编22人，馆（局）领导设1正2副。档案馆楼总建筑面积2624平方米，其中库房面积1897平方米，现馆藏档案201个全宗近7万余卷，其中明、清、民国档案1289

卷。

【中央档案馆（局）领导杨冬权来宝鸡视察】 2001年1月9日，中央档案馆副馆长、国家档案局副局长杨冬权、保管部部长刘美玲一行5人在陕西省档案局副局长甄生枝、刘卫陪同下，来市视察档案工作。他希望全体档案工作者在新的一年中做出更大的成绩。甄生枝提出三点要求：一是落实“十五”规划，抓好建馆工作；二是做好档案的抢救工作；三是做好档案的保管利用和信息开发，搞好档案信息数字化管理工程，尤其要在信息开发上多下功夫。

【陕西省档案局局长田晓光来宝鸡视察】 5月31日至6月1日，陕西省档案局局长田晓光带领省档案局监督指导处副处长解华波来宝鸡视察档案工作，听取了市档案局局长房玉环的情况汇报后，参观了市局档案工作展室，查看了库房，并到渭滨区的高家镇、宝成塑料厂、姜城村档案室和扶风县档案局检查指导工作，对宝鸡市的档案工作给予了充分肯定。

【宝鸡市档案事业“十五”发展规划】 4月5～6日全市档案工作会议召开，制定了《宝鸡市档案事业“十五”发展规划》，明确了九个方面的主要任务：一是加强档案法制建设，力争把《档案法》列入全市普法教育及各部门依法治理的总体序列；二是加强档案工作标准化建设，为逐步实现档案管理现代化奠定基础；三是加强机关档案工作，2005年70%达到省三级以上标准，其中30%达到省二级、20%达到省一级；四是加强企业、农业农村档案工作，围绕国企改制提出加强国企档案工作的措施。未建档的行政村、企业、农科单位要在2001年底全部建档；五是加强档案馆工作。未建新馆的宝鸡县、渭滨区档案馆要尽快建成新馆并投入使用。到2005年全市13个综合档案馆馆藏量要达到41万卷册，2005年前实现省市县（区）三级联网。“十五”期间完成现有重点珍贵历史档案的抢救任务。全市各类档案馆2002年前必须达到省三级标准，其中60%达到省一级，30%省二级。已建成新馆的在2005年底前全部达到省一级；六是加强档案教育工作，提高档案人员的计算机操作能力和外语水平；七是加强档案保护工作，确保档案的完整与安全；八是加强档案宣传工作；九是加强学会工作，促进学术研究和交流。

【《档案法》宣传】 9月5日是《中华人民共和国档案法》颁布十四周年纪念日，为增强全社会的档案意识，全市各级档案部门上街设点，利用广播、电视等宣传媒体进行档案“一法一例”、档案工作先进事迹、档案违法案例以及档案开发利用实例等内容的宣传活动，市档案局、麟游县领导和凤翔县档案局局长作了电视讲话。全市设宣传点35个，展出板面254块，悬挂横幅53条，散发宣传资料3万余份，145个单位的千余名档案人员参加了活动。

【举办档案业务培训班】 9月10～14日，市档案局在市委党校举办了档案干部培训班，来自市级机关的80多名档案管理人员学习了电子文件管理、档案著录规则和归档文件整理规则等业务知识。西安科怡公司的专业人员介绍了档案现代化管理的发展趋势和科怡2000档案管理软件操作程序。

【向社会开放档案】 为进一步开发档案信息资源，为西部大开发和宝鸡“开放年”提供优质高效的档案信息服务和智力支持，市档案局对馆藏1966～1970年间93个全宗4944卷档案按规定进行认真鉴定，分别编制了开发、内控目录，向社会依法开放档案4335卷。这是继1989、1996年两次开放后的第三次鉴定开放。

【档案信息资源开发与编研】 利用档案资料编撰《宝鸡月份大事记》12期约500余条6万多字；汇集1991～2000年《宝鸡大事记》约3000余条20多万字；编写了《2000年宝鸡市矿产资源开发利用情况简介》约3万多字；编写了中共宝鸡市委、市人大常委会、市人民政府、政协宝鸡市委员会、市纪检委组织沿革；编写《宝鸡市旅游指南》；编写《全宗介绍》10个。

【抢救建国前档案】 为了延长档案寿命，市档案馆对建国前旧政权档案纸张已破损、字迹褪变的张页采取裱糊、字迹恢复等办法，组织8人进行抢救，编目、装订、更换了卷皮，2001年共抢救566卷8000余页，超额完成年初制订的任务。

【档案目标管理与考核】 市档案局加强了对全市各级各类档案室档案管理工作的监督与指导，到2001年底全市182个乡镇机关全部建立了档案室，其中达到省三级以上标准的23个；全市139个规模较大、效益较好的乡镇企业都建立了档案室，达到省三级以上标准的19个；市、县150个科技事业单位全部建立了档案室，达到省三级以上标准的13个；全市2114个行政村有1881个建立了档案室，达到省三级以上标准的55个。从8月下旬到11月上旬，市档案局对全市各县区、市级机关的档案目标管理和执法情况进行了检查，市级99个部门中，优秀单位18个、良好53个、合格26个、不合格2个；12个县区中，优秀3个、良好7个、合格2个。

（张增朝）

解读创业者“黄金年龄”

创业从什么时候开始？最近流行一种说法：29岁以前，属于青春“保质期”，29岁以后，就Time out（过期）了，即所谓的29岁现象。因此，如果想在青春岁月里有所突破，创出一番事业来，就宜赶在青春“过期”之前。

有关部门的一份最新调查显示，上海八成以上已经创业或者正在创业的企业主都是在29岁以下就掘到了“第一桶金”，而且这个年龄越来越呈年轻化的趋势。对于立志于创业的人来说，29岁也许已经成了一个“危险”的年龄。这一调查还显示，创业的最佳年龄一般在25岁到30岁之间。这段时期是创新思维最为活跃、精力最充沛、最好动脑子、创造欲最旺盛的高峰期，尤其是在网络软件、广告、策划、咨询、证券、投资等知识密集型行业。

比较中国与美国的富人排行榜，有一个有趣的现象：中国的富豪远比美国年轻。中国前100名首富的平均年龄是45岁，而美国前100名首富中，小于或等于45岁的只占总人数的7.5%。

中美富豪排行榜所展现出来的年龄上的差别，充分反映了中国与美国社会经济发展的不同阶段及其背景差异。如果说，美国的富豪们正在进行着稳步的财富积累，那么，中国的富豪则在完成着或刚刚完成了财富的原始积累。在美国，富豪早已家族化；而在中国，富豪则刚刚开始个人化的进程。

宝鸡市人民代表大会

市人大常委会重要会议

【市十一届人大四次会议】 宝鸡市第十一届人民代表大会第四次会议于2001年2月22日至26日在宝鸡市举行。会议应出席代表379人，实际到会代表371人。市委、市政府各部门负责人和参加宝鸡市政协八届四次会议的委员列席了会议。会议在大会主席团的主持下，听取和审议了宝鸡市人民政府关于国民经济和社会发展第十个五年计划纲要的报告，审查批准宝鸡市国民经济和社会发展第十个五年计划纲要；听取和审议了宝鸡市2000年国民经济和社会发展计划执行情况及2001年计划（草案）的报告，审查批准宝鸡市2001年国民经济和社会发展计划；听取和审议了宝鸡市2000年财政预算执行情况和2001年财政预算（草案）的报告，审查批准宝鸡市2001年财政预算；听取和审议了宝鸡市人大常委会、市中级人民法院、市人民检察院工作报告，通过了相应的六项决议。本次会议采用无记名投票的方式选举一名市十一届人大常委会委员。会议期间，代表提出议案61件，议案审查委员会进行了认真审查，经过主席团会议审议通过，连同129件代表建议、批评和意见，会后由市人大常委会转送有关部门承办。

【市十一届人大常委会会议】 2001年市十一届人大常委会共举行了6次会议（第19次会议至24次会议），听取和审议了市人民政府、市人民法院、市人民检察院工作报告14项，作出决定和决议9项，任免市人民政府、市中级人民法院、市人民检察院和市人大常委会工作机构干部68人（次），依法行使了各项职权。

【第19次会议】 于2001年2月6日至7日在市人大常委会会议室举行，出席会议的市人大常委会组成人员30人。会议听取了市人大常委会副秘书长、办公室主任所作的关于市十一届人大四次会议筹备工作情况的汇报；审议并通过了市人大常委会工作报告、关于宝鸡市第十一届人民代表大会代表出缺及补选代表的代表资格审查情况的报告、关于市十一届人大四次会议主席团和秘书长名单、议案审查委员会名单、计划和预算审查委员会名单共三个草案；审议决定了市十一届人大四次会议列席人员名单，审议了市人大常委会2001年工作要点，审议并通过了《宝鸡市人大常委会任免国家机关工作人员办法（修正案）》。会议决定了有关任免事项（见后附任免名单）。

【第20次会议】 于2001年4月3日至6日在市人大常委会会议室举行，出席会议的常委会组成人员27人。会议听取和审议了市政府关于宝鸡市市属国有工业企业技术改造情况的报告；听取和审议了市人民政府关于宝鸡市贯彻执行《陕西省民营科技条例》情况的报告；听取和审议了市教委主任、市公安局局长、市房管局局长的述职报告。会议根据市人大常委会第39次主任会议通过的《关于市人大常委会对“一府两院”述职人员进行民主测评的实施办法》，首次对述职人员进行了民主测评，并将结果反馈有关部门。会议决定了有关任免事项（见后附任免名单）。这次会议按照市人大常委会第40次主任会议通过的《宝鸡市公民旁听市人民代表大会常务委员会会议试行办法》，首次安排5名公民旁听了全体会议。

【第21次会议】 于2001年6月6日至8日在市人大常委会会议室举行，出席会议的常委会组成人员30人。会议听取和审议了市政府关于“三五”普法工作情况和“四五”普法安排的报告，通过了《关于深入开展“四五”普法的决议》；听取和审议了市政府关于市区水资源保护和大气污染治理工作情况的报告；听取和审议了市政府关于宝鸡市市本级2000年财政决算情况的报告，关于宝鸡市市本级2000年财政预算执行情况和其它收支的审计报告；通过了关于批准市本级2000年度财政决算的决议；审议通过了《宝鸡市人大常委会关于加强市级预算审查监督的决定》；会议批准接受朱保利辞去宝鸡县人民检察院检察长职务的请求。会议期间有5名公民旁听了会议。

【第22次会议】 于2001年8月21日至24日在市人大常委会会议室举行。出席会议的常委会组成人员29人。会议听取和审议了市政府关于宝鸡市种植业结构调整情况的报告；听取和审议了市政府关于开展“严打”整治斗争，维护社会稳定情况的报告；听取和审议了市政府关于全市公路建设情况的报告；听取和审议了市政府1名副市长、市水利局局长、市卫生局局长的述职报告。经常委会组成人员评议和民主测评，形成审议意见，反馈本人，三个月内报整改结果。会议决定了有关任免事项（见后附任免名单）。会议期间，6名公民旁听了会议。

【第23次会议】 于2001年11月12日至14日在市人大常委会会议室举行，出席会议的常委会组成人员29人。会议听取和审议了市政府关于宝鸡市2001年1~9月份国民经济和社会发展计划执行情况的报告；听取和审议了市政府关于宝鸡市2001年1~9月份财政预算执行情况和市本级部分预算调整意见的报告，通过了《关于2001年财政预算部分调整的决定》；听取和审议了市政府关于广播电视传输网络建设情况的报告；听取和审议了市政府关于纠正行业不正之风情况的报告。会议根据《地方组织法》和《市人大常委会任免市级国家机关工作人员办法》的规定，采取无记名投票方式，决定任命市政府部门组成人员17人，免去政府组成人员6人；任命市中级人民法院工作人员7人，免去市中级人民法院工作人员5人；任命市人民检察院副检察长2人，免去市人民检察院副检察长1人。会议还作出了关于许可对1名市十一届人大代表取保候审的决定。

【第24次会议】 于2001年12月24日至25日在市人大常委会会议室举行，出席会议的常委会组成人员29人。会议听取和审议了市政府关于宝鸡市贯彻《土地管理法》情况的报告；听取和审议了市政府关于宝鸡市市区水资源保护和大气污染控制集中整治情况的报告；听取和审议了市政府办公室、市人大常委会人事代表工作委员会关于代表建议、批评和意见办理情况的报告；审议通过了关于召开市十一届人大五次会议的决定。会议通过了补选省人大代表办法，经无记名投票，补选省九届人大代表1名。会议依法撤销市公安局局长职务1人；撤销市中级人民法院副院长职务1人；任命市人民检察院检察员2人。

市人大常委会主要工作

【执法检查监督】 2001年，市人大常委会组织常委会组成人员和机关工作人员，先后对《环境保护法》、《森林法》、《土地管理法》及《陕西省社会力量办学条例》、《陕西省旅游管理条例》、《陕西省法律援助条例》、《陕西省公路管理条例》等法律、法规的贯彻执行情况进行了执法检查。检查过程中，坚持人大执法检查与党委、政府中心工作同步，突出热点难点问题，强化监督效果，为开发和建设宝鸡营造良好的法制氛围。为了加强林业执法，市人大常委会从7月1日至8月底，用两个月时间，采用市县区联动方式，组织执法检查组深入到太白、凤县、马头滩林业局等单位，采取听汇报、现场视察、召开座谈会、走访林业系统干部、职工，查阅有关案卷资料等方式，对全市林业执法情况进行了执法检查。8月10日，召开了宝鸡市人大常委会检查评议市林业局工作大会。参加评议会的有市人大常委会领导、执法检查组全体人员、市人大代表和市林业局、市农业局、市水利局、市环保局、市农发办的负责同志及各县区人大常委会主管或分管副主任共80余人。评议会听取了市林业局全面汇报，与会人员进行了实事求是的认真评议，共收集意见、建议138条。通过执法检查和评议，增强了全市林业系统干部、职工的法律意识，提高了依法行政的自觉性。6月上旬，市人大常委会教科文卫工作委员会配合省人大常委会在宝鸡开展了《陕西省社会力量办学条例》执法检查。对存在的问题，要求政府及有关部门严格执法，规范全市民办教育行为，保障了民办教学事业健康有序发展。2001年市人大常委会积极参与地方立法工作，组织有关方面对《陕西省企业集体合同条例》、《陕西省公路管理条例》、《陕西省计量监督管理条例》、《陕西省外商投资促进条例》、《陕西省高新技术产业发展条例》、《陕西省风景名胜区管理条例》、《陕西省社会治安综合治理条例》、《陕西省工会劳动监督条例》等法规进行座谈讨论，提出修改意见，并及时整理上报，为省人大常委会开展立法调研活动给予有力的支持和配合。

【深化述职评议】 2001年，常委会继续加强对所任命干部的监督，根据常委会议题安排，分两批对6名市政府组成人员进行了述职评议。述职前，常委会组织6个视察组深入到述职人员单位及县区进行视察。采用召开班子座谈会、中层干部座谈会、老干部座谈会、个别走访和查阅资料等形式，广泛听取了对述职人的意见和建议，形成了视察报告，供常委会议参阅。在评议和测评中，常委会组成人员都以认真负责的态度，从帮助、支持和鞭策鼓励的愿望出发，在充分肯定成绩的同时，又诚恳地提出了一些有针对性的希望和建议，集中形成常委会评议意见，由市人大常委会办公室转送述职者本人和所在单位，并限期提出整改措施，要求三个月内报结果。市人大常委会还以党组名义，向市委报送了对6名同志的述职民主测评结果和评议意见。在第22次常委会会议上，对1名副市长进行了述职评议和民主测评，深化了评议工作。

【广泛开展调查研究】 2001年，根据常委会的议题安排，常委会各工作机构采用多种形式广泛开展了调查研究工作，形成了有情况、有分析、有建议的调查报告十多篇，被市委转发的有7篇。4月中旬，市人大常委会教科文卫工作委员会深入到渭滨区、眉县和宝鸡高新技术产业开发区，通过听取汇报、查看现场，分别与7个民营科技企业、29名民营科技企业的厂长、经理和科技人员进行了座谈，广泛听取和征求了各方面的意见和建议，形成了关于宝鸡市贯彻执行《陕西省民营科技企业条例》情况的调查报告。5月下旬，市人大城乡建设环境资源保护工作委员会深入到清姜河流域和冯家山水库，查看了饮用水源的保护情况，并组织市环保局、市水利局、市城建局、渭滨区人大和政府的负责同志及自来水公司的同志，就如何保护市区饮用水源进行了座谈，形成《关于我市市区水资源保护及大气污染治理情况的调查》，从而引起了市政府和有关部门对市区水资源保护和大气污染治理工作的重视。7月中旬，市人大常委会财经工作委员会和部分市人大代表深入到太白、麟游、凤翔、凤县等4个县的16个乡镇，现场查看了姜眉公路、麟益公路、宝汉公路部分地段、市区环城北路等4个公路重点建设项目及县乡道路，分别听取了有关县人民政府、项目建设单位以及交通局对情况的介绍和汇报，并与有关人员进行了座谈，形成了《关于宝鸡市公路建设情况的调查报告》。8月下旬，市人大常委会法制工作委员会及常委会部分组成人员和市人大代表，就全市“严打”整治斗争开展情况，听取了市政府和法院、检察院的汇报，并到凤县、太白、凤翔县及基层乡镇、农户家中，先后听取汇报6次，座谈走访市、县、乡人大代表40多名，登门听取了60多名农民的意见，比较全面地了解了全市“严打”整治斗争的进展情况，形成了《宝鸡市开展“严打”整治斗争情况的调查报告》。这些调查报告，有分析、有建议，针对性强，为市人大常委会审议决定重大事项提供了第一手资料。

【代表工作十分活跃】 2001年，市人大常委会进一步密切与人大代表的联系，努力为市人大代表依法履行职责服务。市十一届人大四次会议后，及时召开代表建议交办会，将191件代表建议、批评和意见转交“一府两院”。在办理中，常委会加强监督，狠抓落实。9月中旬，组织检查组对市政府办公室、市计委、市交通局、市城建局等办理情况进行了检查，提高了办理质量。据统计，代表建议办结率为100%，满意率为95%，回访率为90%，解决问题的比率为40%。9月份，常委会作出安排，委托县区人大常委会组织市人大代表对2001年全市计划、财政执行情况，实施西部大开发，落实“十五”规划等问题进行了集中视察。根据市人大常委会联系代表办法和组成人员分工联系市人大代表制度，一年来，常委会有32名组成人员和9名工作机构负责人共联系市人大代表210名，收到代表建议130多条。并坚持代表接待日制度，有5名常委会副主任接待了来访代表，当面听取了意见，协调解决反映的问题。常委会还积极探索加强监督代表的途径，与省人大常委会配合，在凤翔县开展了人大代表向选民述职试点，总结印发了《凤翔县开展县人大代表向选民述职活动的几点做法》，指导宝鸡县、岐山县、扶风县、千阳县相继开展了人大代表向选民述职活动。对市十一届人大四次会议以后出缺的4名代表进行了补选，对1名市人大代表作出了许可取保候审的决定。全年，常委会受理人民群众来信来访1580件次，其中：来信650件，来访485人次。督促有关部门处理了一批久拖不决的案件，帮助群众解决了一些困难和问题，化解了社会矛盾。

【开展宣传人大制度好新闻评选活动】 2001年，市人大常委会进一步密切与各县区人大及新闻单位的联系，坚持常委会议题和重要活动公示制度。3月上旬，市人大常委会在全市范围内，组织开展了2001年度宣传人大制度好新闻的评选活动，至5月下旬共收到16个单位推荐的作品46篇，经过初评，符合参评条件的有39篇（件），经市评审小组认真评选，共评出获奖的作品28篇（件），其中一等奖4篇，二等奖8篇，三等奖16篇。宝鸡市人民广播电台、宝鸡县、眉县、太白县人大获组织奖。向省人大推荐参加省评的稿件6篇。其中3篇获奖，一等奖1篇，三等奖2篇。

【召开全市人大工作理论研讨会】 9月21日，市人大常委会召开了全市人大工作理论研讨会，参加会议人员有各县区人大分管主任或副主任、市人大各工作机构负责人和撰写论文的作者共计60多人。会上17人交流了论文，有12人作了重点发言。主要围绕深化人大及其常委会对其选举任命的市政府组成人员和法院、检察院领导的述职评议工作进行了研究和讨论。会上还传达了全省人大宣传工作会议精神，向宣传人大制度好新闻获奖的4个单位和43名获奖作者颁奖。同时，向获得省宣传人大制度好新闻的3名作者颁奖。

【撰写的89篇稿件被省市报刊采用】 常委会3次派人参加全国20城市人大工作座谈会和亚欧大陆桥沿线16城市人大主任联谊会，开阔了视野，交流了经验。2001年市人大机关撰写研讨论文、调查报告、工作经验、新闻稿件、信息156篇，被省市报刊、会议采用89篇，有效地宣传了人民代表大会制度和宝鸡市的人大工作。

【完善人大工作制度】 2001年1月17日，市十一届人大常委会第39次主任会议通过的《关于市人大常委会对“一府两院”述职人员进行民主测评的实施办法》，对民主测评的对象、范围、方法和组织领导作了明确规定。自实施以来，对6名述职人员进行了测评，收到了较好效果。

【实施公民旁听市人大常委会会议办法】 2001年2月1日，市十一届人大常委会第40次主任会议通过的《宝鸡市公民旁听市人民代表大会常务委员会会议试行办法》明确规定，年满18周岁具有完全民事行为能力的本市公民，均可申请旁听市人大常委会会议。要求凡安排公民旁听的市人大常委会会议召开的时间和主要建议议程，市人大办公室于会议召开的5日前，在《宝鸡日报》等市级新闻媒体上发布公告。这一办法自实施以来，先后有3次共安排16名公民旁听了市人大常委会会议，扩大了公民参与管理国家事务的民主渠道。

【接待市人大代表实施办法正式通过】 2001年2月1日，市十一届人大常委会第40次主任会议通过的《宝鸡市人大常委会主任、副主任、秘书长定期接待市人大代表实施办法》规定，每月15日为市人大常委会主任、副主任、秘书长定期接待日（逢节假日顺延），并对接待的内容、方法、组织工作和代表意见的处理等作出了明确规定，从而进一步加强了市人大常委会与市人大代表的联系，促进了联系代表工作的规范化、经常化和制度化。

【开展2001年“陈仓环保世纪行”活动】 “陈仓环保世纪行”活动，是常委会把人大监督与舆论监督相结合的有效形式。2001年开展的这次活动围绕贯彻落实江总书记“再造一个山川秀美的西北地区”的号召和“世界万物，生命之网”这个主题，从宝鸡实际出发，以生态建设与环境保护为重点，集中检查采访一些好的典型，并对一些突出的污染问题进行了曝光。检查从9月下旬至10月上旬，常委会组织市级有关部门和市级新闻记者，深入到各县区和市区进行现场察看、座谈和采访。由记者撰写消息、特写、通讯、调查报告及言论等作品，在新闻媒体发表440多件，增强了执法检查的实效。11月27日，经“陈仓环保世纪行”好新闻组委会评选，共评出一等奖6篇，二等奖8篇，三等奖10篇，优秀奖44篇；还评出组织奖3个。

【深入基层扶贫帮困】 2001年，市人大常委会认真贯彻党的十五届六中全会《关于加强和改进党的作风建设的决定》，努力实践“三个代表”重要思想，8月份，市人大常委会5名副主任，分别深入到市属困难企业、基层单位，开展调查研究，与基层的干部职工座谈、交流。在了解实情的情况下，形成调查报告5份，提出重要建议18条，通过归纳分析，向市委提出建议5条，引起了市委、市政府高度重视，有的已被采纳。10月22日至11月9日，市人大常委会机关副县级以上29名领导干部分三批集中开展了一次深入基层、深入群众的活动。常委会领导下到自己的扶贫点，县级干部分别安排到办公室扶贫联系点（千阳县沙家坳乡）、包抓小康村所在地（陇县新集川乡）、“双万”工程村所在地（太白县咀头镇）。每名干部下一个村，与群众同吃、同住、同劳动，帮助贫困群众解决实际问题。

（姜申宏）

第十一届人大常委会2001年度选举任免人员名单

时间	会议	任免人员
2001年2月7日	市十一届人大常委会第19次会议	1. 决定任命倪宝生为宝鸡市监察局局长 2. 免去贾效堂宝鸡市监察局局长职务 3. 任命常志宏、赵恒兴、张彩霞为宝鸡市中级人民法院副院长、审判委员会委员、审判员 4. 免去王德顺宝鸡市中级人民法院刑事审判庭第一庭庭长、审判员职务 5. 免去张斌宝鸡市中级人民法院审判员
2001年4月13日	市十一届人大常委会第20次会议	1. 任命张民义为宝鸡市人大常委会代表资格审查委员会副主任、人事代表工作委员会委员 2. 免去杨浩斌宝鸡市人大常委会法制工作委员会主任职务 3. 免去赵玲宝鸡市中级人民法院副院长、审判委员会委员职务 4. 任命史建泉为宝鸡市人民检察院副检察长 5. 批准任命董江涛为扶风县人民检察院检察长 6. 免去程紫平宝鸡市人民检察院副检察长、检察委员会委员职务 7. 免去张彩霞宝鸡市人民检察院检察员职务

续 表

时间	会议	任免人员
2001年4月13日	市十一届人大常委会第20次会议	8. 决定任命史建泉为宝鸡市人民检察院代理检察长 9. 决定接受成振兴辞去宝鸡市中级人民法院院长职务 10. 决定接受白保平辞去宝鸡市人民检察院检察长职务 11. 决定接受杨浩斌辞去宝鸡市第十一届人民代表大会常务委员会委员职务
2001年6月8日	市十一届人大常委会第21次会议	批准朱保利辞去宝鸡县人民检察院检察长职务
2001年8月24日	市十一届人大常委会第22次会议	1. 决定任命郭宝生为宝鸡市中级人民法院代理院长 2. 任命李永江为宝鸡市人大常委会法制工作委员会主任 3. 任命陈平、罗科岐为宝鸡市人大常委会法制工作委员会委员 4. 任命裴振强为宝鸡市人大常委会人事代表工作委员会委员 5. 免去李炳奇宝鸡市人大常委会法制工作委员会委员职务
2001年11月14日	市十一届人大常委会第23次会议	1. 决定任命戴留成为宝鸡市发展计划委员会主任 2. 决定任命徐强为宝鸡市经济贸易委员会主任 3. 决定任命贾东明为宝鸡市司法局局长 4. 决定任命陈靖劳为宝鸡市劳动和社会保障局局长 5. 决定任命魏科超为宝鸡市国土资源局局长 6. 决定任命商宝庆为宝鸡市交通局局长 7. 决定任命余光雅为宝鸡市教育局局长 8. 决定任命朱明政为宝鸡市科学技术局局长 9. 决定任命王启贤为宝鸡市广播电视局局长 10. 决定任命李伯侠为宝鸡市体育局局长 11. 决定任命童效前为宝鸡市计划生育局局长 12. 决定任命白晓为宝鸡市环境保护局局长 13. 决定任命王平为宝鸡市城乡建设规划局局长

续 表

时 间	会 议	任 免 人 员
2001年11月14日	市十一届人大常委会第23次会议	14. 决定任命谭茂生为宝鸡市城市管理行政执法局局长 15. 决定任命李海珠为宝鸡市统计局局长 16. 决定任命李启存为宝鸡市粮食局局长 17. 决定任命郑明忠为宝鸡市信访局局长 18. 决定任命史安学为宝鸡市中级人民法院刑事审判第一庭庭长、审判委员会委员 19. 决定任命马龙胜为宝鸡市中级人民法院行政审判庭庭长、审判委员会委员 20. 决定任命贾耀忠为宝鸡市中级人民法院审判监督庭庭长、审判委员会委员 21. 决定任命杨艳为宝鸡市中级人民法院行政审判庭副庭长 22. 决定任命王忠军为宝鸡市中级人民法院民事审判庭副庭长 23. 决定任命贺宁泊为宝鸡市中级人民法院刑事审判第一庭副庭长 24. 决定任命宋少义为宝鸡市中级人民法院立案庭副庭长 25. 决定任命王西平为宝鸡市人民检察院副检察长、检察委员会委员、检察员 26. 决定任命张凯为宝鸡市人民检察院副检察长、检察委员会委员、检察员 27. 免去王秉钊的宝鸡市经济贸易委员会主任职务 28. 免去边玺荣的宝鸡市司法局局长职务 29. 免去卢振华的宝鸡市交通局局长职务 30. 免去李金廷的宝鸡市广播电视局局长职务 31. 免去王洪利的宝鸡市环境保护局局长职务 32. 免去李珍的宝鸡市统计局局长职务 33. 免去贾耀忠宝鸡市中级人民法院告诉申诉审判庭庭长职务

续 表

时 间	会 议	任 免 人 员
2001年11月14日	市十一届人大常委会第23次会议	34. 免去宋少义宝鸡市中级人民法院告诉申诉审判庭副庭长职务 35. 免去张进海宝鸡市中级人民法院行政审判庭庭长、审判员职务 36. 免去任振辉、李文霞宝鸡市中级人民法院审判员职务 37. 免去冯世发宝鸡市人民检察院副检察长、检察委员会委员职务 38. 决定许可对市十一届人大代表王录让取保候审
2001年12月25日	市十一届人大常委会第24次会议	1. 补选赵正永为省九届人大代表 2. 任命朱保利、贾进宁为宝鸡市人民检察院检察员 3. 决定撤销范太民宝鸡市公安局局长职务 4. 决定撤销傅官军宝鸡市中级人民法院副院长、审判委员会委员职务

宝鸡市第十一届人民代表大会常务委员会及各部门负责人

市人大常委会

主　　任　庞家钰

副 主 任　谭波峰　周允庄　孙宝林　郝改桂（女）　翟拴堂　魏　琦

秘 书 长　牟兴德

副秘书长　史德文　张升旗

市人大常委会办公室

主　　任　史德文（兼）

副 主 任　张炳科　谭志耀

市人大常委会研究室

主　　任　吴希信

副 主 任　吴满泰

法制工作委员会

主　　任　李永江

副 主 任　辛周元

财经工作委员会
主　　任　石龙洲
副 主 任　夏云岐　　温召祥

城乡建设环境资源保护工作委员会
主　　任　杜凤虎
副 主 任　张生辉

教科文卫工作委员会
主　　任　孙　哲
副 主 任　王西虎

人事代表工作委员会
主　　任　王宝才
副 主 任　任渝秀　　张　鹰

程序公正与结果公正

日前，贵州省面向全国发布选拔高校领导干部的公告，其中一些程序制定得非常具体，还就考试的内容范围、试卷来源以及监督机构及其电话等作了交代。这与以往只简单规定公开报名并需要笔试面试，或者即使有了规定当事人也不知道的做法，显然要进了一步。这就使我们得到一个重要的启示，即如何通过程序的公正来实现结果的公正。

在现实中，由于社会成员之间存在差别，也由于社会资源的有限性，分配时往往会出现很多不公正的结果，即结果的公正本身存在着一个不确定的问题，因此需要具有确定性特征的程序来保证结果的公正合理。在社会实践中，人们一般会对程序的不合理不公正提出疑义，而只要程序公正合理，无论产生的结果如何，都是可以被人接受的。

但在现实当中，在这个问题上还存在着一些值得注意的偏向：一是“程序虚无主义”，即有些领域的资源分配仍然没有程序；二是“程序形式主义”，即先定结果再走程序；三是“程序蒙昧主义”，即尽管有程序，但并不具有实质性的意义；四是程序本身缺乏合理性，例如，15名学术委员投票表决某教授的博导资格，按规定获得三分之二以上票数可获通过。投票结果是：9票同意，2票反对，4票弃权，该教授未获得三分之二以上票数而未获得博导资格。在这种程序当中，弃权票实际上起到的是反对的效果。这其中的合理性显然值得人们推敲。

宝鸡市人民政府

市政府工作概述

【主要经济指标完成情况】 2001年，全市上下抢抓实施西部大开发的战略机遇，紧紧围绕把宝鸡建成工业强市、畜牧大市、旅游名市和现代化生态园林城市的目标，以开放统揽全局，克服困难，开拓进取，国民经济保持了稳定增长的良好势头。全市国内生产总值195亿元（口径调整），按可比价格计算，比上年同期增长9.6%，高于全国2.3个百分点，其中：第一产业25.6亿元，增长1.9%，第二产业91.8亿元，增长10.3%，第三产业77.6亿元，增长11.6%。地方财政收入8.87亿元，比上年增长8.7%，全市财政支出15.2亿元，增长13.9%。城镇居民人均可支配收入5145元，农民人均纯收入1603.3元，分别增长391元和60元。

【开放年活动成效显著】 宝鸡市委、市政府确定2001年为“宝鸡开放年”，成功举办了“中国宝鸡法门寺国际文化旅游节、太白山旅游登山节暨招商洽谈会”。全年招商引资签约项目402项，合同引资117亿元，总投资额和引资额均比上年翻了两番。当年到位引资额33亿元，209个项目建成投用。新批外商投资企业14个，共合同利用外资2447.5万美元，增长86.3%。出口创汇完成3520万美元，增长51.7%。开展了以“四清理五整顿”为重点的投资环境整治活动，投资环境有了较大改善。

【农业结构调整迈出新步伐】 适当调减粮食种植面积，扩大经济作物和优质专用粮面积，种植业开始由“二元结构”向“三元结构”转变。将畜牧业发展作为调整农业结构的突破口，狠抓规模养殖和布尔羊、莎能奶山羊、秦川牛三个畜牧中心建设。全市畜牧业总产值14.2亿元，占农业总产值的30.5%；依托杨凌农科城，建成专家大院20个，对十大良种繁育中心推行企业化运作，它们已成为农业产业发展的科技龙头。12个乡镇工业园区建设初具规模，毅武、恒兴等一批龙头企业不断发展壮大，全市乡镇企业总产值和营业收入分别比上年增长8.5%和9%。积极实施山川秀美工程，治理水土流失面积380.8平方公里，退耕还林（草）7.8万亩。

【国有工业企业深化改革有成效】 完成了市第一汽车运输公司、市人民面粉厂等8户企业公司制改造，企业改制面达57%以上，宝光、宝钛股票上市发行。2001年，全市国有大中型企业共实施重点技改项目20个，完成技改投资11.5亿元。陕西洗衣机厂洗衣机生产线与TCL实行联合经营，磨床生产线并入秦川集团取得进展，一批企业通过资产重组获得新的生机。

【第三产业和非公有制经济持续增长】 2001年，全社会消费品零售总额60.25亿元，增长8.6%。组建成立了旅游集团，加快了旅游产业化、集团化进程。全年共接待国内外游客467万人，实现旅游综合收入15.23亿元，分别增长14.1%和22.8%。截至2001年底，全市个体工商户发展到42068个，私营企业4237个，民营科技企业1087个，非公有制经济占国内生产总值的比重达到35%。

【城市化水平不断提高】 全社会固定资产投资完成77.7亿元，比上年增长10%，其中50个重点项目完成投资47.3亿元。宝鸡二电厂四台机组全部投用，宝汉公路、常兴和蔡家坡渭河大桥等14个项目竣工。“十大民心工程”进展顺利，城市道路新建和改造工程顺利完成；金陵游园、火车站音乐喷泉、炎帝园广场建成开放；广元路渭河大桥、渭河人防隧道、污水处理厂、垃圾处理厂、陈仓园二期等项目开工建设；北坡绿化造林5.07万亩，南山（秦岭北麓）生态示范区建设启动，渭河市区段防洪暨生态治理工程完成护滩堤建设和滩地绿化，城市绿化覆盖率达到26%；集中供热面积达到190万平方米，天然气用户发展到5万户，城市气化率提高到75%。宝鸡县撤县设区方案已经省政府上报国务院待批，撤并乡镇44个，城市化率达到33%。成立了城市管理行政执法局，在全省率先推行综合执法试点，市容市貌有了新的改观。

【高新区建设取得新突破】 2001年，新增入区企业48个，新开工建设面积20万平方米，完成投资3.8亿元，实现技工贸总收入46亿元，增长31%。加快东区建设步伐，已有12个项目签订入区协议。同时，按照一区多园的思路，金台、眉县、虢镇、蔡家坡等各具特色的科技产业园区建设也取得初步成效。

【精神文明和法制建设迈上新台阶】 认真组织开展“三个代表”重要思想的学习教育活动，大力弘扬杨文洲精神，部署开展了“塑造新世纪宝鸡新形象”活动，进一步加强了社会道德和思想道德建设。把安全生产作为维护社会稳定的重要工作来抓，市县相继成立了安全生产监督管理局，层层落实责任制，安全生产工作受到国家表彰。深入开展社会治安综合治理“基层年”活动，持续开展严打专项整治，打击取缔邪教，及时稳妥地处置了一批影响较大的事件，保持了社会稳定。“四五”普法和依法治市规划初步制订，全体市民法律意识明显增强。重视作好信访工作，及时处理突发事件和集体上访，保持了社会稳定。

（曹建国　李宝珠）

宝鸡市人民政府及各部门负责人

市　长　吴登昌
副市长　孟祥义　王　宏　吴苏平　刘　忠　冯月菊（女）
秘书长　方向毅
副秘书长　高天瑞　李耀虎　周长安　张宝森　王虎贤　周　义　孙省成　孙忠印

市政府工作部门

政府办公室
主　任　方向毅（兼）
副主任　高天瑞（兼）

发展计划委员会
主　任　戴留成
副主任　张小平　魏崇勇　李培文

经济贸易委员会
主　任　徐　强
副主任　赵录全　袁军晓　常大保　竺敬薇（女）　冯让黎　王云飞　崔　武　巨百省　张汉民

公安局
局　长
副局长　雷建平　令　鹏　李　民

监察局
局　长　倪宝生
副局长　薛志德

民政局（民族宗教局）
局　长　邹福焕
副局长　刘玲霞（女）　姚金社　姚拴贵

司法局
局　长　贾东明
副局长　侯金贵　杨　斌

财政局
局　长　张　政
副局长　孙亚科　谭敏生　李晓阳

人事局
局　长　周东晗
副局长　陈留根　于载中

劳动和社会保障局
局　长　陈靖劳
副局长　白殿魁　范同兴

国土资源局
局　　长　魏科超
副 局 长　李　忠　郭建平　苏国泉　沈　瑜

交通局
局　　长　商宝庆
副 局 长　贾书义　吉朝声　胡公尚

农业局
局　　长　刘拴良
副 局 长　刘汉卿　陈小林　张周让

水利局
局　　长　宁可欣
副 局 长　陈文让　吕　恭

林业局
局　　长　盛平想
副 局 长　韩周理　王海鳌

教育局
局　　长　余光雅
副 局 长　孙晓劼　苏天善　庞保健

科学技术局
局　　长　朱明政
副 局 长　郝秀菊（女）　李献卿

文化局
局　　长　蔡宏斌
副 局 长　李栋成　杨茂生

广播电视局
局　　长　王启贤
副 局 长　杨晓峰　刘世斌

卫生局
局　　长　杨治平
副 局 长　王淑娥（女）　张玮东（女）

体育局
局　　长　李伯侠
副 局 长　黄素勤（女）　李富生

计划生育局
局　　长　童效前
副 局 长　徐溢华（女）　白林祥

审计局
局　　长　苏正东
副 局 长　骆少香（女）　孙开汉　淡佛良

环境保护局
局　　长　白　晓
副 局 长　舒云霞（女）　杨东黎

城乡建设规划局
局　　长　王　平
副 局 长　鱼海深　刘义成　杨锦辉

城市建设局
局　　长　郭秀军
副 局 长　蔡顺康　郝晋升

城市管理行政执法局
局　　长　谭茂生
副 局 长　李锁让　张智才

信访局
局　　长　郑明忠
副 局 长　刘素梅（女）　苟敬文

统计局
局　　长　李海珠
副 局 长　马　渠　严晓波

对外贸易经济合作局
局　　长　何长庚
副 局 长　许凤亚　杜新民

粮食局
局　　长　李启存
副 局 长　冯克仁　肖永宽

外事旅游局
局　　长　张敬原
副 局 长　曹书光　毛胜利

常设办事机构

农业综合开发领导小组（扶贫开发领导小组）办公室

主　　任　尚鸿德
副 主 任　朱双文　张苏林　刘永耀

国防动员委员会 人民防空 办公室

主　　任　陈宗信
副 主 任　蒋志忠　陆宝成

派出机构

宝鸡高新技术产业开发区管委会

主　　任　吴苏平（兼）
副 主 任　安葆慷（女）　赵晓东　冯宗善
　　　　　刘德科

直属事业单位

房产管理局

局　　长　齐军智
副 局 长　葛君琪（女）

乡镇企业局

局　　长　亢兰斌
副 局 长　孙福成　张礼元

文物事业管理局

局　　长　张润棠
副 局 长　任周方

地震局

局　　长　王书林
副 局 长　何繁荣　韩　辉（女）

地方志办公室

主　　任　赵忠虎
副 主 任　刘改荣（女）

直属企业

供销合作社

主　　任　李维洲
副 主 任　田　森　崔　挺　李宏杰

靠挂和代管单位

保密局

局　　长　郑建岐
副 局 长　王　健

法制办公室

主　　任　张宝森（兼）
副 主 任　梁少华

接待办公室

主　　任　柳　晶（女）
副 主 任　王伯让

物价局

局　　长　魏崇勇（兼）
副 局 长　高俊乾

招商局

局　　长　张小平（兼）

经济发展研究中心

主　　任　曹连魁
副 主 任　毛跃利

黄金工业管理办公室

主　　任　田长才
副 主 任　马振祥　王明生

轻工业行业办公室

主　　任　崔　武（兼）
副 主 任　曹书明　张存祥

重工业行业办公室

主　　任　王云飞（兼）
副 主 任　王宝强

商业行业办公室

主　　任　巨百省（兼）
副 主 任　张苗英（女）　李均良

安全生产监督管理局

局　　长　张汉民（兼）
副 局 长　祝智堂

经济体制改革委员会办公室
主　　任　李耀虎（兼）
副 主 任　马耀斌

经济协作办公室
主　　任　阎少峰
副 主 任　苏智轩

食品工业协会
副 会 长　赵双田

老龄委办公室
主　　任　邹福焕（兼）
副 主 任　屈喜梅（女）

爱国卫生运动委员会办公室
主　　任　张玮东（女）（兼）

残疾人联合会
理 事 长　王恩长
副理事长　朱根堂　强连生　白　镭

（尹　明）

人　事　工　作

【概况】　2001年，市人事局制定印发了《宝鸡市人事人才“十五”计划暨2010年规划》，明确了“十五”期间的总体奋斗目标。重点抓好农业、企业经营管理、技术开发创新、电子信息、旅游环境、贸易法律六个方面的人才队伍建设。当年全市共有公务员编制10767名，其中市级2530名，县级5777名，乡级2460名。圆满完成了全市10283名公务员和56228名事业单位工作人员的管理和考核工作任务。

【营造良好的人才环境】　围绕已出台的《宝鸡市培养、引进开发高层次人才的意见》，全年全市共引进具有硕士学位、双学位和大学本科学历的专业技术人才64名，分别安排到市农业、环保、医疗等部门工作，经过跟踪调查了解，深受用人单位欢迎。市委组织部、市人事局评审确定了宝鸡市第五批有突出贡献拔尖人才和第二批有突出贡献中青年拔尖人才，并推荐上报省有突出贡献专家4人，省有突出贡献中青年专家3人；研究确定了宝鸡市“三五人才工程”第二层次人选50人；向省上推荐上报享受政府特殊津贴人选5人；组织了各级各类专家160人进行了体检。

【新世纪人才交流洽谈会成功举办】　2月份，举办了“宝鸡市新世纪人才交流洽谈会”，到会应聘咨询洽谈达16720人次，参会招聘单位138个（其中：国有单位52个，非国有单位86个，包括9个外地单位），达成用人意向3430人，其中洽谈成功786人。

【人才市场形成一条龙服务】　全年全市各级人才市场共接待来访单位862个，接待求职个人27780人，达成意向5581人，洽谈成功1672人；举办岗前培训班6期，培训597人。与17个单位签定了人事代理合同；为680人办理了个人人事代理业务；为1483人进行了个人人才测评。全年共审批招聘广告86份。投资35万元，对市人才市场进行了扩展。购置了LED滚动式电子大屏幕，在市人才市场实行了开放式、柜台式集中办公，形成了集人才信息查询、人才入库、人才测评、录用聘用、人事代理为一体的一条龙服务。

【组织实施国内外引智项目28个】　围绕引进专家、引进技术、引进优良品种和国内外培训四个重点，全年共组织实施引智项目28个，其中：来自法国、德国、澳大利亚、美国、荷兰、泰国、南非等7个国家的17位高级专家来宝鸡就秦川机床集团公司的精密机械制造、数控机床的设计、加工工艺等技术；市桑果站的果树栽培与管理技术；市布尔羊繁育中心的胚胎移植技术；市人民医院的医学美容整形临床技术；市啤酒厂的无醇啤酒新产品开发技术；市水保站的花卉栽培、水土流失治理和牧草种植技术等12个专家项目进行了指导和交流工作。实施了包括高油玉米的种植，大扁桃的栽培，美国黄金鲈鱼、大口胭脂鱼的养殖，黑核桃、日本三水梨树、四倍体刺槐树的栽培等7个优质种子、苗木新技术、新品种的农业引进推广项目。

【引智工作得到省和国家的肯定】 承办了“中国西部布尔羊胚胎移植技术培训班”，9个省、市126名管理及专业技术人员参加了培训学习，参观考察了麟游县布尔羊示范基地，两名南非专家现场进行了示范讲授，培训工作取得了圆满成功，推荐28人分别参加了国家、省外专局在国（境）外的5个培训班和国内的3个培训班。市引智工作得到了省和国家有关部门的充分肯定，市引智办被省人事厅评为全省引进国外智力工作先进单位，4月中旬中央电视台7频道以布尔羊和辣椒防病害育种为内容，连续两次专题报道了宝鸡的引智工作。

【制定机构改革配套文件】 制定并以市委办、市政府办的名义印发了《关于市级机构改革中人员竞争上岗和定岗工作的实施意见》、《关于市级机构改革中人员分流的实施办法》等配套文件。

【清退乡镇临时雇佣人员和中小学代理教师】 配合机构改革，加大了对乡镇临时雇佣人员和中小学代理教师的清理力度，截至2001年年底，已清退乡镇临时雇佣人员771名，占51%；清退中小学代理教师2504名，占34%，其中：扶风县乡镇临时雇佣的236名人员，已全部清退完毕。

【启动卫生事业单位人事改革】 以职称聘约管理为切入点，推动事业单位人事制度改革，制定印发了《关于我市事业单位全面推进专业技术岗位设置和聘约管理的实施意见》，配合卫生部门对全市医疗卫生单位人事制度改革工作进行了安排部署，市委组织部、市人事局、市卫生局印发了《宝鸡市深化卫生事业单位人事制度改革实施意见》及六个配套政策，确定了市中心医院和岐山县医院作为改革试点单位。

【圆满完成工资晋升审批】 5月份和12月份圆满完成了全市机关、事业单位工作人员级别工资、职务工资调整和离退休人员增加离退休费的审批工作。对历年来办理了退休手续的人员，按照新的退休费比例标准重新进行了核定，补发了退休费。对2176名机关事业单位技术工人升等考核、考试工作进行了安排部署，并办理了升等审批手续，颁发了等级证书，及时兑现了工资。

【改进军队转业军官安置办法】 在“功绩制”与“考任制”相结合的基础上，增加了双向选择，实行政府保底的安置办法。2001年全市共接收军队转业军官201名，其中：自主择业的44名，计划安置的157名。经过档案审查、岗前培训、组织考试，将功绩量化打分情况和考试成绩向社会和转业军官公布等，计划安置的转业军官全部得到了妥善安置；并为自主择业的转业军官及时办理了接收手续。

【接收3563名应届毕业生就业】 在供需矛盾十分突出的形势下，2001年全市计划接收3563名应届毕业生（不含753名定向委培生和计划内自费生），其中：派遣县区的3154名，占88.5%；市属事业单位的146名，占4%；市属企业的204名，占5.7%；非公有制单位的59名，占1.8%。

【人事宏观管理】 制定印发了《关于加强人事宏观管理工作的通知》，机构改革前继续实行机构、编制、人员调入三冻结，对市、县机关严格按职数和比例限额配备人员，职位职务变动严格控制。2001年全市变动副科级以上职位1031个，其中：县、处级179个，正、副科长职位358个，正、副主任科员职位494个。为实现对全市国家公务员的科学管理，经市委、市政府审定，制定印发了《宝鸡市国家公务员聘任制暂行办法》。

【目标责任制管理】 围绕全市中心工作，完善了目标责任制管理体系，对完成全市重点目标任务的单位进行了严格督查、督办。审核下达了全市12个县区和市级94个部门2001年度目标任务，改进了县区项目考核计分办法，加大了平时考核力度。结合岗位责任制，完成了全市公务员和事业单位人员年度考核工作，除优秀和称职（合格）人员外，未定等次的1784人（公务员142人，事业单位人员1642人），不称职的8人，不合格的42人。

【模范单位市城建局受奖】 制定并实施了《宝鸡市市级行政机关实绩突出部门奖励暂行办法》，经市政府研究同意市城建局为市级模范单位并奖励3万元。

【严格考核选拔政府工作人员】 经过严格的笔试、面试和体检，从报考的207名应届大学毕业生中，为市级机关招考录用了30名预备公务员。从市级机关和全额拨款的事业单位在编在岗人员中，为市会计核算中心考录了28名会计核算人员。通过严格的考试，为全市进入公安系统的96名具有公务员或干部身份的人员办理了录警手续。通过公开招考，为市执法大队考录了39名工作人员。

【2895名公务员接受培训】 适应信息化建设和公务员素质建设的需要，举办了两期市级领导和部局级信息化知识讲座，对90名领导干部进行了培训。继续开展了公务员计算机应用能力等级培训，市级机关包括列入推行公务员制度的事业单位已培训2635人，参训率达98.6%，分两期对1999年和2000年机关新招的预备公务员和农村基层工作者共170人进行了初任培训，并对其中60名预备公务员进行了普通话培训和测试。

【举办做人民满意的公务员活动展览】 由市委宣传部、市人事局、市精神文明办公室联合举办的“宝鸡市做人民满意的公务员活动展览”，于2001年11月中旬展出，展览分教育篇、宗旨篇、风采篇、成果篇、未来篇五个部分，共120个版面、1000多幅图片，先后有3万余名干部群众到展观看，省、市有关领导观看展览后，给予了高度评价。

【举办市第二届十佳、优秀、人民满意的公务员评选活动】 由市委宣传部、市人事局、市精神文明办公室联合举办的“宝鸡市第二届十佳、优秀、人民满意的公务员评选活动”，经各县区、各部门层层推荐，市评选委员会评审，市政府审定，共评选出十佳公务员10名，优秀公务员50名，人民满意的公务员100名，市政府召开大会进行了表彰。宝鸡县周原镇计生办主任毛莉琴，被评为全国人民满意的公务员，受到中央组织部、宣传部、人事部、精神文明办的表彰。

（王大勇）

机　构　编　制

【市级机构改革完成】 市机构编制委员会办公室在对编制余缺、人员结构等专题调研的基础上，对市级机构改革方案作了进一步论证修改，做好机构改革前的各项准备工作。10月份，成立了以市机构编制委员会为基本构架的机构改革领导小组及办公室，由市机构编制委员会办公室承担领导小组办公室日常工作，并从市级部门抽调了十多名同志参与机构改革工作。在整体规划、分步实施、党政群机关同步进行，人大、政协、检、法两院适当推后的总体思路下，市级机构改革工作于10月11日开始，12月20日结束，分为制定方案，考察配备班子；公布方案，组织实施；竞争上岗，分流人员；督促检查，总结验收四个阶段进行。11月14日，市上召开市级机构改革动员大会，市级机关两千多人参加了会议，市委书记庞家钰，市长、市机构编制委员会主任、机构改革领导小组组长吴登昌分别作重要讲话。市编办依据上级有关政策，结合宝鸡实际，牵头制定了《关于市级机构改革实施部门职能配置、内设机构和人员编制规定工作的意见》、《关于市政府机构改革实行政事分开的实施意见》、《关于市级机构改革中人员分流的实施办法》等8个配套文件，从整体上对机构改革积极稳妥、扎实有效地进行提供了重要的政策保障。经省机构编制委员会办公室批准，宝鸡市党政机构设置情况为市委工作机构维持不变，市政府工作机构由原来的47个精简为34个，减少13个，精简率为30%，行政编制减少26%。截至年底，完成了市级59个部门“三定”规定的审定、印发工作。

【取消行政审批事项99项】 市编办围绕全市改革开放年活动和整顿市场经济秩序，改善投资环境，协同市政府办对市级部门的行政审批事项进行调查摸底，经过清理，全市47个部门审批事项共825项，其中，审批319项，核准142项，审核351项，备案62项；同时由市编办召集有涉外审批事项的6个部门，对涉外审批的12个项目进行论证并提出清理意见。列为第一批精简审批事项的市政府23个部门，共取消行政审批事项99项，于12月份向社会公布。

【规范事业单位登记管理】 为保护事业单位的合法权益，转发了国家15部委《关于事业单位登记证使用问题的通知》，加强了对事业单位登记管理后的动态管理，同时在工作中不断完善登记管理制度，推进了非法人事业单位向事业单位法人转化的工作。全年共办理事业单位设立登记和变更登记28件。

【严控机构编制】 根据中央和省上有关精神，及时设立了市委和市公安局“610”办公室工作机构，理顺了市、县（区）安全生产监督管理局和县级盐务管理机构；批准组建了“宝鸡市城市管理行政执法局”机构。对全市各级党政群机关和全额拨款事业单位实行“三冻结”，在“严把进口、敞开出口”的原则下，明确了事业单位人员调入的“三要”办理程序，即：一要有编制，二要符合编制要求，三要按程序办理，妥善处理了与有关部门的工作关系，有效遏制了人员的逆向调动和盲目增长。全市各级党政群机关和事业单位人员继续保持零增长和负增长的良好态势。

（李敏捷）

外　事　工　作

【概况】　坚持外事为国家总体外交服务，为宝鸡对外开放、经济建设和社会发展服务的方针，狠抓了友城建设和民间外交。全年共接待来自美国、法国、澳大利亚、日本、新西兰、韩国、俄罗斯等国家和地区的参观访问、经贸洽谈、科技文化交流人员和友好人士共215批2625人次；友城工作实现了重心向大洋洲、欧洲、北美洲的转移。努力选派政治素质好、业务水平高的工勤人员赴我国驻外使馆工作，受到外交部好评；在与日本、美国等友城、友好团体交往中，进一步加大了“希望工程”建设力度；“两节一会”期间，接待了应邀来宝鸡参加活动的法国、澳大利亚、日本、新西兰、俄罗斯、韩国等国家、地区及港澳台客商、友好人士10批106人；与澳大利亚墨尔顿市签署了友好交流协议，达成了由该市出资、邀请宝鸡市图片及民间工艺品赴澳展出的意向；与日本八幡市日中友好协会达成了宝鸡市青年代表团访日交流，共同合作开发有关实业的意向。

【严控因公出国（境）审批】　在出国（境）审批中，坚持按程序报批、急事特批的原则，全年共审核办理各类因公出国（境）团（组）103批386人次。拒绝批准无实质性内容的因公出国（境）团（组）5批28人次，为国家节约资金120万元。

【外国专家管理服务】　9·11恐怖事件发生后，根据外交部及省外办指示，外事局协助长驻外国专家的宝鸡文理学院、宝鸡石油钢管厂等单位，积极做好对外国专家的思想教育、情绪稳定工作，并坚持经常性联系，帮助解决外国专家管理中存在的问题和困难。

【俩日本友人获“宝鸡市荣誉市民”称号】　4月份和9月份，宝鸡市政府分别授予日本岐阜市文化中心馆长松冈直太郎先生和中日合资宝鸡住金石油钢管有限公司总经理大冢唯史先生“宝鸡市荣誉市民”称号。

【庞家钰率团访问美国】　12月，应美国西好莱坞市邀请，以人大主任庞家钰为团长的宝鸡市友好代表团赴美国进行了友好访问，就加强两市的友好交流及经贸合作举行了签字仪式。

【孙宝林率团访问澳大利亚】　11月初，应澳大利亚墨尔顿市邀请，以宝鸡市人大副主任孙宝林为团长的宝鸡市农业代表团一行9人赴该市进行了友好访问，并推动了两市缔结友好城市工作。

【冯月菊率团赴澳大利亚考察】　10月下旬，以宝鸡市副市长冯月菊为团长的陕西省旅游培训考察团在国家、省外专局组织下，赴澳大利亚进行培训考察。代表团参加了澳大利亚卧龙岗大学组织的“旅游资源与开发”专题培训；与澳大利亚联邦旅游局、联邦旅游发展研究中心进行了会谈，并考察了澳大利亚旅游业发展情况。

【金台区产业经济代表团访问日本】　11月初，应日本喜多方市国际交流协会邀请，宝鸡市金台区产业经济代表团对该市进行了友好访问，并就企业管理及我国入世后，企业所面临的挑战与机遇等问题进行了广泛的交流与探讨，达成了进一步开展交流的意向。

【市友协组团赴新加坡、泰国、马来西亚等地进行旅游宣传促销】　3月底，为配合“两节一会”招商宣传，市友协组团赴新加坡、泰国、马来西亚及港、澳地区进行旅游宣传促销，为“两节一会”邀请客商。

【英国斯托克市代表团访宝】　5月中旬，英国斯托克市议员爱尔吾德先生率团来宝访问，吴登昌市长亲切接见了代表团一行，并就与宝鸡市开展友城交流表示了积极的态度。访问期间，成功地举行了中英甲级足球队友谊比赛，并达成了该市接收宝鸡市少年足球队员赴英进行培训的协议。

【美国得克萨斯州国会众议员彼得·塞申斯先生率团访宝】 8月底，美国得克萨斯州国会众议员彼得·塞申斯先生率领美国达拉斯市代表团访问宝鸡，访问期间，参观了宝鸡青铜器博物馆、高新技术开发区及有关企业，该访问团离开宝鸡时，彼得议员对前来送行的吴登昌市长说：“宝鸡市真了不起！希望有一天，宝鸡的青铜器能在美国得州让更多的人观赏。”

【国家外交部驻外使节考察团和日、韩新闻媒体采访团来宝】 4月底，国家外交部驻外使节考察团和日、韩新闻媒体采访团应宝鸡市邀请前来参加“两节一会”，驻外使节和日本《读卖新闻》、《朝日新闻》、《产经新闻》、《每日新闻》及韩国的著名媒体记者回去后，在各自的媒体上都对宝鸡的发展做了详细报道，极大地提升了宝鸡在海内外的知名度。

【澳大利亚墨尔顿市代表团访宝】 4月，应宝鸡市邀请，墨尔顿市友好代表团在副市长约翰率领下，来宝鸡市参加“两节一会”活动，市委书记、市人大主任庞家钰，市长吴登昌分别会见了代表团一行。双方签署了《关于进一步加强经贸、科技、文化、旅游合作的协议》。

【日本友人热情援助宝鸡教育事业】 日本八幡市日中友协会长吉田明先生资助宝鸡希望工程基金100万日元全部到位，第一期资助的麟游县20名特困学生均得到切实救助。12月，经宝鸡外事办牵线，日本友好人士小出诵三夫妇损资395万日元(约合人民币28万元)，在眉县槐芽镇赵家庄建造的一所友谊小学落成并交付使用。日本扶轮社友好交流团访宝时，外事办曾有意安排该团参观了宝鸡的一些学校，积极争取友好交流团对宝鸡教育事业的援助。

【法国贝尔福省国际交流部长菲力蒲先生来宝】 10月，应宝鸡市邀请，法国贝尔福省国际交流部长菲力蒲先生一行对宝鸡市进行了友好访问，双方签署了建立友好交流与合作协议，达成了双方互派人员学习国际贸易的意向。

【德国巴尔尼姆专区专员率团访宝】 11月，德国巴尔尼姆专区专员应宝鸡市邀请，率团访问宝鸡市，签署了两地交流合作意向书，德方并希望两地加深交流，在不远的将来结为友好城市。

【日本八幡市太极拳协会来宝】 10月，日本八幡市太极拳协会一行14人来宝鸡市访问。访问期间，与宝鸡太极拳协会进行了广泛交流，并在火车站广场进行了观摩表演，吸引太极拳爱好者200余人观看。

【民间外交日趋活跃】 2001年，利用友协民间外交优势，先后邀请了日本岐阜市文化代表团、岐阜市新闻代表团、八幡市日中友协代表团、八幡市市民访华团、新西兰产业考察团、香港国际青年文化中心代表团来宝鸡参观访问，有力地配合了宝鸡“开放年”及“两节一会”活动。

【外交部批准宝鸡市与澳大利亚墨尔顿市结为友好】 12月6日，中国人民对外友好协会复函：经外交部批准，同意宝鸡市与澳大利亚墨尔顿市正式签订协议缔结为友好城市。

（张亚文）

侨务工作

【概况】 宝鸡市共有侨联委员会8个，有侨联小组32个。共有归侨侨眷、港澳同胞眷属、外籍华人眷属3204人，其中归侨103人，侨眷1062人，外籍华人眷属510人，港澳同胞眷属397人，一般亲属1132人。全市共有华侨、外籍华人1869人，分布在世界25个国家和地区，分别从事科技、商贸、教育、医学等工作。市政府侨务办公室与市归国华侨联合会合署办公，一个机构，两块牌子。各县区侨务办公室设在民政局，归国华侨联合会设在县委统战部或民政局。

2001年，市侨联召开了四届四次全委（扩大）会；召开了修改《陕西省实施〈中华人民共和国归侨侨眷权益保护法〉办法》（讨论稿）座谈会；派员参加了全国大中城市侨联工作经验交流会，还召开了侨界招商引资恳谈会，充分发挥了归侨侨眷在经济建设中的特殊作用。

【参加第二届世界华人小学生作文大赛获奖】 3月1日开始征稿，5月31日结束。推荐18篇作文参赛。眉县常兴镇奕娟的《寒假趣事——滚雪球》和赵艳的《我常想起她》2篇作文获得大赛三等奖。

【全市归侨侨眷参加网上申奥签名】 由中国侨联与加拿大中国商会在其申奥网站共同举办“申奥签名”活动。全市归侨侨眷积极响应，从3月14日到4月20日，共有归侨侨眷、侨务干部120多名参加网上签名，支持北京申奥。

【宝鸡县钓鱼台小学“信恩楼”落成】 钓鱼台小学原校舍大部分房屋已成危房，对师生的生命安全造成威胁。2000年3月，由省、市政府侨务办公室牵线，香港应善良福利基金会董事长沈炳麟先生实地考察后，捐款10.8万元，建议修建教学楼。在沈先生捐资助学精神感召下，社会各界慷慨解囊，资助钓鱼台小学建成教学楼1092平方米。为纪念沈先生的捐资助学精神，将教学楼命名为“信恩楼”。6月30日，举行了“信恩楼”即教学楼竣工落成仪式。应善良福利基金会上海办事处主任闵其祥先生受沈炳麟先生的委托前来参加“信恩楼”的落成典礼。

【宝鸡市与福建省漳州、泉州、莆田三地市侨联结成对子】 7月6日至15日，由省侨联党组书记郑良驹带领西安、宝鸡、铜川三市侨联7人赴福建侨乡学习参观，市侨联主席崔斌与福建省漳州、泉州、莆田三地市侨联签定了结成对子的《协议》，进一步加强与沿海侨乡三地市的经济、科技、文化和人才信息的交流与合作。

【美国达拉斯市议员访宝】 由市侨联牵线，市长吴登昌邀请，美国得克萨斯州达拉斯市议员彼得·塞申斯先生率访问团一行13人，于8月28日对宝鸡市进行友好访问。市委副书记、市长吴登昌会见了彼得·塞申斯先生一行。彼得·塞申斯先生接过市长吴登昌赠送的青铜器父辛爵（复制品）时，看到3000年前的宝鸡人能制作这样精美的酒器，连连赞叹“噢，宝鸡太伟大了！”。在访问中客人还游览了宝鸡市容，参观了青铜器博物馆，并与市外办、教委、外经贸局、侨联等部门领导就双方合作交流问题进行商谈。

【召开“三胞”眷属中秋茶话会】 9月27日下午，市台办、市政协、市侨联、市民革在市委会议厅召开了宝鸡市部分“三胞”亲属和归侨侨眷庆国庆、迎中秋（双节）茶话会。会议由市委副书记刘忠良主持，市委书记庞家钰作了重要讲话。参加会议的“三胞”眷属热情回顾了建国52年和改革开放以来取得的辉煌成就，揭露了极少数台独分子分裂祖国的图谋。共有归侨侨眷、台属等60多人参加了茶话会。

【林明安先生赴京参加国庆观礼】 宝鸡市陕西亚东防腐有限公司董事、财务总监林明安先生于9月28日赴京，参加了国务院侨办组织的“2001年百家侨资企业负责人（外方）国庆观礼团”活动，受到国家领导人的亲切接见。

【参加中国侨联举办的“冠城园杯”知识竞赛】 10月25日，中国侨联举办了“冠城园杯”《中华人民共和国归侨侨眷权益保护法》知识竞赛。市侨联、陕西渭阳柴油机厂、陕西汽车制造总厂、秦川机床厂、长岭集团公司、烽火无线电厂、金台区、眉县等187名归侨侨眷和侨务干部参加了普及侨法大赛。

【第一届世界客属民祭炎黄两帝活动在宝鸡隆重举行】 世界客家，欢聚三秦，寻根谒祖，祭拜炎黄。10月26日，第一届世界客属民祭炎黄两帝暨中国西部考察行活动在宝鸡隆重举行。仪程是中国传统的祭拜方式，海内外客家人向炎帝陵敬献香炉、花篮、祭品，恭读祭文，捐赠价值5000多元香炉1个。参观了炎帝祠、佛教圣地法门寺。宝鸡的人文景观给他们留下了美好印象。中国宝鸡市委副书记刘忠良代表市委、市政府对海内外客家人表示热烈欢迎，向来宾介绍了宝鸡的悠久历史、灿烂文化、资源优势和改革开放以来取得的巨大成就，欢迎海内外贵宾来宝鸡旅游观光，开展科技、文化交流和各种经贸活动。此次活动，有来自美国、泰国、印尼、毛里求斯、东帝汶等16个国家和地区的海内外客家人300多人，其中，有31个有威望和有影响的客属社团、单位参加，是全球华侨、华人中影响较大的客属同胞的一次盛会。

（蔡礼堂）

宝鸡市归国华侨联合会负责人

主　席　勇保罗
副主席　竺敬薇（女）　韩延智

体　制　改　革

【概况】　2001年全市新成立股份有限公司2个，累计达到23个，其中上市公司4个；组建企业集团3个，累计达到45个；由市体改委审批的有限责任公司24个，累计达到174个；参改的465个中小企业有342个实行产权改革，占73.5%；全市新增兼并、破产企业10个，有效地遏制了企业亏损，加快了资产流动与重组，做好改革调研和舆论宣传工作，举办了“宝鸡市国企改革研讨会”，在《宝鸡日报》、《西部论坛》等刊物及媒体发表或播出文章36篇，为市委、市政府决策提供了重要依据。配合全市“开放年”活动，积极联络各展团招商引资，为天津家世界投资宝鸡市均利广场，天津译通公司向高新区投资打下了良好的基础。

通过市级机构改革，2001年11月下旬宝鸡市经济体制改革委员会更名为宝鸡市经济体制改革委员会办公室，职能科室由5个减少为4个，人员由25人减少为21人，其中行政编制17人，事业编制4人。

【举办宝鸡市国企改革研讨会】　12月13日，市体改办与市委宣传部、西凤酒股份有限公司共同举办了“宝鸡市国企改革研讨会”，来自部、省、市属企业的厂长经理、政府有关部门负责人和部分理论工作者，就如何深化我市国企改革，国企改革的政策措施，负资产企业如何改制等问题进行了专题研讨。

【稳步推进大中型企业改制】　全市10个大中型企业完成了改制任务。陕西聚丰科技股份有限公司和中铁宝桥股份有限公司正式挂牌运作。宝光股票上市发行，宝鸡钛业股份有限公司已通过国家证监会批准正积极筹备上市，目前全市股份有限公司达23个，其中上市公司4个。陕西宝鸡华西制药股份有限公司、陕西宝鸡布尔羊业发展股份有限公司正在办理有关组建手续。完成了市一运司、油毡厂、汽车修配厂、红光钢铁公司、宝鸡车辆厂、五矿外贸公司、日用杂品公司、工业品公司等8个中型企业股份制改造。对已经进行了公司制改造，但国有股较大的宝鸡北方照明股份有限公司、秦明电子（集团）有限公司采取增资扩股、社会法人参股等方法正在实施减持国有股工作。对负债率较高的红光钢铁公司和人民面粉厂实行分立改制，按划出资产同比例承担银行债务，使优良资产发挥更大的效益。对停产与半停产的危困企业市五矿外贸公司、市日用杂品公司、工业品公司在原企业资产债务不变的情况下，由职工出资联合社会自然人组建新公司，对老公司资产实行租赁经营，既安置了职工，也保全了国有资产。

【组建企业集团3个】　以优势企业为龙头，以资产为纽带，以联合为主要手段，组建了宝鸡旅游、宝鸡秦通运输、宝鸡秦龙运输3个企业集团，同时宝鸡车辆厂并入陕西汽车集团有限责任公司，实现了资产重组。全市企业集团累计达到45个，在推动宝鸡经济增长中起到了示范带头作用。

【全市中小企业基本完成改制任务】　全市465个参改企业中，有342个实行产权制度改革，占73.5%。其中审批了宝鸡银合金属、华星商贸、君安建筑、天兴建筑、秦通运输、金顺达管材、关中超硬刀具、关中特钢、得力康奶业、秦龙运输、金渊贸易、曙光摄影商贸、秦龙汽车修配、金盛锡商贸、新仓供销、丰华建筑安装、小白楼商贸、聚鑫工贸、真信工程、双力机械发展、世纪星房地产、眉县宏叶卷烟、陕西恒昌纸业等24个有限责任公司，实现了国有资产全部退出。2001年底，全市共组建有限责任公司174个。

【市属国有企业改革进展较慢的主要原因】　部分企业股本设置不够合理，国有股一股独大的问题比较突出，造成法人治理结构不健全，企业内部机制没有彻底转换；企业改革的深层次问题没有完全突破，改制难度越来越大；企业改革环境不够宽松，尤其各种收费过高，改制成本过大，使改制工作阻力较大。

【新增兼并、破产企业10个】　2001年全市又新增兼并、破产企业10个，实施了陕西十万大山实业股份有限公司兼并市怡高公司下属企业陕西电焊条厂，华西制药有限公司兼并华西蜂产品公司，西安金隆实业有限公司兼并宝鸡飞跃金属制品有限责任公司，陕西东方实业集团兼并宝鸡酱货厂4个企业的兼并。新增凤翔县纸厂、凤翔县五金机械厂、陇县造纸厂、陇县酒厂、市百货大楼、龙凤泉6个破产企业，其中百货大楼、龙凤泉两个商贸企业破产尚未终结。

【加大眉县常兴镇小城镇综合改革试点力度】　常兴镇参加了全省小城镇综合改革经验交流会，并在大会上作了交流发言。市体改办与常兴镇认真讨论修改了省体改办草拟的《关于加强小城镇综合改革试点工作的指导意见》。8月中旬，国务院体改办中国小城镇改革发展中心副主任朱宏达一行4人，在省体改办和市领导陪同下，对宝鸡市眉县汤峪镇、扶风县法门镇、岐山县蔡家坡镇进行了实地考察，这三个镇有望列入国家级小城镇综合改革试点镇。

【考察学习外省市国有企业改革】　会同市经贸委、财政局、国资局、工业主管局及部分县区主管工业的县区长共14人，于9月18日至30日，对长春、沈阳、辽阳、铜陵、马鞍山等五城市国有企业改革进行了考察学习，向市政府递交了《关于国有企业改革考察报告》，5月中旬市体改办组织相关人员赴山东诸城考察学习企业改革，在《西部论坛》发表了《产权改革使诸城企业焕发了勃勃生机（山东诸城企业考察随笔）》一文。

（王昌运）

地　方　志　工　作

【贯彻续修志《通知》情况得到省志办肯定】　宝鸡市第一轮市、县区两级志书编纂任务于2000年顺利完成。2000年11月，省政府办公厅下发了《关于开展续修志工作的通知》，标志着新一轮修志工作的开始，这是方志界的一件大事。省志办就此专题发出《通知》，市志办及时组织全体人员认真学习两个《通知》精神，研究落实意见并向市政府分管领导进行了专题汇报，由市政府办公室下发了《关于开展续修地方志工作的通知》。市志办专题召开了县区分管地方志工作人员会议，就县区健全机构、培养续志人才、收集资料等续修志基础工作进行了座谈，提出了具体要求。市志办专题向市领导、市编办打报告，建议在市、县机构改革中继续稳定和加强地方志机构，为续志打好组织基础，使续志工作有了一个良好的开端。贯彻《通知》精神情况得到省志办肯定并在《陕西史志》上刊载。

【2001年《宝鸡年鉴》于国庆前夕出版发行】　为了提高《宝鸡年鉴》的编纂质量，市志办在总结研究年鉴编纂工作的基础上，下发了2001年《宝鸡年鉴》编纂篇目大纲和入鉴人物通知、宣传彩页征集意见。在全体编纂人员的努力下，经过会议部署、组稿、编审、校对4个主要环节，2001年《宝鸡年鉴》于9月底印刷出版。该鉴共33个类目、212个分目、71幅彩页，共计89万字。全面反映了宝鸡在“十五”开局之年国民经济和社会发展的历程，围绕建设“四市”，重点记述了农业、工业、商贸、旅游在结构调整、深化改革中所取得的成就。彩页内容丰富、艺术性强。印刷采用进口铜板纸和局部油围技术，增强了视角上的立体感。全鉴既有翔实的资料性，亦有鲜明的时代特征和地方特色。

【清乾隆三十一年《重修凤翔府志》的审稿、校对进入尾声】　为了更好地挖掘宝鸡历史文化典籍经世致用的价值，为经济建设和改革开放服务，从2000年开始，市志办对保存完好的、在宝鸡历史文化上有重要地位的清乾隆三十一年《重修凤翔府志》进行校订注释，并完成了初稿。2001年，经过多方考证，对始注稿作了进一步修改和充实。由于旧志生僻字多，断句难，个别地方印刷不清，校正困难较大。经过校注人员的努力，至2001年底，校对已进行了3遍，接近全面完成。

【《宝鸡市地方志工作文集》出版发行】　为了全面回顾总结宝鸡市第一轮市、县（区）志的修志过程和经验教训，收集修志成果，市志办从年初开始进行《宝鸡市地方志工作文集》的资料收集和编辑加工。文集约55万字，分编志机构、重要文存、修志成果、评论文集、论文选登5个部分，经过8个月的编校于11月底正式出版，为宝鸡市第一轮修志工作划上了圆满的句号。

【《宝鸡市法院志》通过终审】 《宝鸡市法院志》是宝鸡市部门志之一，该志在原稿的基础上进行重新修订与完善，延长下限至1998年底，增删有关内容，规范记述，全志共5编21章，约70万字。2001年1月市志办通过初审，提出了修改意见。在修改完善的基础上，2001年3月市志办通过终审，认为该志观点正确，资料翔实，体例完备，记述得当，文风端正，全面系统反映了宝鸡审判事业历史和现状的真实面貌，突出了审判工作的专业特点和时代特色，合乎志书规范，同意定稿付印。

【《宝鸡市军事志》通过初审》】 《宝鸡市军事志》是宝鸡历史上第一部军事志。1999年5月开始编纂，2000年12月完成初稿，交市志办审查。市志办组织4人对志稿的观点、资料、体例、文风等方面进行全面的审查修改，核实资料，提出问题。在此基础上，2001年4月召开《宝鸡市军事志》初审会，对志书进行了客观公正的评价，并要求进一步补充资料，考证史实，确保质量。会后军分区在听取修改意见的基础上进行修改补充完善后，再交市志办终审。

【编辑出版《西北地区第六次城市志协作会论文集》】 为了适应21世纪修志工作的需要，积累交流保存修志经验和方志理论研究成果，为续修志提供借鉴参考，市志办将2000年5月在宝鸡召开的"全国部分城市、西北地区第六次城市志协作会"上提供交流的19篇论文和讲话材料，约14万字，编辑成册，于8月出版，并于9月在西安召开的西北地区暨全国部分城市第七次修志用志研讨会上与各兄弟城市进行了交流。论文集的内容主要是认真回顾了第一届修志工作的经验，并对21世纪续修志工作的方向任务、方志事业的继承创新及城市志如何为西部大开发战略服务等主题进行深入研讨，提出了许多有新意、有价值的学术观点，对续志工作具有一定的指导意义。

【读志用志为社会提供诸多服务】 宝鸡市地方志办公室积极开展读志用志工作，充分利用宝鸡市志、县区志、国家和其它各地市县综合年鉴为社会各界提供服务。2001年，先后为市内近20个单位提供有关行政区划、城镇建设、林业资源、林界纠纷、生态治理、旅游开发、民情风俗、交通运输、气候地理等资料100多本（册）约3万余字。为宝鸡的经济、社会发展提供了决策依据。一些外地来本市的新闻工作者、投资商也慕名前来查询，扩大了宝鸡和市志办的影响。

【以《眉县年鉴》出版为标志的县区地方综合年鉴编纂有进展】 近几年，随着《宝鸡年鉴》的连续出版，县区地方综合年鉴编纂也加快了步伐。2001年，市志办加强了对眉县、岐山、千阳、麟游县年鉴工作的指导。多数县区资料收集和整理工作速度加快。《眉县年鉴》（1995～1999）于2001年2月印刷出版，走在了宝鸡县区综合年鉴编纂工作的前面。其他县区年鉴工作也正在加紧进行。

【年鉴发行采取赠发与订购发行相结合的方法】 1999年，年鉴发行全部采用给市领导和各单位赠送发行的形式进行。2001年，为了摸索适应市场经济新形势的发行办法，市政府办以宝政办发［2001］96号文件发出《关于做好2001年〈宝鸡年鉴〉订购发行工作的通知》。市志办改单一的赠送发行为赠发与订购发行相结合的方法，各单位可根据需要订购。截至2001年底，赠送发行500余本，订购发行100余本。虽然订购发行的数量有限，但为年鉴发行改革探索了路子。

（纪天仓）

信 访 工 作

【概况】 2001年，全年市、县两级共受理人民群众来信来访31227件次，比上年同期下降11.39%。其中来信9461件，比上年同期下降17.25%；来访7810人次，比上年同期下降0.28%；集体上访653批12989人次，与上年同期相比，批数上升14.56%，人数下降了27.87%。群体访329批967人次，与上年同期相比，批数和人数分别上升0.61%和5.80%。在来市集体上访中，50人以上集体访共9批603人次。全年全市赴省集体上访8批246人次。市信访局全年共受理人民来信来访16708件次，比上年同期下降19.60%。其中：来信4788件，比上年同期上升16.02%；来访4155人次，比上年同期上升12.83%；集体上访300批7765人次，与上年同期相比，批数上升29.31%，人数下降40.07%。省以上要结果的案件办理工作在全省十一地市中名列第二；市信访局先后被评为全省和全市信访工作先进集体；凤县信访室副主任秦立山被评为全国信访系统先进个人，眉县信访局张黎被评为全省信访先进个人。

【信访反映的问题与特点】　所反映问题主要是亏困、破产企业或改制企业拖欠职工工资、离退休人员生活费、医药费、职工养老保险金；农村一些基层干部作风不民主，村务、财务公开不彻底，乱收费、乱摊派，加重了农民负担；土地、宅基地、经济、民事等方面纠纷；农协会、基金会股金兑付；拆迁安置、补偿兑现工作不到位；对公、检、法判决、治安处罚及交通事故处理不服等问题。群众来信来访的特点：信访总量多，且来访多于来信；集体访表现为批次多、人数多，情绪激烈、行为偏激；重访户多，有的上访人为同一问题多人、多次、多头反映；反映的问题相对集中；涉法信访案件多，且多为老户缠访。

【重视重要会议和重大社会活动期间的信访工作】　2001年，全国、省、市重要会议和重大社会活动较多。市信访局先后下发《关于认真做好春节和"六会"期间信访工作的紧急通知》，转发了省信访局《关于印发〈中共党政军机关信访工作联席会纪要〉的通知》，超前工作，及时妥善解决群众热难点问题；突出重点，解决好集体访和老户问题，落实领导、落实责任，要求各县区、市级有关部门提早动手，超前做好预防和矛盾化解工作，确保了在重大活动和重要会议期间，全市未发生赴省以上群众越级集体上访事件，也未发生任何其他因信访而引起的重大问题。

【做好集体上访的超前化解和接待处理】　市信访局把做好集体上访的接待处理工作作为信访工作的首要任务，坚持一把手负总责，分管领导亲自抓、有关科室具体抓紧的工作责任制。搞好来访接待大厅的硬件建设，投资万余元，为局信访室及局接待大厅制作了大型醒目的玻璃牌匾，将国务院颁发的《信访条例》、省政府制定的《关于人民来信来访工作的暂行规定》以及《来访须知》等法律和制度予以上墙。给接待大厅制作了窗帘，购买了保温桶，配置了扩音、灭火等设备。对来市委、市政府集体上访群众，及时接待并引导到市信访局接待大厅，认真听取群众的意见和建议，做耐心的教育疏导和接待处理工作。出现宝鸡群众赴省集体上访，市信访局都及时通知涉及县区和部门一起按规定时限赶到省上，配合接待，并把上访群众带回，督促有关单位限期处理。

【上访老户的排查处理到位37案】　市信访局对上访老户认真进行摸底排查。元月16日、2月8日两次召开全市信访局长会议，安排部署做好上访老户工作，又以市信访工作领导小组办公室名义两次下发文件进行了具体部署，对近年来长期在本地区、本部门缠访的上访老户，特别是对赴京、上省、来市越级上访的老户进行集中排查，逐个建立档案。市信访局内明确分管领导、专门科室和人员负责全市上访老户的建档、督办、检查及处理情况上报等工作。通过排查，最后确定了56户为全市上访老户，逐个落实包案领导、承办单位、办案人员、工作责任和结案时间。到2001年底，已处理到位的37案，有精神病的6案，未处理到位的13案。市上领导与11个县区和11个市级部门领导签订了《做好上访老户处理落实工作责任书》。

【中央、省要结果信访案件提前报结】　2001年，中央、省交办宝鸡市要结果的信访案件26案，宝鸡市于2001年9月24日提前68天全部报结。这是宝鸡市连续第六个年度提前报结上级要结果的信访案件。

【领导信访接待日受群众欢迎】　2001年，市级领导接待日共有11名领导进行了接待，接访364案712人次，接待集体上访14批355人次，批示要结果的案件75案。通过接待，解决了一些群众生产生活中存在的困难和问题，化解了一些社会矛盾，进一步密切了党群、干群关系，有效维护了社会的稳定，受到了群众的普遍欢迎。

（闫恩让）

气　象　工　作

【概况】　2001年宝鸡市气象系统推进科技创新，提高天气气候预测预报的准确率。开发建立了"分县要素预报系统"和"大降水预报系统"，首创建立了"市级决策服务系统"和"短期冰雹预报技术模式”等，在汛期预报和人工消雹作业中投入使用。市气象台和宝鸡、凤翔、扶风等县局都成功地预报了2001年汛期暴雨和高温及强秋淋天气，尤其是2001年的暴雨预报准确率达到了75%。加强测报人员的岗位培训，严格质量考核，实行持证上岗，完善奖惩机制，收到显著效果。2001年的测报错情率为0.0‰，报表合格率为92%，报表错情率为1.0‰，农业气象观测发报错情率为0.0‰，24小时降水预报准确率为81%，48小时降水预报准确率为69%，杜绝了各类事故和重大差错，业务质量达到了历史最好水平。

【“倒春寒”气象服务及时准确】　2001年市气象部门针对2000年冬以来宝鸡市降雪较多冷暖变化较大的气候特点，市县气象部门抓紧做好温墒雨情的监测和长中短期天气预报，提供有针对性的专题分析和服务，及时进行增雨和防雹作业。特别是“倒春寒”气象服务及时准确，效益显著。针对小麦条锈病提供的专题服务材料引起了市政府领导的高度重视，对农业生产起到了很好的指导作用。

【专项气象服务受到通报表彰】　在宝鸡市“两节一会”期间，市气象局主动请缨做好气象保障，集中气象技术专家，制定了周密细致的服务方案，从“两节一会”前的中期预报到“两节一会”期间的逐日短期预报，都做到了准确无误。“三夏”、汛前市县两级建立完善了决策气象服务系统，加强县级单收站的规范运行和分组数据交换网专线，确保适时信息的传输。“三夏”期间，市气象局提前向市政府和有关部门作出了2001年“三夏”的气候预测，除每日发布常规天气预报和实况情报外，还向政府加送了72小时滚动订正预报，并通过各种媒体向社会各界特别是农民群众及时提供最新天气信息，指导大家趋利避害，合理安排“三夏”生产。“两节一会”和“三夏”期间的优质气象服务受到市政府通报表彰。改善服务手段，拓展服务空间。2001年首次开展了果品经济气象服务，小麦条锈病防治气象服务，高考期专题气象服务，重点建设工程气象服务等项目。特别加强了重大社会生产活动的气象保障服务，服务领域有了新的拓展，全市专业专题专项气象服务面涉及50多个行业和2000多个用户，在各级政府和社会上引起了很好的反响。

【规范气象行政执法】　《陕西省气象条例》颁布实施，市气象局作为全省气象行政执法试点单位，经过积极探索，认真调研，制定方案，建立机构，组建队伍，大力宣传，健全法规，严格管理，大胆执法，规范了宝鸡市的气象行政执法。主要是制定了详细的气象行政执法方案；成立了气象行政执法领导小组、气象行政执法复议委员会、宝鸡市防雷领导小组和防雷办公室、升空气球资格评审委员会和升空气球管理办公室等气象行政执法管理机构；建立了49人的气象行政执法队伍；组织了3期行政执法培训，建立了与气象行政执法相关的档案，制定了工作制度和管理规章；加强了行业法宣传；制定了宝鸡市气象局执法责任制，明确了气象行政执法的职责和权利，对事业单位进行了执法委托，廓清了执法界面。

【加快气象现代化建设】　2001年宝鸡市气象部门在所有县局建成了分组数据交换网X.25专线，实现了适时气象信息的网上传输。各县局的气象卫星地面接收站按规定投入了业务运行。市气象局还自筹资金13万元对市局局域网进行了升级改造，为所有局领导和科室配齐了计算机，在加强硬件建设的同时，年内自办各类培训班3期，参训147人次；参加上级业务部门的培训和技术交流17人次；在职研究生3人，接收气象专业硕士1名；为气象部门增添了高层次人才。

【全年人工增雨2731.8万立方米】　宝鸡市的气象灾害以干旱和冰雹对农业生产影响最大。2001年市、县人影办组织对全市的炮手进行了集中培训和考核，核发了上岗证书；对全市所有高炮、火箭和库存炮弹进行了年检，特别是对使用年代较长的高炮进行全面维修、淘汰，过期炮弹严禁使用，杜绝了事故隐患。加大了人影作业力度，针对今年春夏持续干旱、雹灾频发的情况，市人影办加强雷达值班，及时捕捉战机，下达指令，各县人影办坚守岗位，及时组织作业。全年共作业11次，发射炮弹4678发，火箭弹21发，增加有效降水2731.8万立方米，在高炮、火箭设防范围内未发生冰雹灾害，有效的缓解了旱情，减轻了雹灾损失，受到政府和农民群众的好评。

【雷电灾害防御】　2001年市防雷减灾工作领导小组制定出台了宝鸡市加强防雷减灾工作的一系列文件，市气象局会同有关部门，对全市范围内的易燃易爆物品经营和储运场所、高大建筑物和构筑物、计算机网络系统和场地的防雷电、防静电的防护装置进行了严格的年度检测，对一些不合格单位限期进行整改，确保了宝鸡市全年未发生因雷电、静电造成的不安全事故。

（常　军）

宝鸡市气象局负责人

局长、党组书记 刘世泰
副　局　长 年启华　陈卫东

经济社会发展研究

【概况】 2001年经济和社会发展研究工作，紧紧抓住经济社会发展中的热点、难点问题开展调查研究，及时为领导决策和有关部门工作提供参考。全年共完成调研报告11篇，会议及其它材料12篇，共约20万字；编发《决策参考》11期，编辑出刊《宝鸡经济》4期。

【以重大经济问题为中心开展调研】 围绕实施西部大开发战略、结构调整、推进信息化等问题，撰写了《关于用足用活国务院实施西部大开发若干政策措施的意见》、《依托老工业基地比较优势、推进工业结构调整和产业升级的思考与建议》、《进一步优化我市投资环境问题的若干分析和建议》、《推进信息化，实现新跨越》、《树立经营城市新理念、加快我市向百万人口现代化生态园林城市建设步伐》等5篇调研报告，部分调研报告提出的观点和对策，被市委、市政府决策采纳。

【以热点难点问题为突破口开展调研】 撰写了《关于我市推进社区建设工作的调查》、《关于我市城镇职工基本医疗保障制度改革情况的调查》、《宝鸡市城镇居民生活水平比较研究》、《“放水养鱼”与结构调整——对市红光钢铁公司的调查》等4篇调研报告，对宝鸡市的产业结构调整起到很好的参谋作用。吴登昌市长对红光公司的调查亲自作了批示，并责成相关部门共同研究，协调解决该企业的实际问题。

【参与年会交流】 参加了关中经济区市长联席会铜川年会，撰写了题为《加强联合，协同促销，开创关中旅游新局面》的论文，提交会议讨论；参加了中国城市经济学会中等城市经济研究会第十二次年会，为年会提交的论文《宝鸡市实施城市化战略的再思考》摘要刊登于2001年12月30日《中华工商时报》。

（王天勋）

信　息　化　工　作

【“宝鸡旅游网”等十大网站开通】 依托“市政府宝鸡公众信息网”和“宝鸡经济信息网”，建立、开通了“宝鸡宏观经济信息网”、“宝鸡旅游网”、“宝鸡工业网”、“宝鸡城建网”、“宝鸡民政网”、“双节一会”信息网站、“宝鸡企业网站”、“宝鸡信息港”等十大网站。根据网站特点设立了不同的栏目，各栏目内容更新快捷，通过互联网向国内外广泛宣传宝鸡，也为领导科学决策提供了最迅速的信息支持。2个县区、12个市级部门建立了网站，20多个市级部门实现上网。宝鸡信息港网络环境改造完成，使宝鸡信息港逐步成为宝鸡市信息交汇的中心。

【充实更新宝鸡网站40个栏目的内容】 以开发利用全市信息资源，充实完善信息数据库为切入点，提高宝鸡信息港、宝鸡经济信息网等网站的服务功能，充实更新了“市县（区）情”、“旅游交通”、“招商引资”、“市场行情”、“财经”、“医疗”、“卫生”等40多个栏目的信息内容，网络的信息量不断增加，宝鸡经济信息网已成为中国经济信息网和陕西经济信息网的重要组成部分。

【开展上网技术和信息化知识培训】 依托信息网络，利用多种手段传播经济信息，对上服务宏观决策，对下服务微观经济活动。全年举办大中型工业企业、旅游业上网技术等培训班四期，会同市人事局共同举办了全市党政机关领导干部信息化知识讲座。全年出刊《宝鸡日报·信息快递》49期，编发《网上信息》12期。

【宝鸡“两节一会”信息网站受表彰】 在2001年的“开放年”活动中，建立了宝鸡“两节一会”信息网站及网络查询系统，实现了现场新闻网上即时报道、网上视频播出等功能，网站开设了会议简介、活动安排、投资环境、布展说明等十五个栏目，制作网页1350余个，为“两节一会”提供了全方位的信息服务，受到市政府表彰。

（王天勋）

常修为官之德

“德，国之基也。”做人无德，什么事都做不成；做官无德，一分威信不会有；一个国家不讲德治，便无秩序、生机和希望。

为官者要修好官德，就要坚持“美德嘉行，铢积寸累”、“吾日三省吾身”的精神，要有立党为公之心、执政兴国之志、勤政为民之绩、廉洁自律之行。

修官德须存立党为公之心、执政兴国之志。为公便能去私，无私最是无畏。这是处理公与私的基本规律。我们党自成立之始，就强调没有自己的任何利益，把为人民服务当做惟一宗旨。作为党员特别是党的领导干部来说，应是这一宗旨的忠实实践者，因此必须树立立党为公的思想，时刻把国家和人民的利益放在第一位，紧紧抓住发展这个执政兴国的第一要务，始终保持“先天下之忧而忧，后天下之乐而乐”的忧国忧民意识。

修官德当创勤政为民之绩。政绩是官德的体现，而干又是出政绩的先决条件。邓小平同志说：“不干，半点马列主义也没有”。古人说：“身多疾病思田里，邑有流亡愧俸钱。”这是为官的基本操守，而对共产党人来说，就是不拿钱也要做事。要做到这点，就要视名利淡如水，看责任重如山，有“为官一任、建功一方”的决心和恒心，做到在事业面前专心致志，在得失面前甘愿吃亏，在苦累面前毫不退却，在生死考验面前勇于献身。

修官德要有廉洁自律之行。作为领导干部时刻面临着金钱、物质、美色的考验。廉洁自律还表现为秉公用权，不以权谋私、化公为私。作为党的干部应该有秉公用权的自觉性。要把这些方面做好，就要切实按江总书记提出的“自重、自省、自警、自励”的要求规范言行，像刘少奇同志在《论共产党员的修养》中强调的那样：“即使在个人独立工作、无人监督、有做各种坏事可能的时候，能够‘慎独’，不做任何坏事，工作经得起检查。”

官德乃为官之本，本固则德厚，德厚则威高，“高山仰止，景行行止”。

中国人民政治协商会议宝鸡市委员会

政协常委会重要会议

【市政协八届四次会议】 2月21日至24日，政协宝鸡市八届四次会议在市委会议厅隆重举行。会议听取并审议了市政协八届常委会工作报告和市政协八届三次会议以来提案工作情况的报告；与会委员列席了市人大十一届四次会议，听取和协商讨论了“一府两院”工作报告及其他报告；审议通过了关于市政协八届四次会议提案审查情况的报告；审议通过了市政协八届四次会议政治决议；增补田志刚、富君为市政协八届委员会常务委员会委员。会议期间，委员们围绕“一府两院”报告进行了认真的协商讨论，提出了很多中肯的意见和建议。会议共收到提案363件，经审查立案360件。

【市政协八届十五次常委会】 2月24日，市政协在八届四次会议期间，召开了八届十五次常委会。会议听取各组对“一府两院”报告讨论情况的汇报；审议通过本次会议选举办法（草案）、常委候选人建议名单，通过总监票人、监票人建议名单，审议通过本次会议各项决议和提案审查情况的报告。

【市政协八届十六次常委会】 4月12日至13日，市政协召开八届十六次常委会，专题协商讨论宝鸡市小城镇建设问题。副市长孟祥义通报了宝鸡市小城镇建设情况，市政协副主席傅国城汇报了关于宝鸡市小城镇建设的调查情况。常委们围绕宝鸡市小城镇建设问题进行了热烈讨论。

【市政协八届十七次常委会】 7月18日至19日，市政协召开八届十七次常委会，会议重点就全市农业产业结构调整问题和上半年经济运行情况进行了协商。会议听取了市政府对全市上半年经济运行情况的通报；听取了市纪委对全市党风廉政建设情况的通报；市政协副主席傅国城汇报了全市农业产业结构调整的调查情况。常委们围绕以上几个问题提出建设性较强的意见建议。

【市政协八届十八次常委会】 10月10日至11日，市政协召开了八届十八次常委会，学习中共十五届六中全会精神；协商讨论宝鸡市旅游产业发展问题；讨论通过了《关于进一步加强和深化反映社情民意工作的意见》和《市政协提案工作条例》。会后，市委以宝市发（2001）15号文件转发了《市政协提案工作条例》。

【市政协八届十九次常委会】 12月24日，市政协召开八届十九次常委会，审议通过了召开市政协八届五次会议的决定、常委会工作报告、八届四次会议以来提案工作情况报告、八届五次会议议程、日程、分组办法、小组召集人建议名单、列席人员范围和秘书长、副秘书长名单及常委会工作规则修正案，讨论了各专委会2001年工作总结，表彰了“十佳”委员于焕琦、王发林、王宝和、王宗礼、刘荣、周菊彦、李秋礼、兰福俊、李秀英、释静一和“十佳”委员提名人仝明科、冯驰、冯新华、苏建华、张应海、张海平、赵迪千、黄宏强、谢宽让、魏庆国。

政协常委会主要工作

【举行各界人士迎春茶话会】 1月17日，市政协办公室、市委统战部联合举行了各界人士迎春茶话会。市委书记庞家钰、市政协主席陈继荣出席会议，向与会人员致以节日祝贺，希望各界人士团结一致，尽心尽力为西部大开发、宝鸡腾飞做出新的更大的贡献。市政协副主席、市民革主委逯玉中代表市级各民主党派、工商联和各界人士发言。

【声讨“法轮功”蛊惑煽动痴迷者自焚罪行】 1月31日，市政协召开领导干部座谈会，学习新华社评论员文章，大家愤怒谴责、声讨“法轮功”蛊惑煽动痴迷者在天安门广场自焚的滔天罪行，一致表示坚决拥护我国政府依法打击“法轮功”邪教组织的方针政策，把这场政治斗争进行到底。

【小城镇建设情况调研】 3月12日，市政协副主席傅国城、原市政协主席朱宗柱带领经济科技界部分委员，深入宝鸡县、扶风县、眉县、陇县、金台区、渭滨区对小城镇建设情况进行调查，形成的《关于我市小城镇建设调查与建议的报告》，被市委《宝办通报》第11期刊登。

【安排提案交办工作】 3月20日，市人大常委会、市政府、市政协联合召开人大代表议案、政协委员提案交办会，常务副市长孟祥义主持会议，市政协副主席关鸿英讲话，对政协委员提案的办理提出了任务和要求。各县区政府、市级国家机关各承办部门、市法院、检察院负责同志参加了会议。

【“燕伋望鲁台”文化活动】 3月初，市政协教文卫体委员会与市教育学会、千阳燕伋望鲁台规划建设筹备小组联合举办“燕伋望鲁台”文化活动，共发出征集诗、文、书、画邀请函300多份。截至年底，在全国范围内征集诗、文、书、画作品100多件。原省政协主席吕剑人为此举题字“圣门先贤，燕伋故里”。

【全国政协副主席万国权来宝视察】 4月7日，全国政协副主席万国权在省政协副主席孙天义、市政协主席陈继荣陪同下对宝鸡市佛教圣地法门寺进行了视察。

【开展农村党建工作调查】 4月9日，市政协主席陈继荣带领有关方面负责同志，按照市委统一安排，深入扶风、宝鸡、千阳县和渭滨区，对宝鸡市农村党建工作进行调查，形成的调查报告被市委采用。

【省政协副主席纪鸿尚来宝检查政协工作】 4月16日至18日，省政协副主席纪鸿尚带领省委检查组对宝鸡市和陇县、凤翔县贯彻落实省委政协工作会议精神情况进行检查。市政协主席陈继荣、秘书长刘永中陪同。

【省政协副主席李雅芳来宝考察】 4月19日，省政协副主席李雅芳和中国初级卫生保健基金会秘书长严晓蒸来宝鸡市考察，市政协副主席傅忱陪同。

12月4日，省政协副主席李雅芳来宝鸡市深入宝鸡县、凤翔县就乡镇卫生院产权与经营改革情况进行视察。

【视察宝鸡市投资环境情况】 4月23日至25日，市政协副主席关连庆、原市政协主席朱宗柱带领部分委员对宝鸡市投资环境情况进行了跟踪视察，形成的《关于进一步改善我市投资环境的建议》，被市委《送阅件》第4期转发。

【全国政协副主席周铁农应邀来宝】 4月25日至28日，全国政协副主席周铁农应市委、市政府的邀请参加宝鸡市举办的“两节一会”。市政协主席陈继荣陪同，并于27日下午专题汇报了市政协工作。

【调查中小学教师队伍建设情况】 5月14日至18日，市政协副主席关鸿英带领部分委员，深入眉县、扶风、凤县、陇县对全市中小学教师队伍建设情况进行了专题调查，形成的《关于我市中小学教师队伍建设的情况调查》，被市委《送阅件》第5期转发。

【市政协召开信息工作座谈会】 5月28日，市政协召开了信息工作座谈会，传达全市党委系统信息工作会议精神，辅导信息业务，安排部署当前反映社情民意工作。市政协机关和各县区、各民主党派、工商联的信息员参加了会议，市政协副主席傅忱作了重要讲话。

【调查全市水利工程建设情况】 5月30日，市政协主席陈继荣带领部分委员深入千阳县、眉县、岐山县、宝鸡县、冯家山水库管理局，对全市水利工程建设情况进行专题调查，形成的《关于我市水利工程建设情况的调查报告》，被市委《宝办通报》第22期刊用。

【调查农业产业结构调整情况】 6月4日至16日，市政协副主席傅国城、原市政协主席朱宗柱带领部分政协委员对宝鸡市产业结构调整情况进行了比较全面的调查，形成了《关于我市农业产业结构调整情况的调查报告》，被市委《宝办通报》第21期、《决策与参考》第5期刊用。

【全国政协副主席杨汝岱来宝考察】 6月8日，全国政协副主席杨汝岱在省政协主席安启元、市政协主席陈继荣的陪同下，参观考察了宝鸡市眉县太白山森林公园。

【全国政协副主席王文元来宝考察】 6月13日，全国政协副主席王文元在省政协副主席孙天义、市政协主席陈继荣陪同下，参观考察了宝鸡市扶风县法门寺。

【市政协举行建党80周年报告会】 6月22日，市政协举行庆祝建党80周年报告会，市委党校白建勋作报告。驻市区委员、直属学习组成员、联谊会会员等200多人参加了报告会。

【走访慰问“爱心献功臣”优抚对象】 7月27日，市政协办公室领导前往扶风县走访慰问“爱心献功臣”优抚对象，并带去了慰问品。在8月10日召开的全市“爱心献功臣”总结大会上，市政协办公室荣获先进单位称号。

【调查市属国有企业改制情况】 8月6日至10日，市政协副主席傅国城带领市政协部分委员对市属国有企业改制情况进行了调查，形成《市属国有工业企业改制情况的调查报告》，被市委《宝办通报》第30期刊用。

【视察宗教场所依法管理情况】 8月28日至30日，市政协副主席傅忱、秘书长刘永中带领民族宗教委员会部分委员和有关部门负责人，重点对宝鸡县、凤翔县、岐山县宗教场所依法管理情况进行了视察。并形成了《关于加强宗教工作的几点建议》。

【调查旅游产业发展情况】 9月3日，市政协副主席傅国城带领祖国统一委员会部分委员对宝鸡市旅游产业发展情况进行了调查。形成的《关于我市旅游产业发展情况的调查》，被市委《决策与参考》第7期和《宝办通报》第35期分别刊用。

【采访报道县区政协工作】 9月10日至14日，市政协副主席杨作云、秘书长刘永中率领宝鸡日报社、宝鸡电视台、宝鸡人民广播电台、宝鸡经济电台、西部大开发报的记者，深入千阳、陇县、扶风和眉县等4个县，对各县政协工作进行了采访报道。

【调查北坡绿化情况】 9月11日至14日，市政协主席陈继荣带领部分政协委员对沿北坡五县区的绿化情况进行了调查，形成了《关于北坡绿化情况的调查》，并上报市委，作为决策参考。

【省政协副主席刘锦才来宝调研】 9月23日，省政协副主席刘锦才来宝鸡调研政协学习工作，市政协主席陈继荣、副主席杨作云分别作了工作汇报。

【调查《失业保险条例》执行情况】 9月26日，市政协副主席关连庆带领部分委员对全市执行《失业保险条例》情况进行了调查，形成《关于我市〈失业保险条例〉贯彻落实情况的调查》，被市委《送阅件》第8期刊用。

【市政协举行中秋茶话会】 9月27日，市政协祖国统一委员会与民革市委会、市侨联、市台办联合举行了以“庆中秋、话统一、议发展”为主题的中秋茶话会。市政协副主席逯玉中主持会议，市委副书记刘忠良作了重要讲话。

【视察乡镇卫生院发展情况】 10月16日至17日，市政协副主席关鸿英带领市政协教文卫体委员会部分委员对宝鸡市乡镇卫生院改革和运行情况进行了视察。形成的《关于我市乡镇卫生院发展情况的视察报告》，被市委《宝办通报》36期刊用。

【开展全委会前视察活动】 10月下旬，市政协组织委员开展全委会前视察活动。共分26个视察组，重点就宝鸡市“十五”计划执行情况、党的建设、调整经济结构、国企改革、重点项目建设、农业和农村工作改革、增加农民收入、扶贫开发、改善投资环境、实施西部大开发战略等方面的情况进行视察，提出意见建议，为全委会提案和大会发言做准备。

【举办信息技术报告会】 10月26日，市政协约请西北工业大学网络中心主任刘秋让副教授就现代信息技术出现、发展和应用等方面内容作专题报告。市区的市政协委员、联谊会成员、市级各民主党派、工商联和市政协机关干部共200多人参加了报告会。

【省政协副主席逄靠山来宝视察】 10月31日至11月1日，省政协副主席逄靠山在市政协主席陈继荣陪同下，深入宝鸡供电局农电输送区详细了解当前农村电网改造及电力系统优质服务情况。

【调查社区建设情况】 11月13日至15日，市政协副主席关连庆带领部分政协委员对宝鸡市社区建设情况进行了调查。形成的《关于我市社区建设情况的调查》，被市委《宝办通报》39期刊用。

【政协理论研讨会】 11月16日，市政协举行政协理论研讨会。各县区政协及市政协各部门负责同志、论文撰写者等共70多人参加了会议。市政协主席陈继荣作了重要讲话，市政协副主席关鸿英主持会议，省政协研究室负责同志指导会议并讲话。

【市政协领导督办重点提案】 从5月17日开始至11月结束，市政协主席陈继荣、副主席傅忱、关鸿英、关连庆、杨作云分别就《关于加快小城镇建设步伐》案、《建议加强打黑除恶专项斗争》案、《关于发展我市旅游景点》案、《关于完善社会保障制度，改善城乡人民生活的建议》案、《关于依法保护国家贷款债权》案，与市政府相关部门、提案办理单位进行了协商座谈，帮助解决办理中存在的困难和问题，促进了提案的落实。

【出版《宝鸡重大考古文博纪实》】 市政协学习与文史资料委员会与市文物事业管理局从2000年5月开始征集稿件，先后收到稿件65篇，选编了46篇。其余稿件目录以录附见存。全书分为重大考古发掘与发现、珍贵文物收藏与保护、名胜古迹维修与开发、文博馆所建设与发展四部分，市政协主席陈继荣作序。

（张少锋）

宝鸡市政协第八届委员会及各部门负责人

主　　席　陈继荣
副 主 席　傅　忱　傅国城　逯玉中　关鸿英　关连庆　杨作云
秘 书 长　刘永中
副秘书长　李玉堂　葛祥邻

市政协办公室
主　　任　李玉堂（兼）
副 主 任　张太保　蔡　旭　朱玉林

市政协研究室
副 主 任　刘科省

提案委员会
专职副主任　吴微渊

社会与法制委员会
专职副主任　陈宝祥

民族宗教委员会
专职副主任　唐均煜

学习与文史资料委员会
专职副主任　吴诚记

教文卫体委员会
专职副主任　刘伟东

祖国统一委员会
专职副主任　张　旭

经济科技委员会
专职副主任　谭国良

纪检·监察

纪律检查·监察工作

【市纪委召开第五次全体（扩大）会议】 2001年2月5日，市纪委召开第五次全体（扩大）会议。全会的主要任务是：以邓小平理论为指导，按照“三个代表”的要求，进一步学习贯彻江泽民在中纪委五次全会上的重要讲话精神和中纪委五次全会、省纪委四次全会精神，总结2000年全市党风廉政建设和反腐败工作，安排部署2001年党风廉政建设和反腐败工作。全会审议通过了市委常委、市纪委书记赵锦明代表市纪委常委会所作的《加大治本力度，狠抓工作落实，把党风廉政建设和反腐败斗争不断推向深入》的报告。市委书记庞家钰在会上作了讲话。全会号召各级党委、政府和纪检监察机关，在新的一年里，努力取得党风廉政建设和反腐败斗争新成效，为实现十五大提出的反腐败斗争阶段性目标，推进西部大开发和“十五”计划的顺利实施做出新的贡献。

【市纪委召开第六次全体（扩大）会议】 2001年11月20日，市纪委召开第六次全体（扩大）会议。这次会议是在市委八届六次全会闭幕后立即召开的。全会的主要任务是：以江泽民“七一”重要讲话和“三个代表”重要思想为指导，认真学习贯彻党的十五届六中全会、中纪委六次全会、省纪委五次全会和市委八届六次全会精神，研究保证中央六中全会《决定》和市委八届六次全会《贯彻意见》的落实，切实加强和改进全市党的作风建设的措施。全会审议通过了市委常委、市纪委书记赵锦明代表市纪委常委会所作的《深入开展反腐倡廉工作，进一步加强和改进全市党的作风建设》的报告。

【领导干部廉洁自律】 在全市范围内开展了对副科级以上领导干部接受现金、有价证券和支付凭证的集中清理活动，开设了“519”廉政账户，共存入现金28.6万元；对县级领导干部执行“两不准”情况和领导干部持有的因私护照和本人及其配偶办理前往港澳通行证、外国居留证的情况进行了调查摸底，经对全市820名县级干部申报表认真审核，未发现违反“两不准”规定的问题；督促全市党政机关、企事业单位全部如期召开廉洁自律专题民主生活会；认真抓了“四项报告制度”的落实，对领导干部重大事项报告制度进行了重申和完善，有20多名县处级领导干部向组织报告了重大事项；严格执行领导干部公款出国出境的规定，压缩申请出国团组5批28人，节约经费120万元，压缩减少全市性会议17次，节约经费102.5万元。实行廉政询问谈话制度，坚持勤打招呼常提醒，对群众反映的6名县处级领导干部的问题和10件涉及41名领导干部的问题，分别进行了廉政谈话和调查，对严重违反廉洁自律规定的，进行了立案查处。市纪委为635名市管干部建立廉政档案，对拟提拔任用的54名干部作了廉政鉴定。推行了领导干部任期经济责任审计制度，对122名党政领导干部和9名国有及国有控股企业领导人员进行了任期经济审计，共查处违纪违规资金2323万元，处理处罚329万元，责令纠正1994万元。

【查办案件】 全市纪检监察机关共受理群众信访举报1981件，初核925件，立案766件，结案742件，给予党政纪处分703人，其中县处级干部7人，乡科级干部100人，挽回经济损失659.42万元。市纪委机关受理群众信访举报874件，初核40件，立案14件，涉及县处级干部12人，结案13件，党政纪处分12人，挽回经济损失115.65万元。查办的大案要案主要有：市财政局原局长李增邕渎职案，市公安局原局长范太民重大受贿案，市盐业公司原经理、市盐务局原局长安全福受贿案，市新三维公司法人代表、副经理董维、副经理强世福经济活动造成重大损失案，宝鸡县原县长助理王宝鱼受贿案等。同时，对全市1997年至2000年作出的1750件党政纪处分落实情况进行了全面检查，纠正对处分人员错误确定的年度考核等次214人，降低工资106人，送达处分345人，宣布处分375人，收回违纪资金15187.04元。市纪委、监察局案件审理室被评为全省纪检监察系统先进集体，受到了表彰奖励。

【纠正部门和行业不正之风】 ①农村减负方面，对个别县继续向农民征收“农田水利建设补偿费”的问题进行了调查处理，对收取的245万元责令全额退还或在上年负担中进行了扣除。②企业减负方面，协调督促有关部门对收费项目进行了清理，全市乡企系统共取消、降低各种不合理收费120项，减轻企业负担1000多万元。③纠正医药购销中不正之风方面，开展了整顿规范药品市场秩序活动，在县以上重点医院推行药品集中招标采购等制度。④治理中小学乱收费方面，对全市2000余所中小学进行了全面检查，清退不合理收费102.9万元。⑤治理公路“三乱”方面，对全市境内的国道、省道、收费站进行了两次大检查和多次明查暗访，实现了全市公路基本无“三乱”的目标。⑥民主评议行风方面，组织市人大代表、政协委员、特邀监察员80人次，对教育、卫生、工商、税务、公安、城建等8个系统及中层以上干部进行面对面评议。⑦严查公车迎亲歪风方面，于元旦、春节和“五一”节等节假日进行集中检查，公车迎亲歪风得到有效遏制。

【执法监察】 重点对国债资金、社保资金管理使用情况进行了监督检查，查出违纪违规资金2626元，纠正退还1225万元。在全市范围内开展了打击非法收购、拆解废旧车辆场点，清理回收53辆整车，取缔非法经营户20个，对5名责任人进行了党政纪处分。全市设立外商投资投诉中心14个，解决处理客商行政投诉案件33个。开展了查处环境违法行为专项活动，查处违法企业39个，关停“十五小”造纸企业15个，对有关6名责任人给予了党政纪处分。另外，对扶贫资金、农业综合开发项目、天然林保护资金的执法监察和行政效能监察也都取得了成效。

【从源头上预防和治理腐败】 ①管好权方面，以清理行政审批事项、规范权力运作程序为重点的各项工作稳步推进，市级22个部门和单位共取消行政审批项目97项，达到了精简40%的目标；全市共建立“一厅式办公”政务大厅13个，乡镇政务公开率达到100%；村务公开、厂务公开、校务公开覆盖面进一步扩大。②管好钱方面，会计集中核算在市、县级机关全面推行，全市建立会计集中核算中心13个，首批纳管单位1007户，市级机关会计核算中心7月1日运行以来，拒付、纠错各种违规支出126笔107.7万元。部门预算制度改革试点工作进入实施阶段。全市预算外收入纳入财政专户管理1.29亿元，行政事业单位纳管范围达到95%，罚缴分离率达到97.5%。政府采购工作稳步推进，全市共建立政府采购中心13个，开展政府采购业务256宗，采购金额4056万元，节资率达到12.1%。③管好事方面，对工程建设项目、重大经济活动事项和重大资金投入等，逐步建立健全了监督约束机制。对全市50万元以上的150个建设工程项目实行向纪检监察机关备案制度，对373个在建工程项目和建筑市场进行了检查，查纠违法违规工程项目110个。对一些重点工程实行了跟踪检查。④管好人方面，积极推行干部人事制度改革，建立健全了7项干部选拔任用监督的制度。

【党风廉政建设责任制】 按照谁主管、谁负责的原则，把全市党风廉政建设的目标任务分解成8个方面40项目标任务，对各项任务提出明确要求，落实了分管领导、牵头部门、配合协作部门及纪委监督检查处室。通过对全市12个县区和48个市级重点部门的目标任务、工作措施、领导责任逐一审核和发文批复，夯实了工作责任和领导责任，形成了一级抓一级、层层抓落实的工作机制。同时，修订完善了年终考核实施方案，制定了民主测评实施办法，用制度保证各级领导认真履行职责。对抓本部门党风廉政建设不力的部门和单位实施了责任追究，2001年，查处责任追究案件18案38人，给予纪律处分19人，组织及其他处理19人，对7个乡科级领导班子给予了通报批评，取消了评先进的资格。

【宣传教育、调研工作】 2001年初，市纪委常委会两次专题研究全年的党风廉政和反腐败宣传教育工作，并建立了“常委会统一领导，主管宣教的常委分工负责，宣教室组织协调，有关部门具体实施”的领导体制，把宣教工作与其他工作一起部署、一起检查、一起考核。年初，市纪委与市电视台联系，重播了电视剧《一代廉吏于成龙》，并组织全体领导干部认真观看，召开专题座谈会，有30多位县区和市级部门领导就观看后的心得体会进行了交流。市纪委申请成立了《中国纪检监察报》宝鸡通联站，建立了由37名通讯员组成的覆盖市、县、乡“三级”的通讯报道中心组，市纪委与宝鸡电视台联办的“党风与廉政”专题节目，全年制作播发11期；在《宝鸡日报》开辟的“廉政之窗”专栏，全年刊出19期，刊登反腐倡廉文章43篇。2001年被各级新闻单位采用纪检监察宣传稿件406篇，其中中央级29篇，省级151篇，地市级226篇。全年编辑出版《宝鸡风纪》杂志4期4000余册，刊文160多篇，25万多字。为庆祝中国共产党建党80周年，市纪委、市委组织部联合举办了“反腐倡廉书画展”，全市书画界艺术家积极参与，共征集书画作品140多幅，在市工人文化宫进行了展出，各界反响较大。同时，市纪委积极与市委党校联系，在各个班次常年开设党风廉政教育课，委局领导分别给县处级和乡镇领导干部培训班、优秀青年干部班作专题辅导、讲座共12次。为切实转变工作作风，制定了《市纪委常委下基层调研工作制度》，常委会确定2001年为“调查研究年”，选定了关于加强党内监督、推进行政审批，开展反腐败源头治理等6个方面的课题，由各常委带领有关处室深入基层调查研究，综合形成了6篇观点新颖、论述深刻、操作性较强的调研报告，分别在省、市及中央级理论刊物发表，为工作决策提供了第一手资料。年内与部省属企业纪检监察学会联合举办了“企业领导干部监督问题理论研讨会”，交流论文10多篇，推动了企业领导干部廉洁自律工作。在领导干部“双深入”活动中，市纪委班子成员轻车简从，与农民群众同吃、同住、同劳动；聘请农业专家举办科技讲座，带领村组干部到外地学习取经；帮助这些村组解决了用电、用水等生产生活方面的实际问题。

【评选先进集体、先进工作者】　根据省纪委、省人事厅、省监察厅《关于评选全国、全省纪检监察系统先进集体和先进工作者的通知》要求，市纪委、人事局、监察局联合在全市开展了评选推荐全国、全省、全市纪检监察系统先进集体、先进工作者的活动。这项评选工作每五年进行一次，全市各级纪检监察机关及专职从事纪检监察工作的人员均在评选范围之列。市、县（区）纪委、人事局、监察局均成立了评选领导小组，经过自下而上层层推荐、评选、领导小组审定，并经市委、市政府同意，评选推荐了分别受中纪委、省纪委和市纪委表彰的先进集体15个、先进工作者34名。

【机构改革】　经市机构改革领导小组审核，市委批准，市委办印发的《中共宝鸡市纪律检查委员会机关、宝鸡市监察局职能配置，内设机构和人员编制规定》，市纪委、监察局机关核定行政编制58名（精减4名），事业编制7名，领导职数9名，正副室主任职数19名，内设室12个（增加2个），正副科级纪检监察员15名。根据市机改办的总体部署和要求，市纪委、监察局研究制定了《市纪委、监察局关于推行竞争上岗和轮岗工作的方案》，按照学习动员、室主任职位竞争上岗、室副主任职位竞争上岗、工作人员“双向”选择四个阶段组织实施。经过竞争和全体人员推荐，公开选拔了6名室主任和8名副主任，对25名干部进行了轮岗，一批中青年干部走上了机关中层领导岗位。通过竞争上岗，市纪委机关室主任平均年龄由50.2岁下降到46.8岁，副主任平均年龄由46.2岁下降到40.8岁。

（祁鹏程）

中共宝鸡市纪律检查委员会负责人

书　记　赵锦明
副书记　倪宝生　罗　升　贾东明
常　委　赵锦明　倪宝生　罗　升　贾东明
薛志德　王书林　胡德成　任勇夫
李侠侠（女）

宝鸡市财政局

市财政局张政局长代表市政府与各县区人民政府签订确保工资发放责任书

2001年教师节、国庆节前夕，吴登昌市长(左三)、冯月菊副市长(右一)，在张政局长(左二)、扶风县县长亢兰斌(左一)、市教育局局长余光雅(右三)的陪同下，深入扶风高中，详细检查教师工资发放情况

2001年初，召开全市财政工作会议，安排部署全年财政收支计划和财政重点工作

宝鸡市市级机关会计核算中心于2001年元月5日挂牌成立，2001年6月1日正式实施会计集中核算，首批纳管109个预算单位。图为核算大厅工作人员正在办理业务

宝鸡

在2002年4月举行的“中国东西部投资与贸易洽谈会”上，省上领导程安东、贾治邦在市委书记庞家钰、市政府副市长、高新区管委会主任吴苏平的陪同下到宝鸡高新区展位了解洽谈情况

（程浔　摄）

2001年12月，陕西秦川发展股份公司入区签约

高新技术开发区

2001年8月，陕西省委副书记、省人大副主任范肖梅在市长吴登昌，副市长、高新区管委会主任吴苏平的陪同下考察宝鸡高新区

2002年4月，陕西省副省长陈宗兴考察宝鸡高新区

2001年7月2日，陕汽集团宝鸡华山工程车辆有限责任公司入区签约

地址：宝鸡市火炬路19号
电话：0917—3313270
3319896
传真：0917—3319818

（李彤斌 摄）

宝鸡市科

市科技局领导班子共商我市科技发展规划（左起：副局长李献卿、局长朱明政、副局长郝秀菊、纪检组长徐林科）

全市科技工作会议召开，市科技局局长朱明政（右一）作工作报告

市计算机技术推广服务部开展计算机专业学历培训

学技术局

宝鸡市科学技术局是市政府负责全市科技工作的行政职能部门，内设办公室、社会发展计划科、科技产业科、农村科技科、科技成果与市场科。局属事业单位有市生产力促进中心、市专利事务所、市科技开发交流中心、市计算机技术推广服务部、市技术市场。

办公地址：市新建路西段副1号科技大院
电　　话：0917—3214278
邮　　编：721000

市长吴登昌、副市长王宏视察市生产力促进中心

省市领导和专家探讨我市农业专家大院的建设和发展模式

市专利事务所检索专利文献资料

市科技开发交流中心工作人员讨论如何开展我 市科技对外交流

宝鸡市国

市国税局党组书记、局长雷炳毅在全市国税工作会议上发表讲话

市国税系统在市委、市政府组织的行风评议中，群众满意率位居全市八个行业之首

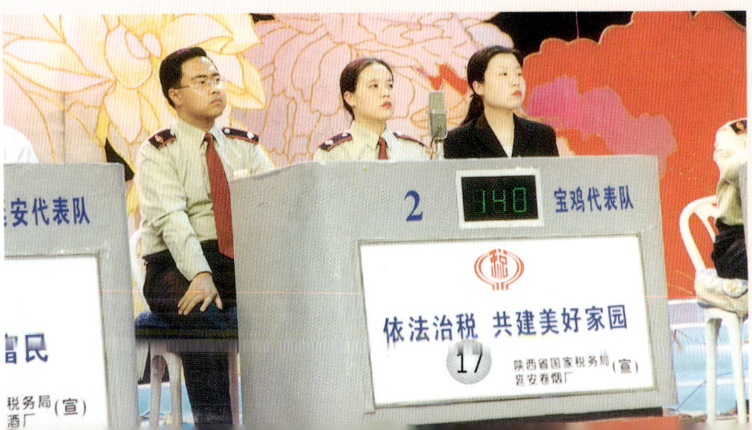

市国税局在全省国税系统税法知识电视大奖赛中荣获三等奖

家税务局

宝鸡国税在发展

宝鸡市国家税务局于1994年9月分设成立，由省国家税务局垂直领导。目前，局机关内设8个科室、3个中心，下辖12个县区国税局和5个直属单位，62个基层税务征收检查机构。2001年底，全系统共有干部1236人，担负着全市27055户纳税人的税收征收管理任务。

近年来，宝鸡市国税局以邓小平理论和江泽民同志“三个代表”重要思想为指导，认真贯彻执行党的一系列路线方针和政策，始终坚持“带好队、收好税”的工作方针，全面推行税务机构、税收征管和人事制度改革，不断加强干部队伍、党风廉政和基层规范化建设，大力推进依法治税和税收信息化建设，有效促进了税收工作的顺利开展，圆满完成了税收各项目标任务。2001年，全系统共组织入库工商税收198371万元，比2000年增长了12.93%，增收22711万元；1994年至今，全系统共为宝鸡市提供财力371198万元，有力地推动了全市经济和社会各项事业的繁荣发展。

局长雷炳毅带头转变作风，深入基层开展调研

市国税系统干部职工走上街道，宣传税收知识

在市国税系统举办的纪念建党八十周年歌咏比赛中，局机关全体干部引吭高歌

阔步前进中

县委书记孟军（左）和县长刘升周精心筹划千阳未来

改革开放促发展　“三贤”故里展新颜

中共千阳县委书记孟军　　千阳县人民政府县长刘升周

千阳县位于宝鸡市北部山区，总面积996.46平方公里，人口12.7万人，其中农业人口11.2万人。

近年来，县委、县政府立足“山区、农业、贫困”的基本县情，以强县富民为目标，带领全县人民，抢抓机遇，克服困难，开拓奋进。全县确定“十五”期间经济社会发展总体思路是：以邓小平理论和江泽民同志“三个代表”重要思想为指导，全面贯彻落实党的十五届五中全会精神，按照“抓机遇、打基础、兴产业、富千阳”的发展思路，坚持以市场为导向，狠调经济结构，紧扣西部大开发一条主线，突出地方财政增收和城乡居民增收两个重点，实施开放开发、城镇带动和科教兴县三大战略，振兴特色农业、建材建筑和旅游开发三大产业，建设畜牧养殖、水泥生产、蔬菜产销、桑果生产、休闲娱乐五大基地，狠抓农业产业化、工业支柱、宝平路沿路经济开发、城镇建设、科技创新、基础设施、农田水利、山川秀美、千河农区段生态治理等重点工程，力争在“十五”期间，实现国内生产总值年均递增10%，地方财政收入年均递增8%，农民人均纯收入年均递增9%，努力把千阳建设成为经济富县、工业强县、畜牧大县、桑果之乡和宝鸡近郊的卫星县城。

三贤故里千阳县，开放开发求发展。千阳县有丰富的资源，优越的投资环境，淳朴好客的千阳人民热忱欢迎各界有识之士前来投资开发，互惠互利，共同发展，谱写强县富民的新篇章。

的千阳县

千阳水利建设史上投资最大的项目
冯坊河西干引水工程枢纽大坝

蚕桑已成为当地农民增收的骨干项目

陕西飞天乳业公司系列产品多次荣获国内外大奖，已打入国际市场。

山川秀美工程初见成效

中共金台区委书记　牛力平

金台区

开发古陈仓　建设新金台

中共金台区委书记　牛力平　　金台区人民政府区长　罗新远

金台区位于中国西部工业重镇宝鸡市城区腹地，以境内素有“金阁流霞”之称的元代道教古迹“金台观”而得名，下辖1镇7个街道办事处，总面积72平方公里，总人口26.8万人。

金台区历史悠久，人文荟萃，是久享盛誉的“青铜器之乡”，是通往祖国西北、西南的交通枢纽和陕甘川宁毗邻地区主要的物资集散地，陇海、宝成、宝中三条铁路干线在此交汇，境内外公路网四通八达。区内通信设施完备，水、电、气等能源充足，商业、金融、教育、文化及卫生医疗事业发达，60余家部、省、市属大中型企业云集，科技力量和工业基础雄厚，国家级宝鸡高新技术产业开发区金台科技园、金台商贸管理示范区和联盟城市化改革试验区呈链状分布区内，构架起了区域特色经济格局，使金台成为一方极富潜力和发展空间的投资热土。

区委、区政府认真贯彻江总书记“开发古陈仓、建设新宝鸡”题词精神，坚持“开放带动、开发兴业、突出三产、多元发展”的总体思路，团结拼搏，求实奋进，使国民经济和社会事业有了长足发展，区域综合经济实力明显增强。2001年，全区实现国内生产总值38.4亿元，完成区级财政收入5927万元，农民人均纯收入连续18年保持全市第一，达2905元，职工平均年工资达7221元，先后荣获全国少儿工作先进县区、科技工作先进区、卫生模范城、双拥模范城、全国园林式绿化先进城市、全国优秀旅游城市等光荣称号。

2002年，区委、区政府新领导班子建立后，以“三个代表”重要思想为指导，以建设西北一流明星城区为目标，团结带领全区人民，高举邓小平理论伟大旗帜，抢抓西部大开发历史机遇，全面实施“三产富区、科技兴区、城市化带动”三大战略，加快建设经济强区、开放新区和文明城区，为早日将金台建设成为经济繁荣、人民富裕、环境优美、社会文明的现代化新城区而努力奋斗。

金台区人民政府区长　罗新远

上马营新区一隅

城区鸟瞰

中国人民解放军 宝鸡军分区

司令员刘须交（右）、政委许道化（左）一起分析分区建设形势

团结奋进的军分区党委一班人

宝鸡军分区成立于1949年5月，隶属于陕西省军区，是宝鸡地区军事领导指挥机关，是地方同级党委的军事工作部、人民政府的兵役机关，受地方和军队的双重领导，担负着本地区的军事任务，负责地方武装、后备力量建设、民兵和兵役工作，下设各县区人民武装部。近年来，军分区在省军区和宝鸡市委、市政府的正确领导下，坚持以江泽民“三个代表”重要思想为指导，紧紧围绕“打得赢、不变质”两个历史性课题，以军事斗争准备工作为动力，使军分区、人武部建设呈现出协调发展、上升进步的良好局面，民兵预备役等各项工作走在全省前列，多次受到上级军事机关的好评。

陇县“防雹英雄女民兵连”正在训练

宝鸡军分区营院建设

中国人民解放军 宝鸡陆军预备役后勤保障旅

保障旅卫生营医疗扶贫

2001年春节，吴登昌市长慰问保障旅全体官兵

开展为贫困群众送温暖活动

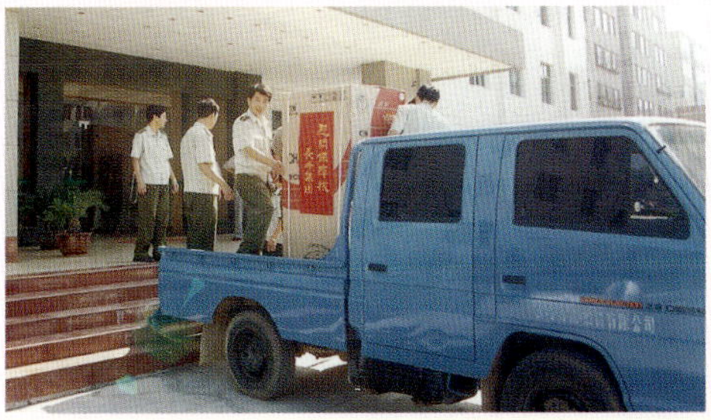

长岭集团公司给部队送来冰箱，慰问子弟兵

宝鸡市委书记庞家钰在总队长邓春阳、政委李贵录的陪同下检查宝光路工地

保障旅主动请缨承担“引嘉济清”工程，缓解了宝鸡人民吃水困难

经二路整体改造工程开工动员大会

93882部队

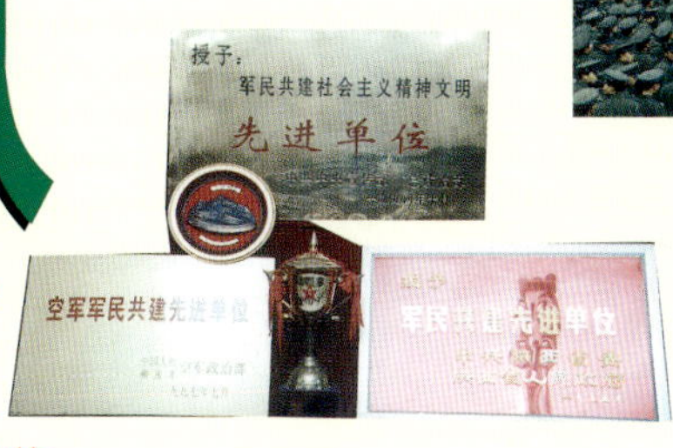

1994年被中宣部、总政治部命名为军民共建社会主义精神文明先进单位
1995年被评为军民共建先进单位
1997年被空军评为军民共建先进单位
连续7年被宝鸡市评为拥政爱民先进单位

渭滨区人

渭滨区委常委、人武部部长戴光发（右）、政委李生文在部署工作

团结奋进、开拓创新的渭滨区人武部一班人

民武装部

渭滨区人民武装部始终按照江主席"五句话"总要求建部、育人、抓基层，各项工作稳步健康发展，年年都有新的进步，受到军地各级的高度赞誉。2001年，新的领导班子产生后，部长戴光发、政委李生文继承和发扬本部的优良传统和好的做法，团结拼搏，开拓创新，奋勇前进，各项工作在宝鸡军分区组织的年终考核中总评成绩第一，他们两人被陕西省军区评为"一对好主官"。征兵工作，坚持"征好兵、选优兵、送精兵"的宗旨，实现20年无退兵的目标，连续三年受到国防部、兰州军区和陕西省军区的通报表彰，其经验和做法在全军范围内进行交流推广。去年又率先担负了陕西省军区征兵改革试点任务，为征兵工作改革探索经验；民兵军事训练，在实践中不断改革创新，闯出一条有城市特色的练兵路子，训练成绩一直在宝鸡军分区范围内领先，在陕西省比武中获得第二名好成绩。今年军分区组织的队列会操中，又夺得全区第一名；31个基层武装部正规化建设全面达标，其中宝桥、石油钢管厂等19个单位跨入先进行列；狠抓了青年民兵之家建设，有6个单位被评为先进青年民兵之家；铁路供电段、专用汽车厂等4个单位被宝鸡军分区授牌；全民国防教育扎实有效，深入人心，连续参加了宝鸡市举办的十二届国防知识竞赛活动，成绩显著，2001年又夺得了第一名，被市国防委员会评为"国防教育优秀单位"。

陕西省军区司令员马殿魁来渭滨区检查指导工作

渭滨区人武部为确保兵员质量，严把应征青年体检关

民兵训练

宝鸡市烟草专卖局
陕西省烟草公司宝鸡分公司

团结务实的领导班子在研究工作。局长、经理、党委书记杨瑞亭（右二），副局长孙彦卿（左二）、副经理杨志效（右一）和办公室副主任徐文华（左一）

宝鸡市烟草专卖局、陕西省烟草公司宝鸡分公司坚持国家烟草专卖制度，大力清理整顿“两烟”（卷烟、烟叶）市场，深入开展打击制售、贩运假冒、走私卷烟活动，维护了国家利益和广大消费者的合法权益。同时，该局(司)积极延伸卷烟批发网点，开展优质访销服务，为卷烟零售户送货上门，卷烟销量不断增长，企业经济效益逐年上升，先后被授予“省级文明单位”、“模范纳税先进单位”、“社会治安综合治理先进单位”称号，企业物质文明和精神文明建设取得了长足发展。

地址：宝鸡市体育路15号
电话：（0917）3250220　3250219
传真：（0917）3250219
邮编：721000

烟草专卖稽查人员进行执法宣誓

重视精神文明建设，开展全行业公民道德演讲比赛活动

城市卷烟批发网点访销人员上门为卷烟零售户服务

民主党派·工商联

中国国民党革命委员会宝鸡市委员会

【概况】 2001年底，民革宝鸡市委会有总支3个，基层支部10个，县支部3个，共有党员224人，发展新党员13人，党员中有市、县区人大代表10人，其中市人大常委1人、县人大副主任1人；省、市、县区政协委员45人，其中省政协常委、市政协副主席1人，县、区政协副主席3人，市、县政协常委12人。

【民革宝鸡市七届六次全委会】 民革宝鸡市七届六次全委会于1月9日召开。会议听取并审议通过了七届常委会2000年工作报告，认为工作报告比较全面、实事求是地总结了2000年工作，提出的2001年工作要点是符合实际、切实可行的。会议决定了召开民革宝鸡市第八次党员代表大会有关事项，增补蔡元兴为民革市委会副主委。

【民革宝鸡市第八次代表大会】 2001年5月14日至16日中国国民党革命委员会宝鸡市委员会第八次代表大会召开。65名代表参加。大会听取并审议通过了民革宝鸡市第七届委员会工作报告，选举产生了由19人组成的民革宝鸡市第八届委员会，其中女同志4名，委员平均年龄46.5岁。推举钟济民、逯玉中为名誉主委。在16日举行的民革宝鸡市八届一次全委会上，选举产生了市委会主任委员、副主任委员、常务委员，任命了秘书长。

【周铁农副主席听取市民革工作汇报】 全国政协副主席、民革中央常务副主席周铁农来宝鸡参加“两节一会”活动期间，于4月27日听取了民革宝鸡市委的工作汇报，对宝鸡民革的工作给予了充分肯定，请市委会领导向宝鸡的200多名民革党员转达民革中央对他们的问候。周副主席还要求宝鸡民革搞好换届，加强自身建设，搞好参政议政和民主监督。

【民革中央宣传部长来宝鸡调研】 3月26日至28日，民革中央常委、宣传部长张宏儒一行3人，先后到宝鸡市和宝鸡县，对宝鸡市、县民革组织开展思想政治工作情况进行了专题调研。

【宝鸡县总支参加民革全国思想政治工作会议】 5月，民革宝鸡市委会常委、宝鸡县总支主委强文应邀参加民革全国思想政治工作会议，介绍了宝鸡县总支开展思想政治工作的经验。

【加强党员学习培训】 8月10日至12日，举办了一期中青年党员学习班，有65名中青年党员参加。10月，选派4名党员参加了省社会主义学院民革骨干党员培训班。

【开展纪念中国共产党成立80周年活动】 市委会在《宝鸡日报》发表了题为《风雨同舟亲密合作共创辉煌》的署名纪念文章。市委会领导参加了中共宝鸡市委召开的座谈会等纪念活动。征集党员和联系人士的作品参加了全市统战系统庆祝中国共产党成立80周年书法、绘画、摄影、工艺作品展览，获一等奖2个、二等奖2个、优秀奖4个，市委会获优秀组织奖。

【隆重纪念辛亥革命90周年】 10月8日，民革宝鸡市委会隆重召开了纪念辛亥革命90周年大会。中共宝鸡市委副书记刘忠良和市政协副主席、市委会名誉主委逯玉中发表了纪念讲话，市政协和市级各民主党派、工商联领导、有关方面人士、市区和各县民革党员100多人参加了大会。各总支、支部也举行了形式多样的纪念活动。

【制度建设更加完善】 建立和完善了《主委会议议事规则》、《常委会议议事规则》、《常委联系基层组织制度》等一系列制度和规程。市委会成立了政治思想参政议政、经济工作、祖国统一、妇女老龄四个委员会。主委、副主委和常委、委员明确了分工。

【参政议政】 在年初召开的市、县政协全会上，市委会和各县区总支、支部作大会发言、提交提案、意见、建议等100多件，其中不少被采纳。黄宏强、苏建华、谢宽让荣获市政协“十佳政协委员”提名奖。市委会《关于实施山川秀美工程的十项建议》获全市政协系统优秀调研成果二等奖。《架设农业接轨桥，促进国际一体化》一文在《各界导报》刊登。

【参与经济建设和社会服务】 民革宝鸡市委会副主委黄宏强牵线搭桥，合同引资1.2亿元，已到位3000万元。7月22日，民革宝鸡市委会与中共宝鸡市委统战部联合组织医务人员赴宝鸡县赤沙镇开展义诊，6名民革党员医师诊治了200多名患者，赠药价值1200多元。各总支、支部也多次开展各种活动，组织党员向贫困群众、受灾地区捐款捐物，奉献爱心。

（赵 强）

民革宝鸡市第八届委员会负责人

主 委 蔡元兴
副主委 黄宏强 宋建国
秘书长 宋建国（兼）

中国民主同盟宝鸡市委员会

【概况】 2001年底，民盟宝鸡市委会设办公室、宣传部、组织部。下设金台、渭滨两个总支部和28个支部（含县级民盟支部7个），共有盟员527人。盟员中现有省政协委员1名，副市长1名、市人大常委1名、市人大代表6名，市政协常委3名、市政协委员23名，市科技局副局长1名，副县长3名、县人大副主任4名、县政协副主席3名、县（区）人大代表4名、县（区）政协委员38名。1950年迄今民盟宝鸡市委已召开了九次代表大会。一年来，在省、市和全国媒体刊发报道盟务活动和“盟员风采”的宣传文章近百篇（次），宣传信息工作在市政协和统战系统中连续保持先进单位称号，对台工作受到中共宝鸡市委的表彰。

【民盟宝鸡市委会九届七次全委（扩大）会议】 民盟宝鸡市委会于2001年3月16日召开九届七次全委（扩大）会议。会议由副主委兼秘书长富君主持，主委冯月菊代表民盟市委会作了《坚定信心开拓进取，努力开创民盟工作新局面》的工作报告，在回顾去年工作的基础上，提出新一年的工作思路和任务。并就宝鸡市开放年的改革开放情况向与会者进行了通报。参加会议的市委委员，各支部主委和县区任县级领导的盟员同志对工作报告进行了充分讨论。大会对一年来涌现出来的16个五好盟支部和72名五好盟员进行了表彰。中共宝鸡市委统战部副部长陈平到会指导并讲话。

【参展作品获奖 展示盟员风采】 在中共宝鸡市委统战部、宣传部、市文化局、市文联会同有关方面联合举办的“全市统战系统庆祝中国共产党建党80周年书法、绘画、摄影、工艺作品展”上，民盟宝鸡市委会通过精心组织，广泛征集各方面作品参展并获优异成绩。市委会获组织奖。书法：林晓天获二等奖，赵杰民、贾思复、马耀堂、张忠堂、彭曦、容绍获三等奖，曾纪纲、杨晓毓、杨宣、宋智文、谢建中、张忠堂、张乃前、任志远获优秀奖；绘画：宋清、曹宇获一等奖，富君获二等奖，曾纪纲获优秀奖；工艺品：马辉统夫妇获一等奖、李继友获二等奖。

【召开庆祝中国民主同盟成立60周年大会】 民盟宝鸡市委于2001年3月16日召开以“欢庆风雨同舟的60年，喜迎任重道远的大开发”为主题的大会，纪念中国民主同盟成立60周年。会议由主委、副市长冯月菊主持，副主委兼秘书长富君和三位盟员代表在大会上发了言。中共宝鸡市委副书记王俊彦到会祝贺并讲话，市政协副主席关鸿英和市级各民主党派、工商联领导应邀到会祝贺，市政协副主席、市民革主委逯玉中代表各民主党派、工商联讲话。中共宝鸡市委统战部部长田志刚到会指导。会场内展出了由盟员创作的近百幅（首）书画、诗词作品，会上还由盟员演员表演了文艺节目。全市数百名盟员参加这一庆祝活动。《宝鸡盟讯》为此编印了专刊。在盟员中开展了“民盟知识竞赛”和统战知识及盟史盟章的知识答卷，收到答卷720余人次，参与人数占盟员总数的86%，有3名盟员获优秀奖，民盟市委获组织奖。

【开展“每支部一提案”活动】 为了落实全国统战工作会议精神，民盟市委从5月起在全市基层组织中开展“每支部一提案”活动，针对当前的深化改革、扩大开放、西部开发、区域发展、投资环境、生态环境、教育改革、国民经济、两个文明及民主法制建设等方面选好题目开展调研，形成提案或调研报告。此前民盟市委还开展了“一人一议一实事”活动。民盟市委将收集整理的提案按涉及范围分别上报民盟省委或向有关方面提交。这两项活动收到良好效果。各支部、总支向民盟市委报送提案40余件。渭滨总支共走访群众200余人，发放、收回调研问卷200余份，形成提案30余件。眉县民盟支部的提案在县政协表彰的优秀提案中占40%。岐山民盟支部被县政协授予“提案先进集体”。在市政协会上民盟市委以党派名义提出的提案从数量到质量都有明显提高，22件提案具有前瞻性、针对性、可操作性。

【发挥整体调研作用成绩显著】 2001年民盟市委开展了8项调研活动，形成38份有较高质量的调研报告，受到有关方面的重视，并分别被有关媒体刊发。其中《先进文化如何走进广大人民群众》的调研报告在市政协八届九次全委会上做了大会发言，《我市县、乡文化馆站现状调查》的调研报告经市委领导阅批转发有关部门。本年调研报告在数量和质量上都有了提高。

【召开“迎双节话统一”三胞座谈会】 国庆、中秋双节前夕，民盟市委于9月28日召开盟员三胞（港澳同胞、海外侨胞、台湾同胞）成员座谈会。学习中共中央十五届六中全会公报和江泽民七一讲话中关于祖国完全统一的重要论述。与会盟员畅谈自己到台感受和与在台亲人交往中的具体事例，痛斥“台独”谬论，决心发挥自身优势，为早日解决台湾问题和为宝鸡市各方与台交流及引资牵线搭桥出力尽智。会上还表演了文艺节目。

【文化科技医卫三下乡】 10月31日民盟宝鸡市委与中共宝鸡市委联合组织宝鸡市文化、科技、医卫方面的盟员艺术家、专家、名医，到秦岭深山凤县龙口镇举办三下乡活动。专场文艺演出观者甚众；医疗点被前来求医的山区患者围得水泄不通，一直应诊到夕阳西下，求诊者依然络绎不绝；科技展版面前人头攒动，万余份科技资料被渴求科技知识的村民索走，市质检局的同志为村民解答了有关识别假冒伪劣产品的知识。在凤县和龙口镇党委、政府的紧密配合下，这次活动收到了很好的实际效果。

【做好组织建设的基础工作】 2001年全市共有17个支部完成换届，新建支部3个。一批年富力强、思想活跃、政治素质好、热心盟务的同志进入了基层班子。在“坚持标准，注重质量，严密程序，慎重发展”的前提下，全年发展的36名盟员，文化水平提高，平均年龄下降。对全市盟员中的中、高级职称及副科级以上知识分子符合后备干部条件的建卡登记，详细资料存入计算机进行动态管理。在基层组织建设中抓班子建设、抓制度建设、抓培训。8月，民盟市委召开了基层组织建设工作培训会，70余名支部成员接受培训，提高了盟务工作水平。

【服务社会扶贫帮困】 民盟宝鸡市委带领和教育盟员服务社会、立足岗位工作建功立业，为两个文明多做贡献。医卫、凤翔、扶风等支部分别组织三下乡活动13次，义诊病人600余人次，送科技书籍200余册；年届七旬的老盟员宋智文巡回各校做爱国主义报告6场；全市盟员为贫困地区捐款5000余元，捐衣物、棉被600余件，与贫困户结对子7户。凤翔支部盟员郑遂生引进外资15万元用以助学；扶风支部盟员、年近八旬的于秀儒五年来坚持每年中秋节到法门敬老院进行慰问；麟游支部四年如一日帮扶一伤残青年，送去现金400元和50余件衣物等日用品；龙泉中学支部盟员尹明轩长期帮扶一贫困生上大学，2001年又筹集6000余元帮一贫困生上了大学；全市盟员全年有37人获各种称号，发表学术论文40余篇。

【学习孟建文典型事迹的宣传】 民盟岐山县支部年过八旬的盟员孟建文处于弥留之际，仍念念不忘组织，把应交的盟费装在身上请人代交。联系他一生热爱组织、勤奋敬业、宁可自己吃亏不给组织添麻烦、退休后发挥余热，做了大量的好人好事等先进事迹，民盟宝鸡市委立即组织了由副主委刘周社带队的采访调查组，深入到孟建文家中、村中和民盟岐山县支部、县统战部及知情人中，进行座谈调查，写出了《平凡的事迹，崇高的境界——记孟建文的先进事迹》一文，在全市盟员中组织学习；并在宝鸡人民广播电台、陕西盟讯全文刊播，进行重点宣传。

（孙移泰）

民盟宝鸡市委员会负责人

主　委　冯月菊（女）
副主委　郝秀菊（女）　富　君（驻会）
　　　　刘周社
秘书长　富　君（兼）

中国民主建国会宝鸡市委员会

【概况】　2001年底，民建宝鸡市委会共有总支1个，基层支部8个，会员249名（吸收新会员16名），会员中具有大专以上学历的133人，具有中级以上职称的161人，担任市、县两级人大代表的7人，担任省、市、县三级政协委员的44人次（其中市、县政协常委13人）。

【召开民建宝鸡市第八次代表大会】　中国民主建国会宝鸡市第八次代表大会于5月23日至5月25日举行。会议学习了全国统战工作会议精神，审议并通过了七届委员会工作报告。大会按照《中国民主建国会章程》规定，选举产生了中国民主建国会宝鸡市第八届委员会。委员会由19人组成（按姓氏笔划排列）：王本玉、尹成基、田庄、冯驰、任永强、严秋锁、李幼宁（女）、李英波、杨永利、张南、张望、张宝星、郎忍科、周拴成、俞志英（女）、萧志扬、崔小华（女）、詹瑜、魏庆国。在5月25日举行的中国民主建国会宝鸡市第八届委员会第一次全体会议上，选举产生了由主委张望，副主委张南、周拴成，常委（按姓氏笔划排列）田庄、任永强、杨永利、魏庆国7人组成的八届常务委员会。八届委员会决定任命田庄为秘书长，推举任志超为名誉主委。省政协、省民建、中共宝鸡市委、市政府、市人大、市政协、宝鸡军分区、民建咸阳市委等领导到会祝贺。会议圆满完成了大会各项任务。

【参政议政】　民建宝鸡市委会积极履行政治协商、参政议政、民主监督职能。市委会领导多次参与了市政协对宝鸡市生态园林城市建设、工业企业改制情况、农业产业结构调整、北坡绿化情况的调研、视察活动。会内人大代表、政协委员、特邀“四员”，参加了对技术监督、工商、税务、公安、教育、卫生、城建等部门的行风评议和行政效能监察活动，参加了三级统战工作会议精神落实情况大检查和各种视察活动。中共宝鸡市委在召开八届六次全会之前，就作风建设征求意见时，民建宝鸡市委会提出要注意发挥民主党派的监督作用等建议，被采纳并写入随后出台的《中共宝鸡市委关于贯彻中央〈关于加强和改进党的作风建设的决定〉的意见》之中。在市政协八届四次全委会议上，民建宝鸡市委作了《关于加快我市农业高新技术产业化发展步伐的建议》的大会发言，并提交集体提案9件；会员中的市县两级人大代表、政协委员向两级人大、政协提交议案、提案30件，均被立案、答复。

【注重调研出成果】　2001年，民建宝鸡市委会调整了调研委员会班子和成员结构，印发了《关于在基层组织中认真开展调查研究工作的安排意见》，对基层组织的调研工作提出了具体的要求，共撰写调研报告12篇。其中报中共宝鸡市委2篇，在各种报刊杂志发表9篇次，两篇分别获市政协系统优秀调研成果三等奖和宝鸡市第六次哲学社会科学优秀成果三等奖。主要调研成果有：《关于加快我市农业高新技术产业化发展步伐的建议》、《如何把我市建成现代化生态园林城市的对策与建议》、《关于加快我市区域创新系统建设的建议》、《关于北坡绿化情况的调查与建议》、《关于我市非公有制经济发展的对策与建议》、《加入WTO对我市经济发展的影响与对策》、《2001年经济工作展望》、《市场更需德治》等。

【开展义诊、法律咨询和扶贫助学活动】　民建宝鸡市委员会把社会服务工作作为参政议政工作的延伸。7月底，与中共宝鸡市委统战部联合赴陇县李家河乡举办了一次“三下乡”活动，分别开展了义诊、法律咨询和扶贫助学活动。市委会常委、宝鸡永嘉房地产开发公司董事长魏庆国，市委会委员、宝鸡中元集团总裁冯驰分别向陇县李家河乡赵家塬村小学捐款3000元、3600元。市委会向赵家塬村委会捐赠了书柜、写字台、沙发等办公用具共32件，基本解决了村委会办公设施的困难问题。三名律师现场开展了义务法律咨询，共为30多名群众进行了服务。民建会员、知名老中医马振民现场为100多名群众义诊，赠药400多元。市委会机关干部和许多会员还多次向贫困及受灾地区捐献了衣物。

【民建宝鸡市委金台总支成立】 在中共金台区委、区委统战部的大力支持和帮助下，民建宝鸡市委会和金台区委统战部联合成立筹备小组，通过召开民建金台区会员大会，选举产生了民建金台区第一届总支部委员会，成立了金台总支。

【加强制度建设】 民建宝鸡市委会学习、借鉴了民建省委、民建西安市委和宝鸡市其他民主党派的做法和经验，结合实际，完善、修订了《主任委员会议规程》、《常务委员会会议规程》、《常委会组成人员联系支部工作制度》、《常务委员会组成人员分工意见》、《专门委员会机构设置意见》、《关于加强作风建设的实施意见》（草稿）等一系列制度和规程，为加强组织建设提供了保证。

【爱岗敬业受表彰】 全体会员爱岗敬业，在各自岗位上做出了很大成绩。市委会常委任永强被中共宝鸡市委、市政府表彰为全市“十佳”优秀公务员，并荣立三等功。会员李国豪被授予全市“杰出青年企业家”称号。陇县支部主任于焕琦被评为全市“十佳政协委员”，魏庆国、张海平、冯驰获全市“十佳政协委员”提名奖。

【开展纪念建党80周年活动】 为纪念中国共产党成立80周年，民建宝鸡市委会向各支部印发了《关于开展纪念中国共产党成立80周年活动的通知》，随后又转发了民建省委会的通知，要求各支部要突出纪念活动的主题，丰富纪念活动的形式和内容。“七一”前夕，各支部分别举行了丰富多彩的纪念活动，市委会领导与机关干部分头参加了各支部的活动。金台一支部、凤翔支部、陇县支部还排练文艺节目，参加了县（区）统战部门举行的庆祝活动。市委会撰写了题为《坚定不移接受共产党领导，尽心竭力履行参政党职能》的纪念文章，发表于6月16日的《宝鸡日报》，产生了较好的社会影响。市委会领导还参加了中共宝鸡市委、市政协、市委统战部组织的纪念活动，并在市委组织的庆祝中国共产党成立80周年座谈会上作了发言。市委会征集了8名会员创作的书画、摄影、工艺作品，参加了全市统战系统庆祝中国共产党成立80周年书法、绘画、摄影、工艺作品大型展览，荣获优秀组织奖，会员作品获一等奖1个、三等奖1个、优秀奖5个。展示了会员才华，为民建赢得了荣誉。

（张军强）

民建宝鸡市第八届委员会负责人

主　委　张　望
副主委　张　南　周拴成
秘书长　田　庄

中国民主促进会宝鸡市委员会

【概况】 2001年，民进宝鸡市委员会共有会员211人，分布在教育、文化、科技等行业，有基层总支3个，支部18个。被评为全市统战系统信息工作先进集体。截至2001年底，民进宝鸡市委员会所属会员中有省人大代表1名，省政协委员1名；市人大常委会委员1名、代表1名；市政协副主席1名、常委3名、委员7名；区人大副主任1名、代表5名；区政协副主席1名、常委1名、委员5名。

【召开第三次代表大会】 中国民主促进会宝鸡市第三次代表大会，于2001年5月19日至20日在宝鸡市西府宾馆召开。来自全市20个基层组织的48名代表出席了大会。陕西省政协副主席、民进陕西省委主委刘锦才及市委、市人大、市政府、市政协领导和市委统战部、市教委、文化局、文物局、市级各民主党派、工商联负责人，民进西安、咸阳、铜川市委员会的领导应邀出席大会开幕式。会议听取并审议了刘桂芳代表民进宝鸡市第二届委员会所作的题为《发挥优势、履行职能，为我市在西部大开发中的飞速发展做贡献》的工作报告，选举产生了民进宝鸡市第三届委员会。民进宝鸡市第三届委员会由19名委员组成，其中女性8人，大专以上文化程度14人，17人具有中高级专业技术职称，平均年龄43.5岁，分布在教育、文化、经济等行业。

【组织开展四次调研活动】 2001年，民进宝鸡市委员会还组织开展了四次调研活动：①对宝鸡市中小学师资队伍建设情况进行了调研，形成调查报告《提高中小学教师队伍素质是基础教育的当务之急》，受到民进中央领导重视，被《民主》杂志刊载；②针对我国即将加入世贸组织，民主党派将面临新的形势，通过调研形成报告《加入WTO，对民主党派工作的影响》，在全市统战系统理论研讨会上进行了交流；③就宝鸡市文化事业发展问题进行调研，形成《夯实基础，深化改革，促进文化事业蓬勃发展》的调研报告，在市政协八届五次全委会上作了大会发言；④调查报告《关于发挥农科人员作用的几点建议》获市政协调研成果三等奖。

【提交提案30件受到重视】 2001年，民进宝鸡市委员会及会员中的省、市、区政协委员共提交提案30件，其中提交市政协八届四次全会的党派集体提案14件，委员个人提案8件，全部被立案办理，有2件被列为市政协主席抓办的重点提案。这些提案内容涉及教育、城市建设、环保、文物保护、司法公正等多个方面，由于问题抓得准，建议措施可操作性强，受到承办单位的高度重视，得到及时认真地办复，使涉及的问题得到解决或初步解决。省政协委员杨作云提出的《关于减轻农村老龄人口人头税费的几点建议》的提案，获省政协优秀提案，受到表彰。

【开展农技、医疗和法律三下乡活动】 2001年10月17日，市政协副主席、民进市委名誉主委杨作云，民进市委主委刘桂芳带领5名农业专家、医生和律师，前往麟游县九成宫镇新庄塬村开展了农技、医疗、法律三下乡活动。市农技中心、市桑果站的专家，讲解了黄姜、仁用杏的种植等知识；市中医院的医生进行了义诊；宝鸡炎城律师事务所的律师提供了法律知识咨询。该村400多位村民参加了活动。同时，民进宝鸡市委员会还免费发放1000多元的常用药品，并向该村小学捐赠了1000多件衣服和学习用品，民进市委机关工作人员还捐款资助了2名贫困学生。

（毛永祥）

民进宝鸡市第三届委员会负责人

主任委员 刘桂芳（女）
副主任委员 孙晓劼 王富平
秘书长 毛永祥

中国农工民主党宝鸡市委员会

【概况】 2001年底，农工宝鸡市委会有党员152名，基层总支2个，支部13个；党员中有省政协委员2名，市人大代表3名、市人大副主任1名，市政协常委2名、委员9名，县（区）政协常委3名、委员8名。农工宝鸡市委会被评为全省先进集体，农工中医医院支部被评为全国和全省先进基层组织。

【4篇专题调查报告受到重视】 农工宝鸡市委会开展调查研究，对宝鸡市的社区卫生服务、医疗改革、无偿献血、学校卫生保健及食品卫生工作等方面进行了专题调查，整理调查报告4篇。《关于对宝鸡市创建计划生育服务综合县工作的建议》，受到市委、市政府的重视并供有关部门参考；《关于贯彻实施〈献血法〉，做好无偿献血工作的调查报告》在市政协八届四次全委会上作了大会发言，宝鸡日报记者对此问题作了专题采访并发表了评论文章；《关于我市医疗保险改革工作的调查报告》获宝鸡市政协系统优秀调研成果优秀奖；《关于加强我市学校卫生保健及食品卫生工作的建议》一文，在市政协八届五次全委会议上作了大会发言。

【18份提案被采纳】 全年共整理提案21份（含金、渭两区总支），立案18份，采纳18份。其中市委会提出的《关于对减轻农民负担工作的建议》和《关于对我市果品产业化工作的建议》、《关于纠正部门和行业不正之风的建议》、《关于积极发展我市社区卫生服务和农村合作医疗工作的建议》，受到市委、市政府重视，并改进了工作。《对我市小城镇建设的几点建议》被市政协确定为重点提案。有些提案还被评为市、县区政协优秀提案。

【开展“岗位讲奉献”活动】 市委会鼓励农工党员立足本职岗位，多做艰苦踏实的工作。党员陈卫国先后担任《武则天》、《唐明皇》、《康熙王朝》等大型历史剧的执导工作；陈保家先后在爱国主义题材《红岩魂》和20集电视剧《郭秀明》中担任重要角色；王耀宗退休后，千方百计筹措资金创建宝鸡市惟一的现代化建筑工程研究所，专门从事工程理论、论证等科研攻关项目；张玲娥（先后被评为宝鸡市“巾帼十杰”和宝鸡市“创佳评差”优秀标兵）、苏振丽在援藏期间，充分展示了高超的医疗技术和农工党员的风采，受到当地党政军各界和藏族同胞的赞誉；张萱拿出3万多元，在秦岭深山乱石堆中，开辟空地，为几十名宝鸡已故名医树碑立传（在自知身患绝症后，加班加点整理一生行医经验，无私奉献给社会）。据不完全统计，全市有22名党员撰写的26篇论文在各级刊物上发表或在学术会议上交流，有5份被图书收录；先后有32名党员在本职工作岗位做出了优异成绩，受到全国、省、市、县（区）和本单位的表彰奖励。

【开展咨询服务和智力扶贫工作】 市委会（含总支、支部）根据农工党员的智力优势，先后8次组织党员中资深和知名的医疗专家68人次分别在市区和贫困山区开展扶贫义诊活动，共诊治病人2469人次，咨询685人次，手术3例，送药价值800元，深受当地群众欢迎，市电视台和《宝鸡日报》都作了报道，影响较大。向希望工程和贫困山区捐物126件，捐款1365元；有8位同志分别在市、县（区）作医疗咨询、专业评审、工程质量等方面专题讲座21次，听众达2500余人次。

（张红科）

农工宝鸡市委员会负责人

主　委　何凤娥（女）
副主委　田芸台　卢　健
秘书长　张红科

九三学社宝鸡市委员会

【概况】 2001年底，九三学社宝鸡市委员会共有基层支社20个，成员243人，其中有高级职称者占60.9%，平均年龄53岁，成员中担任各级人大代表、政协委员的有17人，其中1人担任全国人大代表。

【二届六次全委（扩大）会议】 元月13日，九三学社宝鸡市委召开二届六次全委（扩大）会议。社市委委员及社员代表70余人参加了会议。会议认真审议了《九三学社宝鸡市委员会2000年常委会工作报告》，通过委员和社员代表投票选举，增选王虎贤为社市委常委、副主委。会议分组对常委会工作报告进行了讨论，提出了许多有益的建设性意见。

【5篇调研报告被批转有关部门参考】 2001年，九三学社宝鸡市委组织各专委会成员，九三成员中的政协委员、人大代表等共进行了5次大的调研活动，撰写调研报告6篇。其中《以优化发展环境为突破口、推进我市实现跨越式发展》、《关于加快我市小城镇建设与发展的几点建议和意见》、《关于进一步推进我市国有企业改革与创新的专题调查》、《以环保为前提，用科技开出小康路——岐山县板纸厂对开发西部中民营企业发展之路的成功探索》、《要重视我市在西部大开发中的人文环境建设》等5篇调研报告呈报中共宝鸡市委后被市领导批转市招商局、环保局、乡企局、科委等有关单位在起草文件和工作中参考执行。《关于我市乡镇企业结构调整的几点意见》被《宝办通报》2001年第32期刊发。

【提案工作受到表彰】 在市政协八届四次会议，提交集体提案10件，大会发言1篇，委员个人提案7件。其中有5件提案被市政府列为重要督办提案，有2件提案被市政协评为优秀提案，受到表彰和奖励。在全国人大九届四次会议上，全国人大代表、秦川发展股份公司副总经理、社市委副主委李成博代表国有企业回答了中外记者的提问（中央电视台实况转播）。同时，中央电视台《焦点访谈》栏目在会议期间以个人议案提交最多对李成博进行了专访并播出。

【参加统战系统活动获奖励】 7月份，在市委统战部组织的统战理论研究活动中，社市委通过调研提交的论文《怎样理解党外知识分子既是工人阶级的一部分又是统战工作对象的调研报告》获2001

年全省统战理论研究优秀成果二等奖。在“全市统战系统庆祝中国共产党成立80周年书法、绘画、摄影作品展”中，九三成员潘月英获工艺品类二等奖，徐玉祥、郭劼获书法优秀奖。5月份，社市委组织全体成员参加“全国统一战线知识竞赛”活动，寄出答卷180余份，对在社员中普及统一战线知识起到了积极作用。

【九三成员敬业奉献创佳绩】 市工人文化宫科长、九三渭滨综合支社副主委李红林被宝鸡市委、市政府命名为“有突出贡献拔尖人才”并受到表彰。九三人民医院支社副主委钱异珍的论文《小儿热惊厥临床特点及预防》和九三铁路医院支社主委张美菊的论文《加热顺铂腹腔灌注治疗腹腔播散性肿瘤87例疗效观察》获宝鸡市第九届自然科学优秀学术成果三等奖。九三成员、市政协委员、陕西振华培训学院院长刘荣被评为宝鸡市“十佳”政协委员。社市委、秦川综合支社、渭滨综合支社、凌云电器综合支社被九三学社陕西省委评为“为两个文明服务”先进集体，李成博等12名成员被九三省委评为“为两个文明服务”先进个人。成员中有30多人在本单位或本系统被评为“优秀公务员”、“先进工作者”、“技术创新能手”。

【九三学社宝鸡市第三次代表大会】 九三学社宝鸡市第三次代表大会于2001年11月24日至25日在宝鸡市举行。会议应出席代表60人，实际到会70人（含10名列席人员）。会议听取和审议了九三学社第二届委员会工作报告；与会代表通过无记名投票等额选举的方式，选举产生了由王虎贤等19名委员组成的九三学社宝鸡市第三届委员会；在同时举行的九三学社宝鸡市第三届委员会第一次全委会上，通过举手表决的方式选举产生了7名常委（主任委员王虎贤、副主任委员刘怀科、郭颜军），任命刘怀科兼任秘书长，推举傅国城为名誉主任委员。

【九三成员李红林的作品多次获奖】 渭滨综合支社副主委、宝鸡市文化宫科长、宝鸡市音乐文学学会主席李红林作词的歌曲《无悔》、《走进五月》、《中国脊梁》，在全国“中外建三峡杯”新世纪工人歌曲评选活动中，获得一个二等奖，二个三等奖（同时，《走进五月》、《无悔》分别被中华全国总工会、铁道部选送角逐中共中央“五个一工程”作品评选）；作词的歌曲《恩重如山》，在中国艺术歌曲音乐电视展评活动中获银奖。2001年7月，在长沙《中小学音乐报》举办的“支持申奥全国歌曲大奖赛”活动中，李红林作词的歌曲《奥运·北京》、《绿色奥运》获一银二铜3个奖杯。10月，在全国第二届“北极星群英杯”词曲创作大赛中，李红林作词的歌曲《学会坚强》、《快乐的士》、《红色的士》分获金、银、铜3个奖。由他作词的《天下慈母心》在全国“母亲之歌”征歌活动中获优秀奖。他创作的散文诗《奥运·北京》在“申奥有我”全国征文评选活动中获优秀奖。

（李晓敏）

九三学社宝鸡市委员会负责人

主　委　王虎贤
副主委　刘怀科　郭颜军
秘书长　刘怀科（兼）

宝鸡市工商业联合会

【概况】 2001年，市工商联紧紧围绕市委、市政府的中心工作，充分发挥统一战线性质人民团体和民间商会的职能作用，团结、帮助、引导、教育广大非公有制经济人士抢抓机遇，在西部大开发和实施“十五”计划中建功立业。参政议政、组织宣传、经济服务、对外联络、光彩事业及维权工作有了长足的发展。全市工商联共有会员4099个，其中老会员417个，新会员3682个，非公有制经济企业、个人会员已占到新会员总数的74.5%。全市工商联共建立同业公会（商会）、乡镇分会（商会）、行业小组等基层组织和专业组织累计达103个。市工商联被评为2001年度全省工商联会务工作先进单位。“八一”前夕，市工商联还被中共宝鸡市委、市政府和宝鸡军分区授予“爱心献功臣行动”先进单位荣誉称号。在市直机关十一届运动会上，荣获大会组委会“优秀组织奖”。

【参政议政12份团体提案全被采纳】 全年，市工商联领导20余次出席市委、市政府和市委统战部等部门召开的协商会、通报会、征求意见会和有关非公有制经济的工作会议。在市政协八届四次全委会议期间提交的《关于制定我市国有企业从一般性的竞争领域和行业“有序退出”指导意见的建议案》、《关于采取“人”、“资”分离办法，推动非公有制企业参与国企改革步伐的建议案》、《关于进一步加大发展非公有制经济宣传力度的建议案》、《关于建立零散劳务用工市场的建议案》、《关于修改东风路、大庆路畅通工程中有关规定，为客商进出货物提供便利的建议案》、《关于解决我市原工商业者生活困难的建议案》、《关于启动我市住房公积金贷款的建议案》、《关于采取更加优惠的政策，积极吸引民间资金，开发利用我市旅游资源的建议案》、《关于积极推进城镇集体企业进行现代企业制度改革的建议案》、《关于取消单行道上收费停车场，在车流量较小的路段设立免费道路停车场，发展营业性停车场的建议案》和《关于加大政策公开力度，发挥政策激励作用的建议案》等12份团体提案，全部被政府有关部门采纳办理。

【围绕非公有制经济发展进行调研】 非公有制经济发展中的热点、难点问题，一直是市工商联调查研究工作的重点。全年组织会员和机关干部深入会员企业，开展调查研究10次，向省工商联和中共宝鸡市委、市政府及有关部委报送调研报告10篇。其中《加快我市服装业的发展刻不容缓——关于宝鸡市服装行业情况的调查》，为宝鸡市服装业发展提供了参考。《关于组织民营企业家参与“光彩事业”的调查》中的数字、体会被综合报告全国工商联。《对东岭集团发展情况的调查》被《宝鸡经济》第四期采用刊登。《基层组织建设——新时期工商联自身建设的一项重要的基础性工作》的调研报告获2001年全省统战理论研究优秀成果优秀奖。

【举行庆祝建党80周年座谈会】 6月14日，70余位市工商联会员在市政协会议厅举行庆祝中国共产党成立80周年座谈会，工商界老会员通过新旧社会对比，盛赞中共成立80年来和执政52年来所取得的辉煌成就，我们国家所发生的巨大变化；在改革开放中成长起来的非公有制经济代表人士纷纷联系自己企业发展壮大的事实，热情讴歌党的富民政策的英明和正确。大家纷纷表示要“致富思源颂党功，富而思进报党恩”，为宝鸡的经济发展和社会进步做出积极贡献。

【召开加强组织建设座谈会】 4月19日，市工商联在眉县召开了“如何做好非公有制经济人士思想政治工作暨加强组织建设座谈会”，组织各县区工商联负责人一起认真分析和研讨新时期非公有制经济人士的新情况、新特点，交流加强和改进思想政治工作的新途径、新方法，总结规范了思想政治工作的目标、原则和内容。与此同时，市工商联向市委报送了《关于全市民营企业建立党组织情况的调查报告》和《市工商联民营企业会员建立党组织情况》；及时向各县区工商联总结推广了宝鸡县工商联在协助有关部门做好各民营企业建立党组织工作的经验。

【崔小华等4人荣获陕西省“优秀青年实业家”称号】 在8月2日举行的陕西省第四届杰出（优秀）青年实业家、第三届杰出（优秀）经济理论工作者表彰大会上，宝鸡市中医药服务部经理崔小华（女）、陕西京泰纺织化纤（集团）有限公司董事长王然劳、宝鸡市秦隆商贸有限公司董事长李丁芬（女）、宝鸡八钢金属材料有限公司总经理王辉被授予陕西省“第四届优秀青年实业家”称号。

【拓展经济服务领域】 在宝鸡市“两节一会”中，接待成都市、福州市等地工商联参会代表，介绍宝鸡市情、招商引资优惠政策并洽谈了合作事项。4月，组织宝鸡世通日化公司、彩虹化工公司等6个会员企业，参加了2001年东西部贸洽会民营企业项目推介会。全年先后接待广州市、靖江市等外地工商联和客商4批12人次来宝鸡市考察投资合作项目，帮其与宝鸡市企业达成了合作意向。为7个会员企业办理了出国（境）考察任务报批及政审手续。

【为农村中小学危房改造捐款】 在11月2日召开的宝鸡市光彩事业座谈会上，市工商联副会长、市光彩事业促进委员会副主任、宝鸡专用汽车厂厂长王宝和，代表与会民营企业家向全市非公有制经济人士发出了响应市委、市政府号召，积极向农村中小学危漏校舍改造捐款的《倡议书》，并带头捐款5000元，宝鸡瑞德电力自动化设备厂厂长刘延鸿、岐山京泰集团公司董事长王然劳、宝鸡聚丰房地产开发（集团）公司董事长王宗礼等30多位民营企业家纷纷响应，当场捐款51000元。市工商联机关21名党员干部职工为中小学危房改造献爱心，共捐款1460元。

（王军君）

宝鸡市工商业联合会负责人

会　长　黄　哲
副会长　刘世斌（1～12月）
周菊梅（11～12月）　史根祥（12月）
吕　智　巨泉明　刘俊成　王宝和
张继军　高　迪（女）
秘书长　刘世斌（兼）

私营企业主阶层不会发展成独立阶级

【《解放日报》7月12日报道】第14期《求是》杂志发表秋石文章《如何认识中国社会阶层结构的变化》。文章全面分析了改革开放20多年来我国社会阶层结构变化的情况、原因和作用，对如何正确看待中国社会阶层结构的新变化进行了比较深入的论述。文章认为，伴随着改革开放和社会生产力的发展，作为我国社会结构重要方面的社会阶层结构也发生了十分深刻的变化。社会阶层出现的显著变化，是社会主义市场经济体制建立和完善的必然结果，是经济发展的体制环境所发生的重大变化在社会层面的客观反映。

文章指出，要坚决维护工人阶级作为国家和社会领导阶级的地位。工人阶级始终是推动我国生产力发展的基本力量，是国家的主人，是改革开放的排头兵。

要正确认识和看待我国经济社会生活中出现的新的社会阶层。新的社会阶层中的广大人员，也是有中国特色社会主义事业的建设者，他们中的大多数通过诚实劳动和守法经营，为发展生产力作出了贡献。在劳动者当家作主的社会主义社会，在社会主义基本经济制度下，国家始终掌握着国民经济命脉，私营企业主阶层不会也不可能发展成为一个独立的阶级。总体上而言，我国现有包括私营企业主阶层在内的各社会阶层之间不存在对抗性的矛盾，更不存在阶级对立。社会各阶层根本利益、根本目标是一致的，他们都是有中国特色社会主义事业的建设者。

人 民 团 体

宝鸡市总工会

【概况】 2001年，全市有基层工会组织3045个，新发展会员79292名，完成省总下达任务的144.17%。2001年市总工会在市委和省总的领导支持下，按照“三个代表”的要求，切实抓好工会五项重点工作，以实现“三个最大限度”为目标，“建会”和“交友帮扶”两项重点工作取得阶段性成果，群众性安全生产工作荣获全总和国家经贸委颁发的“优秀组织奖”，工会干部教育培训工作荣获全总先进集体称号，市总机关党总支荣获市直机关“优秀党组织”称号。

【扶贫帮困送温暖工程】 2001年，全市参加交友帮扶的各级领导干部有4065人（其中市级领导26人，县级领导3293人，扩大到科级干部746人），被帮扶的困难职工覆盖面达到75%。参加帮扶的各级领导干部共登门访谈9090人次，释疑解惑4470次，送现金61.2万元，帮助协调政策问题1120户次，帮助420名困难职工子女减免学杂费54540元，使72名辍学的困难职工子女重返校园，1620名下岗困难职工实现再就业，协助解决个人贷款6.5万元，帮助发展个体经济88户。此外还送去了大量书刊、衣物、面粉、化肥等学习生活用品和生产资料，到年底全市已有251名帮扶对象实现了基本脱困。同时，市总工会还建立了“送温暖基金”，现已筹集资金十多万元。市总领导坚持日常临时紧急救助和元旦、春节期间的集中走访慰问，积极协助各级党政领导做好本市困难（下岗）职工的“低保”工作。去年，市总在经费十分紧张的情况下，挤出8万多元，走访慰问了400多户特困职工和24户困难劳模。

【开展安全生产竞赛活动】 市总工会组织全市职工积极参加“五创新”项目立功竞赛活动，与市安监局等部门联合开展了“安全生产宣传月”、“安康杯”安全生产竞赛活动。据统计，全市8个县（区）总工会、25个基层工会，结合实际，组织职工开展了各种类型的立功竞赛活动。有76个工矿企业、6万余名职工参加了“安康杯”竞赛活动。在全国第十一个“安全生产宣传日”活动中，市总工会组织30个基层工会，上街设点宣传，现场解答职工提出的有关安全生产的咨询，图文并茂地展出了“安康杯”竞赛活动取得的成果，教育职工群众更加重视安全、珍惜生命。各级工会从配合岗前培训、安全教育入手，不断提高工会干部和职工群众的安全意识。

【职工信访接待工作】 市总工会本着社会稳定的大局，认真做好职工的来信来访接待工作。一年中，市总工会共接待职工来访243人次，接到群众来信35件，对职工来信来访，坚持重大信访主要领导亲自抓，主管领导重点抓，分管部室具体抓的原则，基本做到了事事有着落，件件有答复，为宝鸡社会稳定，经济发展起到重要作用。

【开展职工再就业工作】 市总工会成立的职业介绍服务中心，积极为下岗职工求职再就业牵线搭桥，提供优惠服务，全年“中心”接待求职职工咨询2751人次，接待用工单位124个，举办大型劳务洽谈会一次，安排下岗职工、待业人员1045人。开办各类技能培训班3期，培训下岗职工125人。

【全面推行集体协商、集体合同制度】 2001年，在全市各类企业中，继续全面推行集体协商、集体合同制度，狠抓机制建设，扩大集体合同覆盖面，提高履约率及到期合同续签率。经过努力工作，年底全市建立平等协商、集体合同制度的各类企业已达927个，占企业总数的93.45%。同时，市总工会与市劳动部门商定，在两区和3个企业开展了工资集体协商试点，现全市已有50多个企业相继制定了工资集体协商实施方案和协商制度。

【推行厂务（事务）公开制度】　在坚持职代会制度上，突出强调企业的重大决策和关系职工切身利益的问题，如企业改制方案、职工下岗分流方案等必须提交职代会或职工大会讨论通过。并以职代会为基本载体，不断提高厂务（事务）公开工作水平。各企事业单位普遍推行了厂务（事务）公开，建制率达到98%，公开率达到95%。职工满意率达到82%。应推行的554个企业全部推行了厂务公开制度。另外35个乡企、23个事业单位也不同程度地推行了企（事）务公开。

【中国职工互助保险宝鸡代办处成立】　2001年5月，在市总工会成立了中国职工互助保险宝鸡代办处，通过积极宣传，扎实工作，热情周到的服务，在半年多时间里，打开了职工互助保险工作新局面。全市参保职工数达到9525名，参保金额1269.16万元。

【开展丰富多彩的职工活动】　2001年“五一”国际劳动节前后，市总工会安排了一系列丰富多彩的活动。召开了全市庆祝“五一”国际劳动节及工会工作表彰大会；举办了迎“五一”、第四届全市职工艺术节、“时代杯”宝鸡市首届宣传招贴画大赛及优秀作品展。各县（区）总工会和基层工会，也利用工会宣传阵地，为改革和发展鼓与呼，受到了各级党政和职工群众的好评。建党80周年前，市、县（区）、基层三级工会都按照同级党组织的安排，开展了庆祝中国共产党建党80周年纪念活动。

（隽烈琴）

宝鸡市总工会负责人

主　席　董瑞林
副主席　王建国　周　健

共青团宝鸡市委员会

【概况】　中国共产主义青年团（简称共青团）宝鸡市委员会现有基层委员会421个，团员225343名，青年730678名。2001年全市新建基层团组织51个，发展新团员14708名，推荐加入中国共产党的优秀团员1379名。2001年，全市各级团组织紧紧围绕开放年大局和团的基层工作年度目标，以“三个代表”重要思想为指导，动员和组织广大团员青年在宝鸡改革与发展中发挥了生力军和突击队作用。团市委被团省委评为2001年度工作优秀奖。

【青年志愿者活动】　2001年，按照健全机制、完善网络、规范服务的思路，在“一助一”长期结对服务计划的基础上，开展了扶贫济困，“科技、文化、卫生”三下乡，“旅游黄金周”援助计划，启动了“新世纪，志愿者从我做起”公益劳动等活动，有20余万名青年志愿者参与了3月5日组织的集中志愿服务活动。同时，举办了宝鸡青年形象小姐大赛，为“两节一会”开展礼仪接待志愿服务。

【青年企业家西部行活动】　2001年8月，承办了由团中央、团省委组织的“青年企业家西部行”赴宝经贸协作考察活动，组织全市100余家大中型企业的160多个项目，与来自北京、广东等十省市的80多名优秀青年企业家进行洽谈，签定合作项目15个，协议资金5.49亿元。

【创建青年文明号、青年文明社区活动】　2001年，市创建青年文明号活动组委会命名宝鸡市电信分公司营业中心等10个市级青年文明号标兵，眉县公安局汤浴派出所等55个市级青年文明号；争创省级青年文明号标兵4个，宝鸡市渭滨区马营工商所被评为“全国青年文明号”。团市委联合市民政局、城建局、工商局，按照“整体部署、典型示范、突出特色，逐步推进”的工作思路，积极开展创建青年文明社区活动。7月举办了全市共青团系统创建青年文明社区探讨培训班。命名金台区十里铺宏文路东社区、渭滨区新开路社区等9个市级青年文明社区。宏文路东社区、供电局社区、西铁机务段社区、新开路社区、金陵社区被命名为省级青年文明社区。

【青少年维权工作】 4月22日至5月10日，团市委、市少工委联合市综治办、教育局等单位举办了宝鸡市预防青少年违法犯罪图片展。6月26日，开展了“珍爱生命，拒绝毒品”宣传暨签名活动，营造青少年健康成长氛围，维护青少年合法权益。命名宝鸡市公安局计算机管理监察科、岐山县人民检察院等31个市级青少年维权岗，宝鸡市渭滨区人民法院、宝鸡电视台《警视天地》栏目等12个单位被命名为省级青少年维权岗，协调处理青少年侵权案件5起。团市委被团省委授予创建优秀青少年维权岗活动优秀组织奖，被市禁毒委授予禁毒工作先进单位，被市依法治市办授予全市普法知识竞赛优秀组织奖。

【希望工程】 2001年，动员青联委员捐资10万元，建成凤县白石铺青联希望小学，赠送价值5000余元的电教设备一套。争取资金23万元建成眉县海军希望小学。争取资金10万元建成岐山三和希望小学。争取省希望办资金40万元，下拨麟游县、千阳县建设希望小学。联系协调团省委为宝鸡县西部山区凤阁岭镇中学等学校赠送价值7.5万元书库6套，5000元现金及防寒服741件。

【保护母亲河行动重点项目库建立】 2001年，团市委围绕山川秀美工程和退耕还林（草）及市县重点绿化项目，建立了市级保护母亲河行动重点项目库，建成了13个示范项目，争取资金140万元，将在宝鸡县建设133.3公顷青少年保护母亲河植绿护绿工程。

【第四届青年科技标兵评选】 2001年11月，团市委联合市人事局、市科学技术局开展了第四届青年科技标兵、优秀青年科技工作者评选活动，经过基层推荐，层层筛选，评委会评选，杨广元等10名同志被评为第四届宝鸡市青年科技标兵；赵怀国等50名同志被评为第四届宝鸡市优秀青年科技工作者。

【少先队素质教育结硕果】 2001年，团市委充分发挥以团带队的作用，以爱国主义教育为主线，以中国少年雏鹰行动为统揽，以“遵章达标”、“手拉手”和“新世纪我能行”体验教育主题活动为重点，举办了“庆六一全市少儿文艺调演”、“青少年眼保健知识竞赛”、“手抄报”比赛等活动，提高了广大少年儿童自护、自律和实践锻炼的能力。市少工委荣获全国小甲A足球活动优秀组织奖、全国东西部少年手拉手科学绘画活动优秀活动奖。

【培养青年星火带头人】 2001年，团市委围绕农业产业结构战略性调整，把培训青年星火带头人和领办科技推广项目结合起来，选择了一批科技含量高、市场潜力大、辐射带动能力强的项目进行推广，培养市青年星火带头人标兵15名、青年星火带头人33名；省级青年星火带头人标兵4名、青年星火带头人10名。联合市科技局命名青年科技示范园区12个；创建西部青年创业示范园1个。团市委被团中央科技部评为全国培养青年星火带头人活动组织奖。

【第四届宝鸡市优秀（杰出）青年企业家评选揭晓】 2001年8～12月，团市委联合市委组织部、市人事局、市经贸委、市乡镇企业管理局、市青年企业家协会等6家单位开展了第四届宝鸡市优秀（杰出）青年企业家评选活动，采取基层推荐，评委会评审，社会公示的办法，评选出王洪清、史义祥、仝明科、李旸、李鹏、李安寅、李国豪、李晓林、杨飞、杨超、张靖、施尧夫、靳宗让13名同志为第四届宝鸡市优秀青年企业家。在表彰大会上，市长吴登昌、市委副书记刘忠良、市长助理徐强到会祝贺并发表重要讲话。

（张永峰）

共青团宝鸡市委员会负责人

书　记　龚晓燕（女）
副书记　张海建

宝鸡市妇女联合会

【概况】 2001年，全市各级妇联组织紧紧围绕全市工作大局，坚持一手抓发展，一手抓维权，广泛动员、组织妇女参加西部大开发。2001年度市妇联被省妇联评为目标管理考核优秀单位，被市委、市政府评为目标管理责任制优秀单位。

【实施“十百千科技致富工程”】 2001年度，市妇联围绕全市农业产业化布局，以实现增收致富为目标，积极实施科技致富工程。3月、11月开展了以“科学技术进万家”为主题的“科技推广月”宣传和下乡活动，市妇联“科技大篷车”分别到宝鸡县天王镇、岐山县蔡家坡镇开展咨询服务活动，接待群众800余人，发放资料2万多份。全市共组织“巾帼科技服务队”13支，开展咨询服务59次，举办培训班978期，培训妇女10.2万人。全市扶植巾帼科技示范户120户，“妇字号”龙头企业15个。扶持贫困户6849户，多方吸纳扶贫资金1408.5万元，帮助1015户实现了脱贫。

【开展“巾帼家政服务”活动】 发挥市妇联“巾帼家政服务中心”作用，健全完善各项规章制度。全年共接待安置下岗女工和农村贫困妇女168人，接待用户275户（个），并首次向北京输送54名农村贫困妇女和下岗女工从事家政服务。金渭两区新建社区服务网点6个。

【“春蕾计划”成果明显】 2001年，市妇联设立了“宝鸡市失辍学女童救助基金”。新开办女童班7个，救助女童788名。并在宝鸡县六川河乡车辙村建起了全市第一所春蕾小学。

【维护妇女儿童合法权益】 2001年，市、县两级共接待群众来信来访30件、985人次，结案率98%。目前，市县已成立妇女儿童法律咨询中心、分中心12个，开设了“148”妇女维权热线，召开了各界人士参加的“妇女婚姻家庭权益保护问题座谈会”，开办了法律咨询和讲座，开展了法律下乡活动，进行了家庭暴力问题问卷调查。

【开展“不让毒品进我家”宣传活动】 6月份，各级妇联积极配合禁毒委，开展了“不让毒品进我家”宣传活动，市妇联在国际禁毒日当天，组织市级机关女干部、职工和群众1000余人在炎帝园门前举行了“社会崇尚文明，家庭拒绝毒品”的签名宣传活动，在活动现场发放有关宣传资料1000余份。

【开展妇女健身活动】 在全市城乡广泛开展了群众性的健身秧歌培训和比赛。3月7日，市妇联在市体育馆组织了全市妇女健身秧歌形体健美操大赛，共组队42支，运动员1187名，观众达4000多人，通过比赛，评出了一等奖4个，二等奖10个，三等奖9个，优秀组织奖12个。12月30日，陕西省“百万妇女健身活动”启动仪式在宝鸡市举行，促进了宝鸡市妇女群众强身健体活动的健康蓬勃发展。

【开展“救助贫困母亲儿童”活动】 10月份，市妇联在市女企联、市级机关妇委会等有关单位中开展了“救助贫困母亲儿童”活动，共收到捐款18090元，衣物6800件，学习用品200多件，于10月30日、11月9日分别在宝鸡县甘峪乡和六川河乡举行了赠送仪式。

【创建“巾帼文明示范岗”】 2001年，继续在全市女职工中开展以“四有”、“四自”精神教育为主要内容的“巾帼文明示范岗”创建活动，通过开展文化、劳动技能培训等多种形式的岗位成才、岗位建功竞赛活动，表彰树立“巾帼建功标兵”和“巾帼建功先进工作者”各20名，3.9万名女职工参加了创建活动，共评出“巾帼文明示范岗”48个，其中：全国2个、省级13个、市级33个。

（周　芳）

宝鸡市妇女联合会负责人

主　席　王雅蓉（女）
副主席　白晓敏（女）　邱保平（女）

军　　事

宝 鸡 军 分 区

【概况】 2001年，宝鸡军分区围绕“打得赢”、“不变质”两个历史性课题，按照军分区党委年度工作部署，以筹备省军区军事斗争准备工作座谈会为契机，推动军分区、人武部全面建设；以抓好陇县民兵女子防雹高炮连典型培养宣传为动力，促进民兵预备役基层全面建设；以科技兴后为牵引，促进综合保障能力的提高，圆满完成了各项工作任务。

【思想政治建设】 采取团以上领导深入基层宣讲辅导、举办理论学习班、组织学习体会交流等方法，深入进行了江总书记“七一”重要讲话的学习教育。军分区各级党委组织人员学习十五届六中全会公报、《决定》和军委《意见》，自觉用六中全会精神统一思想，按照“八个坚持、八个反对”的要求，对照检查，增强了加强和改进党的作风建设的自觉性。

【党委班子建设】 宝鸡军分区党委坚持以“三个代表”重要思想为指导，狠抓了各级党组织和干部队伍建设。6月份，在对团级党委班子进行全面考察的基础上，召开党委建设座谈会，研究提出了按照“三个代表”要求，加强党委班子建设的措施。认真贯彻上级关于反腐倡廉的重要指示，在各级党委班子中大力开展了“强素质、树形象、做表率”活动。5月中旬到9月底，军分区认真开展了保持共产党员先进性教育活动。陇县、太白县人武部党委、宝鸡县人武部机关党支部受到省军区党委表彰。太白县人武部官兵英勇顽强，抢险救灾，荣立集体三等功，陇县人武部党委在省军区党建会上介绍了经验。

【民兵预备役建设】 按照“五个有利于”、“大稳定”、“小调整”和突出重点、提高质量的原则，进一步调整健全了基层民兵组织，基干民兵中“两类人员”比例分别达到90%和94%以上，到点率达到96%，应急分队到点率达到100%。围绕建设强有力的“一线指挥部”，坚持抓设施建设改善工作环境，抓制度落实强化机关管理，抓干部队伍提高素质能力，使人武部全面建设有了长足的发展。6月份，军分区在千阳县组织召开了基层人武部正规化建设现场观摩会，提高了全区基层武装部建设质量。

【国防知识教育】 每年突出一个主题开展全民国防知识竞赛活动，是军分区工作的特色之一。6月份，宝鸡军分区政治部与市委宣传部、市国防教育办公室、宝鸡日报社、宝鸡人民商场联合举办了以学习贯彻《国防教育法》为主题的第12届“人民杯”国防知识竞赛，共收到答卷21万份。12月中旬，召开了竞赛总结表彰大会，王爱国等190人获奖，渭滨区人武部等11个单位获组织奖。11月上旬，宝鸡市组队参加了省举办的首届国防知识电视大奖赛，取得了第二名的好成绩。宝鸡市连续12年开展国防知识竞赛的做法受到了上级好评。

【青年民兵之家建设】 宝鸡军分区政治部为促进民兵政治思想教育的大面积落实，目前共建立青年民兵之家2160个。各级人武部和民兵营连以青年民兵之家为阵地，组织民兵学科学、用科学，争做“三个代表”重要思想的传播者和实践者。军分区政治部积极开展争创先进青年民兵之家活动，先后给眉县汤峪镇等3个先进青年民兵之家授了牌，推动了全市民兵组织、文化阵地建设。

【军事斗争准备工作】 宝鸡军分区深入贯彻江主席“两个严密关注”的重要指示，着眼“打赢”需要，认真贯彻省军区年度军事训练工作指示和《科技练兵三年规划》，军分区首长、分区机关和各人武部组织进行了条令条例、训练法规以及计算机知识的学习和训练。军分区利用机关局域网，开展“军事高科技知识”每周一题活动，进行网上交接班和军用文书拟制、文电传输、多媒体制作等网上训练。民兵训练坚持按纲施训，全区共训民兵5128人，合格率达到90%。注重加强指挥自动化建设，实现了军分区局域网与全军三期网的联通，在全省分区系统率先建成集指挥、控制、通信于一体的指挥自动化中心，改进了分区作战指挥手段和方式。5月份，省军区在本区召开了军事斗争准备工作座谈会，军分区就做好军事斗争准备工作介绍了经验。部队奉命进入三级战备后，军分区、人武部机关根据实际进行了紧急拉动演练，提高了战备工作质量。

【征兵工作】 2001年，宝鸡市冬季征兵工作认真贯彻中央军委关于保证新兵质量的重要指示，做到领导到位，宣传到位，措施到位，调动了广大应征青年参军的积极性。认真做好宝鸡县、渭滨区征兵工作机制改革试点工作。各级兵役机关加大纠正不正之风的力度，严格落实政策规定，高质量完成了3030名新兵的征集任务。

【后勤综合保障】 宝鸡军分区坚持以保障有力为目标，坚持“着眼长远，整体设计，重点突破，全面推进”的原则，认真抓好《宝鸡军分区推进后勤社会化保障实施方案》的落实。确定划分了公寓区和售房区，解决了机关和招待所60名职工的养老保险，为30名机关在职和退休职工调整补发了工资。坚持党委当家理财，建立了领导监督、群众监督和财务审计监督“三位一体”的经费监督管理体系。严格预算管理制度，对各种费用实行指标管控，全年压减开支10万多元。加大后勤管理的科技含量，投资13万元在机关食堂安装了RF卡餐饮管理系统。认真抓了债权债务清理工作，共收回外欠资金130多万元，清还所欠债务100多万元。

【参加和支援西部大开发】 宝鸡军分区积极响应党中央、国务院关于实施西部大开发的伟大号召，积极组织部队、民兵预备役人员投身西部大开发。按照省军区和市委、市政府的总体规划，各人武部发挥优势，主动承建了12条小流域治理工程。分区常委都建立了1～2个联系点。军分区重点抓了眉县王家堡、岐山县大石沟、渭滨区张家沟小流域示范工程。全区共在承建的小流域内植树248.7万株、880公顷，种草279.3公顷，封山育林849.3公顷，建水窖64个，淤地坝18座，投入资金574.6万元，小流域治理工程初具规模。

【拥政爱民】 配合地方，协调驻军，深入开展了创建双拥模范城（县）和文明城市、文明村镇、文明行业等活动，参加宝鸡市重点工程建设。按照“脱贫不脱钩，致富奔小康”的要求，协调驻军、各县（区）人武部开展扶贫帮困活动。协调地方党委、政府做好拥军优属工作和转业退伍军人安置工作，妥善处理军地纠纷，进一步密切了军政军民关系。

【陇县“防雹英雄女民兵连”】 陇县民兵女子防雹高炮连自1974年5月组建以来，以防雹减灾、保障当地农业增产增收为已任，扎根艰苦环境，与雹魔抗争，累计发射炮弹75000余发，击溃冰雹693次，减少经济损失3.45亿元，被当地群众誉为“女子管天兵”，先后被兰州军区、陕西省军区和宝鸡市妇联命名为“精神文明建设先进单位”、“三八红旗集体”、“学雷锋标兵单位”、“巾帼文明示范岗”等荣誉称号。2001年11月，省委、省政府、省军区在陇县召开命名大会，授予陇县民兵女子防雹高炮连“防雹英雄女民兵连”称号。

（权公让　马　斌）

中国人民解放军宝鸡军分区负责人

司 令 员　刘须交
政治委员　许道化
副司令员　李哲峰　王建华　钟烈金
副 政 委　宋广利　高恩生

武 警 宝 鸡 市 支 队

【概况】 2001年，坚持“固强补弱、夯实基础、谋求发展、争创一流”的总体思路和“人人强素质、天天打基础、处处抓正规、时时保安全”的工作要求，坚持扭住“五项重点工作”，狠抓“三项经常性工作”的落实，确保了部队内部安全稳定和以执勤、处理突发事件为中心的各项任务的圆满完成，部队没有发生事故案件和严重违纪问题。正规化执勤在总部检查考核中取得小组第一名的成绩。解决“五个重点问题”、教导队建设、财务管理的做法受到总部首长的肯定。正规化执勤和后勤规范化管理接受总队两次培训班的观摩指导。支队《基层建设三年规划》、党支部建设、密切内部关系等8个方面的做法分别在总队有关会议和培训班上做了介绍和印发。部队全面建设在总队年终检查考核中取得优秀成绩，连续四年被总队评为基层建设先进支队。被宝鸡市委、市政府评为安全保卫工作先进单位。

【思想政治建设】 开展以永远做党和人民忠诚卫士为主题的政治教育，与宝鸡文理学院联合开办了法律专科学校，32名官兵被录取入学。紧扣“三好”主题，组织官兵参观扶眉战役纪念馆和驻地举办的“80年辉煌成就”图片展，支队200名官兵的大合唱《听党指挥》参加了市公安系统庆“七一”文艺汇演和宝鸡市庆“七一”纪念大会现场直播，获得一等奖。指导基层深入开展“三互”、“双四一”、写《军旅日记》等工作，组织了事迹报告会，树立了5个先进典型。投资6万元为基层购买图书5000册，投资4万余元为金台区、宝鸡县、眉县中队和教导队制作了7位英模画像灯箱，为部分中队添置了文体器材。向“西部春蕾女童班”、贫困山区和家庭有困难的战士捐款2.6万元。

【执勤和军事训练】 组织部队认真学习《执勤规定》和《正规化执勤检查验收标准》，制定了《正规化执勤检查验收实施方案》，培训了基层军事主官，建立和完善了执勤工作制度。与市公安局联合召开全市监管执勤工作会议，队所召开联系会议54次，狱情分析154次，联合演练25次。卫生队巡回为基层310名民警进行体检，争取地方经费60余万元，为4个执勤目标安装了监控设施，新建铝合金岗楼21个。投资21万元开设了重大勤务现场电视红外线传输系统。执行公捕、公判54场次，出动兵力895人次，处决犯人15人，押解人犯176人，参加抢险救灾12次，出动兵力240人次，担负调犯专列警戒6次，出动兵力500人次。圆满完成了宝鸡市“两节一会”、中英足球对抗赛等重大活动的安全保卫任务。加强军事训练，分2次对机关干部进行了微机培训，投资17万元建成了机关区域网，购置投影仪，初步实现了办公和信息传输自动化。严密组织新兵教育训练，组织了优秀士兵事迹报告会。对新兵进行心理状况测试的做法被总部《政工简讯》转载，举办了2期92名预提骨干和军事训练骨干集训，2次82人组成的“四手”集训，树立了33名军事训练标兵，教导队被评为训练一级单位。

【基层建设与活动】 制订了按《纲要》指导基层计划和《基层建设三年规划》，落实了党委成员包片、股（队）挂钩抓基层责任制，制定了“单位夺红旗，个人争红星”活动评比实施细则，制作了“夺旗争星”评比栏。对金台区等三个中队党支部进行了重点帮扶整顿。调整了13个支部班子，组织17名基层主官参加总队基层主官集训，印发了基层组织建设“两个规则”、“两个规范”，培训了团支部书记和军人委员会主任，召开军人代表会议，增强了官兵的主人翁意识。开展保持共产党员先进性教育活动，评比表彰了16名优秀党员，组织了优秀党员事迹报告会。狠抓干部队伍建设，严格落实《干部管理规定》、《双休日管理规定》、《干部请销假制度》和干部双考制度，从48名干部中择优晋升28名，3名政绩和素质较差的副连干部推迟晋职。搞好“温暖工程”，组织27名干部集体购买银行提供贷款的商品房，对未休假和家庭有困难的干部进行了补助。评选表彰了20名模范军人妻子。

【后勤规范化管理工作】 成立了物资采购中心，实行集体考察，定点采购。坚持党委理财，一支笔审批制度，对20万元以上的营房工程建设严格执行招标制度。落实基层经费管理双主官签字制度，每季度对财务执行情况进行联审，对离任后勤主官和司务长进行了审计，财务工作在总队财务评审中名列第二。为每个中队购置了微波炉、不锈钢热水器，为每位官兵制作了枕头、口杯和不锈钢餐具，后勤规范化管理接受了总队培训班的现场观摩，并被总队后勤部制作成电视专题片。举办了一期种养技术培训班，全年业余生产收入98915元。组织医务人员编印了《训练伤防治手册》和4期卫生知识宣传报，对全支队官兵进行体检，对35名患病人员进行蹲点包干治疗。

【教导队建设初具规模】 继续加强“解困工程”建设，争取地方经费89万元，分别为警通、凤县中队、凤翔中队、扶风中队、大队二中队新建宿办楼和灶房，加大教导队基础设施建设，翻新了4栋营房，新建室内训练馆、模拟监狱、攀登楼、射击场、障碍场、训练场、晒衣房，规划了库室，添置了教学器材。

【领导视察】 2月8日，总部后勤部副部长吕一山在总队王万兴总队长的陪同下检查扶风、眉县中队后勤工作。

3月4日，总队王万兴总队长来支队检查教导队建设情况。

4月23日，总队肖东海政委来支队全面指导工作，参加了宝鸡市“两节一会”开幕式。

5月24日，总部后勤部财务部副部长任晓萍一行在总队后勤部陈福江部长的陪同下来支队检查财务管理情况。

5月29日，总队王万兴总队长、田维新副总队长、冯兴平参谋长来支队检查正规化执勤落实情况。

6月22日，总部正规化执勤检查验收组来支队检查工作。

7月24日，总部副参谋长冯守正一行来支队检查“五个重点问题”解决落实情况。

8月4日，总队后勤部陈福江部长来支队检查后勤规范化管理情况。

8月22日，总队王万兴总队长、后勤部陈福江部长来支队检查后勤规范化管理情况。

9月3日，总队肖东海政委和工程学院、天津总队、武警81师领导到太白县出席“春蕾女童班”开学典礼。

9月4日，总队肖东海政委来支队检查后勤规范化管理情况，在总队后勤规范化管理培训班上讲了话。

10月23日，总部副政委张钰钟一行来支队检查教导队建设情况。

【处理突发事件和抢险救灾工作】 2001年5月21日晚，3个持枪涉嫌贩毒人员入住岐山县电力宾馆，岐山县中队接到县公安局出兵抓捕的命令后，指导员王东虎一面向支队请示，一面带领处突小分队前往县电力宾馆，灵活运用战略战术，将犯罪嫌疑人抓获，缴获匕首2把，自制手枪一枝，子弹2发，海洛因3包。2001年8月23日21时，凤县境内316国道发生了一起甘肃客运车辆跌入嘉陵江的特大交通事故，凤县中队接到县公安局要求出兵抢救的命令后，中队长蒲宏武带领12名战士经过长达26小时的连续奋战，抢救出7名受伤人员，减少了人员伤亡，对30具尸体进行了包裹，主动配合法医进行了尸检，中央电视台等新闻媒体相继进行了报道。

【立功受奖】 2001年8月，政治委员、党委书记雷群昆被总政治部表彰为全军优秀党务工作者。

2000年6月8日，太白县青峰植化公司青腾碱提取车间苯醇浓缩罐苯气体泄漏爆炸引发火灾，太白县中队在执行事故抢险中成绩突出，被太白县委、县政府表彰为“抢险救灾先进单位”，中队长孙武、指导员张洁和班长陈勇华被评为“抢险救灾先进个人”。2001年，上级给太白县中队记集体二等功，班长陈勇华荣立二等功。

2001年5月，岐山县中队政治指导员王东虎在执行抓捕持枪涉嫌贩毒人犯战斗中成绩显著，荣立二等功。

2001年8月，凤县中队在执行8.23抢险战斗中成绩突出，荣立集体三等功，班长尹双元荣立二等功。

（杜代超）

中国人民武装警察部队宝鸡市支队负责人

支 队 长　许兴哲
政治委员　雷群昆

人　民　防　空

【新建宝鸡市渭河隧道人防工程】 新建宝鸡市渭河隧道人防工程是市委、市政府、军分区贯彻第四次全国人防会议精神，落实《关于加强人民防空工作决定》的重要举措；是市委、市政府2001年确定的50个重点建设项目之一；是由国家人防办审定的一个大型平战结合的人防工事，战时为交通疏散通道兼防空专业队工程，平时为城市交通干道。工程位于市区斗中路与石嘴头之间，长1569米，宽20米，双向四车道。其中隧道长738米，隧道部分按人防工程战术、技术标准5级建设。工程概算9500万元，计划工期2年。2001年2月8日，按照人防工程建设程序，通过项目建设可行性研究、专家评审、上报立项、初步设计、设计审批、施工图设计、审查、施工队伍选择、施工场地“三通一平”、建设资金筹措等工作，11月，一切准备工作就绪，报请市委、市政府和省人防办批准，于2001年11月16日正式开工建设，主体工程计划在2002年汛期前完成。

【人防工程维护管理】 2001年，自筹经费59.58万元，对市、区两级人防办管辖的6.1万平方米的社会公共工程、干道工程和近9万平方米的单位工程进行了较大规模的检查和治理维护，重点处理了长青路人防工事主干道的漏水问题。“两节一会”期间，根据市政府的统一部署，投资近20万元，对“863”人防工程和“汉中路过街道工程”进行了改造。同时，认真做好人防工程的防汛防火工作，层层签订了防汛防火责任书，落实了第一责任人的责任，定期组织人员巡查，使安全防汛防火问题从源头上得到杜绝。

【组织指挥建设】 按照兰州军区颁发的指挥规则和宝鸡市防空袭预案，标绘了防空袭部署图；按照专业队伍训练计划，全年市、区两级组织直属专业队伍进行了以医疗救护、供水管道抢修、机务抢险救援、工程抢修、公交客运伪装及生产排水自救等训练9次，9个单位532人参加，经考核成绩均为优秀。根据市防空袭预案，年内共组织41个单位354人到疏散基地进行了回访联系活动，建成“四能”基地3个，有6个单位完成共建项目6个，加深了城乡友谊，促进了农村经济发展，增强了战时接收能力。

【通信警报建设】 根据城市建设发展，及时向市政府提出了警报器布局调整方案，并经市政府批准实施。筹措资金5万元，购买并安装了新型电声警报器2台。5月中旬，集中力量对全市22台警报器进行了全面检查维修，7月14日鸣放，鸣响率100%。完成了有线、无线训练和值勤保障任务，完成训练时间455小时，并于5月中旬、6月上旬、10月下旬先后3次组织41人（次）进行了无线报务员野外设台联系训练，均达到了规定要求。

【人防平战结合工作】 平战结合是新时期人防建设的重要方针。2001年，对自营的人防工事继续进行了内部设施改善，强化管理，提高服务质量；对整体对外出租的人防工程，在积极协助租赁户搞好风、水、电和治安管理，加大服务力度的同时，严格履行承租合同，对早期人防工事的开发，因地制宜，因洞制宜，面向市场需求，用优良的服务，优惠的政策；招商引资。全年利用人防工事面积94432平方米，完成产值（营业额）2424.06万元，实现利税466.74万元，收取工事使用费58.94万元，工事利用率达到了51.38%，增强了以洞养洞的能力。

【认真落实人防法规】 首先对过去的一些规范性文件进行了清理，对市政府1982年《宝鸡市人防工程维护管理细则》和1994年《宝鸡市结合民用建筑修建防空地下室的规定》，依据《人民防空法》和陕西省《实施办法》逐条进行审理，提出了具体的修改意见。其次按照“以建为主，以收促建”的原则，依法对“结合民用建筑修建防空地下室”工作进行审查，使“结建”审查工作依法走上了制度化、规范化、程序化轨道。全年共审查民用建筑单位98个，面积62万平方米，批准修建防空地下室单位9个、面积3690平方米，收取人防易地建设费567万元（含押金101万元）。同时加强对人防工事的管理，全年共查处毁坏人防工事违法行为16起，收回工事赔偿补建费31.5万元，无一起提出行政复议，维护了人防法的严肃性。

（徐可福）

政　　法

公　　安

【概况】 2001年，全市公安机关按照“狠抓队伍强素质，深化改革求发展，严打严防保稳定，固本强基抓科技，规范执法促经济，树立形象为人民”的基本思路，围绕中心工作，发挥职能作用，把维护政治稳定落到实处。拓展情报信息网络覆盖面，着重抓好中美撞机事件、“9·11”事件期间的信息收集上报工作，制订了反恐活动预案；加强对天主教地下势力的教育转化和控制工作，依法查处非法宗教活动27起，收缴宗教非法宣传品6890件，磁带1057盒，光盘90盘，书籍1852册；加大对“法轮功”骨干分子、顽固分子的打击、控制力度；加强了“敏感日”安全防范工作，全市共立“法轮功”案件38起，破获34起，打击处理202人，打掉团伙9个，摧毁窝点13处，收缴反动宣传品11051份。同时，依法查处“门徒会”、“实际神”、“三宝门”等邪教反动组织非法活动案5起48人，刑事（行政）拘留20人；深入开展人民内部矛盾的排查调处工作，妥善处置了宝鸡县阳平镇窖底村村民对领导不满闹事事件、省太白林业局职工“买断工龄”事件等59起影响面广的群体性事件。坚持严打方针，始终保持对刑事犯罪的主动进攻态势，全年立刑事案件8197起，其中主要案件900起，同比上升3.1%和23.5%；破获各类刑事案件4696起，其中大要案640起，同比增加3.9%和23.1%；抓获犯罪嫌疑人3813名，摧毁犯罪集团86个，涉案成员368人。围绕江总书记提出的“两年为期”的奋斗目标，组织开展全省统一的“秦风1、2号”、“秦剑A、B”行动，有力地遏制了犯罪活动上升的势头。同时，以“打黑除恶”为龙头，快侦快破了金台“11·4”、麟游“5·10”特大抢劫杀人案，渭滨“9·7”、岐山“8·17”、凤县“8·20”故意杀人案，宝鸡县“8·7”特大杀人案，陇县“8·15”投毒杀人案，太白“11·4”特大盗窃案等一批有影响的大要案件，打掉扶风罗西成、眉县马亚峰等一批黑恶势力团伙，壮了严打斗争的声威。深入开展禁毒斗争，全年破获毒品违法犯罪案件447起，缴获海洛因779.6克，鸦片247克，铲除罂粟2116株，强戒吸毒人员504人（次）。加大追逃力度，抓获逃犯282名，其中网上逃犯236名，部A级逃犯1名，省督逃犯1名，协外25名，投案自首19名。以治爆缉枪为中心，强化危险物品管理，查处涉枪涉爆案件319起，收缴枪支1465枝，炸药15211公斤，子弹4188发，雷管11393枚，导火索45257.1米，破获重大私藏军用子弹案和40余吨硫磺案，并对近年收缴的9487枝民用枪进行了销毁。以打击金融、财税和商贸领域的犯罪为重点，全年受理各类经济犯罪案件186起，立162起，破119起，抓获犯罪嫌疑人160人，挽回经济损失2496万元。受理治安案件16679起，查处15616起，查处违法人员30136名，其中治安处罚26244名。积极推进社会治安综合治理各项措施的落实，加快“打、防、控”一体化机制的建设步伐，加强了治保会、调委会、治安耳目群防群治力量。圆满完成了“两节一会”、“先行杯中英足球对抗赛”、“农高会”等大型会议和活动的安全保卫工作。圆满完成了61次外宾、首长来宝视察的等级警卫任务。全年受理、审批公民出国出境申请1526人次，办理签证34个。全年查处计算机违法犯罪活动31处。公安法制部门以公正执法为重点，开展执法质量评查，强化内部执法监督，共审批劳动教养533案705人；审核各类行政案件14652起，复议应诉42案。交警部门以创建“平安大道”和实施“畅通工程”为重点，整治交通运输秩序，严厉打击车匪路霸。开展了以打击治理机动车辆超员超载等违反交规行为为重点的“畅安行动”、“零点行动”和以查

“双无”车辆、报废车辆为重点的专项整治行动，查扣超员车辆1125台（次）、超载车辆6579台(次)、“双无”车辆113台，吊扣驾照184人。交通事故全年发生1452起，死233人，受伤735人，经济损失354.78万元，四项指标同比三降一升，死亡人数同比上升12.6%；总起数、受伤人数、经济损失同比下降9.2%、16.5%、8.5%。消防部门以严防群死群伤恶性火灾事故为重点，开展以控制和减少居民住宅事故为重点的“民安行动”，对16个单位、社区的用电、用火、用油等设施进行清理检查，发现不安全隐患397起，督促整改火灾隐患236起。全年共发生火灾事故28起，死1人，受伤6人，经济损失33.9万元，四项指标同比三降一平，总起数、经济损失、死亡人数分别下降69.9%、79%、83.3%。同时，各级公安机关继续坚持政治建警、从严治警、依法治警、以德治警的方略，深化“三项教育”，开展“五个有没有”和“五个怎么样”和岗位大练兵比武活动，并举办教育培训班11期，400多人参加培训；以“创佳评差”活动为载体，深入开展“争创”活动，年内有9个集体5名个人分别荣立一、二、三等功；59个先进集体188名先进个人受到表彰奖励。深化内外部监督，全系统聘请警风警纪监督员1198名，全年立查民警违法违纪案件11案12人。

【市政府表彰奖励实施畅通工程创建平安大道先进单位】 为了充分肯定2000年市交警、城建、工商、交通、文明办等职能部门，尤其是交警部门的工作成绩，2001年3月12日，市政府决定给金台交警大队等5个先进单位奖励奥拓警车各1辆，对陇县、宝鸡县、岐山县、千阳县交警大队4个优胜单位各奖励微型面包车1辆，并予以通报表彰。

【“两节一会”安全保卫荣获组织奖】 为做好2001年中国宝鸡法门寺国际文化旅游节、太白山旅游登山节暨招商洽谈会（简称“两节一会”）的安全保卫工作，市公安局加强了流动暂住人口管理；利用双休日集中开展了为期一周的“文明执勤，规范执法，热情服务，树立形象”教育整顿活动；召开了安全保卫誓师动员大会，在多方论证的基础上，制定了安全保卫方案。“两节一会”出动警力（含武警、消防、社会）1.2万人次，广大干警高度负责，各项活动安全有序，没有发生一起不安全事故，为“两节一会”的圆满成功做出了贡献。5月22日，市委、市政府隆重召开表彰大会，市公安局荣获组织奖。

【金台公安分局一周内连破4起贩毒大案】 3月1日至7日，市公安局金台分局刑警大队经过缜密侦察，仅一周连续侦破贩毒大案4起，6名犯罪嫌疑人被抓获，共缴获毒品海洛因155.7克。3月1日晚，当唐小军从河南购回毒品海洛因，在渭工路向吸毒人员贩卖时被守候的民警当场抓获，从其身上搜出及查出藏匿的毒品51.6克。犯罪嫌疑人李小红长期吸贩毒，干警经布控采取“引蛇出洞”的办法，于3月2日将其抓获，查获毒品15克；4日刑警大队又获得情报，有毒贩携毒品乘坐当日1161次列车，从河南返回宝鸡，欲伺机贩卖，刑警立即布控，犯罪嫌疑人赵起红刚到宝鸡站下车，即被当场抓获，从其身上搜出毒品海洛因11.2克；3月6日刑警大队缉毒队民警连夜守候，又将另一名犯罪嫌疑人杨润科抓获，查获毒品海洛因77.9克。犯罪嫌疑人唐小军、郝浩学、李小红、赵起红、杨润科等被依法刑事拘留。

【“零点行动”严查“三超一会”】 为确保公路交通治安安全，市公安局交警支队从6月21日零点开始，在全市范围内展开了全面整治以“三超一会”（即超载运货、超员拉客、超速行驶、强行会车）为主要内容的交通秩序“零点行动”，交管部门在辖区国道、省道以及市县交界处设立25处执勤点，执勤警员24小时坚守岗位。对改型、改装车辆现场拆除，恢复原状。仅两天时间纠正违章5300多起，查扣机动车辆339台，吊扣驾驶证167人，使“三超一会”现象得到有效遏制。

【市消防安全宣传教育基地向社会开放】 市消防支队2001年4月份筹建成立了“宝鸡市消防安全宣传教育基地”。基地以消防安全教育馆为主，配以训练、灭火表演、车辆器材装备展示等项目，让市民可直观地了解建筑消防基本知识。6月26日举行了开放仪式，来自市区学校、机关、企业等百余家上千名群众观看了消防官兵的滑绳自救、云梯车救人、浓烟爆炸条件下抢险灭火等6个高空、地面项目的业务技能表演。开放以来，许多单位前来参观学习。

【凤翔县集中销毁烟花爆竹】 凤翔县素有“花炮之乡”的美誉，但一些非法生产花炮的厂家、作坊给安全生产埋下了隐患。4月份以来，凤翔县公安局对全县7个烟花爆竹生产企业、专业公司及130多个销售网点、1218户个体作坊进行彻底检查，对生产设备、工具、原材料、半成品、成品分门别类进行造册登记，全部封存。对黑火药、引线等危险大的物品统一收缴，封存生产烟花爆竹的机器162台、硫磺6600公斤。同时对那些私拆封条，顶风作案的非法生产经营者依法严惩，查处案件32起，刑事拘留2人，治安处罚46人。7月24日，随着省委副书记、副省长贾治邦一声“点火”命令，凤翔县公安机关查缴的6000余件非法烟花爆竹化为灰烬，消除了一批重大安全隐患，县政府随之颁发了《凤翔县传统产区烟花爆竹安全生产管理办法》。

【清理整顿“网吧”】 全市公安机关从3月20日至7月15日，会同有关部门开展了“网吧”等互联网上服务营业场所清理整顿专项行动，对全市250家“网吧”进行了一次彻底摸底，给4439台计算机安装了经公安部检测合格的“网吧”安全管理软件，实现了对“网吧”的动态管理和对黄色、暴力、封建迷信等有害信息的自动过滤。并开展了以“严禁上网不登记或登记不全，严禁在禁止时段接纳中小学生上网，严禁脱网玩游戏和浏览反动、色情、淫秽网站”为重点的“三严禁”专项整治行动。经过整治，12%不符合国家规定的“网吧”限期关闭，并对准予服务经营的“网吧”进行整顿，对业主进行法规培训。全市“网吧”违反“三严禁”的行为基本杜绝。

【连杀6人“恶魔”被抓捕归案】 8月7日凌晨2时，宝鸡县西堡村村民袁宝平家发生“灭门”血案，当晚住在家中的6人全部遇害，60岁的袁母身中30余刀，袁妻及一双儿女和袁的外甥女以及两岁半的侄女被凶手割断脖子。惨案引起公安部、省公安厅及中共宝鸡市委、宝鸡县委领导的高度重视，市、县两级公安机关组成“8·7”特大凶杀专案组，展开紧张的侦破。潜逃11天的“恶魔”段世玉在扶风县揉谷乡一露头，即被扶风县公安局一举抓获。据段交待他与袁宝平之妹袁洁离婚后，因多次纠缠遭到袁男友的欧打，段便产生报复恶念，制造了惊天血案，段对其杀人罪行供认不讳。

【交警贾三代因公殉职】 8月18日清晨6时45分，渭滨交警大队桑园中队指导员贾三代、中队长石泉名、民警李志建、康健驱车执行整治机动车假牌假证、无牌无证及打击盗窃机动车辆专项斗争巡查公务，行至陇凤线秦岭段119公里处巡查时，对一白色长安厢式货运汽车有疑点。在民警出示停车牌示意例行检查时，该车司机加大油门强行冲过检查点，向秦岭方向急速逃窜。贾三代与朱泉名立即驱车追缉。厢式货车司机故意左右打方向盘，致使执勤车被挤撞后翻车，造成贾三代、朱泉名严重受伤，经医院全力抢救，贾三代不幸于8月18日13时以身殉职。市委副书记刘忠良，市委常委、政法委书记黄龙，市公安局领导及时看望并慰问了贾三代的家属子女。当天下午肇事嫌疑人李崇文等3人被抓获刑事拘留，车辆被扣。据查证，3人所驾乘陕C14752白色长安厢式货车手续不全，无驾驶证，也没买养路费。

【甘肃一大客车在凤县境内坠江】 2001年8月23日晚21时50分，一辆甘肃陇南汽车运输公司、由甘肃徽县开往西安、驾驶员李凯利驾驶的车号为甘K-04800的宇通牌双层卧铺大客车（额定载38人，实载50人），进入陕西境内7.5公里，即凤县境内316国道2371公里+800米灵官峡处，坠入30多米深的嘉陵江河内，致32人死亡，18人受伤（其中重伤7人），车辆报废的特大交通事故。事故发生后，国务院领导作了重要批示，陕西省副省长潘连生、宝鸡市委书记庞家钰等领导亲赴现场指挥。市、县立即组织公安、武警官兵、医务人员360余人，全力开展抢救，甘肃省有关部门和地区领导也先后赶到事故现场。按照国务院总理办公会议精神，由国务院安全生产委员会办公室副主任、国家安全监管局副局长闪淳昌任组长，国家安全监督局、公安部、交通部、监察部、全国总工会及陕、甘两省有关部门领导和专家参加的国务院调查组25日抵达凤县。经现场调查取证后确认，此次特大交通事故为客车严重超载，驾驶员在夜间连续弯道的情况下，对路面判断失误，时速过快，操作不当所致。

【邪教“小喇叭”哑了】 2001年6月23日凌晨4时，在凤翔县枣子河劳教所发生了一起蓄意安放“法轮大法广播电台”定时播音装置的案件，该案被省公安厅列为督办案件。“6·23”专案经省、市公安部门缜密侦破，查获4300余份“法轮功”反动宣传品和安装定时播音装置说明书、线路图、电器元件等。原来，“法轮功”人员高德波、鲍强在《明慧网》上看到有人安放小喇叭的消息，便和“法轮功”顽固分子纠合。高存有6份“法轮功”

经文的软盘，鲍用电脑将其合成了录音磁带，并购买了小喇叭等元器件，从“科技网校”上下载“法轮大法广播电台”，经试放，由李增斌、魏有成携带两套定时播音装置安放到省枣子河劳教所播放“法轮功”。2002年4月16日，经凤翔县人民法院对鲍强、杨左翔等人利用邪教组织破坏法律实施罪公开审理，分别判处2~10年有期徒刑。

【传播邪教构成犯罪】 2001年9月7日晚，凤翔县长青镇罗钵寺村的法轮功顽固分子吕跃平、蒲根劳携带大量法轮功反动宣传品，步行十多公里，窜至宝鸡县贾村镇灵光村、张家寨村和桥镇镇留村、龙尾村，向150多户村民散发，被村民当场抓获。9月8日，吕、蒲二人因涉嫌利用邪教组织破坏法律实施罪被宝鸡县公安局刑事拘留，10月31日被依法逮捕。同年12月19日，宝鸡县人民法院对吕跃平、蒲根劳利用邪教组织破坏法律实施罪一案进行了公开宣判，分别判处有期徒刑3年6个月和3年。

【打击“法轮功”非法聚会】 根据省委“9·29”紧急会议通报信息和省公安厅610办指示精神，市公安局及时开会研究部署“9·29”专案工作，制定《关于制止“法轮功”分子非法聚集活动工作方案》。10月1日上午指挥部部署警力在主要交通路口设卡盘查跟踪，12时许获悉一伙人秘密聚集在蔡家坡镇开发区“西北狼”俱乐部。市公安局副局长、“9·29”专案总指挥雷建平立即调集机动警力奔赴该处，当场抓获非法聚集的“法轮功”人员53名，其中女38人，男15人，对其迅速带离现场审查后及时将情况向省厅610办、中共陕西省委、宝鸡市委汇报，通知西安、咸阳、宝鸡市、县、区国保处、科领导速赴蔡家坡现场辨认，涉案53人“法轮功”身份全部确认，其中西安5人，黑龙江省1人，吉林省2人，山东1人，宝鸡县12人，岐山县10人，眉县4人，金台区8人，渭滨区10人。查明，此次非法聚会系杨雪琴、徐春霞、史转玲等人早有预谋所为。摧毁制作、传播“法轮功”反动宣传品的窝点5处，查获了大量的“法轮功”传单、标语、条幅（43条）、书籍、光碟、手抄本和李洪志挂像以及标志挂图24幅、徽章4枚及开幕词、闭幕词等物证；查缴用于作案的电脑、打印机和信封、邮票等，“法轮功”顽固分子分别被依法处理。11月28日，陕西省公安厅在宝鸡市召开侦破“9·29”专案表彰会议，对陕西省首次及时侦破制止“法轮功”分子非法聚会的有功单位宝鸡市公安局610办公室，金台、渭滨公安分局，岐山县公安局，“9·29”专案组5个先进集体、25名先进个人进行了表彰奖励。

【市区第一个“电子警察”上岗】 2001年10月24日，宝鸡市区第一套闯红灯自拍仪，俗称“电子警察”在大庆路亮相上岗。闯红灯自拍仪，通过对违章闯线车辆进行拍照，清楚地记录其车号、车型，终端打印机自动输出照片，违章数据及日期，交警便可按图索骥，对其处罚。安装闯红灯自拍仪，对于提高司机自觉遵章守规，打消司机侥幸心理有很大作用。同时，标志宝鸡市城市交管上了一个新台阶。斗中路、金陵桥西、红旗路、桥南十字等主要路段也将陆续安装这种“电子警察”。

【追捕五类在逃重犯】 10月25日零时起，全国“追逃”行动打响，市公安局及时部署，各级公安机关迅速行动，以传统追逃和网上追逃相结合，重点抓捕在逃的黑社会性质组织和恶势力犯罪案件的首要分子和骨干成员；爆炸、杀人、伤害、抢劫、绑架等严重暴力犯罪案件的在逃人员；严重经济犯罪案件的在逃人员；涉嫌“法轮功”邪教在逃犯罪人员”；公安机关历年通缉和督捕的犯罪嫌疑人员等五类重大犯罪在逃人员和其他严重刑事犯罪在逃人员。全市三次集中统一行动，迅速破获了一批刑事案件，抓获了一批罪恶累累的在逃人员。截至12月底，全市共出动警力9462人（次），车辆1526台（次），清查治安复杂场所1805处，设立卡点393处，清查流动暂住人口15126人，共抓获各类逃犯282名，网上逃犯236名，有力地维护了治安秩序和社会稳定。

【宝鸡取消农转非户口指标限制】 为吸引更多人才参与西部大开发，宝鸡市决定从9月1日起在西北地区率先取消农转非户口指标限制。凡所有符合这次户籍制度改革条件的农业户口人员，随时都可以向公安机关申请户口的迁移。农转非的“指标限制”将成为历史。

【整顿和规范歌舞娱乐服务场所秩序专项行动】 2001年9月29日专项行动会议后，市公安局制定下发了《宝鸡市公安局规范歌舞娱乐服务场所秩序专项行动第一次统一行动的紧急通知》，明确了行动的检查场所和方法措施。同时印发《宝鸡市公安局整顿规范公共娱乐场所检查记录》、《整顿和规范公共娱乐场所检查登记册》。11月2日8时至12时对全市的歌舞娱乐、桑拿洗浴按摩、录像放映、电子游戏、美容美发以及宾馆、饭店中附设的歌舞娱乐场所进行地毯式全面清查。此次行动中，全市出动公安民警1166人，车辆196台，检查歌舞娱乐场所1213家，查处违法经营场所253家，依法取缔36家，吊销安全许可证14家，停业整顿49家，限期整改193家，罚款58家，其他处理49家，取得了初步成效。

【"11·4"抢劫杀人案告破】　11月4日凌晨，宝鸡市财政局证券服务部发生特大抢劫杀人案。经公安机关排查，在该单位做保卫工作的赵东东及另一个单位的社安员冯某、雒某有重大作案嫌疑，且案发后3人突然"失踪"。公安金台分局通过严密布控和侦查，发现赵东东等人逃往陕北米脂县一带，刑警队民警迅速赶赴米脂，在当地公安机关配合下，将赵、冯抓获归案，犯罪嫌疑人对其犯罪事实供认不讳。11月3日深夜，赵、冯、雒三人携带作案工具，来到该金融单位抢劫金库。赵与看守金库的门卫搭话，趁机将门卫挟持，雒手持斧头将门卫打倒在地，又在其头部连砸数下，致其死亡。当他们准备窜到金库抢劫时，被人发现后逃跑。至此，震惊宝鸡的"11·4"特大抢劫杀人案告破。

(祝毓锁)

检　　察

【开展"严打"整治斗争】　2001年，全市检察机关与公安、法院等机关通力协作，严厉打击各类刑事犯罪活动，全力维护社会稳定。年内共受理公安、安全、监狱管理机关提请批捕案件1129件1875人，同比上升2.8%和10.5%；审查批准逮捕1007件1615人，同比上升5.8%和15%。受理移送起诉案件1268件2012人，同比上升5.9%和10%；审查提起公诉1114件1701人，同比上升6.2%和9.7%。全市检察机关坚持依法从重从快的方针，稳、准、狠地打击严重刑事犯罪。一是市、县两级检察院成立了"严打"领导小组，制定了周密方案，想方设法在人力、物力等方面给予了有力保障。二是挂牌督办重点案件，集中力量，突出打击了有组织犯罪和带黑社会性质的团伙犯罪、流氓恶势力犯罪，爆炸、杀人、抢劫、强奸、绑架等严重暴力犯罪，盗窃、抢夺等严重影响群众安全感的多发性犯罪。共批捕上述犯罪案件577件864人，占批捕总数的57.3%和53.5%；起诉582件881人，占起诉总数的52.2%和51.8%。全年挂牌督办14件在本市有影响的重大案件，均做到了及时办结。三是依法快捕快诉，与公安、法院建立了联席会议制度，对重大疑难案件的办理及时沟通协调；对重大刑事案件坚持介入立案、侦查等环节，把工作做在公安机关移送审查批捕、审查起诉之前，为从重从快打击犯罪赢得了时机。全年共提前介入侦查162件，参与讨论重大案件50件，与公安机关召开联席会议14次。四是打防结合，参与对重点地区、重点部位、重点环节的专项治理；落实预防未成年人违法犯罪的工作措施，开展"青少年维权岗"活动；参与安全文明创建活动，加强群防群治工作；坚持检察长接待日制度，共受理各类群众来信来访1051件。

【查办和预防职务犯罪】　全年共受理贪污贿赂、渎职侵权等职务犯罪案件线索335件，初查295件，立案侦查135件140人。其中，立案侦查贪污贿赂等职务犯罪案件120件124人，同比立案数上升3.5%；立案侦查渎职侵权等职务犯罪案件15件16人，同比立案数上升13.3%，为国家和集体挽回直接经济损失631.69万元。查办职务犯罪案件呈以下特点：一是大案要案数量大幅增长。全年共查办贪污贿赂5万元以上、挪用公款10万元以上、私分国有资产30万元以上的大案39件，查办渎职侵权等职务犯罪特大案件5件，同比增长4倍。查办县处级领导干部涉嫌职务犯罪14人，同比增长1.8倍。二是"三机关一部门"工作人员涉嫌职务犯罪人数增加。全年共查办"三机关一部门"工作人员涉嫌职务犯罪58人，占查办职务犯罪嫌疑人总数的28.8%。三是案件处理质量明显提高。共起诉贪污贿赂、渎职等职务犯罪案件74件83人，起诉率为61.5%，同比上升11.2%；不起诉率12.6%，与上年基本持平；撤案率2.3%，同比下降2.4%。全年以金融证券、国企、税务、建筑、医药等重点行业和系统为重点，开展个案预防45件，行业预防、系统预防和专项预防37件。还对45个100万元以上重大工程的投标、采购、施工等环节实施了同步预防。市院召开了民营企业代表座谈会，推出了依法维护民营企业权益的18条工作措施，受到了企业界的欢迎，被省院转发。

【履行诉讼监督职责】 全市检察机关着力解决人民群众反映强烈的有罪不究、裁判不公、超期羁押等问题。在刑事立案监督中，要求公安机关说明不立案理由67件，同比上升67.5%，公安机关直接立案37件；通知公安机关立案22件，公安机关执行通知立案14件。在侦查监督中，共追捕犯罪嫌疑人63人，追诉9人；决定不批准逮捕214人，决定不起诉69人。在刑事审判监督中，对确有错误的刑事判决、裁定依法提出抗诉7件，法院审结4件，已改判1件。在刑罚执行监督中，共查办监管干警职务犯罪案件2件2人，办理被监管人员又犯罪案件11件27人；对超期羁押提出纠正意见47人次，已纠正处理40人。同时，积极配合监管部门开辟"严打"第二战场，敦促在押犯揭发、交待余罪，为侦查机关提供黑恶势力犯罪案件线索89件，从中立案15件。在刑事申诉复查工作中，共受理刑事申诉及刑事赔偿案件17件，立案复查13件，其中维护原处理决定11件，纠正原处理决定2件。在民事行政检察工作中，共受理民事行政申诉案件213件，立案81件，同比上升19.1%。各县区院向市院提请抗诉49件，同比上升40%，市院审查后向市中级法院提出抗诉20件，法院已作出再审裁定16件，已改判6件。市院向省院提请抗诉19件，省院已审结10件，支持抗诉8件。

【全面加强队伍建设】 按照高检、省院的部署，全市检察机关开展了为期6个月的集中教育整顿。同时对1999年以来办理的不立案、不批捕、不起诉和撤案等案件的办案程序、涉案款物的扣押管理等进行了全面复查清理，共复查案件475件，对发现的问题逐一进行了纠正。以检察机关全员素质考试为契机，抓全员自学，强基本素质，共举办考前培训班19期，组织全市612人分两批参加了全国素质统考。继续推进学历教育，141人已取得本科学历，107人正在读本科，检察干警业务素质有了新的提高。继续开展争创"五好""两满意"活动，全市12个县区院均达到了"五好"检察院的要求，如期完成了三年"五好"达标任务。渭滨区检察院被省委、省政府授予人民满意检察院称号，渭滨区检察院、宝鸡县检察院被陕西省检察院表彰为"人民满意的检察院"。

【自觉接受人大及其常委会的监督】 市院修改完善了《进一步加强同人大代表联系的意见》，并且采取定向、定人，将走访人大代表的活动扩大到检察员以上干部。市、县检察院共召开征求人大代表意见座谈会51次，发征求意见函495份，登门走访385人次，征求意见40余条，及时办结人大和人大代表交办案件8件。同时，市院还聘请了10名人大代表、政协委员为检风监督员，并召开了检察机关新闻发布会，增强了检察机关执法活动的透明度。

（张科贤　鲜光辉）

宝鸡市人民检察院负责人

检 察 长　白保平（2001年3月离任）
史建泉（2001年3月任副检察长、代检察长）

副检察长　冯世发（2001年11月离任）
王鸣涛　容德谋
程紫平（2001年3月离任）
王西平（2001年11月到任）
张　凯（2001年11月到任）

审　　判

【概况】 2001年，宝鸡市两级法院忠实履行宪法和法律赋予的职责，推进法院改革，全面加强队伍建设，确保司法公正。全年共受理各类案件22150件，审结19523件，结案率88.1%。其中，执行各类案件5207件，执行率82.8%，执行标的10173万元。

【最高法院副院长李国光来宝考察】 4月上旬，最高人民法院副院长李国光在省高院副院长宋龙凌、市院副院长郭宝生的陪同下，在宝鸡中院组织召开了行政审判工作座谈会，围绕司法救助和行政审判等课题进行了调研。之后，在扶风县人民法院法门人民法庭考察时指出，要全面加强基层法院特别是基层人民法庭建设，增强服务意识，坚持司法公正，切实发挥人民法庭的阵地窗口作用。

【最高法院副院长沈德咏走访在宝全国人大代表】 11月26日，最高法院副院长沈德咏在省高院副院长杨治平陪同下来到宝鸡。先后征求了宝鸡市全国人大代表对法院工作的意见和建议。并来到宝鸡中院看望了全体干警，勉励大家以“三个代表”为指导，在司法公正与效率的世纪主题激励下，全面做好法院各项工作。

【胥宝生、夏嘉陵受贿、挪用公款案一审在市中院开庭】 5月中旬，宝鸡市中级法院对胥宝生、夏嘉陵受贿、挪用公款案进行了公开开庭审理，经合议庭评议，院审判委员会讨论决定，被告人胥宝生犯受贿罪，判处死刑，并处没收个人财产；犯挪用公款罪处无期徒刑，剥夺政治权利终身，决定执行死刑，剥夺政治权利终身，并处没收个人全部财产。被告人夏嘉陵犯受贿罪判处死刑，剥夺政治权利终身，并处没收个人全部财产；犯挪用公款罪，处15年徒刑，决定执行死刑，剥夺政治权利终身，没收全部财产。一审宣判后，二被告人不服，均提出上诉，二审法院经审理驳回上诉，维持原判。

【金台法院试行债权凭证制度】 金台法院试行债权凭证，在全市尚属首推。债权凭证不受民事诉讼法规定的申请执行时效限制，申请执行人领取债权凭证后，执行程序终结。实施债权凭证制度，既利于申请人思想上的解脱，充分调动其在执行程序上不可替代的能动作用，也便于人民法院按照诉讼经济原则，合理安排执行力量，切实维护了申请执行人的合法权益。

【“全国优秀青少年维权岗”授牌仪式在金台法院举行】 10月19日，团省委、省高级人民法院领导专程来宝，与市中级法院、团市委的领导一起在金台法院举行了全国优秀“青少年维权岗”授牌仪式，这是该院前年、去年获取省、市优秀“青少年维权岗”后获得的又一殊荣。

【清理积案工作成效明显】 10月中旬，市中级法院召开全院中层干部会议，专题研究清理积案工作。郭宝生代院长认真分析了当前清理工作中存在的各庭室之间、中院与各县区法院之间进度上不平衡等问题，通报了宝鸡县法院、眉县法院好的做法。截至11月20日，清理积案174件，未结案直线下降，取得了好的效果。

【“严打”整治斗争成效显著】 全市法院把严重暴力犯罪、有组织犯罪、涉枪犯罪、毒品犯罪和“三类”犯罪作为打击重点，始终保持严打态势。全年共受理各类刑事案件2226件，审结2012件，在判决发生法律效力的1001件1397人中，判处无期徒刑以上41人，处10年以上有期徒刑60人，处5年以上10年以下有期徒刑132人，不满五年徒刑674人，判处拘役、管制、缓刑的395人，免予刑事处分和宣告无罪78人。

【深化干部选拔任用制度改革】 2001年9月，按上级规定，市中院对助理审判员职位推行竞争上岗。全院24名具有初任法官资格的同志踊跃报名参加，通过公开演讲、群众测评、组织考察决定，选拔任用了12名助理审判员。此后，又对3个业务庭5名中层领导职务进行了公开竞争上岗。初步建立起公开选拔，竞争上岗，交换轮岗和公开、平等、竞争的人事管理机制，增强了干部队伍的活力。

【全市法院完成审判长选任工作】 全市两级法院经过资格审查，民主测评，庭审考评，组织考核等程序，完成了首任审判长选任工作。共选任审判长60名。同时，规范了合议庭、审委会和审判长、独任审判员以及院、庭长的权限和责任，逐步改变了审判管理行政化的模式，初步建立了符合审判工作规律的审判组织形式。

【全市法院推行审判流程管理】 按照立案、审执、审监分立的原则，市中院和80%的县区法院设立了专司立案和案件流程管理的立案庭及专司审判监督的审判监督庭，积极推行案件流程管理，采取立案、结案时限登记，审限届满前督促，审判纪律作风监督卡以及对二审发还、改判案件通报跟踪等措施，不断强化审限管理和审判监督。2001年在收结案分别较上年增长3.4%和0.79%的情况下，超审限案件由上年的94件下降到32件。

【发挥审判职能参与社会治安综合治理】 全市法院去年共召开公判大会28场次，宣判案件90件141人，旁听群众达20.25万人次。在深入开展严打整治斗争中，全市法院正确适用缓刑、管制，依法搞好减刑、假释，促进犯罪分子改造，共判处缓刑、管制、拘役395人，依法裁定减刑假释542人。

【自觉接受人大监督】 2001年10月，市中院专门召开了人大代表建议案件办理情况答复和征求意见座谈会，通报中院对代表建议案件的办理情况及结果，代表对此比较满意。11月份，又分组深入各县区召开部分市人大代表座谈会，向代表汇报了2001年1～10月份全市法院各项工作情况，当面征求和听取了115名市人大代表的批评意见和建议，中院召开中层以上干部会议，逐条归纳分类，对代表反映的16件具体案件当即交有关庭审查办理，将审查和处理结果向代表答复反馈。

（王 艳）

宝鸡市中级人民法院负责人

院　长 成振兴（2001年2月26日离任）
代院长 郭宝生（2001年8月10日到任）
副院长 常志宏（2001年2月7日到任）
赵恒兴（2001年2月7日到任）
张彩霞（2001年2月7日到任）

国 家 安 全

【机构改革任务完成】 5月8日至7日上旬，根据省国家安全厅的统一部署，市国家安全局经过“学习动员、统一思想认识，组织实施、定岗分流，建章立制、回顾总结”三个阶段，重点抓了主要领导的考察任命、部门副职竞争上岗、人员分流及双向选择、非领导职务的重新确认，完成了机构改革任务。通过体制上划和机构改革，内设机构精简了38.5%，人员分流了18.6%，达到了机构合理、人员精干的要求。

【素质考核取得优良以上成绩】 9月1日，宝鸡市国家安全局全体干警参加了由国家安全部统一部署并命题的国家安全干警基本素质考试，此次考试是国家安全部贯彻中政委关于加强政法队伍建设基本要求进行的。局成立了党委书记、局长白庆林为组长的考试领导小组，指定专人负责，并将考试情况与岗位责任制考核挂钩。通过集体辅导、培养小教员、相互结对子、模拟考试等活动，使符合应试条件的58名同志全部取得了优良以上成绩。

【开展“对党绝对忠诚教育”活动】 2001年9～11月，市国家安全机关积极响应部、厅党委号召，组织干警深入开展“对党绝对忠诚”教育活动，旨在解决好广大干警政治方向、奋斗目标、精神支柱和精神动力问题。举办了深入学习江总书记“七一”讲话的理想信念报告会和甘当无名英雄、为国家安全事业增光添彩的专题演讲会以及对照“三个代表”要求不断矫正人生航标的心得交流会。认真查摆了在理想信念、队伍建设、党风廉政方面存在的问题，并结合“双学双查”、“三查一定”工作，重新修订了各项规章制度。通过活动，提高了广大安全干警把实践对党绝对忠诚的诺言融入到安全事业中的自觉性。

【一举破获“9·29”“法轮功”邪教分子聚会案】 10月1日凌晨，经过一昼两夜的侦察，安全局侦察部门在局长白庆林的指挥下，与公安部门联手，按照预定方案，在准确获取情报的情况下，快速出击，在蔡加坡“西北狼俱乐部”现场捣毁了“法轮功”邪教分子非法聚集活动窝点，抓获“法轮功”分子55名，收缴了大量的“法轮功”反动宣传品及制作、传播工具。此案是省委9月29日晚紧急部署的挂牌督办案件，该案的破获，有效地打击了“法轮功”在宝乃至全省活动的嚣张气焰。10月3日，省国家安全厅厅长吴松昌赴宝鸡局向参战干警表示祝贺和慰问。

【国家安全部部长许永跃来宝视察】 2001年11月5日，国家安全部部长许永跃一行7人在省国家安全厅常务副厅长李宗奇的陪同下，莅临宝鸡局视察指导工作。许部长首先看望了一线干警并合影留念。局党委书记、局长白庆林向许部长介绍了宝鸡的敌情并汇报了工作。许部长对宝鸡局的工作给予了肯定，并要求转变观念，拓宽工作渠道，以业务基础建设为中心，全面深化国家安全工作。

（安 萱）

宝鸡市国家安全局负责人

局　长 白庆林

司　法　行　政

【概况】　宝鸡市司法局是负责全市普法、依法治市、公证、律师、劳动教养管理、社会法律服务等工作的职能部门，管理和指导全市12个县区司法局、171个基层司法所、191个司法调解中心、193部“148”法律服务专线电话、24个律师事务所、13个公证处、1个劳动教养管理所、1个司法检察干部训练班的司法行政工作。全系统2001年底共有工作人员650人。

【“三五”普法依法治市顺利通过省检查验收】2001年3月12日，陕西省委普法依法治省领导小组由省人大内司委主任赵国玺带队，用3天时间，采取听汇报、开座谈会、问卷调查、现场测试、抽查提问等形式对宝鸡市1996～2000年第三个五年普法依法治市工作进行了检查验收。认为市“三五”普法依法治市工作领导重视，措施得力，工作扎实，富有成效。市“三五”普法依法治市工作受到陕西省委、省政府表彰，有7个单位和19名个人被评为省级先进，市司法局原局长边玺荣、凤翔县司法局宣传股长付宗科被中宣部、司法部评为全国“三五”普法依法治市先进个人。

【“四五”普法依法治市工作全面启动】　为了做好“四五”普法依法治市启动工作，2001年3月，市司法局组织3个调查组，由市领导带队，深入到6个县区和24个市级部门走访座谈，制定下发了宝鸡市“四五”普法依法治市规划和实施意见。9月4日，市委市政府召开全市“四五”普法依法治市动员大会，安排部署了今后五年普法依法治市工作任务。各县区、市级各部门领导重视，行动快。市级部门和县区两级共制定普法依法治理规划近百份，健全普法依法治理工作机构近百个，举办法制讲座96场次，培训宣传骨干400余人，使这项工作一开始就呈现出起点高、效果好的局面。

【全市4万余名干部参加法律知识考试】　按照省委普法依法治省工作领导小组办公室的统一安排，2001年11、12月份，市司法局组织对全市干部进行了一年一度的法律知识考试。其中县处级以上领导干部近2000人，地市级31名，科级以下干部3.7万余人，参考率分别达96.1%和93%。金台区还对全区的农村基层干部进行了法律知识考试。

【宝鸡市首次开展“12·4”法制宣传日活动】　市“四五”普法依法治市规划中“将我国每年现行宪法实施日即12月4日，作为每年一次的全市法制宣传日”。2001年，市“四五”普法依法治市领导小组办公室按照市委、市政府《关于认真搞好以宪法为主要内容的“法制宣传日”活动的通知》要求，在全市首次开展了“12·4”法制宣传日活动。普法依法治市领导小组办公室、市委宣传部、市司法局、《宝鸡日报》和聚丰集团联合举办了“聚丰杯”法律知识竞赛答题活动；邀请西北政法学院郑军教授，为市委中心学习组成员和市级各部门、各人民团体主要领导干部作《增强宪法观念，推进依法治国》专题报告会；组织市级24个部门和金、渭两区的领导召开座谈会，畅谈学习宪法体会；利用广播、电视、报纸等大众传媒，宣传报道“12·4”法制宣传日活动情况。据统计，在“12·4”法制宣传日活动期间，全市共举办法制讲座、上街咨询、文艺宣传等活动110余场（次），展出宣传版面1000余块，散发宣传资料26000余份。

【公证管理进一步规范】　2001年，市司法局在保全证据、现场监督、合同（协议）三类公证中，推行了要素式公证书格式，下发了《关于办理保全证据公证文书有关问题的通知》，规范了办证程序，预防了由于公证不当引发的问题。据统计，全年共办理各类公证10230件，同比递增15.37%。其中，国内公证7697件、涉港澳台公证1170件。收费90.9万元，同比递增5%。

【律师改制走在全省前列】　2001年，市司法局对全市9个律师事务所进行了脱钩改制，年底已完成8家，67名职业律师和行政管理人员退出国家事业编制，占应退人员的84%，走在全省前列。同时注重提高律师的基本素质，举办了两期201名律师、实习律师参加的基本素质教育培训，占全市律师、实习律师的95.3%。

【市政府首次成立法律顾问团】　为提高市政府依法行政决策能力，2001年9月1日，首次建立市政府法律顾问团。市司法局积极配合参与，从全市律师队伍中挑选了6名政治、业务素质高，具有实践经验的律师担任市政府法律顾问团顾问。

【市代表队荣获全国律师大赛“优秀团体奖”】 2001年3月份，宝鸡市律师代表队在全国律师辩论大赛和“金狮杯”案例大赛中，荣获全国律师辩论大赛“优秀团体奖”、陕西赛区律师辩论大赛团体冠军，秦书翔、杨弘律师分别获陕西最佳辩手奖和最佳风采奖。

【第13次全国律师资格考试暂停】 2001年7月15日，根据省司法厅关于将全国律师资格考试并入国家司法统一考试和推迟考试时间的通知要求，宝鸡市第13次全国律师资格考试暂停。

【市金河劳教所连续三年实现“四无”】 宝鸡市金河劳教所是全市惟一一所劳动教养管理所，2001年底共有在册劳教人员547人，其中全年新收劳教人员346人，解除劳教人员215人。在劳教管理教育工作中，始终坚持“教育、感化、挽救”的劳教工作方针，以提高教育改造质量为目的，进一步落实安全目标责任制，把安全稳定作为劳教工作的重要任务；科学管理，奖惩公开，配合全市“严打”整治斗争，开展了“认罪改错、服管教、坦白检举”专项教育活动；开展安全专项检查；利用电化教学宣传法律法规和时事新闻；举办了两期有82名劳教人员参加的摩托车修理技术培训班，保持了劳教所管教、生产、生活的基本秩序。到2001年底，连续三年实现“无逃跑、无非正常死亡、无重大恶性事故、无生产安全事故”。

【154个法律服务所重新颁证】 市司法局对全市整顿合格的市、县、乡三级154个法律服务所进行了重新设立和登记，对考核合格的407名基层法律工作者进行了资格认定，为367人申办了执业证书，促进了基层法律服务工作的顺利开展。2001年全市共代理诉讼事务1642件，代理非诉讼事务1001件，调解纠纷2887件，担任各级法律顾问789家，避免或挽回经济损失583.19万元。

【“148”法律服务专线实现市、县、乡三级联网】 在“148”法律服务专线工作中，市司法局突出抓了硬件建设，全市配置微机13台，开通专线电话193部，基本实现了市、县、乡三级联网。通过宣传，进一步扩大了“148”专线电话的社会影响，充分发挥了为群众解决涉法问题的职能作用。据统计，全市“148”专线共接听咨询电话5766次，接待群众来访4172人（次），提供法律服务776件，解决纠纷1131件，避免经济损失136.8万元。

【基层人民调解工作得到加强】 市司法局年初以中央、省、市社会治安综合治理工作为契机，重点抓了乡镇（街道）司法调解中心的建立、巩固和规范工作，在全市机构改革、部分地区撤乡并镇中，主动争取各级党政领导的重视和支持，理顺了相互关系。全市建成司法调解中心191个，其中硬件设施较好、达到标准化要求的81个，占总数的42%，共有专兼职工作人员1597名。基本形成了乡镇（街道）有司法调解中心，村（社区）有调委会，组（居民点）有调解员的“大调解”网络体系。同时，突出抓了村、社区行政接边区、城乡结合部等重点区域和容易引发矛盾纠纷部位调解组织的建设。共建立各类调委会2529个，其中标准化调委会2285个。采取以工、以会代训等形式培训组（居民点）调解员11940名。在整顿调委会、调解组工作中，还注意把农村义务“三老”（老干部、老党员、德高望重的老村民）人员充实到调解员队伍中，增强了人民调解工作的实效性。据统计，全市司法调解中心共调处各类纠纷2285件，化解群体性矛盾纠纷224件，防止群体性上访123次，制止群众械斗101次；基层各类调解委员会共调解各类纠纷21098件，调解成功率占97%，防止民间纠纷引起自杀169起184人，防止群体性械斗160件，防止群体性上访170起5857人（次），揭发犯罪线索161条，有效地化解了农村、城市的热点难点问题。

【刑释解教人员的安置帮教工作】 2001年底，全市已建立安置帮教工作小组（站）1973个，为了做好当年刑释解教人员的衔接、安置、教育和管理工作，在刑释解教当日建档立卡，签定帮教责任书，在掌握其基本情况的基础上，开展好“包教育、包转化、保管理”活动，使其不脱管，不失控。2001年，全市共接收刑释解教人员585人，已通过各种渠道安置543人，安置率达92%，全部落实帮教措施，有效的减少和防止了刑释解教人员的重新违法犯罪活动。

【全国司法行政系统首次举行基本素质教育统一考试】 为了落实国家司法部要求，搞好全国司法行政系统首次基本素质教育统考工作，市司法局领导非常重视，分期分批对市、县（区）参考人员进行了专题业务培训和考前模拟考试；先后举办司法行政系统各种类型业务培训班6期，培训各类业务人员372人；组织市局机关和局属单位39人参加了司法部、省司法厅直接举办的各种业务培训。

（朱振中）

司法考试门槛绊倒众多法官

2002年举办的首次国家司法考试，取代了以往的律考及系统内举办的初任法官、检察官资格考试，实行三考合一，参与人数与界别都是空前的。但司法机关人员的平均成绩和通过率普遍偏低，有的法院报考者甚至“全军覆没”，其中包括现任法官。如广西今年有9000多人报名参加考试，其中法院、检察院有1700多人，约占20%，但是通过考试者却寥寥无几。有趣的是，在南宁市司法局报考的7位农民中竟有2人通过，其中有1名女性。

成绩为什么不理想？不少法院人士都提到一个主要原因——“时间不够”。他们要一边办案，一边复习，无法像社会其他人士那样心无旁骛。“要通过这样的考试，至少要抽出半年到一年时间系统学习。”没有通过今年考试的南宁市中院工作人员赵某说。

一些法官反思道，在法院工作中，他们长期办理某一类型的案子，如刑庭法官只办刑事案件，民庭法官只办民事案件，造成他们知识上的“跛腿”，而司法统考却涉及极广，民刑经济行政，还有涉外法。不光考实践知识，还要考理论知识和对法律精神的理解。

从全国范围看，当前律师的整体业务素质要高于法官和检察官，已是公认的事实。近年的一项统计表明，全国10多万律师中，拥有大学本科及以上学历的有近70%，大专及以下学历的近30%；而在全国20多万法官中，这个数字刚好颠倒过来。

首次司法统考，全国通过率为7%，广西为4%。尽管通过率不高，也有法律界人士给予正面评价：有这么多司法机关人员在考试中“落马”，充分表明国家司法考试已经真正起到了“门槛”和“把关”作用。从长远来看，如果能够将这一严格的“门槛”制度长期坚持下去，势必将极大提高司法人员的素质。

最高人民法院院长肖扬说，法学是博大精深的科学，司法活动是专业化程度极高的专门性活动。多年来，法官职业的特殊性却被忽略了，对法官的选任几乎无任何诸如教育背景、专业知识、工作经历等方面的要求，很多人未经严格选拔而进入法官队伍。

肖扬称，必须严格法官的职业准入，法官应一律从通过国家司法考试取得任职资格的人员中择优遴选。不少法学界人士将其解读为中国将建立精英法官层的郑重表态。只有形成一批真正精英化的法官队伍，司法的公正人才有可靠保证。

城乡建设·环境保护

城 乡 建 设 规 划

【概况】 2001年，全市城乡建设规划工作，围绕把宝鸡市建成百万人口的现代化生态园林城市的发展目标，加大了城市规划、建筑市场管理、小城镇建设的工作力度，为实施城镇化带动战略，推进市区东扩发展，加快城镇化进程，促进建筑业改革和结构调整，做了大量的工作，从优化城市功能、优化城市环境入手，着力在提升城市品位、建筑品位、生态品位上做文章。2001年，市城乡规划局共完成建安总产值2亿元，为年计划的111%；完成测绘工作量97平方公里、地质勘探量27991.73标米，分别为年计划的110%和140%；完成建筑工程设计34.8万平方米，为年计划的207%；征收劳保统筹基金2396万元，为年计划的126%；征收墙改专项用费268.47万元，为年计划的134%；应用新墙材面积34.94万平方米，用量达2.45亿标块；招投标项目296个，总投资8.64亿元；城建档案入库2411卷，馆藏量达22267卷；竣工工程173项，建筑面积84.4万平方米，工程合格率为100%。全年共荣获部、省、市各类表彰奖励26项。在全市18个重点执法部门行风评价中，市城乡规划局名列第一。岗位目标责任制考核为全市优秀单位。

【编制城市规划　指导城市建设面达98%】 2001年，市城乡规划局以城市总体规划为指导，坚持“高起点规划、高标准建设、高效能管理、高质量服务”的原则，完善了15项专业规划，科学合理地编制了54项详细规划，使其指导城市建设面达98%以上。先后完成了陈仓组团分区规划；编制了金台科技园区和渭滨石鼓经济园区控制性详细规划50.4公顷；委托同济大学编制完成了5.6平方公里的高新开发区东区控制性详细规划；完成了经二路环境景观规划及灯光夜景规划，已组织逐步实施；重点编制了美伦经济适用住房小区、安居小区二期工程、天上人间花园、宝光集团、秦川集团、联盟村村民居住组团、东岭居住组团、政府廉租房等详细规划137.93公顷。组织完成了经二路电力线落地工程，清姜路、广元路、太白路、群众路的拆迁改造方案及规划施工图设计，机厂街道路拆迁改造方案，滨河路及跨越310国道连接高新大道方案扩初设计和施工图设计工作。完成了经二路灯光夜景设计工作，并逐步进行实施；对炎帝园大门地段进行了规划设计改造。

【完成4个地区的1/1000地形图测绘】 根据道路建设及规划编制的需要，组织专业技术人员，集中力量完成了群众路、石嘴头、滨河路及虢镇地区1/1000地形图测绘，为道路建设和陈仓（虢镇）分区规划建设做好前期准备工作。

【完成宝兰复线过城规划设计】 配合宝兰复线工程，做好该工程穿越城市区的规划衔接工作，完成了新宝路、南关路立交方案，完善了城市道路的交通功能。

【“两节一会”主会场如期完工】 为迎接“两节一会”的胜利召开，完成了经二路两侧建筑物及沿路店面的装修外粉，协调解决均利广场建设，广场东区1#、2#购物中心、住宅区已竣工完成，并招商开业。

【“一书两证”发放率达98%】 坚持“一书两证”管理制度，按时效要求完成了新扩建项目的选址定点、详细规划、工程审批及项目配套费的征收工作。全年共核发建设项目选址意见书62件、建设用地规划许可证85件，审批各类建设用地1.753平方公里；核发建设工程规划许可证181件，建筑面积72.3万平方米；核发建设工程管线许可证22件，投资额2亿元。

【依法查处违法建设和违法用地】 2001年，市区共查处违法建设141起，依法处理了75起，罚款53.7万元，拆除22起。上半年对影响城市景观的户外广告进行了集中清理，依法拆除了39块，面积2000余平方米；依法拆除了占压金融大道南段的汽车东站、旅游学校、老干部活动中心等单位的临时建筑和设施；对火车站广场、汉中路交叉口的人防入口处的临时商业棚房进行了整治和依法取缔；对金联公司近万平方米、东方饭店2000平方米、回民食品厂住宅楼5038平方米、宝鸡市农校2115平方米等违法工程，进行了处理和纠正。

【开展行业法规知识宣传活动】 今年4月1日～4日，市城乡规划局组织房地产开发企业及建筑施工企业，在市区主要街道进行了为期三天的《规划法》、《建筑法》、《招投标法》《质量管理条例》等行业法规知识宣传活动，出动人员128人次，发放宣传资料22800份，接待参观咨询人员28460人次，解答各类咨询问题262条。通过宣传，增强了市民学法、知法、懂法、守法的意识。

（张贵生）

市政建设·公用事业

【综述】 宝鸡市城建局按照市委、市政府建设现代化生态园林城市的目标，努力强化城市建设工作的先导意识，城市建设资产的经营意识，城市建设目标的人本意识，城市建设效果的品牌意识，塑造精品工程，提升城市品位，增强城市的“辐射带动、综合服务”功能，改善城市生态环境。“九五”以来，累计完成投资11.84亿元，相继完成西宝高速公路延伸段、经二路、宝光路、大庆路、高新大道等21条道路的新建或改造。道路长度由210公里增加到243公里，路灯由5220盏增加到7917盏，公交运营车辆由177标台增加到265标台，燃气用户由2.5万户发展到5.2万户，燃气普及率由41.6%提高到67.18%。城市供水管网由370公里增加到415公里，供水普及率达到95%。改造了火车站广场，建成占地面积40公顷的宝鸡植物园和西北地区最大的开放式公园——渭河公园。城市绿化覆盖面积由698公顷增加到940公顷，园林绿地面积由514公顷增加到603公顷，其中公共绿地由153公顷增加到230公顷，城市建成区绿化覆盖率25.82%，人均公共绿地达到5.4平方米。城市基础设施的综合服务功能大大增强，城市面貌发生了较大变化。

【高新东区主干道高新大道竣工】 宝鸡市高新技术产业开发区东区建设的先期主导工程——高新大道年底顺利竣工。道路全长4.9公里，设计为城市二级主干道路，红线宽度63米，三块板形式，其中快车道21米，排水采用雨污分流制，双排双挑路灯，投资1.2亿元。工程于2000年12月30日开工建设，被市委、市政府确定为加快城市东扩，完善基础设施，拓展发展空间，改善投资环境的“龙头工程”。

【广元路渭河大桥经设计修改后复工】 被列入宝鸡市2001年50个重点建设项目之一的广元路渭河大桥工程，在元月份开工后不久，中途因做重大设计修改而停工。经过半年多的重新修改设计，8月底复工。新建的广元路渭河大桥位于广元路原渭河老桥桥址，是连接市区与清姜、川陕路和高新技术开发区的交通要道。大桥由上海同济设计研究院桥梁分院设计，为五孔无风撑，双承截面的钢管混凝土系杆拱桥。大桥全长586.56米，主跨为72米一孔，46米四孔，行桥为八跨32米连续桥梁；桥面宽度26米，系杆拱拱脚处桥面宽度加大至30米，其中：车行道21米，两侧人行道各为2.5米，五孔系杆拱主拱高度14.4米，主拱肋采用扁形钢管混凝土结构，设计行车速度为每小时60公里。截至2001年年底，已完成连续箱梁预制场地硬化2000余平方米，6个箱梁坯模已完成4个，96根灌注桩已经完成23根。大桥施工任务由中铁第二十局承担，预计2002年国庆节前建成。

【改造城市道路11条】 2001年，先后改造了清姜路北段、广元路南段、太白路、汉中路南段、新建路、体育路、群众路、中山路、红旗路北段、汉中路北段、文化路北段等11条城市道路，长度8490米，总投资3579万元。铺砌人行道6.8万平方米。

清姜路北段、广元路南段、太白路改造后道路路幅宽度分别达到42米、28米、40米，电力、通讯、供热、公安、路灯、排水等各种管线及附属设施一次配套到位，大大缓解了市区道路交通拥挤和排水不畅的状况。

【陵塬垃圾处理场破土动工】 2001年12月10日，陵塬垃圾处理场5.85公里进场道路A标段开工，陵塬垃圾处理场全面建设开始。宝鸡市陵塬城市无害化垃圾处理场工程，于1997年由宝鸡市计委批准立项，陕西省计委1998年以陕计国土（1998）660号文批复项目可行性研究报告。项目建设规模：填埋垃圾1亿立方米，日填埋700吨，使用年限20～50年。主要建设内容：进场道路，垃圾集运系统，雨、污水处理系统，沼气收集利用系统，垃圾填埋主体工程，防渗工程，渗滤液导排与处理和场区公辅设施。总投资9929.78万元，其中垃圾集运系统2000万元，进场道路957.96万元，污水处理系统650万元，沼气回收利用系统1950万元，垃圾处理场建设工程3632.04万元，涨价及预备金739.78万元。垃圾处理场区工程（大坝、防洪、截洪、防渗、渗滤液收集处理等）计划2002年5月底动工，年底完成投入使用。2003年上半年完成垃圾处理场管理区土建、监控、绿化、生活后勤及服务设施、集运系统。2003年下半年完成沼气回收利用系统。

【市区天然气用户突破4万户】 2001年，天然气利用工程建设步伐加快，完成投资4300万元，铺设中压管网11.59公里，完成调度中心综合楼室内外施工，有关设备完成联合试运转，发展天然气用户10655户，煤气用户转换天然气14789户，新建1万立方米天然气汽车加气站一座，改造公交车21台，改造燃气锅炉26台。天然气利用工程累计完成投资1.57亿元，形成160多公里天然气管线（含置换煤气管线）。截至2001年底，全市42913户居民家庭用上了高热值、低污染的天然气，日均天然气用气量达9万立方米，年平均日供气量4.81万立方米。

【渭河公园建设开始启动】 渭河公园全长约3公里，面积61万平方米，总投资4400万元，整个公园规划布局为一带七区，即紧邻北堤的防浪林带，从东到西的湖滨风光、古渡春晓、千禧乐园、五环广场、梨园秋色、陈仓古韵、渭水烟紫七个景区。本着先绿后美的原则，已完成公园40余万平方米草地播种，修建园林道路、广场等4万平方米，初步搭起了公园骨架。

【金陵桥游园扩建改造工程告竣】 金陵桥游园原占地4200平方米，周边为近3000平方米的商业用地，为提高市中心区绿地率，美化经二路东大门，市政府出资征用商业用地，建设以草坪、树阵、广场互融的街头绿色游园。栽种各种乔、灌木10000株（丛），播种草坪2900平方米，增加绿地面积3000余平方米。

【宝鸡建成大型广场彩色音乐喷泉】 火车站广场彩色音乐喷泉由天津大德喷泉科技有限公司设计安装，宝鸡市城建局组织实施，2001年4月23日起交付使用。投资303万元，共安装电控柜8个，电脑设备1套（含程序编辑），各类潜水泵83台，各类喷头1099个，水下红、绿、黄彩灯512盏，外射灯10个，管道300多米，变频器7个，快速伺服阀50个，液压伺服阀5个，水下动力机4台，设备用电量为351.15千瓦，电缆171根，不锈钢井箅116平方米。喷泉直径30米，主喷高度30米，由音乐编辑、程序切换、固定控制、适时音控等四种方式控制跑泉、大鹏展翅、三层环拱、中心集束、高抛、花瓣水幕、花篮、高雪松、玉柱、花心雪松、涌泉等十三种独立水形，可搭配组合50余种水形。夜晚，喷泉、彩灯齐放，五光十色，水形、灯光随着音乐节奏起伏变化，成为一道亮丽的景观，为市民和过往旅客营造了一个舒适、欢快、有现代气息的广场环境，进一步提高了广场基础设施建设的品位。

【宝鸡炎帝园改建成开放式公园】 宝鸡炎帝园原为封闭型公园。为美化市区环境，2001年宝鸡市投资107万元，对炎帝园进行了改建，拆除公园南大门，进行绿化、硬化、美化、亮化，建成炎帝园广场。共硬化广场面积2378平方米，修建花池（坛）802平方米，修建游步道252平方米，播种草坪682平方米，安装路灯45组，实行全天候免费开放，是陕西省第一个对外免费开放的公园，受到省、市领导及社会各界的普遍赞誉。

（周宗利）

房地产开发管理

【概况】 2001年，市房地产业以培育住房消费、促进住宅与房地产业可持续发展为目标，以房屋安全管理为重点，以房地产开发为主线，动员和组织全市房地产企业，发展商品住宅和经济适用房建设，实施廉租屋工程，建立起了适合不同收入家庭需求的住房供应体系。全年完成房地产开发投资6.99亿元，竣工各类房屋面积56万平方米，市区房地产综合开发率达58%；办理房产交易2605件，交易额3.58亿元；超额完成房屋产权登记发证任务，全年登记发证3.46万件（其中，房改房发证30136件），发证面积445.83万平方米；年内创建了2个省级物业管理示范小区；全年核发《房屋拆迁许可证》11件，调解裁决房屋拆迁纠纷13起，组织实施强制拆迁2起；建立了房地产交易大厅，实现了“一厅式”办理房屋产权证；配合“两节一会”成功地举办了房地产交易招商会；全年收缴公房租金345万元，完成房屋维修投资150万元。2001年底，全市城镇共有各类房屋2600.4万平方米，其中，市区1704.3万平方米；全市城镇共有住宅1329.7万平方米，其中市区住宅892.1万平方米。全市共有缺房户4860户，其中，市区缺房户3211户。全市城市人均住房使用面积13.79平方米，其中，市区人均使用面积13.39平方米。

【宝鸡市房地产业协会】 宝鸡市房地产业协会简称“房协”，是由宝鸡市境内的房地产开发经营、房地产中介服务、房屋拆迁、物业管理、市场交易、装饰装修等企业、事业单位和相关单位参加而组成的具有法人资格的社会团体，是社会中介组织和自律性行业管理组织。主要任务是：组织理论和政策研讨，向政府提出政策建议；进行信息传递和内外交流；进行法律政策和业务技术的咨询、培训；制定并组织实施《行规行约》；组织行检行评，承办行业内各专业资质的审核工作；上传下达，维护会员单位的合法权益，反映会员单位的呼声；协调行业内部价格等利益关系。2001年，市房协共有会员单位136个，遍及十县两区。全年共编发《宝鸡房地产》五期。协助市房管局预审、审查房地产开发企业资质30余件，对70个房地产开发企业进行了年检初审；邀请市政府领导参加市房协座谈会，听取房地产开发企业意见、建议，进一步加强了政府与企业的联系和交流。

【市房产管理局改为市直事业机构】 市房产管理局为市级房地产管理机构。11月14日市级机构改革将市房产管理局由市政府工作部门改为市政府直属事业机构。内设办公室、开发建设科、房政房产科、综合计划财务科、物业管理科和监察室等六个科室；市房管局主要负责住宅建设、房地产开发、房屋拆迁、房地产交易、房地产中介服务、房屋产权产籍管理、物业管理、房屋安全管理和直管公房管理等项工作。原市国有资产管理局管理的市级机关住宅用房的产权产籍，移交房管局管理。市房管局编制21人。年底实有行政编制人员16人。

【房地产开发规模136万平方米】 2001年底，全市房地产开发企业117个（其中，二级5个，三级24个，四级50个，暂定38个），注册资金6亿元，从业人员2235人，年平均劳动报酬7762元。2001年全市房地产开发规模136万平方米，其中住宅122万平方米，占89.7%，面积在2万平方米以上房地产开发项目共有12个，涉及9个房地产开发企业。当年新开工面积57万平方米，全年建成商品房屋56万平方米，其中，商品住宅52万平方米，占92%，实现商品房销售收入3.9亿多元。全年完成开发土地面积21.39万平方米，正在开发的土地面积13.52万平方米。每套住宅平均建筑面积为108.9平方米，个人购买商品房的比重为79.7%，个人购买商品住宅的比重为66.1%。开发企业资金来源为：贷款23.4%，自筹35.9%，定金及预收款27.5%，外资0.52%。

【新成立房地产开发企业达历史之最】 全年新成立房地产开发企业26个，物业管理企业9个，为宝鸡市房地产业注入了新的活力，全年新成立房地产开发企业数量达到历史之最。2001年底，全市共有房地产开发企业117个，房地产经纪机构16个，物业管理公司13个，房地产评估机构11个，房屋拆迁单位28个，注册资金7亿多元。

【规范房地产开发企业销售行为】 在《商品房销售管理办法》颁布后，市房管局组织企业进行学习，以便自觉执行。完善了商品房预售许可证制度，对所有的商品房实行预售审查，不符合预售条件的，一律不准上市销售。全年核发《商品房预售许可证》53件，批准预售面积376790平方米。在颁发商品房预、销售许可证的同时，在新闻媒体上对批准预售商品房予以公告，让群众明白哪些商品房可以买，哪些不能买。针对房地产广告满街飞、广告内容不实、误导消费者等问题，与市工商局联合发文，推行房地产广告事先审查制度。由房管局对房地产广告内容先进行审查，根据审查意见，工商部门批准发布，基本杜绝了虚假广告。推行商品房买卖合同示范文本，凡商品房买卖必须签订国家统一制定的商品房买卖合同示范文本，对不使用统一合同文本的不予办理交易过户手续。宝鸡市制定了统一的住宅使用说明书示范文本，11月1日正式在全市使用。2001年底，共印发《住宅质量保证书》和《住宅使用说明书》1.6万份，接待群众咨询100余人次。

【推行房地产开发项目手册管理制度】 为了规范房地产开发项目转让行为，制定《宝鸡市房地产开发项目转让管理办法》，全年共办理房地产开发项目转让4起。同时，根据省建设厅推荐的《房地产开发项目手册》文本，结合宝鸡市实际，制定了统一的《房地产开发项目手册》，11月1日起在全市全面推行房地产开发项目手册管理制度。

【“房地产交易招商大会”规模空前】 4月26日至4月30日在宝鸡均利国际广场南大厅举办了宝鸡市规模空前的“房地产交易招商大会”，有32个房地产开发、中介、物业管理及银行、保险公司、住宅配套产品企业设展位参展。会议共组织商品房源12.25万平方米，印发宣传资料15万份，参展模型9个、宣传版面120多块，接待参观、洽谈人数8万多人次，成交房地产6.28万平方米，成交额0.7亿元，招商引资项目6个，引资额1亿元。

【房地产价格评估机构全部脱钩改制】 根据建设部《关于房地产价格评估机构脱钩改制的通知》精神和省建设厅的安排，市房管局对全市房地产价格评估机构进行了清理、整顿和脱钩改制。通过清理、整顿，全市保留房地产价格评估机构（含10个县）9个，其中，市属二级1个，三级8个；从业人员65人，其中，估价师7人，估价员25人。通过脱钩改制，引入了新的机制，形成了公平竞争的市场环境。

【危险房屋治理成效显著】 7月下旬，西关人防工程进水险情发生后，市房管局对险情范围内房屋和全市直管公房中有危险的房屋进行了一次全面检查。检查内容包括：危房分布情况及危险程度、危旧房的维修进展情况、防汛安全值班情况、防汛物资贮备情况、防汛安全经费落实情况以及紧急情况下抢险人员和工具配备情况，遇险撤离方案等内容。经检查，直管公房有3处危房，分别是东南城巷51号楼、李家崖59号楼和宝福路162号楼。市房管局及时采取措施：东南城巷51号楼为砖混五层住宅楼（住户30户约120人），被鉴定为危房后，组织专门班子，动员督促住户搬迁，大部分住户自觉撤离危房，有4户住户坚持不搬迁。5月20日市房管局申请法院对这4户住户进行了强制搬迁。次日即对该危楼进行拆除。李家崖59号住宅楼为砖混二层住宅楼，主要居住着第一印染厂职工。经多次与一染厂协调，由厂里给每户每月补助40元过渡费，撤离危房，待厂里住宅楼建成后给予正式安置。12月该楼住户已全部撤离危楼。宝福路162号楼为砖混五层住宅楼，主要居住着宝鸡合力叉车厂职工，该楼被鉴定为局部危险房屋。年底前，已完成危房加固方案的制定，正在落实加固资金，明年完成该楼加固工作。

【房改房产权登记发证推行“一厅式”办公制度】 在去年试点发证1.2万件的基础上，市房管局通过推行一个窗口收件，一个窗口发证的一厅式办公制度，简化了办事程序，缩短了发证时间。全年房改房发证30136件，发证面积208.04万平方米。截至年底，房改房累计发证4.59万件，累计发证面积299.28万平方米，发证率达到75%。

【第一幢高层商品住宅楼竣工交付使用】 位于宝鸡高新区西区，西临清姜路，南临310国道，由宝鸡世纪花园房地产开发有限公司开发建设的宝鸡市第一幢高层商品住宅楼——“世纪花园”，于8月交付使用（1999年10月18日开工，2001年6月30日竣工）。该楼为错层式框架剪力墙结构，由两栋18层塔式住宅楼组成，总建筑面积44488.92平方米，总投资6548万元；配有四部电梯和天然气、暖气、热水、电话、宽带网、可视对讲、有线电视、红外线监控及大型停车场等设备；共197户，每层六户，每户建筑面积最大为341.21平方米，最小为178.39平方米，平均每套建筑面积为197.97平方米。每平方米售价：二层1680元，向上每层增加40元，最高单价为顶层2240元，平均单价为1950元/平方米，每套最高售价为77万元，最低售价为29万元，平均每套售价为38.6万元。购房业主大部分是40岁左右的民营企业主。

（张世芬）

住房制度改革

【概况】 2001年，宝鸡市住房制度改革工作以进一步推进住房分配货币化为目标，以加快经济适用住房建设，全面推行和完善住房公积金制度为重点，积极贯彻落实国务院《关于进一步深化住房制度改革，加快住房建设的通知》精神及《住房公积金管理条例》，继续扶持集资建房和公有住房出售。截至2001年底，宝鸡市部分产权住房向全产权过渡的工作已进入尾声，其中金台区、眉县、凤翔县全产权过渡工作已基本完成；住房资金管理的重心逐渐向住房公积金转移；陈仓园住宅小区二期工程及姜园小区的征地工作已进入实质性阶段；经济适用住房价格调整为每平方米1150元；中国房改研究会西北分会年会（第五届）首次在宝鸡市召开。

【集资建房和公有住房出售】 按照国家和省市的有关房改政策，市房改办继续支持集资建房和成本价售房工作。全年共审批集资建房单位48个，共计3729套住房，建筑面积35.9万平方米，总投资30005万元，其中个人集资17272万元。成本价售房2627套，建筑面积20.7万平方米，回收售房款11147万元。

【产权过渡任务基本完成】 全年部分产权住房向全产权过渡共计867套，建筑面积5.9万平方米，回收售房款1858万元，至此，宝鸡市部分产权向全部产权过渡工作基本结束。

【住房公积金业务加大】 由于住房公积金制度的全面推行，产生了大量的公积金支取业务。为此，市房改办指派专人每星期一、四全天专门办理公积金支取，办事效率大大提高。2001年，全市新增住房公积金8223万元，增幅31%；住房公积金增值率2.5‰；住房资金使用额达到22037.7万元，其中住房公积金使用6332万元，拨付给单位售房资金15705.7万元；共办理公积金支取21000人次；全年共归集78个单位全产权住房过渡款7345万元；为53个单位办理了用公积金转抵房款业务，确保了职工的利益不受损失。

【建成经济适用住房6547套】 2001年宝鸡市经济适用住房计划面积75.89万平方米，实际开工面积56.65万平方米，共完成投资2.7亿元，竣工28万平方米，建成住宅房6547套，解决城镇无房户及住房困难户6500多户。

【开发建设陈仓园、姜城住宅小区】 宝鸡市已于2000年明文要求市级机关和事业单位原则上停止自建干部职工住宅房，带头购买价格高于房改成本价的经济适用住房。为此，陈仓园二期经济适用住房建设项目于2000年底立项，2001年被市委、市政府确定为重点工程，规划建筑面积约16万平方米；同时开发姜城住宅小区，该小区坐落在清姜路以西，310国道以北，占地8.93公顷，规划建筑面积约13万平方米。这两项工程的征地工作已基本结束。陈仓园一期工程的绿化等配套设施已与二期工程同时进行。

【市级机关干部职工购买经济适用住房规定出台】

2001年11月，市房改委以宝市房改委发（2001）01号文件，发出了《关于市级机关干部职工购买经济适用住房的通知》，将经济适用住房的出售价格暂定为每平方米1150元。同时规定，“按经济适用住房价格购买住房，取消工龄折扣及一次性付款优惠”，“市级机关及事业单位立即停止执行原标准价、成本价购房，一律实行经济适用住房价格”，“购买经济适用住房时，购房人原已购买的全产权房改房由个人自行处理”。

【全市累计清理多占住房1607套】 2001年，全市共清理多占住房43套，其中市级16套，收缴超标准加价款8.92万元，超标准装修款7万元。至2001年底，全市已累计清理多占住房1607套，收缴超标加价款467.02万元，超标装修款45万元。

【中国房改研究会西北分会第五届年会在宝鸡召开】

2001年5月22日至24日，中国房改研究会西北分会第五届年会在宝鸡市召开，这是宝鸡市首次承办中国房改研究会西北分会年会。来自兰州、西宁、乌鲁木齐等18个会员城市及其他城市的房改办、资金中心主任共计61名代表参加了这次会议。中国房改研究会会长，前国务院房改办主任陈学斌到会作了讲话，西北分会会长王光生向大会作了重要报告。会议围绕各地住房分配货币化、住房二级市场运作，经济适用住房建设及住房公积金管理和个人贷款的运作模式等进行了广泛的交流和深入的探讨。

（张晓华）

建　筑　业　管　理

【概况】 2001年，宝鸡市共有勘察规划设计单位41个，等级施工企业165个，项目经理1434名。市城乡规划局以创建文明工地和优质精品工程为目标，以基础设施建设为突破口，以建筑业改革和结构调整为主要内容，以人为本，以质取胜，狠抓施工安全质量和监督管理工作，充分发挥建筑业的支柱作用，使城乡建设驶入良性发展的“快车道”。

【施工企业改制进展顺利】 2000年底，全市共有施工企业202个，通过一年来各种形式的联合改制，到2001年，共有等级企业165个，其中一级企业3个，二级企业29个，三、四级企业133个。2000年共有22个企业改制，改后为11个。2001年已有48个企业申请联合改制，企业总数下降到128个，比1999年减少了61%。拟组建宝鸡建工集团的工作，目前已完成前期准备。制定的宝鸡市勘察设计单位改制实施意见，已报市政府审批。

【竣工工程质量合格率继续保持100%】 2001年，全市共监督工程319项，建筑面积143.42万平方米。其中接转工程226项，建筑面积92.88万平方米；新开工程93项，建筑面积50.54万平方米。全年共竣工工程173项，建筑面积84.41万平方米，质量合格率为100%。全年共创市级优质工程42项，省级“长安杯”优质工程2项，优质样板主体工程6项、优质结构主体工程59项。

【创建文明工地成效显著】 2001年，全市共创省级文明工地17个，市级优质样板文明工地20个、市级文明工地156个、县级文明工地78个、省级科技示范工程13项，提高了施工企业科技含量和集约化经营水平。

【抗震设防常抓不懈】 2001年对全市356项新建工程进行了抗震设防审查，面积126.8万平方米。其中市区审查107项，建筑面积57.2万平方米，新建工程设防率达100%；举办了全市（包括县区）建筑、结构专业设计人员共80余人参加的抗震规范和建筑抗震鉴定培训班；完成了宝鸡市抗震设防区划图件的制作发行；在巩固原有23个农房抗震试点村的基础上，新增农房抗震试点村10个，试点村建房702户，设防645户，设防面积19.4万平方米，设防率达91.8%。

【建筑行业劳保统筹高出全省平均保障线31.3%】 全年共收取劳保统筹基金2396.1万元，拨付返还费用1814.9万元，国有施工企业离退人员年均收益3624元，高出全省平均保障线达31.3%。帮助施工企业轻装上阵，促进了建筑业的健康发展，维护了社会的稳定。

【整顿规范建筑市场】 按照省建设厅《关于进一步整顿和规范建筑市场秩序的实施方案》，市城乡规划局印发了《关于进一步整顿和规范宝鸡市建筑市场秩序的实施方案》，并积极引入竞争机制，打破地方保护主义壁垒，扩大开放，对6个外地施工企业办理了注册手续，创造了公正、平等的竞争环境。同时，召开了全市整顿和规范建筑市场秩序工作会议，安排部署了全市整顿和规范建筑市场秩序工作阶段性目标和工作重点，并成立了办公室，在《宝鸡日报》上刊登了举报电话，设立了举报箱。全年共收到群众举报42条，查证属实的28条，另有8条举报不实，其余6条正在落实处理中，为整顿和规范建筑市场秩序工作的顺利开展创造了良好的条件。

【加强在建工程项目的质量安全监管】 2001年，全市有在建工程项目（551个、项目投资总额13.96亿元）的建设单位，勘察设计、施工、监理单位都认真地进行了自查自纠。在自查自纠的基础上，市上共组织了三次大的联合检查，共抽查工程168项。其中存在违法违规的工程44项，涉及投资总额5780万元，规避招标的工程5项，不报建的工程44项，不依法办理质量监督的26项，不依法办理施工许可证的29项，不依法办理竣工验收备案的29项，不进行监理的工程9项。对于这些违法违规工程项目，市城乡规划局采取停工整顿、限期整改、强行拆除、通报批评、行政处罚等方式予以整治处理，使宝鸡市的建筑市场秩序有了明显好转。

【强化规范施工安全生产】 2001年，市城乡规划局加强对宝鸡市的施工现场安全管理，严格执行安全生产责任制，健全完善企业的安全规章制度。在施工现场建立了以施工企业法人为安全生产第一责任人、项目经理为安全生产直接责任人，工长、安全员为安全生产具体负责人的责任制体系。同时要求各项目部制定严格的安全生产管理制度，明确各方责任：必须与每个职工都要签定安全生产合同，坚持班前安全教育交底，班后安全讲评。此外，还举办各类培训130余次，对项目经理、安全员进行培训教育工作。为了扭转宝鸡市安全生产的被动局面，要求各施工企业必须更新已淘汰和陈旧的提升设备。施工现场用电全部实行“三相五线”制，并做到三级配电，两级保护，实现了一机、一闸、一箱和一个漏电保护器。并对外架搭设、基坑支护、“三宝四口”的防护提出了严格要求。据初步统计，宝鸡市各施工企业2001年用于设备更新的投资大约在500万元左右。采取企业自查、各县区拉网式排查、市上抽查、沿路巡查、重点查差的办法，组织了6次大的安全检查。并多次召开动员会、通报会、表彰会，加大对相关人员的安全教育。在6月份进行的全国安全大检查中，抽查的8个工程项目全部达标，合格率为100%，受到国家检查组的一致好评。在全国60个中等城市检查评比中，名列第六。

【建筑节能与墙材革新取得新突破】 全年共审查工程127项，面积60.24万平方米。通过积极引导，推广应用新型节能材料，抓好节能新材料的系统化、多样化的工作，有效地保证了节能标准的执行。全年共增加新型墙材企业13个，其中空心砖厂7个，GRC墙板厂2个，塑钢门窗厂4个。并对凤翔县恒远新型建材有限公司等9个生产新型墙材做出突出成绩的企业予以重奖，促进了宝鸡市新墙材的生产、推广及应用。

【招投标管理持续保持好水平】 2001年，全市招标工程共296项，建筑面积117.67万平方米，总造价8.64亿元，公开招标率为100%。其中，市上组织招标工程101项，建筑面积63.25万平方米，造价5.31亿元，公开招标率100%，覆盖率100%。确保了工程发包的公开、公平、公正。

【工程监理步入良性发展的轨道】 2001年，市城乡规划局对8家监理单位进行了资质初审，对84名国家、省级注册监理工程师进行了备案登记。全年共办理监督项目168项，监理面积118.84万平方米。其中市区监理工程86项，面积51.3万平方米，覆盖率达86%；县（区）82项，面积56.54万平方米，覆盖率为42%。使工程监理步入良性发展的轨道。

（张贵生）

小 城 镇 建 设

【概况】 2001年，市城乡规划局继续狠抓重点城镇和试点小城镇规划建设，始终坚持分类指导、典型引路的方针，以拓宽投资渠道，狠抓试点镇基础设施建设为突破口，全年共完成试点村镇基础建设投资近2500万元，带动了全市村镇建设快速发展，小城镇建设和发展日新月异。全市建制镇已达99个，城镇化水平达到3.3%，现已形成以宝鸡市区为中心，以10个县城为骨架，以89个建制镇为基础，以77个集镇为依托的城镇网络体系。

【加强重点城镇的详细规划编制】 在组织完成千阳县城、凤翔县城、太白县城总体规划评审的基础上，本着高起点，超前性、设计理念上有所突破，搞好规划主设计的的思路，先后安排开展了法门镇总体规划及重点地段的城市设计；扶风县城新区修建性详细规划的编制及评审；常兴镇中心区详细规划；眉县县城总体规划及重点地段城市设计等；汤峪镇总体规划及主街道重点节点景观设计；陇县天成镇天元路商业街规划设计。有效地指导了小城镇建设，加快了城镇化步伐。

【重点示范镇基础建设力度大】 2001年，市城乡规划局不断加大对重点城镇蔡家坡、常兴、法门、汤峪、宝鸡县城、凤翔县城的投资力度，使城镇面貌焕然一新。凤翔县城完成了雍城路拓宽硬化，宝鸡县城完成了西门外道路的拓宽改造，县城面貌有了极大改观；常兴镇完成镇区“五街一路”的拓宽硬化及镇区百盏路灯点亮工程、扶眉烈士陵园扩建工程；蔡家坡镇投资500多万元，完成自强路、工农路、解放路等老城区主干道的拓宽硬性化整修和人行道铺设工程；法门镇投资100多万元，拓宽硬化法乾路，人行道铺设了彩色釉面砖，投资516万元，建成镇区农副产品交易中心；汤峪镇投资300万元建成汽车客运站，投资300万元建设了综合市场；其他城镇如陈村、五丈原、坪头等也都不同程度地加大基础设施建设力度，提高了城镇的载体能力，改善了城镇的投资环境。全市试点镇及重点镇镇区道路网基本形成，市场基本归位，主要街道均安装了路灯。各镇区的自来水普及率均达到90%以上，水质达到国家规定的标准。供电、通讯均满足生产、生活的需要，各试点镇都实现了村村通电、通邮、通电话。

【狠抓试点村镇环境绿化建设】 宝鸡县宝丰村2001年投资1930万元，加强村民住宅和新村基础设施建设，改善了村容村貌和居住环境，促进了全村经济的高速发展；凤翔县水沟村投资31万元，从整治美化环境入手，新建花园8个，栽绿化树500多棵，把新村建设不断向更高层次推进。凤翔县陈村镇、眉县汤峪镇、岐山县蔡家坡镇及水沟村、宝丰村等试点村镇共建设公共绿地10000平方米，使村镇绿化初具规模。

【12个乡镇工业园区的规划方案初步完成】 按照小城镇建设规划，全市已初步完成12个乡镇工业园区的规划方案，特别是陈村、常兴、宝丰、岐星等乡镇工业园区的建设，已逐步走向按规划依法建设的发展路子，从而引导乡镇企业向小城镇集中，形成集聚效应，为全市农业结构调整和吸纳农业富余劳动力打下坚实的基础。

【为小城镇建设提供政策和财力支持】 2001年初，市城乡规划局召开了村镇建设工作会议，就小城镇建设和各县区建设局签订了试点村镇《目标任务书》，要求每个试点村镇至少有1~2个项目建设完成；市上对完成任务较好的村镇给予适当的补助。为了贯彻落实省委、省政府陕发（2001）19号文件精神，拟制了《关于加强我市城镇化进程的意见》。在接受市政协视察指导小城镇建设工作的同时，开展了小城镇建设全面调查研究，并配合有关部门就小城镇户籍、土地管理等制定办法，促使有条件的乡村人员向城镇流动。在陇县举办了一期乡镇长和城建干事参加的城镇建设知识培训班，并组织部分试点镇领导和城建干部参加了省厅举办的培训班，并结合规划评审以会带培，使小城镇建设管理人员业务水平得到了提高。

（张贵生）

城　市　管　理

【为“两节一会”创造优美环境】 宝鸡市城市管理委员会从2001年3月下旬开始，组织有关单位、部门集中两个月时间，以治理非法广告、交通秩序、占道经营及环境卫生为重点，对市容市貌进行了一次彻底综合整治。3月21日至3月25日为宣传阶段。市区出动宣传车108台次，设立宣传站13个，印发宣传资料10万余份，召开动员会30多次，广泛深入宣传《宝鸡市文明市民公约》及相关法律法规。3月26日至4月25日为集中整治阶段。金台区、渭滨区政府和宝鸡市城管委部门单位齐抓共管，严管重罚，以法整治，先后清理非法广告5万多条，抓获乱贴、乱喷假文凭广告犯罪嫌疑人8名，拆除大型广告牌14处共1900多平方米，取缔市府巷、西关什字等马路市场16处，取缔露天烧烤19处225个，纠查占道摊点2000多起。同时动员沿街单位刷新门面、摆放盆花，使市容焕然一新。4月26日至5月20日为巩固提高阶段。宝鸡市市长吴登昌等领导多次带领市城管办等相关部门深入大检查，现场解决问题，使整治成果得以巩固。优美有序的市容、市貌，为“两节一会”圆满举行提供了良好的外部环境，获得中外客商的一致好评。

【宝鸡市为城市管理相对集中行政处罚权试点城市】

1998年以来，宝鸡市探索城市管理的新途径，先后采取了城市管理联合执法、委托公安巡警综合执法等办法。各执法部门由于受部门利益驱动，在管理上很难形成合力，经常性的执法和管理难以坚持。针对这种情况，根据国务院办公厅《关于继续做好相对集中行政处罚权试点工作的通知》精神，市政府决定在城市管理中实行相对集中行政处罚权试点，两次组织有关部门领导先后到大连、烟台、郑州、广元、绵阳等城市学习考察，于2000年12月中旬制定了试点工作方案。2001年2月初，省政府批准宝鸡市作为全省开展城市管理相对集中行政处罚权试点城市，2001年2月15日，国务院法制办公室下发了《关于在陕西省宝鸡市开展相对集中行政处罚权试点工作的复函》，3月6日省政府办公厅关于《转发省政府法制办关于在宝鸡市开展相对集中行政处罚权试点工作意见的通知》下发后，市政府又对宝鸡市的试点工作实施方案再次作了讨论和修改，3月23日，市政府2001年第三次常务会议审议通过了试点工作实施方案。

【宝鸡市城市管理行政执法局正式挂牌】 2001年6月29日市编委决定设立宝鸡市城市管理行政执法局，机关行政编制20名。下设金台、渭滨和直属大队，事业编制150名。2001年10月28日宝鸡市城市管理行政执法局正式挂牌，这在西北五省也是第一家（同时成立“宝鸡市城市管理行政执法支队”，实行一个机构、两块牌子）。局机关内设办公室、执法科、管理科和宣传督察科，调入公务员15名，组建了三科一室。并接收了金台、渭滨和市规划执法处3支城管队伍共137人（含45名临时工），择优招录40名执法人员，组建了直属、金台、渭滨3个执法大队。宝鸡市公安巡警支队设立城市管理执法大队，协助和参与城市管理执法工作。城市管理行政执法局根据国务院复函的授权，在城市规划区内集中行使市容环境卫生、规划、绿化、市政公用、环境保护、工商行政、公安交通等方面法律、法规、规章规定的全部或者部分行政处罚权，以及履行省市人民政府规定的其他职责。

【执证上岗建章立制】 从2001年12月1日开始，市执法局对176名执法人员分两期进行了集中正规培训，请陕西省法制办领导张昭民和陈杰讲法制课，请驻军教官进行军事训练。经过陕西省法制办统一命题考试合格后，为132名执法队员颁发了《陕西省行政执法证》，保证了执证上岗，依法行政。并建立健全了考勤、奖惩、服装管理、车辆及财务管理等一系列规章制度，制定了《宝鸡市城市管理行政执法局执法工作人员守则》，使执法人员的行为有法可依，有章可循。

【城市管理热线3206789开通】 市执法局在全市开展了以“宝鸡是我家、管理靠大家”为主题的宣传活动，开通了城市管理热线，号码为3206789，通过新闻媒体和张贴通告等多种形式向群众公布。印有3206789醒目号码的8辆执法车在市区日夜巡逻，随时帮助群众解决难点问题。广大市民通过3206789积极为管好城市献计献策，特别是要求查处违章建筑、噪音扰民等问题的电话昼夜不断，从一个侧面反映出加强城市管理的重要性和紧迫性。

【举行执法队员上岗执勤誓师动员大会】 2001年12月25日，宝鸡市在火车站广场隆重举行“宝鸡市城市管理行政执法局执法队员上岗执勤誓师动员大会”，让新组建的执法队伍接受领导和群众的检阅。省法制办、市党、政、军、人大、政协领导等参加了大会。会后，170多名身着新式标志服的执法队员，分乘由公安交警、巡警城管执法大队、城管综合执法车组成的车队，沿宝鸡市经二路、中山路、红旗路、新建路、公园路、东风路等市区主干道行进，接受宝鸡全市人民的检阅。执法队员精神振奋，受阅车队威武雄壮，使领导群众耳目一新。

（冯安瑞）

环境治理与保护

【概况】 2001年，全市环保系统以创建国家环保模范城市为目标，开展污染源深度治理和综合治理，推行城市环境综合整治，认真贯彻执行《建设项目环境保护管理条例》，全面开展生态环境保护工作，严肃查处各类环境违法行为，城市环境质量明显改善，全市集中供热总面积达到近550万平方米，对关停“十五小”企业回潮问题严肃查处；连续14年获得全省环保目标责任制考核一等奖，2001年宝鸡市被陕西省人民政府评为省市环境保护目标责任制考核一等奖；城市环境综合整治定量考核工作被评为全省先进；获省委宣传部、省环保局颁发的陕西省“六五”世界环境日《绿色之光》文艺汇演三等奖；被省环保局评为全省环保系统环境宣传教育工作先进集体；被中共陕西省委依法治省工作领导小组评为全省“三五”普法依法治省先进集体；被市委、市政府评为2001“创佳评差”竞赛活动优胜系统；被市政府评为创建中国旅游城市贡献单位。连续8年被评为全市岗位目标责任制先进单位。

宝鸡市空气环境质量主要指标统计结果

（单位：mg/m³）

年份 \ 监测项目	SO_2	NO_2	TSP
2000	0.036	0.042	0.366
2001	0.043	0.037	0.341
GB3095－96 二级标准	0.06	0.08	0.20

2001年宝鸡市地表水主要污染物统计结果

（单位：mg/l）

河流名称 \ 项目	溶解氧	BoD_5	LOD	氨氮	挥发酚	水质类别
渭　河	6.22	15.64	46.56	9.052	0.0094	劣Ⅴ
嘉陵江	9.92	1.45	7.51	0.220	0.0011	Ⅲ
金陵河	7.98	9.30	26.47	4.415	0.0045	劣Ⅴ
清姜河	8.43	10.15	19.65	2.999	0.0012	劣Ⅴ
石坝河	9.02	9.19	13.31	1.440	0.0010	Ⅴ
GH2B1 － 1999Ⅲ类标准	≥5	≤4	≤20	≤0.5	≤0.005	—

【创建国家环保模范城市】 2001年，以可持续发展战略为指导，为实现宝鸡市经济发展和环境保护的“双赢”，提出了创建国家环保模范城市，并编制完成了《宝鸡市创建国家环保模范城市行动计划》，力争2004年实现创建目标。通过创建环保模范城市，进一步加强城市生态环境保护和建设，提升城市总体形象，提高城市环境质量，改善投资环境。

【完成170个企业的排污申报登记工作】 全年共完成全市市属以上170个企业的第三批排污申报登记工作。通过申报登记，获取废水、废气、环境噪声监测数据2万多个，全面掌握了企业生产和排污情况，为进一步深化环境管理，实施总量控制打下了基础。

【环境监理工作进一步完善】 2001年，全年共完成金台区、渭滨区、宝鸡县三个监理所二级标准化监理机构建设，凤县监理所三级标准化监理机构建设，并通过验收。在高考期间，市（县）区两级环境监理部门设立举报电话，发布有关通告，大力查处各类环境噪声污染。共受理投拆450次，检查180次，查处各类噪声污染源156个，查处违法案件51起，结案率100%。加强了污染处理设备运行情况检查，重点检查了120个企业的256台（套）设备的现场运行情况，运行率达90%以上。

【宝鸡市区生态示范区建设工作启动】 按照国家环保总局关于全国第六批生态示范区建设试点地区的批复，全面启动宝鸡市市区生态示范区建设工作，组织编制了市区生态示范区建设规划大纲并通过了省市的初审，协助编制完成了太白县国家级生态示范区建设规划大纲，上报省环保局审定；积极开展生态示范乡村建设，选定了4个乡镇、36个村作为生态示范乡村，并积极进行分类指导，完成全市规模化畜禽养殖场污染状况调查，推进秸秆禁烧和综合利用工作。

【集中供热事业迅速发展】 2001年，继续加大力度拆除市区燃煤小锅炉。市人民医院、妇幼医院等单位锅炉全部停运，如期并入集中供热管网。市上马营供热管理站新建一台20吨锅炉并按期投入运行，市热力中心和上马营供热站全年新建、改建、扩建换热站10座；敷设广元路、太白路、清姜路等主管网10500米，新增供热能力50多万平方米，发展供热面积18万平方米；西河滩集中供热工程开工建设。争取国债资金2000万元用于集中供热事业，全市集中供热总面积达到550万平方米。

【建设项目环境管理成效显著】 全年对宝鸡桥源公司熔模铸造技术改造等20个项目进行了分类登记，审批环境影响报告表17份，环境影响评价和“三同时”执行率达到100%；协助完成对宝鸡东岭集团凤县锌品厂5万吨锌冶炼工程、岐山板纸厂5万吨纱管纸扩建工程等18个建设项目的管理；对千阳县120万吨和扶风90万吨水泥项目拟建厂址进行了踏勘；对秦明电子公司力敏器件和汽车传感器等7个项目的环保设施进行了验收；严肃建设项目环境保护执法，认真执行国家产业政策，取缔2个工艺落后企业，否决2个重复建设项目；推行政务公开，入驻市政务大厅，聘请10名省属、市属、乡镇和个体私营企业人员为建设项目环境管理政务公开监督员。

【举行“世间万物、生命之网”万人签名活动】　6月5日，在火车站、经二路、中山路以“世间万物、生命之网”为主题，举行了万人签名活动，市人大副主任谭波峰、翟拴堂、郝改桂、周允庄，市政协副主席傅忱、市政府副秘书长谭茂生、市纪检委副书记贾东明、市人大环资委主任杜凤虎等领导参加；当天还组织市级各部门和56个企事业单位1000余人参加了宣传，展出版面345块，横幅30余条，发放资料20000余份，接受群众咨询3000余人次，回收旧电池10000余节，发放环保袋2400个，环保太阳帽2000余顶，环保伞1200余把，环保圆珠笔1000余枝。

【环保教育从领导、学生抓起】　在市委党校干部培训班开设环保课程，培训各级领导300余人次；开展支持北京申奥儿童绘画比赛、中小学生朗诵比赛、文艺汇演活动，荣获省上多项奖励；开展绿色文明学校活动，宝鸡中学、渭滨中学被省政府命名为省级“绿色文明学校”；宝鸡中学还被国家环保总局表彰为国家级“绿色文明学校”；全市各新闻媒体积极支持环保，深入宝鸡县、千阳县、陇县等地开展“陈仓环保世纪行”活动，行程500多公里，评出优秀论文20多篇。

【开展环境执法检查办案率100%】　配合省人大、省环保局对冯家山水库、清姜河、石头河水源地保护情况进行了视察；配合市人大对宝鸡县流域治理，冯家山水库、清姜河水源保护地等进行了执法检查，加强了排查和处理力度，解决了一批重点环境违法案件，处理了一批严重污染环境的企业责任人，全年出动检查人员618人次，检查企业215个，立案查处违法企业39个，结案39个，督查催办65个企业。受理群众信访案件260余件，接待群众来信来访近600人次，案件办理率100%，解决了一大批突出的环境问题。

【对全市环保相关产业进行调查】　为了制定宝鸡市环保产业发展规划，摸清环保产业现状，市环保局对全市环境保护相关产业基本情况进行了全面调查，结果表明，全市共有环境保护相关产业单位63个，从业人数3000余人，拥有固定资本5亿多元，环保产业的发展势头良好但处于起步阶段，力量分散，市场竞争力弱。为了引导、扶持、规范环保产业市场，市环保局收集、整理、汇编了国家、省上有关环保产业的政策、法规、办法等规范性文件，拟定了《关于加强环保产业管理工作的意见》等文件和工作制度，为产业单位提供政策支持和服务，以使宝鸡市环保产业健康、快速发展。

【超额完成排污收费】　2001年，环保部门以申报登记数据为依据，以《环保法》为准绳，增加排污收费工作透明度，做到及时收取，及时解缴，及时安排，加快了资金周转，减少了滞留，提高了资金使用效益，全年完成排污收费1750万元，超额150万元完成了省局下达的征收任务。

（林银文）

地　震　测　报

【当年地震活动情况】　2002年度宝鸡境内地震活动频次和强度均有所上升，略高于1970年来的正常年活动水平。共发生可定震中ML≥1.0级地震6次，如下表：

时　间	地　点	震级（ML）	备　注
2001—04—04	陇　县	1.1	
2001—04—23	陇　县	3.4	有感
2001—05—03	岐　山	1.8	
2001—05—14	扶　风	2.6	
2001—05—30	凤县平坎	2.2	
2001—09—18	凤　县	2.1	

4月23日陇县3.4级有感地震发生后，市地震局即与有关县区根据省、市领导的指示，开展了地震应急及现场考察工作。

【地震监测预报工作】　为了加强全市地震监测台网规范化管理，市地震局年初与陇县地震台、汤峪地震台、上王地震台、凤翔井签订了年度地震观测资料质量合同，建立了观测资料的质量检查跟踪制度，制定了《宝鸡市2001年度地震短临跟踪工作实施方案》，明确了职责任务。全年共召开地震会商会14次；落实地震前兆异常4次；编发《震情通报》12期。年终在省地震局组织的评比中，4个地震台站的观测质量、全年日常震情工作、宝鸡市2002年度震情趋势研究报告及专题震情研究报告均获优秀成绩。

【制定《宝鸡市防震减灾规划》】 根据《中华人民共和国防震减灾法》、《陕西省防震减灾规划》的要求，结合宝鸡市防震减灾工作实际制定的《宝鸡市防震减灾规划》于2001年8月经市政府第六次常务会议同意，以宝政（2001）34号文下发，由各级人民政府分阶段组织实施。《规划》对防震减灾工作的指导思想、基本原则、主要工作任务、奋斗目标作出明确规定。对宝鸡市建立健全地震监测预报、震灾预防和紧急救援三大工作体系，全面提高全市抗御破坏性地震灾害的综合能力具有重要意义。

【制定实施《宝鸡市地震灾情速报实施细则》】 依据《中国地震局地震速报规定》和《陕西省地震系统地震灾情速报实施细则》，结合实际，市地震局制定了《宝鸡市地震灾情速报实施细则》下发各县区科技局、地震办及乡镇灾情速报网。《细则》共五章二十五条，包括地震灾情速报内容、职责、准备工作、速报程序及要求等。《细则》下发后，市地震局组织对省级重点地震监视防御区的金台、渭滨、凤翔县、宝鸡县、岐山县、千阳县、陇县等基层灾情速报网工作人员进行了业务培训。

【防震减灾知识宣传活动】 在全市第九个“科技之春”宣传活动中，市地震局于3月7日赴凤翔县参加陕西省农村“科技之春”宣传月活动启动仪式，进行了防震减灾知识宣传，播放了《’99震灾警示录》、《地震的预防及自救》等VCD光碟，展出《中华人民共和国防震减灾法》、地震科普应急避险知识版画等25块，发放地震知识宣传材料1000余份，地震科普图书150余册。为使国家强制性标准《中国地震动参数区划图》8月1日起在宝鸡市顺利实施，市地震局在“七二八”唐山地震纪念日期间，与市抗震办、防灾协会、渭滨科技局联合设立四个宣传点向广大市民进行了宣传。并与市抗震办就新《区划图》使用中的有关技术问题进行了座谈，为新《区划图》的实施奠定了基础。

【召开《宝鸡市中学地理教学（地震章节）参考教案》使用研讨会】 2001年3月23日，市地震局与市教委、市教研室联合召开《宝鸡市中学地理教学（地震章节）参考教案》使用研讨会。市教委、市地震局领导、12个县区教育局教研室及全市初、高中地理教师60余人参加了研讨会。会上6名地理教师介绍了使用《参考教案》的体会和一些做法，并针对教学中存在的问题进行了广泛认真讨论。市教委、市地震局对下一步工作进行了安排部署。

【抗震设防要求管理和地震安全性评价管理工作】 2001年进一步完善了《宝鸡市工程建设项目抗震设防要求审核办法》，建立了《宝鸡市工程建设项目地震安全性评价工作登记制度》，对在市计委等立项的91个建设项目，全部进行了抗震设防要求审核，并下达了审核意见书。对符合要求的中国航天科技集团7107厂高层住宅楼、宝鸡万利商贸公司综合大厦、陇县段家峡水库枢纽工程项目进行了地震安全性评价工作。

【市地震局被评为陕西省防震减灾工作先进集体】 2001年，宝鸡市地震局认真学习贯彻《中华人民共和国防震减灾法》、《陕西省防震减灾条例》，努力提高防震减灾整体水平，做好防震减灾工作，全面完成了综合防震减灾的各项工作任务。2001年度再次被省地震局评为陕西省防震减灾工作先进集体。

（杨瑾湘）

工　　业

概　　述

【概况】　全市规模以上工业企业271个，其中大中型企业67个，按所有制性质划分，国有企业119个，占规模以上企业总数的43.9%；集体企业55个，占企业总数的20.3%；其他类型企业97个，占企业总数的35.8%。按隶属关系分，部属企业14个，省属企业19个，市、县（区）及乡属企业238个。企业总资产366亿元，其中固定资产原值229亿元。

【全市工业企业整体运行存在的问题】　一是企业资金紧张，部分产品有市场的企业开工不足，造成企业处于停产半停产状态。二是部分已改制的国有企业改制不彻底，国有股“一股独大”的矛盾仍很突出，还需进行二次改制。三是破产企业、停产半停产企业职工生活困难，存在影响社会稳定的因素比较多。四是全市工业企业生产安全还需进一步加强。

【全市工业总体发展速度加快】　2001年，全市规模以上工业企业累计完成工业总产值151.21亿元，同比增长12.7%，完成工业增加值54.8亿元，同比增长10.5%，比全省水平高出0.6个百分点，实现利税15.6亿元，同比增长8.3%，盈亏相抵后实现利润3000万元。工业综合效益指数84.9，比上年提高2.8个百分点。其中国有企业累计完成工业总产值95.71亿元，同比增长12.8%，占全市工业总产值的63.3%。国有及国有控股企业累计完成工业总产值126.33亿元，同比增长12.8%，占全市工业总产值的83.6%。从产销情况看，全市工业产品销售率为96.6%，比去年同期提高1.9个百分点。其中部省企业产销率为97.5%，市县以下企业产销率为95.1%，部省属企业产销率高出市县以下企业2.4个百分点。按行业划分看，重工业经济增长明显快于轻工业，重工业完成工业总产值91.04亿元，同比增长19.3%，轻工业完成工业总产值60.17亿元，同比增长2.7%，部省属企业完成工业销售产值90.91亿元，增长11.7%，市县属企业增速高于部省属企业，完成工业销售产值55.17亿元，增长13.8%。从列入考核的35种主要产品看，比上年增长的有18种，占考核总数的51.4%。其中增幅较大的有：农用运输车增长107.9%、三聚磷酸钠增长67.2%、发电量增长52.1%、摩托车增长47.3%、平板玻璃增长27.4%、原煤增长23.5%、心脏起搏器增长21.3%、水泥增长21%。年产值超过4亿元的企业已达8个，分别是宝鸡卷烟厂、长岭（集团）股份有限公司、宝鸡有色金属加工厂、宝鸡石油机械厂、宝鸡石油钢管厂、宝鸡第二发电厂、秦川机床厂和宝鸡桥梁厂。

【“开放年”招商引资成效显著】　抓住2001年东西部贸易洽谈会、宝鸡市“两节一会”和西部论坛等机遇，采取请进来，走出去等措施，东西部贸易洽谈会取得签订招商引资项目48项，总投资48亿元，引进资金45亿元的好成绩。其中法门寺水泥公司与冀东水泥集团签订的日产3000吨水泥熟料生产线项目、千阳县政府与秦岭水泥集团签订的年产70万吨水泥生产线项目、烽火集团与香港汇科数码公司合资生产DVD及CDR光盘项目等，对加快全市工业结构调整将起到推动作用。

“两节一会”期间，采取项目推介和企业展示等方式，编印了产权交易、技术改造招商项目册，向外地客商发放，让他们了解宝鸡市产权交易、技术改造招商的全面情况。先后组织中国驻外使节、日本、法国、澳大利亚、攀枝花、柳州等代表团参观宝光集团、高新技术开发区、桥梁厂、宝鸡车辆厂、毅武集团公司等企业，以便代表团对宝鸡市工业企业进行全方位了解，促成合作。2001年，全市工业企业签订招商引资项目402个，合同引资额117亿元，实际到位资金33.03亿元，建成项目209个，新批外商投资企业14个，合同利用外资2447.5万美元，同比增长86.3%。日本住友等世界500强企业入住宝鸡市。

【国有企业改革取得新突破】 2001年底，全市已有长岭（集团）股份有限责任公司、秦川（集团）有限责任公司、宝商集团和宝光等4个企业完成股份制改造，分别在上海证券交易所和深圳证券交易所挂牌上市。另外，宝鸡忠诚集团公司、秦明股份有限公司、宝鸡钛业和中铁宝桥等企业也在进行股份制改造，进入上市辅导期，企业股份制改造取得了新的突破。通过几年的努力，原宝鸡无线电厂、市棉纺厂破产财产与收购方达成收购合同，变现重组成功，国有资产最大限度的得到了保值增值，职工得到了妥善安置。对市属131个国有企业，按照大企业联大、联强、联外、联资的思路，千方百计争取与境外、区外企业合资合作，实行改制；资产负债率过高的企业，通过分立改制，盘活优良资产；小企业采取向内部职工或法人、自然人出售，实施民营化等措施，实行改制。截至2001年底，已改制70个，占53%；未改制61个，占47%。其中大中型企业70个，已改制40个，占57%；未改制30个，占43%。为全市今后两年内全面完成国有企业改革任务奠定了坚实基础。

【技改投资首次突破10亿元】 全市工业企业（包括部省属企业）全年完成技改投资首次突破10亿元，达到11.5亿元，同比增长62.6%，总投资3.5亿元的东岭集团新增5万吨锌品的技术改造项目已完成投资3亿元，11月15日已点火烘炉，12月开始试生产。该项目投产后，预计可新增销售收入5.63亿元，税金4200万元，实现利润1.46亿元。和氏乳品公司投资1000万元的液态奶生产线已于8月份完工投产。宝鸡卷烟厂二氧化碳膨胀烟丝生产线项目，总投资10130万元，调试成功后，即可发挥效益。北照公司新增一条拉管生产线项目，3月份开工，6月份投产，市场和效益都很好。扶风法门寺水泥厂与河北冀东集团合资兴建的日产3000吨水泥熟料生产线，计划投资3.7亿元，年底前已完成立项、矿山勘探划界等前期工作，2002年初即可开工建设。千阳县与秦岭水泥集团合作兴建的日产4000吨水泥熟料生产线项目，计划总投资7亿元，已被国家经贸委批准立项。宝鸡机床厂柔性制造单元技术改造项目已列入国家第二批“双高一优”项目。宝成航空电子公司、烽火集团公司、凌云无线电厂等军工企业的军品技术改造项目，国家也有很大投入。通过技术改造项目的实施，使秦川、长岭、宝光、宝桥、西凤、毅武、东岭、忠诚等10余个企业集团得到发展壮大。2001年，全市工业企业完成新产品开发项目30多个。

【推广先进的管理经验】 9至11月，举办了西部中小企业工商管理电教培训，46个中小企业的领导参加了培训，对企业管理进行了系统的学习。提高企业管理层的理论水平。2001年主要对A管理模式和亚星、邯钢经验进行了推广，结合全市工业企业的实际情况，总结了中日合资宝鸡住金石油钢管有限公司《采用国际模式加强管理的几点做法》经验，在全市企业中进行推广，在企业中掀起了“学住金，抓管理”的热潮。

【加强扭亏脱困企业的管理】 在国企改革、扭亏脱困目标取得阶段性成果之后，针对企业扭亏增盈的基础比较脆弱，少数企业扭亏增盈仍有反复的情况，在加强企业管理方面，把扶优扶强和扭亏增盈当作一件大事来抓，对西凤酒厂、宝鸡啤酒厂、宝鸡机床厂等优势企业在所有制结构层面存在的产权明析度模糊、技术结构层面存在的技术密集度过低等问题，进行综合治理，使国有大中型企业活力普遍有所增强。对扭亏脱困的宝鸡车辆厂、原纸油毡厂、关中工具厂等企业在改革和发展中出现的问题给予支持和解决。到2001年底，完成了全年扭亏增盈任务。

【加大国有企业减负力度】 以优化城市资本结构为契机，完成了市棉纺厂、无线电厂破产后重组和职工安置工作。为宝成通用电子公司、西凤酒业公司等11个被兼并企业协调核账计划，核销企业欠息3000万元。调整收费项目，共取消向企业收费项目33项，减轻企业负担694万元，降低收费标准项目15项，减轻企业负担724万元，对项目的执行情况进行监督检查，对违纪现象进行查处。清理行政审批项目，减轻了企业负担，为企业发展创造了良好的外部环境。

【打击制售假冒伪劣商品行为】 从严把好市场准入关、从严打击虚假违法广告和商标侵权，严厉打击制售假冒伪劣商品行为入手，全市共查办各类案件4000余起，端掉制假售假窝点100余个，为人民群众挽回经济损失1500万元。取缔了眉县非法收购拆解废旧汽车的场点，在全市范围内开展了打击非法收购、拆解废旧汽车的专项整治活动。对全市500多个成品油经营单位进行了整顿规范和审查认定，上报审批了9个批发经营企业、334个零售经营企业，取缔无证经营户162个，对198个加油站实施了限期整改，41个停业整顿，全市成品油市场基本达到规范要求。结合药品流通企业换证及医疗器械企业补换证工作，对全市87个批发企业进行了为期一个月的现场检查验收工作，对10个不符合经营条件的批发企业依法取缔，并取缔非法药品经营户54个，游医、药贩111起，查处假冒伪劣药品2099种次，价值10.65万元，净化了医药市场。

【加强安全专项治理整顿工作】 对全市化学危险品和成品油流通市场进行了集中整治。通过调查摸底，登记注册和拉网式安全大检查，摸清了全市工业企业化学危险品现状，排查出事故隐患228处，及时进行了治理和消除。逐家逐户地检查，不留死角，对存在安全隐患的企业进行现场整改和限期整改，保证了全市企业生产安全。争取铁路部门投资2000万元，对宝鸡市陇海线原有42处平交道口改为立交道口，其余7处道口均达成协议，逐步开工建设，预计2002年一季度末全部完成平改立任务。宝中线争取了15处无人看守道口监护计划，2001年经过选点建设，培训上岗，已有8处实施监护，保证铁路大动脉安全运行。

【宝鸡市棉纺厂破产收购工作全面完成】 2001年7月6日，副市长刘忠率领有关方面负责人，就宝鸡棉纺厂破产后，由省纺织工业总公司接收一事，同省纺织工业总公司有关负责人进行了磋商，并形成一致意见。宝鸡棉纺厂在职职工1807人，全部由省纺织工业总公司接收安置。宝鸡棉纺厂破产终结后，由省纺织工业总公司全部接收属盘活的存量资产，进行结构调整，实施新的生产经营。省纺织工业总公司于7月16日正式接收宝鸡棉纺厂，履行法人权利和义务，致此，宝鸡棉纺厂破产后收购工作全面完成。

【全市安全生产形势总体平稳】 2001年，全市安全生产通过采取层层落实安全生产责任制，狠抓事故隐患，开展专项治理整顿，对重点行业、重点部位安全工作严抓严管等项措施，事故起数同比下降了15.4%；死亡人数同比下降了4.7%；受伤人数同比下降了19.8%；直接经济损失同比下降了22.2%。全市安全不断趋于好转。

【宝鸡市经济贸易委员会重新组建】 2001年11月14日，宝鸡市机构改革动员大会宣布，撤销原市经济贸易委员会，撤销市重工局、机电局、轻工局、商务局、纺织工业总公司、二轻工业办公室等，组建新的宝鸡市经济贸易委员会。根据管人管事相结合的原则，成立中共宝鸡市企业工作委员会，书记由主管工业的副市长刘忠担任，副书记由市长助理、市经贸委主任徐强担任，专职副书记由市经贸委副主任赵录全担任，委员由经贸委副主任担任。中共宝鸡市企业工作委员会为中共宝鸡市委派出机构，与宝鸡市经济贸易委员会合署办公，一套机构，两块牌子（企业纪律检查工作委员会设在市企业工作委员会）。中共宝鸡市企业工作委员会主要职责是：负责系统内企业党的建设、社会主义精神文明建设和思想政治工作，指导所属企业党组织切实加强和改进基层组织建设和党员队伍建设；负责系统内企业领导班子的建设和市委授权的企业领导人员提名、考察、审批和管理工作；监督检查企业领导人员遵纪守法、廉洁自律的情况，加强党风廉政建设；指导所属企业加强党风廉政建设和反腐败工作；检查、处理所属企业党组织和党员干部违反党纪政纪的重要案件；受理所属企业的党组织和党员干部的检举、控告和申诉；指导所属企业的老干、统战和工青妇等群众团体工作；协调所属企业与地方党委的关系。在宝鸡市人民政府办公室关于印发《宝鸡市经济贸易委员会（市委企业工作委员会）职能配置、内设机构和人员编制规定》的通知中规定，市经济贸易委员会（市委企业工作委员会）内设9个科室，4个行业办公室和市安全生产监督管理局。4个行业办公室分别是宝鸡市商业行业办公室、宝鸡市重工业行业办公室、宝鸡市轻工业行业办公室、宝鸡市黄金工业行业办公室。宝鸡市商业行业办公室承担原市商务局部分职能；宝鸡市重工业行业办公室承担原市重工局、原机械电子工业局部分职能；宝鸡市轻工业行业办公室承担原市轻工业局、原市纺织品工业总公司、原市二轻工业总公司部分职能；宝鸡市黄金工业行业办公室承担原宝鸡市黄金工业办公室部分职能。

（张春明）

食　品　工　业

【概况】 2001年，宝鸡市国有食品工业企业及年销售收入500万元以上非国有食品工业企业有45个，完成食品工业产值35.9亿元，同比增长11.4%，实现利税13.3亿元，同比增长25.1%。乡镇食品工业企业共有5663个，从业人员28926人，完成食品工业产值26.4亿元，实现利税1.5亿元，其中年销售收入500万元以上的乡镇食品工业企业有19个，从业人员3475人，完成食品工业产值6.7亿元，实现利税0.33亿元。全市食品工业主要产品产量为卷烟42.3万箱，同比减少5.1%；啤酒14.02万吨，同比减少6.3%；白酒8129吨，同比增长11.2%；方便面3.08万吨，同比增长6.1%；乳制品1.03万吨，同比增长18.2%。卷烟、白酒、方便面行业加大调整产品结构力度，开发并推出了"好猫"、"猴王"香烟，"西凤"、"太白"白酒系列和多面块多料包的方便面系列新产品，乳品和果汁加工业原料基地建设初具规模，全市奶牛达5.56万头，高酸苹果的高接换头已在凤翔县、眉县等地铺开，重点食品企业的技术装备普遍达到国内先进水平。

【召开食品工业工作会议】 2001年4月19日，宝鸡市食品工业工作会议在西府宾馆召开，83个食品加工企业的经理（厂长）或代表和各县区计经局领导参加会议，市人大、市政府、市政协及市级有关部门的负责人出席会议。会议由宝鸡市经贸委主任、市食品工业协会会长王秉钊主持。市食品工业协会常务副会长赵双田作了《抓住机遇，加快发展实现新世纪我市食品工业的新跨越》的工作报告。刘忠副市长作了《立足资源，面对市场，让宝鸡市食品工业再上一个新台阶》的讲话，在肯定食品工业"九五"期间取得成绩的基础上，对"十五"期间加快发展步伐，把宝鸡建成西部食品工业强市提出了五方面要求，并强调了食品工业行业管理的重要性。会后，印发了《关于落实我市"十五"计划目标任务，加快食品工业发展的实施意见》的征求意见稿，在广泛征求意见后，于5月份正式发文实施。

【宝鸡卷烟厂利税突破12亿元】 2001年，宝鸡卷烟厂完成产销量42.3万箱，实现工业总产值19.7亿元，同比增长11.3%；实现利税12.09亿元，同比增长19.8%，其中利润1.56亿元，同比增长48.57%。出口东南亚"好猫"、"磨砂猴王"1980件，创汇92.72万美元。宝烟面对国家税制调整和市场的激烈竞争坚持走市场效益型发展道路，做优"好猫"、"猴王"、"金丝猴"三大品牌。升级换代产品"非常好猫"、"金好猫"、"银牌猴王"等新品牌，科技含量和市场竞争力显著提高。宝烟按照市场、品牌、价格"三定位"的要求，组织开展创建"万箱基地、千箱县"活动，促进了销售，赢得了市场。10月19日，"猴王"香烟被国家烟草专卖局评为"全国名优卷烟"。"好猫"香烟被中国政策科学研究会、中国国情调查研究中心等单位评为"西北最具价值品牌产品"。

【太白酒厂进入全国白酒100强】 2001年，陕西太白酒厂创出"一个确立，两个转型，三个提高，四个降低"的企业管理新经验。"一个确立"就是确立先算后干，精打细算，倒推成本，有益而为的经营理念；"两个转型"就是内部管理由粗放型向效益型转变，市场管理由单纯的道路型向网络型转变；"三个提高"就是提高优质产品销售率，提高百元产值销售利润率，提高资金营运效率；"四个降低"就是降低生产成本，降低管理、财务、销售三大费用，降低亏损产品产销比率，降低资产负债率。通过改善经营管理，太白酒厂各项经济指标快速增长，实现产值6221万元，销售收入1.38亿元，上交税金1287万元，均创历史新纪录。企业进入全国白酒100强之列。

【乳品加工业快速发展】 2001年，宝鸡市乳品加工企业共有11个，其中国有企业2个，民营企业3个，集体企业3个，股份制企业3个，从业人员2588人。奶粉年生产能力由2000年的2万吨增长到3万吨，液态奶达到2万吨，据行业统计，全市共完成奶粉产量17689吨，液态奶14463吨，实现产值3.25亿元，利税3300万元，兑付奶款1.5亿元。2001年乳品企业加大招商引资力度，融资扩产增效或开发新产品，企业发展优势得到进一步强化。得力康乳业公司投资500余万元，新建液态奶加工车间，液态奶生产能力为每天60吨。宝鸡惠民乳品公司投资1500万元，新上一条年产3万吨的即开型纸包装鲜奶生产线。陕西和氏乳品有限公司与香港沃博集团公司共同投资1000万元（第一期），新建8000吨利乐包液态奶生产线。陕西关山乳业有限公司开发的“瑞芙”干吃奶粉，具有食用时不需奶具和开水冲调，不受环境限制的优点，受到市场欢迎。乳品加工业的发展已成为宝鸡市经济发展的一大亮点。

【5个企业通过ISO9000质量体系认证】 根据中国加入世界贸易组织的新情况和陕西省对名牌产品认定的要求，陕西惠民乳品公司、陕西关山乳业有限公司、陕西华祥食品集团公司、陕西十万大山茶叶股份公司、宝鸡祥和面粉有限责任公司等5个企业，在2001年先后通过了ISO9000国际质量体系认证。

【“关山”、“和氏”两个乳品企业完成改制】 陕西关山乳业有限公司和陕西和氏乳品有限公司在陇县县委、县政府的重视支持下，经过近半年时间的工作，于2001年底完成了从国有企业向民营企业的改制工作。

【联合检查企业食品质量】 为净化食品市场，保障“国庆”、“中秋”双节市场的食品安全，市食品工业协会会同市工商局组成联合检查组，于9月24日至9月30日，对市区范围内的面粉、糕点、调味品、乳制品、冷冻食品、冷饮等14个与市民日常生活关系密切的食品加工企业进行检查。检查组逐个对企业所用原辅材料、特别是食品添加剂的使用以及生产加工过程进行全面的食品安全检查。从检查结果看，被抽查的企业在食品质量和卫生安全方面都比较好，企业生产中使用的原辅材料进货渠道规范，食品添加剂的使用符合国家有关要求，都能按照工艺要求组织生产，产品符合国家标准要求。

【调研食品工业强县建设】 2001年，建设食品工业强县是宝鸡食品工业发展的战略重点。为全面掌握各县区食品工业发展情况，11月16日至11月25日，宝鸡市食品工业协会，分别对金台区、渭滨区、宝鸡县、凤翔县、岐山县、扶风县和眉县的食品工业情况进行调查摸底，对情况较为清楚的陇县、千阳县和食品工业欠发达的麟游县、太白县、凤县采取电话了解及函查报表的方式调查掌握情况，在此基础上形成了《宝鸡市食品工业强县建设情况的调查报告》，上报陕西省食品工业协会。此次调研工作，对促进宝鸡食品工业的健康快速发展起到积极作用。

【蜂乳蜜酒研制成功】 成立于2001年4月的陕西黑马蜂乳生物技术发展有限公司，利用现代生物技术，以蜂蜜为原料，采用蜂蜜、蜂王浆的二次发酵技术，成功研制开发出国内首创的高附加值、高营养的新产品——蜂乳蜜酒。公司采用独特的菌株分离提取技术，成功培育分离出最高耐糖度达32度的专用发酵菌株，并研究出其专有的蜂胶、蜂蜡分离技术，在国内率先解决了蜜酒成品沉淀问题，填补了国内行业空白。

【浓缩果汁出口创汇居全市首位】 2001年，宝鸡市浓缩果汁加工企业共实现销售产值7844万元，出口浓缩果汁980.9万美元，同比增长59.6%，占宝鸡市出口贸易额的23.7%，浓缩果汁已成为宝鸡市第一大出口创汇商品。其中，陕西恒兴果汁饮料有限公司出口浓缩果汁734.09万美元，同比增长57.1%，占全市出口额的17.8%，是宝鸡市出口创汇额最大企业。

【苹果渣综合利用研究列入省食品工业科技开发项目】 由宝鸡市政府从西北农林科技大学聘请的果品蔬菜贮藏专家刘兴华教授为项目负责人的苹果渣综合利用研究项目，经市食品工业协会上报，通过了陕西省财政厅和陕西省食品工业协会的审定，被列为2001年陕西省食品工业科技开发项目之一。宝鸡市现年产果汁7万吨，苹果渣作为下脚料每年废弃掉4万多吨，不仅浪费资源，而且污染环境。该项目以苹果渣为原料，提取果胶，生产苹果发酵饮料和苹果白兰地。此项目将探索解决果汁加工业的果渣处理难题。

（杨晓泷）

有 色 金 属 工 业

【概况】 2001年，宝鸡市有色金属工业市以下独立核算企业8个，完成工业总产值17982.6万元，同比增长18.4%；实现工业销售产值21099.2万元，同比增长11.5%；工业产品产销率平均为

96.4%。主要产品产量为：铅精矿 8986 吨，增长 2%；锌精矿 3.47 万吨，增长 0.8%；钛丝 42.67 吨，增长 64%；钛棒 58.47 吨，增长 86.2%；镍锭 57.27 吨；铝豆 29 吨，增长 44.1%；钛铁 53.5 吨；粗铅 3835 吨；锌锭 1.18 万吨；铅合金 1500 吨；电解铅 1400 吨。有色金属工业是本市四大支柱产业之一，储量丰富，经济潜力巨大，已基本形成了开采、冶炼、加工的体系，经过努力，资源优势转化为经济优势的步伐将进一步加快，成为全市新的经济亮点。

【宝鸡八方山铅锌矿业有限责任公司挂牌成立】 2001 年 3 月 22 日，宝鸡八方山铅锌矿业有限责任公司正式挂牌。宝鸡八方山铅锌矿业有限责任公司，是在原宝鸡市八方山铅锌矿整体改制的基础上，吸收企业职工、社会法人、社会自然人投资共同发起成立的。公司注册资本中国家股仅占股本总额的 31.3%，实现了股权多元化和国家股减持到 50%以下的目标。被评为"宝鸡市国有企业模范带头人"和"宝鸡市扭亏脱困先进个人"的张建平任新成立的"宝鸡八方山铅锌矿业有限责任公司"董事长、总经理。公司成立一年来不断完善法人治理，强化各项基础工作，取得了可喜的成绩，实现工业总产值 3142.7 万元，同比增长 13.5%；实现销售产值 3933.8 万元，同比增长 15.1%；产销率达 103.8%，实现盈利 353 万元，同比增长 38.9%。

（周仕恭）

机 械 电 子 工 业

【概况】 2001 年，全市市属机械电子企业有 11 个，实现工业总产值 8.44 亿元，同比增长 53.4%。从全年市属机械电子工业运行看，主要反映出以下特点：(1) 企业产品结构调整，技术含量较高的产品，带动了经济发展。(2) 深化改革，严格管理，优势企业得到了长足发展。(3) 由于受国际市场影响，产品外销下滑，全年出口交货值完成 5080.6 万元，同比下降 23.3%。就全年主要经济指标完成情况看，产值、效益指标、新品开发等增幅较大，出口交货值呈下降趋势，极端困难的企业，仍未找到好的出路，稳定发展仍为今后工作的重点。

【4 个企业增幅显著】 2001 年，市属机电企业，按照"三个代表"要求，注重企业结构调整、资产重组、分离分流、减员增效工作，使系统继 2000 年出现止跌回升后，继续保持了增长势头。其中，宝鸡车辆厂、宝鸡忠诚集团、陕西秦明电子集团、关中工具厂分别以 129.2%、54.3%、36%、17.6% 居增幅前列，受到表彰。

【宝鸡忠诚集团公司生产经营继续保持快速增长】

2001 年，宝鸡忠诚集团公司，始终把"追求经济利益最大化，实现企业快速发展"作为经营理念，沉着应战，使公司生产经营继续保持了增长势头，全年完成工业总产值 2.08 亿元，实现利税 1564 万元。其中利税同比增长 54.3%。先后与北京、上海、天津等地客商签定了 329 台数控机床合同，同时与墨西哥、马来西亚等外商建立了协作伙伴关系，赢得了市场份额。对生产指挥实施了 A、B、C 分类管理模式，规范了财务资金运作中心功能，开展降耗增效工作。在职工中开展"传帮教带结对子，尊师爱徒练本领"活动，使职工队伍始终充满活力，为企业发展奠定了基础。

【宝鸡车辆厂工业总产值创历史新高】 2001 年，宝鸡车辆厂抓住西部大开发机遇，抢先发展，使生产经营取得了较好的成果，全年产销农用车 4300 辆，比 2000 年同期产量翻了一番，完成工业总产值 2.76 亿元，实现销售收入 2.86 亿元，同比增长 129.2%和 137%。该厂之所以创下历史新高，采取灵活销售政策，取信于民，让利经销商、买断经营，刺激用户购销华山车，实现"双赢"。实施精品战略，从技术工艺完善抓起，提高质量指标，投入上百万元建成了一条现代化的汽车自动检测线，替代了原始的汽车检测方式，使质量保证手段发生了质的变化。增强企业发展的精神动力。厂党政工先后联合举办了新春游园赏灯活动、元宵节游艺活动、华山杯男子篮球赛和职工象棋比赛，增强了职工的向心力、责任感、荣誉感。

【陕西秦明电子集团有限公司取得良好经济效益】

陕西秦明电子集团有限公司，是一个开发生产心脏起搏器及医疗器械传感器及仪器仪表、保安监控器材等高科技产品的高新技术企业集团。2001 年，公司以国家的产业政策为导向，以"制造顾客满意的产品，提供顾客满意的服务"为企业经营理念，发挥技术优势，使心脏起搏器、传感器、电子压力开关等高科技产品畅销国内外市场，全年取得了良好的经济效益，集团公司完成工业产值1.4亿元，销售收入1.2亿元，实现利税4027.3万元，同比增长36%、23%、26%。

【开发28项新产品带动经济发展】　2001年，市属机械电子企业，充分发挥企业技术中心作用，先后开发出28项适销对路的新产品，推向市场后，带动了经济发展。其中，宝鸡车辆厂开发了8种新型农用车，新产品产值率达81.4%；宝鸡忠诚集团公司的CK7520系列全功能数控车床、陕西秦明电子集团公司MPM系列压力传感器、宝鸡水泵厂ZB系列的油田注水泵等新产品投放市场后，为企业带来了良好经济效益。截至年底，局属企业新产品产值率达46.2%。

【市属机电企业亏损额减少】　2001年，市机械电子工业局，始终把企业扭亏脱困工作作为主要任务来抓，主要领导多次深入企业基层调查研究，与干部职工寻求扭亏脱困办法，从抓企业领导班子建设入手，增强工作信心，帮助企业积极克服资金、市场等具体困难，使困难企业赢得了发展，截止年底，市属机电企业总亏损额减少到2155万元，同比亏损额下降70.95%。

【表彰先进】　2001年6月份，市机械电子工业局党组，结合庆祝建党80周年，对局系统各类先进进行表彰。其中，宝鸡忠诚集团东厂党总支等15个基层支部被授予局先进党支部；张宝成等25人被授予局级优秀共产党员；王苗云等12人被授予局级优秀党务工作者；宝鸡忠诚集团等2个企业领导班子被授予好班子；金洪祥等2人被授予模范带头人称号。同时，局党组发文号召全系统各单位党组织和广大党员干部职工，深入开展向先进学习活动，立足本职，努力完成好生产经营任务，以优异的成绩向建党80周年献礼，收到了较好效果。

（王建平）

纺　织　工　业

【概况】　宝鸡市、县属纺织工业企业11个，其中国有企业7个，集体企业4个。职工5830人，其中：工程技术人员172人，管理人员208人。总占地面积35.97万平方米。拥有固定资产原值11324万元，净值6903万元。2001年，宝鸡市纺织工业经济运行态势仍然没有好转，整个行业仍在困难中徘徊，相当一部分企业处于停产、半停产状态，市直属企业基本全面停产，行业中下岗职工增多。

【市棉纺厂被省纺织工业总公司接收】　市棉纺厂破产清算组在“东西部贸易洽谈会”上与省纺织工业总公司就市棉纺厂整体接收事项，签订了正式协议，成交额达6743万元，至12月底已全部办理移交手续。

【扭亏解困】　市纺织工业总公司认真分析纺织行业实际情况，用改革的思路抓扭亏解困工作。通过研究分析，首先，制定下发了《宝鸡市纺织工业总公司2001年企业减亏脱困工作实施意见》，将市上下达的指标分解落实到各企业，指导企业的扭亏工作，并层层签订责任书，做到指标到位，责任到人。其次，采取分类排队，因企施策，增资减债，减员增效等办法落实措施，协助企业减亏解困，明确企业主要领导抓减亏、脱困工作的职责任务，并将其作为考核业绩的主要依据。全年完成市委、市政府下达的控亏指标，比上年减亏45%。

【纺织行业安全生产呈平衡势态】　市纺织工业总公司认真做好安全生产工作，与各企业法人代表签订安全生产目标责任书，围绕落实责任、保障安全这一主题进行大的安全检查4次，召开安全生产现场会，全面通报检查情况。对检查中发现的隐患问题分别下达限期安全整改通知书4份，要求企业全力抓好整改，并将整改措施上报总公司。2001年，市纺织工业总公司通过采取“四个坚持”和“三个狠抓”确保了全市纺织行业安全生产的平衡势态，全年未发生任何不安全事故。

【再就业工作】　2001年，市纺织行业仍然困难重重，市纺织工业总公司所属企业下岗职工1381人，总公司再就业领导小组和再就业服务中心，积极开展再就业工作，通过生产自救、转岗培训、兴办“三产”、面向社会推荐和自谋职业等形式，多渠道分流安置下岗职工再就业。

【信访工作】　市纺织系统连年亏损，企业生产经营很不正常，困难职工不断增多。为此，总公司认真贯彻省、市信访工作会议精神，重视做好职工的集体上访工作，注重化解矛盾，充分发挥信访工作在社会稳定中的作用，做好职工的思想疏导工作，坚持领导信访接待制度，重大问题集体讨论研究，及时审慎的解决。全年直属企业无群体到市政府的上访情况，保持了纺织系统的稳定。

【机构改革】 2001年11月14日，宝鸡市机构改革动员大会宣布撤销宝鸡市轻工业局、宝鸡市纺织工业总公司和宝鸡市二轻工业总公司，合并成立宝鸡市轻工业行业办公室。

（高宝明）

化 学 工 业

【概况】 宝鸡市、县属化学工业企业14个，其中本年度有3个停产。2001年完成工业总产值（按1990年不变价计算）16527.8万元，同比增长23.7%；工业销售产值15443万元，同比增长15.1%；产销率为94.1%；出口交货值1583.1万元。主要产品产量：硫酸（100%）5.66万吨，增长120.4%；黄磷3279吨，增长600.6%；合成氨3.26万吨，增长38.2%；纯氮2.17万吨，增长35.2%；硫酸铝892吨，增长41.6%；磷肥（100%）7049吨，增长102%；过硫酸铵2888吨，下降22.7%；过硫酸钠974吨，增长68.8%；过硫酸钾86吨，增长2050%；农用胶管51万米，增长2%；三聚磷酸钠2.16万吨，增长67.2%。2001年，化工行业普遍重视了科技开发和产品更新换代，大部分企业效益好转。

【宝化化工有限公司过硫酸钾通过科技成果鉴定】 2001年12月29日，宝鸡市科技局邀请有关专家对陕西宝化化工有限责任公司120吨/年过硫酸钾项目进行了科技成果鉴定。认为宝化公司自行设计开发的120吨/年过硫酸钾项目生产工艺科学合理，工艺设备先进，开发试制重复性好，达到国内先进水平。原辅材料消耗低，生产过程环境污染治理措施完善，安全防范措施、消防设施齐全，产品收益高达90%以上，具有较好的经济效益。产品质量经宝鸡市质量技术监督局检验，各项技术指标均符合HG/T2155—91标准要求。产品经省内外用户证明，质量性能稳定，能满足用户要求。该产品开发成功，填补了西北地区空白。产品主要用作氧化剂、漂白剂、乳液聚合反应促进剂、消毒剂，也可用于照相、医药、染料、制皂等行业，是一种不可缺少的助剂。

（周仕恭）

冶 金 工 业

【概况】 2001年，宝鸡市、县属冶金工业企业5个，其中1个半停产。完成工业总产值（按1990年不变价计算）7889.8万元，同比增长19.5%；实现销售产值15672.3万元，同比增长15.4%；产销率达到108.1%。主要产品产量：硅铁2791吨，同比增长179.1%；铸造生铁4.85万吨，同比增长31.5%；机焦6.52万吨，下降14.2%；耐火材料945吨，增长4.3%，其中不定型耐火材料369吨，增长24.7%；石墨电极4596吨，增长73%。煤气、粗苯、煤焦油等均有所下降。

【宝鸡红光钢铁（集团）公司1号高炉改造成功】 2001年元月，宝鸡红光钢铁公司为适应产业政策和市场要求，对1号高炉进行了大修扩容改造。公司员工全力以赴，昼夜奋战64天，圆满完成改造任务，3月20日点火开炉投产。由于采用了冶金行业新技术，当年运行情况各项设计指标均已达到先进水平，月主要经济指标大幅度改善，月平均生产生铁5040吨，入炉焦比平均580kg/吨，入炉风温平均1022℃，已达到全国同类型高炉的先进水平，生产成本大幅降低，年创效益600万元，增强了企业的市场竞争力。

（周仕恭）

航 天 工 业

【概况】 2001年，中国航天科技集团公司7107厂，顺利完成三线调迁二期工程和军品生产能力布局调整，共完成工业总产值10325万元，完成全年计划的105.7%。被航天科技集团公司授予“三五”普法先进集体，被陕西省政府授予“重合同守信用单位”称号。

【三线调迁二期工程竣工】 7017厂为增强企业科研生产能力，企业经过多方筹措资金，加快三线调迁二期工程建设和加大技术设备更新改造力度。截至2001年底，共完成二期工程建设投资3000万元，建筑面积1万多平方米，累计完成技术改造4500万元，正在进行的技术改造约7400万元。二期工程及技改的完成使企业生产加工手段和能力得到了提高，工作条件和环境得到了根本改善。

【举行集体合同签订仪式】 2001年12月21日，7107厂举行了集体合同签订仪式。企业首席代表（厂长）高趯，职工首席代表（厂工会主席）行向东分别在合同上签了字。集体合同是根据《中华人民共和国劳动法》、《中华人民共和国工会法》、《陕西省企业集体合同条例》等法规，经企业党委会、职工代表组长会分别专门研究、反复协商，并广泛征求职工意见，在平等、协商一致的基础上制定的。集体合同的签订对维护企业和职工双方合法权益，稳定劳动关系，促进企业发展具有重要意义。

（张甲瑞）

煤炭工业

【概况】 宝鸡市现有市属国有煤矿企业2个，均已改制为有限责任公司。2001年共生产原煤40.32万吨，同比增长23.8%；完成工业总产值（按1990年不变价计算）1895.1万元，同比增长23.3%；实现工业销售产值2936.1万元，同比增长30.3%；产销率达到106.2%。2个煤炭企业继续加大安全生产投入，加强各项安全生产措施，在煤矿安全生产专项治理中取得了长足进步。

【煤炭行业关井压产成效显著】 宝鸡市关闭小煤窑工作经过1998～2000年间的清理整顿，包括县属企业在内的小煤矿均已停产，针对农闲季节个别群众私自上山采挖和乱筛煤渣的情况，按照省、市关闭小煤窑的规定，市关井办公室（市重工业局）向有关县进行具体布置，通报4月份以来全国煤矿安全事故的教训，将工作重点放在凤县小煤窑集中的地方。凤县县委、县政府广泛宣传《煤炭法》、《乡镇煤矿管理条例》、《矿山安全法》等法规，张贴公告、通知、层层签订责任书，对县内32个小煤窑（坑）逐个炸毁，收缴了施工用具，断电、断路，彻底摧毁了小煤窑开采条件。全年进行了8次大规模安全检查，累计出动关闭检查人员300余人次、车辆70余台次，有效地杜绝了小煤窑死灰复燃。市重工业局（关井办）受到省关井压产领导小组表扬。

【北马坊煤业有限公司安全生产受表彰】 北马坊煤业有限公司（北马坊煤矿）重视安全生产工作，加强领导，夯实责任，强化基础管理，曾多次受到省煤炭厅、国家煤炭部表彰，2001年安全生产工作再次受到省煤炭工业管理局的表彰奖励。

（周仕恭）

建材工业

【概况】 2001年，宝鸡市、县属建材工业企业19个，完成工业总产值24427.1万元，同比增长14.3%；实现工业销售产值29062.8万元，同比增长10.7%；工业产品产销率平均为94.6%。主要产品产量：水泥100.30万吨，同比增长20.8%；水泥管6.13公里，同比下降53.3%；水泥预制构件1254吨，同比增长304.5%；平板玻璃62.50万重量箱，同比增长27.4%；石墨粉2683吨，同比下降12.7%；砖3654万块，同比增长19%；花岗石、大白粉、微孔硅酸钙制品等产品下降幅度较大，均不及上年50%。建材工业是传统产业之一，市境内已探明的非金属矿品种较多，如石灰石16亿吨，白云石6120万吨，石英石1612万吨，大理石3124万立方米，花岗石2149万立方米，石墨矿400万吨等，但规模小，档次不高的结构性矛盾仍很严重。部分水泥企业虽进行了技改，但仍难以成就为大型企业，取得规模效益。

【宝鸡市新型墙材生产居同行前列】 2001年10月13日至17日，在西安召开的全国墙材会议上，宝鸡市新型墙材生产受到国家建材行业主管领导的高度赞扬。会议期间，国家建材工业科技教育委员会副主任陶有生和其他专家专程到宝鸡考察了空心砖、多孔砖的生产情况。他们在看了宝鸡按新标准生产的多孔砖及产品质量保证工作后，说宝鸡多孔砖、空心砖产品和企业管理水平从全国看，确实做得不错，走在了前头，值得一看。按照建材工业发展规划，2003年6月1日后，中国将全面禁止使用粘土实心砖。全市砖瓦生产企业面临产品结构调整的艰巨任务。市重工业局作为全市建材行业主管部门，不失时机地结合烧结砖质量整顿，对全市砖瓦企业安排进行了2000年国家新标准的学习、培训，帮助企业加快技术改造。全市已有11个砖厂生产出了矩型孔且错位排列的KP1型多孔砖，为在全市推广节能建筑，改善居住条件，打下了坚定基础。这些经验受到原国家墙改办主任国家建材工业科技教育委员会副主任陈福广和国家建材工业机械标准化技术委员会副主任、秘书长穆惠民的重视和好评。

（周仕恭）

轻 工 业

【概况】 市轻工业局下属企业11个，公司制企业6个，工厂制企业5个。在职职工13915人，离退休职工2417人，专业技术人员1717人，中共党员3200人。2001年，市轻工局以“开放年”为契机，深化企业改革，以市场为导向，加强新产品开发，以提高企业效益为中心，加强企业管理，工业生产继续保持了稳定发展。全年完成工业总产值82938万元，同比增长1.67%；实现销售收入66312万元，同比下降11%；实现利税7048万元，同比下降40.7%；11个企业，1个停产、2个半停产；6个盈利，盈利1121万元，5个亏损，亏损5775万元；企业总资产190855.7万元，其中固定资产为90365.7万元，资产负债率为72.6%。技术改造投入1087万元，新增生产能力4000万元/年。新产品开发投入1454万元，完成新产品开发项目10个，实现新产品销售收入4696万元，实现利税1006万元。全年没发生一起重大安全事故。

【西凤酒股份公司再创佳绩】 西凤酒股份公司是宝鸡市的一个大型企业，2001年又开发完成了50°柳林春，38°、48°西凤老窖，38°、48°西凤春，30°西凤百年好酒，西凤15年陈酿酒和西凤6年陈酿酒等6个系列的新产品。当年实现销售收入2000多万元，创利税340万元。在2000年实现利润1904万元的基础上，2001年又实现产值10417万元，实现销售收入16064万元，实现利润1095万元。公司董事长李大信被市委评为优秀共产党员。

【北照公司稳步发展】 近几年，在市场竞争日趋激烈的情况下，北照公司一条成功的经验就是不断进行技术改造，不断扩大生产规模，实现规模效益。2001年，企业在资金非常紧张的情况下，又自筹资金542万元，建成了一条玻管拉管线，对两个老玻璃车间进行了改造，将玻璃窑炉用燃料改成天然气，既缓解了企业由于不断进行技术改造、规模扩大而造成的煤气不足，同时为企业全面采用天然气替代煤气、重油，降低生产成本打下了良好的基础。

【五一造纸总厂实现全面发展】 五一造纸总厂1999年以剥离部分优良资产的形式成立了五一纸业有限责任公司。2001年，企业以“开放年”为契机，首先成立了由五一造纸总厂控股的“宝鸡市利达有限责任公司”，公司注册资本120万元。该公司为福利企业，可安排残疾人20多人，下岗工人20多人，主要是利用五一纸业公司生产的套袋纸生产苹果套袋。再者通过招商引资活动将其下属的电容器分厂租赁给民营企业（西安方正电器有限公司），安排了20多名下岗职工上岗。同时，对其下属的轻工机械厂，利用其闲置的部分土地，以资源换资金，联合进行房地产开发，既解决了部分职工的住房问题，又缓解了企业资金的紧张状况，实现了企业的全面发展。

【酒精厂、宝嘉公司大幅减亏】 宝鸡酒精厂、宝嘉公司2000年是轻工系统的两个亏损大户，亏损额为全系统的90%，严重影响了全局目标任务的完成。2001年，企业领导班子，采取销售大包干等办法开拓市场，采取原材料比价采购、消耗定量控制等措施降低生产成本，采取完善规章制度、堵塞漏洞、严格控制非经营性开支等措施降低管理成本，使生产稳定发展，亏损大幅下降。2001年，宝鸡酒精厂实现销售收入4288万元，同比增长13.4%，亏损453万元，同比减亏2105万元，减幅达82%；宝嘉公司实现销售收入4256万元，同比增长23.9%，亏损406万元，同比减亏30万元，减幅达7%。酒清厂厂长李江林被市委评为优秀共产党员，宝嘉公司总经理李安寅被市委市政府评为市优秀青年企业家。

【陕西迪宝沥青制品有限公司注册登记】　陕西迪宝沥青制品有限公司是由市原纸油毡厂和美国阿迪公司合资组建的中外合资公司，于2001年3月12日注册登记，注册资本747万元。项目总投资1000万元人民币，中方以厂房、公用设施折价和现金等投资750万元，占75%，美方以专业设备投资250万元，占25%。公司主要生产建筑用彩色沥青瓦，年生产能力500万平方米，可实现销售收入8500万元，创利税2000多万元。目前厂房改造、主要电器线路以及料场、库房等国内设备及国内所有配套设施均已完成，美方设备一旦到位，即可投入生产。这个项目的完成将使企业步入快速稳定地发展轨道，使企业成为西北最大的新型防水材料生产企业。

【室内装饰装修管理工作】　2001年，轻工局按照市政府（1999）77号文件规定，进一步加大装饰装修市场的检查力度，加强装修队伍的培训教育以及装饰装修工程的招投标工作，使装饰装修市场进一步向有序、规范、健康的方向发展。全年共查处大小工程项目289个，下发事先告知书153份，单项工程许可证发放率达90%以上；完成宝鸡国税大厦等4项工程的招投标工作，招标标底达1300余万元；审查申报资质证书12个，协助陕西汇隆装饰有限责任公司从乙级资质晋升为甲级资质，实现了宝鸡市甲级资质装饰装修企业零的突破。

（魏　林）

二　轻　工　业

【概况】　宝鸡市二轻工业总公司下属企业11个，其中公司制企业4个，工厂制企业4个，商贸供销企业3个。2001年底在职职工1906人，各类专业技术人员172人，净资产总额4995万元。2001年，利用“两节一会”，加大对外开放的招商引资力度，全面推进企业组织结构调整，加强产业结构调整，巩固“二产”扩大“三产”成果，走出了一条二、三产业并举的发展路子。全年完成工业总产值2350万元，产销率96.5%；出口创汇87万美元，同比增长10%。

【招商引资2600万元】　实施市委、市政府“开放年”活动，加大招商引资、资产重组力度，充分利用“两节一会”等经贸活动共签订招商引资项目4项，合同引资5100万元，到位2600万元，资金到位率51%，全面完成了市委、市政府下达的目标任务，促进了二轻工业产业结构的调整。

【加强企业目标管理】　实行企业目标责任管理有效地推进了二轻工业的稳定与发展。年初，市二轻总公司在2000年基础上对目标体系作出了大的调整，从招商引资、经营者持大股、减亏、再就业、养老保险上交、维护稳定六个方面与企业班子签订了目标管理责任书，通过年终考评，9个企业不同程度地受到奖罚。

【职工上访数量下降】　市二轻系统企业生产经营不正常，连年亏损，困难职工不断增多，职工上访量大。为此，市二轻公司贯彻落实省市信访会议精神，认真做好职工群体上访工作，注重化解矛盾。一方面抓招商引资，调整企业产业结构，增强企业后劲；另一方面抓“三产”开发，增加收入，有力地带动了整个工作的开展，职工上访数量较2000年有较大幅度下降。

【第三产业再上新台阶】　国家产业政策调整，给二轻工业发展带来了很大困难，市二轻总公司及时调整产业结构，充分利用企业地理优势，创造条件，大力发展第三产业，先后建起了万合装饰用品市场、华瑞小商品市场、服装面布料批发市场，既为部分下岗职工解决了再就业，又为企业增加收入近350万元，促进了企业的发展。

【市飞跃公司被整体兼并】　市飞跃公司由于产品单一，抗风险能力差，企业举步维艰，按照优势互补、互惠互利原则被西安金龙公司整体兼并，资产人员一并并入西安金龙公司，救活了企业，妥善地安置了职工。

【市蒸发器厂被整体开发】 市蒸发器厂被市九华房地产公司整体开发，对方投资2500多万元，企业从中获利近2000万元，既保存了企业整体，又有效地安置了职工。

【机构改革】 2001年11月14日，宝鸡市市级机构改革正式启动，市二轻总公司被撤销，和同时被撤销的市轻工局、市纺织总公司三家合并成立了市轻工业行业办公室。

（白平海）

电 力 工 业

【概况】 在国家加大西部基础设施建设投资政策的促进下，宝鸡电网发电能力及后备装机容量充足，主网架结构日趋完善灵活。经过三年城市和农村电网的建设与改造，电网运行更加安全、经济、可靠，电力需求平稳回升，供求关系趋于平衡合理，较好地完成了陕西省电力公司下达的电力生产销售任务。到2001年末，与地区电网并网发电的小型水电站62座，总装机容量9.5万千瓦，资源综合利用和热电联产电厂2座，总装机容量0.75万千瓦，合计年上网电量为1.38亿千瓦时。2001年，全市用电结构中，用电量增幅较大的有城市居民生活用电、纺织、化工、建材、建筑业等，全年用电增幅6.77%。良好的供用电条件为宝鸡市招商引资奠定了良好基础。

2001年宝鸡市用电结构表

单位：万千瓦时

行业	本年用电量（万千瓦时）	上年用电量（万千瓦时）	本年较上年度增长（%）	本年用电量在总量中的比重（%）
全社会总计	343278	321515	6.77	100
农、林、牧、渔、水利业	23365	21571	8.32	6.81
工业合计	226164	210189	7.60	65.88
地质普查和勘探业合计	339	195	73.85	0.10
建筑业合计	3861	2940	31.33	1.12
交通运输、邮电通讯业合计	40498	41256	－1.84	11.80
商业、公共饮食业、物资供应、仓储业	7125	7301	－2.41	2.08
其他事业合计	10854	10167	6.76	3.16
城乡居民生活用电合计	31072	27896	11.39	9.05

【“电力市场整顿和优质服务年”活动】 2001年国家电力公司系统开展“电力市场整顿和优质服务年”活动，宝鸡供电局在陕西省电力公司的组织领导下，成立了领导小组和办事机构，全局41个部门的党政负责人与局长签订了实施“德政工程”的责任书，公开了服务承诺和监督电话，向社会印发了6.5万份宣传材料，解答咨询722人，对外宣传报道118篇，为社会关注和舆论监督创造了良好的环境，全年征得意见21条，接到举报7起，办结率100%。领导深入基层明察暗访17次，举办相关内容的培训班3期。实行“营业厅无周休日”制度、业务办理首问制、客户回访制度以及电话预约，上门服务、上街宣传、24小时受理用电业务和咨询等措施，最大限度地简化了用电程序，在确保宝鸡市“两节一会”用电、724台保电、93信箱电热取暖等工程中，表现出企业优质服务的突出绩效。使用电客户从优良的供电服务中感受到了更多的方便，被国家电力公司评为“优质服务年”活动先进集体。

【电网基础建设进展顺利】 在抓好主电网运行维护的基础上，宝鸡供电局加大了大修维护、技术改造和科技投入的力度，全年完成设备大修项目47项，技改项目7项，完成科技计划项目19项，共投入98.5万元，重大设备的消缺率达到100%。同时，宝鸡电网东部的电源支撑点——330千伏扶风变电站及配套的送出工程已动工建设；110千伏磻溪变、石头坡输变电工程年内通过了省公司达标投产验收；三岔、岐山、绛帐3个110千伏变电站综合自动化改造已经完成；河口、平木、温江寺3项35千伏输变电工程如期完成；配电网络当年新建10千伏线路14.22公里，改造4.47公里，新增配电变压器4台，更换38台。

【城市电网建设与改造】　2001年度，城市电网建设与改造进展顺利，当年完成工程5项，完成工程投资计划1122.04万元。到2001年末，宝鸡供电局高标准、高质量地完成了三年城市电网建设改造的总体目标任务，累计完成工程69项，投资4.23亿元。其中，110千伏输变电建设改造工程14项，增加变电容量344.5兆伏安，10千伏开闭所建设改造工程5项，10千伏中压配电网建设改造工程20项，低压配电网建设改造工程7项，电网自动化建设改造工程7项，其他建设改造工程16项。已基本在宝鸡建成了一个网架结构科学合理、安全经济可靠、自动化水平显著提高的现代化城市电网，有69个优良项目，受到陕西省电力公司和国家电力公司的充分肯定。

【新建改造农村配网线路553公里】　根据上级的统一部署，宝鸡供电局将全市农村电网建设与改造作为一项“富民工程”，全市新建改造配网线路553公里，高低压电网改造的村组全部实现了一户一表，达到18万户以上，经检查验收，工程合格率100%。通过农网改造，宝鸡农村出现了“两高两低”的可喜变化，即农村供电质量和安全可靠性显著提高，农村家用电器普及率和用电量明显提高，电网的技术与管理损耗降低，农村电价全面降低，仅线路损耗一项，网改后就比原先降低40%，每年直接减轻农民用电负担500多万元。

【文明行业建设获殊荣】　结合“优质服务年”活动，在全局开展了创建文明单位、文明班组、创佳单位、创佳班站、服务明星、“十星级文明户”和“千人万户上门服务活动”；先后向麟游县崔木镇木龙盘小学、陇县关山乡苏家河小学捐款6万元，为宝鸡县凤阁岭镇东会村义务架线十余条，使三个村全部通电。按照一流供电企业和ISO－9002质量认证标准，制定了《客户投诉控制程序》和《行业建设管理办法》等38个规章制度，定期组织窗口人员进行礼仪培训和文明礼貌用语等服务常识的考试，全局职工一律挂牌上岗，规范服务，为群众排忧解难，优化了24小时抢修服务，对重要客户实施“绿卡”工程、预约服务等，使用户满意率连年保持100%，已连续七年被宝鸡市评为“创佳评差”优胜单位，荣获“全国文明行业”、“全国优质服务年活动先进集体”称号，到2001年末，创建“全国文明行业示范点”已由中央文明委公示，争创“全国五一劳动奖章”荣誉已由陕西省人民政府公示。

【打造“先行”品牌，实现跨越式发展】　2001年，先行集团公司拥有13个分、子公司的电力多经龙头企业，全年完成总收入突破3亿元，同比增长67.54%，利润增长163.91%。两项增幅均创历史纪录。集团公司充分利用开发区的优惠政策，已经形成了以宝鸡市高新技术开发区为生产基地的电气生产企业集团；电气开关厂研制开发的WBK型配网无功自动补偿装置通过了省级鉴定，批量生产投入市场；BGS低压配电监测管理装置完成立项已进入实施阶段；由先行集团与瑞典瑞华公司、宝鸡斯通电气有限责任公司和山东鲁能瑞华变压器有限责任公司合资的“鲁瑞先行电气有限公司”8月22日正式投入运营，所生产的S_9M、S_{11}M环保型变压器，在环保、节能方面突显效益；斯通公司生产的M_{24}负荷开关已远销甘、宁和内蒙古；天河水泥制品公司成功地租赁经营了宝鸡县祁连山水泥厂，注入资金，进行产品更新，形成了稳定的市场，已成为宝鸡房地产业的主材供应商，累计销售水泥制品收入达80多万元。秦岭铁合金公司新建成具有高附加值的硅钙合金生产线，产品适销对路，销售火爆。通过资金重组，组建了先行矿业公司，集开采、选矿为一体，发展势头良好。新成立的先行信通科技有限责任公司，瞄准高科技，取得了联想等知名品牌的代理权。电力设计院完成了“全站仪表接口软件开发应用”课题的研究，实现了与CAD设计软件的全面对接。电力建安公司全年完成了27项土建工程，三个大的外建项目承包施工金额达到560万元。用户服务中心在新疆阿克苏中标35KV变电工程。电缆公司远赴甘肃永登承揽电缆敷设业务，标志电力施工企业“走出宝鸡、跨出陕西”已有良好开端。集团公司坚持资本运营和生产经营并举，实行银企联合，已经成为宝鸡市商业银行的第三大股东，集团公司董事长杨金善以全票当选为商业银行副董事长。集团公司出资15万元买断5月18日在宝鸡举行的中英足球赛的冠名权，千人方阵出场助威，展现了宝鸡供电职工崭新的精神风貌。

（顾鹏程）

黄　金　工　业

【概况】 2001年制订的《宝鸡市国民经济与社会发展第十个五年计划和2010年规划纲要》提出，黄金工业“十五”计划的目标是“巩固黄金生产基地，继续加大勘探和开发力度，力争2005年形成日处理矿石4000吨，年产黄金15万两的规模”。2001年是“十五”计划的第一年，宝鸡地区共有黄金工业企业7个，全年共产销黄金2286.5千克，折合73160两，全年完成销售收入16000万元。

【市委书记庞家钰到太白金矿和新星金矿视察】 2001年6月20日，市委书记庞家钰到太白金矿和新星金矿视察，庞家钰要求企业在集中精力抓好机制创新、科技创新、管理创新和安全生产的同时，一定要注意加强企业党的建设，在领导班子和党员干部中抓好“三个代表”学习教育活动，充分发挥企业党组织的政治核心作用和工会的桥梁纽带作用，在生产经营中保护和发挥好工人的主人翁作用，全心全意依靠工人阶级办好企业，千方百计提高效益，使企业走向辉煌。

【陕西太白黄金矿业有限责任公司创立】 2001年9月9日，陕西太白黄金矿业有限责任公司创立大会在宝鸡市国贸大厦召开，10月28日挂牌成立。陕西太白黄金矿业有限责任公司是陕西太白金矿实施债转股后，部分资产改制成的有限责任公司。经国家批准陕西太白金矿所负责的债务7860万元划转为国家股份，分别由中国华融资产管理公司和中国长城资产管理公司代表国家持有。陕西太白黄金矿业有限责任公司由中国融资管理公司、陕西太白金矿、中国长城资产管理公司分别出资6600万元、2286.93万元、1260万元组建而成，总资产为10146.93万元。该公司主要经营黄金采、选、冶、水力发电等，年采选矿石能力为60万吨，年产黄金900千克，水电装机容量为9000千瓦，年发电量3000万度。

【陕西凤县四方金矿与加拿大普拉赛尔—多姆公司签署合作合同】 陕西凤县四方金矿董事会与加拿大普拉赛尔—多姆公司经过三年多的谈判，达成合作意向，于2001年9月4日双方签署了合作合同。合作分为两步进行，第一步由普拉赛尔—多姆公司出资800万美元对四方金矿开采范围及外围进行地质探矿。若资源达到外方要求，可进行第二步合作。第二步由外方投资2亿美元与中方联合建矿，建矿规模为年处理矿石300万吨，年产黄金7500千克。

【9·29氰化钠泄漏事故有关责任人受到行政处分】

2000年9月29日，发生在丹凤县泄漏10吨液体氰化钠的特大事故，造成丹江流域严重污染，直接威胁到下游几十万人的生命安全，经济损失重大，社会影响恶劣。为达到教育的目的，增强法制观念，避免不安全事故的再次发生，经2001年8月21日陕西凤县四方金矿董事会研究决定：给予负有直接领导责任的副经理行政记大过处分；给予负有重要领导责任的经理行政记过处分。

（饶光蜀）

农业·农村经济

概　　述

2001年，全市农业和农村经济工作，把推进农业结构调整，增加农民收入作为中心任务，按照“稳粮促经、突出林果、强抓畜牧、推进产业化”的总体思路，落实党的农村各项方针政策，加强工作指导，促进了农业和农村经济结构的战略性调整。主要呈现以下特点：

一、农村经济平稳发展，但各业发展不平衡。农、林、牧、渔各业在结构调整中有升有降，共实现总产值44.51亿元（现价），较2000年减少0.2%。其中种植业产值29.63亿元，较2000年下降1.7%；林业产值1.16亿元，较2000年下降39.26%；畜牧业产值13.35亿元，较2000年增长9.03%；渔业产值0.37亿元，较2000年增长39.51%。全市农业增加值完成25.6亿元，较2000年增长1.7%。全市乡镇企业完成产值361亿元，比2000年增长8%。全市农民人均纯收入1603元，比2000年增加60元。

二、粮食生产在遭遇春冻、干旱、秋淋等严重灾害的情况下，总产基本稳定，单产有所增加。全市粮食总产130.4万吨，仍保持在130万吨安全线以上。单产水平较2000年增长3%，其中夏粮单产较2000年增加18公斤。粮食播种面积调减27.4万亩，优质粮播种面积达到213.2万亩，占粮食播种面积的35.9%。新型的农业生产方式——订单农业从无到有，生产规模达到10.1万亩。“粮经”二元种植模式逐步向“粮经饲”三元种植模式转变，全年种植优质带棒青贮玉米35万亩，粮经饲比由2000年的68:29:3调整到66:29:5。

三、生态环境建设成效显著，但主要林产品产量产值大幅度下降。2001年各级政府认真实施退耕还林（草）、封山育林政策，全面推进生态环境建设，加快了山川秀美工程建设步伐。全市完成造林面积64.2万亩，比2000年增长14.4%，封山育林面积79.8万亩，较2000年增长32.75%，零星（四旁）植树1560.58万株，较2000年增加22.7%。完成营林产值9700万元，较2000年增长13.1%。21个重点种苗基地建设项目已有16个投入使用，为生态环境建设提供了大量的优质壮苗。天然林资源保护、退耕还林（草）、生态环境建设综合治理、三北四期防护林、北坡南山绿化工程均超额完成了计划任务，为改善生态环境、促进经济可持续发展奠定了基础。2001年末，全市林业用地1405.8万亩，占全市总面积的57%，其中有林地面积845.1万亩，活立木总蓄积量4147.6万立方米，森林覆盖率达到44.4%。但是，由于受春冻严重影响，花椒、核桃、板栗等主要林产品的产量大幅度下降。其中花椒2000年产量754吨，当年仅284吨，核桃2000年6811吨，当年仅409吨，板栗2000年1121吨，当年仅240吨。加之随着天然林保护工程和封山育林工作力度的进一步加大，全市村及村以下竹木采伐基本停止。2001年全市林产品及村以下竹木采伐产值为1900万元，比2000年减少7500万元。因而全市林业产值仅为1.16亿元，比2000年下降39.26%。

四、畜牧业增势强劲，已经成为支撑和拉动农业和农村经济新的增长点。近年来全市围绕建设畜牧大市的目标，按照“良种先行、科技支撑、项目带动、典型引路”的思路，把畜牧业作为农业和农村经济的重点支柱产业优先发展，畜牧业保持全面增长态势。近4年来全市畜牧业生产平均以12.3%的高速度递增，2001年产值13.35亿元，已占农林牧渔总产值的30%，比实施畜牧大市战略之初的1997年增长59%。奶畜、肉牛肉羊、生猪、家禽四大畜牧主导产业发展迅猛。一是存栏量增加。到2001年末全市大家畜存栏已达到43.1万头，猪、羊、禽存栏分别为88.8万、46.6万和788.1万头（只），分别比2000年增长9.4%、19.0%和3.9%。其中奶畜增长最快。良种及改良奶牛存栏5.7万头，奶山羊存栏28.5万只，分别比2000年增长38.5%和6.6%。二是畜产品产量稳定增加。2001年全市肉类总产量10.3万吨，奶类总产量14.57万吨，蛋类总产量4.87万吨，分别比2000年增长3.0%、21.1%和0.6%。人均占有肉类28.6公斤、奶类40.47公斤、蛋类13.5公斤，肉蛋奶总量和人均占有量均创历史新高。三是规模养殖已成气候。畜牧业产值上亿元的县从无到有，2001年已发展到3个县（宝鸡县2.14亿元、凤翔县1.30亿元、扶风县1.13亿元），这3个县畜牧业产值占全市的34.2%。舍饲养畜规模提高，规模养殖户达2.5万户，建成百头肉牛育肥场37个，千头猪场35个，万只猪场36个，畜牧小区88个。宝鸡县八庙村被誉为全省奶牛第一村，宝鸡县野寺村被誉为全市养猪第一村，扶风县段家镇已建成全省最大的肉牛产业化示范小区，陇县奶畜小区建设名列全省前列，麟游县布尔羊示范区全国有名。四是畜牧业对农民收入增长的贡献率越来越高。据农村住户抽样调查，4年来全市农民畜牧业收入每年以17.4%的速度增长，到2001年全市人均畜牧业纯收入达131.1元。畜牧业已成为农民收入增长的主要来源之一。

五、乡镇企业稳步发展，但增长速度明显降低。2001年各级党政组织认真贯彻《乡镇企业法》，继续深化企业改革，调整乡镇企业的产业结构和布局结构，提高企业的整体素质和市场竞争力，使全市乡镇企业保持了良好的发展势头。到2001年底全市乡镇企业总产值完成361亿元，营业收入完成356亿元，比2000年增长7.4%，乡镇企业工业产值完成217.4亿元，比2000年增长7.5%，乡镇企业增加值完成80.5亿元，比2000年增长10.6%，从业人员达62.4万人，职工工资达25.4亿元，职工人均收入4067元。但由于全国宏观经济环境的影响，加上全市乡镇企业结构调整和制度创新比较缓慢，全市乡镇企业的增长速度正在放慢，2000年比1999年下滑6.4个百分点，2001年比2000年又下滑2.9个百分点。同时全市乡镇企业营业收入的增长速度也在放慢，2000年比1999年下滑6.0个百分点，2001年比2000年又下滑4.0个百分点。

六、农民人均纯收入缓慢增长，实现增收的难度加大。2001年全市农民人均纯收入1603元，比2000年增长3.9%。虽然增长速度比2000年下降0.2个百分点，但增幅下降速度在减缓。原因主要有三个方面：一是近年来各级党委、政府一直把增加农民收入作为农村工作的中心任务，及时制定增加农民收入的政策措施，认真落实；努力克服影响农民增收的消极因素，如减轻农民负担和农村基金会债务清偿，这方面的工作力度在加大，加之农村干部工作作风的转变，使农民增收的政策环境和社会环境日趋宽松，有利于农民收入的增加。二是随着市场经济体制的逐步建立和完善，市场经济规律被越来越多的农民逐渐认识和掌握，在生产和经营中追求经济效益最大化已成为大家的共识。如2001年农民家庭投资结构发生新的变化，据市统计局农调队的抽样调查，2001年农民对种植业的投入为204.06元，与2000年基本持平；但对畜牧业的投入为235.64元，占总投入的44.1%，比2000年大幅度增加；对林业的投入为9.32元，也在增加。农民投资方向的调整主要是受经济效益和收入预期的引导，说明农民的投入产出观念和市场经济意识不断增强，投资行为越来越理性化。三是全市农业和农村经济出现积极变化，如全市推进农村产业结构调整的力度逐步加大，使农村经济结构更加合理；规模养殖和产业化的发展使农村生产经营模式发生深刻变化；十大良种繁育中心和20个专家大院的建立使科技兴农的质量和水平大大提高。所有这些变化都对农民增收带来积极影响。但2001年全市农民收入增长额仍然不高，从大的方面分析，主要是受自然因素和市场因素的影响较大，农副产品价格持续走低，乡镇企业发展速度逐渐趋缓的局面短期内难以改变，农民增收的难度还很大。

（蔡广林）

畜　牧　业

【概况】 2001年按照建设畜牧大市的战略，市上制定了畜牧业“十五”发展规划，明确发展目标，畜牧生产再创历史新高。全市大家畜存栏44.93万头（匹），其中牛43.76万头（奶牛5.57万头）、生猪90.45万头、羊47.94万只、家禽792.28万只，较2000年分别增长4.93%、5.35%、34.82%、11.44%、22.37%、4、52%，其中奶牛、羊增长最为显著，畜禽结构更趋合理。牛、羊、猪、禽出栏量达11.79万头、27.15万只、95.45万头、638.81

万只，分别较2000年增长0.99%、12.06%、13.29%和7.18%。全年生产肉类10.63万吨、奶类15.61万吨、蛋类4.65万吨，较2000年增长6.40%、29.69%、-3.99%，其中奶类增速最快。畜禽存出栏、畜产品产量和人均占有量再创历史新高。全市畜牧业产值13.35亿元，占农业总产值的29.97%。

【布尔羊产业开发实现总量扩张】 2001年布尔羊产业开发按照政府强力推动，高科技支撑，大基地奠基，商业化运作的产业化发展思路，以布尔羊良种繁育中心为龙头，大面积杂交改良为中心，示范场建设和发展养羊大乡大村大户为重点，纯种繁育与杂交改良并举，数量、质量、效益并重，依靠科技进步和机制创新，引导和扶持养羊向规模化、专业化发展，实现了总量扩张的跨越式发展。布尔羊良种繁育中心新建胚移大厅、兽医室、标准化羊舍8000平方米，年饲养能力3500只，是建场初期的4倍。中心占地由40亩扩大到120亩。实际饲养1936只，其中纯种布尔羊890只，2001年胚胎移植产羔133只，生产杂交改良羊302只，实现产值380万元。向省内外销售细管冻精2.83万支，冻精颗粒1.57万粒，销售纯种羊97只，市场覆盖面扩大到山西、河南、甘肃、新疆、内蒙古等20多个省市。全市布尔羊改良区由西北部山区扩大到川塬和秦岭沿山的眉县、渭滨、凤县、太白等县区，乡镇数增加到87个。全市共设制精站23个，人工授精站309个，投放种公羊155只，发展改良示范场82个，其中盈余过万元的41个。项目区用于养羊投资达1555万元。截至年底，项目区完成杂交改良15.57万只，比2000年增长73.4%，鲜配受胎率达80.7%，比2000年提高了2.49%，冻配受胎率69%，比2000年下降了2.6%，细管冻精受胎率65.1%。全年实现社会效益7154万元。

【优质饲用玉米带棒青贮总量创历史新高】 2001年市上继续把大面积推广优质饲用玉米带棒青贮作为农业结构调整的突破口来抓，推行粮经饲三元种植结构，在陇县、千阳、宝鸡、凤翔、眉县、岐山、扶风、渭滨8县区种植优质饲用玉米23.13万亩，青贮面积18.73万亩，完成青贮47.82万吨，其中带棒青贮27.78万吨，分别比2000年增长93.1%、12.3%、27.9%、48.6%。种植面积和青贮总量均创历史新高。全年新建青贮窖8255个，总容积达18.23万立方米，比2000年分别增长116%和95.4%。全市青贮窖累计1.74万个，容积52.98万立方米。新购机具737台，其中大中小型铡草机分别为18台、104台和615台。全市新旧铡草机共1627台，确保青贮工作的顺利开展。全市参与青贮乡镇111个、青贮村771个、青贮户1.31万个、青贮场114个，推广面进一步扩大。优质饲用玉米带棒青贮工作促进了农牧联动和良性循环，加快了畜牧业向高产、优质、高效方向发展。

【乳业发展进入快车道】 2001年随着乳业比较效益的进一步突显，全市乳业发展进入快车道，成为农民增收的新亮点。全市奶牛存栏5.57万头，较2000年增加34.82%，奶山羊存栏29.67万头，较2000年增长11.12%，成为发展最快的畜种。全市奶类产量15.61万吨，较2000年增长29.69%。全市建成奶牛小区18个、百头奶牛场15个，奶山羊小区7个。建成乳品企业11个，年加工能力3万吨，2001年加工乳制品1.78万吨，完成工业产值3.25亿元，实现利税3300万元，兑付奶款1.5亿元。面对上述可喜局面，市农业局通过分析全市乳业发展的优势与潜力、国际国内乳业发展趋势，制定了《宝鸡市乳业“十五”发展规划》，明确了发展思路和奋斗目标，力争做大做强宝鸡乳业，打造宝鸡乳业“航母”，使乳业成为新时期农民增收的朝阳产业。

【防疫工作保证群众吃上“放心肉”】 2001年全市动物防检疫工作按照“五强制二强化”和组织实施“放心肉”工程的要求，严格执行《动物防疫法》，开展畜产品质量安全行动，确保了全市清净无疫和畜产品安全。全市春秋两季累计预防家畜口蹄疫238.6万头，其中牛69.26万头、猪109.95万头、羊59.33万只，防疫密度分别达到98.3%、98.7%、98.2%、98.4%。共用疫苗489万毫升，疫苗利用率92.6%，免疫用证率97%，免疫造册率100%。全年共免疫预防猪瘟114.45万头，免疫密度96.6%，疫苗利用率92%，预防鸡新城疫924.45万羽，免疫密度90.6%。各类家畜驱虫111.4万头（只）。布病检验工作在全市12个县（区）152个乡（镇）37个奶牛、羊场开展，共检疫各类家畜13025头（只），其中黄牛1079头、奶牛1315头、羊9941只、猪611头、种畜79头，经平板筛选、试管定情，全部为阴性。收集病料162份，经分离培养检菌未查出布氏杆菌。马传贫监测在扶风、宝鸡县、眉县、岐山、凤翔、陇县6县进行，共监测马类牲畜3233匹，经琼脂扩散试验全部为马传贫阴性。马鼻疽监测在宝鸡县、陇县、凤翔、千阳县4县开展，共监测马类牲畜1231头（匹），全部为阴性。完善产地检疫联检管理办法，加快由市场检疫向产地检疫的战略转移，扩大产地检疫在全市的推广面。推行产地检疫的乡镇已达170个，占全市乡镇数的92.3%。2001年全市共检疫各类畜禽198.73万头（只），检验肉类20371.2吨，检出病畜禽0.514万头（只），病害肉5.31吨，全部依法进行了无害化处理。全市上市肉品检疫率100%，肉品检疫合格率100%。市兽医卫生监督监察所全年4次深入12个县区81个重点乡镇开展兽医行政执法大检查，共检查肉品市场80个，活畜交易市场18个，屠宰场点35个，肉品经营户387个，对查出的12起违法案件进行了处理。全市全年共核发《动物防疫合格证》1458份，占应发证的98.5%。动物防检工作从畜产品生产、加工、销售各个环节保证了全市畜产品安全，确保群众吃上“放心肉”，保障了畜牧产业稳定发展。

【装备乡镇畜牧兽医站】 2001年为进一步发挥乡镇畜牧兽医站社会服务功能，通过争取省政府支持增加对乡镇畜牧兽医服务体系的投入，推广乡镇畜牧兽医站“前站后场”模式，实现机制创新，拓宽了服务领域。全市在12个县区装备乡镇畜牧兽医站42个，完成设备投资42万元，配备了冷链、冻配设备。

（崔伟峰）

种　植　业

【概况】 宝鸡市2001年年初实有耕地面积500.76万亩，农作物播种面积683.49万亩，比2000年减少41.81万亩。其中粮食播种面积594.37万亩，比2000年减少4.38%，总产量129.35万吨，比2000年减少2.45%。粮经饲面积比由2000年68:29:3调整到66:29:5。

全年夏粮播种面积338.45万亩，总产量68.36万吨，比2000年增加6.31%，其中小麦面积333.05万亩，总产量67.11万吨，比2000年增加6.19%。秋粮播种面积255.92万亩，总产60.90万吨，比2000年减少10.83%，其中玉米面积209.81万亩，总产量54.87万吨，比2000年减少9.75%。

果业方面：全市果品面积68万亩，产量53.8万吨，比2000年增加2.6万吨。其中苹果44万吨，优质果率达40%。在优生区新栽果树2.2万亩，改造老果园5万亩，发展设施栽培1000亩，名优品种面积占比82%。优生区面积占比86%。

油料及其它经济作物：油料播种面积23.95万亩，总产量2.24万吨。蔬菜播种面积42.46万亩，总产45.36万吨，产值5亿元，比2000年增长18%。其中辣椒20.24万亩，总产14.58万吨。各类设施栽培面积发展到5.91万亩（次），比2000年增加1.28万亩（次）。袋料栽培食用菌3250万袋，比2000年增加1492万袋。

2001年全市农业总产值27.84亿元，比2000年减少0.06亿元，其中种植业总产值15.82亿元，占农业总产值的56.82%。农民人均纯收入1603元，较2000年增加59.7元。

【按计划进行粮油生产结构调整】 按照“压夏扩秋，压细扩粗；稳定夏油，增加秋油；突出优质，提高效益”的总体思路，2001年全市夏粮播种面积在总产量增加4.06万吨的情况下，面积由2000年的349.70万亩压到338.45万亩，减少11.25万亩；小麦在总产量增加3.91万吨的情况下，面积由2000年的344.10万亩压到333.05万亩，减少11.05万亩；全市种植陕150、小偃54、小偃6号等优质专用小麦152.2万亩，占小麦总面积的46%；种植中单9409等优质饲用青贮玉米33.4万亩，比2000年增加21.4万亩；种植优质小杂粮10万亩，实现了提高效益的目的。

【实施“优果”工程】 2001年全市围绕“巧施肥、大改形、强拉枝、无公害”四大优果技术实施“优果工程”，发展加工苹果3000亩，苹果和杂果面积比由2000年71:29调整到70:30，苹果早中晚熟比例由1999年的5:15:80调整到7:16:77。推广果实套袋1.3亿只，比2000年增加3000万只。果园生覆草3.78万亩，比增0.78万亩，无公害栽培4.75万亩。新建精品示范园1.1万亩，千亩示范园10个。在遭受历史上罕见的春季低温霜冻、夏季持续干旱、秋季阴雨寡照等严重自然灾害的情况下，全市果品产值仍然达到6.2亿元，为农民增收、财政增税，促进县域经济发展做出了贡献。

【蔬菜基地成为农村经济新的增长点】　2001年全市蔬菜产业按照“突出特色、设施栽培、无公害化”的思路，面积达到42.62万亩，产量45.36万吨。“万元田”发展到7万亩，新增1万亩，形成了太白补淡蔬菜、凤县甜椒花卉、千阳胡萝卜、蔡家坡大蒜、宝鸡县河南台原阶地秋番茄等具有明显区域特色和市场竞争优势的蔬菜基地，发展了区域经济，增加了农民收入，成为农村经济增长的新亮点。太白县发展的3.2万亩西兰花、美国荷兰豆、韩国象牙萝卜等27种名优精细菜品，实施无公害栽培，创出“太白山”品牌，率先获国家绿色食品A级认证，为绿色蔬菜发展树立了一面旗帜。

【绿色食品生产促进农业可持续发展】　2001年全市无公害农产品生产面积达20多万亩，已有7个生产企业或生产基地的三大类10个产品通过了国家绿色食品认证，还有2个产品上报待批。2001年全市蔬菜、果品、奶制品等绿色食品产量达到7.67万吨。绿色食品的发展给生产企业带来了效益，为当地农民增加了收入，促进了农业可持续发展。太白县“太白山”牌蔬菜获得绿色认证后，远销深圳、广州、日本等国内外市场，全年产值达3320万元，人均增收528元，成为当地一大支柱产业。宝鸡县惠民乳品公司的“惠民”奶粉取得绿色认证后，销量大增，产量翻番，带动了4个乡镇奶牛业的发展。

【15个省级农业科技示范基地带动农业产业化发展】　2001年全市15个省级农业科技示范基地按照“长远规划、突出特色、典型诱导、辐射带动、稳步发展”的总体思路，发挥典型示范和辐射诱导作用，取得了显著的经济和社会效益。全市总面积达2847.5亩，共引进新优品种180个（次）、新技术75项（次），获直接效益100.92万元。辐射县乡创办农业示范园68个、科技示范点100多个，选育和引进农、林、畜、草新品种110多个（次），面积15.74万亩，示范应用新技术91项（次），面积14.45万亩，总计新增产值1801.6万元，技术覆盖率达到58%～97%，较2000年增长9%～28%，带动了100多个乡镇1400多个村组的农业结构调整和产业化发展。

【全市农产品质量安全行动正式启动】　为适应新阶段农业发展需要和加入WTO的新形势，全面提高农产品质量安全水平，保护城乡人民利益，增强农产品市场竞争力，增加农民收入，实现宝鸡市农业与国际接轨和可持续发展，市农业局于2001年12月17日召开新闻发布会，正式启动了全市农产品质量安全行动，确立了宝鸡市实施农产品质量安全行动的指导思想，明确了目标任务，发布了行动计划，并成立了市农产品质量安全管理工作领导小组，力争通过几年努力，将全市农产品质量安全提高到一个新水平，为农业增产、农民增收和农村社会稳定做出新贡献。

（崔伟峰）

农　业　机　械

【概况】　截至2001年底，全市农业机械总动力为110.5万千瓦，比2000年增长10.0%；拥有大中型拖拉机2958台，比2000年增长19.8%；小型拖拉机31752台，比2000年增长1.3%；农用运输车15458台，比2000年增长29.0%；联合收割机1225台，比2000年增长18.6%；其它农业机械也有不同程度的增长，全市农业机械装备呈现稳步增长的态势。

【农机化生产】　全市全年共完成机耕作业面积532.0万亩，其中机深耕193.4万亩，机收小麦149.2万亩，机播小麦275.8万亩，机播玉米110.7万亩，农业生产综合机械化水平进一步提高。

【农机事故各项指标下降】　市农机行政主管部门和农机监理机构认真执行《陕西省农业机械管理条例》等法律法规，实施依法治机，开展了“农机安全宣传月活动”、“三轮农用车和拖拉机专项治理整顿”、“全市农机安全拉网式大检查”、“冬季农机安全大检查”等项活动，重点纠处无证驾驶、违法载人、超载等严重违章行为，消除事故隐患，降低事故发生率，保障了农机安全生产，农机事故各项指标均较2000年有所下降。

【农机化项目建设】　扶风、凤翔、宝鸡县、岐山县承担实施省农机局安排的农业机械装备更新项目，更新大中型拖拉机155台，建立农机作业服务队1个，优化了农机装备结构，提高了农机装备服务水平。陇县农机管理站承担了农业部机械化技术开发推广总站“节水农业机械化技术集成创新示范基地”项目陇县机械化示范区建设工作，该项目通过建立旱地集雨保水工程技术及节水灌溉技术模式、保护性耕作机械化模式、田间集雨保水微工程技术模式、机械宽幅梯田、垄沟种植技术模式，建立节水农业机械化技术创新示范基地，为西部地区探索农机化节水农业技术的发展模式，带动周边地区的粮食增产、农民增收。2001年开展了示范基地生产设施建设、机具设备购置和人员培训等工作，为项目实施打好基础。

【农业机械新技术新机具推广】 市农机推广部门因地制宜，面向市场，服务农民，推广适宜的农业机械新技术、新机具，重点推广玉米硬茬播种机336台，使全市玉米机播面积达到110.7万亩，比2000年增加12.5%，提高了玉米生产机械化水平；推广小麦精少量播种机360台，小麦精量播种面积132.0万亩，占小麦机播面积的48%；推广玉米秸秆还田机30台，玉米秸秆还田面积65.2万亩，并引进新型的玉米秸秆挤丝机，为玉米秸秆综合利用开辟了新途径。

【示范窗口建设在陕西省名列前茅】 市农机监理部门以“内强素质、外树形象”为重点，加大“文明监理、优质服务”示范窗口建设力度。2001年有千阳、扶风、麟游县农机监理站和市农机监理所4个单位按照“示范窗口”单位创建要求，加强硬件设施建设，完善各项规章制度，通过了省级验收。全市共有部级示范窗口单位1个、省级7个，名列全省前茅。

（崔伟峰）

水利水保·渔业

【概况】 2001年宝鸡市水利水保建设在重点项目、防汛抗旱、水保生态、人饮解困建设和水利改革方面取得较大进展。完成总投资35732万元，其中国家投资21665万元，占60.6%，群众自筹14067万元，占39.4%。总投工4511万个工日，完成土石方7296万立方米。新增有效灌溉面积5.49万亩，发展节水灌溉面积22.18万亩，新修“四田”5.78万亩；治理水土流失面积380.8平方公里；新增小水电装机1800千瓦；解决11.01万人饮水困难；新修堤防5.84公里，加固堤防15.71公里。均超额完成年度计划。

【水资源开发利用基本情况】 2001年是宝鸡市干旱少雨年，全市平均降水量541毫米，比多年平均减少23.6%；自产径流量18.08亿立方米，比多年平均减少58.4%；全市地下水资源量15.04亿立方米，比多年平均减少12.2%。全市水资源总量28.69亿立方米，比2000年减少3.2%。截至2001年底，宝鸡市共建成各类供水工程18909处。其中水库128座、池塘673座，总蓄水能力56047万立方米；抽水站1412处；自流渠道670条；农灌机井15742眼，市区水源井284眼。2001年全市总供水量68608万立方米。其中地表水35181万立方米，占51.3%；地下水33427万立方米，占48.7%。总用水量68608万立方米。其中工业用水12483万立方米，占总用水量18.2%，比2000年增长3.7%；城镇生活用水5476万立方米，占8.0%；农林牧副渔业用水45486万立方米，占66.3%；农村生活用水5163万立方米，占7.5%。2001年全市农田灌溉亩均用水量225.7立方米；万元产值工业取水量79.7立方米（含火电用水89.9立方米）；工业用水重复利用率48.46%（市区60.8%）；城镇生活用水每人每日155.24升（市区173升），农村每人每日40.3升。2001年全市地表水控制利用率19.4%，其中长江流域1.78%，黄河流域60.1%；全市地下水开发利用程度66.3%。到2001年底，全市累计发放取水许可证2481本，累计批准取水量10.99亿立方米。

【6个重点项目建设进展顺利】 在2001年市政府确定的50个重点建设项目中，涉及水利的有6个大项目、8个子项目。截至年底，共完成投资1.25亿元，为年度投资计划1.18亿元的106%。（1）渭河、千河堤防建设。新修渭河堤防1.92公里，加固10.7公里，改建1公里，完成投资4330万元。新修千河堤防3.44公里，加固2.4公里，完成投资1456万元。（2）冯家山灌区更新改造南干渠湿陷段治理等6项骨干工程全面竣工，完成投资2650万元。（3）节水灌溉示范项目全面完成建设任务。发展节水灌溉面积2.68万亩。其中喷灌、微灌、管灌等1.85万亩，渠道衬砌防渗0.55万亩。（4）

“甘露”工程超额完成计划。新建人饮站130处，解决了11.01万人的饮水困难，完成投资1880万元。(5) 市区北坡防滑治理工程取得阶段性成果。该滑坡是省重点地质灾害之一，其治理工程国家计委批准立项，总投资1915万元。自8月份排水洞主体工程开工以来，克服施工场地狭小、滑坡体地质结构复杂、施工滑塌情况不断发生等困难，竖井及排水平洞开挖1200米，完成投资810万元。(6) 渭河市区段防洪暨生态治理工程。一期护滩堤防工程到7月份主汛期来临前完成投资2130万元，修建护滩工程3230米，整修滩地58万平方米，滩地绿化40万平方米，当年工程基本完成，后续工程正在做前期工作。

【汛期特点与防汛工作】 2001年汛期，宝鸡市前期雨量多，汛雨早，中期出现严重伏旱。9～10月出现自1981年以来最强的秋淋天气。汛期全市虽无全局性灾害，但局部暴雨、大风和秋淋仍给部分县造成一定的洪涝灾害。眉县、宝鸡县和太白3个县43个乡镇的1.18万人受灾，倒塌房屋120间，农作物受灾面积3332.5公顷，减收粮食3801.4吨，损坏渠道40公里，机井89眼，直接经济损失453.1万元。从年初起宝鸡市各级防汛部门就着手抓防汛的各项准备工作。落实了各级领导包地域、包险段、包河道的防汛岗位责任制，全市共落实乡(镇)以上责任人335名，其中县级以上领导干部40名。在进入主汛期之前完成了128座水库防汛责任卡签报工作。加快通讯设备的更新改造，市防汛办为12个县区防汛办配发了计算机、打印机、传真机及电台等办公设备；重修秦岭庙王山防汛中继通讯塔，维修了市政府防汛通讯塔；完成了市防汛办公室与省防汛信息中心的计算机联网。从4月份起开展了河道清障执法专项治理大检查，各县区依法查处了在堤防上乱挖乱种，在河道内近堤采沙、乱倒垃圾等违法行为，依法清除障碍物和垃圾7.1万立方米。

【抗旱减灾保丰产】 2001年宝鸡市多数县区连续6个多月降水总量不足80毫米。由于持续干旱，全市河流来水锐减。千河冯家山水库上游来水仅有0.45秒立方米，接近历史最枯流量。渭河林家村段流量只有3.0秒立方米，比常年同期偏少6成，市内中小河流基本断流。全市有47座水库和480座陂塘干涸无水，1.5万眼机井可利用的不足万眼，近3000千眼出水不足，700眼损坏或报废，影响面积约15万亩。凤翔、千阳、陇县、太白等县城供水矛盾突出，163个乡镇的41.02万人、16.68万头大家畜饮水发生严重困难。农田严重缺墒，全市夏田受旱261万亩，秋田受旱263万亩。全市计划夏播220万亩，由于干旱少雨，实播面积只有195万亩。面对严重的旱情，市政府发出了《关于切实做好“一抗双保”工作的紧急通知》，市长吴登昌、市委副书记陈鼎金和副市长冯月菊等领导多次到各县区检查抗旱夏播，帮助基层解决实际问题。市水利局领导分组带队深入各县区抓抗旱灌溉，协助县区搞好防汛抗旱工作。库、塘、站、井、渠水利设施全面启动，投入灌溉。冯家山水库最大引水30秒立方米，段家峡水库引水3秒立方米。全市开动机井8940眼，抽水站301座，各县区投入机动抗旱设备3023台套，出动运水机动车1126辆，其它设施406件。全市抗旱最高日上劳34.91万人，动用各类水利设施投灌9680处，春灌面积107.75万亩，夏灌面积166.5万亩。粮食总产达到129.35万吨，挽回粮食22.03万吨、经济作物1.43亿元。解决临时人饮困难10.77万人、大牲畜4.02万头。

【水保生态建设成绩斐然】 2001年宝鸡市水保生态工程建设以小流域为单元，工程措施、生物措施和耕作措施相结合，通过对缓坡地整修改造，陡坡地退耕植树种草，山、水、林、草、田、园、路、村统一规划，综合治理，完成水保生态综合治理投资2703.35万元，治理水土流失面积380.8平方公里，营造水保林21.99万亩，经济林5.97万亩，种草6.48万亩，沟头防护263公里，兴建各类水保工程736处。凤县被水利部命名为“全国水土保持生态环境建设示范县”，陇县千河段家峡流域被命名为全国“十百千”示范小流域。在抓小流域治理的同时，开展了以平田修地为主要内容的农田水利基本建设。全市夏季农建的规模、质量较2000年又有提高。共完成灌区平地5.94万亩，再次被省上评为先进地市。

【城乡供水工程更新改造有成效】 2001年水利系统在供水项目无财政投资的情况下，多方筹资，陆续实施了一批供水工程更新改造项目。麟游县建成栗川水厂；扶风县进行新城区供水设施建设；岐山、千阳等县兴建集中供水工程，推进城乡供水一体化进程；全市最缺水的凤翔县实施了城区供水第三期扩建工程，新打水源井5眼，供水能力大大增强。在夏季严重干旱的情况下，全市10个县城无一出现水荒。“甘露工程”共建成人畜饮水工程130处，解决了边远山区农村11.01万人的饮水困难。陇县投资1110万元在14个乡镇的124个村建成人饮水窖5138眼，蓄水容积7万立方米，修筑集雨场34万平方米，解决了2.4万人、1.1万头大家畜的饮水困难。

【水政执法工作】 2001年全市水政执法工作的重点是法规宣传、执法队伍建设和依法治理。参加省上举办的“和平科技杯”节约用水法规知识电视大奖赛，获全省第一名。全年举办了9期水政执法培训班，培训400多人，重新调整任命水政监察执法人员78人、渔政检查员22人。全年市县两级共查处水事案件99件，协调处理较大水事纠纷83起，挽回经济损失36.5万元。河道清障专项执法大检查共清除河床碍洪物和垃圾4.54万立方米、废弃沙石及堆积物2.45万立方米，拆除违章建筑物12处、近堤抽沙机8台，封堵河堤取沙口11处，取缔违章排污口2处、违法采沙场5个。2001年共征收水资源费180万元，河道采沙管理费49.15万元，水土流失补偿、防治费29.6万元。

【水利改革】 2001年继续深化“五小”水利工程产权制度改革。全市1.87万处小型水利工程已改制的1.53万处，占81.8%。其中拍卖1320处，实行股份合作制改造的2732处，租赁734处，规范化承包1.05万处。改制后的“五小”水利工程和新建的“五自”水利工程共恢复和改善灌溉面积12万多亩。冯家山水库灌区支斗渠改制正在进行，已改制的288条效益十分显著。“五荒地”使用权出让和开发治理稳步发展，全市累计出让90万亩，已治理70多万亩，占拍卖出让面积的77.8%。购买荒山面积千亩以上的农户和单位24个，这些大户造林灭荒，综合治理，取得了较好的经济和社会效益。

【渔业生产简况】 2001年全市养殖水面2227公顷，较2000年增加3公顷；水产品产量5304吨，较2000年增加396吨，增长8%；渔业产值3238.2万元，较2000年增长9.6%。冯家山水库渔场和马营水产良种场分别引进了鲟鱼、巴西鲷等优良品种，鲟鱼驯化养殖在全省首获成功，为冷水鱼类的养殖推广奠定了基础，全市名特优水产品产量416吨。《美国大口胭脂鱼人工繁殖技术研究》获市政府科技进步二等奖。眉县、宝鸡县、扶风县和渭滨区落实池塘高产养殖技术推广面积3000亩，网箱养鱼技术推广面积300平方米，中小水库精养高产技术推广面积1000亩。

【开展渔政监督执法工作】 全市设宣传点21处，散发宣传材料7000余份，宣传《渔业法》、《水生野生动物保护条例》。4月份开展了渔业生产资料市场“打假”整治联合执法行动，共查处违规单位26个，取缔无照经营摊点8个，捣毁取缔制假窝点4个，受理投诉6起，立案查处6起，涉案总值21.8万元。全年共查处各类渔政案件35起，挽回直接经济损失10万多元。

【水生野生动物资源保护】 2001年完成了《宝鸡市水生野生动物资源调查报告》，陇县建立了县级“秦岭细鳞鲑自然保护区”，开展了“陕西省太白国家珍稀水生野生动物自然保护区”建设的前期工作。

（樊维翰）

林　　业

【概况】 “十五”开局第一年，市林业局通过重点林业工程，努力改善生态环境，全年完成造林4.32万公顷，为年计划的129.6%，较2000年增加32.5%。四旁植树1222.5万株，为年计划的101.9%。大田育苗1887公顷，为年计划的266%，容器育苗6013万袋。实施天然林资源保护工程，培育公益林2.07万公顷，封山育林3.65万公顷，增设护林检查站82个，新增管护人员310多人。开展了严厉打击破坏森林资源违法犯罪专项活动，共查处各类林业案件933起，处理违法人员1120人，其中逮捕5人，刑拘11人，取保候审10人，案件查结率98%，为国家挽回经济损失109.8万元。全市共发生森林火灾2起，受害面积7.47公顷，受害率0.013‰，控制在省上下达的0.2‰指标以内。发生各类森林病虫害2万公顷，成灾率4.57‰，控制在省下达指标7‰以下。林业产业持续发展，实现林业社会总产值4.76亿元，较2000年增长5.3%。森林旅游直接收入1553.0万元，较2000年增长7.6%。招商引资成效显著。全年落实招商引资项目25个，协议引资4.2亿元，到位资金1.95亿元，促进了全市林业两大体系建设（林业生态体系和林业产业体系）。

【确立十五期间发展思路和战略】 市局于2001年2月召开了全市林业工作会议，提出“十五”期间全市林业发展的总体思路是：以江泽民“三个代表”的重要思想和可持续发展理论为指导，以重点林业工程建设为主要途径，以体制创新和科技创新为动力，以建立比较完备的林业生态体系和比较发达的林业产业体系为目标，不断完善森林资源安全保障体系，依法治林，科技兴林，推进林业跨越式发展。确定新世纪之初全市林业发展战略为：贯穿一条主线，抓好两大建设，实现三个突破，建立四大基地。即坚持把调整结构贯穿于整个林业生态建设始终，抓好林业生态建设和林业产业建设，在经济林、以森林旅游为龙头的第三产业、苗木花卉基地建设上实现突破，建立经济林基地、以森林公园为主体的森林旅游基地、苗木花卉基地、食用菌及中药材基地。

【实施十大重点林业生态工程】 2001年全市相继实施的林业重点工程10个，其中国家重点工程9个，即天然林保护工程、退耕还林（草）工程、生态环境建设综合治理工程、三北四期防护林建设工程、种苗基地工程、中德合作造林项目、日元贷款造林项目、野生动植物保护及自然保护区建设工程、森林公园生态旅游建设工程。市级重点工程1个，即北坡南山绿化治理工程。十大工程全方位构建了宝鸡市生态环境基本框架，将从根本上改善生态环境面貌，对全市社会经济产生巨大的推动作用。2001年十大工程营造防护林3.33万公顷，占全市造林面积的77.1%，较2000年增长了2倍。封山育林2.75万公顷，占总面积的82.6%，到位国家投资1.8亿元，较2000年增长63.6%。为实施好十大工程，市县乡层层签订目标责任书，各级都成立了工程管理领导小组，制定政策措施，加强工程管理。

【天然林保护工程】 市县各级政府相继成立了领导小组，加强对天然林保护工程的管理，并设立办事机构，层层签订森林管护目标责任书。国有林场把封山育林、人工造林等任务分解到工区和职工人头，实行项目管理责任制。2001年完成人工造林0.2万公顷，飞播造林1.32万公顷，封山育林0.42万公顷。完成了森林资源的区划界定和工程实施方案编制工作，为森林分类经营打好了基础。在全市范围内开展“天保行动”、“三号行动”、“严打斗争”和林政执法大检查等专项活动，打击违法犯罪活动，稳定了林区秩序。新增护林检查站82个、管护人员310人，保护天然林45万公顷，安置职工2744人，占职工总数的83%。到位工程建设资金7498万元，建立资金使用管理制度，加强监督检查，确保了项目顺利实施。

【退耕还林（草）工程稳步推进】 2001年完成国家下达宝鸡市退耕还林（草）工程面积0.52万公顷，其中退耕地造林0.23万公顷，荒山造林0.29万公顷。完成了12个县区1999年退耕还林（草）第一轮政策兑现任务，兑付种苗补助费550.5万元，现金补助130.4万元，粮食1304万斤，涉及111个乡镇612个行政村20342户，退耕户当年人均增收60元以上。完成了1999年第二轮政策兑现和凤翔、眉县、麟游3个示范县2000年第一、二轮政策兑现的前期工作。2001年到位资金2841.2万元，3个示范县人均增收35.8元。同时，为了加强对退耕还林（草）工程的管理，市局编制了《宝鸡市退耕还林（草）工程县级基本工作程序指南》，市纪委、监察局下发了《关于对违反退耕还林（草）工程政策规定行为给予党纪政纪处分的暂行规定》，保障了工程的健康实施。

【三北四期防护林建设工程起步】 三北防护林建设工程1978年在宝鸡市开始实施，距今23年，已建设三期，共营造防护林38万公顷，净增森林面积10.8万公顷，森林覆盖率增加10.7个百分点。在宝鸡市生态环境建设中发挥了“排头兵”的作用。2001年四期工程启动实施，建设期限10年，涉及秦岭以北的8个县区。建设总规模：营造水土保持林8.2万公顷，工程总投资1.23亿元。2001年下达工程造林面积2700公顷，国家投资到位650万元。

【日元贷款造林项目开局良好】 日元贷款造林项目是宝鸡市继中德合作造林项目之后的第二个外援林业项目，也是第一个利用国外贷款恢复植被、改善生态环境的项目。涉及秦岭以北的8个县，建设期限3年，贷款期限40年，宽限期10年。建设规模：人工造林0.77万公顷，飞播造林1.25万公顷，封山育林0.30万公顷，并配备信息管理设备和交通工具，总投资9262万元，其中日方贷款6720万元。2001年完成了项目实施方案编制和造林作业设计，当年造林0.2万公顷，占计划任务的81.3%。

【野生动植物保护及自然保护区建设工程启动】 根据国家林业局整合新世纪实施的六大林业工程，市林业局编制了《野生动植物保护及自然保护区建设工程规划》，标志着全市野生动植物保护进入了系统化、科学化、法制化的轨道。目前工程规划已报省厅汇总。凤县屋梁山—紫柏山、扶风县野河自然保护区和千阳县千河湿地保护区可行性研究报告已上报省政府待批。

【种苗基地框架基本形成】 2001年国家批准宝鸡市建设苗圃基地23个，其中省级苗木繁育中心1个、县级中心苗圃20个、良种基地和采种基地各1个，工程总面积4783.9公顷，总投资9145万元，其中国家投资7345万元，到位投资6645万元，已完成投资5200万元，占到位资金的78.3%。其中省苗木繁育中心完成投资2600万元，占到位资金的68%。育苗173.3公顷，建设组培楼2000平方米、自控温室1万平方米、塑料大棚8000平方米，安装喷灌10.7公顷。县级种苗基地建设完成投资2600万元，占到位投资的91.4%，育苗160公顷，平整土地44公顷，土壤改良126.7公顷，建设喷灌、塑料大棚109.5公顷、温室33678平方米，已验收并投入使用的苗圃20个。4341公顷的良种基地和采种基地设计已报省厅待批。基本形成了以省苗木繁育中心为龙头，县区中心苗圃为主体，集体、个体小型苗圃为辅助的全市种苗基地框架。全年为林业重点生态工程提供良种壮苗8000万株，确保了生态环境建设的顺利实施。

【眉县获全国绿化先进单位】 2001年眉县被国家绿化委员会、国家林业局授予全国绿化先进单位。2001年全县95%以上的适龄公民参加了义务植树，共植树74万株，造林3787公顷。全县绿化路渠454条598公里，领导包抓绿化点72个，造林613公顷，城镇24条主要街道全部绿化，人均绿地6.8平方米，城区绿化覆盖率达49%，达到了绿化先进单位标准。

【千阳县获三北防护林建设第一阶段先进集体】 2001年千阳县被国家林业局授予三北防护林建设第一阶段（1978~1998年）先进集体。三北防护林建设第一阶段，千阳县人工造林保存面积1.5万公顷，封山育林0.5万公顷，飞播造林成效面积0.41万公顷，兴建农田林网0.11万公顷，保护农田1万公顷，治理水土流失5.93万公顷，森林覆盖率提高了12个百分点。

（雒和忠）

乡 镇 企 业

【概况】 2001年全市乡镇企业继续保持了良好的发展势头，完成总产值361亿元，比2000年增长8%，实现营业收入353.5亿元，比2000年增长7.4%，完成工业产值217.4亿元，比2000年增长7.5%，乡镇企业增加值完成80.5亿元，比2000年增长10.6%，出口创汇交货值3.7亿元，比2000年增长13.5%，实现利润17.4亿元，比2000年增长10.4%，实现税金5.7亿元，比2000年增长11.6%，从业人员达62.4万人，职工工资达25.3亿元，人均收入4067元。全年招商引资项目243个，合同引资18亿元，到位资金5.2亿元，涉及千万元以上项目24个。外向型经济快速发展，出口创汇企业23个，其中亿元企业2个，千万元以上7个，500万元以上14个。与美国、瑞典、澳大利亚等国家和香港、台湾地区的16个外商企业开展经济技术合作，合同引资7.6亿元。

【乡企工业初步形成八大主导产业】 全市乡镇企业按照积极带动一产，提高壮大二产，加快发展三产的指导方针，发挥地域资源优势，培育发展主导产业和特色经济，第一产业和第三产业的发展速度明显加快，增速超过第二产业两个百分点。在乡镇企业工业中初步形成食品、建材、造纸、化工、机电、轻纺、采选矿、金属冶炼八大主导产业，其中食品、建材、造纸、有色冶炼行业经济总量已在全市同行业中占主体地位，其产值已占到全市乡镇企业工业总产值的60%以上。

【改制乡镇企业年人均实现利税4399.9元】 2001年全市乡镇企业完成各类改制达2973个，较2000年增加295个。在各类改制企业中企业集团34个，股份制公司3个，有限责任公司205个，股份合作制企业1535个，实行资产租赁承包企业1022个，兼并企业53个，拍卖企业121个。剔除1022个租赁承包企业，涉及产权的各类改制企业为1951个，占乡村集体企业的71.26%。市乡企局重点抓了岐山蔡家坡龚刘村村办4个企业的改制试点，通过改制明晰了产权，筹集了1000多万元资金，使员工利益与企业效益紧密结合，为全市乡企改革探索出了一条新模式。陇县在其最大的集体企业东南造纸厂搞民营化试点，使企业恢复了生机。继陕西星王锌业股份有限公司和陕西世明科技股份有限公司组建成功后，年收入15亿元的东岭集团已完成了股份公司改造和上市的多项准备工作。全市改制乡镇企业新增资本金2.7亿元，较改制前增长了29.8%，实现利税3.8亿元，占全市乡村集体企业年利税总额的87.4%以上。改制企业年人均实现利税4399.9元，比全市平均水平高1538.9元。

【骨干企业与项目带动整个产业发展】　在乡镇企业发展中通过新建或技术改造，已经形成一批起点高、规模大、实力强的骨干企业和企业集团，成为全市同行业的“领头羊”。2001年年产值或营业收入亿元以上企业8个，5000万元以上20个，1000万元以上110个。一批重点骨干项目已经竣工或投产，2001年全市乡镇企业建成项目544个，总投资11.1亿元，其中投资500万元以上的项目27个，千万元以上项目14个，项目投产后可新增产值22.1亿元，新增利税2.6亿元。

【私营企业效益明显高于集体企业】　发展非公有经济是近年来乡镇企业发展的重点。至2001年底，全市私营个体企业13.1万个，从业人员50万人，分别占全市乡镇企业95%和88 %，总产值287亿元，营业收入276亿元，工业产值162亿元，分别比2000年增长9%、10 %和11 %，高于全市乡镇企业平均增长速度1～3个百分点。其中产值或收入千万元以上的私营企业已占同规模企业总数的一半以上，经济效益明显高于集体企业。

【乡镇工业园建设完成年度投资任务】　乡镇工业园工程是全市重点工程之一，自开工建设以来，全市12个乡镇工业园已形成固定资产13亿元，入园企业818个，从业人员4.6万人，完成总产值17亿元，其中工业产值14亿元，实现利税1.5亿元。2001年工业园建设投入资金5.3亿元，其中水、电、路、通讯等基础设施投入3400万元。入区项目84个，投资500万元以上18个，12个建成投产。项目全部建成后可新增产值6.6亿元，利税9100万元，超额完成了年初预定的目标任务。

【农业产业化龙头企业发展形成规模】　农副产品加工业是宝鸡市乡镇企业发展的主攻方向，到2001年底产值收入过千万元以上的龙头企业已达到24个，营业收入7亿元，其中过5000万元的5个。有两个已过亿元，利税达8000万元。岐山的面粉、方便面、眉县及凤翔的果品、宝鸡县和扶风的乳品加工等龙头企业已形成一定的规模，培育出一批在市场上有影响力的品牌，如惠民乳品、华祥方便面、恒兴、华美果汁、世联、老牛面粉、爱姆速冻食品等。为农业结构的调整和农民增收做出了重要贡献，如宝鸡县惠民乳品公司的发展带动了4个县30多个村7000多户农民养殖奶牛，年付奶费2000多万元，户均收入3000多元，被列为全国农业产业化重点龙头企业。

（成都恒）

扶贫·农业综合开发

【小额信贷扶持特色产业开发】　2001年全市共争取落实扶贫贷款6710万元。各县对小额信贷实行主管领导负责制，举办小额信贷培训班25期，培训各类人员3000多人次，制定《宝鸡市小额信贷扶贫贷款投放与回收管理办法》，实行集中与分散相结合，扶贫社组织联保小组帮助贫困户选定项目，县乡联合审定，围绕资源优势，以发展种植业、养殖业和加工业为主要扶持方向，全年共投放信贷资金5996.27万元，其中小额信贷扶贫到户4186.27万元，使1.9万户7.2万多贫困人口得到扶持。

【5000贫困人口实施了移民搬迁异地开发】　对生存条件极其恶劣地区的贫困户，通过移民搬迁、异地开发的方式解决贫困问题，是新时期扶贫开发的一大创新。2001年对麟游、凤县、太白、千阳、陇县和宝鸡县的5000多贫困人口按照“群众自愿，就近安置，量力而行，适当补助”的原则，实施了

移民搬迁，比2000年增加1100人。省市县共落实资金530多万元，各县都成立了由县上主要领导任组长、有关部门参加的领导小组，把此项工作列入为民办实事的重点项目。年底已有394户1609人搬进新居，545户2393人建起了新居，其余户新房2002年初即可入住。各县在宅基地、木材指标、道路、人畜饮水等方面提供各种优惠政策，确保搬迁一户解决一户温饱。凤县、麟游、太白等县对搬迁组户实行统一规划、统一建设标准、统一组织施工，建起了一批具有山区特色和时代特征的新村，改善了贫困村组的生产生活条件。

【温饱工程解决了贫困人口的吃粮问题】 温饱工程是指以地膜玉米、地膜小麦为内容的保护地栽培技术推广。年内全市温饱工程共扶持财政资金136万元，贫困户共种植地膜玉米17万亩，人均达到1亩，在干旱、洪涝、冰雹等自然灾害发生的情况下仍获得了较好的收成，平均亩产550公斤，最高亩产达1038公斤。贫困人口人均占有粮食398公斤，解决了3.8万农村贫困人口的温饱问题。经多年扶持，贫困地区群众基本掌握了地膜玉米种植技术。

【5个村被列为省级扶贫综合示范村】 省级扶贫综合示范村——千阳县寇家河乡白善坊村两年来累计投入扶贫资金80多万元，道路整修、人饮工程、小学校舍改造、村容村貌等工程已基本完成。产业结构调整取得初步成效，累计种草1000多亩，种植烤烟400多亩，饲养奶牛150头。2001年省市又安排麟游县犁家沟村、陇县水滩村、太白县七里川村、凤县酒铺村、宝鸡县孟家塬村为省级扶贫综合示范村。5个村的移民搬迁、基础设施、村容村貌、学校建设等项目全面启动，主导产业发展和结构调整项目正在实施。

【特色产业开发初具规模】 市县在贫困地区围绕以布尔羊、莎能奶山羊、秦川肉牛、食用菌栽培、烤烟和中药材种植、无公害蔬菜、干杂果生产等种养业为主的特色产业，开展实用技术培训，共培训贫困地区劳动力1.3万人次。科技扶贫重点项目——麟游县布尔肉羊产业开发项目成效显著，纯种布尔羊存栏达700只，杂交改良羊10万只以上，养殖户收入有较大增长。太白县、凤县食用菌和特色蔬菜已形成规模。太白县引进抗癌生物树种——美国红豆杉种植成功，已建成规模化育苗基地。

【基础设施建设完成45项】 全年共落实各类财政扶贫资金2288万元，其中省以上2200万元，对国定和省定6个贫困县的基本农田、通水、通路、移民搬迁、示范村、乡镇卫生院建设等45个项目进行扶持。市扶贫办帮助县乡村制定项目实施方案，协调解决实际问题。各贫困村基本农田、窖灌工程、人畜饮水、道路等基础设施建设任务基本完成。

【开展联村包扶活动】 省级35个和市级134个包扶单位继续开展联村包扶活动，共捐赠各类扶持资金和实物（价值）260多万元，扶持项目89个。省民进等单位扶持麟游县资金85.1万元，完成扶贫开发项目48个。西北农林科技大学、省气象台、大唐电信公司、西安制药厂和市级几大班子、宝鸡桥梁厂、宝鸡供电局等单位领导重视，帮助贫困村建校修路改水。

【张伟副省长视察宝鸡贫困地区】 3月初，副省长张伟和省扶贫办主任雷生辉视察了太白、凤县、宝鸡县、岐山、眉县贫困山区，深入贫困户查看了吃住情况，听取了市县领导汇报，肯定了宝鸡市第一轮扶贫开发取得的成绩，指出新一轮扶贫开发的重点。

【开展贫困地区党群关系调查】 根据国务院扶贫办和省上安排，为进一步了解贫困地区党群关系情况，搞好贫困地区党的建设和经济发展工作，由市扶贫办牵头组成调查队伍，重点调查了国定贫困县麟游县，解剖了千阳县韩家堂村和宝鸡县赤沙镇姬家沟村，对6个贫困县党群关系进行了调研分析。形成了宝鸡市《贫困地区党群关系调查报告》、《麟游县党群关系调查报告》、《千阳县韩家堂村党群关系调查报告》及调研走访问卷座谈记录73份，按时上报省扶贫办和国务院扶贫办。

【凤县酒铺村兼并贫困村西塘子村】 凤县三岔镇西塘子村是有名的贫困村，居住条件差，脱贫致富难度大。年初经县乡协调，该镇条件较好的酒铺村与西塘子村达成并村协议，经市上同意，西塘子村129户580人整体迁入酒铺村，按照扶贫综合示范村标准建设新村。经过一年努力，为全部搬迁户建成了整齐宽敞的住宅，落实了责任田和增收致富项目。年底西塘子村村民迁入新居。

【改造中低产田9.8万亩】 改造中低产田是农业综合开发的主要任务。年内按照水、田、林、路综合治理，工程、生物、农艺措施配套和建设路相通、渠相连、田成方、树成行、旱能灌、涝能排的高标准农田的要求，在宝鸡县、凤翔、岐山、扶风、眉县的12个乡镇74个村实施土地治理工程。共衬砌维修田间渠道252.2公里，埋设地下输水管道58.85公里，修建抽水站14座，新打侧改机电井191眼，配套输变电线路36.4公里；新修整修机耕路69.1公里；改良土壤14.45万亩次，建种子田2.04万亩，购配农机具45台（件）；装备乡镇农技站13个；植树63.73万株，营造农田林网1.08万亩，建苗圃576亩，生产苗木289.6万株。总投资3854.4万元，比2000年增加83.1%。建成吨粮田2.618万亩，双千田1.77万亩。年内项目区共增产粮食195.9万公斤，油料29.8万公斤，农民人均纯收入1535元，净增135元。

【4万亩优质粮食基地建设任务完成】 岐山县益店、枣林、马江和大营4个乡镇18个行政村承担的优质粮食基地建设项目从2000年下半年开始实施。市县财政落实建设资金180万元，其中财政资金130万元，并对项目完成情况跟踪服务检查。2001年先后建成了良种繁育基地和各种配套设施，其中晒场1000平方米，仓库300平方米，购置各种设备10台（件）。对农民进行现代科技知识培训1万人（次），推广模式化栽培技术，专用小麦和特种玉米种植面积占到项目区粮食种植面积的一半以上。

【建成现代化农业示范田1万亩】 在扶风县召公和天度两镇6个行政村实施的现代化农业示范项目建设改善灌溉面积1万亩，发展喷灌0.5万亩，实现了灌溉渠井双保险，为发展“两高一优”农业奠定了基础。

【建成节水农业示范田0.5万亩】 凤翔县横水镇的4个行政村以节水工程措施为重点进行综合治理，突出水源工程和输水方式的改造，新打、侧改机电井18眼，埋设地下输水管道30公里，营造防护林0.05万亩，发展喷灌0.3万亩，低压管灌0.2万亩，建成节水农业示范田0.5万亩。

【6个多种经营项目进展良好】 宝鸡县尧帝企业集团新购设备18台件，新建给水设施1处、生产车间2060平方米，完成了2000吨黄元胶生产线扩建项目；宝鸡市奶业总公司新建牛舍2幢2160平方米，奶牛运动场1万平方米，购奶牛180头，奶源基地已建成投产；凤翔县水产站白芨沟水库坝后修建鱼池70亩，给排水渠道400米，购养鱼器械6台件，完成了养鱼场建设计划；凤翔县长青镇农机站改造旧房31间，建成鸡舍775平方米，新建仓库及疫病治疗室225平方米，购鸡笼及饲料加工机械128台套，完成了鸡场建设任务；扶风县戊寅绿色食品公司新建改建锅炉、车间、冷库1100平方米，购加工设备24台套，完成了肉牛屠宰加工生产线扩建；岐山县双红辣味品厂购买、改造厂房、仓库1335平方米，购设备7台套，形成了辣椒系列产品加工能力。

【全面推行县级报账制】 经过试点，年初在全市全面推行“县级报账制”。这项制度的推行减少了资金中转环节，强化了资金管理。市农综办和市财政分别审核，共同把关，坚持“三专”（专户储存、专人专账管理、专款专用）、“五不拨”（未开工项目不拨款、自筹资金未落实不拨款、计划外项目不拨款、未经上级批准变更的项目不拨款、未通过验收的项目不拨付尾留资金），确保了财政资金支出合理，足额用到项目上。

【王征视察农业综合开发工作】 11月6日，国家农业综合开发办公室常务副主任王征视察了市奶业总公司奶源基地和宝鸡县清溪乡土地治理两个项目。肯定了奶业总公司用高新技术发展高产奶牛繁殖，用企业带农户扶持农户养牛，建设畜牧小区的做法。

（王　清）

交通·邮政·电信

铁　　路

【概况】　2001年，宝鸡铁路系统坚持改革，强化营销，确保安全，改善职工生活，实现了新世纪开端改革与发展的新突破，除旅客发送量外，各项经济指标均超额完成任务。货物发送量完成565.1万吨，为年计划的120.6%，较上年提高19.9%；旅客发送量完成300.24万人，为年计划的95.9%，比上年下降7%；换算周转量完成29931.77百万吨公里，为年计划的100.86%，较上年提高0.9%；运输进款收入45428.16万元，为年计划的109.39%，较上年提高7.19%。

【辖区网络】　陇海线横贯市区，宝成线向南伸展，宝中线往北延伸，构成以宝鸡为枢纽，辐射祖国西南、西北、华北和中原地区的铁路运输网络。总计营业里程603公里，其中陇海线茂陵—天水287.3公里；宝成线宝鸡—白水江178.9公里；宝中线虢镇—安口窑车站136.8公里。①客运运行线路：西安—重庆2119/2120次，行程1346公里，停站28个；宝鸡—连云港2261/2262次，行程1256公里，停站29个；西安—库尔勒1067/1068次，行程2882公里，停站35个；宝鸡—杭州1707/1708次，行程1808公里，停站39个；宝鸡—广元6063/6064次，行程346公里，停站37个；宝鸡—平凉6071/6072次，行程172公里，停站18个。②客车运转乘务线路：宝鸡—广元，行程346公里，宝鸡—天水，行程153公里，宝鸡—平凉，行程172公里。③管内基层单位27个，其中运输生产段（站）15个，供应、服务单位5个，中学5所，技校1所，党校1所。另有附属部门7个。④管内车站58个，其中一等站2个，三等站11个，四等站42个，五等站2个，线路所1个。

【主要技术设备】　①线路桥隧：营业线路3条，线路总延长1071.488公里，其中正线862.792公里，站线及其它线路208.696公里；电气化铁路正线长度862.792公里，为管内正线延展长度的100%。桥梁505座，2.74万延长米；隧道306座，11.36万延长米。②机车车辆：2001年，配属机车175台，较上年增加4台，其中电力机车152台，较上年增加4台，内燃机车23台，与上年持平。配属客车372辆，较上年增加89辆，其中硬座车201辆，硬卧车110辆，软卧车22辆，行李车20辆，餐车19辆。③通信信号：通信电缆线路1055.966皮长公里，光纤线路235.579皮长公里；载波电话端机24台，自动交换机总容量3.70万线，无线寻呼1万余台，无线列调固定台76台，车载台375台，便携台821台。④信号：电气集中55个车站，6512型电气集中1个车站，半自动化驼峰2场；调度集中89.802公里，自动闭塞166.814公里，半自动闭塞359.903公里，机车信号164台，道口信号35处。⑤机械动力设备：机械动力设备1493台，各种仪器仪表（含电脑）3444台（件）。2001年末固定资产总值54.39亿元。

【加强职工队伍建设】　2001年末，宝鸡地区铁路职工总数2.51万人，其中管理人员2178人，占职工总数的8.7%；技术人员（含教师）2002人，占职工总数的8%；工人2.09万人，占职工总数的83.3%。

虢镇车务段将2001年定为职工素质达标年，制订职工教育计划和业务考核实施办法，依托段职工教育基地，举办业务培训班18期，脱产轮训职工484人；选送176人参加路局和分局的业务培训班学习；宝鸡工务段为适应铁路提速的要求，实行脱产培训与在岗演练结合，举办职工轮训班31期，同时组织断轨处理演习，提高了现场工人的理论知识和故障处理能力。凤州工务段还特聘北京瑞威公司的专家对桥隧工人进行圬工梁修补技术的现场示范操作培训。铁通宝鸡分公司，结合电信改革形势，强化职工的职业道德和服务意识教育，确保了机制改革的顺利过渡。

【运营业绩上升】　铁路客、货部门，面对运输市场竞争激烈，客运量明显下滑，空车严重不足，充分利用春运、暑运、“五一”、“十一”旅游黄金周等有利时机，大打客、货营销攻坚战，努力实现增运增收。宝鸡车务段实施“外抓营销，固老辟新，内抓资源配置，优质服务”的营销策略，从段到沿线各站实行一把手负责制，亲自抓营销，实施生产任务与收入分配挂钩考核办法，开展班组间劳动竞赛，完成年运输收入7465.6万元。宝鸡车站组织客、货部门对市内各县、区，并延伸到四川、甘肃、宁夏、新疆的劳务输出部门、旅行社、厂矿企业、学校进行梳篦式调查，获得客、货流一手资料，主动出击，抓好民工流、学生流、旅游流和探亲流，连续打好春运、暑运、“五一”、“十一”四个营销战役，年末完成旅客发送量194.9万人。虢镇车务段将运输指标下达到车站、班组、个人，实行全员营销战略，提高二次分配考核基数，加大活工资的捆、挂、浮力度，实行上不封顶，下不保底，使职工的经济收入同运输经营效果挂钩，使货物发送量比上年提高37.7%，装车量比上年提高26.6%，运输收入比上年增加7.6%。年末，宝鸡地区共实现运输进款收入4.54亿元，较上年增加7.2%。

2001年宝鸡地区铁路主要经济指标完成情况

指标名称	计算单位	计　划	实际完成	完成%	较上年提高%
换算周转量	百万吨公里	29676.80	29931.77	100.86	0.86
货物发送量	万　吨	486.6	565.1	116.13	19.82
旅客发送量	万　人	313.00	300.24	95.92	-6.95
旅客列车正点出发率	%		99.9		0.1
旅客列车正点运行率	%		99.2		1.7
货物列车正点出发率	%		90.9		-0.2
货物列车正点运行率	%		95.3		0.7
货物周转时间	天		1.69		0.23
货运机车日产量	万吨公里	87.5	92.2	105.3	
内燃机车调车小时耗油	公　斤	18.0	18.0	104.4	
电力机车万吨公里耗电	千瓦小时	120.0	122.1	101.8	
装　车	辆	85174	96609	113.43	45.95
卸　车	辆	93625	96134	102.68	47.42
运输进款收入	万　元	41530	45428.16	109.39	7.19
运输全员生产率	万换算吨公里/人年		116.73		35.5
责任重大、大事故	件		无		

【客运通信体制改革取得新突破】　2001年12月6日，西安客运分公司挂牌成立，原宝鸡列车段更名为宝鸡客车乘务基地，并将宝鸡车辆段的客车列检等两个车间从车辆段划出，与宝鸡客车乘务基地一并划归西安客运公司管辖，实现客运服务系列化管理。7月26日，铁通宝鸡分公司挂牌成立，将宝鸡电务段的通信部门划出，重新组建成铁道通信信息有限责任公司宝鸡分公司（内称铁通宝鸡通信段），由铁通西安分公司管辖。承担陇海线茂陵—天水，宝成线南至凤州，宝中线北到安口窑共534公里铁路沿线和周边地区辐射的电信运营业务，以

通达全国铁路，构成与公网互联互通的现代网络平台。经营国内长途电话、本地电话、国内传真、电报业务，国内公共数据传送、国内网络出租、互联网信息、无线寻呼等业务。公司实行全程全网管理，集中统一指挥。地区15个运输站段完成了运输主业与多元经济“三分开”的改革，从运输主业中分流出人员545人，实现了减员增效。

【干部用工制度改革】 各单位普遍实行任职干部的日常动态和年终双向考核制度，让职工代表从德、能、勤、绩四个方面，结合干部的年终述职进行民主量化评价，对不称职的干部实行末位淘汰，同时经考试考核从优秀工人中提拔干部。宝鸡车务段通过双向综合考核，解聘中间站长3名，值班站长2名。经考试考核解决了18人现职与职称不符问题，并从优选拔提升值班站长5名，中间站长4名，中心站长4名。在用工制度上，实行不良分累计、尾数淘汰的全员竞争上岗机制，初步形成“下岗—培训—再竞争上岗”优胜劣汰的环流格局。住房、医疗、保险等制度的配套改革也在稳步推进。

【安全生产持续稳定】 运输系统全面推进“规范管理，强基达标”，健全安全责任、监控、考核机制，落实安全生产逐级负责制，确保了西安铁路分局实现连续2047天无行车重大、大事故，第五个安全年。宝鸡地区有3个行车站段被郑州局命名为“安全优质段（站）”，有13个行车站段的安全天数保持在2000天以上，其中10个单位保持在5000天以上。

【改造曲线、道岔和线路薄弱地段】 2001年，是陇海线等主要铁路干线第四次提速的一年。线路设备是提速的基础，工务和大修工程部门在上年技术改造的基础上，进一步加强曲线、道岔和线路薄弱地段的改造。虢镇线路工程段，年内铺设超长无缝线路148.827公里，清筛线路87.984公里，更换钢筋水泥枕6.39万根。宝鸡工务段开展提速道岔优质活动，焊补提速道岔岔心26组，P50道岔2组，使管内204组提速道岔全部达到优良。宝鸡西工务段在整治线路薄弱地段中，更换伤损钢轨1041根，更换钢筋混凝土Ⅱ型轨枕1.19万根，Ⅲ型轨枕2.61万根，整治翻浆冒泥1.14万孔，打牢了铁路提速的基础，保证了快速列车安全畅通。

【基建大修平稳进行】 2001年，地区完成基建、大修和设备改造工程12355.43万元，其中基建322.6万元，设备大修1965.63万元，设备更新改造10058.2万元。

【居住条件逐步改善】 2001年，由西安铁路分局统筹投资，在宝鸡地区新建楼房8栋3.95万平方米，为510户职工提供了适用商品房，由分局、单位和职工本人共同筹资，给上马营地区1765户职工通了暖气，解决了企盼已久的冬季采暖问题，拆除上马营旧区43栋楼房周围的800余间储藏室及其它违章建筑物1.76万平方米，统一规划，修筑道路、围栏，开辟休闲活动场地，建成院落花园，种树栽花植草，扩大绿化面积，一改杂乱拥挤旧貌，为职工和家属营造了一个优美、舒适、安全的居住环境。

（陈润培）

西安铁路分局宝鸡办事处负责人

主　任　丁广恒
副主任　樊培成

公　　路

【概况】 宝鸡市公路总里程为3940.76公里，其中国道208.66公里，省道778.98公里，县道1647.22公里，乡道903.8公里，专用公路402.1公里，公路密度为每百平方公里21.5公里。以310国道为主轴，以干线公路为骨架，以县乡公路为脉络，“三横五纵”的公路网络基本形成（三横：310国道、西宝南北线，五纵：乾县—法门寺—汤浴，麟游—益店—常兴—斜峪关—太白，麟游—凤翔—潘家湾—太白—姜窝子—留坝，周公庙—蔡家坡—五丈原，陇县—千阳—宝鸡—凤县—留坝）公路技术等级构成为：高速公路94.09公里，二级公路435.85公里，三级公路1970.89公里，四级公路1203.33公里，等级公路占公路总里程93.9%，二级以上公路占总里程11.42%，全市12个县区共有9个县区通上了二级公路。公路路面等级构成为：有路面里程3580.86公里，占公里总里程92.18%，其中高级路面316.28公里，次高级路面1722.19公里，中级路面1042.75公里；晴雨通车里程3490.78公里，占总里程89.87%；通油路的乡镇为116个，占全市乡镇总数的84%。全市公路共有永久式桥梁569座，21911延米。村级公路总里程5121.5公里，其中砂石化公路里程4100公里，全市基本上实现了村村通公路，干线公路平均好路率80%，县乡公路平均好路率77.1%，公路工程合格率为100%，工程优良率达87%。

2001年全市公路运输完成货运量2086万吨、货物周转量169089万吨公里，客运量3336万人，旅客周转量412322万人公里，同比增长15%、35.9%、1.56%和7.5%。交通部门工业企业完成工业增加值440.7万元，同比增长5.6%。全市拥有各种机动车辆17.60万辆，同比增长11.56%，其中汽车3.07万辆，拖拉机3.47万辆，其它机动车11.1万辆。全市公路营运汽车1.30万辆，其中载货汽车8088辆，载客汽车4947辆。全市共有出租汽车2583辆，其中市区1900辆。全市共有汽车客运站30个，其中一级汽车站2个，二级汽车站11个，三级汽车站12个，四级汽车站5个。全市共有汽车维修业户608个，其中一类维修企业14个，二类维修企业156个，三类维修企业299个，小修企业139个。2001年，全市公路建设开工及续建项目8个，完成投资26600万元。交通系统新创文明单位5个，省市“创佳评差”最佳单位4个。

【姜眉公路一期路基工程基本完成】 姜眉公路南起汉中经留坝、太白至眉县常兴与西宝高速公路相接，总里程为165公里，其中在宝鸡市境内120.1公里，按二级公路标准建设，总投资7亿元。姜眉公路一期工程太白至浑水沟（太白与留坝交界处）段，全长50.5公里，投资2.5亿元，于2000年9月正式开工建设，2001年度完成投资14646万元，累计完成投资22908万元，完成土石方220万立方米，建成大中小桥25座，5座隧道全部贯通，全线路基工程和主体工程基本完成。

【316国道留凤关至凤县段改建工程】 2001年，改建里程24公里，按山岭重丘区二级公路技术标准改建，年度完成投资310万元，累计完成投资6470万元，路基桥涵和防护工程全部完成。

【宝汉公路草凉驿至凤县段36公里改建工程】 按山岭重丘区二级公路技术标准改建，共完成投资8000万元，于年底全线建成通车。

【宝平公路千阳至陇县段二级路改建工程】 改建里程40公里，当年完成投资2790万元，累计完成投资7750万元，路基、路面工程全部完成，铺筑沥青路面35公里。

【常兴渭河大桥改建工程竣工】 大桥全长695延米，总投资3700万元，由宝鸡万全宾馆集团有限公司斥资建设，于2000年11月开工建设，2001年底建成通车。

【蔡家坡渭河大桥改建工程竣工】 大桥全长760.3米，总投资2760万元，由岐山县华丰食品有限公司筹资建设，于2000年5月动工建设，2001年底建成通车。

【西宝北线扶风县城过境路工程】 全长5公里，新建七星河大桥一座全长500延米，按二级公路技术标准建设，总投资3500万元，于2000年4月动工建设，当年完成投资1250万元，累计完成投资2600万元，路面工程和大桥主体工程基本完工。

【麟游至益店公路改建工程】 全长40公里，该工程是国家计委利用财政债券安排的贫困县出口公路项目，按山岭重丘区二级公路标准建设，总投资4800万元，其中国家计委安排财政债券2000万元，省配套930万元，市县配套各935万元，于2000年3月份开工建设，当年完成投资2655万元，累计完成投资5592万元。

【农村公路建设投资10000万】 2001年，全市农村公路建设共完成投资10000万元，新增公路53.6公里，新改建等级公路134公里，新建桥梁12座730延米，新铺油路81.5公里，村通公路新增里程212公里。

【干线公路年平均好路率达80%】 坚持以养好路面为中心，以治理病害为重点，加大公路养管力度，落实养护措施，健全完善养管责任，干线公路年平均好路率达80%，县乡公路年平均好路率达77.1%，实现了全市公路基本畅通的目标。

【交通企业公司制改革】 围绕建立现代企业制度的总体目标，狠抓交通企业公司制改造工作。市第二汽车运输公司已整体改制为宝鸡秦龙运输集团有限公司，第一汽车运输公司拟整体改制为宝鸡市宝运汽车运输集团有限公司，市汽车修配总厂拟改制为宝鸡市众信汽车修配有限责任公司，改制方案已报市政府待批。

【招商引资5.84亿元】 改革投融资方式，多渠道筹措交通建设资金。在加强交通规费征收及国家政策性投资的同时，全面放开交通建设市场，大力争取金融机构贷款，鼓励各类经济组织以独资、合资、BOT方式投资交通基础设施建设，交通建设市场融资取得了新突破。全年共引资5.84亿元，实际到位资金4.32亿元，促进了交通基础设施建设的快速发展。

【开展“道路运输管理年”活动】 在全市开展“道路运输管理年”活动，狠抓道路运输市场整治工作。一是强化车辆技术管理，严格营运车辆年度审验，坚决淘汰老旧车辆，加大车辆更新力度，保证了在营车辆技术等级在二级以上。二是开展了客运秩序专项治理，下硬茬清理了马路车站，取缔了一批无证经营车辆，查处了乱停乱放，不依线运行，串站兜圈、甩客卖客欺行霸市等扰乱运输秩序的车辆。同时推行交通运输企业资质管理，进一步规范了运输市场秩序。三是加强运输从业人员培训教育工作，推行从业人员资格认证制度，全年共举办驾驶员从业资格培训班64期，培训人员1900人次，有效提高了从业人员的业务素质和思想道德水平。四是狠抓了维修市场管理，对汽车维修质量、价格进行了检查和规范，清理了一批非法占道经营摊点，取缔了一批无证无照经营业户，汽车维修市场秩序明显改观。

【机构改革】 按照市级机构改革总体安排，市交通局机构改革三定方案于2001年12月全部完成。市交通局作为市政府负责公路、水路交通的行政管理职能部门，负责全市城乡客货运输管理、公路建设、养护、经营管理和国防交通战备工作，指导交通企业改革和发展。行政编制23名，事业编制4名，其科室设置为：办公室、人事教育科、资金管理科、公路管理科、运输管理科和监察室。

（卢江峰）

邮　　政

【概况】 2001年，宝鸡市邮政局辖10个县局，11个职能部室，7个专业局，2个生产科，189个邮政局所。从业人员1153人，其中在岗人员1065人（含聘用工），大专以上学历234人，专业技术人员125人。固定资产18662.37万元。2001年，是宝鸡邮政全面实现扭亏目标的决战年。全年实现业务收入1.04亿元，同比增长18.27%，在全省排名第四，收入绝对值在全省排名第三，全年实现收支差额1390.4万元，于2001年6月底全市邮政实现了扭亏目标。全员劳动生产率人均实现8.91万元，为省局计划的103.6%；年度邮政综合服务用户满意度达到89.24分，全省排名第二。全年累计实现业务总量10637.32万元，完成计划的101.31%，同比增长25.13%。全年完成邮件转运交换量445万袋，安全生产，质量指标全面完成。

【提升邮政储蓄业务的比重】 通过抓邮储网点窗口的服务和营销，增加科技投入，建设绿卡网点，开办省内外通存通兑业务，开展“主人杯”劳动竞赛和跨年度劳动竞赛，带动余额快速增长。年底余额达到19.47亿元，同比净增6.85亿元，邮储收入达到4190万元，占收入比重的43%。

【速递业务在全省名列前茅】 从宝鸡工业重镇的地域经济出发，抓大户服务，开展上门揽收、预约服务，发展礼仪专递、特快送款等新业务，年底收入达到766.86万元，同比增长36.61%，增幅和完成计划在全省名列前茅。

【发展代理代办和开办代收代投业务】 抓住国家邮政局和省局与联通公司达成全面实行战略合作框架协议之机，与联通宝鸡分公司协商，采取全员发动，专人管理，分解任务，考核激励等措施，3个月时间为联通代理人发展用户1.56万多户。与民办院校陕西振华学院达成代理招生协议，与市人寿保险公司达成投送文书盒业务协议，向社会展示了邮政服务网络的优势。开办代收代投业务，大力发展延伸业务，开展了代收旧报刊，发展代投业务进行创收，以增补欠。

【抓商机巩固集邮业务结构比重】 抓住建党80周年和宝鸡“两节一会”的商机，围绕宝鸡旅游文化资源，开发了2万套宝鸡风光明信片，1000册《西部明珠宝鸡》画册，以及庆祝中国共产党成立80周年专题邮册，围绕申奥、国足出线等重要的社会事件，开展营销活动，拓展了市场。

【率先在全省邮政系统内进行三项制度的改革】 (1) 从有利于经营活动的组织和业务发展出发。建好大客户、营业、投递三个服务平台的思路，对全市的营业机构进行了管理体制和布局的调整，组建了初步独立核算的投递公司。(2) 进行用人制度改革。按照重学历不惟文凭，重才干不惟资历、重实绩不图虚名和“本人愿意干，职工同意干、组织让你干”的原则，对支局所长进行了公开招聘竞争上岗，有27个储蓄所长、邮政支局长通过竞争走上了基层的管理岗位。同时对职工进行了双向选择，把精兵强将放在了生产第一线。(3) 实行了分配制度改革。制定了各种业务发展考核办法，实行了基本工资加效益工资考核，效益工资与工作任务挂钩，激励职工多干、多收、多得的分配办法。(4) 完成了运营机制改革。对分拣、邮运生产支撑部门实行了定员定编，优化生产作业组织。通过调整邮路、驾押合一，自办邮路改委办邮路等方式，减少临时工21人，正式工转岗、待岗、内退13人，同时降低了运营成本。(5) 进行了机关机制改革。本着大经营小机关和精干、高效的原则，对机关中层管理人员采取分步考评，对一般人员采取笔试打分，公开述职，民主测评，竞争上岗。通过改革分流等措施，机关人员由76人减至48人，提高了工作效率，出现了精干、高效的新局面。

【绿卡网、综合网和县局生产楼建设】 绿卡网二期改造工程全面完成，全市改造县接入点11处，新增网点23处，改造网点33处，安装ATM自动取款机14台，POS机8台，邮储网点联入全国大网，实现了通存通兑。电子汇兑工程按期完成，实现了全国联网，全市建立汇兑市中心1处，县中心10处，联网网点16处。邮政综合网市局中心建设已完成，开通了广域网电路，完成了局域网设备的安装工作，全市建成电子化营业窗口25个。利用现有的网络，率先在全省地市局开通了内部电话，安装内部电话58部，机关各部门之间及与省局电话联系实现了免费通话。宝鸡邮政综合网网站全新改版，成为全省邮政系统内首屈一指的集国内外重大新闻、国内、省内邮政新闻、体育、娱乐、学习为一体的综合性网站。县局邮政生产楼工程建设，截至2001年底，总投资8400万元，已竣工投产6项，完成投资总额65%。

【兴邮公司形成多元化规模经营格局】 2001年，按照“主副并举，两轮驱动”的经营思路，兴邮公司在发展多种经营的过程中，以“创新、创造、创业”的企业精神，“高素质、高效率、高效益”的企业形象，主动打破主副界限，一并协调发展，公司下设9个经营实体，涉及印刷印务、广告装潢、汽车修配、物业管理、劳务管理、餐饮宾馆等领域，形成了多元化的规模经营格局。2001年4月，在主业三项制度改革过程中，兴邮公司积极接纳分流转岗人员24人，减轻了主业的压力，为主业的发展提供了有力的支撑。

【文明建设再获佳奖】 市邮政局开展“双创”活动，推行了以追究制为主要内容的党风廉政建设责任制，与21个管理部门和10个县局签订了责任书，倡导企业文化，增强用户对企业的信誉度。宝鸡市邮政局被省委、省政府命名为“创佳评差”最佳单位；被市委、市政府评为“创佳评差”优胜系统和目标责任制管理先进单位；被陕西省工商行政管理局授予“消费者满意单位”荣誉称号；被省局评为全省“文明转运站”先进单位。千阳县邮政局、眉县邮政局获得全省邮政系统“双创”活动最佳单位；在全省邮政“双先”活动中，岐山县邮政局被评为先进单位；宝鸡市经二路支局、宝鸡县阳平支局被评为先进集体。阎世平、刘秀琴、任志军、刘明辉被评为先进个人。

（任晓萍）

宝鸡市邮政局负责人

局　长　阎世平
党委书记　齐宗保
副书记　黎兴权
副局长　周新峰　康金官

电　信

【概况】 2001年，宝鸡电信在日趋激烈的市场竞争中，继续保持高速发展的良好势头。省公司考核的16项效绩指标完成良好，综合得分99.4分，公司整体实力不断增强。截至年底，全市电信在编员工782人，其中大、中专以上学历人员404人，专业技术人员222人。全市电信资产总计10.21亿元。2001年，随着麟游局跨入省级文明单位的行列，全市11个经营单位全部建成了省级文明单位，市分公司还被评为“省级创建文明行业活动”示范点。优质规范服务经验也被收入《1996~2000年全国精神文明建设工作年鉴》。

【电信业务发展形成三大特点】 一是用户规模迈上新台阶。新增电话用户6.6万户，用户总数已达到44.34万户，超额完成了1999年制定的翻番战略目标。电话普及率达到12.21部/百人。新增数据用户2.12万户，达到3.76万户。二是新业务发展迅速。IC卡公话在网运行8379部，全年各类电话卡销售收入突破5143万元，占年收入的16.51%。全年共发展来电显示用户5.17万户，完成省公司下达3万户计划的172.33%。三是竞争意识不断增强，面对日趋残酷的市场竞争，宝鸡电信积极应对，进行了富有成效的收入、市场“保卫战”，使宝鸡电信收入和市场份额稳定在60%以上。

【完成固定资产投资和维修计划1.59亿元】 投入运行的项目有：东五县农话光缆；全市交换机扩容工程；市内光缆工程中继环路工程；宽带城域网工程。新增交换机、接入网容量11.45万线，总容量达到60万线；安装开通ADSL设备8个点，592线；安装数据交换机73台，680个端口；数据通信网络总容量达到5306个端口。完成了6县局的本地网网管接入工程和10县局本地网网管改造工程，网络接通率达到96.13%，名列全省第二。被列为全市重点工程项目的电信大楼进展顺利，主体工程已建设到5层。

【宝鸡电信分公司用户满意度名列全省第一】 出台《服务质量管理办法》等规章制度，使每个岗位流程都有服务质量要求，全市统一了各支局所的装修标准，大厦营业厅和中山路营业厅已投入使用，姜城堡营业厅基本完工。全市新增收费网点54个，累计达到187个，大大方便了用户缴费。在大客户服务方面，对外建立业务受理“一条龙”和“特事特办”制度，保证了大客户的各种权益落到实处、目标有考核，考核有兑现的激励机制。2001年，宝鸡电信分公司用户满意度名列全省第一，被陕西省质量协会、陕西省用户委员会授予“电信服务用户满意单位”。同时，又被市消费者协会授予“消费者‘信得过单位’”及“保护消费者合法权益先进单位”。

（杜 玲）

宝鸡市电信分公司负责人

总 经 理 杨长林
党委副书记 李连科
副 总 经 理 孙权生 赵学军

联 通 通 信

【概况】 中国联通宝鸡分公司是中国联通在宝鸡设立的分支机构，2000年与陕西国信宝鸡分公司实现融合后，2001年又接收了陕西长城133CDMA移动通信宝鸡分公司，并与联通寻呼宝鸡分公司融合，资源实现了共享，综合经营优势凸现。公司辖2个市级营业厅、10个县级分部、县级营业厅，在职员工326人。宝鸡联通抓住机遇，坚持以市场为导向，努力为社会提供综合、便利、有特色的电信服务，移动通信、长途数据、互联网、无线寻呼等各项业务市场占有率不断上升。1999~2001年，宝鸡联通连续三年获得“消费者信得过单位和售后服务最佳单位”的殊荣。

【移动通信市区达到无缝隙覆盖】 2001年在宝鸡各县建成传输光缆近千公里，投资26亿元建设的“联通新时空”CDMA网络一期工程于年底建成并投入运营。GSM六期工程也已经竣工。拥有GSM和CDMA移动通信基站200余个，网络覆盖全区绝大部分乡镇、街道、公路及旅游景点，市区达到无缝隙覆盖，130网内移动用户已逾10万户。

【数据业务】 主要是联通IP电话、193长途提供国内、国际长途电话及传真业务，这项业务使宝鸡人打长途第一次有了选择。

【互联网业务】　联通互联网UNINET，拨号接入号码“165”在全国近2000个县以上城市开通，网络具有先进性、统一性、综合性和全国漫游的特点，可提供的网上业务有拨号/专线接入业务、VPN/VPDN业务、VISP业务、WWW应用、EMAIL服务等。2001年已对长岭小区、一电厂小区等多个小区和20余家网吧进行了165专线接入。

【寻呼为用户提供全方位服务】　经过融合后的联通寻呼品牌，拥有126（人工）、127（自动）全省网、198、191（人工）199、192（自动）全国网等寻呼网络，可为用户提供全方位的服务，2001年网上用户达12万余户。联通寻呼立足于现有寻呼业务，开展股票信息服务、96169信息点播、网上寻呼等寻呼增值服务，逐步从传统电话寻呼向信息寻呼跨越。

【完善服务手段、开展创优工作】　2001年，宝鸡联通坚持开展“心系用户，服务创优”活动，设置专项基金，定期评出服务明星、业务能手。注重与消费者的沟通，定期组织服务人员进行业务培训和业务技能考核，激励员工争当服务明星和业务能手。2001年，客户服务中心1001开通了语音自动查询系统，接通率全面提高，方便了用户。在全市原有100多个银行营业网点收费的基础上，实施了市区15个、县区10个共计25个网点邮政全面代收联通130话费业务，体现了联通“用户至上”的服务理念，同时为用户提供免费寄送话费账单和详细话单等服务，建立健全监督反馈渠道，加大回访力度，上门服务。

【初步建立新型激励机制】　2001年，公司加大内部改革力度，调整内部机构，完善部门职责，在各县区设立了分支机构，开拓农村、县郊市场。拓宽干部选拔渠道，改进任用方式，推行岗位竞聘，引入末位淘汰制。同时稳步实行用工制度改革和劳务用工划转，实施公司薪酬制度改革方案，初步建立了新型激励约束机制。加强员工培训，培养公司内部师资力量，鼓励员工知识共享，引入先进经验，采取灵活多样的培训方式，实施培训效益评价办法，逐步提高员工专业技能和综合素质。

（王园园）

中国联通宝鸡分公司负责人

总 经 理　吕　锋
副总经理　韩志玉

移　动　通　信

【概况】　2001年，陕西移动通信公司宝鸡市分公司（以下简称宝鸡移动）辖市属10县营业部，在编员工280人。宝鸡移动坚持以经营为中心，以建设为基础，以网络为支撑，以效益最大化为目标，积极发扬“改革创新、只争朝夕、艰苦创业、团结合作”的企业精神，确保了移动通信业务持续、快速的发展势头，为全市广大移动用户提供了高质量的通信网络。

【市区网络覆盖率达99.5%】　2001年，完成了GSM六期扩容工程，市区网络覆盖率达99.5%以上，在大型商场、酒店、电梯内安装室内分布系统，消除了死角盲区，高速公路覆盖率达100%，县区除山区外基本实现无缝隙覆盖，建成了通话质量好、信号覆盖全、接通率高、切换畅通的优质网络。

【满足用户多层面的通信需求】　2001年，宝鸡移动推出的“全球通”、“神州行”、“三秦通”、“宝鸡通”等移动业务品牌得到了广大用户的认可，客户群体迅速扩大，保持了良好的业务发展势头。分公司在保持传统话音业务优势的前提下，致力于发展移动数据业务，推出了与互联网应用相结合的手机杂志、移动梦网、GPRS等新业务，带领用户迈向了数据通信时代。宝鸡移动推出了1258移动秘书、全球呼、语音信箱、移动长途IP等业务，满足了用户多层面的通信需求。

【为客户服务获殊荣】　宝鸡移动通信始终坚持“沟通从心开始”的服务理念，把客户满意作为衡量服务质量的惟一标准。全区共设营业厅21个，农行代收话费网点116个，工行市区代收话费网点82个，方便用户办理各种移动业务。2001年4月，开通了以13991756789为接入码的自动催费、话费查询及业务受理系统，为用户提供了方便快捷的业务受理渠道。2001年5月正式开通了以13909170917为接入码的“宝鸡移动之声”声讯台，向广大移动客户提供集文化旅游、医疗保健、股票信息、歌曲放送、娱乐休闲为一体的声讯服务。分公司客户服务中心，全天候24小时为客户提供业务咨询、客户申诉、业务受理、话费查询等服务。宝鸡移动在2001年全省移动通信客户服务评比中，荣获第三名，同时被宝鸡市消费者协会授予“消费者信得过单位”及“售后服务最佳单位”荣誉称号。

（容　杰）

陕西移动通信公司宝鸡分公司负责人

总　经　理　豆成涛
党委副书记　李安林
副 总 经 理　郭秋玲　李　刚

银行规定仔细看

银行储蓄在目前仍是大多数人的首选理财方式。在银行储蓄中有一些细微的规定，应引起我们的注意。

①各种存款以元为计划单位，元以下角、分不计息。

②存期是指从存入之日起，至取出的前一天为止，即存入当天计息，支取当天不计息。

③存款的天数按一个月30天，一年360天计算，不分大小平月。30日、31日视同一天，30天到期的存款31日来取不算滞后一天，31日到期的存款30日来取也不算提前一天。

④活期存款遇利率调整，不分段计息，而以结息日挂牌公告的活期存款利率计息。

⑤定期存款遇有利率调整，不受影响，仍按存入之日公布的利率计算。

⑥定期存款如部分提前支取，提前支取部分按支取日当天活期利率支付，剩余部分仍按存入时定期利率计算。

⑦定期存款如全部提前支取，都按支取日当天活期利息支付。

⑧定期存款到期未取的，除办理了自动转存业务的以外，从到期之日起至支取日期间的利率，按支取日当天挂牌公告的活期存款利率计息。

宝鸡高新技术开发区

开　发　区　建　设

【概况】　2001年，宝鸡高新技术产业开发区（以下简称高新区）以强化高效服务、优化投资环境为切入点，抢抓机遇、扩大开放、深化改革、优化环境，西区创新创业环境显著变化，东区招商引资取得突破性进展，产业发展又上新台阶。全年实现技工贸总收入46亿元，同比增长30%；出口创汇2733.4万美元，同比增长24%；区内现有企业446个，其中高新技术企业98个，入区合作的世界500强企业2个；实现合同引资17.4亿元，当年到位资金4.7亿元，同比增长2倍多；新增到位外资1730.53万美元，同比翻了三番；3个项目获国家中小科技企业创新基金支持；新获准国家级、省级火炬计划项目14个，累计实施国家级、省级火炬计划项目78个，陕西省重大科技产业化项目8个。高新区全年完成各类投资8.96亿元，同比增长52%；新开工建筑面积39万平方米，新竣工面积17万平方米。新建各类管网设施1万米，新增绿地1.1万平方米，新建了区内赛特路，接通了“宽带网”，改建了火炬路人行道和路灯设施，扩建了10吨蒸汽锅炉，完善了区内供电、供水等城市公用设施。随着东区高新大道等基础设施的建设，一批生物医药、新材料、机电一体化等12个项目已签订了入区协议书，项目总投资近5亿元，投产后可实现年产值15亿元。

【省委书记李建国考察高新区】　2001年6月8日，省委书记李建国一行在宝鸡市委书记庞家钰、市长吴登昌等陪同下，考察了宝鸡高新区。李建国先后听取了副市长、宝鸡高新区管委会主任吴苏平的工作汇报，并深入德尔医疗器械制造公司、陕西开达化工有限公司及宝鸡斯通电气公司、宝鸡航天华科机电有限公司、宝鸡专用汽车有限公司等高新技术企业考察，详细了解企业产品开发和营销情况。李建国充分肯定了高新区的工作和今后发展思路，称赞宝鸡高新区发展势头强劲，前景广阔，并勉励高新区要坚定信心，放眼未来，在“十五”期间实现超常规发展。他强调，高新区的发展要靠体制创新，要放开眼界广招人才，把更多的科技、管理人才吸引过来。要把宝鸡高新区作为宝鸡经济发展的重中之重，打造国家高新区品牌。

【省长程安东对高新区工作给予充分肯定】　省长程安东在听取了市长吴登昌的工作汇报后，对宝鸡工作给予了充分肯定。他说：宝鸡高新技术产业开发区去年产值突破40亿元，已成为新的经济增长点，在西北地区经济总量名列第二。省委、省政府一个重要部署就是建设“关中高新技术产业开发带”，西部开发要以线串点、以点带面，宝鸡高新技术产业开发区是关中开发带的龙尾，现在龙尾起来了，东区开始建设，两家世界500强企业已进高新区，潜力很大。

【东区建设全面启动】　规划面积5.6平方公里的宝鸡高新区东区已全面启动。投资1.2亿元，长4.9公里、宽63米的主干道——高新大道已竣工，水、电、通讯等基础配套设施正在同步实施。投资9500万元，连接东区与市区的渭河人防隧道工程即将竣工，东区与西区连接的其它道路已经开工建设。围绕高新区东区生物医药园、机电材料园的一批项目将入区实施。高新区东区将成为以发展产业为主，各项功能配套的宝鸡21世纪的新城区。

【国家科技部、省科技厅领导对高新区工作给予肯定】　2001年，国家科技部火炬中心主任赵玉海、副主任张国成以及陕西省科技厅厅长孙海鹰先后来宝鸡高新区指导工作，对宝鸡高新区取得的成绩给予充分肯定，并认为宝鸡高新区这两年变化很快，目前又面临着很好地发展机遇。虽然属建立在中等城市的高新区，发展困难较大，但高新区人非常努力，已进入国家高新区发展三大阵营中的第二阵营，发展很有希望。宝鸡高新区要超常规发展必须要有超常规的措施。第一，要抓好体制、机制创新；第二，要充分发挥自己的优势，形成产业特色；第三，要有一个比较大的力度扩大开放和招商引资。

【赴西安高新区考察学习】　副市长、管委会主任吴苏平带领管委会领导班子、中层干部、高新区财政、地税、工商、公安等区内支撑服务机构及驻区四大银行主要领导30余人赴西安高新区考察学习。考察期间，听取了西安高新区管委会关于开发建设情况的介绍，对口进行了业务交流，围绕加快宝鸡高新区“二次创业”步伐进行了讨论。大家认为，在宝鸡高新区加快东区建设、实施二次创业的关键时期，学习借鉴西安高新区的先进做法非常及时必要。通过考察开阔了思路，增长了见识，找到了差距，结合岗位对今后工作提出了很好的设想和建议。

【重点项目建设加快】　2001年，高新区软件园、世纪广场、3号工业厂房、民营科技广场等续建项目和秦明电子园、陕开二期、留学生博士园、聚丰大厦、供热中心扩容工程等新开工项目进展良好。年底，建筑面积2.80万平方米的高新区软件园、9000平方米的宝桥科贸中心；6000平方米的创新大厦孵化楼已全面竣工；1.50万平方米的留学生博士园即将竣工；1.30万平方米的陕开二期工程、3.40万平方米的世纪广场三栋建筑、1.80万平方米的万利大厦、7000平方米的秦明电子园和2.30万平方米的高新商务大厦主体已封顶；8000平方米的3号工业厂房东段、民营科技广场A、B栋已交付使用，C栋已完成主体封顶；4万平方米的美伦大厦已建至四层。供热中心扩容工程投入使用。区内赛特路建设和火炬路人行道铺设、路灯改造等工程已竣工投入使用。西区宽带光纤网络已接通，实现了1000兆到区内，100兆到大楼，10兆到桌面。

【区内企业不断追加投资】　随着高新区环境的改善，区内企业不断追加投资。宝鸡先行电力公司2000年入区购买工业厂房后，2001年又与瑞典瑞华公司、山东鲁能瑞华变压器公司成立合资宝鸡鲁瑞先行电气有限公司，“全密封环保型变压器”、“新一代箱变组合式变压器”等产品已正式投产；建筑面积1.30万平方米的陕西开关厂扩建工程即将竣工；中国联通入区后，连年追加投资，2001年扩资2亿元建设CDMA等项目；宝鸡金雁集团在区内扩资征地，建设“金雁生物园”，总投资5000万元；由长安信息参股的“秦明电子园”开工建设。同时，秦明医学仪器股份有限公司、麦克传感器有限公司入区；陕西秦川机床发展股份有限公司“纺织电控箱”、“智能燃气表”等一批高科技项目入区，成为高新区产业发展的生力军。

【合同引资17.4亿元】　2001年，高新区管委会，实行“全员招商”、“以外引外”、“专业招商”、“网上招商”等方式，面向港、澳、台企业及东部沿海地区招商，招商引资成效显著。韩国富成集团、台湾统一集团、瑞典瑞华公司、深圳聚友网络公司等境内外知名企业及上市公司相继考察高新区投资环境。全年合同引资17.4亿元，当年到位资金4.7亿元。管委会与韩国富成集团签订了富成集团在东区独资兴建“韩国富成集团环保设备产业园”及合作投资开发相关基础配套设施项目意向书。北京奥瑞尔有限公司等12个企业与高新区管委会达成入区征地协议书。

【14个项目列入国家、省级火炬计划项目】　2001年，宝鸡高新区有14项科技开发成果被列入国家及省级火炬计划项目，至此，宝鸡高新区列入国家级、省级火炬计划的项目已达78项，其中国家级火炬计划项目达26项，项目涉及电子信息、机电一体化、新材料等领域。本次列入国家级火炬计划的项目分别是“600米/分高速并条机”、“YK7232数控蜗杆砂轮磨齿机”、“机器人用RV－250A减速器”、“PDK209i喷气织机电控箱”、“六氟化硫气体压力（密度）测控仪”、“智能化真空开关设备”、“ZDY－50全自动单纱强力仪”等项目。

【3个项目获“国家中小企业技术创新基金”支持】　2001年，由宝鸡高新区推荐上报的宝鸡航天华科机电有限公司的“智能钻头刃磨机”、宝鸡秦新电气有限公司的“自来水水压水质保障智能设备”等3个高科技项目列入国家中小企业技术创新基金扶持项目，共获得国家中小企业创新基金资助205

万元。

【8个企业被认定为高新技术企业】 2001年，宝鸡高新区区内企业宝鸡忠诚机床股份有限公司、宝鸡新铁养路机械有限公司、宝鸡鸿祥石油机电技术研究所、宝鸡天森生物科技有限公司等8个企业被省科学技术厅认定为高新技术企业。至此，区内高新技术企业已达98个。

【留学生博士园开工建设】 由宝鸡高新技术产业开发总公司投资建设的高新区留学生博士园工程，于2001年6月正式开工建设。总建筑面积15000平方米，楼高6层，每层均设多间办公室，适合集科研、试验、生产于一体的中、小企业入驻。留学生博士园的建设，为进一步优化高新区投资环境，营造与国际惯例接轨的创新创业环境，吸引海内外留学人员及其他高科技人员创办高新技术企业提供良好的发展空间，预计2002年7月底竣工投入使用。

【工商分局性质、职能调整】 陕西省机构编制委员会办公室下发《关于调整宝鸡市工商行政管理局高新技术产业开发区分局机构性质、职能和工商所的批复》［陕编办发（2001）123号］，同意将宝鸡市工商行政管理局高新技术产业开发区分局由事业机构调整为行政机构，负责开发区内各类企业、经济组织、个体工商户的注册登记管理和外资企业的注册登记管理及市场监管等各项工商行政管理职能；同时将现属宝鸡市工商行政管理局渭滨分局的马营工商所和桥南工商所整建制划归高新开发区工商分局，为其派出机构。

【创业中心科技成果孵化成效明显】 2001年，高新区创业中心坚持“孵化创新，特色发展”。中心拥有孵化面积2万平方米，新增星星协力生物工程公司、宝鸡天森生物工程有限公司等生物医药类、基因工程类、光机电类为主导的科技孵化企业18个，新增“核电用锆合金材料”、“胚胎工程技术商品化”等科技孵化项目38项，正在转化的科技成果136项。孵化项目中，列入国家级计划的10项（其中863计划项目1项），省级计划的22项，国家授权专利66项。

【工会工委及机关工会成立】 根据市总工会（2001）46号文件，同意成立“宝鸡高新区工会工作委员会”，作为市总工会的派出机构。宝鸡高新区管委会召开了机关工会成立暨第一次会员大会，会上选举产生了第一届工会委员会，从此结束了高新区无工会的历史。

【海内外人员来区考察访问创历史新高】 2001年，来自澳大利亚、罗马尼亚、北欧、泰国等国家及地区和香港特区的留学人员30余人以及英国福瑞公司、世界华人工商促进会、世纪聪明控投有限公司、依期特控股（集团）有限公司、香港恒期产业股份有限公司、台湾精英电脑集团、统一集团、韩国富成集团等境外公司到宝鸡高新区考察投资环境并合作。同时，德国马尔尼姆专员Bode Inrke等政府代表团来高新区交流合作，全年来高新区考察交流的境外人士数量创历史新高。

【举办建党80周年歌舞晚会】 “宝鸡高新区庆祝建党80周年‘颂歌献给党’歌舞晚会”，在宝鸡电视台演播中心举行。晚会由管委会主办，区内30多个企事业单位参加此次活动，宝鸡电视台进行了实况转播。

（唐　宏　刘绍辉）

对外经济贸易

海　　关

【概况】　2001年，宝鸡海关贯彻“依法行政，为国把关，服务经济，促进发展”的海关工作新方针，改善通关环境，提高通关效率，支持企业扩大出口，狠抓业务基础建设和干部队伍建设，完成了全年工作任务。全年共接受报关单371份，监管进出口货物11875吨，贸易额2492万美元，其中进口1930万美元，出口562万美元；备案加工贸易合同71份，备案料件总值15768万元，征收税款2103万元（其中关税748万元，进口环节税1355万元），完成全年税收任务的140.2%，较上年同期增长29.1%。宝鸡口岸的出口贸易额也比上年增长4.68倍，创口岸开通以来的最高记录。

【培植巩固税源超额完成税收任务】　2001年4月和8月，海关领导分别走访陇海铁路的两个重要口岸一连云港和阿拉山口，使长岭集团和宝鸡有色金属加工厂的两批进口货物顺利转回了宝鸡。7月份组织20多个企业召开通关座谈会，协调解决企业通关中的困难和问题，拓宽了税源。堵塞征管漏洞，严防税款流失，使每笔税款都做到应收尽收，及时足额入库。全年审价补税43000多元，核销补税364万元，分别比2000年高出3倍和8.1倍。

【加工贸易监管力度加大】　突出监管重点，加强正面监管。结合通关作业改革，加强转关运输管理，提高了单证初审、现场接单和查验水平。同时下厂100多人次，对限制类商品进行中期核查；通过与企业技术部门研讨、查阅账册、实际称重等方法，确定了钛棒、帘子布和果汁桶3种商品单耗，被录入了总关单耗数据库。坚持对备案合同、进出口报关单与电子数据进行核对，确保单证齐全真实、完整有效，防范利用加工贸易渠道进行走私违规情事的发生。

【对进出口企业进行专项调查】　为掌握经济发展的动态性信息，于10月底抽调有关人员组成调研组，对宝鸡地区有进出口经营权的30个企业的进出口情况进行专项调研，对宝鸡企业如何扩大出口、应对入世挑战进行了深入研究，撰写了调查报告，提出了对策建议。全年，共向总关和宝鸡市委、市政府报送各类信息100多条，发表宣传稿件20篇次，取得了较好的宣传效果。

【通关作业改革和机构改革完成】　配合总关，将原来的业务一科、业务二科调整为通关科和监管科，重新确定了职能。并修订业务操作规程和经费审批、办公用品采购领用、公费医疗等管理办法，制定《重大财务事项集体审批办法》、《接待办法》和《固定资产管理制度》等，严格了内部管理。为报关大厅、文档室等重要部位加装了防盗门和防盗网，安装了防盗报警监控系统。

（李　钧）

中华人民共和国宝鸡海关负责人

关　长　郑　平
副关长　薄团会

进出口商品检验

【概况】　2001年，是宝鸡出入境检验检疫局（下称宝鸡局）独立运行的第一年。省局党组对宝鸡局领导班子进行了调整：陈涛任局长，李程飞任副局长、宫耀东任局长助理。宝鸡局下设办公室、业务科、实验室三个部门。为加强与地方党政部门的联系，10月底，将党组织关系从省直机关工委迁转到宝鸡市市直机关工委。在新班子的领导下，成立了宝鸡局工会。在成立综合实验室的基础上，完成实验用房建设、重大设备购置、就位及部分设备的调试等工作。为规范执法行为，提高报检员的业务水平，召开了首期报检员年会，举办了二期报检员培训班，评选奖励报检单位8个。宝鸡局被渭滨区政府评为全区惟一的精神文明和卫生先进“双创”先进单位。

【首次与技术监督局联合执法】 按照国家局对进口肉类市场进行紧急检查的命令，宝鸡局联合市技术监督局对流通领域进行检查时，在某涉外宾馆发现了来自疫区巴西的牛骨髓。6月30日，由宝鸡检验检疫局派员对查封物品进行了现场焚毁和无害化处理。

【加强苏陕交流援建希望小学】 根据国家局《关于支持西部大开发的若干意见》和陕西省与江苏省对口交流合作协议，宝鸡局与镇江局结成共建对子，在实验室建设、认证管理、检验业务等方面都得到合作；并与镇江局共同发起，出资10万余元，援建岐山县故郡乡郑家桥小学，首期资金5万余元已到位。

【业务得到长足发展】 为了促进本地区经济发展，方便企业出口，宝鸡局采取实行全天候服务、分类管理、简化报检手续（或先检后报）、过程监督、坚持重点企业联系制度、搞好咨询服务、科技兴检、加强内部人员培训等措施，提高业务技能，以保证全年业务的完成。本年度，在全省进出口业务同比下降的前提下，仍然保持了本地区进出口业务上升20%的势头。2001年检验进出口商品近千批，货值4700余万美元，其中，机电396批，1737万美元；农副产品408批，1500万美元；金属制品30批，372万美元；化工10批，91万美元；轻纺产品76批，398万美元。

（巨亚杰）

中华人民共和国
宝鸡出入境检验检疫局负责人

局　　长 陈　涛
副 局 长 李程飞
局长助理 宫耀东

对　外　贸　易

【概况】 2001年全市外贸进出口总额完成5960万美元，同比增长31%；引进外企投资2447.5万美元，同比增长86.3%。全年向境外劳务输出85人次，对外承包工程完成810万美元，有1个企业赴境外开办工厂。

【外贸进出口】 出口方面：出口供货完成17.35亿元，同比增长8.2%；自营出口3520万美元，同比增长51.7%（其中专业外贸公司出口498万美元，同比增长87.2%；生产企业出口完成2569万美元，同比增长46%；外企出口完成453万美元，同比增长54.1%）。出口商品结构：初级产品出口938.7万美元，占出口总额的26.7%；工业制成品出口2581.3万美元，占出口总额的73.3%（其中机电产品出口2174.9万美元，占出口总额的61.8%）。眉县恒兴果汁饮料有限公司以出口841万美元的浓缩果汁位居宝鸡市出口商品排名首位，这标志着宝鸡市的农业产业结构调整已取得初步成果，农业产业化、市场化已取得长足发展。年创汇超过100万美元的企业共有11个。

出口额超100万美元之企业排序

单位：万美元

企业名称	出口业绩	品　名	占出口比重（%）
眉县恒兴果汁饮料有限公司	841	果　汁	23.9
宝鸡有色金属加工厂	500	钛　材	14.2
陕棉十二厂	419	棉　布	11.9

续 表

企业名称	出口业绩	品 名	占出口比重（%）
宝鸡市机电五矿外贸公司	369	冻猪肉	10.5
宝鸡华美果菜汁有限公司	249	果 汁	7.1
宝鸡机床厂	201	机 床	5.7
宝鸡华美刺绣有限公司	197	服装、床上用品	5.6
长岭集团	135	冰箱、空调	3.8
烽火集团	118	电 台	3.4
宝鸡石油机械厂	115	石油钻机	3.3
宝鸡市进出口公司	106	蜂蜜、冻兔肉	3.0

出口目标市场：销往日本、奥地利、土耳其、澳大利亚、俄罗斯、荷兰、马来西亚、美国、韩国、泰国、匈牙利、加拿大、哈萨克斯坦、中国台湾、瑞典、印度、巴西、德国、中国香港、希腊、挪威、新加坡、越南、阿联酋、捷克、瑞士、孟加拉、阿根廷、法国、爱尔兰、比利时、印度尼西亚、伊朗、巴基斯坦、斯里兰卡、波兰等41个国家和地区。

进口方面：累计进口2440万美元。

主要进口商品目录

单位：万美元

企业名称	进口额	品 名	所占比重（%）
宝鸡有色金属加工厂	846	钛材原料	34.7
眉县恒兴果汁饮料有限公司	480	果汁榨机成套设备	19.7
陕西秦明医学仪器有限公司	441	起搏器原件	18.1
长岭集团	250	空调压缩机及相关部件	10.2
秦川机床厂	17.8	加工中心及研磨机	7.3
凌云电器总公司	98	航空仪表散件	4.0
华美刺绣有限公司	79	布料	3.2
渭阳柴油机厂	65	发动机散件	2.7

【利用外资】 全市新批16个外企，其中制造业5个，电力1个，高新技术企业2个，餐饮服务业2个，建材1个，食品2个，旅游业1个，新材料1个，电子1个。新批制造业中的宝鸡住金石油钢管有限公司是宝鸡石油钢管厂与日本住友金属工业株式会社、日本住友商事株式会社在宝鸡市共同投资设立的中外合资企业，公司投资总额8065.31万美元，注册资本4033.87万美元，其中日方出资1492.53万美元，占公司注册资本的37%。这是宝鸡市改革开放以来最大的单项利用外资项目，标志着宝鸡市的利用外资工作进入了新阶段。

外商投资情况表

利用外资方式	审批户数(个)		外资金额（万美元）		同比增长（%）
	本年度	上年度	本年度	上年度	
合 资	14	10	2261.57	770.48	193.5
合 作					
独 资	2	3	25.43	543.85	-95.3
外企增资	2		260.50		
合 计	18	13	2447.50	1314.33	86.2

【对外经济技术合作】 全年向境外输出劳务85人次，分别前往马来西亚、苏丹等国，从事设备安装、机械维修、建筑工程等工作。对外工程承包810万美元，超额36.8%完成全年计划，同比增长1.5倍。市毅武集团公司积极实施“走出去”战略，在吉尔吉斯斯坦开办方便面厂，实现了宝鸡市出口商品、技术和管理的一体化出口，开创了宝鸡市出口的新模式。

（卢 巍）

国内贸易

国有商业

【概况】 2001年，市商务局国有商业固定资产原值59934万元，净值49116万元，其中市直商业企业固定资产原值28407万元，净值2354万元。国有商业经营机构（含饮食服务业）508个，其中批发机构101个，零售网点289个，大型网点6个，仓储加工及其它机构116个，其中股份合作制企业4个，人员1814人。全年完成商业基础设施投资2045万元。荣获省贸易管理办公室"创佳评差"最佳地市局、宝鸡市社会治安综合治理先进单位、宝鸡市年度目标管理责任制市级先进单位、宝鸡市"创佳评差"活动优胜单位等称号。

【国有商贸流通企业运行质量提高】 2001年，全市国有商贸流通企业运行质量逐步得到了提高，商品经营稳步发展。全市商业、物资商品销售完成17.8亿元，与上年同期持平。其中市县商业完成15.5亿元，较上年同期下降1%；物资完成2.4亿元，较上年同期增长5%。利润完成-764万元。其中：市县商业完成1098万元，较上年下降59%；物资亏损1862万元，较上年增亏770万元。全年税金完成3519万元，较上年同期增长8%。其中：市县商业完成3190万元，较上年增长12%；物资完成329万元，较上年下降13%。

【国有商贸流通部门和企业销售均有增长】 在内需不足、消费疲软、买方市场格局下，全市各级国有商贸流通部门和企业积极参与竞争，适时调整经营策略，拓宽营销思路，组织开展季节性商品销售和节假日市场促销。眉县、陇县、宝鸡、麟游、渭滨等县区商业销售均有增长，其中：眉县完成5010万元，增长28%；陇县完成4533万元，增长18%；宝鸡县完成1.26亿元，增长6.4%；麟游县完成45万元，增长5%；渭滨区完成2.04亿元，增长5%。物资销售增长的有凤县、岐山、扶风三县区，其中：凤县完成1336万元，增长33%；岐山县完成489万元，增长17%；扶风县完成1889万元，增长6%。市属金属、机电、五金、饮食服务及宝鸡饭店等企业的商品销售收入、营业收入也有较大幅度增长，其中：市金属总公司完成销售额6615万元，较上年增长182%，实现利润-98万元，较2000年增长73%；市机电总公司完成销售额5135万元，增长57%，实现利润-132万元，增长25%。市盐业总公司积极调整经营结构，加大盐业市场监管力度，企业效益稳步增长，实现利润71万元，同比增长153%。

【加强行业管理规范市场秩序】 2001年，市商务局抓废旧汽车市场、生猪定点屠宰、旧货拍卖、盐业市场、民用爆破器材及火工产品、烹饪、服务等行业的管理和规范工作。依法取缔了眉县报废汽车拆解市场，取缔非法经营户26个，回收整车56台，废旧钢材350多吨。对全市生猪定点屠宰场所进行了多次检查，确定了乡一级定点屠宰场82个，并配备了行政执法人员。民用爆破器材及火工产品，严格按照上级有关规定依法从事经营和销售。对烹饪、面点、服务、美容美发等六个专业工种的730人进行了职业技能鉴定，有721人取得了资格证书。市盐业公司全面组织市、县两级稽查人员1300人次，查获私盐226吨，捣毁窝点60处。

【改革改制增强了企业活力】 2001年，市商务局坚持以改革求发展的工作思路，以产权制度改革为核心，加大产权置换力度，在调查研究的基础上，制定了系统企业改革改制的方案和实施意见。年内采取分立改制组建有限责任公司3个，重组1个。

4月份市金属材料总公司银合金属材料有限责任公司挂牌；8月份建材总公司大光明玻璃有限责任公司成立；9月份市蔬菜总公司完成了同市酱货厂的资产合并重组；11月份宝鸡饭店康源水业有限责任公司注册登记；陕西伟宝粤钢管有限公司正在做国有股退出工作。陇海建筑机具租赁、银合金属材料等有限责任公司呈现出良好的发展态势。

【化解矛盾保稳定】 针对系统人多摊子大，“热点”、“难点”问题较多的实际，市商务局党组把保稳定放在全局工作的首位来抓。市局成立了有主要领导、办公室和人事科参加的信访工作领导小组，与19个企业法人签订了稳定工作责任书。全年处理来信123件，接待上访群众88人次，集体上访五批60人次。均比上年有较大幅度下降。本着“预防为主、教育疏导、依法处理、防止激化”的原则，定期摸排发现问题，做到及早介入，把问题处理在基层和萌芽状态。对历史遗留问题本着宜粗不宜细的原则进行处理，使矛盾得到了有效化解。先后妥善处理了食品、友谊、纺织、百货等单位的不稳定因素，有效预防了可能出现的上访。

【消除隐患保安全】 2001年，市商务局有计划、有安排地组织包抓行业领导和包抓企业的同志，深入生产经营场所、宾馆饭店和家属楼进行了多次拉网式安全检查，发现不安全苗头和隐患近百处，发出限期整改通知书20多份，逐级签订了责任合同，认真落实了安全工作责任制，对易燃易爆产品生产经营场所实行全天候监督，落实了专职安全工作人员，配备了消防设施和灭火工具，基本做到了万无一失，年内没有发生重、特大不安全事故。

【重视关心老干部】 商务系统共有老干部180人，其中老红军2人，地级待遇1人，副地级待遇12人，地级单项政策5人，县级待遇103人，副县级27人，离休干部158人。面对如此庞大的老干部队伍，市商务局制定了有关规定和办法，尽最大能力把党的温暖送给老干部，定期组织他们学习有关文件，按政策兑现福利待遇。年内组织老干部座谈会3次，登门走访了48人，看望住院老同志16人。为企业老干部争取医药补助费30多万元。向老同志通报工作情况10次，听取老同志对市局工作、干部作风方面的意见和建议。

【查处、清理各式代币券近千万元】 市商务局在科以上干部中全面落实《廉政准则》和廉洁自律有关规定，并修订完善了财务管理制度，认真查处、查办领导干部以权谋私等问题。全年收到来信12件，初查6件，转基层查办2件。特别是对私设小金库、业务回扣、滥发钱物、利用节日发放代币券问题及时进行了查处，共清理各式代币券940万元，已发出560万元代币券全部予以收回，未发出的在纪检、监察人员的监督下全部销毁。

【考评表彰最佳、先进单位】 2001年，市商务系统围绕各项经济工作目标任务，开展“创佳评差”竞赛活动，使全系统企业社会效益和经济效益得到明显提高，经市商业办考评，宝鸡商场（集团）股份有限公司、市金属材料总公司、宝鸡饭店、陇县商贸局、宝鸡县商贸局、扶风县商贸局、凤县物资总公司等7个单位被授予最佳单位称号。渭滨区商贸局、金台区商贸局、眉县商业总公司、岐山县商业总公司、市物资再生利用总公司、市建筑材料总公司、市机电设备总公司等7个单位被授予先进单位称号。对获得上述荣誉称号的单位，市商业办给予了表彰和物质奖励。

（刘鹏科）

供 销 合 作 商 业

【概况】 2001年，全市供销社以扭亏增盈为中心，以体制和机制创新为动力，深化供销社改革，强化参与产业化为农服务功能，全系统在2000年甩掉亏损帽子的基础上，被省供销社授予扭亏增盈一等奖；干部职工普法教育被全国供销合作总社评为“三五”法制宣传教育先进集体；继续保持了目标责任制先进单位，综合治理保持了治安模范单位，“创佳评差”再次荣获先进单位。

【扭亏增盈实现最佳成效】 按照“大胆创新，积极完善”的原则，各级供销社对不发生亏损的机制进行了探索和完善，初步形成了制约管理型、职能管理型、资产管理型三个方面的运作新机制，使扭亏增盈工作有了突破性的进展，全系统汇总盈利101.2万元，较上年增加利润70.2万元，实现了十年来扭亏增盈的最佳成效。

【确定“五二一”助农增收工程奋斗目标】 市供销社把参与和推动农业产业化作为供销社的战略任务和企业创收的基础，确定了今后五年的奋斗目标，即全市构建1个高效、灵敏、有权威性的农产品信息网络中心；培育发展有带动功能的龙头企业20个；建设有辐射功能的农产品批发交易市场20个；兴办规模较大的商品生产示范基地20个；创建各类示范农村专业合作社200个；发展示范村级综合服务站200个。农民人均收入增加50元。

【参与农业产业化经营有了新进展】 市供销社围绕农业产业化结构调整，坚持为农服务宗旨，积极参与农业产业化经营，兴办各类专业合作社102个，入社农户7768户，社员入股405.6万元，年总产值9442万元，为农民推销产品5000万元以上；组建龙头企业14个，产值8240万元；建立科技示范点61个，示范田430.8公顷；兴建农产品贸易、建材装饰、蔬菜、工业品交易及农资市场23处，经营面积54900平方米，交易额超过2亿元；兴办村级综合服务站420个，农资科技站148个，庄稼医院114个，开展技术培训、咨询服务1.2万人次，信息服务1.1万人次。全年为农民增加收入7000万元，有力地促进了农村产业化的发展。

【助农增收先进单位】 在全国供销合作总社开展的“四个一”评选活动中，凤翔县纸坊供销社、岐山县五丈原供销社被评为示范基层供销社；陇县蚕桑专业合作社、岐山县生产资料公司果品专业合作社被评为示范专业合作社；凤翔县糜杆桥供销社关村综合服务站、岐山县益店供销社宋村综合服务站被评为示范村级综合服务站。在全省供销社表彰的“四个十”竞赛活动中，渭滨城区农业生产资料有限公司被评为“十强企业”；眉县槐芽供销社、凤翔县纸坊供销社被评为“十强基层社”；岐山县生产资料公司马江示范农场被评为“十佳为农服务单位”；市物资回收公司经理潘志敏、市渭滨城区农业生产资料有限公司经理张明亮被评为“优秀企业家”。同时，市农业产业化领导小组首批命名了供销社10个参与农业产业化的重点龙头企业、示范市场、专业合作社和村级综合服务站。

【企业改革改制深化】 结合省、市政府深化国有企业改革的文件和全国供销总社《关于供销合作社企业改革和发展若干重大问题的意见》精神，上半年与市体改委共同提出了《关于进一步深化供销合作社企业产权制度改革的意见》，下半年，市政府进行了批转。按照《意见》的思路和措施，通过产权制度的改革，达到“三重”（重定职工身份、重组社有资产、重建经营机制）和“四化”（社有企业产权明晰化、投资主体多元化、企业产权人格化、经营机制科学化）的企业25个，占到企业总数的47%。市日杂公司成立了金欣力贸易有限公司、市工业品公司成立了深业商贸有限公司，完成了市上下达的市直企业改制任务。

【“两节一会”招商引资签约金额6660万元】 宝鸡市“两节一会”期间，按照市政府的安排，在市内成功举办“两节一会”五大专业市场之一的农副产品批发交易市场，5天时间，签订农副产品购销交易合同7份，合同成交额1224万元（其中外贸650万元），协议成交2764万元，成交总额达到3899万元，会期邀请全国供销总社、省供销总社、陕甘宁毗邻地区和连云港等友好城市供销社客商以及台湾、香港、深圳等40多户客商，举办了招商引资项目签约仪式，签订招商引资项目12项，签约金额达到6660万元。

【制订供销社“十五”发展意见】 面对新世纪的挑战，市社结合农业经济发展趋势，认真分析供销合作经济的发展现状，通过广泛深入的调查研究，反复论证和征求各县区供销社、市直各企业的意见和建议，制订了《宝鸡市供销合作社“十五”期间深化农村供销社改革的意见》，提出了今后5年“以农业产业化为主线，积极发展合作经济组织，建立和完善为农服务体系，狠调结构，扭亏增盈，不断壮大合作经济实力，推动农业产业化，加快我市农村经济发展步伐”的指导思想。其主要奋斗目标是：当年不发生新的亏损，力争“十五”末全面实现扭亏增盈；每个县区至少发展1个辐射带动力强的集团型龙头企业，发展完善30个农产品生产基地，组建10个有一定规模的农产品交易批发市场，创建专业合作社150个，60%以上的千人村建起村级综合服务站，12个县区和集镇中心基层社建立信息网站；对基层社实施全面改造，社有企业进行改制或重组；县区联社推行开放办社和社企分开；进一步实施经营网络调整，提高资产运营效益。这个《意见》目前已开始实施。

【全国供销总社领导来宝鸡市视察指导工作】 7月3日至4日，全国供销合作总社监事会副主任林乃基来宝鸡市视察指导再生资源回收利用工作。在先后对市物资回收公司、金台、渭滨区供销社基层企业的再生资源回收利用工作开展调研，和听取市供销社的工作汇报后，充分肯定了宝鸡市供销社再生资源回收利用工作，并对今后工作提出了希望和要求。市政府副秘书长、办公室主任高天瑞参加了视察调研座谈会。

（王长泰）

烟草专卖

【概况】 2001年，宝鸡烟草系统以规范管理为基础，以提高企业经济效益为中心，深化改革，创新机制，整顿和规范烟草市场经济秩序，贯彻执行省局“一价制”政策，加强“两烟”生产经营，生产经营呈现出良好的发展态势，卷烟销量、销售收入、利润总额等经济指标均创历史最好水平。全年销售卷烟101511箱，完成年度计划10.1万箱的100.5%，比上年增长5.1%。实现两烟销售总额6.15亿元，比上年增加1827万元，增长3.06%。实现利润总额1632万元（不含7个未上划县公司），比上年增长21.8%。

【卷烟价格率先在全省达到最低批发限价】 2001年，针对行业内存在有低价竞销、违规经营卷烟，造成企业经营困难、效益下滑的问题，市烟草专卖局要求各县局（公司）把“保价是前提，足量出效益，利润为中心”作为工作的指导思想，于8月20日召开全市烟草行业局长、经理座谈会，在协商一致的基础上，制定了《宝鸡市烟草行业卷烟统价足量销售内管暂行规定》，从8月21日起，各企业卷烟价格率先在全省达到最低批发限价。9月25日起，贯彻执行省局“一价制”，实现了两次价格的平稳过渡。抽调干部，深入基层督查督办，确保各经营单位规范经营，统价销售，效益回升，自我解困。

【网络建设顺利达标】 全行业加强卷烟销售网络建设，投入大量的人、财、物，改善基础设施，增加送货车辆，完善“三账三簿”等管理制度，达到了营业、安全、宣传、通讯、生活设施“五配套”的要求。规范经营行为，从1月起开始全面推行计件工资制，开展访销服务，送货上门，受到卷烟零售户的欢迎。评选表彰了一批优秀“三员”（访销员、送货员、稽查员）和守法经营户，经省局检查验收，农网、城网都以较高的得分顺利达标，送货率、访销率、入网率等有了明显的提高。

【严把烟叶生产收购质量关】 按照国家局“市场引导，计划种植，主攻质量，调整布局”的生产方针，加大生产布局调整力度，取消1000亩以下的乡、300亩以下的村、3亩以下的户的种烟资格，推广两段式育苗、平衡施肥等技术，严把收购质量关，压缩低次烟叶比例。全市3个烟叶产区县共种植烟叶3600公顷（5.4万亩），比上年下降6.9%；与烟农签订产购合同1.46万份。收购烟叶9.08万担（4540吨），总产值3351.21万元，实现烟叶税482万元，分别比上年下降27.5%、19.6%和47.43%。中上等烟叶比例为90.16%，比上年增加11.1个百分点。

【清理整顿卷烟市场】 2001年，市、县烟草专卖局坚持“辣手治乱，守土有责”的方针，利用各种形式，广泛宣传烟草专卖法律法规，在《宝鸡日报》上刊登《宝鸡市人民政府关于清理整顿卷烟市场的通告》，公布了举报电话，市局副局长孙彦卿答记者问，回答了广大零售户和消费者关心的热点问题。全市新增132名稽查队员，使专职稽查队员总数达到247人。制定了《关于进一步加强烟草专卖管理工作的决定》，加强业务培训，提高执法人员素质，增加稽查车辆、通讯工具、办案器械，满足了专卖管理工作的需要。9月21日，请示市政府召开了全市卷烟市场专项治理整顿工作会议，市公安、工商、技术监督等部门领导及各县主管商贸的副县长、县局一把手参加了会议，进一步加强了烟草部门与地方政府及其有关执法部门的联系。采取平时检查与市场检查相结合、区域自查与交叉互查相结合、市场查与上路查相结合的办法，在全市范围内先后开展了6次大的集中整顿卷烟市场活动，净化了卷烟市场。全市各级专卖稽查部门共查处各类违法案件6014起，其中万元以上大案39起，总案值650万元；查获各类卷烟4686件（其中假烟355件）、烟叶116吨。全年共发放烟草专卖零售许可证909份，出具准运证5000份。

【全系统机构人事制度改革顺利完成】 9月份，

按照省局统一部署，市局（公司）通过科学定员、定岗、定职、定责，中层干部演讲述职，民主考核测评，公开条件，平等竞争，共聘任中层干部26名，下派县公司挂职锻炼1人，调整了县级公司领导班子，加强了年轻干部互派交流。改革后，市局（公司）机关内设机构由以前的12个减少到5个（办公室、人教政工科、专卖监督管理科、计划财务审计科、监察科），机关人员由72人减少到35人，充实了基层一线力量。成立了两个专业公司（卷烟销售公司、烟叶公司）和两个专业部门（机关服务中心、计算机信息管理中心），建立起办事高效、结构合理、运转协调、行为规范的管理体系。

（任军岐）

宝鸡市烟草专卖局
陕西省烟草公司宝鸡分公司负责人

局长、经理、党委书记　杨瑞亭
副局长、行业工会主任　孙彦卿
副经理、纪委书记　杨志效

粮 油 商 业

【概况】　2001年，全市粮食系统固定资产35912万元，折旧9235万元，净值26677万元。全市共有13个粮食行政管理机构（市、县、区粮食局），139个独立核算企业，职工总数为6015人（不含离退休人员），其中粮食购销企业85个，职工3202人；附营企业54个，职工3613人。粮油工业企业19个，从业人员2411人。粮食商业企业24个，从业人员1025人。其它经营性企业11个，从业177人。全市粮食总仓容6.73亿公斤，质量完好仓容5.15亿公斤；年油脂加工能力0.9亿公斤，油品储存能力2500万公斤；年面粉加工能力为2亿多公斤，年粮食经营量13亿多公斤。实现了全市“创佳评差”优胜系统七连冠的奋斗目标，受到了市委、市政府的通报表彰。在全市爱卫工作和精神文明建设工作表彰会上，市粮食局机关被市政府授予“卫生先进单位”，被市委、市政府授予“文明单位”。

【敞开收购粮食8.88亿公斤】　2001年，由于受自然灾害和退耕还林（草）以及农业产业结构调整等因素的影响，宝鸡市粮食总产量为130.4万吨，比上年减产15.88万吨。粮食市场价格受种植面积减少、产量下降的影响，上半年呈逐渐攀升态势。而到下半年，市场粮价受国家抛售陈化粮和入世预期的因素影响，呈现出稳中趋降的态势。面对市场变化，粮食购销企业采取提早培训职工，准备物资，开展下乡设点文明购粮等措施，保证了敞开收购政策的贯彻落实。到年底，全市粮食购销企业共敞开收购粮食8.88亿公斤，比上年同期多购粮食0.30亿公斤，增幅达4.76%。定购粮食2.15亿公斤，占全年定购任务的123.7%。

【全市粮食盈利额位居陕西省第一】　2001年，宝鸡市各级粮食主管部门和国有粮食购销企业围绕促销增效，层层建立顺价销售目标责任制，改进管理，促进了顺价销售和扭亏增盈工作。截至12月底，全市粮食购销企业共顺价销售粮食8.555亿公斤，实现销售收入9.11亿元，比上年同期增加1.37亿元，增幅17.7%。全市85个粮食购销企业中有70个企业盈利，盈利额738.35万元。全市除凤县、太白两县亏损外，其他10个县区粮食购销企业统算实现盈利，盈利额608.35万元，其中：凤翔县127.44万元，宝鸡县113.80万元，岐山县108.51万元，扶风县107.10万元，眉县103.28万元，麟游县26.51万元，金台区12.45万元，千阳县5.99万元，渭滨区2.31万元，陇县0.96万元。全市粮食购销企业统算实现利润538.37万元，盈利额位居全省第一。凤翔县、宝鸡县、岐山县、扶风县、眉县五县盈利额在全省名列前十名。宝鸡市政府、市粮食局被评为2001年度扭亏增盈先进单位，受到省政府和省粮食局的表彰奖励。

【粮食清仓查库】　2001年，全国范围内开展了新中国成立以来最大规模的清仓查库工作。2月底，全省抽调省级13个部门和各地市有关单位的100多名人员，在宝鸡市扶风县进行了清仓查库工作试点，为各地市培训技术骨干，积累基本经验。4月1日全国范围内的清仓查库工作全面展开后，宝鸡市各级政府及早成立了粮食清仓查库工作领导小组，制定方案，培训人员，明确职责，落实任务、人员、车辆、经费。从市县区抽调的103名交叉检查组成员，在时间短、任务重的情况下，克服困难，顺利完成了赴咸阳市交叉清查的工作任务。同时，宝鸡市各级粮食部门还积极配合西安市来宝清查组的工作，坚持“有仓必到，有粮必查，查必彻底”的原则，严格按照清查的操作方法和程序，逐仓逐垛检查实物，反复丈量，多点测定，交叉复查和重点抽查，完成了对宝鸡市的粮食清查，并及时完成了调查表、统计表的填报、收集、整理汇编报送工作。截至2001年3月31日统计时，宝鸡市国有粮食部门库存粮食统计账面数为606086吨，实际清查数为604517吨，差额为1569吨，清查实际数与统计账面数对比，差率为0.26%，低于全省0.89%和全国1.2%的平均水平。

【粮油安全保管水平达95%】 2001年，宝鸡市针对全市库存量增大，露天堆垛和高水分粮较多的实际，贯彻执行“以防为主、综合防治”的保粮方针，完善制度，落实责任，组织开展了春、秋两季储粮安全普查和百日安全储粮竞赛活动，推广新的储粮技术，年内各县区增购各类烘干机22台，处理高水分玉米3000多吨，全市科学保粮的技术含量和安全水平有了普遍提高。全市137个库站和存粮点的660065吨库存粮食粮情安全，粮油质量达标，数量准确，三账相符，账实相符，“一符四无”(账实相符，无鼠雀、无虫害、无霉变、无事故）单位达100%，粮油安全水平达95%以上，科学保粮达97%。

【保证退耕还林的粮食供应】 市、县两级粮食部门成立退耕还林（草）粮食供应领导小组，制定粮食供应办法和粮食供应工作纪律。并根据群众需求和供应标准，采取集中时间就近供粮和送粮到户的供应方法，对少数困难户，组织力量送粮上门，保证了粮食按时供应。6月底前，全市共设立粮食供应点80多个，为20404户足额供应了1999年秋冬下达的退耕还林（草）粮食648.2万公斤，涉及退耕面积4326.42公顷，占市县验收合格面积4343.8公顷的99.6%。并在过去的基础上，对2000年退耕还林（草）粮食供应工作制定了更加细致的办法，通过会议下达了供应计划数量，备足了供应粮源，为第二轮退耕还林（草）粮食供应工作奠定了基础。

【粮食仓库建设】 针对全市粮食仓储设施陈旧老化，仓容紧张，严重威胁粮食安全的实际现状，市粮食部门认真落实“第一个五年粮仓建设”最后一年的建仓任务，主动与财政部门协商，起草上报了“第二个五年建仓规划”。全年落实了2000年度安排在山区县100万元和东五县、市直及两区200万元新建、维修改造资金，新建1720万公斤和维修改造1400万公斤仓容，在夏粮收购中已全部投入使用。并争取省财政、省粮食局粮仓简易建筑费104万元，市财政投入174万元用于10县区16个粮站仓库维修和改造。

【招商引资到位资金2068万元】 2001年度，全市粮食系统抓住“开放年”活动机遇，加大招商引资力度，组织市、县区部分粮食企业参加了东西部洽谈会、西部商品交易会、全国第三届粮油精品展交会和中国渭南粮油精品展示暨经贸洽谈会，利用宝鸡市“两节一会”大好时机，精心组织筹备，开办了全市五大专业市场之一的粮食专业市场，展出23个大类112个粮油品种，推出22个招商引资项目，落实货源总值4800多万元。促成企业签订粮油贸易合同20多份，成交总额2317万元，签约招商引资项目4个，总额达2000多万元。2001年，系统内共引资签约5129万元，到位资金2068万元，资金到位率达40%以上，受到了市政府表彰奖励。

【51个国有粮食企业完成改革改制】 市县各级粮食部门按照粮改和适应购销市场化的需要，加大粮食购销企业内部改革力度，提出了发展多种经营，培训新的经济增长点的思路。粮食企业广开渠道，利用资源、地理、人才、信誉等优势，在招待所、饭店、药材种植、养殖、加工和工业品等方面进行了探索和尝试。全年，市粮食局帮助市直企业345名职工进入了市再就业中心；完成了中央储备粮宝鸡直属库对市粮油物资贸易公司的托管；指导、协助市人民面粉厂完成了股份公司改制；进行了市粮油运输贸易公司改制前的准备工作。年底，全市139个国有粮食企业已有51个完成了改革改制，其中粮油加工企业13个，附营企业38个，占企业总数的36.7%。

【精神文明建设】 2001年，全市各级粮食部门以“三个代表”重要思想和“七一”讲话精神为指导，继续开展以“创佳评差”为载体的精神文明建设，促进了全系统文明单位创建和干部工作作风的进一步转变。

（姜　超）

医　药　商　业

【概况】　2001年，宝鸡市共有医药流通企业397个，从业人员2500多人，其中，医药批发企业87个，医药零售企业310个。全年医药流通企业实现销售收入1.98亿元，同比增长5.9%，实现销售税金80.8万元，同比增长14.7%，利润总额-49.3万元，同比减亏42.4万元，亏损企业3个（宝鸡县医药公司、眉县医药公司、太白县医药公司）。从整体情况看，国有医药流通企业负担过重，冗员多，企业经营观念和改革滞后等矛盾还没有得到彻底解决，仍未摆脱整体亏损的局面。

【医药流通企业全部持证经营】　2001年，结合医药流通企业换证及医疗器械企业补换证工作，对全市批发企业进行了为期一个月的现场检查验收工作，结合整顿规范经营秩序及批发企业换证验收标准，通过现场检查、打分总评等方式，对10个不符合经营条件的批发企业依法取缔。按照全省医疗器械经营企业补发许可证工作要求，召开了有关企业动员会，并对全市器械经营申请企业进行了现场检查，对第一批符合条件的54个企业，按要求及时上报省药监局，申请对符合条件的医疗器械批发企业补发经营许可证。通过整顿和规范，全市医药流通企业全部持证经营，医药流通秩序得到改善。

【加大全市医药开放工作】　为了配合全市“开放年”活动，在行业管理方面，主要把医药行业对外开放工作作为重点，编写了全市第一份“医药招商引资项目册”，从中药材种植、加工、制药企业技术改造、新药的研制开发、医药园区建设等5个方面筛选了33个招商项目，与上海、天津的8个医药集团企业进行了初步接洽，有的项目正在商谈，力争在中草药种植基地建设、中药材加工提取、制药企业技术改造等方面有新的突破，促进全市医药生产和销售企业共同发展。

【药品经营企业改革步伐加快】　2001年11月份，宝鸡商场集团公司根据太白山所独有的中草药资源优势，出资1700万元与宝鸡晨鸡药业公司合资，对宝鸡晨鸡药业公司控股，在太白山开发中草药种植基地，实现中草药种植、研制、生产、销售全面发展，使企业实现产、供、销一条龙。另外，宝鸡秦昆药厂经过多方联系，与陕西伟志集团达成合资意向，双方有望实现正式合作，待正式合作实施后，启动秦昆药厂正式生产。市医药总公司整体改制在立项报告和改制方案被审查批准后，公司制定了企业改制实施意见，资产评估工作正在进行之中，待资产评估审查通过后，即可实施企业改制。

（张春明）

物　资　商　业

【概况】　2001年，全市物资企业拥有职工2717人，其中市直属企业职工1483人，县区企业职工1234人，固定资产原值15937万元；净值12288万元，市属经营网点10个，县区经营网点30个。拥有铁路专用线两条，总长576米，全库总占地面积23.45万平方米。

【销售稳中有升　减亏仍较困难】　2001年，市商务系统经营生产资料的物资企业，在内需不足、消费不旺、销售持续下滑的市场格局中，销售仍然保持了稳中有升的势头，但未能实现扭亏。全年实现物资销售总额2.4亿元，比上年增长5%。其中市属企业销售1.8亿元，比上年增长4%；县区销售0.53亿元，比上年上升9%。全年物资系统亏损1862万元；其中市直9个企业全部亏损总额1683万元。9个县区物资局（公司）除凤县物资总公司、太白县物资公司盈利外，其余都亏损，县区物资企业亏损合计为179万元。

【拓宽经营　占领市场】　为了适应市场经济的需要和企业的生存，稳定职工队伍，摆脱效益持续下滑的困难，大多数物资企业在巩固主营业务的同时，在寻找新的利润增长点上狠下功夫。市机电设备总公司、市建材总公司挖潜改造完善汽车交易市场和建材装潢租赁业务收到良好的经济效益；市金属材料总公司开展外引内联，联营联销，扩大销售，使市场竞争力明显增强。

（刘鹏科）

重点工商企业选介

国有企业选介

【秦川机床集团】 秦川机床集团有限公司（原名为秦川机床厂），是全国机械行业重点骨干企业。1965年由上海机床厂分迁至陕西省宝鸡市。1995年，秦川机床厂改制为秦川机床集团有限公司。1998年公司作为主发起人成立了“陕西秦川机械发展股份有限公司”，并在深圳证券交易所顺利上市。2001年10月，公司成功实施了债转股，中国华融等四家金融资产管理公司成为公司新股东，实现了股权多元化。至此，公司已由原来的一家内迁工厂发展成为建立了现代企业制度，总资产达到11亿元，拥有16个控股、参股公司的大型企业集团。公司本部现有员工2588人，其中博士生2名，硕士生40人，各类专业技术人员985人，占员工总数的38%，拥有一批高素质的科技人才、管理人才、生产一线人才。公司主导产品磨齿机已由机械式发展到PC控制，再发展为全数控化，整机性能达到国际先进水平。产品先后获得国家、部、省级科技进步奖和优秀成果奖40多项。主要产品国内市场占有率超过80%，并出口到美国、韩国、日本及东南亚20多个国家和地区。汽车转向助力泵已达到年产5万套的生产能力和销量；“三帝牌”电脑主板的国内市场占有率达到10%；开发出了7个系列的节水灌溉专利产品，并建成具有自主知识产权的节水设备生产线。企业参与了国家试验通讯卫星的研制并成为中国航空某院的军品生产定点企业。公司拥有精良的高精度、高效率、高技术的工艺装备，设备的数控化率达到了40%，装备水平在全国机床行业处于领先地位。企业被评为国家“863”计划CIMS推广应用单位，公司与大连铁道学院共同承担的国家“863”项目“机器人用RV减速器项目”通过了国家验收。公司通过了ISO9001质量保证体系的认证，被评为国家级“企业技术中心”和“国家火炬计划重点高新技术企业”。公司综合经济效益指标已连续20年稳步增长，2001年，实现销售收入5.33亿元；实现利润1245万元，企业经济效益综合指数连年在全国机床行业184个大中型骨干企业中名列前茅。近几年，公司先后被评为“中国机械工业优秀企业”、“全国先进财会工作集体”、“全国10家国有企业改革先进典型”、“机械工业管理进步示范企业”、“全国机械工业企业核心竞争力30佳”，荣获全国“五一”劳动奖状，并受到江总书记的表扬。

【宝鸡有色金属加工厂（集团）】 宝鸡有色金属加工厂（集团）是国家“三五”期间为满足国防军工和尖端科技发展需要，以“九O二”为工程代号投资兴建的国家重点企业。地处陕西省宝鸡市，占地面积135万平方米，现有职工5500余名。经过30多年的努力，已发展成为世界上屈指可数的以钛为主的稀有金属加工企业，被誉为“中国钛城”。1999年，工厂被国家科学技术部和中国科学院认定为国家高新技术企业。工厂拥有宝鸡钛业股份有限公司、西北锆管有限责任公司等7个控股公司，以及4个全资子公司，下设钛设备制造、宽板、金属复合板、铸件、特殊钢、动力等13个模拟法人单位，形成了钛加工材、锆加工材、金属复合材、设备制造和难熔金属加工材等五条较为完整的生产线。主要产品为钛、钨、钼、钽、铌、锆、铪、镍、钢及其合金的板、管、棒、丝、箔、饼、环等加工材和以设备制造为主的有色金属深加工制品。工厂具有生产科研相结合的优势。多年来，累计承担了6000多项国防军工和尖端科技新材料的试制生产任务，出色地完成了一批国家重点科研课题，取得重大科技成果485项，其中获国家发明专利2项，获国家、省部级科技进步奖76项，获国家优质产品金奖3项、银奖4项，省部级优质产品奖42项，产品广泛应用于航空、航天、冶金、电子、石油、化工、医药、原子能等领域，为中国国防现代化建设和国民经济的发展做出了贡献，取得了良好的社会效益和经济效益。工厂拥有从美、日、德、奥等15个国家引进的一大批熔铸、锻造、轧制、检测等方面的先进设备，占设备总价值的60%，具有较强的生产和技术开发能力。继1996年通过了ISO9002质量体系认证之后，近几年又分别通过了法国宇航公司、美国波音公司麦道分部、美国TWA公司、美国RMI公司、英国罗-罗公司、法国福泰克公司对工厂质量体系、工艺技术及部分产品的认证，开拓了更为广阔的市场和发展前景。工厂有36种主要产品采用了国际先进水平的技术标准，“宝鸡钛”在世界用钛领域享有良好的声誉。

【宝鸡石油钢管厂】　宝鸡石油钢管厂建于1958年，是国家第一个五年计划期间兴建的156个重点建设项目之一，也是中国第一个生产大口径螺旋埋弧焊管的专业制造厂。建厂以来，经过几次大规模的扩建改造和技术引进，现已发展成为中国石油天然气集团公司所属的国家大型一类企业。工厂年生产能力50万吨焊管和10万吨套管。现有7条焊管生产线、1条带钢生产线、1条石油套管生产线、1条钢管防腐生产线。焊管生产线可生产螺旋双面埋弧焊管、直缝电阻焊管两个大类，焊管口径ф33.5~2400毫米，壁厚2.75~20.6毫米的系列产品，套管和接箍生产线可生产口径ф139.7~339.7毫米，壁厚6.20~12.9毫米的系列套管产品。工厂十分重视产品质量，螺旋双面埋弧焊管连续三次荣获国家质量银质奖，连续五次获得美国石油学会颁发的“API”会标使用证书，1995年，顺利通过挪威船级社和中国船级社的ISO9000质量认证，是中国焊管行业惟一荣获国际质量金星奖、国际质量白金奖的企业。截至2001年底，工厂已累计生产钢管380万吨，铺设管线总长度14.6万公里，产品先后出口到美国、印度、苏丹等20多个国家和地区。目前工厂已由过去单一的制管企业发展成为集制管、防腐和套管加工于一体的大型钢管综合加工企业，是中国目前最大的焊接钢管加工、新产品开发、工艺研究、试验检验和科技情报中心，是中国管道建设核心骨干企业之一。1993年6月，中共中央总书记、国家主席、中央军委主席江泽民来厂视察并题词“生产优质钢管，支援四化建设”。

【宝鸡市原纸油毡厂】　宝鸡市原纸油毡厂位于宝鸡市虢十路3号，是市属国有中一型企业，也是中国中西部地区规模最大、品种最全、工艺水平最高的防水材料经营企业。该厂始建于1968年，隶属于宝鸡市经贸委轻工办主管，占地5.43万平方米。企业拥有一条引进意大利具有国际先进水平的防水卷材生产线，主导产品“秦岭牌”APP、SBS改性沥青油毡属于无污染环保产品，具有较强的市场占有率。已在全国十多个省、市取得产品准用证，先后在中南海游泳池、中央党史大楼、上海外汇大厦、黄埔大桥、广州地铁、白云机场、陕西电视塔、宝中铁路、国家粮库工程等400多项重点工程中广泛使用，产品质量名列全国同行业前茅。1998年、1999年该企业连续两年被国家建材局、全国防水材料工业协会评为防水卷材全国“十强企业”。2001年已通过ISO9002质量体系认证。该厂技术力量雄厚，始终走在全国防水卷材生产和研制的前沿。在1990年成功引进意大利改性沥青油毡生产线并参与制定国家防水卷材施工标准和陕西省防水卷材标准施工图集的基础上，该厂又抓住国家防水行业产业结构调整，欧、美及我国东南沿海城市建筑屋面平改坡，对防水材料在追求防水效果的基础上追求美观效果，大量使用沥青瓦产品的发展趋势，结合企业自身对我国防水产品市场发展的预测，经多方市场调研、论证，已同美国阿迪公司合资成立了“陕西迪宝防水材料有限公司”，生产具有良好市场前景的沥青瓦产品。目前公司的各项立项和注册手续已办理完成，生产线土建工程也在原纸胎油毡生产线基础上改建完成，计划在2002年底前正式投产运营。

【关中工具厂】　关中工具厂属国有大二型企业，机械工业重点骨干厂，具有自营出口权，工厂占地20万平方米，拥有从美、德等国引进的高精度、高效率的磨制钻头和磨制丝锥生产线及硬质合金可转位刀具生产线，固定资产2.2亿元，有2100名高素质的职工队伍和完善的科研开发、生产制造、人才培养体系以及从市场调研到售后服务全过程的质量管理体系，销售服务网络遍布全国26个主要城市，能为市场提供60多个品种、5000多个规格、年产量达1500万件以上的金属切削工具。该厂的主要产品有：磨制直柄麻花钻、直柄麻花钻、锥柄麻花钻、单一直柄麻花钻、手用丝锥、机用丝锥、磨制直槽丝锥、磨制螺旋槽丝锥、磨制螺尖丝锥、磨制挤压丝锥、内容屑机用丝锥、圆板牙、铣刀，可转位面铣刀、可转位密齿面铣刀等各种可转位铣刀，枪钻、喷吸钻和特殊刀具、深孔复合钻、可转位帽盖式面铣刀、精切复合立铣刀、抛物线槽形深孔麻花钻等。其中：机用丝锥获国家银质奖，磨制直柄麻花钻为部优质产品，机用丝锥和磨制直柄麻花钻均为陕西省名牌产品。枪钻、内容屑丝锥被国家列为替代进口产品。1999年通过ISO9001－94质量体系认证。

【陕西秦明电子（集团）有限公司】　陕西秦明电子（集团）有限公司是主要从事生产销售心脏起搏器及医疗器械、传感器及仪器仪表、衡器、电力电子器材、保安监控器材及工程的设计、制造、安装等业务的高新技术企业。该集团是由长安信息产业（集团）股份有限公司控股、以陕西秦明医学仪器股份有限公司为核心企业组建的投资主体多元化的紧密型企业集团。集团下设3个子公司、1个研究所和5个分厂。公司现有员工780名，其中大中专以上学历的员工占60%。公司注册资本3000万元。陕西秦明电子（集团）有限公司下属的陕西秦明医学仪器股份有限公司是中国惟一的可程控型植入式心脏起搏器专业生产厂家，主要生产具有国际水平的多程控功能、可双向遥测、遥控的心脏起搏器及起搏器导管电极、起搏分析仪等产品，产品行销全国600多家医院。公司开发研制的“秦明”牌8619系列心脏起搏器被国家科技部、国家税务总局、对外贸易经济合作部、国家质量技术监督局、国家环境保护总局联合评为国家重点新产品，并被宝鸡市人民政府评为宝鸡名牌产品。目前，公司正与德国BIOTRONIK心脏起搏器公司进行全面的商务技术合作，进一步增强公司的技术实力。陕西秦明电子（集团）有限公司下属的中美合资麦克传感器有限公司是中国OEM传感器惟一规模化生产厂家，中国硅压阻传感器行业率先取得ISO9002国际质量体系认证的企业，生产经营压力传感器、变送器及自动化控制仪表的高新技术产业公司。麦克公司以全套引进美国最先进的力敏传感器和自动测试系统为基础，结合美国硅谷传感器制造技术并联合开发创新，建立起从OEM压力敏感元件、压力传感器、变送器到电子式压力开关及配套测控仪表的规模化生产线，批量生产几十个系列上百种规格产品，并以其高质量、高可靠性在国内外享有盛誉。通过全体员工不懈努力，陕西秦明电子（集团）有限公司已发展成为国内知名企业，汇聚了一流的人才和技术，按照现代企业制度依法经营、规范运作，其产品的科技含量不断提高，公司资产规模和经营指标逐年上升，被陕西省科学技术委员会评为“高新技术企业”，成为宝鸡市利税大户之一。

（张春明）

乡 镇 企 业 选 介

【岐星企业集团公司】　陕西省宝鸡市岐星企业集团公司位于岐山县蔡家坡经济技术开发区中心区域。是以建材、化工、食品、轻工、机电、商贸、电力能源为主的集团公司。公司董事长王连生是全国乡镇企业家、全国新长征突击手。

集团公司发扬“名利淡如水，事业重于山，发展靠教育，创业不畏难”的岐星精神，促进经济持续、快速、健康发展，拥有14个集体企业，固定资产2.63亿元，注册资本1.0068亿元，员工5308人。年产值1000万元以上企业9个，亿元企业1个。近年来投资兴建的年产55万吨的水泥厂、年发电7800万千瓦的热电厂、年产3万根电力圆杆的建材化工厂、年产2万吨的精粉厂，年产值均突破3000万元。公司生产的425＃、524＃普硅水泥、电解二氧化锰、高低压真空开关、水泥圆杆、高强瓦楞纸箱、白布、塑料编织袋、高档家具等50多种产品行销全国，特别是425＃普硅水泥通过了ISO9002国际认证，成为名牌产品。

2001年公司实现企业产值3.67亿元，出口交货值2700万元，利税3800万元，人均纯收入3598元。集团公司已跃入中国行业最大规模乡镇企业行列，公司内基础设施齐全，环境优美，是投资兴业的理想之地。

董事长　王连生
地　址　岐山县岐星村
电　话　0917—8561589

【中美合资宝鸡华美果菜汁有限公司】　中美合资宝鸡华美果菜汁有限公司创建于1995年，占地23310平方米，建筑面积7000平方米，总投资600万美元，拥有固定资产560万美元，企业员工110余人。2001年实现销售收入5940万元，利税472万元。

公司引进由美国APV公司设计提供的全套浓

缩果菜汁生产线，具有当今世界先进水平的生产设备。可加工生产数十种果菜汁，日处理能力达400吨以上，年生产果菜浓缩汁近万吨。公司还拥有一条年产3万吨的果汁饮料生产线，在生产上采用了现代果蔬汁加工工艺，生产出的浓缩汁及果菜汁饮料保持了原果固有的营养和风味，成为安全可靠的绿色食品。

公司建立了一座设备仪器齐全、检测程度高的化验室和理化分析室，具备了从原料到产成品的危害分析检测和有害物质、农药等残留量的全面监督能力。

公司于1998年通过了国际ISO9002质量体系认证、国际犹太认证，将危害分析关键控制点系统(HACCP)引入到生产管理过程中，建立了有效的质量保证体系，生产的“好年头”、“好兆头”牌系列纯天然果蔬汁及饮料被陕西省卫生厅授予“食品卫生信得过产品”，1999年被食品工业协会评为推荐品牌，国家内贸局食品流通开发中心授予“中国放心食品信誉品牌”。

董事长、总经理 杨玉虎
地　址 陕西凤翔长虹工贸开发区
电　话 0917—7721348

【陕西华祥食品（集团）有限公司】 陕西华祥食品（集团）是岐山县蔡家坡镇水寨村创办的以食品加工为主的综合性企业。建于1992年，现有职工1600多人，其中少数民族职工300多名，高级专业技术人员84名。建筑面积3.5万平方米，拥有固定资产1.1亿元。

集团下设华祥食品有限公司、新疆乌市清真食品厂、岐山华祥汤料有限公司、岐山华祥面粉有限公司、岐山华祥纸箱有限公司、蔡家坡渭河大桥收费站、华祥医院和加油站等。有系列伊面生产线10条，年产方便面2万吨，特制面粉2万吨，板纸1万吨，纸箱800多万套，2001年实现销售收入1.2亿元，利税400万元。集团引进日本、法国等国家的先进生产工艺及配方，生产的“华祥”牌系列伊面销往西北、中原及西南等地，并出口俄罗斯及周边国家。

集团以“信誉开路，靠质量竞争；诚实守信，合作互利”为宗旨，不断发展壮大。“华祥”牌系列方便面先后获国家级5项金奖、18项大奖，企业先后被农业部评为“中型一档”、“质量效益型”先进单位，被陕西省人民政府评为“第三届民族团结模范单位”。

董事长 蔡胜明
地　址 岐山县蔡家坡镇蔡五路
电　话 0917—8588816

【宝鸡爱姆食品有限公司】 宝鸡爱姆食品有限责任公司是拥有现代先进生产设备和加工技术的新兴企业。企业以抓管理、创品牌、重信誉、增效益为宗旨。几年来产品远销全国各大城市，部分产品还销往香港、菲律宾、哈萨克斯坦，初步建立了一个稳固的销售网络。

主要产品分三大类：熟肉和熟食真空包装系列，速冻食品系列，低温食品系列。熟食系列1998年在中国食品节上被誉为“消费者最喜欢的产品”称号。被北京西客站、深圳、广州、昆明、重庆、成都等15个铁路单位列为铁路旅客专用食品；1999年在北京人民大会堂召开的“东方国际食品研讨会”上受到与会专家的好评。2001年1月份公司投资建起了西北最大的速冻生产线，产品一上市便受到了广大消费者的认可。

每年在全国品牌食品抽样检验中，“爱姆”系列食品理化、卫生多项指标都达到国家标准。五香驴肉曾多次进入人民大会堂宴会厅。“爱姆”这个含有中国传统文化底蕴的品牌在广大消费者心目中的地位越来越高。

2001年公司调整产品结构，以新产品多元化、品牌知名化为发展目标，以满足各阶层消费者的需求。公司拥有固定资产1320万元，职工410人，实现产值2400万，利税32万元。

总经理 林应保
地　址 宝鸡市宝十路40号
电　话 0917—3518565

【陕西恒兴果汁饮料有限公司】 陕西恒兴果汁饮料有限公司始建于1997年，是西部地区规模最大的浓缩苹果汁生产企业，公司现有固定资产1.6亿元，浓缩苹果汁年生产能力5万吨。下辖年产2万吨的加工厂2个（陕西宝鸡眉县分厂、渭南合阳分厂）以及年产各1万吨的合资加工厂2个（2000年6月建成的甘肃通达果汁有限公司、天水长城果汁有限公司）。拥有贮量1万吨的大型冷库1座，年运输能力3万吨的车队，在西安以及欧洲的荷兰成立了销售公司，形成了苹果贮藏、运输、深加工一体化经营的格局。

公司成立5年来，累计消化原料果48.8万吨，生产浓缩苹果汁6.6万吨，出口创汇逾3000万美

宝鸡北方照明电器(集团)
股份有限公司董事长 湛民生

宝鸡北方照明电器(集团)股份有限公司是中国北方最大的电光源产品制造企业。主要生产普通照明灯泡、装饰灯泡、直管型荧光灯、一体化电子节能灯、高压汞灯、红外线灯、汽车灯泡、军用特种灯泡、电影电视光源、电光源玻璃制品等系列产品。

公司占地13.6万平方米，现共有员工3100人，各类专业技术人员350名，其中高、中级以上专业人员180人，员工40%是经过3年电光源专业技工学校培养的技术工人。公司年产各种电光源产品2亿只，其中普通照明灯泡1.6亿只，汽车灯泡3000万只，荧光灯1000万支，电光源用玻璃管1万吨。

公司目前拥有13个生产工厂和两个控股公司，设有电光源研究所和产品质量试验检测中心，公司现有各类进口、国产主要生产设备1200多台(套)，各类试验检测设备60多台(套)，其中普灯联动生产线，台湾直管型荧光灯生产线、台湾汽车中灯、楔型灯、微型灯生产线，韩国H4卤钨汽车灯生产线，匈牙利R2汽车灯生产线，瑞士和英国高速绕丝机，日本吹泡机和拉管生产线在国内同行业中处于领先水平。

北照公司秉承40多年的生产历史，积累并引进了先进的管理经验和生产技术，产品以“秦”字牌和“宝力亚”牌为注册商标，多年来以其稳定的质量、可靠的性能、良好的售后服务赢得消费者认可，被誉为“西部明珠”。在国家质量监督部门多次市场质量抽查中获得通过，公司获得ISO9002国际质量体系认证，H4汽车灯获德国“E—MARK”认证。公司形成以中国西北、西南地区为核心并辐射全国各地的销售网络，每年有数百万元的产品出口贸易。

北照人将不懈努力，把为消费者奉献光明的电光源事业作为不倦的追求，愿“西部明珠——北方照明”与您共创美好未来！

董 事 长：湛民生　　总经理：王明哲
公司地址：中国陕西省宝鸡市川陕路17号
邮政编码：721006
电话号码：0086-917-3314422、3312296
传　　真：0086-917-3312356
E-mail：bfzm@163.com

西部明珠　北方照明

灯导丝生产线

引进南韩的H4汽车灯生产线

西安高科陕西

总经理　任同兴

陕西省人民政府代省长贾治邦及市、县领导莅临西安高科陕西金方药业公司视察工作合影（前排居中为贾治邦，左起第五为总经理任同兴）

金方药业公司

西安高科陕西金方药业公司是西安高科实业股份有限公司的全资企业，属省市先进企业，陕西省高新技术企业，科技企业，省级“重合同、守信用”企业，宝鸡市科技进步型企业及消费者信得过商品单位。“岐乐” 注册商标被认定为陕西省著名商标。公司中、西药片剂、颗粒剂、胶囊剂含中药及其前处理、提取已于2001年9月份提前通过了国家GMP认证。目前正在进行小针剂、口服液GMP改造。

公司地处陇海铁路、西宝高速公路沿线，坐落在三国古战场五丈原脚下，依山傍水，气候宜人，空气清新。厂区占地131亩，拥有国际先进的生产设备和工艺技术。具有一大批制药中、高级专业技术人员和训练有素的市场营销队伍。建厂二十多年来，一直致力于科技开发和药品行业的发展，产品凭借其独特的疗效、可靠的质量、良好的信誉和完善的销售体系服务于社会，并与国内诸多医疗、医药单位建立了长期稳定的合作关系，被公认为产品质量可靠、服务过硬、信守承诺的最佳合作伙伴。在生产经营中，公司坚持科技导航、产品开道、销售架桥的经营方略，依靠正确的经营决策，坚持管理创新和科技创新，促进企业快速发展。2001年实现了工业总产值8560万元，实现销售收入7282万元，实现利润981万元，实现利税2351万元，上缴税金1630万元。企业规模和综合效益在宝鸡市20多家制药企业中名列第一，在陕西省283家制药企业名列第九。纳税在岐山县（含部省企业在内）名列第三，在宝鸡市名列第十，成为宝鸡市和岐山县的利税大户。

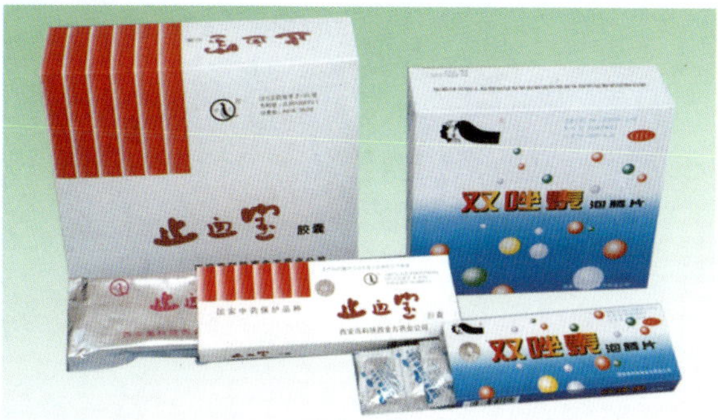

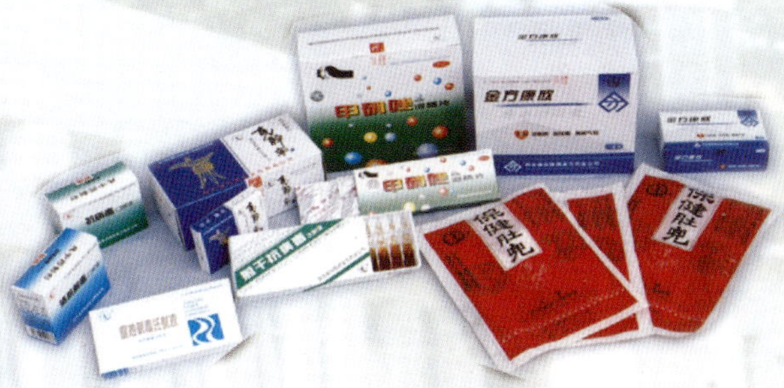

公司产品有水针剂、片剂、冲剂、胶囊、口服液、保健品等8个剂型，100多个普药品种和国家级三类妇科新药、国家专利产品、国家重点新产品“双唑泰泡腾片”及国家四类新药、国家中药保护品种、国家发明专利产品“止血宝胶囊”等国家级新药，以及发明专利产品“金方银樽”、省优质产品“甲硝唑阴道泡腾片”、“金方康欣胶囊”等均以显著的疗效畅销全国以至美国市场。

公司坚持“科技第一、质量第一、信誉第一、服务第一”的经营宗旨，同时以“工艺是法律、质量是生命、安全是保证、信誉是根本”为座右铭。金方药业愿与各界同仁携手共进，共同发展，为人类的健康事业开拓奉献。

董事长：刁仁来
总经理：任同兴
地址：陕西·岐山·五丈原
电话：（0917）8778463
8778221
西安办事处：（029）4614233
西安营销中心：（029）8311046
宝鸡经营部：（0917）3217378
邮编：722406

供电职工拼搏四年
宝鸡城市电网建设改造
1998·

国电公司验收会主会场

电网自动化向县区级配网延伸

开发区变电站10KV送出

宝鸡供电局

优质电网造福陈仓

正式通过国家级竣工验收

- 2001

八里桥输变电工程

省政协副主席逄靠山来局视察

局领导陪同省公司副总经理吕云仑到724台走访客户

国家电力公司电力市场整顿和优质服务年活动先进集体荣誉

续七年被中共宝鸡市委市政府评为创佳评差优胜系统

先行电力（集

省委书记李建国视察斯通电气公司

参加投资贸易洽谈会

鲁瑞先行公司开业典礼

公司总部名片

董事长 ： 杨金善
副董事长：郭一钢
总经理 ： 刁力九

中国·陕西·宝鸡市大庆路5号 邮编：721004
电话（0917）3822346 传真（0917）3822348

团）有限责任公司

冠名举办中英足球赛

拥有14个分、子公司
2001年
产值首次突破
300000000元

集团公司产业

电力开发拓展 · 矿产资源开发
工业与民用建筑 · 金属冶炼
电力物资供应 · 电力工程建设
客户配套服务 · 计算机网络工程
特种水泥制品 · 餐饮旅游服务
纯净水生产 · 房地产开发

扶贫捐赠仪式

陕西汽车集团

陕西汽车集团公司董事长 张玉浦

陕西汽车集团有限责任公司(简称陕汽集团)是由陕西汽车制造总厂整合宝鸡车辆厂，并联合陕西东隆集团有限责任公司、重庆卡福零部件有限责任公司、重庆红岩弹簧有限责任公司等企业构建的多元投资母子公司，是经国家选型对比试验后保留的惟一指定装备我军的重型军用越野车生产基地。公司拥有陕西欧舒特汽车股份有限公司、陕西宝鸡华山工程车辆有限责任公司、陕西通力专用汽车有限责任公司、陕西重型车桥有限责任公司等10个全资子公司和控股公司。

公司拥有自营进出口权，产品出口新西兰、朝鲜、伊拉克等十几个国家，被国务院批准为扩大出口企业。产品SX2150及SX2190型军用越野车先后参加了举世瞩目的建国35周年及50周年国庆阅兵仪式，以庞大的阵容壮我军威，为国争光，受到国务院及中央军委的多次嘉奖。

面对经济全球化的挑战，陕西汽车集团有限责任公司将坚持“双优为本、改革创新、谋求更大发展、迎接新的挑战”的指导方针，发扬“敬业、笃学、诚信、创新”的企业精神，深入开展“双优工程”，树立全新的经营理念，进一步提高开发市场、驾驭市场的能力，培育强势企业形像和品牌产品，通过资本结构的优化组合和资源的合理配置，把陕汽集团建成国际化、开放型企业集团，为我国的汽车工业和国防现代化做出更大的贡献。

董事长：张玉浦
总经理：方红卫
住　所：西安市幸福北路39号
电　话：029－2522448
传　真：029－2527664
邮　编：710043
网　址：WWW. sxtruckbus. com

陕汽SX2190型军用越野车

陕汽SX4240军用越野牵引车

有限责任公司

陕西汽车集团公司总经理　方红卫

陕西汽车集团公司党委书记 陈巨元

陕汽SX1161双前轴民用载货车

陕汽SX3240民用自卸车

整装待发烟台的S35民用牵引车

宝鸡石油钢管有限责任公司

1993年6月10日，中共中央总书记、国家主席、中央军委主席江泽民来公司视察

2001年6月16日，中国石油天然气集团公司总经理马富才、中国石油天然气股份有限公司总裁黄炎来公司视察

宝鸡石油钢管有限责任公司由宝鸡石油钢管厂和上市公司济南柴油机股份有限公司共同投资组建，公司注册资金14431.07万元，现占地面积314812平方米，员工1574人。公司于2002年6月被认定为“高新技术企业”。

宝鸡石油钢管有限责任公司已由过去单一的制管企业发展成为集制管、防腐和产品研发于一体的大型钢管综合加工企业，是我国目前最大的焊接钢管加工、新产品开发、工艺研究、试验检测基地和科技情报中心。为提高国内螺旋焊管制造水平，满足西气东输工程对优质钢管的需求，宝鸡石油钢管有限责任公司投资兴建了一条大口径螺旋焊管生产线、一条具有世界先进水平的钢管内涂敷生产线和一条具有国内领先水平的钢管外防腐生产线。

公司十分重视产品质量，螺旋双面埋弧焊管连续3次荣获国家质量银质奖，连续5次获得美国石油学会颁发的“API”会标使用证书，是我国焊管行业惟一荣获国际质量金星奖、国际质量白金奖的企业。

到2001年底，公司已累计生产钢管380万吨，铺设管线总长度14万公里。产品先后出口到印度、巴基斯坦、苏丹、美国等20多个国家和地区。截至2002年5月，宝鸡石油钢管有限公司已为西气东输工程生产合格钢管59000吨。

1993年6月，中共中央总书记、国家主席、中央军委主席江泽民同志亲临视察并题词“生产优质钢管，支援四化建设”。

地　　址：陕西宝鸡国家高新技术产业开发区英达路副2号
联系电话：(0917)3398325　　3398572
传　　真：(0917)3390847　　3390857
E-mail:bsg@bsg.com.cn
http://www.bsg.com.cn

石油机械第一家 宝鸡石油机械厂

厂长　张冠军

宝鸡石油机械厂是中国石油天然气集团公司所属最早、规模最大的石油机械专业制造厂家。工厂现有职工2900多人，其中工程技术人员600人。拥有资产8.5亿元，占地面积80多万平方米，拥有各类设备2000余台套，年生产能力3万多吨，年出口创汇额1000多万美元。已成为集设计开发、生产制造、总装试验、销售服务于一体的大型石油机械制造企业。

现代化生产车间

2001年，宝石厂有铸造、锻压、热处理、钻机、设备、配件等十多个主要生产分厂。拥有各类精、大、稀、关设备百余台，有两个钻机试验场和配套的各种产品的试验台。能生产成套钻机、泥浆泵、丝扣规等各种大型、成套石油钻采设备和复杂、高精度产品。

工厂主要产品有：各类成套石油钻机、F系列泥浆泵、井控井口设备、采油设备、石油专用工程车及石油机械配件、水泥制造设备和城市用垃圾车等，共有50多个大类、600多个品种、1000多个规格的产品。其中8大类55项产品获美国石油学会API会标使用权，涵盖了钻井装备所有主要设备和工具，是世界上获得会标使用权最多的厂家。于1995年通过了ISO9001质量体系国际认证，2001年，又顺利通过了DNVISO9001—2000版质量体系认证和API换证复审。

宝石厂生产的“宝石牌”石油机械产品，在国内各油田得到广泛使用，并赢得了较高信誉。近年来，出口产品也从单一、少量的零配件，发展到批量、成套大宗钻机。产品的国际市场日益扩大。泥浆泵等产品已成为国际石油设备市场公认的中国品牌产品，主要出口北美、南美、东南亚、中亚和中东等20多个国家和地区。目前，工厂与国际上70多家厂商有着商务和技术往来。

宝鸡石油机械厂奉行“创新、负责、敬业、实干、拼搏”的“宝石精神”，愿与国内外各界朋友建立良好的合作伙伴关系，谋求共同发展。

新住宅楼成为宝鸡市的新景观

宝石牌钻机在油田打井

陕齿总厂厂长、法士特公司总经理　李大开

中共中央政治局常委、国务院副总理李岚清（左一）在陕西省省长程安东（左三）、总经理李大开（左二）的陪同下视察公司

陕西汽车齿轮总厂
陕西法士特齿轮有限责任公司

Fast Gear　SHAANXI FAST GEAR CO., LTD

陕西法士特齿轮有限责任公司，是由陕西汽车齿轮总厂和湘火炬投资股份有限责任公司通过强强联合，共同投资组建的高新技术企业，是以生产重型汽车变速器、分动器、取力器和汽车齿轮及汽车锻件为主的大型专业化企业。拥有进出口自主权和西安、宝鸡两大生产基地，固定资产2.5亿元，总占地面积67万平方米。在美国设有法士特齿轮分销公司。在册员工3000人，其中工程技术人员400多人。

法士特公司具有完整的产品开发、工艺设计、生产制造、检验测试等技术系统和检验系统。主导产品为引进美国EATON公司专有技术生产的富勒系列变速器和自己研制生产的多种型号系列变速器，及与以上产品相配套的系列取力器、分动器、OEM配套齿轮等出口件和各种国产、进口汽车齿轮锻件等。

公司已形成年生产各型系列变速器10万台以上，桥齿轮5万套和汽车锻件1万吨的综合生产能力。在国内为40多个厂家的几百种车型配套各种变速器，占全国15吨以上重型汽车配套量的85%市场份额。1999年取得对美国跨国大公司的OEM配套资格，年出口OEM配套齿轮200万只以上。

法士特公司设备精良，拥有美国、德国、英国、日本等国生产的、具有国际先进水平的锻造、高效精密数控机加工、工模具制造等设备1700余台（套）。1999年通过ISO9001质量体系认证和美国EATON公司ISO9001第二方审核，2001年通过QS9000质量体系认证。

2001年末，企业实现销售收入(不含税)31651万元，完成工业总产值（1990年不变价）44767万元，实现利税8730万元，出口创汇501万美元，在全国齿轮行业名列前茅。

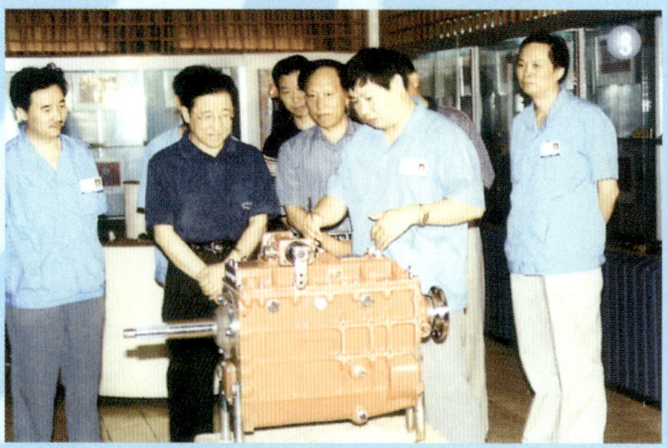

陕西省代省长贾治邦（左二）在总经理李大开（右二）的陪同下视察公司

公司办公大楼外景

地址：西安市大庆路西段
电话：029－4625500
邮编：710077
传真：029－4623110
网址：http://WWW.chinafast gear.com
电子信箱：sgwtrade@ec.com.cn

企业简介

省委候补委员、宝鸡卷烟厂厂长、党委副书记　陈晖

宝鸡卷烟厂是全国烟草行业36家重点工业企业之一，也是西北地区规模最大的卷烟生产企业。1949年10月建厂，现有职工2400人，固定资产8.55亿元，年产卷烟能力50万箱，已累计向国家上缴税金85亿元，连续八年跻身全国500家最大工业企业行列。

宝鸡卷烟厂长期坚持“以质量求生存，以效益求发展”的办厂宗旨。

面对西部大开发这一前所未有的历史机遇，宝鸡卷烟厂正以邓小平理论和江总书记“三个代表”的思想为指导，按照“巩固、提高、创新、发展”的方针，坚持以市场为导向，以利润为中心，以科研和营销为重点，以管理为依托，转变观念，求实创新，全面推进宝烟的持续、稳步、健康发展。

厂　　长：陈　晖
党委书记：李　峰
地　　址：陕西省宝鸡市宝烟路1号
邮　　编：721000
电　　话：3469666
传　　真：3469555

中共宝鸡市委书记庞家钰、市长吴登昌到宝鸡卷烟厂检查工作

宝鸡卷烟厂技术水平、科研实力、经济效益雄踞西北地区首位

陕西省宝深建材机械集团有限公司

陕西省宝深集团公司董事长 林纪功先生

公司简介

陕西省宝深建材机械集团有限公司是砖瓦机械定点生产厂家，陕西省“重合同，守信用”先进单位。集团下设眉县砖瓦机械制造总厂、宝鸡春翔机械研究所、宝深砖瓦实验有限公司、宝深集团经销公司、宝深砖瓦机械有限公司等六个分支机构。公司占地面积54000平方米，建筑面积21000平方米，固定资产4700万元，企业职工478人，专业技术人员96人，高中级技术人员38人。

“宝深”牌砖瓦机械系列产品，不仅适应各种粘土原料，同样适应页岩、煤矸石、粉煤灰等各种非粘土原料。经全国30多个省市和东南亚等地区客户使用，一直受到好评。于1999年元月，荣获全国建材行业“十佳品牌”称号，一举成为全国砖瓦机械行业惟一上榜品牌。企业并通过了ISO9001国际质量体系认证。

地址：陕西省宝鸡市眉县城关平阳街8号
电话：0917-5542339　5544390
传真：0917-5542291
邮编：722300
网址：www .bs-brickmachine. com
电子信箱：bao shen@bs-brickmachine.com

JZKD40/35-20型单级真空挤砖机

JZK50/45B-30型全钢双级真空挤砖机

陕西毅武集团

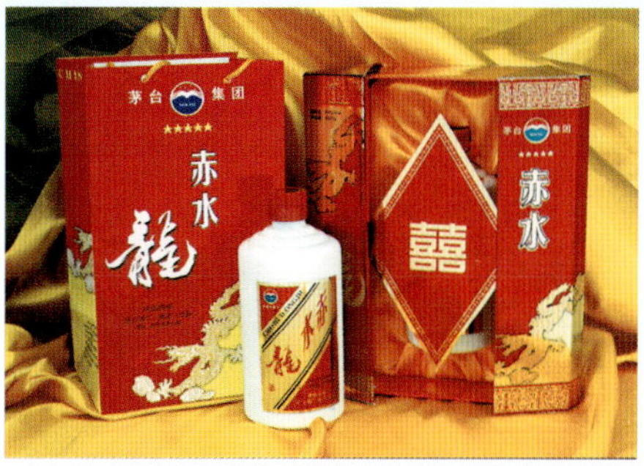

陕西毅武集团位于宝鸡国家高新技术产业开发区，现有员工3500多人，资产近4亿元，由王录让出任集团总裁，罗关海任副总裁。集团现有国内先进的方便面生产线60条，年产“熊毅武”牌系列伊面2000多万箱，年产值近6亿元，利税4000多万元。目前，毅武集团拥有11个大公司、3个分厂、1个分公司。集团总部下设人力资源部、供应部、财务部、生产质量部、市场研究开发部、销售部等职能部门，是以“熊毅武”牌方便面为龙头，集面粉加工、饮料、茅台“赤水龙”系列白酒、蜂乳系列营养酒、“熊毅武”牌纯净水、汤料、纸制包装品、房地产开发及餐饮服务业为一体的我国西北地区最大的综合性食品企业集团。

“熊毅武”牌系列产品先后荣获“中国(西安)首届食品节金奖”、“中国首届优质食品奖”、“国际名牌食品”、“国际食品质量之星”、“全国食品行业名牌产品”等多项殊荣，公司被评为“中国最佳形像AAA级企业”、“中国企业特级信誉单位”、“全国食品行业质量效益型先进企业”、“全国食品行业优秀企业”，通过了中国进出口质量认证中心ISO9002质量体系认证，并被中食协确定为国家食品工业重点企业，“熊毅武”牌商标被陕西省工商行政管理局认定为陕西省著名商标。

中美合资麦克传感器有限公司董事长 张甫晶

中美合资 麦克传感器有限公司 MICRO SENSOR CO., LTD.

中美合资麦克传感器有限公司，是专业设计开发生产经营压力传感器、变送器及自动化仪表的高新技术产业公司，是中国OEM压力传感器规模化生产厂家，是中国硅压阻压力传感器行业率先取得ISO 9001—2000国际质量认证企业。麦克公司以全套引进美国最先进的力敏传感器生产线和自动测试系统为基础，结合美国硅谷传感器技术并联合开发，建立起从OEM压力传感器、压力传感器、压力变送器到电子式压力开关及配套测控仪表规模化生产线，批量生产几十个系列上百种规格产品。世纪之交，又相继开发出高精度、智能化、数字化、多功能等多种压力测控产品系列，以满足各行业领域不断发展的自动化测控现场需要和系统配套。在力敏器件制造领域，麦克传感器在中国市场与国际著名厂家并驾齐驱，享有"中国的OEM压力传感器"之盛名；在压力测控方面，麦克产品以"高质量、高可靠性"得到越来越多用户的信赖。

麦克公司以"产品与服务同在"为经营理念，建立多层次专业化全程服务体系，提供技术交流，与先进技术水平同步提高，与广大用户共同发展。

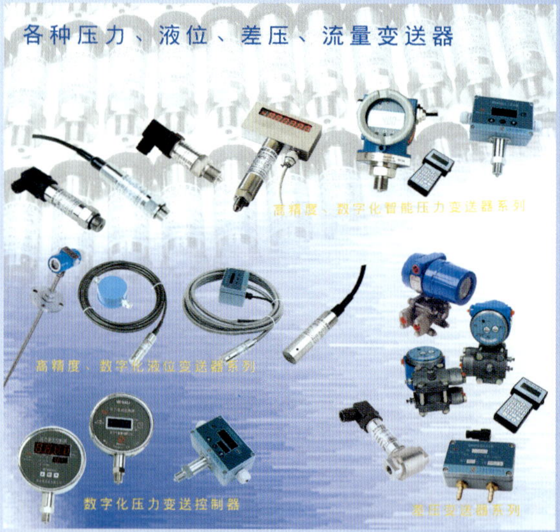

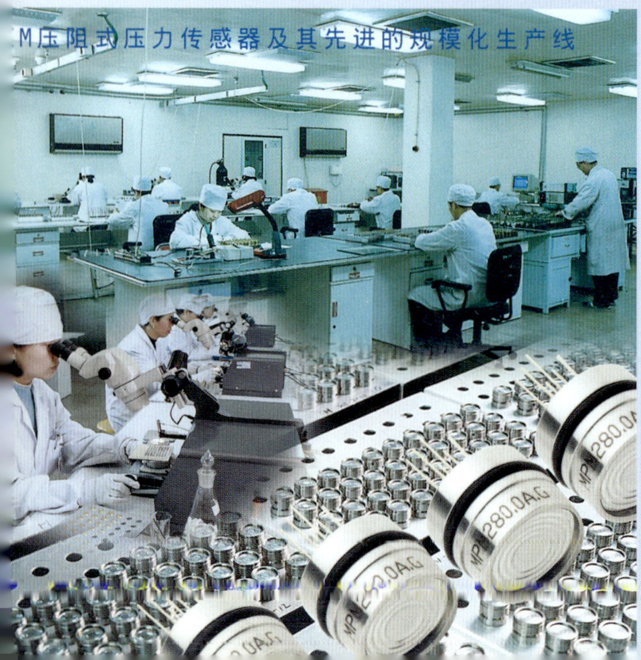

中美合资 麦克传感器有限公司
MICRO SENSOR CO., LTD.
地址：陕西省宝鸡市宝福路101号 721001
电话：（0917）3665939　3665517
传真：（0917）3666346
http://www.CHINA-MICRO-SENSOR.com

陕西汽车集团 宝鸡华山工程车辆有限责任公司

华山 BAOJI HUASHAN

生产线

宝鸡华山工程车辆有限责任公司，是省、市政府批准将宝鸡车辆厂改制后划转陕西汽车集团有限责任公司的控股子公司，是国家首批定点生产农用运输车厂家之一，是西北地区生产轻、中型汽车、专用车、农用运输车，集科研、开发、设计、生产和销售于一体的大Ⅱ型企业。

公司主导产品：华山牌系列农用运输车、中轻型系列载货汽车。产品先后荣获农用车行业最高奖“飞马奖”，星火计划奖，全国消费者信得过优质产品奖，全国发展农用车贡献奖，国家质量检测合格、质量信得过产品奖。2001年公司通过了ISO9002质量体系认证。华山牌系列农用汽车销售覆盖全国20多个省(自治区)，深受用户信赖，享有很高的信誉。2001年主导产品产量、销售额、产值同比增长107.47%、124.95%、126.28%，产销率达到101.4%。公司将按照集团“把宝鸡建成中、轻型汽车、专用车、农用车基地”的要求，为“十五”末实现产、销各种车辆3万辆，销售收入21亿元的目标而奋斗。

公司地址：中国宝鸡(川陕路24号)　　邮　编：721006
电话：0917-3314082　　传真：0917-3316057　　E—mail: bjclch@public.xa.sn.cn

中铁宝桥股份有限公司

中铁宝桥股份有限公司是国内专业生产钢桥梁、钢结构、铁路道岔、高锰钢辙叉、城市轨道交通设备、门式起重城市轨道交通设备、门式起重机等产品的大型企业，是“中国100家最大交通运输设备制造业企业”之一，跻身于“全国工业系统综合评价最优500家”之列，公司在全国同行业中最先通过ISO-9000质量管理体系认证、ISO-14000环境管理体系认证和OHSAs18001职业安全卫生管理体系认证，被铁道部确立为“铁道器材研究发展基地”，陕西省科委认定为“高新技术企业”，国家工商局授予全国首批“重合同守信用”企业。公司有连续二十余年盈利的良好经营业绩，在同行业中有较强的履约能力和优良的产品信誉。

箱型梁板块制造

宝鸡啤酒股份有限公司

宝鸡啤酒股份有限公司于1997年改制成立，啤酒年生产能力35万吨，是西北地区最大的啤酒生产企业，陕西省重点扶持的60户优势企业之一，全国优秀轻工企业。

主要产品有e麦宝鸡生态啤酒、世纪星超爽宝鸡啤酒、10干啤酒、11普通啤酒、10冰啤、14全麦啤酒、宝鸡纯生啤酒等。公司引进美国、丹麦等世界一流酿酒设备与技术，采用进口大麦、优质麦芽与公司得天独厚的富锶矿泉水源精心酿制，宝鸡牌系列啤酒以其口味纯正、清香淡雅的独特品质而深受广大消费者的青睐。产品先后荣获国内外60多项大奖，并出口泰国及中亚地区。1995年3月，宝鸡啤酒及其质量保证体系率先在同行业中通过了ISO9002国际质量体系认证，产品畅销100多个县区和13个省区。在2000届国家级啤酒评酒委员年会上，10度世纪星超爽宝鸡啤酒被评为“国家级优质产品”。

董事长：李江林　　总经理：赵洲平
E—mail:baojibeer@163.net
http://www.baojibeer.com
地址：宝鸡虢镇西和平街25号

产品质量认证证书
CERTIFICATE OF CONFORMITY OF PRODUCT QUALITY

国家方圆质量认证证书

具有国际先进水平的灌装生产线

宝鸡建忠佳家乐食品有限公司

董事长、总经理　王建中先生

宝鸡建忠佳家乐食品有限公司是由王建中先生在租赁原宝鸡劲牌食品有限公司的基础上，个人投资组建的一家大型民营食品企业。建忠公司以生产、销售"建忠"牌"佳家乐"、"佳家爱"系列快餐伊面为主要经营范围，产品畅销陕西、山西、甘肃、宁夏、内蒙古、新疆、西藏、河南、湖北、四川、重庆、昆明等广大地区，被授予"中国驰名品牌"，并荣获"陕西省消费者协会2002年度推荐产品"。

公司坚持"诚信为本、质量第一"的宗旨，在董事长、总经理王建中先生的带领下，经过三年的经营，得到飞速发展。2001年12月公司总部迁入绛帐工业园区。目前，下设两个方便面加工厂，两个分公司（宁夏石嘴山、河南南阳）、两个面粉加工厂。拥有固定资产3500多万元，职工900多人，拥有高效节能、国内一流BFY-12W生产线7条，可年产各类方便面3万吨。2001年实现了产值过亿元、利税过百万元的奋斗目标。2002年公司投资600万元新建的彩印厂已正式运营投产。

公司地址：宝鸡扶风绛帐工业园区
法人代表：王建中
电　　话：(0917) 5335666
传　　真：(0917) 5335888
邮　　编：722205

扶风县委书记曹毓刚（左四）陪同市长吴登昌（左五）来公司视察工作

公司副总经理梁永仓（左一）陪同绛帐镇党委书记郭长印、镇长胡新年检查工作

世界品种、规格最全的精密磨齿机制造商

秦川机床集团有限公司（原名为秦川机床厂），是全国机械行业重点骨干企业。1965年由上海机床厂分迁至陕西省宝鸡市。1995年，秦川机床厂改制为秦川机床集团有限公司。1998年，公司作为主发起人成立了“陕西秦川机械发展股份有限公司”，并在深圳证券交易所顺利上市。2001年10月，公司成功实施了债转股，中国华融等四家金融资产管理公司成为公司新股东，实现了股权多元化。至此，公司已由原来的一家内迁工厂发展成为建立了现代企业制度，总资产达到11亿元，拥有16家控股、参股公司的大型企业集团。

公司本部现有员工2588人，其中博士生2名，硕士生40人，各类专业技术人员938人，占员工总数的36%，拥有一批高素质的科技人才、管理人才、生产一线人才。公司主导产品磨齿机已由机械式发展到PC控制，再发展为全数控化整机性能达到国际先进水平。产品先后获得国家、部、省级科技进步奖和优秀成果奖四十多项。产品国内市场占有率大于80%，并出口到美国、韩国、日本及东南亚二十多个国家和地区。塑料中空成型机荣获国家科技进步二等奖，并开发了6层大中空产品。汽车转向助力泵已达到年产5万套的生产能力和销量。"三帝牌"电脑主板的国内市场占有率达到10%，开发出了7个系列的节水灌溉专利产品，并建成具有自主知识产权的节水设备生产线。企业参与了国家试验通讯卫星的研制并获国家嘉奖。

公司拥有精良的高精度、高效率、高技术的工艺装备，设备的数控化率达到了40%，装备水平在全国机床行业处于领先地位。企业被评为国家“863”计划CIMS推广应用单位、公司与大连铁道学院共同承担的国家“863”项目“机器人用ＲＶ减速器项目”通过国家验收。通过了ISO9001质量保证体系的认证，被评为国家级“企业技术中心”和“国家火炬计划重点高新技术企业”。近几年，公司先后被评为“中国机械工业优秀企业”、“全国先进财会工作集体”、“全国10家国有企业改革先进典型”、“机械工业管理进步示范企业”、机械工业核心竞争力三十佳企业，荣获全国“五一”劳动奖状，并受到江总书记的表扬。

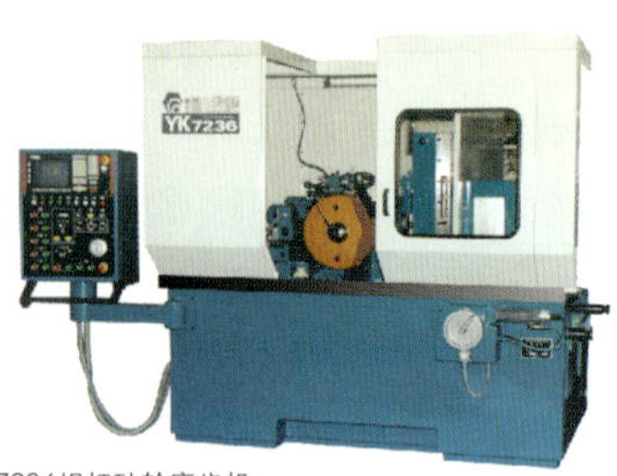

YK7236蜗杆砂轮磨齿机

Yk7250蜗杆砂轮磨齿机

创建宜人制造业

股票代码：000837
秦川发展
陕西秦川机械发展股份有限公司
地址:陕西省宝鸡市姜谭路22号 邮编:72100
电话:(0917)[illegible]
E-mail:qinchuan@qinchuan.co

中铁一局集团第五工程有限公司

董事长兼党委书记　孙志坚

总经理　李双发

中铁一局集团第五工程有限公司（原铁一局五处）是国家铁路建筑一级企业，现有职工4600多人。有高、中级职称的工程师、管理人员290多名，注册资金6018万元，拥有大型机械660台件，总功率达42768千瓦，年生产能力可达10亿元以上，是一支基建施工劲旅。现分布全国十几个省、市、自治区，东到海滨，西至新疆，南下羊城，北抵塞外，担任着许多重大工程的施工。施工范围涉足到了水利、水电、机场、码头、地铁等领域，并取得了引人瞩目的成果。该单位以隧道施工见长，修建的官村坝铁路隧道，1965年曾获中共中央通电嘉奖；近年来修建的中国最长铁路隧道——西康铁路秦岭隧道（全长18.48千米），创出了月掘进465米的全国纪录和独头通风6000米的世界记录；我国第二长双线铁路隧道神黄铁路——长梁山隧道（全长12.46千米），创造了全国最长的铁路斜井施工纪录；我国第三长双线铁路隧道——西南铁路东秦岭隧道（全长12.268千米），2001年创出了年正洞成洞3000米和平导掘进3000米的全国纪录；修建过我国目前最长的高速公路隧道——甬台温高速公路大溪岭·湖雾岭隧道（全长4416米）等大批铁路公路隧道。隧道总长达300多公里，居全国同级单位之冠。该公司生产能力逐年俱增，从1999年以来，以每年17%的速度递增，即年完成5.2亿、6亿、7亿，今年可望完成8亿元产值。该单位讲信誉、守合同、重质量，被誉为"铁军"，多次受到上级嘉奖。邓小平等多位党和国家领导人到该单位施工的工地参观并给予了很高的评价。该单位能承担各种铁路、公路、水利水电、城建、人防、地铁等工程，并竭尽全力为客户服务，是宝鸡知名企业之一。

全国政协主席李瑞环在公司承建的中国铁路第一长隧——西（安）康（安康）线秦岭隧道工地视察

我国第三双线铁路长隧——西（安）南（京）线东秦岭隧道，全长12.268千米

电话：0917-3836331
传真：0917-3836240

西安铁路工程集团第一有限责任公司

西安铁路工程集团第一有限责任公司总经理　马岁满

西安绕城高速公路北段跨陇海铁路高架桥

西安铁路工程集团第一有限责任公司现有职工1284人，有高、中级职称的工程师、管理人员299名，拥有各类机械设备290（台）件，总功率达12745KW，固定资产净值1757.36万元。具有隧道、桥梁工程专业承包一级，堤防工程专业承包三级，预应力工程专业承包二级的施工资质。公司组建于抗美援朝战火之中，在五十个春秋发展历程中，先后参与承建了宝成铁路、陇海铁路复线、宝鸡东、武昌南、新丰镇编组场和宝成、陇海铁路电气化改造，承担了1981年宝天、宝成水害复旧和1992年马蹄湾大塌方改线工程等，为国家的铁路建设做出了应有的贡献。改革开放以来，公司积极推进市场化，不断调整产业结构，拓宽施工领域，勇于参与市场竞争，陆续中标承建了宝中铁路南大门（1标段）、宝鸡二电厂专用线、宝成二线、宝兰复线、210国道、姜眉公路，承建了全国第一座准高速铁路沈阳丁香特大桥，我国自行研制的第一条青城山磁悬浮列车示范线，第一座大连城市快速轨道高架桥，西北最长的铁路双线高架桥——西康铁路豁口特大桥，西北规模最大的城市互通式立交桥——西安绕城高速长安路立交桥，宝鸡市第一座过街人防地道——汉中路过街通道，第一座过河人防通道——宝鸡渭河人防隧道，陕西第一座大跨度的公路高架桥——西安大兴路4孔72M孔径快速干道高架桥。在多年的群雄角逐中，公司始终坚持“干一项工程，树一座丰碑，拓一方市场，交一方朋友”的市场理念和“我干工程必精品”的企业精神、“道道工序零缺陷”的质量方针，以精细严谨的施工组织、快速高效的工期信誉和文明整洁的现场管理，赢得了部、省、市领导、监理部门的赞誉，市场越来越大，地域越来越广，实力越来越强，信誉越来越高，在以后的工作中公司将以诚信服务业主。

地址：陕西省宝鸡市陈仓园2号新区
邮编：721000
电话：0917—2855555
传真：0917—2855155

宝鸡市经二路人防工程“女人街”

铜（川）黄（陵）高速公路罗圈梁隧道及路堑

宝鸡第二发电有限责任公司

1——4号汽轮机房

党委书记、总经理　申宝峰

集中控制室

宝鸡第二发电有限责任公司总装机容量130万千瓦，有职工2400余人。“九五”期间，公司新厂一期工程安装4台30万千瓦国产引进型燃煤发电机组，年发电能力70亿千瓦时。工程动态投资62.47亿元，静态投资46.78亿元，由国家电力公司西北公司、陕西省电力建设投资开发公司、陕西省电力公司、西北电力开发有限公司分别按40%、35%、20%、5%比例投资。工程1996年10月1日开工，2001年2月28日，4台机组全部建成投产。其中，4号机组主要经济技术指标达到全国先进水平，创造了西北电力建设的新纪录。

2001年6月5日，原宝鸡第二发电有限责任公司和原宝鸡发电厂司厂合并，成为如今的宝鸡第二发电有限责任公司。“十五”期间，宝二发电公司按照现代企业制度要求，实行董事会领导下的总经理负责制。新领导班子提出了公司的工作思路：以“三个代表”重要思想为指导，以安全生产为基础，以提高经济效益为中心，强化精神文明建设，强化节能降耗工作，强化班组建设管理，强化人才创新工作，强化生活后勤建设，近期完成热电联产改造工程，大力发展多种经营，为实现“一年达标，两年达到全国一流火力发电企业各项考核指标”努力奋斗。

陕西宝鸡凤翔县长青镇石头坡　　电话：7515291　邮编：721405

陕西宝鸡姜谭路2号　电话：3812222　邮编：721008

变电站

宝鸡水泵厂

厂长 李发彦

宝鸡水泵厂是国家泵行业重点骨干企业之一，专业从事泵类产品的研制、生产、销售。企业有40多年工业泵生产经验，技术力量雄厚，生产设备齐全，其装备水平、技术水平、产品质量已达到同行业先进水准。

工厂现有产品18大类700 多个规格，主要有全系列喷水式柱塞泥（灰）浆泵、离心式泥浆泵、增压注水泵、海洋平台泵、无堵塞泵、高压清洗泵、电动往复泵、成套化肥泵、A、AY系列离心油泵、蒸汽往复泵和蒸汽往复冷热油泵、计量泵、试压泵、隔膜泵、蠕动计量泵、水环式（液环式）真空泵、锅炉给水泵，IS（R）单级离心泵、旋涡泵、潜污泵等。产品广泛应用于电力、石油、化工、冶金、矿山、市政工程、给排水等领域，部分产品出口美国、东南亚和非洲等国家。

地址：陕西省宝鸡市人民路3号
邮编：721001
电话：0917—3514223
传真：0917—3512725

增压泵

除灰泵

潜污泵

清洗机

洗井泵

元，实现利润2000多万元；1998年取得自营进出口权，1999年通过ISO9002国际质量体系认证，先后获“陕西百强乡镇企业”、“宝鸡市出口创汇先进单位”等荣誉称号，现为宝鸡市出口创汇额最大的企业。

董事长　汶有仓

地　址　中国·杨凌示范区新桥北路1号

电　话　029—7036811

【宝鸡惠民乳品（集团）有限公司】　宝鸡惠民乳品（集团）有限公司是以乳制品生产加工为主的综合性企业，始建于1983年，占地面积78000多平方米，建筑面积32000平方米。现有员工近千人，总资产7900多万元。

近年来企业创办了惠民奶业公司、惠民彩印公司、惠民包装公司、惠民运输公司、惠民畜牧服务中心和惠民奶牛饲养繁殖小区等实体，从事新产品开发、奶畜养殖、畜牧服务、奶粉生产、鲜奶加工、包装彩印，拥有万吨奶粉生产线和万吨鲜奶生产线，采用全自动电脑跟踪彩印配套设备和包装设备，在全国建立了30多个办事处，成为西北地区乳制品行业的骨干企业。

“开发名牌产品，追求精良品质”是集团公司的经营宗旨。按照“绿色食品”标准开发生产的惠民系列产品已形成三大品牌四大系列46种产品，畅销全国20多个省市区，2001年实现销售收入1.3亿元。公司竭诚为广大消费者服务，作出“不满意便退货”的承诺。产品先后获“中国知名品牌”、“陕西省名牌产品”、“中国绿色食品”、“中国食品工业协会推荐名牌产品”、“消费者信得过产品”等称号，婴幼儿配方奶粉成为免检产品；公司被评为“全国食品行业质量效益型先进企业”、农业部“全面质量管理达标企业”、“省级先进企业”、“全国乡镇企业创名牌重点企业”，已通过ISO9002质量体系认证。

惠民集团公司是农业产业化国家重点龙头企业，形成了“市场牵龙头、龙头带基地、基地连农户、农户广受益”的奶畜产业化格局。

董事长　张烈财

地　址　宝鸡县天王镇八庙村

电　话　0917—6213838

【宝丰工贸集团公司】　宝鸡市宝丰工贸集团公司位于宝鸡县东部的阳平镇宝丰村。改革开放以来，宝丰人在省市劳模、党委书记、集团公司原董事长陈宝元的带领下，抢抓机遇，艰苦创业，使企业由分散粗放型向科技型、集团化发展。全公司现有5个子公司，主要经营化工、造纸、商贸、建筑、包装、建材。拳头产品为薯芋皂素、高档系列文化用纸。2001年全公司拥有固定资产6670万元，完成产值13458万元，实现利税634万元。公司的宗旨为“集一流人才，创一流管理，出一流产品”。集团公司被农业部列入1995中国最高利税乡镇企业1000家行列。纸业公司被农业部评定为“全国大中型乡镇企业——中型一档”企业，薯芋皂素公司、包装公司被评定为“中型二档企业”。一号黄板纸、二号瓦楞纸被评为省优产品，薯芋皂素获国家部级“万向银杯”，被省农行评为信用“AAA”企业。党委书记、原董事长陈宝元先后被评为全国百名优秀企业家、全国乡镇企业家、省市劳动模范、国家级“大地之光”新闻人物。

集团公司近期的发展战略是搞好高档文化用纸的生产销售和以薯芋皂素深加工为重点的宝丰工业园区建设，力争企业产值超过1.5亿元，利税突破1000万元。

董事长　王乃劳

地　址　宝鸡县阳平镇宝丰村

电　话　0917—6669400

【陕西宝深建材机械（集团）有限公司】　陕西宝深建材机械（集团）有限公司是集科工贸于一体的陕西省高科技企业，是国家建材局和国家标准化委员会砖瓦机械定点生产企业。集团下设眉县砖瓦机械制造有限公司、宝鸡春翔机械研究所、宝深集团眉县铸造有限公司、宝深砖瓦实验有限公司、宝深集团销售公司、宝深砖瓦机械有限公司6个分支机构，公司占地面积68000平方米，建筑面积37000平方米，拥有固定资产5100万元，职工504人，专业技术人员115人，高中级技术人员46人。

宝深公司在全国劳动模范、全国首届优秀发明企业家、全国乡镇企业家、陕西省有突出贡献专家、研究员、高级工程师林纪功的领导下，主要从事砖瓦机械系列产品的研究、开发、制造和新技术、新产品的应用推广。生产的“宝深”牌系列产品是全国砖瓦机械行业首批达标产品、中国人民保险公司质量保险产品、陕西省名牌产品。公司先后获47项科研成果，被农业部授予“全国乡镇企业科技进步先进单位”和“全国乡镇企业科技创新示范单位”，被陕西省命名为“高新技术企业”。

“宝深”牌砖瓦机械系列产品适应粘土、页岩、煤矸石、粉煤灰等各种原料。行销全国30多个省市和尼泊尔、吉尔吉斯斯坦、哈萨克斯坦、蒙古等国家。1999年获全国建材行业“十佳品牌”称号，通过了ISO9001国际质量体系认证。

董事长　林纪功

地　址　眉县县城东关

电　话　0917—5542291

【陕西宝鸡东岭集团公司】　宝鸡东岭集团集钢材贸易、有色金属冶炼、黑色金属加工、房地产开发、机械加工、印刷装潢、运输装卸、储运代理、电力器材加工等产业为一体，现拥有总资产11亿元，员工3000多名。

集团以钢材贸易、有色金属冶炼为主，在西安、咸阳、汉中、天水、兰州、重庆、北京、包头、新疆等地设有分公司和经营办事机构，业务辐射22个省市自治区。钢材销售稳居西北第一，2001年销售钢材100万吨。年产锌锭6万吨，产销两旺，产品出口远销英国、以色列、新加坡等国家和地区。工业产品冷轧带肋钢筋被列为省级科技成果重点推广项目，冷拉丝、电镀锌铁丝、圆钉等畅销全国各地。

集团公司骨干企业陕西东岭锌业有限责任公司是宝鸡东岭集团在2000年5月对凤县锌品厂进行成功改制、恢复生产基础上，依托凤县及陇南地区丰富的锌矿产资源建立起来的锌冶炼企业。企业注册资金8000万元，现有职工1800余人，公司积极开拓国内外两个市场，保持产销两旺。2001年实现销售收入1.05亿元，主产品锌锭（3#）产量11721吨，硫酸产量20104吨，销售锌锭11777吨、硫酸18053吨。2001年竣工投产的5万吨锌工程从2000年10月动工兴建，总投资3.5亿元，被列为陕西省“十五”计划重点建设项目，工程建成后，年产0—1#锌锭6万吨，硫酸12万吨，年产值可达7亿元，利税1.1亿元，上缴税金3000万元，已解决当地1800人的就业问题。新系统运行情况良好，于2001年12月21日产出锌锭。

董事长　李黑记

地　址　金台区陈仓镇

电　话　0917—3453429

【岐山县龚刘工业园区】　龚刘工业园区地处蔡家坡东郊，区域总面积1000亩。园区现有陕西圣龙纸业有限公司、中美合资陕西济生制药有限公司、圣龙纸制品有限公司、圣龙箱板纸有限公司、圣龙建筑公司等8个大中型企业和70个私营企业，园区企业资产总额1.4亿元，其中固定资产1.2亿元。企业占地500亩，建筑面积9万平方米，安排农村劳动力1200人，2001年完成企业产值1.43亿元，实现利税860万元。

骨干企业陕西圣龙纸业公司拥有热电站、污水处理站和4条造纸生产线，总资产8000万元，主要生产纱管纸、箱板纸、特种纸、书刊胶印纸等四大系列30多个品种，年生产能力3.5万吨，是融制浆、造纸、热电和废水处理为一体的中型企业，是中西部地区最大的纱管纸专业生产厂家。中美合资陕西济生制药有限公司总投资4000万元，采用先进技术生产塑胶瓶装大输液，年生产能力600万瓶，产值4000万元，企业通过国家GMP认证。园区基础设施建设，拓宽硬化道路4200米，已完成2350米，投资330万元；给排水工程已衬砌渠道4500米，打机井5眼，修蓄水池4个，总投资224万元；热电供给工程投资1377万元建成1500KW热电站一座，并入大网使用；投资300万元架设暖气管道7500米，输电线路15千米，实现园区内企业统一供热供电；污水处理工程投资780万元建成污水处理站一座，日处理污水1.2万吨，对园区内工业和生活污水进行统一处理，达标后排放；绿化美化工程栽植草坪9000多平方米，植树12000棵，建彩灯喷泉两座，把企业建在花园之中。

主　任　屈乃良

地　址　岐山县蔡家坡镇龚刘工业园区

电　话　0917—8580666

（成都恒）

民营企业选介

【宝鸡专用汽车厂】　陕西宝鸡专用汽车厂位于陕西省宝鸡国家高新技术产业开发区，成立于1984年，占地4.5万平方米，建筑面积3万平方米，生产车间面积1.1万平方米。现拥有固定资产5000多万元，员工300余人，其中工程技术人员48名，工程师及高级工程师18人，拥有主要设备60多件(套)。具有专用防弹运钞车产品的研制开发、设计、检测以及年产各种型号专用汽车1000辆的能力。

企业经过十多年的发展，先后生产出新星牌系列半挂车、汽车检测车、厢式货车、旅行车，以及新星牌系列防弹运钞车等各种专用车辆数十种。1996年，企业开始研制开发防弹运钞车，成为国内规模较大，生产较早的企业，技术水平已处于国内领先地位。在底盘选用以及防护材料、防护设备的开发、配置方面具有很大的创新。新星牌防弹运钞车1999年经公安部安全与警用电子产品质量检测中心检测，通过B级防护测试（企业成为全国四个产品通过B级防护测试企业之一）；在机械工业部、公安部、中国人民银行联合组织的全国防弹运钞车定点评审中荣获全国第五名。企业成为报经国务院批准的全国21家专用运钞车生产企业之一。

企业主导产品"新星牌"防弹运钞车以其卓越性能与质量，赢得了国内广大金融用户的青睐，销往全国18个省市。2001年产值8700多万元，销售收入7500万元，累计缴税850多万元。企业在对产品的不断更新改进中，引用了多项新技术，并对生产所用的每项材料进行严格检验，确保产品的质量，企业先后对防弹材料进行枪击试验，用弹已超过2万多发。企业产品先后在七个省区进行了国内首家实弹演示，企业厂长王宝和先后四次亲自坐在车内接受实弹射击试验。

企业为了持续发展，不断开发新产品。目前研制的新产品新星牌警用防暴车辆已完成样车试制，引起了各方关注，将会带来更广阔的市场。

企业名称　陕西省宝鸡专用汽车厂
厂　　长　王宝和
地　　址　陕西省宝鸡市高新技术开发区创业路8号
电　　话　0917－3321300　3321301　3321302
传　　真　0917－3321362
邮　　编　721006

【宝鸡永嘉房地产开发有限公司】　宝鸡永嘉房地产开发有限公司，是一家集房地产开发、市场经营、建筑安装、装修装潢、物业管理为一体，实施多元化经营的新型企业。注册资金3100万元人民币。

公司自1994年成立以来，在"陕西省十大杰出青年企业家"、董事长魏庆国带领下，恪守"诚实守信、勤劳认真、同心协力、高效创新"的企业精神，先后承接了炭市街、建国路西巷、新建路西段、曙光路东闸口及石油西厂等复杂地段的旧城改造任务，开发各类房屋16万多平方米，同时在西安、宝鸡等地黄金地段储备建设用地6宗4公顷。同时，公司所属的永嘉商品批发市场商贾云集、顾客盈门，成为周边县区和市内各大超市的主要供货基地。2001年，公司净资产已达1.2亿元。

目前，公司正在实施"嘉"系列房产开发工程：3万多平方米的"曙光新村"安居工程、4万多平方米的"嘉隆广场"商住工程、1.47万平方米的"嘉信大厦"写字楼工程、10万平方米的"嘉汇广场"高档商住工程，已分别进入施工、报建、设计、拆迁阶段，将为宝鸡城市建设增添一个个新亮点。

公司先后被市政府授予"重合同、守信用"企业、"房地产开发先进单位"，被省劳动厅评为"质量管理先进单位"、"明星企业"，被省农行评为"信用AAA级企业"。

企业名称　宝鸡市永嘉房地产开发有限公司
经　　理　魏庆国
地　　址　宝鸡市白云宾馆8楼
电　　话　0917－3223369
邮　　编　721000

【宝鸡东岭集团】　宝鸡东岭集团地处宝鸡市东郊、西宝高速公路入口处，宝成铁路、陇海铁路、川陕公路、310国道等环绕而过，地理位置优越，交通尤为便利。

集团始建于1985年，现拥有总资产12亿元，固定资产2.5亿元，员工2800多人。以黑色金属贸易及加工和有色金属冶炼为主业，并集房地产开发、电力器材加工、印刷包装、运输装卸、储运代理、汽车修理、沙石采选等多项产业为一体。年销钢材100万吨，西北地区排行第一。目前在西安、兰州、郑州、重庆、上海、北京等地设有销售分公司，业务辐射全国22个省、市、自治区。年产锌锭6万吨，出口日本、韩国、以色列。工业产品冷拉丝、镀锌铁丝、钢丝、圆钉畅销全国各地。

2000年，集团实现总收入14亿元，利税6670多万元；2001年，实现总收入18.5亿元，利税8000多万元；到2005年，集团力争总收入达到40亿元，创利税4亿元，跻身国家特大型企业行列。

企业名称　陕西东岭工贸股份有限公司
经　　理　李黑记
地　　址　宝鸡市马营路东段
电　　话　3452431（传真）
邮　　编　721004

【陕西陈仓置业发展股份有限公司】 陕西陈仓置业发展股份有限公司，经陕西省人民政府1999年10月批准设立。注册资金7600万元人民币。从事房地产开发、水电暖安装、装饰装潢、商品房销售、物业管理、货物运输、饮食服务等业务。股份公司以宝鸡市陈仓房地产开发公司为主要发起人，联合宝鸡市岐山第二建筑工程公司、宝鸡市金龙装饰有限公司、陕西国联丰工贸有限公司等四个企业法人和部分自然人共同发起设立。公司具有经济实力和发展后劲。2000年、2001年被金台区评为“明星企业”、是省工商联与省商会联合命名的“先进会员企业”和陕西省人民政府命名的“重合同、守信用”企业。

公司先后建成金台文教小区、宝丰大厦、上马营综合小区、宝商超市等一批在省、市产生了重大影响的优质工程。正在筹建的有广场公寓大厦、国税局办公楼等项目，使公司保持了生机勃勃的发展势头。

企业名称 陕西陈仓置业发展股份有限公司
经　　理 董应怀
地　　址 宝鸡市中山东路72号
电　　话 3511484
邮　　编 721001

【宝鸡聚丰房地产开发（集团）有限公司】 宝鸡聚丰房地产开发（集团）有限公司成立于1992年，是一个具有国家二级资质，以房地产开发为主，集商贸、高科技为一体的民营集团公司，注册资本3860万元人民币。下设聚丰房地产开发有限公司、华盛商贸有限公司等八大公司，总资产1.45亿元。现有职工200多人，具有大专以上学历和各类专业技术人员占公司总人数的70%以上，是宝鸡市最大的民营企业集团之一。

公司成立以来，本着“艰苦奋斗、开拓进取、同舟共济、共创辉煌”的企业精神，已累计开发土地面积约22.67公顷，已开发和正在开发建设的综合性房屋面积达21.5万平方米，总投资3亿元。整体兼并2个企业，安置职工近600人，为180名下岗职工解决了就业，为300余户解决了住房。

1999年10月份，集团投资8000万元兴建的面积达1.2万平方米的“聚丰时代广场”正式开业运营，为丰富和提高宝鸡市民的生活做出了贡献，已成为宝鸡商业界的奇葩。

2001年初，聚丰别墅小区二期销售正式启动。5月23日，投资2.3亿元，总面积共计7万平方米的聚丰大厦（位于宝鸡市经二路商业黄金区）和聚丰美伦大厦（位于宝鸡市高新技术开发区金角地段）二个项目已正式开工。另投资3000多万元在宝鸡市文化区——石坝河地区征地约8.67公顷，预计在“十五”期间将其建设成为新的大型绿色住宅小区。

2001年12月29日，公司与西北农林科技大学葡萄酒学院院长李华博士联合开发“葡萄酒及葡萄籽”深加工产品的“陕西聚丰科技股份有限公司”正式注册，标志着聚丰集团在高科技领域迈出了坚实的步伐。

公司从1997年到2001年，累计上缴利税近千万元。顺利完成了企业的改制工作，初步形成了以房地产开发为主，集商贸、高科技为一体的多元化产业格局，取得了良好的经济效益和社会效益。

企业名称 宝鸡聚丰房地产开发（集团）有限公司
经　　理 王宗礼
地　　址 宝鸡市汉中路南段西侧1号
电　　话 0917-3223467
传　　真 0917-3204954
邮　　编 721000

【宝鸡瑞德电力自动化设备厂】 宝鸡瑞德电力自动化设备厂位于宝鸡市宏文路新风巷7号，占地25亩，是生产电力系统综合自动化装置的专业工厂，各种电器试验设备和机械加工设备齐全（剪、折、冲、压、酸洗、磷化、喷涂），已有十多年的生产历史。是宝鸡市科委认定的民营科技企业。

主要产品：微机保护屏，微机控制直流屏，大、中功率电动机，变频软起动装置。产品通过电力工业部正式鉴定。经国家继电器中心检测合格（型式试验报告号为：国量94-6）。2000年国家经贸委和国家电力公司推荐为全国城乡电网改造入网企业（入网号：1791），并通过RS9000认证。

产品远销全国20多个省市，并出口印度尼西亚、巴基斯坦、孟加拉等国。西安国际机场、人造卫星西安地面通讯站、中国人民解放军第二炮兵部队、航天工业部重点工程、青岛电业局、西安供电局、成都供电局等国内重点企业都使用该厂产品。

该厂与西安电子科技大学技术联营，以大学科研力量作依托，技术力量雄厚，技术领先。产品符合电力部标准，具有自动监测、自动控制功能。并通过RS485、RS422串口与上组监控系统通信，具有遥测、遥讯、遥控、遥调功能。

厂长刘延鸿是中国电力电器未来研究会理事、

宝鸡市政协委员、市工商联常委，拥有七项发明专利。

企业名称　宝鸡瑞德电力自动化设备厂
厂　　长　刘延鸿
地　　址　宝鸡市十里铺新风巷7号
电　　话　0917－3411738
邮　　编　721004

【宝鸡力兴钛业（集团）有限公司】　宝鸡力兴钛业（集团）有限公司是在成立于1993年的宝鸡有为稀贵金属有限公司的基础上发展起来的民营高科技企业。主要从事稀贵金属材料的加工和国内、国际贸易，常年为用户生产和提供各种规格的钛、镍、钨、钼、铌、锆等稀贵金属。2001年公司经省外经贸委批准，取得自营进出口权。

随着生产经营的发展，公司于1996年组建了宝鸡力兴稀贵金属加工厂，主要从事稀贵金属材料异形体、管件的生产和钛/钢、钛/铜、镍/钢等金属复合材料的加工，并制造稀贵金属压力容器、热交换器、反应釜、储罐、盘管、风机、离心机、防腐泵、阀、金属涂层、金属阳极电解槽等设备。1999年公司投资300多万元，组建了宝鸡市力信铝塑复合管材有限公司，可年产各种规格的铝塑复合管150万米。同年公司又投资300多万元成立了宝鸡市力兴化工有限公司，可年产“过硫酸氨”1000吨。

2000年组建了宝鸡力兴钛业（集团）有限公司，注册资本3000万元，现有职工89人。2000年被省科委命名为“民营高科技企业”。

企业名称　宝鸡力兴钛业（集团）有限公司
经　　理　赵　力
电　　话　0917－3312688　13309172688
传　　真　0917－3313880

【陕西京泰集团】　陕西京泰集团位于五丈原镇。北距陇海铁路蔡家坡车站、西宝中线、西宝高速公路不足两公里，西宝南线从集团门前经过，交通十分便利。

集团从1998年以来，由单一经营逐步发展为以工业为龙头的工建结合、工商结合、工服结合的多元化集团。现有固定资产6000万元，年产值6000多万元，职工1300多人，其中：工程师6人，助理工程师18人，各类专业人员60多人。集团下设四个分公司：京泰饮食娱乐公司环境优雅，设施齐全，服务一流；建筑安装公司技术力量雄厚，在近年承建工程中多次荣获省市优质工程；京泰物资购销公司经销各种建筑材料，租赁各种模板、架杆等，为用户热情服务；京泰纺织化纤（集团）有限公司是集团的核心企业，现有固定资产5000多万元，已建成4万多枚纱锭生产线，并有织机200多台，日产纯棉、混纺纱20多吨，白平布15000多米，可常年生产80～20支涤棉纱，加工各种规格的涤棉布、粉袋布及各种包装用袋，产品远销全国各地。2000年，集团和南方一企业合资建设一条包芯生产线。几年来，集团先后被省、市、县评为先进单位、信用一级企业、“重合同、守信用”单位。

企业名称　陕西省京泰集团
经　　理　王然劳
地　　址　岐山县五丈原镇
电　　话　0917－8778049
邮　　编　722400

【宝鸡八钢（集团）金属材料有限责任公司】　宝鸡八钢（集团）金属材料公司，位于宝鸡市东风路53号，是以经营新疆八一钢厂、鞍山钢厂、唐山钢厂等八大钢厂的型材、建材及管材业务为主，兼营各种钢材的装运、仓储及废旧金属回收利用业务和木材销售及加工业务的民营集团公司，下设宝鸡八钢集团金回物资再生利用公司、宝鸡鑫安钢铁贸易有限公司两个子公司。

公司现有注册资本1000万元，经营场所三处：钢材仓储批发经营库，位于宝鸡东站东侧，占地面积0.53公顷，有较好的办公设施，方便快捷的铁路专用线及大型航吊设备，年吞吐量8万吨，是钢材下站和仓储营销的最佳场所；废旧金属回收利用业务及钢材零售经营库，位于卧龙寺铁路材料厂门西（公路边），占地面积0.8公顷；八钢零售库，位于东风路53号。

公司以“客户至上，信誉第一”为宗旨开展销售经营活动，现已在宝鸡及周边地区占据了一定的市场份额。

艰辛努力结硕果，宝鸡八钢铸辉煌。经过五年的艰辛努力，公司现已取得了令人瞩目的成就，自1998年至2001年，累计销售收入18300万元，上缴利税267万元，为宝鸡经济的发展做出了贡献。

公司先后被金台区区委、区政府评为“明星企业”，被市工商局、消费者协会授予“信得过产品”、“信得过单位”等荣誉称号。

企业名称　宝鸡八钢金属材料有限公司
经　　理　王　辉

地　　址　宝鸡市东风路 53 号　　　　邮　　编　721004
电　　话　0917－3236655　3218536
传　　真　3236655

（市工商联）

发明专利和名优产品

<table>
<tr><th>项 目 名 称</th><th>颁 奖 单 位</th><th>获奖名称和等级</th><th>生 产 企 业</th></tr>
<tr><td>双层色套挤压钛合金方法</td><td rowspan="3">国家专利局</td><td rowspan="3">国家发明专利</td><td rowspan="11">宝鸡有色金属加工厂</td></tr>
<tr><td>钛铁合金制造方法</td></tr>
<tr><td>管材内表面喷沙处理设备</td></tr>
<tr><td>钼圆</td><td></td><td rowspan="3">国家优质产品金奖</td></tr>
<tr><td>纯钛精锻棒材</td><td></td></tr>
<tr><td>Ti－6Al－4V 铸锭</td><td></td></tr>
<tr><td>钼箔</td><td></td><td rowspan="5">国家银奖</td></tr>
<tr><td>高压钠灯用铌管</td><td></td></tr>
<tr><td>纯钛板</td><td></td></tr>
<tr><td>冷轧无缝纯钛管</td><td></td></tr>
<tr><td>铌无缝管</td><td></td></tr>
<tr><td rowspan="6">西凤酒</td><td>南洋劝业赛会</td><td>银质奖</td><td rowspan="6">西凤酒厂</td></tr>
<tr><td>巴拿马万国博览会</td><td>金质奖</td></tr>
<tr><td>中华国货展览会</td><td>银质奖</td></tr>
<tr><td>第 15 届巴黎国际食品博览会</td><td>金奖</td></tr>
<tr><td>首届巴黎国际名酒展评会</td><td>特别金奖</td></tr>
<tr><td>会国 1～5 届评酒会</td><td>国家名酒和优质酒</td></tr>
<tr><td>机用丝锥</td><td></td><td>国优银奖</td><td rowspan="4">关中工具厂</td></tr>
<tr><td>磨制精密级直柄麻花钻</td><td>机械部</td><td>优质产品</td></tr>
<tr><td>抛物线槽形深孔麻花钻</td><td>陕西省</td><td>科技进步奖</td></tr>
<tr><td>锥柄立铣刀</td><td>机械部</td><td>优质产品</td></tr>
</table>

续 表

项目名称	颁奖单位	获奖名称和等级	生产企业
内容屑丝锥		替代进口产品	关中工具厂
枪钻			
喷吸钻			
可程控式心脏起搏器	国家科技部、税务总局、外贸部、技术监督局、环保局	国家级重点新产品和国家“火炬计划项目”产品	陕西秦明电子（集团）有限公司
MPM 系列压力传感器及变速器、压力传感器充油芯体		国家“火炬计划项目”产品	
CYG 系列压力传感器及变送器			
真空开关管	省名牌战略指导委员会	省名牌产品	宝光电工厂
“万鼓”牌系列半透明纸	国际造纸工业博览会	金奖	宝鸡五一纸业有限责任公司
拷贝纸			
防油纸			
捆钞纸	国家专利局	国家专利	
育果袋纸	省轻工局	科技进步一等奖	
“华山牌”农用运输车	全国汽车博览会	“飞马”奖	宝鸡华山工程车辆有限责任公司
电冰箱	省名牌战略指导委员会	省名牌产品	长岭集团
房间空气调节器	省名牌战略指导委员会	省名牌产品	
15 瓦短波单边带电台	省名牌战略指导委员会	省名牌产品	烽火集团公司
高速并条机	省名牌战略指导委员会	省名牌产品	宝成通用电子公司
真空开关柜、断路器	省名牌战略指导委员会	省名牌产品	陕西开关厂
纯钛棒、管板等系列	省名牌战略指导委员会	省名牌产品	宝鸡有色金属加工厂
碳酸氢铵	省名牌战略指导委员会	省名牌产品	宝鸡氮肥厂
蜗杆砂轮磨齿机	省名牌战略指导委员会	省名牌产品	秦川机床集团
汽车动力转向油泵、机床铸件	省名牌战略指导委员会	省名牌产品	
吹塑中空成型机	省名牌战略指导委员会	省名牌产品	
DA 系列电气化作业车	省名牌战略指导委员会	省名牌产品	宝鸡工程机械厂
风冷柴油机	省名牌战略指导委员会	省名牌产品	渭阳柴油机厂
螺缝埋弧焊管	省名牌战略指导委员会	省名牌产品	宝鸡石油钢管厂
继电器	省名牌战略指导委员会	省名牌产品	群力无线电厂

续 表

项 目 名 称	颁奖单位	获奖名称和等级	生 产 企 业
金丝猴牌甲级香烟	省名牌战略指导委员会	省名牌产品	宝鸡卷烟厂
猴王牌甲级香烟	省名牌战略指导委员会	省名牌产品	
好猫牌卷烟	省名牌战略指导委员会	省名牌产品	
过磷酸钙	省名牌战略指导委员会	省名牌产品	陕西双菱化工集团
洗衣机	省名牌战略指导委员会	省名牌产品	陕西洗衣机厂
外圆磨床	省名牌战略指导委员会	省名牌产品	陕西机床厂
机用丝锥	省名牌战略指导委员会	省名牌产品	关中工具厂
磨制直柄麻花钻头	省名牌战略指导委员会	省名牌产品	
啤酒	省名牌战略指导委员会	省名牌产品	宝鸡啤酒厂
食用酒精	省名牌战略指导委员会	省名牌产品	宝鸡啤酒厂
西凤酒	省名牌战略指导委员会	省名牌产品	陕西西凤酒厂
三聚磷酸钠	省名牌战略指导委员会	省名牌产品	宝嘉应用化学公司
半透明纸	省名牌战略指导委员会	省名牌产品	宝鸡五一纸厂
太白酒	省名牌战略指导委员会	省名牌产品	陕西太白酒厂
全脂甜牛奶粉	省名牌战略指导委员会	省名牌产品	陇县乳品厂
特制一等粉	省名牌战略指导委员会	省名牌产品	陕西世联高蛋白面粉厂
精梳涤棉系列细布	省名牌战略指导委员会	省名牌产品	陕棉十二厂
F 系列钻井泥浆泵	省名牌战略指导委员会	省名牌产品	宝鸡石油机械厂
ZJ20B 系列钻机	省名牌战略指导委员会	省名牌产品	
PZNB 型喷水式柱塞泥浆泵	省名牌战略指导委员会	省名牌产品	宝鸡水泵厂
起动用铅酸蓄电池	省名牌战略指导委员会	省名牌产品	陕西蓄电池厂
锦纶 6 浸胶帘子布	省名牌战略指导委员会	省名牌产品	陕棉九厂
熊毅武系列伊面	省名牌战略指导委员会	省名牌产品	陕西毅武公司
全脂甜牛奶粉	省名牌战略指导委员会	省名牌产品	宝鸡惠民乳品公司
花茶、青茶	省名牌战略指导委员会	省名牌产品	十万大山茶叶公司
热浸镀锌钢管	省名牌战略指导委员会	省名牌产品	伟宝粤钢管公司
小麦粉系列产品	省名牌战略指导委员会	省名牌产品	祥和面粉有限公司
CB6266B 马鞍系列车床	省名牌战略指导委员会	省名牌产品	宝鸡机床厂
普灯、汽车灯	省名牌战略指导委员会	省名牌产品	北照公司
清真三鲜伊面	省名牌战略指导委员会	省名牌产品	珠海岐山华祥公司

续　表

项　目　名　称	颁奖单位	获奖名称和等级	生　产　企　业
JZK 真空系列挤砖机	省名牌战略指导委员会	省名牌产品	陕西宝深建材公司
Y7032A 碟形砂轮磨齿机	省机械厅	科技进步一等奖	秦川机床集团公司
	省政府	科技进步一等奖	秦川机床集团公司
	机电部	科技进步一等奖	秦川机床集团公司
	国家科委	科技进步一等奖	秦川机床集团公司
Y7125 大平面砂轮磨齿机	国家科委	科技进步二等奖	秦川机床集团公司
YM7132A 锥面砂轮磨齿机	省机械厅	科技二等奖	秦川机床集团公司
	机械部	科技进步一等奖	秦川机床集团公司
YS7332 成型砂轮磨齿机	省机械厅	科技成果三等奖	秦川机床集团公司
YE7232 蜗杆砂轮磨齿机	省机械厅	科技进步一等奖	秦川机床集团公司
	机电部	科技进步二等奖	秦川机床集团公司
Y7163 锥面砂轮磨齿机	省机械厅	科技进步一等奖	秦川机床集团公司
Y7663 摆线齿轮磨齿机	省机械厅	科技进步一等奖	秦川机床集团公司
SPZ－11 全自动可发性聚苯乙烯泡沫成型机	省机械厅	科技成果二等奖	秦川机床集团公司
	省政府	科技成果三等奖	秦川机床集团公司
SK－05、SK－07K 中空成型机	省机械厅	科技进步二等奖	秦川机床集团公司
SK－07 中空成型机	机电部	科技进步二等奖	秦川机床集团公司
	省政府	科技进步三等奖	秦川机床集团公司
SPZ17/1 可发性聚苯乙烯发泡成型机	省机械厅	科技进步二等奖	秦川机床集团公司
V4 变量叶片油泵	省机械厅	科技进步二等奖	秦川机床集团公司
碟型砂轮高精度、高效率磨齿方法	机械部	科技进步三等奖	秦川机床集团公司
ϕ800 分度盘母板研制	省机械厅	科技进步二等奖	秦川机床集团公司
计算机辅助蜗杆砂轮磨齿机传动链误差测试和分析	省机械厅	科技进步三等奖	秦川机床集团公司
锥面砂轮磨齿机精度标准	机械部	科技成果四等奖	秦川机床集团公司
大平面砂轮磨齿机精度标准	机械部	科技进步三等奖	秦川机床集团公司
金属切削机床油雾浓度测量方法标准	机电部	科技进步三等奖	秦川机床集团公司
《高精度机床－国外机械工业概况》一书	机械部	科技进步二等奖	秦川机床集团公司
《中国机床与工具工业》一书	机械部	科技成果二等奖	秦川机床集团公司

续　表

项　目　名　称	颁 奖 单 位	获奖名称和等级	生　产　企　业
ZYS 汽车叶片式动力转向油泵	省机械厅	科技进步二等奖	秦川机床集团公司
	省政府	科技进步三等奖	秦川机床集团公司
斯太尔 91 系列载重汽车转向叶片泵	省机械厅	科技进步二等奖	秦川机床集团公司
YB1－100 叶片泵	省机械厅	科技进步二等奖	秦川机床集团公司
常用电气拉尺	省机械厅	科技进步二等奖	秦川机床集团公司
Y7163A 锥形砂轮磨齿机	省机械厅	科技进步二等奖	秦川机床集团公司
SKK05 中空成型机	机械部	科技进步二等奖	秦川机床集团公司
YK7232 数控蜗杆砂轮磨齿机	机械部	科技进步二等奖	秦川机床集团公司
SCJ230 中空成型机	机械部	科技进步二等奖	秦川机床集团公司
863/CIMS 应用推广项目	省机械局	科技进步二等奖	秦川机床集团公司
2030mm 飞剪机	科技部	科技进步二等奖	秦川机床集团公司
YH2240 锥齿轮加工中心	国家经贸委	“九五”国家技术创新优秀新产品	秦川机床集团公司

（张春明）

旅 游 业

概 述

2001年，为了扩大客源市场，使宝鸡旅游业的人气更旺，打响“一个形象（中国优秀旅游城市——宝鸡）、两个品牌”（法门寺、太白山AAAA级旅游景区），塑造宝鸡“旅游名市”的整体形象，举办了形式多样的旅游节庆活动，加快了宝鸡“旅游名市”的建设步伐，促进了宝鸡旅游经济的发展。

【接待人数与旅游经济同步增长】 全年共接待国内旅游者467万人次，接待入境旅游者2.08万人次，旅游综合收入15.23亿元，分别比去年增长14.1%，13.7%，22.8%，旅游总收入占全市GDP的7.1%。

【旅游产业规模扩大】 全市建成综合接待服务功能齐备、设施完善的年接待能力万人以上的旅游景区点40个（人文景区22个，自然风景区18个）；旅游涉外定点饭店、宾馆43家，其中二星级16家、三星级10家；旅游汽车公司2家；旅游定点商场3家；旅游商品、纪念品生产、销售单位10家；旅游定点娱乐场所4家；国际、国内旅行社13家。

【基础设施建设步伐加快】 在创建中国优秀旅游城市的基础上，在“两节一会”前，眉县投入2300万元，建成了汤峪中心大道、旅游区客运中心候车楼，改造和完善了旅游区内的道路、路边防护栏、防护墩；太白山国家森林公园投资200多万元，新购30辆旅游车投入景区专线运营；扶风县集资重修了法门寺广场和法门大道；宝鸡县在钓鱼台旅游区新开发出了姜子牙出山石、鳄鱼潭、坐佛等新景观20多个，还增加了水上游乐项目；岐山县硬化了高店至五丈原诸葛亮庙景区的1.5公里路面，新开辟了直达原顶的道路；凤县紫柏山景区投资60多万元，铺设了上山道路；红河谷森林公园硬化景区道路12公里；周公庙、钓鱼台、凤翔东湖、嘉陵江源头景区为争创国家AAA级旅游景区，加大了旅游基础设施建设步伐；市政府为了完善旅游景区综合服务功能，投入100万元，新建旅游景区厕所30座。

【全市旅游发展工作会议召开】 6月27日，市政府召开全市旅游发展工作会议，各县、区、市级有关部门，旅游行政管理部门和各旅游企事业单位负责人参加会议。市委、市人大、市政协领导出席并指导了会议。市委书记庞家钰、市长吴登昌出席会议并作了重要讲话。会议邀请省旅游局原局长、省旅游协会会长孔庆森作了旅游产业发展学术报告。市外事旅游局，市计委就全市旅游业发展作了发言。

【假日旅游安全有序】 市假日旅游指挥中心，全面协调假日旅游工作，市外事旅游局加大对假日旅游市场的监管力度，加强了旅游咨询、信息预报、旅游投诉、处理和安全防范工作，使全年三个旅游黄金周实现了“安全、秩序、质量、效益”四统一。春节旅游黄金周，接待游客12.8万人次，旅游综合收入4120万元；“五一”旅游黄金周，接待游客51.2万人次，旅游综合收入1.6亿元；“十一”旅游黄金周，接待游客33万人次，旅游综合收入9500万元，均比去年同期有明显增长。

【旅游战线楷模杨文洲雕像揭幕】 6月16日，国家旅游局在太白山国家森林公园隆重召开深入学习杨文洲事迹大会及《杨文洲》一书首发式暨杨文洲雕像揭幕式。会上，国家旅游局党组成员王军宣读了何光玮局长的讲话，市委副书记、市长吴登昌作了重要讲话。在杨文洲纪念馆，国家旅游局党组成员王军和市委书记、市人大常委会主任庞家钰为旅游战线楷模——杨文洲雕像揭幕。

【宝鸡旅游协会成立】 在有关方面的关心支持下，宝鸡旅游协会于6月5日成立。旅游协会设名誉会长、会长、副会长、常务理事、秘书长。协会下设旅游景区（点）分会、旅游饭店分会、旅行社分会和旅游文化研究分会，各分会在协会指导下相对独立开展业务。协会是由旅游行业联合结成的行业性社会组织，在市外事旅游局领导下，协助政府行政管理部门，组织旅游企业开展各项有益的活动。

节庆活动与市场开发

【中国体育健身游启动】 2000年12月31日，“2001中国体育健身游陕西省暨宝鸡市活动（农行杯）开幕式”在宝鸡炎帝园门前广场隆重举行。省体育局、省旅游局领导及宝鸡市党、政、军领导出席了开幕式。市委书记、市人大常委会主任庞家钰首先祝词，省旅游局局长董宪民作了重要讲话。开幕式上，岐山县表演了威武雄壮的索王锣鼓，并举行了太极拳、木兰拳和狮舞、龙舞、社火、青铜神韵舞蹈等文艺体育展演活动，使开幕式高潮迭起。会后，由解放军、工人、学生、公安干警、机关干部等近万名群众，在省、市领导的领跑下，绕经二路、红旗路、文化路长跑，拉开了体育健身游的序幕。

【“两节一会”盛况空前】 4月26日，由陕西省旅游局和宝鸡市人民政府主办的中国宝鸡法门寺国际文化旅游节、太白山旅游登山节暨招商引资洽谈会开幕式在主会场——宝鸡均利国际广场隆重举行。全国政协副主席周铁农、国家有关部委、省委、省政府领导和包括港、澳、台在内的全国18个省、市（区）的100多个党政、经贸、旅游代表团和新闻采访团及来自美国、俄罗斯、法国、澳大利亚、日本、新加坡、泰国等16个国家的外交使节、企业代表、友好访问团、旅游团等参加了盛会，与会宾客和代表达3万多人。市委副书记、市长吴登昌主持开幕式，市委书记、市人大常委会主任庞家钰致开幕词，全国政协副主席周铁农宣布会议开幕并和省、市领导为“两节一会”开幕剪彩。

【旅游发展研讨会召开】 6月4日，宝鸡市旅游发展研讨会在太白山旅游区工行度假村召开。会议由市政协副主席关鸿英主持，市级有关部门领导、主要景区点负责人参加会议，就宝鸡旅游业发展进行了广泛的交流研讨。省旅游局原局长、省旅游协会会长孔庆森应邀出席会议，并作了指导性的讲话。

【组建宝鸡旅游（集团）有限责任公司】 为深化旅游体制改革，优化旅游资源配置，进一步推动全市旅游产业化、规模化、市场化进程，加快旅游产业发展步伐，市政府于5月31日颁布了《宝鸡市人民政府关于组建宝鸡旅游（集团）有限责任公司的通知》。经各方积极组织筹备，6月27日，市委书记、市人大主任庞家钰，市委副书记、市政府市长吴登昌为旅游（集团）有限责任公司揭牌，宝鸡旅游（集团）有限责任公司正式成立。

【全方位开拓旅游市场】 （1）配合“两节一会”先后在《中国旅游报》、《陕西日报》、《华商报》、《消费者导报》、东南亚发行量最大的《世界日报》及香港《大公报》、《国际日报》、《泰国时报》、《陕西旅游画报》、《人民画报》等多家颇具影响力的报刊上推介宝鸡旅游资源、宝鸡旅游精品线路、宝鸡旅游业整体形象宣传达20余次；在中央电视台一套黄金时段连续播放“两节一会”宣传广告7次；在西宝高速公路沿线、市区主要入口处、市内主要旅游景区等地新增了设计新颖、生动美观、宣传效果显著的大型立柱式广告牌。（2）广泛邀请新闻媒体、旅行商、旅行社来宝鸡游览观光、考察采访、推介旅游精品线路。先后接待首都记者团、韩国新闻代表团、日本新闻代表团、香港旅行商考察团、友好城市代表团等11批150余人，从规格、规模和宣传效果上都是前所未有的。（3）组织全市旅游企业参加国家旅游局举办的国内旅游交易会。4月份，在北京西单科技广场进行了宝鸡旅游产品专题宣传促销。（4）组织旅行社外联人员奔赴主要客源地及潜在客源地宣传促销，招徕游客。（5）编辑出版了《宝鸡之旅》一书，系统介绍宝鸡的旅游资源、旅游产品、旅游服务设施。（6）开通了宝鸡旅游信息网络，制作了旅游专题片，大规模、宽领域、多形式地做好宣传促销。

旅游市场规范与管理

【旅游质量监督所（执法大队）成立】 为规范旅游市场，维护旅游者合法权益，促进旅游业健康、有序发展。经市机构编制委员会批准，成立了“宝鸡市旅游质量监督所”和“宝鸡市旅游执法大队”，有效的增强了全市旅游市场的监管力度，得到社会的一致好评。

【坚持涉外饭店星级标准】 2001年，进一步加大了旅游涉外饭店星级评定和复核力度，全市新增星级饭店15家，其中3家三星级，12家二星级。同时，对原有的星级旅游涉外饭店采取明察暗访的方式进行了全面复核，对降低标准的2家星级饭店分别给予了口头警告，维护了星级标准的严肃性。

【创建国家级旅游景区品牌】 在全市开展了以法门寺、太白山国家森林公园两个AAAA级旅游区为榜样，积极创建国家级旅游景区活动。在有7家景区点申报的AAA级旅游区质量等级创建评定工作中，姜子牙钓鱼台旅游风景区通过了国家旅游局验收，成为宝鸡市继法门寺、太白山国家森林公园两个AAAA级旅游景区后的第一个国家AAA级旅游景区。

【旅行社实行量化考核】 制定并印发了《宝鸡旅行社考核管理办法》，从旅行社的经营能力、宣传促销、服务质量、行业管理等六个方面进行量化考核，并结合旅行社年检，对经营业绩、外联能力排在前几位的宝鸡中国国际旅行社、青年旅行社、春晖旅行社、通程旅行社、铁路旅行社进行了表彰、奖励。对年终量化考核指标排在后两位的宝运旅行社、法门寺光大旅行社实行了末位淘汰，实现了真正意义的“优胜劣汰，强化竞争”。

【注重旅游人才队伍的教育培训】 从适应加入WTO、西部大开发及旅游业发展的需要出发，旅游教育培训从“内强素质、外树形象”入手，开展了多形式、多层次、多渠道的教育培训工作。(1) 与市文物局联合举办“宝鸡市讲解员培训班”，全市主要景区点讲解员、旅行社导游员参加了培训，有22名同志获得优秀成绩；(2) 邀请全省宾馆饭店服务技能标兵在眉县工行太白度假村进行表演，全市星级饭店、旅游涉外饭店、“两节一会”有接待任务的饭店总经理及饭店服务骨干300多人，参加了表演观摩及培训；(3) 市外事旅游局选派一名中层干部，赴澳门参加旅游行业管理培训、学习；(4) 选派中国宝鸡国际旅行社、18家星级饭店、主要旅游景区（点）统计人员20多人，参加了省旅游局在汤峪太白山庄举办的旅游统计人员培训班；(5) 在公爵饭店举办了全市旅游涉外饭店经理培训班，特邀省旅游培训学校老师主讲；(6) 选派旅游定点培训单位的5名老师，参加了省旅游局在太白山工行度假村举办的全省导游师资培训研讨班；(7) 举办了“宝鸡市2001年导游人员资格考试培训班”，经过3个月培训，参加导游资格考试的126名考生，有69名取得了中华人民共和国导游资格证书，至此全市持证导游员突破200名；(8) 举办了“宝鸡市2001年导游员年审培训班”，参加培训的124名导游员全部合格，并通过了导游员年审。同时，各旅游企业还从各自实际出发，开展了有针对性的业务培训和各类短期培训班200余班（次），参加培训人员2万人次，为全市旅游业发展提供了人才资源。

【开展创佳评差竞赛活动】 2001年，全行业“创佳评差”竞赛活动紧紧围绕市委、市政府“旅游搭台，经贸唱戏”的“开放年”工作思路，一是把“创佳评差”活动作为推动全行业各项工作发展的有力措施，层层签订责任书，落实工作任务和措施；二是把“创佳评差”活动作为行业内部鼓舞思想、激励工作、互相学习的有效方式，推动行业员工竞争意识；三是把“创佳评差”活动制度化，做到“一强化”（强化领导层的“创评”意识）；“二加强”（加强对“创评”工作的领导、加强对“创评”工作的组织实施）；“三挂钩”（把“创评”工作同全年目标任务、经济效益、奖惩相挂钩）；“四落实”（思想认识落实、组织机构落实、规章制度落实、任务落实），保证“创佳评差”工作不断完善，深入开展。在“创佳评差”竞赛活动中，市外事旅游局分别荣获省委、省政府、省旅游局和市委、市政府“创佳评差”最佳单位。

【精神文明建设进一步深化】 紧紧围绕“精神文

明重在建设”的方针，在全行业开展了丰富多彩的精神文明创建活动。一是开展了争创“十佳明星星级饭店”、“十佳明星旅行社”、“十佳明星导游员”评比活动。工行太白度假村荣获“陕西省明星星级饭店”、宝鸡春晖旅行社荣获“陕西省明星旅行社”、杨小军荣获“陕西省明星导游员”称号；二是开展了“三优一满意”（优美环境、优质服务、优良秩序、游客满意）和“五比”（比服务态度、比服务程序、比服务环境、比服务质量、比服务效果）的竞赛活动，激励行业员工积极进取、努力向上，创建独具特色的宝鸡旅游服务体系；三是开展了“争创最佳服务，改善投资环境”竞赛活动，通过“赛思想、赛技能、赛环境、赛质量”活动，促进了行业员工爱岗敬业意识和竞争向上意识。张青梅、史巧宁等10名同志荣获省总工会财贸工会旅游系统“服务明星”；太白山索道公司被国家旅游局和团中央授予全国“青年文明号”光荣称号。

（张亚文）

夏日旅游巧用醋

如果你在旅游中饮一杯掺有10毫升醋的凉开水，不仅顿觉精神抖擞，还可防止晕车、晕船、晕机。

如果你在途中就餐，用醋擦试一下餐具，可消毒杀菌，保证旅途无恙。

如果你被蚊虫叮咬，在患处涂点醋，可消毒、止痒。

如果你不慎被开水烫伤，立即用醋清洗创面，可散热、防止感染。

如果你在住室里洒点醋，可预防夏季热伤风感冒的发生。

如果你洗浴时往浴盆中滴点醋，浴后皮肤光滑，还有消除疲劳的作用。

洗脚时，在水中加点醋，洗后脚趾甲变软易剪，还有解乏、祛汗臭、防脚气作用。

如果你在洗衣时往水中加勺醋，不仅汗渍、汗斑、汗臭味易祛除，而且可保持衣服色泽鲜艳。

如果你擦皮鞋或皮凉鞋时往鞋油上滴一滴醋，擦出来的鞋光亮如新，且不易粘灰。

经济综合监督管理

计划工作

【概况】 宝鸡市发展计划委员会是2001年市政府机构改革后，直属市人民政府的经济综合监督管理部门，是负责研究提出国民经济和社会发展战略、规划、总量平衡、结构调整的宏观调控部门。2001年，市计委被评为全市目标责任制先进单位，机关精神文明建设优秀单位，“三五”普法、依法治理先进单位，机关党支部被评为先进基层党组织。在全省计划系统联评中，市计委继续被评为全省计划工作先进单位。

【对经济运行中的问题进行调研】 年初，市计委编制下达了2001年度全市国民经济和社会事业14类年度指导性计划，同期编制的“十五”计划纲要印发全市贯彻执行。同时，对经济运行中存在的重点、热点、难点问题，进行监测、分析和预测，并提出对策措施。全年完成了《宝鸡市非公有制经济发展的对策和建议》、《把我市建成商贸中心调研》、《乡镇工业园建设存在的问题和对策》、《关于我市五大特色产业发展的调研报告》、《关于把我市建成生态园林城市的调研报告》、《宝鸡市轻纺工业结构调整调研报告》、《充分利用资源优势，发展宝鸡市中草药医药产业》等15篇调研报告，提出了30多条意见和建议，送市委、市政府、市人大、市政协参考。

【14个重点项目建成投产】 2001年，宝鸡市全社会固定资产投资完成77.7亿元，比上年增长10%。列入市重点项目计划的50个重点建设项目继续实行市级领导分工联系，部门分工负责制。累计完成投资48亿元，为年度计划的101.5%，比去年同期增长30.4%。年内有：高新大道一期工程，汉中路、广元路、太白路及群众路等城市道路改造工程，蔡家坡及眉县常兴渭河大桥，麟益公路，安居工程姜城小区、长岭小区、石油小区，城市电网改造，宝鸡二电厂，1003和六寨国家粮食储备库建设，宝鸡均利国际广场东区建设，太白森林公园生态旅游基础设施建设一期工程，宝鸡卷烟厂570KC/CO_2膨胀烟丝生产线，东岭集团公司凤县锌品厂5万吨扩建，中日合资中直缝钢管生产线，大口径螺旋埋弧焊管生产线等14个项目建成投产。

【9个项目开工建设】 2001年，有扶风330变电站、宝鸡电信大楼、宝鸡十里铺污水处理厂、宝鸡陵塬垃圾处理厂、宝鸡人防渭河地下通道、广元路渭河大桥、簸箕山滑坡治理等9个项目开工建设；长岭公司稀土永磁直流电机生产线、宝鸡有色金属加工厂钛材加工等一批项目前期工作进展顺利。宝鸡市天然气利用工程、宝鸡市城市集中供热工程、渭河市区段生态环境综合治理工程、农村电网改造工程、宝兰铁路复线工程、宝鸡峡渠道加坝加闸水利水电工程、省苗木繁育中心、生态环境重点县、人畜饮水工程、退耕还林工程、天然林保护工程、宝鸡高新区开发建设等续建项目，全面完成年度投资计划任务。

【争取国家投资4.67亿元】 2001年，市计委共上报国家和省的建设项目47个。经多次赴京上省汇报，6个项目进入国家计委项目库，22个项目安排了建设资金。全年宝鸡市共争取到中央预算内及国债资金总投资4.67亿元。落实银行贷款2亿多元。

【完善制度加强项目管理】 全年，列入前期工作滚动计划的实施项目47个，6个项目完成科研审批，5个项目省计委已批复项目建议书，编制上报了8个可行性研究报告。同时市计委制定下发了

《宝鸡市重点项目管理办法》、《宝鸡市生态环境建设管理办法》、《中央财政预算内专项资金基本建设项目管理办法》。在加强项目监督检查的同时，市计委领导和各有关科室40多次深入到项目现场，协调解决建设中的矛盾和问题50多件。

【招商引资取得新突破】 围绕实施“开放年”活动，市计委着力开展全方位、多领域、深层次的招商引资活动。年初，征集各类招商项目360多项，经反复筛选、审定，确定了155个项目，编成《宝鸡市招商引资项目册》向外宣传、介绍，并通过国际互联网向外发布。同时，走出去、请进来，接待来宝投资开发的德国、法国、香港、澳门、上海、江苏等大的组团20多次，接待国内外客商上千人次。参与组织宝鸡市“两节一会”及东西部合作与贸易洽谈会招商引资工作，全市招商引资签约项目402个，合同引资117亿元，落实到位资金33.03亿元，209个项目建成投运，比上年有突破性增长。新批招商引资投资企业14个，合同利用外资2447.5万美元，增长86.3%。在此基础上，采取责任到人，跟踪落实，使合同履约率较往年有新的突破。

【机构改革后的市发展计划委员会】 机构改革后，新的发展计划委员会对有关职能进行了调整，增加了原市物价局承担的全市物价行政管理和行政执法的职能；工程项目招投标的指导和协调；市政府交办的西部大开发综合协调职能；招商引资职能。对部分职能进行了转变：不再审批企业用自有资金和商业银行贷款建设的一般项目；将大量的工业和运输生产指标改变为预测指标；进一步减少由政府直接制定价格的品种和范围，将形成竞争的商品和服务价格，改为主要由市场决定；将对重大项目建设的部分行政性监管，改为对重点建设项目建设过程中的工程招投标、建设进度、工程质量、资金使用以及投资概算的控制进行监督检查。新的发展计划委员会内设机构包括：办公室、国民经济综合科、区域经济发展科、工业经济与外资利用科（国防经济动员办）、固定资产投资科、农业经济发展科（生态建设办）、市场流通科、社会发展科8个科室；宝鸡市物价局在市发展计划委员会领导下，相对独立行使全市物价行政管理和行政执法职责；市招商局下设招商引资科、项目引进科。并新设立了宝鸡市重点项目稽查办公室和宝鸡市西部大开发办公室，为全额事业单位，隶属宝鸡市发展计划委员会领导。

（王永智）

统 计 工 作

【概况】 2001年，市统计局以服务西部大开发为目标，以提高统计数据质量、加大统计分析力度为中心，推进统计制度和方法改革，加强基层基础建设，加大执法力度，提高工作质量，为西部大开发提供信息、咨询和决策服务，圆满完成各项目标任务；全面完成第五次人口普查数据处理、公报发布等工作任务。在四年一度的全国统计系统评比表彰中荣获省级先进集体荣誉称号。

【全方位提供统计信息咨询服务】 面对市场经济发展和西部大开发的机遇与挑战，市统计局立足于为地方党政领导决策服务、为社会各界服务，及时发布了《宝鸡市2001年国民经济和社会发展统计公报》，编印了《宝鸡市统计手册》、《宝鸡市统计年鉴》，认真监测预警国民经济和社会发展情况，每月及时将《宝鸡经济要览》和《月度经济形势报告》分送到领导机关和社会各界。利用《统计资料》、《统计工作》和党政刊物向市委、市政府和省局传递统计信息100多条，并通过宝鸡的主要新闻媒体发布传播统计信息，使广大群众了解和关心宝鸡经济发展，采用率达40%以上，其中有2篇被市委作为重大信息上报中办，6篇上报省办，2篇在全省评比中分获二、三等奖 。在市委八届五次会议和十一届人大四次会议召开前夕，对全市2001年和“九五”计划期间国民经济和社会发展情况进行了客观准确的评价，形成《国民经济稳定增长，全年目标圆满完成——2001年全市经济发展综述》、《辉煌的五年，伟大的成就——我市国民经济和社会发展“九五”计划胜利完成》的分析资料，为市委、市政府绘制“十五”发展蓝图提供了依据。在市政府国企改革会议之前，及时提供了《我市国企改革的回顾与展望》、《国企改革，任重道远》等统计分析资料，满足了领导决策的需要。在“两节一会”等系列重大活动过程中，进行了多角度全方位全过程统计信息咨询服务，受到了各级领导和社会各界的广泛赞誉。

【提高统计数据质量】 市统计局从2001年年报工作开始，建立并推行了对国内生产总值等重要数据质量实行指令性评估的制度。建立了国内生产总值数据质量责任制，成立了以局长为核心的数据质量评估工作领导小组。建立了国内生产总值数据公布、使用制度，明确规定：数据未经评估，不得对外正式公布和使用。建立了国内生产总值等主要数据反馈制度，市县区都开展了数据质量评估工作，国内生产总值等主要数据质量明显提高。

【深化统计方法制度改革】 为了适应市场经济形势的需要，市统计局围绕改革要适应市场经济发展的需要，对统计制度方法进行了以下几方面的改革和完善：巩固完善了规模以下工业抽样调查制度；着手进行了信息产业调查工作，年内完成了立项审批、方案制定等项工作任务；按照省局的安排，结合全国第二次基本单位普查，正在进行统计登记工作；全面完成了全社会科学研究与实验发展资源清查工作任务，摸清了宝鸡市科技家底，为实施科教兴市战略提供了决策依据；为适应流通领域经营多样化发展的需要，开展了贸易、餐饮企业连锁经营专项调查；开展了旅馆业抽样调查；全面完成了工业生产指数试算工作；完成了规模以上工业和固定资产投资超级汇总任务。通过积极稳妥地推进统计方法制度改革，进一步完善了国民经济核算体系，提高了统计抗干扰的能力。在通过方法制度改革优化统计环境的基础上，进一步加大统计执法力度，在市监察局、司法局的支持配合下有计划、有组织地在全市范围内开展了以数据质量为主要内容的统计执法检查。年内立案查处统计违法案件31起，通报批评22起。通过统计执法检查，统计人员的法制意识普遍增强，统计违法行为不断减少，统计数据质量进一步提高。2001年12项专业统计在省统计局考核评比中全部获奖，其中综合、核算、能源、建筑业、科技服务、物价统计荣获一等奖。

【普查工作】 全面完成第五次人口普查数据处理、公报发布工作任务；及时完成了第二次基本单位普查（12月31日为普查日）准备阶段的各项任务，为普查登记做好了充分准备。

（张 琳）

物 价 管 理

【概况】 2001年，宝鸡市的价格总水平涨幅继续回升。全市居民消费价格总水平比上年上涨1.8%，比上年下降1.4%的降幅上升了3.2个百分点；社会商品零售价格总水平比上年下降0.8%，与上年下降1.5%的降幅相比上升了0.7个百分点。

【价格变动呈现的特点】 一是居民消费价格由降转升。在统计的八大类商品价格和服务收费中，尤以娱乐教育文化用品及服务价格涨幅突出，全年平均上涨13%。主要是学杂托幼费连续两次调高所致（最高月涨幅达到50%）。其它种类都有不同程度的降幅趋缓或涨幅上升。二是价格总水平的回升速度农村大于城市。农村居民消费价格总水平比上年上涨3.3%，与上年下降2.7%降幅相比上升了6个百分点。而城市居民消费价格总水平比上年上涨0.3%，与上年上涨0.3%的涨幅持平 。三是农副产品的深加工产品价格涨幅农村高于城市。在食品类统计的16类商品价格中，有9类价格涨幅农村高于城市，差距最大的油脂类价格涨幅差距达到20.4个百分点。粮食价格涨幅农村也高于城市3.2个百分点。

【为开放年整顿市场价格秩序】 市物价局配合“两节一会”，下发了《关于做好“两节一会”期间价格管理工作的通知》，对各景点、宾馆、饭店等服务行业提出了四点具体要求。同时抽调力量，先后出动650人次对全市17个旅游景点的收费情况及其周边的商店、餐馆、停车场等965个场所的价格执行和明码标价进行了检查，取缔了钓鱼台、周公庙等3个景点的“园中园”收费，制作标价牌80多块，景区内公园门票、饭店、停车场均实行明码标价，为宝鸡市“两节一会”的成功举办创造了良好的价费环境。

【清理整顿收费项目和标准】 年初对全市涉外投资企业的收费进行了清理整顿，草拟了《宝鸡市外商投资企业交费指南》，并会同市财政局拟定了《宝鸡市外商投资企业交费目录》，清理了住房和土地系统的行政事业性收费。对农民建房收费和市区集贸市场的收费进行了检查整顿，提出了规范的措施意见。并以“清费、治乱、减负”为重点，结合收费许可证年度审验，清理和取消了一批收费项目。据统计，1～5月份，全市共审验收费许可证2943个，其中市本级审验296个，审验率达到100%。(2000年全市收费总额为5.3亿元，年支出为30098万元，市本级年收费额为24248.16万元，年支出为10502.11万元)。审验中全市共查出违纪金额38.4万元，清退21.43万元，没收2.8万元，吊销收费许可证5个。清理地方行政事业性收费项目14项，降低收费标准36个。2000年宝鸡市收费总额比1999年减少3600万元，下降幅度为13.8%(医疗、教育因去年调高收费标准，呈上升趋势)。

【开展专项检查　查处“三乱”案件】　先后组织开展了教育、城建、民政等部门的行政事业性收费和公交、燃气、自来水等公用事业垄断价格专项检查，查出违纪单位32个，收缴入库违法所得40.3万元；对335所学校的教育收费进行了专项检查；对林业等25个部门的涉农收费单位和乡、镇的涉农收费情况进行了检查，处理和纠正了一批乱收费行为，取消乱收费项目21项，为农民减负500多万元；对各县、乡、镇及村级的医院、诊所的药品价格和收费情况进行了检查；对8个趸售县电力局、3个直管电力分局及其下属供电所、电管站的农村电价和农村电网改造收费情况进行了检查。

【受理价格投诉举报案件】　为维护广大消费者的合法权益，市县物价部门按时开通了“12358”价格举报电话，全市共受理群众来信、来访、电话举报362起，立案查处294件，经济制裁182.3万元，其中：退还171.8万元，没收2.51万元。罚款8.03万元。据统计，全市物价系统全年共查处各种违纪违法案件493件，经济制裁总金额406.725万元，其中：退还用户171.8万元，收缴入库234.925万元。

【对价格进行调查、测算和调整】　2001年，市物价局对市区公交票价、自来水、冯家山水库的农灌用水以及成品油、电信资费的价格进行了调查、测算和调整。提高了污水处理费标准，并对桑拿、洗车等特殊行业用水实行了高水价政策。调整了陇县、千阳、岐山、眉县的自来水价格，对车用燃气销售价进行了核定。安排了夏粮收购保护价格，并监督检查了落实情况。实行价格承诺，为广元路大桥、代家湾渭河大桥等基础设施建设直接或间接地筹集了建设资金。从7月1日起，取消了固定电话初装费和移动电话入网费。降低了加快制作居民身份证的收费标准。先后调整了金台观、青铜器博物馆、北首岭、秦公一号大墓、龙门洞、东湖等景点的门票价格，年约增收200万元。调查测算拟定了市福利院的自费托养收费标准和殡仪馆收费标准调整方案。

2001年部分价格调整情况一览表

<table>
<tr><th colspan="2">项　　目</th><th colspan="2">调前价</th><th>调后价</th><th>备　　注</th></tr>
<tr><td rowspan="3">市区公交票价</td><td>零　票</td><td colspan="2">0.5</td><td>1.00</td><td rowspan="3">调价日期2001年4月1日
单位：元/人次</td></tr>
<tr><td rowspan="2">月　票</td><td>职工</td><td>24</td><td>36</td></tr>
<tr><td>学生</td><td>9</td><td>10</td></tr>
<tr><td rowspan="4">市区自来水</td><td>居　民</td><td colspan="2">1.10</td><td>1.30</td><td rowspan="4">调价日期2001年6月1日　元/m³
居民用水水价中含0.10元/m³，其它用水中含0.15元/m³污水处理费。</td></tr>
<tr><td>工　业</td><td colspan="2">1.50</td><td>1.60</td></tr>
<tr><td>经营服务</td><td colspan="2">2.00</td><td>2.20</td></tr>
<tr><td>特行用水</td><td colspan="2">2.30</td><td>3.00</td></tr>
<tr><td colspan="2">冯家山农灌用水自流灌区水费</td><td colspan="2">0.089＋每亩地1元浇地费</td><td>0.20元</td><td>调价日期2001年9月28日
单位:元/m³</td></tr>
<tr><td rowspan="3">眉县自来水价</td><td>居　民</td><td colspan="2">0.65</td><td>1.00</td><td rowspan="3">调价日期2001年10月11日
单位:元/m³</td></tr>
<tr><td>行政机关事业</td><td colspan="2">0.80</td><td>1.20</td></tr>
<tr><td>生产经营</td><td colspan="2">1.00</td><td>1.40</td></tr>
<tr><td rowspan="5">千阳县自来水价</td><td>居　民</td><td colspan="2">0.794</td><td>0.902</td><td rowspan="5">调整日期2001年5月10日
水价中含0.20元/m³供水设施附加及8%城市公用附加。</td></tr>
<tr><td>行政事业</td><td colspan="2">0.794</td><td>1.28</td></tr>
<tr><td>工业用水</td><td colspan="2">1.064</td><td>1.496</td></tr>
<tr><td>经营服务</td><td colspan="2">1.064</td><td>1.604</td></tr>
<tr><td>特行用水</td><td colspan="2">1.064</td><td>2.40</td></tr>
<tr><td rowspan="4">陇县自来水</td><td>居民用水</td><td colspan="2">0.794</td><td>0.90</td><td rowspan="4">调整日期2001年4月6日水价中0.15元/m³自来水建设还贷加价</td></tr>
<tr><td>工商用水</td><td colspan="2">0.956</td><td>1.15</td></tr>
<tr><td>建　筑</td><td colspan="2">1.01</td><td>1.50</td></tr>
<tr><td>特　行</td><td colspan="2">1.01</td><td>1.80</td></tr>
</table>

其他收费价格调整情况表

项　　目	调　前　价	调　后　价
青铜器博物馆	10元/人次	20元/人次
北首岭		10元/人次
秦公一号大墓	10元/人次	15元/人次
龙门洞	4元/人次	10元/人次
东　湖	5元/人次	10元/人次
身份证加快制作费	24小时，由原100元降为60元。过去24小时提前到4小时仍执行100元。 7天内发证的由原来每证40元降为35元。	

2001年成品油价格调整情况一览表

单位：元/吨

时间＼品种	90# 汽油	0# 柴油
2001年1月13日	3530	3140
2001年2月5日	3365	2950
2001年3月8日	3575	2905
2001年4月8日	3465	2815
2001年5月14日	3565	3025
2001年6月5日	3755	3155
2001年7月3日	3305	3095
2001年8月12日	3025	3045
2001年9月9日	3025	2945
2001年10月17日	3275	2965
2001年11月24日	2915	2605

【提高价格管理水平】　在对市区居民小区的物业管理收费进行全面调查，召开座谈会、听证会，并考察学习了成都、青岛、烟台的物业管理收费经验的基础上，形成了较为完善的《宝鸡市物业管理收费办法》，为规范宝鸡市的物业管理收费奠定了基础。针对近年来药品价格管理体制改革和政策多变的现状，及时组织力量编印了《药品价格政策文件汇编》，市县区物价部门又先后举办14期培训班，对药品生产企业、医疗机构、药品经销网点及各种诊所的法人代表和物价员共800多人进行了培训；开展了医疗药品价格监测，规范了药品市场价格行为。对公用、公益事业和垄断行业价格制定中的价格决策实行了听证。在做好500余种商品价格和收费监测的基础上，完成了价格分析报告3篇，被《宝鸡信息》采用。市县物价部门利用“四五”普法和“三一五”宣传日，大力宣传价格法，宣传明码标价和价格举报的规定，培育价格工作的法律环境。

【规范价格认证机制】　全年市、县物价部门共受理价格认证案件500多起，涉及金额2000多万元，其中市本级230起1000多万元。市县13个价格认证中心（价格事务所）还义务为各县区清理农村合作基金认证评估涉案物品价值3000多万元。市价格认证中心还义务为财政部门的罚没物资进行了价格认证。同时，市县物价部门认真落实国务院清理整顿经济鉴证类社会中介机构领导小组《关于规范价格鉴证机构管理意见》的通知精神，进一步整顿价格鉴证机构，明确职能，规范运作机制。有3个县成立了价格认证中心。

【加强价调基金的征收管理】　1～5月全市共征收价调基金420多万元，其中市本级征收入库303万元。市物价局征收5500元。5月上旬，按省政府《关于停止征收副食品风险和价格调节基金的通知》要求，及时处理了解缴入库、票据清理回收等善后工作。同时，在调查论证和现场考察的基础上，报经市政府主管领导批准，给宝鸡县蟠龙镇蔬菜大棚建设项目无偿拨款10万元，给食品公司冷库管道维修扶持资金20万元。

（王一锴）

工　商　行　政　管　理

【概况】　2001年，全市工商系统围绕实施西部大开发战略和应对加入WTO的要求，整顿和规范市场经济秩序，优化投资环境，加强基层和队伍建设。全系统共办理各类内资企业开业登记1076个，变更登记2541个，县局上报高挂“市”名43个，全市上报高挂“省”名24个，新增企业集团1个；新登记外资企业11个，投资总额8450万美元，注册资本4564万美元，其中外方认缴额1763万美元；对全市266个市场进行了年检，新登记市场10个，注销登记20个；新发展个体工商户7437个，新增从业人员19582人，注册资金12043万元；新发展私营企业762个，新增从业人员8784人，注册资本32139万元；查处各类经济违法违章案件达6921起，其中当场处罚案件5920起，一般程序案件1001起（千元以上案件609起，万元以上案件20起），罚没款215.62万元。

【市场经济秩序整治工作初见成效】 全市工商系统根据省工商局和市政府的统一部署和要求，按照“全面推进、重点突破、分步实施、规范行为”的工作思路，以重点商品、重点市场、重点地域专项整治行动和查办大要案件为工作重点，坚持整顿和规范市场经济秩序与加强队伍建设、改善投资环境相结合，专项市场整治与日常监管相结合，打击违法经营与保护合法经营相结合，全面开展了整顿和规范市场经济秩序工作。先后开展了打击非法收购拼装废旧汽车场点，严格把好市场准入关，清理网吧、电子游戏厅，打击制售假冒伪劣商品，清理整顿卷烟市场，整治成品油市场，检查整顿夏季饮品、食品，专项整治易燃易爆物品生产经营企业和肉食品市场，开展“打假维权，消费者满意街区”专项整治，红盾打假护农，夏粮收购市场，反限制竞争专项整治，文化娱乐场所整顿等16项专项治理活动，使市场经济秩序整治工作初见成效。整顿中全系统共出动执法人员14048人次、执法车辆683台次，检查清理涉及销售假冒伪劣商品市场58个，查处“三无”企业54个，取缔无照经营1633个，清理含有不良文化的企业名称9个，查处各类经济违法违章案件2546件，其中当场处罚2027件，立案查处519件，销毁假冒伪劣商品20个类型30多个品种，货值44.67万元，端掉制假窝点102个；共受理各类消费者申诉1431件，查处侵害消费者权益案件1045件。

【组织招商引资　规范涉外执法】 市工商局就组织好“开放年”和个私企业的招商引资活动，提出了一系列具体措施。围绕降低门槛、优质服务、组织招商、规范执法等四大项内容，形成了20条加大招商引资力度、优化投资环境的具体实施意见，在全系统营造“人人都是投资环境、人人服务投资环境”的良好氛围。市工商局成立领导机构，全面清理涉外规范性文件和行政事业性收费项目、涉外行政审批事项，规范全系统涉外窗口单位的服务行为，整顿和规范涉外执法行为等8项具体措施。招商引资工作中，全系统共组织非公有制企业签订各类招商引资合同137项，总投资65289万元，合同引资额52006万元，到位资金35934万元。

【为国企改革服务】 市工商系统坚持从实际出发，对国有企业改革与发展中涉及的名称审核、经营范围、经营方式等，在法律法规许可的范围内积极给予支持。在企业改制前主动介入，提供改制意见；改制中参与论证，给政府宏观决策当好参谋；改制后及时帮助企业办理有关手续，提供法律保障。市工商局企业注册分局抽出专人下企业，调查了解企业运行情况，参与改制大中型企业9个，上门服务，征求意见，指导企业按现代企业制度规范运作。同时，全市工商系统帮助企业申办商标注册164件，推荐17个企业的18件商标参加陕西省著名商标评选活动，其中“好猫”、“宝石”等16件商标榜上有名，有力地支持了全市商标战略的实施。

【引导非公有制经济发展】 市工商局积极鼓励个体私营经济进入国有经济逐步退出的行业和领域，以多种方式参与国有企业的资产重组，引导私营企业重点向第一、二产业转移。同时引导非公有制企业扩大外引内联，开辟更加广阔的发展空间。3月中旬，牵头组织以私企代表为主的宝鸡经贸代表团，赴广东东莞、顺德、佛山、深圳等市进行了为期10天的考察学习、招商引资活动，共签订正式经贸合同5份，标的金额2761.37万元；洽谈意向性合作项目23项，意向金额1.756亿元。4月上旬，组织48个私营企业参加了2001年中国东西部投资与合作贸易洽谈会。会议期间总成交额30301.3万元，引资额27643万元；签订合同5份，标的金额3103万元；签订意向性协议28份，涉及金额27198.3万元。会议期间还筹办了“宝鸡市人民政府东西部非公有制企业联谊会”，上海、广东等地客商45人和宝鸡市非公有制企业经理38人进行了座谈交流，宣传了宝鸡，扩大了影响。宝鸡“两节一会”期间，筹办了非公有制企业展区，参展企业28个64人，参会企业93个155人，参会货物价值2.1亿元、106个品种。经过努力，非公有制企业洽谈项目51个，标的金额65582.2万元。同时，组织了非公有制企业签约会，签约23个项目，总投资额4.4亿元。

【私营企业成立了工会组织】 市工商局加强非公有制企业党组织和工会组织建设。目前全市私营企业已建立工会247个、工会联合会173个，个体工商户已建立工会89个，会员人数达20184人。

【深化基层改革】 2001年，市工商局重新修订完善了执法责任制实施细则，指导各基层工商所进一步强化执法责任制，规范行政执法行为。先后2次召集示范所所长就深化工商所改制进行了专题座谈，并在全系统广泛开展了"整顿和规范市场经济秩序与基层工商所监管机制改革"征文研讨活动(收到论文47篇)，促进了改革工作的深化，保证了市场秩序整治任务落到实处。全市工商所查办各类经济违法违章案件6249起，其中不正当竞争案件52起，拓展了执法领域，树立了基层执法权威。同时，全系统认真开展市场办管脱钩工作，使基层工商所不再既当"裁判员"，又当"运动员"，促进了基层执法职能进一步到位。

（雷会会）

宝鸡市工商行政管理局负责人

局　长　赵佩智

副局长　吕　智　朱生民　郭　琨

质　量　技　术　监　督

【概况】 宝鸡市质量技术监督局属省质量技术监督系统垂直管理单位，下设质量技术监督稽查队、质量监督检验所、纤维检验处、计量测试所、锅检所、特种设备质量安全检测站、12县区质量技术监督局。2001年，局系统以质量计量、标准化和锅炉、压力容器、压力管道、特种设备检测等项工作为主，保证了职能的发挥。

【质量监督　严抓细管】 市局制定了宝鸡市质量共建活动实施方案，对25个具备发展潜力的企业开展了"质量共建"活动，受到了当地政府及企业的一致好评。对全市生产许可证管理的产品及企业进行了全面调查摸底，帮助11个企业建立了质量体系。加强对国家实施生产许可证管理产品的监督管理，帮助11个企业申办了生产许可证。对全市30个生产企业30种产品核发了"产品准销证"，发放售前报验证223个。按照《陕西省定期检验目录》对331个生产企业的453批次产品进行了产品质量监督检验，确保了出厂产品合格。对全市范围内的"五类产品"进行了专项调查摸底，省局领导和10个地市领导参加了宝鸡市举办的"五类产品"整顿后处理工作现场会，对市质监局开展的"五类产品"监督调查整顿并实行微机动态管理工作给予了高度评价，此项工作走在了全省的前列。重点查了农资，对不合格产品企业加大了整改力度。以质量月和"三一五"为载体的质量宣传工作，参与人数之多、范围之广、新闻媒体宣传报道的力度之大均为历史之最。全系统共出动工作人员1143人(次)，接待群众咨询7601人（次)，受理举报、投诉案件312起，现场查处21起；制作宣传版面210块，义务为群众检测眼镜3009付，出动宣传车数十辆，进行声势浩大的、集中销毁假冒伪劣商品的宣传，销毁假冒伪劣产品31种（类)，货值达60多万元。及时地进行了新《产品质量法》的宣传工作，举办了2000年版质量体系内审员培训班，组织全市283名质量专业技术人员参加了职业资格统考。

【维护市场经济秩序和消费者利益】 在行政执法方面，以"查农资，保春耕"为重点，开展了农资专项打假；以"查食品，保健康"为重点，开展了烟酒、副食、饮料专项打假；以"查石油，保安全"为重点，开展了石油专项打假；以"查市场，保双节"为重点，开展了节日期间专项打假。截至2001年11月底，全市共办理查处案件1741起，其中现场查处763起，立案查处978起，结案率为96%，检查整顿各类市场259个，查获伪劣产品标值667.163万元；受理消费者投诉1258起；为消费者挽回经济损失1500万元。

【标准化工作逐步落实】 加强对标准化法律、法规及重要标准的宣传实施，举办了三期标准宣传培训。麟游县布尔羊养殖基地，2001年已被列入农业标准化示范项目。组织机构代码实现了全省联网，截至11月底，全市已新办、变更、换证562户，年检1905户。

【加强计量监督】 加强以商品量为重点的计量监督，组织对与人民群众日常生活密切相关的商品和定量包装大检查，全市共检查生产经销定量包装商业企业1635个。出色完成了全市系统计量器具强制检定工作。全市共完成计量检定数为38867台(件)，周检率为97.1%，周检合格率97%，市级社会公用计量标准器周检合格率为100%。狠抓“光明工程”的实施，全市共完成79个等级店评价定级工作。成功地举办了一次全市系统计量技术比赛，并参加了全省比赛，四个单项取得了一个第一，一个第二；并荣获团体组织奖。

【锅容管特工作大见成效】 市局主管领导和各县区局、局直属各单位签订了目标责任书15份，加强了锅容管特安全监察工作，全市共出动安监人员302人次、检查单位1112个，签发安全监察指令书242份，查处无证运行锅炉3台，查封电梯1台。加强了对在用压力容器的审验换证工作，共审查换证1600台。全年共办理锅炉安装、修理、改造图纸、方案审查70份；办理锅炉使用证43个；审查起重机械安装、修理、改造方案92份；审发电梯准用证405台，占在用电梯的98%；审查办理起重机械准用证961台，占在用起重机械的76%。全年共举办各类培训班16期，培训1010人，为特种作业人员培训取证690人，复审1300人，期内换证2410人。

(焦志强)

宝鸡市质量技术监督局负责人

局 长、党 组 书 记　王矿兴
副局长、党组成员　虞剑林　姬万社
党组成员、纪检组长　桑志让

审　计　工　作

【概况】 2001年，全市审计机关共完成审计项目1059个，查处违纪违规资金51492万元，收缴财政资金2829万元，纠正侵占挪用资金1027万元。向司法机关移送案件1件，向上级部门建议处分5人。为市委、市政府和上级业务主管部门提供综合性工作报告和信息284篇，被各级采用71篇，较好地发挥了审计在经济综合管理中的监督和服务职能。局机关党总支被市委命名为先进基层党组织。

【财政审计】 2001年，在开展财政预算执行情况审计中，重点检查了行政性收费及罚没收入、专项资金和预算外资金，以及本级金库，全面审计了宝鸡市2000年财政预算执行情况，向市政府作了专题汇报后，于2001年6月8日由局长苏正东代表市政府向市人大十一届二十一次会议作了《关于宝鸡市本级2000年度预算执行情况和其他财政收支的审计报告》。市人大委员会制定了《关于加强市级预算审查监督的决定》。2001年，还对扶风、麟游、太白和金台区的2000年度财政决算进行了审计。

【重点行业和专项资金审计】 2001年，宝鸡市、县两级审计机关对中国人民保险公司宝鸡分公司系统、中国电信宝鸡分公司系统、公路等3个行业和养老保险基金、救灾资金、普教经费、科技经费、退耕还林（草）试点示范工程资金、财政支农资金、城乡电网改造项目等7项专项资金进行了审计。并对市自来水公司利用世行贷款的冯家山引水项目进行了审计调查。查出各类违纪资金536万元，挤占挪用专项资金405万元，超标准收费4.8万元。对37个教育单位、52所中小学校的2000年普教经费管理情况进行了专题调查，写出的调查报告《普教经费管理要加强，教学环境亟需改善》被市政府全文转发。

【全面实施领导干部任期经济责任审计】 2001年，宝鸡市审计局按照组织部门的安排，对122名党政领导干部和9名国有企业及国有控股企业领导人员实施了任期经济责任审计，查出违纪违规行为金额2323万元，处理处罚329万元，指明要求纠正1994万元，提出审计建议86条。

【行政事业单位审计】 2001年，宝鸡市审计局共对541个政府部门和事业单位的财务收支情况进行了审计。涉及商务、环保、教育、广播电视、报刊、科技、水利、土地、交通等行业，查出违规违纪问题资金额8047万元，收缴财政222万元，查处“小金库”资金129万元。

【企业审计】 2001年，共审计工交、商贸、农林水、外资、旅游等企业95个，查处违纪问题资金额22336万元。审计中，以“打假”为目标，把资产质量和会计信息质量作为重点，严肃查处做假账、违反财经纪律、挥霍浪费等行为，其中查出收入、成本不实2454万元，利润不实2727万元，损失浪费101万元，偷漏税款243万元。

【固定资产投资审计】 2001年，宝鸡市审计局对金陵东路、麟益公路和大庆路改建工程，以及市集中供热工程、粮油贸易大厦、市级机关会计核算中心筹建等项目的基建决算进行了审计，审计资金11.6亿元，共审减工程造价353万元。对项目建设中不符合基建程序、损失浪费和手续不健全、财务核算不准确等问题及时纠正，保证了重点工程项目的顺利实施。

【“三资”审计】 2001年，宝鸡市审计局通过对全市利用世界银行贷款的卫Ⅶ项目13个和农业支持项目2个执行单位的审计，促进了利用外资的管理工作。还对毅武集团、麟游制药公司、三泰、坚宝汽车检测公司、双乐机械公司等5个“三资企业”进行了审计。

【专项审计事项】 2001年，宝鸡市审计局配合全市并乡建镇和市级机构改革工作，代拟了《宝鸡市撤乡并镇审计实施办法》和《关于市级机构改革中对撤并单位进行审计的实施意见》，被市委、市政府转发执行；完成了对第一批进入核算中心的105个纳管单位资产移交审计和行政事业单位银行账户清理；配合纪检、监察部门查案15个，联合进行了社会保障资金、粮改政策、国债资金、农业综合开发项目资金的执法监察和“双保”工作检查。

【省属企事业审计】 宝鸡审计处是陕西省审计厅在宝鸡的派出机构，主要负责审计在宝的省属企事业单位。2001年，宝鸡审计处对宝鸡市及4个县的新华书店、陕西省电子工业学校、凌云电器总公司等10个单位进行了审计。

（段宝中）

国 有 资 产 管 理

【产权变动登记率达100%】 2001年，全市企业产权年检登记应登503个，实登503个（其中，市本级115个，县区级388个），年检率100%。经登记，全市资产总额1052685万元，负债总额855595万元，净资产总额（所有者权益）197090万元，国有资产总额146476万元，资产负债率81.28%。日常变动登记本着“变动一户，登记一户”的原则，对涉及产权变动的企业全部进行了产权登记，不重不漏，完成变动登记率为100%。

【对7户企业进行产权界定】 根据市政府“进一步加大企业改革力度，支持企业明晰产权，谋求新发展”的思路，深入改制企业，逐户调查核实，实地查证账务及相关资料。以相关资产评估报告为基础，对宝鸡宾馆、市政府第一招待所、红光钢铁集团、关中工具厂、宝鸡国际旅行社房地产综合开发公司等7户进行了产权界定，维护了各投资主体的合法权益，确保了国有资产的安全与完整。

【产权变动监管取得成效】 参与宝鸡宾馆等2个企业的改制方案论证与完善，核销不良资产497万元；为原纸油毡厂等4个企业处理固定资产报废损失1027万元；对新三维进出口公司的资产有偿转让进行了审核批复，盘活资产67万元；为宝鸡宾馆等3个企业办理了资产划转手续，划转资产总额5592万元；配合、参与了宝鸡市无线电厂等4个企业的破产清算工作及资产重组方案的研究讨论和实施工作；配合市经贸委对部分企业库存积压产（商）品进行了核实处理，共计审批237万元，减少了企业不合理资产占压，减轻了企业的历史包袱。

【规范股权管理】 审核批复了红光集团、关中工具厂2个企业的股权设置和国有股权管理报告，明确了各投资主体的股权职责；研究批准了宝鸡商场股份有限公司以国家股为城市基础设施建设提供质押担保，贷款2.2亿元；向八方山铅锌矿有限责任公司等3个企业委派了国有股权代表；参与了林工商公司等5个企业的改制方案论证，对股份企业的管理工作做了进一步的完善和规范。

【行政事业单位国有资产管理】 对市政府第一招待所的资产进行了产权界定，对其挂账损失按照有关规定进行了核销，减轻了企业包袱，为其与市人民公园、宝鸡旅游公司等整合组建成宝鸡市旅游集团创造了条件。为加强对行政事业单位国有资产实施有效监督管理，对市农发办、市中医学校、宝鸡植物园、市教委（教育局）等单位的拟报废车辆办理了审批手续；对市政府办公室、市考试管理中心、市统计局、市财政局、市公安局等单位的有关车辆办理了调拨划转手续；对宝鸡中学等单位要求转让出售的汽车在评估的基础上办理了批复手续。

【圆满完成国有资产报表审报】 圆满完成了预算单位类、基本建设类、国有企业类、集体企业类和集体金融类等五大类报表的汇审上报工作。2001年全市各级预算单位收入23亿元，支出23亿元，财政拨款15亿元。截至年底，全市国有资产总量为49亿元，其中，经营性资产14亿元，非经营性资产35亿元，比上年增长8%，显示出国有资产稳步增长、国民经济健康发展的良好势头。但是，非经营性资产仍占较大比重，国有资产总量结构不合理的问题依然十分突出，仍应在国民经济结构调整上狠下功夫。

【资产评估基本状况】 2001年，全市共有资产评估机构5个（其中，专职评估机构1个，兼职评估机构4个），注册资产评估师22人，评估从业人员92人，其中各类会计师、工程师、审计师、经济师等中级以上职称人员66人，占从业总人数的72%。至2001年底，全市资产评估立项25项，确认24项，评估值35374万元，升值率20%。

【市级直管公房管理】 在2000年直管公房产权过渡的基础上，收集、整理有关房屋建设资料，做好产权证办理的前期准备工作。市政府安排建设的367套成本价廉租住房，已有132户搬入新居。市级机关机构改革后，对全市撤并后的市级机关办公用房进行了摸底，为市政府领导提供了第一手资料。并按照“救紧救急”的原则，合理安排有限资金，对渭工路19号大院老干部住宅区的水、电、气工程进行了改造；投入49万元，先后对市老干部局、文物局等5个单位11处房屋的屋面、路面、室外上下水、车棚等进行了维修，解决了这些单位多年来遗留的问题。

（王　懿　苏永平）

国　土　资　源　管　理

【概况】 2001年，各级土地管理部门继续深入宣传贯彻新的土地管理法律法规，落实与之配套的办法措施，完成了新旧管理机制的转换。清理废止了不符合新法律法规精神和不利于西部大开发、宝鸡大发展的规范性文件21份，减少行政审批7项，制定并颁布了《宝鸡市统一征地暂行办法》和改善用地环境的一整套新办法、新制度。给重点建设项目统一征地和上报审批用地240公顷，保证了工程顺利进行。在保持33.3万公顷基本农田不减少的前提下，对部分田块进行了调整。对新调整进入保护区的农田划界树桩，落实保护制度和措施，明确了保护责任。为改革改制企业和招商引资企业评估处置土地资产2.5亿元，面积61.7公顷。严格实行非农业建设使用耕地占一补一的方针，复垦整理土地554.4公顷，超过占用面积290公顷。

【坡耕地调查评价全面结束】 按照国土资源部《关于印发西部大开发土地资源调查评价实施方案和技术规定的通知》和陕西省国土资源厅《陕西省西部大开发土地资源调查评价技术细则》的要求，从2000年7月开始，在全市范围内开展了坡耕地调查评价工作。通过运用航片判读转绘与实地调查相结合的方法，利用计算机制图等先进技术手段，不仅做到了数据准确，图件美观清晰，而且提前于2001年2月完成了调查评价任务。经过省国土资源厅组织全省首家检查验收，全市15°以上的坡耕地总面积为134768公顷，其中宜耕面积为45903公顷，不宜耕面积为88865公顷（其中大于25°的坡耕地60568.7公顷）。

这次专项调查，进一步摸清了坡耕地的面积、类型、质量、权属、宜耕状况、流域分布以及与之相关的人口、社会经济、生态环境等情况。同时，还查清了能够进行开发利用的耕地后备资源，科学地评价了坡耕地的适宜性，为各级政府制定西部大开发规划和相关政策，进行土地利用结构调整和退耕还林（草）提供了依据。

【整治投资环境出成效】 按照市委、市政府"四清理、五整顿"的要求，市国土资源管理部门（原市土地管理局和市矿产管理局）制定方案和措施，认真整治土地和矿产方面的投资环境。在整顿期间，清理废止了21份不符合世贸组织规定和不利于宝鸡大发展的规范性文件，减少了7项行政审批事项，取消了7项报件资料，简化了办事程序；对市局机关、局属事业单位和县区土地、矿产局（办）的收费项目、收费标准进行全面清理和规范，取消了3个收费项目，减轻了企业负担。"两节一会"期间，编制印发了《宝鸡市建设用地优惠措施》、《宝鸡市矿产资源勘查开发招商投资指南》；制作宣传展板，展示矿石标本；邀请境外客商，招商引资，签订矿业开发合同和意向书16份，资金19144万美元。为此，市国土资源局被评为全市投资环境整治优秀单位，受到市委市政府的表彰奖励。

【2001年重点建设项目用地240公顷】 随着西部大开发战略的实施，宝鸡市的交通、能源和城市基础设施等重点建设项目纷纷上马。土地管理部门积极参与，提前介入，超前服务，优先保证，及时为宝兰二线工程、陈仓园二期工程、高新大道、金台科技园、宝汉公路、姜眉公路等国家和省市重点建设项目提供用地240公顷，保证了工程及时开工建设。其中宝兰二线工程完成了市区外的征地拆迁任务，市区内拆迁尚未完成。2001年，全市重点工程建设用地占全部建设用地的77.4%（全市全年建设用地310公顷）。

【促进土地资产合理流动】 2001年，各级土地管理部门继续推行土地有偿使用制度，实行国有土地资产化，先后为宝鸡石油钢管厂、宝光、宝钛、宝桥、宝鸡机床厂、宝鸡车辆厂、东岭集团、十万大山等37个企业评估显化处置土地资产2.5亿元，面积61.7公顷，促进了企业的改制改造；办理存量土地出让手续92宗，29.65公顷；办理土地使用权转让54宗，9.96公顷；办理土地使用权抵押723公顷，促进了土地使用权的合理流动，提高了土地利用率，收缴土地使用权出让金908万元。

【《宝鸡市统一征地暂行办法》颁布】 为了加强和规范统一征地工作，保护、开发和合理利用土地资源，改善建设用地环境，实现耕地占补平衡的目标，市政府于2001年12月30日发布了《宝鸡市统一征地暂行办法》，于2002年1月1日起施行。

《办法》规定市国土资源局是市人民政府负责市辖区域内统一征地工作的主管部门。统一征地实行分级负责制。在土地利用总体规划确定的县城区建设用地范围内征用农民集体所有土地的，由县人民政府统一征地，县国土资源管理部门具体实施。在市区土地利用总体规划确定的建设用地范围内征用农民集体所有土地的，由市人民政府统一征地，市国土资源局具体受理并组织实施。国家、省、市重点建设项目及大中型基础设施建设项目，由市人民政府统一征地。《办法》规定统一征地必须坚持政务公开、依法补偿、妥善安置、严格管理，依法维护社会主义土地公有制，依法维护建设用地单位、被征地单位和农村村民的合法权益。《办法》规定建设单位和非法定统一征地机关不得与被征地单位或农村村组商定征地补偿。依法统一征地的，被征地单位应当服从，任何单位和个人不得拒绝、阻挠。《办法》对统一征地的程序、征地补偿标准和各项补偿费用的管理使用作了具体规定，并明确指出企业单位征用农民集体土地的土地补偿费和安置补助费经征用和被征用双方协商同意后，可以入股，参与企业经营。《办法》规定征用耕地用作非农业建设的，必须按"占多少，垦多少"的原则，由用地单位负责开垦与所占耕地数量和质量相当的耕地；没有条件开垦或开垦的耕地不符合要求的，要按照省政府确定的耕地开垦费标准向市国土资源局缴纳耕地开垦费，由市国土资源局组织开垦数量和质量相当的耕地。

【宝鸡市国土资源局成立】 2001年11月出台的《宝鸡市市级机构改革方案》决定：撤销宝鸡市土地管理局和宝鸡市矿产管理局，成立宝鸡市国土资源局。新成立的国土资源局是主管全市土地资源、矿产资源等自然资源的规划、管理、保护与合理利用的市政府组成部门。除将原矿产局承担的地下水资源行政管理职能交市水利局外，国土资源局承担原土地管理局和矿产管理局的其余全部职能。并划入原市计委承担的组织、制定全市国土开发、整治、保护总体规划和全市土地利用规划职能；市水利局及市地震局承担的地质灾害滑坡、崩塌、泥石流、地面沉降、塌陷与裂缝的防治职能。新成立的国土资源局由魏科超任局长、党组书记，李忠、郭建平、苏国泉、沈瑜任副局长、党组成员。国土资源局内设8个科室：办公室、人教科、监督监察科、耕地保护科、地籍管理科、土地利用管理科、矿政资源管理科、地质环境科。

（刘志绪）

无 线 电 管 理

【概况】 宝鸡市无线电管理机构是1985年11月根据陕西省人民政府、陕西省军区陕政发［1985］25号通知精神，由宝鸡军分区调整至市人民政府的，同时调整了市无线电管理委员会成员，下设办公室，受市政府和军分区双重领导。市无线电管理委员会及其办公室是负责贯彻执行国家和省无线电管理方针、政策及法规，负责无线电频率的指配和使用，监督和管理无线电台站布局和设置使用，负责无线电干扰查处和战时无线电管制等工作的行政职能部门。1999年12月，宝鸡市无线电管理机构的隶属关系又调整上划至陕西省无线电管理委员会办公室（其办公室随2001年省级机构改革由省政府办公厅调整至省信息产业厅），名称为“陕西省无线电管理委员会办公室宝鸡市监测站”，受省无线电管理委员会办公室和宝鸡市人民政府领导。其主要职责是负责对行政辖区内各类无线电台站管理、监督检查，审批无线电台站建设布局，指配无线电台（站）的频率及呼号，核发电台执照；负责无线电干扰的申诉受理，无线电监测和维护空中电波秩序等工作。2001年，宝鸡市共有无线电设台单位247个，无线电台站总数2001个，其中广播电视台82个，短波电台301个，超短波电台1614个，地球站1个，微波站3个，寻呼经营单位10个，寻呼基站245个，移动通信基站187个。全年共办理设台手续及电台执照390部；办理停用撤台手续280部（其中：短波电台30部、基地台及中转台50部、手持台200部）。2001年陕西省无线电管理委员会办公室宝鸡市监测站被陕西省信息产业厅授予省级先进单位称号。

【规范寻呼台站管理】 宝鸡市现有无线寻呼台10家，用户数20多万户。宝鸡市监测站配合有关部门，对市辖各无线寻呼台站的发射设备进行年度检验工作。凡检验不合格的发射设备必须限期整改、调试，直至达到国家技术标准。在有关部门的配合支持下，对各寻呼台的发射设备实施技术测试和检验工作，遏制了干扰的发生，收到了良好的效果。

【无线电频率台站管理】 按照陕西省无线电管理委员会《关于开展无线电频率清理核查工作的通知》，制定了频率清理工作的办法，下发了《陕西省无线电管理委员会办公室宝鸡市监测站关于开展无线电频率清理核查工作的通知》，安排无线电频率清理核查工作。截至11月初，宝鸡市监测站共对辖区内的近100个设台单位实施了频率的清理核查工作，对于经核查无误的单位，对其使用频率进行了重新确认，明确了使用期限。收回频率44对，完成了频率清查任务。

【干扰查处】 2000年以来，宝鸡市监测站在无线电监测和设备检测方面加大了工作力度，辖区内无线电干扰投诉明显减少。2001年先后为联通寻呼台、秦龙寻呼台、市防汛通讯台、宝鸡气象局等设台单位解决了无线电干扰问题，及时恢复了其正常通信。从干扰的投诉受理到整个排查过程都受到了用户的赞誉。

【纠正违规】 2001年宝鸡市监测站重点对高山、高塔设置的大功率发射机进行严格的技术监控。全年共查处、纠正违规设台、擅自使用频率行为3起，责令停用中转机1部，手持台20部。

（王红军）

陕西省无线电管理委员会办公室宝鸡市监测站负责人

副站长 郝小宁 陈振国

财政·税务

财　　政

【概况】 2001年，宝鸡市地方财政收入88756万元，完成年度预算的102.9%，比上年实际增长8.6%。加上上划中央“两税”收入87911万元，共计完成176667万元，同比增长10%。全市财政支出完成151700万元，占调整预算的95.5%，同比增长13.9%。

全市财政收入主要项目完成及对比表

项　目	收 入（万元）	完成预算（%）	同 比（±%）
工商各税	64104	100.2	9.2
农业“四税”	6904	98.2	-17.1
企业所得税	8062	131.8	44.3
国企亏补退库	2502	95.2	-11.1
各项附加费	4278	97.9	2.5
罚没和行政性收费	6793	125.0	4.0
其它收入	1287	344.1	7.0

全市财政支出主要项目完成及对比表

项　目	支 出（万元）	完成预算（%）	同 比（±%）
基本建设	947	90.4	35.3
支农及农林水费	10073	100.0	14.2
工交商事业费	1438	100.0	27.9
城市维护费	10861	96.3	-0.9
文教科卫事业费	51992	100.0	33.9
税务等事业费	9079	99.7	6.3
抚恤福利救济费	4639	98.0	16.3
行政管理费	24883	97.6	27.8
公检法支出	10671	100.0	17.0
行政事业离退休费	16638	100.0	40.4

当年，市级财政（含高新区财政，下同）收入39185万元，完成年度预算的103.1%，比上年实际增长16.2%，剔除所得税改革及清收一次性收入等因素，同比增长8.1%；市级财政支出47223万元，同比增长13.9%。

市级财政收入主要项目完成及对比表

项　目	收 入（万元）	完成预算（%）	同 比（±%）
工商各税	31185	102.3	14.9
农业“四税”	638	145.0	91.0
企业所得税	2983	120.9	65.2
企业亏补退库	1050	100.0	持平
排污水资源费	456	102.9	5.3
教育附加费	1371	82.2	-8.6
罚没和行政性收费	3598	101.1	7.6
其它收入	4	—	-98.0

市级财政支出主要项目完成及对比表

项　目	支 出（万元）	完成预算（%）	同 比（±%）
基本建设	947	90.4	35.3
支农及农林水费	3429	100.0	9.0
工交商事业费	308	100.0	-6.7
城市维护费	8124	95.1	-1.0
文教科卫事业费	8551	99.9	14.4
税务等事业费	2782	99.0	-13.9
抚恤福利救济费	1840	5.3	31.3
公检法支出	5166	100.0	10.5
行政事业离退休费	4169	100.0	33.6

【财政预算执行特点】 一是与全市经济发展相适应，财政收入占GDP的比重为9%，较上年增长1.1个百分点。二是工商税收稳步增长。2001年全市财政收入增幅为8.6%，其中增值税增幅为13.4%，营业税增幅为12.9%，个人所得税增幅为50.6%，印花税增幅为28.9%。这主要是国、地税务部门以新《税收征管法》实施为契机，大力清缴

欠税，进一步加强收入征管力度，并结合开展税收专项检查，收入完成较好。同时，通过全面推进车辆税收专业化管理等改革措施，营业税等地方主体税种也实现了较高的增幅。三是市级收入完成好于县区级。市本级完成地方收入37606万元，同比增长11.5%；县级地方收入完成51150万元，同比增长3.3%。四是农业遭受严重自然灾害，许多应税产品损失较大，加上农特产品受市场和价格的影响，农业特产税等县级主体税种减收严重。五是财政支出增长较快。全市财政支出增长13.9%，比同期收入增幅8.7%高出5.2个百分点，其主要因素是，2001年国家两次调增机关事业单位干部职工工资和离退休人员离退休费，人均增幅185元，仅此一项，财政支出增加15624万元。同时，中央和省进一步加大对市财政转移支付力度，一般转移支付、中小学教师工资、天保工程、退耕还林、两次增资和增发1个月奖金等转移支付补助比上年增加17861万元。六是重点支出基本得到保障。全市各级财政部门紧紧围绕保工资、保重点的思路，保证干部职工工资发放和其他重点支出。全年工资性支出98388万元，其中市本级19048万元，县区级79340万元，完成了上级部门提出的当年干部职工工资全部兑现的目标任务。同时，财政部门多方筹措资金，基本保证了重点支出的必要增长。其中：支农支出3366万元，比上年增长15.4%；文体事业费支出38676万元，增长40.5%；科学事业费支出736万元，增长12.9%；卫生事业费支出7665万元，增长21.2%；救灾支出706万元，比上年略有增长。

【财政收入稳定增长】 各级财政部门始终把组织收入作为财政工作的重中之重，继续实行抓收入目标责任制，严格实行抓收入“一票否决制”，层层落实了责任。建立与征收部门联席会议制度，加强协作，及时协调解决征管中存在的困难和问题。继续加强预算外资金管理，加大监管力度，扩大纳管范围，进一步健全和完善了内部审核、票据管理、稽查等制度，严格执行收支两条线管理规定。并强化对农业“四税”和契税的征管工作，规范了代征行为。同时，突击抓好各项基金的征收工作，实行基金申报与纳税申报工作同步的办法，消灭征收死角。确保完成和超额完成全年财政各项收入任务，保证了财政收入稳定增长。

【“两个确保”、“两个保证”得到较好落实】 为千方百计落实“两个确保”、“两个保证”的政治任务，加大政府调控力度，筹措一切可用财力，狠抓落实。市政府先后制定下发了《关于加大财政调控力度，实现“两个确保”、“两个保证”的实施意见》和《关于进一步加大收入征管力度，认真落实“两个确保”、“两个保证”的通知》，对全面落实这项工作起到了重要的促进作用。市政府成立了保发工资工作领导小组，加强组织协调和督促检查。市县两级层层建立了保发工资责任制，明确责任，加强考核。全市12个县（区）全部设立了工资专户和教师工资专户，对乡镇教师工资全部上收县级统一发放。并积极争取省上对宝鸡市各项转移支付补助资金37202万元，比上年增加了6126万元。通过市县两级共同努力，确保了当年中央出台的两次调资政策的贯彻落实，确保了全市干部职工和教师工资的按时足额发放。

【重点支出保障力度加大】 各级财政部门认真坚持“一要吃饭，二要建设”的原则，大力调整支出结构，确保重点支出需要。一是继续加大对农业的投入。市级预算内安排各项支农资金3900万元，大力支持科技兴农，实施以胚胎移植为重点的生物工程，支持以退耕还林和北坡南山绿化为重点的山川秀美等工程项目。二是为促进国家粮改政策的落实，各级财政多方筹措粮食风险基金的配套资金1683万元，保证了中央和省补助资金4688万元及时足额到位。三是加大社会保障支出力度。各级财政安排养老、下岗职工基本生活保障和城市居民最低生活保障等社会保障支出1000万元，同比增加806万元，增幅为415%。四是继续加大对科教计生事业的投入。预算内安排的教育、科技、计生事业支出分别为38676万元、3362万元和1598万元，同比增长40.5%、28%和16%，促进了科教兴国战略及计划生育基本国策的实施。五是大力支持国有企业改革和产业结构调整。认真抓好国有企业改革和加快科技产业化发展的财税配套政策的落实；积极从资金和政策上支持国有企业扭亏增盈工作，重点扶持国有企业技术创新、技术改造，先后安排技改和新产品开发资金850万元，促进了新产品开发和高新技术的推广应用。

【重点项目建设资金筹措有力】 各级财政部门紧紧抓住中央继续实施积极的财政政策的机遇，与有关部门密切配合，加大争资金跑项目的工作力度，争取中央和省更大的支持，增加了重点项目和城市基础设施建设资金的总量。一是争取中央、省以工代赈、农业综合开发、扶贫等支农专项资金10610万元。二是为基础设施建设、生态环境治理等重点项目工程争取建设资金35655万元，较去年增长了89.7%。三是按照省、市政府安排，通过调查摸底，签订承诺协议，争取中央和省对清理农村合作基金会再贷款5.1亿元，维护了全市的社会稳定。四是及时拨付中央、省上下达的各项建设资金和市级预算内安排的建设资金共计27917万元。这些资金的及时到位，加快了基础设施、生态环境、农业生产、退耕还林等重点项目建设，有效地改善了宝鸡市的投资环境。

【财政改革不断深化】 为适应新形势和财政管理工作的要求，进一步加大了财政改革力度。一是推行会计集中核算制度。市级机关会计核算中心运行半年来，纠错拒付126笔，涉及金额达107万元，对严格规范财经纪律、加强党风廉政建设、从源头上预防和治理腐败发挥了重要作用。二是抓好全市农村税费改革工作。按照省委、省政府的统一部署，用近两个月的时间，在全市开展了农村税费改革的宣传调查摸底工作，基本上完成了调查测算和制定实施方案的上报工作，为做好税费改革工作奠定了良好的基础。三是进一步推进政府采购工作。政府采购范围不断扩大，制度不断完善。全市开展采购业务180宗，完成采购资金3353万元，节约财政资金501万元。四是进一步完善社会保障基金管理新体制。大力支持推行企业职工养老保险金、下岗失业人员基本生活保障费全省统筹和社会化发放工作，使全市8.3万名企业离退休人员离退休金和1.8万名下岗失业人员基本生活保障费顺利实现了省级统筹，并积极推行城市低保扩面工作。五是推行城镇职工基本医疗保险制度改革。市本级9282名医保对象领到了医改个人账户补助卡，实行持卡到定点医疗机构就诊，并将省、市、县三级国有企业下岗职工基本医疗保险费也纳入了财政专户管理。

【财政监督职能进一步强化】 以整顿和规范市场经济秩序为契机，不断强化财政监督职能，坚持依法理财，进一步加大财政执法监督检查力度，深入开展《会计法》执行情况、会计信息质量专项检查和专项资金的监督检查，继续抓好依法理财试点工作。全年共检查972个单位，查出各类违纪资金6601万元，应入库违纪资金和罚款595万元，有733个单位和4名责任人受到处罚和行政处分。同时，开展投资环境整治工作，清理了涉外行政事业性收费和社会中介机构涉外业务；参与市政府关于加大对外开放步伐，改善投资环境优惠政策的制定工作；清理影响投资环境和不适应WTO规则的地方性法规、文件以及行政审批事项。对整顿和规范市场经济秩序，改善全市的投资环境发挥了积极作用。

（王　懿　苏永平）

国　家　税　务

【概况】 宝鸡市国家税务局下辖10个县、2个区国家税务局和市国家税务局直属分局、开发区国家税务局、市稽查局、涉外税收管理分局、市国家税务局干部培训中心等5个直属单位。2001年全系统共有干部1236人，担负着全市27055个纳税人的税收征管工作。全年共组织入库税收收入190947万元，占年计划的107.15%，同比增收税款18248万元。其中“两税”入库184489万元，占年计划的108.14%，同比增收税款21373万元，收入再创历史新高。

【依法治税力度加大】 进一步规范执法行为，制定了税收征管档案管理办法，实行税务登记“派单制”，全面实行纳税人分类管理和信誉等级制度管理办法。积极推行税务行政执法公示制、责任制和过错追究制，严格执行税务行政处罚听证制度和税务稽查“四分离”工作制度，并通过税务行政执法专项检查和实施税务行政执法监督办法等规范税务执法行为。开展了税收资料调查和增值税一般纳税人企业稽查检查和行业税收专项检查，规范了对上述行业的税收管理。加大了清缴欠税工作的力度，清欠工作取得了突破性进展。全年共清收陈欠2062万元，清收新欠1058万元，陈欠压缩率为29.17%，新欠压缩率达到97.4%，基本实现了当年无新欠。

【信息化建设迈上新台阶】 7月1日，“金税工程”在全市国税系统正式开通运行，标志着全市国税系统信息化建设迈上了一个新的台阶。配合“金税工程”运行，逐步改进申报方式，推行电子申报和邮寄申报。在凤县国税局进行了以邮寄申报、电话申报为主要形式的多元化申报试点工作。对具备申报条件的197个增值税防税控企业实行了电子申报，收效良好。

【税收秩序明显好转】 开展纳税人清查和漏征漏管户专项检查。共清查税务登记企业7994个、个体工商业户16578个。清查出“三无”企业10个，取消不符合条件的一般纳税人323个，并对156个企业、644个个体业户补办了税务登记证，补缴税款584453元，罚款206454元，加收滞纳金30411元。不断巩固加油机税控装置成果，对全市237个加油站807台加油机税控装置及运行状态进行了专项检查。完善了《成品油经销行业税收征收管理办法》，实行按月巡回检查和统一规范的专业管理。重点查处了一批大案要案。先后查处了陇县物资综合公司、凤县飞跃摩托车销售有限公司、宝鸡福临工模机具厂、宝鸡卷烟厂等虚开和接受虚开增值税专用发票案19起，查补税款676.28万元。加强对民政福利企业的年审工作，取消了不符合条件的福利企业12个。全年共审批办理出口退税2200万元，免抵税款2000余万元，福利企业先征后退2000万元。为企业办理税前扣除1700余万元。以增值税一般纳税人为重点，开展了增值税专用发票和普通发票专项检查工作，查出有问题发票193份，涉税金额48.8万元，罚款7.2万元。协查发票302份，查补税款671.88万元，罚款0.2万元。并通过“金税工程”网络协查发票308份，查出有问题发票26份，涉税金额1.7万元。

【机构改革顺利完成】 制定了《宝鸡市国家税务局职能配置、内设机构和人员编制方案》，对男满55周岁，女满50周岁或工龄满30年的；年龄在45周岁以下，不具备大专以上文化程度的；以工代干人员在公务员岗位的，全部予以分流。对达到转任年龄的各级领导干部实行了转任，对部分干部进行了岗位轮换。在这次机构改革中，共办理提前离岗288人，病退2人，转任17人，175人按政策提高了待遇，对280多人进行了岗位轮换，清理临时人员80人，顺利完成了机构改革任务。机构改革后，全系统大专以上文化程度人员的比例由55.34%上升为64.71%，平均年龄由41.59岁下降为37.41岁。

【开展计算机知识普及年活动】 在全系统开展了“迎新世纪计算机知识普及年活动”，把掌握计算机综合应用能力作为干部素质教育的重点，制定了切实可行的培训计划，并突出培训质量和效果。全年共举办各类培训班36期，培训干部1800余人次。目前已有60%的干部基本掌握了岗位计算机技能。

【强化办税服务功能】 以“开放年”为契机，在优化服务环境、提高服务水平上下功夫，充分发挥办税服务厅的“窗口”功能，在办税服务厅内实行文明办税“八公开”，并对大厅各个窗口的职能职责、服务时限、服务质量做出了承诺。开展文明服务“五个一”、“四比”和“服务宝鸡经济、争做文明市民”活动，推行了首问责任制。结合征管改革，投资30余万元为全市所有办税服务厅配置了税务查询系统电子触摸屏，满足了各类纳税人办理涉税事宜的需要。开展了以“赛服务思想、赛服务程序、赛服务环境、赛服务质量”为主要内容的优质服务百日竞赛活动，坚持以“主动、热情、耐心、周到”的八字服务基本要求，做到“站立服务、微笑服务、敬语服务”的“三服务”标准，为纳税人提供高质量的税收服务。

【行风评议满意率居首位】 市局党组书记与各县区局局长签订了“党风廉政建设目标责任书”，按照“两权监督”的要求，重点对一般纳税人认定、增值税专用发票管理使用、税款征收、稽查处罚、退税审批等环节进行了监督；实行人事制度公开，加大经费和物资的管理力度，在基建、大宗物品采购等环节做到纪检监察部门提前介入，全程监督。全市国税系统共初核案件线索14起，查结13起，立案查结2起，3人受到党纪政纪处分，9人通报批评。在全市8个系统行风评议中，群众满意率居首位，综合满意率达到93.94%。

【精神文明建设再创佳绩】 在全系统开展了“文明单位”、“青年文明号”、“做人民满意的公务员”和争做“优秀税务工作者”等活动，涌现出了一批先进集体和先进个人。市局系统被市委市政府授予“创佳评差”优胜系统，连续7年保持了这一荣誉；眉县国税局被省委、省政府授予“创佳评差”最佳单位，被省国税局、省人事厅授予全省国税系统先进集体；金台区国税局、凤县国税局被市委市政府评为“创佳评差”先进单位；凤县国税局被省委、省政府命名为省级文明单位；凤县国税局党组书记、局长丁志文被市委、市政府命名为“巾帼十杰”、“三八”红旗手。截至年底，全市国税系统已建成全国税务系统文明单位1个、先进单位1个，省级文明单位标兵2个，省级文明单位7个，市级文明单位26个。

【基本完成了基层建设达标任务】 坚持“高起点规划、高标准建设、高效能管理”的工作思路和原则，在规范管理、优化服务上狠下功夫，不断加大投入力度，实现基层建设“硬件”和“软件”的有机统一。全市累计投入建设资金975万余元，建成规范化达标税务所60个，占全市国税系统基层单位总数的98.4%，基本完成了基层建设达标任务。

（汤德虎）

宝鸡市国家税务局负责人

局　长　雷炳毅

副局长　郑义会　钟平安　苏富学

地 方 税 务

【概况】 2001年，市地方税务局下设12个县区局和3个直属分局，担负着全市32877个工商企业、个体工商户的地方税收和基金、社保费征收管理工作，现有干部职工1052人。全年累计组织地方9项收入105409万元，其中地方税收57879万元，占省局下达年度计划53170万元的108.8%，超收4709万元，同比增长12.1%、6256万元。征收社会保险费42968万元，教育费附加3274万元，水利建设基金822万元，帮困基金352万元，散装水泥基金72.3万元，文化事业建设费42万元。全系统精神文明建设实现了由点到面的扩展和层次的提升，全年新创建省级文明单位3个，省级青年文明号1个，市级青年文明号4个，省级基层建设达标单位（标准化税务所）2个，市级标准化税务所10个，全市地税系统被市委、市政府命名为首家市级文明行业。

【整顿税收秩序结硕果】 认真贯彻全省整顿和规范地方税收秩序电视电话会议精神，先后对电力、证券、烟草、IT行业和律师事务所等行业进行梳理排查，查补个人所得税450万元，清理废止地方规范性文件15份、行政审批项目7个。对以前年度9.8万份发票的领、用、管情况进行彻底检查，查补税款19万元，罚款4万元；对全市范围的230个消费品市场、31个生产资料市场和5个生产要素市场进行整顿，办理税务登记1783个，专业市场税收秩序明显好转。6～12月共检查纳税户2368个，查补地方各税2178万元；查结偷税案件599个，查补税款1467万元。建立了税务稽查事前告知、复查和公告制度，规范了税务稽查工作，增加了透明度，多头查户、重复检查明显减少，受到全市纳税人及来宝鸡投资客商的广泛好评。全年市、县两级稽查机构共检查各类企业1837个，查补税款3720万元，罚款271万元，有力打击了涉税违法行为，整肃了税收秩序，优化了全市经济发展环境。

【税收宣传创新意】 以税收宣传月活动为契机，围绕“税收与公民”的宣传主题，紧贴“重征管、重实效、重长效”的工作方针，地税、国税和财政三家联手，结合宝鸡法门寺国际文化旅游节、太白山旅游登山节暨招商洽谈会，以党政领导干部、协作单位、纳税人、中小学生四个重点宣传群体，突出车辆税收知识、新《税收征管法》两个热点内容的宣传。据统计全年共印制悬挂横幅、标语4000条，张贴发票不干胶7030份，制作宣传版面126块，举办税法讲座200场次，向中小学生发放印有税收基础知识的作业本10000本，受教育人员达35万人。市地税局开展的“税收在我身边”中小学生作文竞赛活动被省局评为税收宣传创新项目。

【征管科技含量显著增强】 制订下发《宝鸡市地方税收征管资料档案管理暂行办法》和《征管资料式样》，对税收征管资料的基本含义、格式设计、印制发放和征管资料的范围、分类、设置、使用管理予以明细化，分10大类140种，使分散的税收信息系统化。开展税收征管基础资料普查，共普查2.7万个，其中企业8907个，个体18347个，掌握了税源分布状况。改革全市车辆税收管理体制，“政府协调，地税为主，车管部门密切合作的交通运输业税收管理新格局”的整体功能得到有效发挥。全年共征收交通运输业营业税2535万元，同比增收565万元，增长28.7%，征收车船使用税438万元，同比增收193万元，增长5%。在各县区局建成局域网的基础上，着手建设全市地税系统广域网络，多次与网络设计单位专家、高校学者分析论证，制定出网络建设方案。结合新《税收征管法》的贯彻落实和征管改革的进程，经过四上四下，编制出《宝鸡地税税收管理业务需求说明书（讨论稿）》，受到省地税局好评。到年底，全市地税系统共配备微机353台（其中用于税收征管268台），建成局域网20个，应用微机核算的单位达57个，全年处理3.8万户纳税人缴纳的税款和基金10亿多元，基本实现了税收征管的自动化。

【干部队伍“两个素质”明显提升】 市局先后举办了各县区局、各分局领导班子成员114人参加的“三个代表”重要思想读书班，第三期所级领导干部培训班，重点讲授了政治理论、领导科学和税收业务等方面知识。以“三个代表”重要思想为指针，制订印发了《创建“先进领导班子”的四条标准》，进一步规范了班子成员的言行，健全了班子运行机制。制订了全系统《“十五”干部教育培训规划》，修订下发了《兼职教师管理办法》、《关于建立干部教育培训档案的实施意见》等制度，把更新知识培训和计算机知识为核心的现代征管技能培训作为重中之重。市局机关和各县区局、各分局陆续组织45岁以下的干部职工参加了公务员计算机等级培训，参试的864人全部通过考核，拿到国家公务员计算机一级证书，占公务员总数的94%。全年共举办任职培训、专门业务培训和更新知识培训55次，培训干部1889人次，投入培训经费48万元，为全市地税系统培养了一批业务骨干。

【强化“两权”监督制约】 加强对行政管理权和税收执法权的监督制约，成立了预防职务犯罪工作协调领导小组，研究制定工作方案，探索预防职务犯罪的新路子。制定了《党风廉政建设责任制保证金制度》、《机关党风廉政建设责任制保证金暨廉政保证金制度》及相应的考核办法，修订《党风廉政建设责任制追究制度》，夯实了廉政建设责任。实施“阳光工程”，继续落实内审、公示等制度。市局对4名科级离任干部和11个单位的1800万元基建工程进行了审计，未发现不廉行为。市、县两级局“一把手”不再分管财务，腾出精力加强对财务的监管。市、县区局监察室直接参与本单位重大基建项目洽谈、大件物品采购活动，实施事前、事中、事后全程监督。开展地税“行风万人评”活动，发放问卷调查，切实分析研究，制订出整改方案。加大查办案件力度，全年共受理违纪线索13起，已核查11起，经核实8起失实，对3起违纪问题及时进行查处，政纪处分5人，其中受撤职处分1人，记过处分1人，警告处分3人，警示教育了干部职工。年底，市政府纠风办组织市人大代表、市政协委员和特邀监察员对全市地税系统的行风建设进行了评议，满意率达到95%以上，位居全市八大系统第二名。

【基础设施建设】 按照市局《2000～2002年基层建设规划》，做到观念常新、措施不断、力度不减，坚持“边建设边管理”的方针，建成一个、搬迁一个、使用一个、管理一个，防止了资产的闲置和浪费。各县区局办公楼、住宅楼相继建成投入使用，全市85%以上的基层税务所已建成标准化税务所。两年来全市地税系统共投入建设资金8044万元，新建办公用房1.1万平方米，新建住宅用房5.31万平方米，新建成标准化税务所58个。

【创建首家市级文明行业】 制订下发《宝鸡市地方税务局文明办税行为规范》，分别从职业道德、服务语言、服务态度、服务仪表、服务质量、工作纪律、工作环境等7个方面提出了操作性较强的规范性标准。以“三德”教育为基础，学习贯彻落实《公民道德建设实施纲要》，倡导在社会上争做文明公民，在单位争做文明干部，在家庭争做文明成员。以形式多样的创建活动为载体，开展了“争创最佳服务，改善投资环境”百日竞赛活动、扶贫帮困活动，以业务技能比武、文艺汇演、征文、演讲等形式，营造创建“市级文明行业”的精神氛围。9月份市文明办召开“全市创建文明行业经验交流会”，推广了市局创建文明行业的经验。年底，全国《精神文明报》以《宝鸡一唱天地新》为题，全面介绍了宝鸡市地税局创建文明行业，实践“三个代表”的做法和经验。

（张　萌）

宝鸡市地方税务局负责人

局　长　张　政（兼）

副局长　王江宏　张宝华　唐陇利

金融·保险

概　　述

【概况】　全市金融系统共有法人金融机构626个，干部职工6482人。年内撤并金融机构80个，其中办事处4个，营业所及分理处8个，储蓄所68个；业务服务范围变动升格的机构26个，降格的7个。全市7个县级城市信用社改制更名为城区农村信用社，接受所在县的农村信用联社统一管理。永安财产保险股份有限公司宝鸡中心支公司于2001年10月26日正式挂牌开业。宝鸡市信托投资公司于2001年5月8日被陕西省国际信托投资股份有限公司整体收购。2001年末，全市金融机构各项存款余额261.39亿元，比年初增加31.36亿元；各项贷款余额195.24亿元，比年初增加5.36亿元；累计现金净投放15.61亿元。人民银行累计向农村信用社发放支农再贷款6.19亿元，累计为金融机构办理再贴现10170万元。全年保险保费收入4.48亿元，增长40.9%；支付各类理赔和给付金额1.27亿元，较上年增长32%。

【宝鸡市商业银行成立】　宝鸡市商业银行于2001年4月18日正式挂牌成立。市商业银行是在原市区7家城市信用社清理整顿的基础上，由市政府及部分企业法人参股，经中国人民银行西安分行报经人民银行总行批准设立的地方性股份制商业银行。下设13个支行，实行“一级法人，统一核算，分级经营，指标考核，自负盈亏”的管理体制，具有独立法人地位，股东大会、董事会、监事会及经营班子构成规范的法人治理结构。

【创建金融安全区】　为了加强对创建活动的领导，成立了宝鸡市金融安全区创建工作领导小组，由市政府常务副市长任组长、市人民银行行长任副组长。市人行牵头与市级各金融机构签订了《创建金融安全区目标责任书》，制订落实了创建的各项制度和考核标准，健全了金融监管例会和金融风险、金融形势分析例会制度。市、县人民银行均推行了监管岗位AB工作制，实行了监管员派驻制度。开展对金融机构高级管理人员任前资格审查、谈话和考试；对市辖农村信用联社的高级管理人员进行了政绩考核；对国有商业银行和市、县信用联社195名高级管理人员进行了金融法律、法规和管理知识考试；对市商业银行新任高级管理人员进行了全面谈话和考试。年内开展了对国有商业银行经营真实性的检查、对邮政储蓄的全面检查以及对农发行粮油开户企业的检查等检查活动。到年末，全市金融机构不良贷款比率和不良贷款余额实现了“双下降”目标，金融运行平稳，未发生支付风险和挤兑风波。

【治理金融“三乱”】　2001年，市政府批转了市人行《关于进一步加强金融市场管理的通知》，禁止各种非法集资活动，规范企业股份制改造行为，加强了保险、证券、典当、基金会、彩票市场、外汇市场等10个方面的监督与管理，开展联手打击逃废金融债务行为。协助市政府做好金河乡农协驻宝办事处资金融通部的善后处理和全市供销社股金服务部的清理整顿工作。与市体改委等部门密切配合，及时查处了陕西聚丰集团股份有限公司非法集资问题。

（杨　明）

中国人民银行宝鸡市中心支行

【概况】人民银行宝鸡市中心支行，是中国人民银行的派出机构，辖8个县支行，现有职工449人。2001年，抓住四个重点，即抓教育、增素质，抓班子、带队伍，抓节俭、树新风，抓防范、保“四无”（无案件、无重大事故、无重大业务差错、无挤兑风险），努力实现“四化”（制度化、规范化、程序化、标准化）要求，确保了辖内金融业的安全、高效、稳健运行。扶风县支行获得人总行“双文明”单位称号；中支保卫科被人总行评为保卫工作先进单位，保卫科科长庞林科被评为保卫工作先进个人；中支清算中心被评为2000年度陕西省清算系统先进集体。

【发放再贷款12.5亿元】　实行再贷款发放与商业银行信贷投量挂钩的办法，累计向国有独资商业银行发放头寸贷款6.31亿元，促进了信贷结构的调整。加大支农再贷款投放力度，全年净增1亿元，累计向农村信用社发放支农再贷款6.19亿元，重点支持了大棚果菜、“万元示范田”及农产品深加工等项目。为市商业银行办理再贴现40余笔、金额达6651万元，占全市再贴现累计发放额的65%。并向市商业银行发放再贷款9600万元，支持市商业银行向地方中小企业增加贷款6600多万元。

【发放流动资金贷款12.61亿元】　2001年，先后给宝鸡卷烟厂、宝商股份有限公司等100多个企业发放流动资金贷款12.61亿元，并为岐山渭河大桥、太白县山峡梯级水电站及鸡冠岩水电站等基础设施项目新增贷款6960万元。支持宝鸡卷烟厂膨胀烟丝改造、宝光陶瓷金属化生产线等6个技改项目，新增贷款2.26亿元，增强了企业竞争力。

【全市消费贷款余额达3.65亿元】　召开了重点项目资金协调会、社会力量办学银企座谈会、消费信贷分析会，支持市商业银行开办了汽车消费贷款试点业务，及时解决了重点项目资金不足、中小企业贷款难等问题。到年末，全市消费贷款余额达3.65亿元，比年初增加1.51亿元，增速达70.37%。

【化解农村信用社风险】　制定资不抵债的信用社治理方案，确定三年治理规划和目标任务；推行市县人行、市县联社“两个轮子一起转”的监管责任制，落实市县行领导和监管干部的包抓责任；加大对农村信用社的现场检查力度。完成了对2000年管理费的提取和使用情况、对全市农村信用社业务代办站的整顿规范、对农村信用社接收的33家农村合作基金会的资产管理质量以及对宝鸡市农村信用社筹备办的全面检查，搞好抓降试点工作，探索了争取地方党政重视支持、司法机关积极配合、收回沉淀贷款适当奖励的化解风险新办法。

【金融服务管理水平提高】　先后推广和完善了口岸电子执法系统、黄金市场报价系统、账户合法性实时监测系统以及“电子联行业务到县”同城清算系统。实现了陕西省内首家联网、数据上报和当日资料备份。开展国债兑付宣传，对兑付和发行网点进行检查，并做好对代理支库的业务指导和辅导工作。开展了对外汇账户、外商投资企业的年检工作，建立了结售汇电子数据库。对外币兑换点、国际收支申报、“外汇携带证”进行检查，防范了外汇风险。开展提高人民币整洁度和反假宣传活动，做好发行基金调拨工作，加大了损伤券复点工作力度。对全市金融机构执行结算纪律和账户管理情况进行了检查，并对36家违规机构处以罚款18.1万元。制定了同城清算考核办法，编写印发同城清算疑难问题解答手册。举办了清算人员业务培训班，提高了资金清算工作效率和质量，实现了全年无业务差错。

（李淑萍）

中国人民银行宝鸡市中心支行负责人

行　长　杨拴杏（女）
副行长　宁喜祥　张利原　郑会仓

中国工商银行宝鸡分行

【概况】　2001年，中国工商银行宝鸡分行各项存、贷款余额分别达到773062万元和665544万元，分别占到全市四大国有商业银行存、贷款余额的42.7%和49%，名列首位；当年净增存款49760万元，累计新增贷款93438万元，85%以上投向A级以上企业及未评估优质客户，清收转化不良贷款38053万元。分行下辖机关管理及业务部室、中心20个，县区支行11个，对外营业网点94个，在册职工1328人。

【开展资产质量攻坚活动】 按照上级行“资产质量攻坚年”活动要求，把控制、降低不良贷款作为全行重中之重。从工作机制上，健全了不良贷款的预警、监测、考核、通报、责任追究制度，对不良贷款实行动态管理，并实行绩效挂钩，提高奖罚力度；从组织管理上，将法律事务中心与资产风险管理部合并，成立资产风险经营管理中心，对占全行81%的清收类“双呆”贷款实行集中管理，专业化清收；从清收措施上，通过在全行开展清收转化不良贷款专项竞赛活动，收回不良贷款34044万元，及时纠正企业逃废债行为，落实贷款本息2631万元，依法收回“双呆”贷款620万元。全年清收转化不良贷款38053万元，不良贷款绝对额和占比分别较年初下降9384万元和0.97个百分点，跻身全国工总行系统不良贷款绝对额降幅前50名行列。

【调整优化贷款投向】 从工作安排、费用分配、工作机制上积极引导、调整并优化全行信贷资源配置。划分核定经营类和清收类客户名单，逐户、逐笔确定了发展、保持、压缩、退出方向。将贷款投向定位在A级以上优质大客户、重点基础设施项目以及个人住房贷款上。制订了《新增贷款质量考核奖罚办法》、《个人住房贷款营销考核办法》、《信贷业务费用挂钩考核办法》，并相应加大信贷营销挂钩费用，促进了全行信贷资产的优化配置。全年新增工商企业贷款88371万元，84.78%投向A级以上企业；办理个人住房贷款5067万元，共支持2073户居民购建住房192205平方米；积极为长岭、宝商等优质客户签发银行承兑汇票350笔18125万元，办理银行承兑汇票贴现业务5692万元，为中铁宝桥等优质客户办理保函业务12笔4828万元，使优质客户贷款和份额不断上升。

【储蓄存款稳步增加】 开展新业务营销、存款竞赛活动，健全完善存款考核激励机制，及时交流推广先进支行揽存经验，充实一线零售人员，狠抓代发工资、代收学杂费、代理兑付基金会股金和部分石油企业职工买断工龄资金等代理业务，促进了储蓄存款稳步增长。全年净增储蓄存款49758万元，剔除撤并太白分理处、二电厂分理处、汤峪分理处、陇县支行交出存款10333万元因素，实际增加存款60090万元，比上年多增19678万元；对公存款工作克服机构撤并、系统资金集中上划等不利因素，加大市场营销，成功争取到市级及凤翔县、眉县等三个政府财政会计核算中心和宝鸡住金公司、宝兰复线二期工程等结算业务，新增了与36个城市商业银行及农村信用社的支付结算代理业务。网络结算业务的不断拓展、客户经理工作机制逐步完善以及会计结算手段的改善也促进了对公存款的增长。对公存款在12月扭转了负增长局面，净增存款2万元。多渠道吸收外币存款，增加外币存款146万美元。

【新兴及中间业务健康发展】 积极争取优质外资企业、外贸客户，多渠道营销外汇业务，全年办理国际结算1590万美元，实现结售汇1234万美元，实现利润8万美元；个人住房贷款实行转授权管理，简化手续，加大考核力度，全年净增个人住房贷款4512万元，增长88%，收息率达100%；结合网点优化整合工作，对全辖ATM、POS设施设备进行合理调配、有效维护，并将ATM、POS管理纳入各行经营目标管理范畴。加强信用卡业务营销宣传，全年办理银行卡70429张，实现交易额15.59亿元。积极拓展结算、代理等业务，全年累计办理结算业务6万笔，18亿元，累计代发工资额121685万元，办理银证转账25162万元，代签银行同业汇票17329万元，为全国、全省网络结算客户归集上划资金131340万元，年末代理种类已达30多种，年代理额累计超过30亿元。

【推进机构人事制度改革】 本着“精简、效能”的原则，对分行机关内设机构进行调整，将教育部和法律事务中心分别并入人事部和资产风险管理部。组建风险资产管理中心，核定并压缩市区支行的领导职数和机关人员编制；顺利完成网点优化和人员分流工作，将红旗路办事处并入经二路支行，撤销太白分理处和陇县支行，撤并低效营业网点41个，分流富余人员27人；采取考试考核、民主评议相结合方式，终止了与24名员工的劳动合同关系，首次实现机制减人；在分行机关和基层行科级、副科级干部的选拔任用中实行公开招聘并推行任前公示制，在分行风险资产管理中心工作人员的录用中，推行考试加考核的模式进行公开竞聘。

【新技术手段的推广应用】 3月份成功开通了全市第一家自助银行；5月8日在全市43个对公网点顺利投产运行对公综合业务系统，同时事后监督系统同步投产，支付密码、电话银行、档案缩微等系统同步挂接；综合业务版本升级、外汇和个人消费贷款上机也于年内完成；推广支付密码工作，全年营销支付密码器469个；实施网络改造，使notes邮件、统计信息、前台报表、信贷台账等系统在全行的应用更加广泛；分行机关无纸化办公提高了工作效率；拓展电话银行、网上银行、自助银行等金融创新产品的运用范围，发展电话银行单位客户1558万元，个人客户17821个，实现交易额12734万元，发展网上银行单位客户36个，交易额突破4亿元；12月份在全辖所有储蓄网点开通了“个人汇款直通车”业务，实现了汇兑资金2小时到账，全行整体服务水平不断提高。

（刘亚凤）

中国工商银行宝鸡分行负责人

行　长　张鹏飞（1～8月）
　　　　毛亚社（9～12月）
副行长　王生玉　李　隽　王小科　李　骏

中国农业银行宝鸡分行

【概况】　2001年，中国农业银行宝鸡分行（以下简称农行宝鸡分行）常规业务各项存款总额为48.3亿元，其中储蓄存款总额34.4亿元，对公存款总额13.9亿元；常规业务各项贷款总额为30.7亿元，较年初增加2.6亿元，比上年多增加6400万元；常规业务不良贷款总额12.5亿元，占比为40.7%；贷款利息收回率99.3%，综合利息收回率73.2%；全年有5个支行实现扭亏为盈，全系统盈利支行总数达到14个，盈利面为82%；专项业务贷款总额为5.9亿元，较上年增加1677万元；银行卡发卡总量达到17万张，当年增加10万张；国际业务结算量达到1310万美元，比上年增加240万美元；累计实现代收代付总额18.8亿元，比上年增加10.8亿元。年末拥有营业机构146个，在册员工1757人。

【存款增长创历史最高水平】　2001年全行各项存款比上年末增加9.7亿元，同比增加6.1亿元，完成年度计划的166.3%，名列全省农行系统第二位。当年存款增量比前三年存款增量之和还高出1.4亿元，增量市场份额居全市各金融机构第一位，占到四大国有商业银行当年存款增量总额的60%，实现了存款当年超计划、超历史、超同业的跨越式增长。年内有8个支行存款增量居当地金融机构首位；金台区、岐山县、宝鸡县等3个支行当年存款增加超亿元；渭滨区、开发区、扶风县、分行营业部等4个支行当年存款增加超过7000万元；陇县、眉县、凤翔县等3个支行当年存款增加超过5000万元。分项目统计，当年储蓄存款增加5.9亿元，完成年计划的194.3%；对公存款增加3.8亿元，完成年计划的135.7%；同业存款增加4710万元，完成年计划的157%。

【市场开发向纵深层次推进】　采取“高层接触，整体运作”的工作方法，从资金源头公关渗透，争取代理项目。年内全行代理了全市农村合作基金会3.4亿元股金兑付项目，转化存款2亿元；争取到了10个县区的财政结算中心在当地农行开户，引存资金2亿多元；与宝鸡市地方税务局联合开发了“银税一体化”代理项目，增加存款6000万元。全年共签订代理项目协议10个，组织回低成本资金5亿多元。

【实施信贷管理新规则】　以中国农业银行总行颁发的系列信贷新规则为依据，建立健全了分行和县区支行贷款审查委员会及其议事规则，规范了贷款报备审批程序，推行了贷款审查专家咨询制度；制定了拓展低风险引导类信贷领域、建立优良客户贷款绿色通道、廉洁高效管贷等10个制度和办法；对所有信贷企业进行了信用等级评定和统一授信，共有AA、AAA级企业70个，A级企业182个，推行了信贷资料档案规范化管理。实施信贷管理新规则后，全行的信贷决策水平和规范化管理水平有了明显提高。先后顺利通过了中央驻农总行监事会、农总行和省农行的多次检查，验收合格。

【实施良性弱质企业救助工程】　在风险资产管理工作中从良性弱质企业中筛选26个企业（涉及贷款3.1亿元）作为市、县行重点救助对象，一厂一策，从企业管理、财务运行、机制创新、产品市场、货款结算、信息咨询等方面进行跟踪监测和服务。到年末有宝鸡华通商厦、陕西太白酒厂、均利房地产开发公司、天澳股份公司等8个企业得到了有效救助，盘活逾期、呆滞贷款8900万元，保全贷款1.1亿元，收回利息1350万元。市行在宝鸡县支行进行了不良贷款分账经营试点，支行内部成立了不良资产经营部，配备专业盘贷收息人员29人，接收265个企业不良贷款20876万元，分别占该行贷款总户数的83%和贷款总额的70%。年内，复活收息资产2820万元，收回呆滞、呆账贷款利息296万元。

【巩固优良客户群体】 在信贷工作中支持优良客户和重点项目。年内投放贷款1300万元，支持建成了岐山县蔡家坡渭河大桥；新增4000万元贷款，支持宝鸡卷烟厂进行技术改造；发放贷款5450万元，支持东岭集团建成5万吨锌品项目。此外，共向太白县梯级电站项目、长岭集团、恒兴果汁饮料公司、扶风造纸厂、惠民乳品公司、岐山板纸厂、和氏乳品公司等125个企业发放短期流动资金贷款11790万元。全年发放各项住房贷款6890万元。发放中长期贷款600万元，支持法门寺博物馆扩建新展厅。

【实施减员和机构撤并】 不断进行机构网点的优化整合，撤并了16个地处偏僻、长期达不到经营保本点的低效网点；对市区4个布局不合理的营业网点进行了重新组合；经批准把14个有发展潜力的储蓄所升格为分理处，扩展了县城和市区营业网点的服务功能和竞争实力。10月份，根据上级行的统一部署，全行积极稳妥地进行了内部减员工作，精简各类人员200名，完成了省农行下达的减员计划。

【扩展电子化网络】 强化电子化网络在全行业务经营中的科技支撑作用。当年新增储蓄通存通兑联机网点16个，累计总数达到121个；5月份顺利实现了银行卡网络中心与储蓄通存通兑网络中心的合并运行；11月份开通了14个县区支行营业部的实时汇兑系统；更新了计算机中心IBM AS/400主机，提高了中心主机的业务处理能力；开发应用了代收代付项目和系统管理程序；全行计算机网络的基础管理得到加强，网络系统运行质量进一步提高。

【推出"金融超市"营销模式】 10月18日隆重举行了分行营业部金融超市揭牌开业仪式。金融超市实行个性化理财，开放式办公，"一站式"服务，24小时自助银行。金融超市业务品种齐全，为客户度身订做金融产品，办理个人存取款、个人住房贷款、汽车消费贷款、助学贷款、个人质押贷款、银行卡、银证转账、保管箱和代收代付业务等。自助银行设有自动存款机、自动取款机、自动查询机。农行宝鸡分行营业部金融超市是全国农行百家金融超市之一，在宝鸡市金融系统尚属首家。

【实现安全稳健经营】 全面推行"集体离岗检查"制度，开展专项、常规稽核和内部控制综合评价，组织实施的"县辖往来"稽核项目被评为全国农行系统优秀稽核项目。市县行逐级签订安全保卫责任书和预防经济案件责任书，与员工及其家属签订廉洁自律责任书。在全行组织开展执法监察，10月份举办了"预防职务犯罪报告会"。当年，全行实现了安全无事故，没有发生违法违纪案件，被评为宝鸡市创建金融安全区优秀单位，受到表彰奖励。

【争"强"创"优"竞赛成效显著】 分行营业部和高新技术产业开发区支行被省农行授予全省农行系统"十强"支行称号；分行营业部和金台区支行被省农行授予全省农行系统"十优"支行称号；分行营业部、开发区支行、眉县支行、火车站办事处、金陵办事处、太白县支行、千阳县支行、金台区支行等8个支行当年实现盈利，省农行分别奖励业务用车一辆。分行营业部总经理马义士被评为全国农行系统百名优秀支行行长。

【推广宣传企业形象】 农行宝鸡分行以"新世纪、新宝鸡、新农行"为主题，1月份冠名协办了规模宏大的"农行杯"中国体育健身游陕西省暨宝鸡市活动开幕式，省市党政领导出席，20多家省级以上新闻媒体进行了集中报道；3月份，分行与市体育局联合举办了宝鸡市"农行杯"千人太极拳大赛和支持北京申办奥运会万人签名活动；4月份，在宝鸡市"两节一会"期间推出440平方米的户外广告牌；10月份，配合分行营业部金融超市投入营运，在陕西电视台、《宝鸡日报》、宝鸡电视台等媒体进行了广泛宣传；12月份，分行组织完成了眉县支行办公楼120平方米户外广告牌。

（王晓辉）

中国农业银行宝鸡分行负责人

行　长　汶庆舍
副行长　刘久安　强玉昌　周志岐　张满成

中国建设银行宝鸡分行

【概况】 2001年，中国建设银行宝鸡分行按照总、省行部署，推行组织机构、信贷体制、计划财务管理体制改革，综合竞争能力、风险防范能力和综合盈利能力得到全面提高。年内，全口径存款新增22361万元，贷款投放47194万元，回收贷款63253万元。

【负债业务持续稳步增长】 全行继续坚持以扩大负债市场份额为目标，开拓挖掘新产品，负债业务持续稳步增长。年末，全口径存款较年初新增22361万元。其中个人存款较年初新增17548万元，所均余额3595万元。企业存款较年初新增1515万元，同业存款余额较年初新增2118万元，外币存款余额468万美元（折合人民币3877万元），较年初新增142万美元（折合人民币1180万元）。政策性房信存款余额15836万元，较年初新增1275万元。

【调整优化信贷资产结构】 按照“保重择优、集中投放”的原则，贷款重点投向了电子、石油、电信、邮政、公路、机床、有色金属等股份制企业以及绩优大客户。全年向秦川发展股份公司、宝鸡住友石油钢管有限公司、西凤酒销售公司等17个客户办理贷款、贴现业务33笔计47194万元。办理展期贷款8000万元，借新还旧56422万元，承兑17345万元。回收贷款63253万元，回收力度创近年新纪录。

【有效控制不良资产】 全行各职能部门明确分工，落实责任，齐抓共管，压缩不良资产。年末，不良贷款较省行下达的最低控制计划减少1263万元。收回存量双呆贷款本息4582万元，完成省行下达全年计划回收任务的116%。收回证券回购及不良投资本息465万元。落实改制企业债权债务20户38559万元，收回兼并贷款3户1400万元。核销呆账贷款38户，本息合计969万元。保全资产49笔共4052万元。

【经营效益逐步好转】 推进财务体制改革，建立费用激励机制，加大了集中管理力度，强化部门效益观念，增强财务透明度。全年实现营业收入19192万元，通过公开竞价拍卖和询价处置等方式，处置闲置轿车8辆、扶风县法门办和马营小区及渭工路住宅楼5248.31平方米，实现资产处置收入371万元。

【中介业务收入持续增长】 支付结算业务和代理业务发展迅速，边缘客户和中间业务收入明显增长，实现中介业务净收入202万元，较上年增加92万元；完成代收代付业务量53000万元；办理国际结算1284万美元，结售汇709万美元，实现利润5万美元。

【调整网点布局】 坚持效益优先，注重优化网点结构，撤并了一批储蓄网点和机构，成立了资产保全部和业务运行中心，组建了经二路支行，加强了集中经营的力度，实现了经营重心的转移和网点资源的优化。

【规范基础管理】 规范统一会计核算制度，开展会计基础升级工作，实现了全辖16个会计网点业务的集中核算和集中稽核的改革目标。对会计、储蓄营业网点的网络程序、微机、ATM机等软、硬件设施进行了更新改造，实现了会计、储蓄数据一级分行大集中，加入了全国龙卡网，满足了储蓄卡通存通兑、速汇通等新业务的要求，发挥了网络优势。信贷、会计、财务、保卫等部门从建章立制入手，对业务操作流程和管理制度进行了修订完善，使内部管理和业务操作有章可循，有法可依。

（刘定魁）

中国建设银行宝鸡分行负责人

行　长　耿立新
副行长　席宗全　叶　正　高　林

中国银行宝鸡分行

【概况】 2001年，全行本外币各项存款较年初新增34343万元，不良资产比率较上年末下降了22

个百分点，新发各类银行卡11471张，完成进出口贸易结算3308万美元，实现本外币利润661万元，扭转了连续6年亏损的局面，各项工作朝着积极健康的方向发展。

【调整优化客户结构】 以宝鸡市“两节一会”为契机，配合省行与宝鸡市高新开发区管委会签订了为期5年总额10亿元的银企合作协议。又与西部证券宝鸡3家营业部分别签订了合作协议，确定了中行作为客户证券保证金存款主办银行的地位。针对原有信贷客户规模小且较分散的实际状况，确定了“抓大放小，抓优限劣”的信贷工作思路，加大对AB级重点行业和重点企业的投入，大力压缩规模小、没有发展潜力的商贸民营企业贷款，以优质的新增贷款改善现有的信贷资产结构。共清理和压缩百万元以下的不良授信客户38个，集中力量向BBB以上重点企业发放贷款2亿多元，确保了新增贷款的质量。

【精品网点建设步伐加快】 为加快精品网点的建设步伐，将市区11个储蓄所升格为分理处，又将一些位置偏僻、储源枯竭的网点进行搬迁改造，大大提高了网点的市场竞争能力。制订了《宝鸡分行零售业务制度汇编》，解决了长期以来一线业务部门工作无据可查、凭经验办事的旧习。经过全行员工的共同努力，储蓄存款实现了历史性的突破，完成任务是过去全年任务的两倍以上。

【加大开展中间业务】 继续保持和发扬国际结算业务的传统优势地位，进出口业务量较去年新增1508万美元，市场份额达66%，确保了在同业中的领先地位。在严格控制风险的前提下，开办承兑汇票贴现与再贴现业务，挖掘资金业务新的利润增长点。

【清收不良资产2.5亿多元】 建立了以行长为组长的清收不良资产领导小组，成立了专门清收不良资产保全部，研究制定了宝鸡分行不良资产处置办法和清收方案。对现有不良资产进行划分，按照“先大后小、先易后难”的原则，制定切实可行的清收方案。根据“一户一策”的要求，由领导带头，逐户落实，责任到人。加大回收力度，全年共清收不良资产2.5亿多元。

【加强授信风险控制】 成立了风险管理委员会和尽职调查小组，对《授信业务管理实施细则》进行了完善，建立了统一授信、审贷分离、尽职调查、集体决策、分级审批和后评价的制度。继续实行“因客、因行、因人”授权的分类授信办法，大力发展AB级客户，逐步压缩次级客户，以科学、客观和严谨的态度，认真做好客户的筛选工作。建立和完善新客户准入制度和信贷退出制度，明确支持原则和发展重点，使资金自觉地流向低风险和高回报的业务领域。按照《中国银行信贷档案管理办法实施细则》，对信贷档案实施规范化管理，做到专夹专柜专人保管，达到“一个集中，三个统一”的规范化要求。加大了责任追究力度，对形成贷款风险的责任人进行了处理，在全行员工中引起了强烈震动，扭转了不正之风，彻底纠正了工作中的反程序操作。

【实行财务集中核算】 成立了财务管理委员会，制定了《宝鸡分行费用支出管理办法》和《宝鸡分行集中采购管理办法》。上收了县（区）支行费用列支审批权，成立了市行财务中心，对费用集中管理，并制定了《宝鸡分行报账制实施细则》及《宝鸡分行“以收定支”费用分配管理办法》。建立了宝鸡分行财务监测管理系统，设置了资产负债及损益类监测表，随时反映各县（区）支行及市行本部的核算情况，确保核算工作的质量和财务报表的真实准确。坚持对全辖财务运行按月进行分析，保证了财务经营的真实性和透明度，及时为行领导决策提供依据。

【制定三年发展规划】 为了科学地编好三年发展规划，通过建立盈亏平衡模型，以2000年业务经营数据为基础，根据预测回归理论，按照1984～2000年的各项业务指标的变动趋势，对今后三年的各项指标变化趋势进行回归测算，确定了实现扭亏和发展必须达到的各项业务指标数值。今后三年，宝鸡分行将围绕规划目标，按照既定的原则和要求，有计划、有目标、有针对性地开展工作，落实规划各项指标，为以后持久、稳健、高效的经营和发展奠定良好的基础。

【电子化网络建设加快】 在省行的统一安排下，完成了全市所有网点新一代综合业务系统的上机推广工作，实现了全省数据大集中和省内的通存通兑，开办了定活两个一本通和借记卡业务。之后，先后又完成了消费信贷UNIX版系统和新一代信贷业务系统的投产工作。截至年底，已实现了会计、零售、信贷、消费信贷等主要业务系统的电子化和集中化处理的目标，完成了电子化基础设施建设，为各项业务的集中管理和下一步发展奠定了基础。

（王平章　赵俊惟）

中国银行宝鸡分行负责人

行　长　翟建平
副行长　王　卫　宋保良

宝鸡市商业银行

【概况】　2001年，市商行各项存款达到10.7亿元，各项贷款6.3亿元，上缴各种税金356万元，实现利润335.9万元，一举扭亏为盈，实现了开门红。

【初步建立现代企业股份制机制】　市商行按照现代股份制企业特点和要求基本建立了商行的法人治理结构，并且初步按现代股份制企业的机制运行。一是按照《公司法》和本行《章程》的有关规定，建立了董事会、监事会和经营班子，明确了各自的职责，并制定了相应的工作制度，确保机构间相互独立、权责明确，形成了相互制约、相互监督的机制，为科学管理提供了组织保障。二是董事会先后五次召开会议，及时审议通过了《宝鸡市商业银行董事会工作制度》、《宝鸡市商业银行董事会2001年工作要点》、《宝鸡市商业银行2001年经营计划》、《宝鸡市商业银行董事会议事规则》、《关于我行成立电子清算中心的可行性报告》、《宝鸡市商业银行电子网络系统建设规划方案、项目实施意见和投资预算方案》、《关于授权问题的提案报告》以及聘请董事会常年法律顾问等有关决议，确保了工作顺利开展。三是经营班子先后14次召开行长办公会和行务会，及时研究落实董事会决议和日常经营管理的有关问题，狠抓各项工作的落实，圆满完成了各项目标任务。

【全面搞活用人机制】　一是按照股份制企业的运作模式，制定出台了《宝鸡市商业银行人事管理暂行规定》，对全行员工的分级管理责任进行了明确，完善了有关人事管理办法。二是组织有关人员对各支行部门以上的负责人，从德、能、勤、绩四个方面，进行了一次民主考评，对全行后备干部人选进行了民主推荐，使优秀人才脱颖而出。三是年终对全行员工进行了年度考核，增强了员工的紧迫感和危机感，激发了员工奋发学习、积极上进的热情。四是全行相继推出了全员劳动合同制、竞聘上岗和末位淘汰等竞争机制，调动了员工的积极性，激发了经营活力。

【加快电子化建设步伐】　市商行为适应金融改革和新的业务发展需要，迎接WTO所带来的机遇和挑战，全面增强与金融同业的竞争能力，经过详细、充分的调查与论证，完成了电子清算中心的立项、规划和预算工作。经董事会审定后，在市招标办、市公证处监督下，完成了工程的招标工作。电子清算中心工程已进入正式实施阶段，2002年将在全行实现通存通兑。

【树立独特的服务品牌】　市商业银行坚持“立足中小，服务市民”的市场定位，始终以全市中小企业和广大市民为主要服务对象，始终以服务和支持地方经济建设为己任。在激烈的市场竞争中，坚持把有效满足客户需求作为一切工作的出发点，着力强调和培养全行优质服务理念和市场营销观念，既重视存款增长，更重视基本客户群体基础的加强，既重视贷款资金投向，更重视综合性业务的开拓。信贷支持范围已涉足全市城建、供电、供水、供暖、交通、科技、环卫、体育等重要经济建设项目。共注入流动资金贷款1.2亿元，对中小企业贷款总额已达4.6亿元，占全行贷款总额的68%。充分发挥了“市民银行”和“地方银行”的服务功能和独特优势。

（李　勇　陈国强）

宝鸡市商业银行负责人

董事长　彭天智
行　长　关永贤
副行长　胡爱梅　张亚文

中国农业发展银行宝鸡市分行

【概况】 2001年，中国农业发展银行宝鸡市分行，全年粮食贷款收回率为98.95%，利息收回率100.7%，企业不合理占用贷款较年初下降31.54%，资金营运率为99.92%，实现利润18.8万元。新发放贷款与新增库存值比率、销售货款回笼率、回笼货款归行率均达到100%。年末，全行各项贷款余额13亿元。辖5个县支行、1个营业部，在5个山区县派驻有信贷部，在册职工176人。

【支持企业敞开收购】 根据银企“捆绑式”管理要求，建立农发行与粮食部门、粮食企业三方共同负责的管理体制，推行“一基三专”企业账户管理制度。按照“收多少粮、贷多少款，销售多少粮，收回多少贷款”的资金供应与管理政策，及时足额提供收购资金贷款，支持企业按保护价敞开收购粮食。对非保护价收购，采取“以销定贷、以效定贷”的办法，支持企业灵活开展经营。同时，加强与各国有商业银行的协作配合，改善资金结算和现金供应方式，便利企业存取款。全年累计发放贷款98050万元，同比增加29530万元，支持企业收购粮食92635万公斤，同比增长68.37%，确保了国家粮改政策的落实。

【贯彻落实顺价销售】 强化了对库存物资粮食的监管和支持企业扩大顺价销售。帮助企业始终坚持顺价销售政策，灵活开展经营，扩大规模，薄利多销。尤其是对库存的高价位粮、陈化粮等积极采取了推陈储新、等量对冲的办法，消化了差价损失，转化了潜在亏损。全行信贷人员同企业销售人员一起寻找销路，催收货款，有力地促进了粮食企业的经营发展。全市共支持企业顺价销售粮食94247万公斤，实现销售收入98091万元，回笼货款93972万元，收回贷款90581万元，85个粮食购销企业实现盈利536万元。

【收购资金实现封闭管理】 一是开展清资核贷。用4个月时间对清仓查库后银企库存差异5685万公斤、总值4896万元进行了全面清理清收，解决了企业销售未报账的5557万公斤、4748万元以及销售货款被挤挪的30万公斤、38万元的问题。二是在4、5、6月三个月针对粮食企业结算资金剧增的问题，突出开展了清理清收结算资金的活动。在市政府的重视和粮食部门的配合下，结算资金净下降11902万元，6月末将结算资金占用贷款压缩到3000万元以内。三是建章立制，加强日常信贷监管。对贷款的发放、销售的粮食出库、回笼货款的收贷收息实行跟踪式全程封闭管理，查处了挤占挪用收购资金的行为。四是根据新的贷款风险管理标准，对粮食贷款实行了库贷紧密挂钩的八级分类管理。

【支持仓储设施建设】 近几年，全市坚持“项目管理、专款专用、落实贴息、保证归还”的原则，争取中央安排粮库建设规模1.4亿公斤，已建成1亿公斤。2001年，市分行又发放贷款460万元，建仓贷款余额达到1879万元，用于新仓建设，老仓、晒场维修，购置烘干设备等。到年末，18个项目已竣工交付使用，增加仓容2950万公斤、晒场1400平方米。

【财政拨补力度加大】 市分行加强与财政、粮食部门的定期联系制度，积极争取地方政府的理解和支持，促进各项补贴资金的及时下拨。全年应收各类补贴10804万元，实际到位10426万元，到位率为96.5%，同比提高8.5个百分点。其中，粮食风险基金到位率101.7%，国储补贴，新增财务挂账利息拨补，其他补贴到位率分别是83.4%、68.5%、99.7%，总体情况好于去年。

【信息网络升级改造】 全行共安装微机74台，全面开通了市县广域网和局域网。重视提高全员微机应用水平，共举办培训班7期，微机操作人员培训率达到99%。市分行机关一批干部职工已取得陕西省计算机应用一级等级证书。信贷管理月报、台账、监测表、会计报表、门市对公业务、劳资报表、公文处理等，全部实现了计算机处理。

【加强队伍建设】 2001年，全行共举办各类专业培训64次，参训1054人（次）。对会计出纳、信贷人员，全部进行了持证上岗考试。全行共有57人参加多种形式的自学，其中18人获得本科以上学历。共编发《简报》43期，编发《宝鸡农业政策金融》内部调研刊物3期，发表文章图片40多篇（幅），在国家级省行调研刊物上发表调研文章

20多篇。全行6个单位继续保持了市级文明单位称号，1个单位获得县区级文明单位称号，2个单位获省级卫生先进单位。

（李连宝）

中国农业发展银行宝鸡市分行负责人

行　长　秦永贵
副行长　贺理实　宫明刚

宝鸡市农村信用社

【概况】　2001年，全市农村信用社各项存款、贷款余额分别达到47.46亿元、37.88亿元，其中农业贷款余额18.57亿元，占贷款总数的50%。全市182个独立核算的社、部（含改制的原城市信用社7个）中，162个实现盈余（含改制的原城信社1个），盈余金额1227万元。盈亏相抵实现全辖总体盈利321万元；其中7个县、区联社实现社社盈余，市联社获得省信用合作联合会授予的“经营效益奖”。

【全面推行农户小额信用贷款】　4月份召开了全市农村信用社信贷支农工作会议，全面推广太白县联社农户小额贷款管理办法，通过对农户评定信用等级，发放贷款证，简化贷款手续，方便了农民贷款。坚持贷款发放对象、条件、利率、额度四公开。在农忙时节，信用社深入到农户及田间地头现场办理，送贷上门。全市累计投放农业贷款11.62亿元，同比增加3.6亿元，重点支持了优质果园、苗木基地，秦川牛、布尔山羊养殖基地和奶牛、良种猪专业村、高效农业的发展；投放2000多万元支持农户购买大型拖拉机、联合收割机1000多台、农用车280多辆、农机具20000多台件；积极开办助学贷款，为1648人发放助学贷款544.56万元，解决了农民子女上学资金短缺的问题。

【信用站整顿工作取得明显成效】　市联社在全辖开展了为期4个多月的信用站清理整顿工作。撤并无发展前途、安全无保障的信用站426个，清退代办员266人，查处案件9起。建立完善了信用站管理制度，落实了主任、并账会计、主管信贷员的责任，统一收缴了印章，实行一社一章制，促进了信用站制度化、规范化管理。

【对大额贷款进行专项检查】　加强对大额贷款的管理，严格审查资金的投向和安全，先后对12个县、区联社大额贷款的发放情况、最大的一家借款客户、最大的10家借款客户贷款情况进行了专项检查，对发现的问题及时进行了处理，提出了整改措施，有效地防化了信贷风险。

【举办全市农信社第十届业务技术比赛】　为了提高全体职工的业务技能，经过各联社的层层选拔，96名职工参加了市联社举办的第十届业务技术比赛，5人打破2个项目的省纪录，12人打破5个项目的市记录。

【改制更名7个县级城市信用社】　按照人行有关文件精神，全市完成了宝鸡县、扶风县、岐山县、凤翔县、千阳县、陇县、眉县等7个县级城市信用社的更名改制工作，并统一更名为城区农村信用社。市、县联社加强对改制更名的城信社的管理，保证了改制后城区社工作的平稳发展。

（徐建兴　董全民）

宝鸡市农村信用联社（筹）负责人

主　任　冯维明
副主任　巨世亨

中国人民保险公司宝鸡分公司

【概况】　中国人民保险公司宝鸡分公司现有20多个分支机构、办事处和19个专职代办网点，220多个兼业代理网点遍布全市各县区。公司经营的主要险种有企业财产保险、家庭财产保险、机动车辆保险、铁路货物和公路货物运输保险、建筑安装工程保险、个人住房抵押贷款保险、汽车消费信贷保险、个体工商户财产保险、雇主责任、公众责任、产品责任、产品质量保证保险以及农业方面的麦场火灾保险、烤烟保险等种、养两业保险共40多个险种。2001年以7.09%的发展速度圆满地完成了全年各项工作任务，保费收入首次突破了亿元大关。共为1200个企、事业单位，近5万户家庭，27000辆机动车承担了282亿元的保险责任。年内共受理各类自然灾害和意外事故所造成的保险责任范围内的赔付案件1.1万件，支付保险责任事故赔款近5000万元，上交利税1900万元，提存各种赔款准备金近千万元。为稳定社会秩序，安定人民群众生活，促进宝鸡经济发展，支持西部大开发发挥了积极的作用。受到市委、市政府的高度评价和广大保户的赞扬。公司继续保持了中国人民保险公司“双文明建设先进单位”、省级“文明单位”、“重合同、守信用”先进单位等多项荣誉称号。

【深化人事、用工、分配制度改革】 在人事制度改革上，彻底打破“铁交椅”，大胆提拔使用了一批思想观念创新、工作作风扎实、精通业务、善于管理、具有大专以上学历的年轻干部，充实完善了公司机关和各县区领导班子，干部能上能下的政策得到体现；在用工制度上，实行全员劳动合同制度，竞聘上岗，走出了员工能进能出的新路子，创造了宽松的用工环境；在分配制度上，彻底打破了计划经济体制下吃大锅饭的弊端，实行工效挂钩和收入上不封顶、下不保底，多劳多得的分配原则。新型的人事、用工、分配制度为公司各项建设注入了生机与活力。

【扩大保险市场份额】 分公司把参与市场竞争的基础建立在提高公司的服务水平上，树立以客户为中心的信念，以各种优质文明服务作为增强市场竞争力的主要措施。把业务发展重点延伸到广大群众中去。年内通过对新开发的“金锁”系列家庭财产险的销售，使一大批城乡居民的家庭财产得到了保险保障。实行服务承诺，限时结案，提高理赔速度。开展“创佳评差”、“四讲一服务”活动，开通“95518”保险服务专线电话，24小时全方位以投保、报案、咨询三大功能向社会各界服务。实施“机动车辆互碰卡”，以方便、快捷的方式，在服务创新上向前迈出了可喜的一步。充分发挥人保的资金、网络、人才和服务优势，加快电子化建设步伐，提高办事效率，拓宽保险市场，发挥了国有商业保险公司的主渠道作用。

【各项工作居全省人保公司前列】 通过扎实有效的经营管理，不断提高社会效益和自身效益。保前验险承保，评估资产，明确承保权限，建立防灾档案；多次捐赠先进设备为全市防灾减灾做出了积极贡献；严格遵循“主动、迅速、准确、合理”的理赔原则，认真热情地做好理赔工作；公司实现了三级网络管理，展业、理赔、业务、办公电子化进程不断加快，使公司的经济效益稳步上升。各项工作居于全省人保公司前列。

（周怀麟）

中国人民保险公司宝鸡分公司负责人

总 经 理 曹玉军
副总经理 徐近秋 沈立鸣

中国人寿保险公司宝鸡分公司

【概况】 中国人寿保险公司宝鸡分公司隶属中国人寿保险公司，经营所有以人的寿命和身体为标的的人寿保险、健康保险和意外伤害保险三大类业务，继续承担着中国人民保险公司的全部人身保险责任。公司在全市12个县区设立15个分支机构。坚持“忠诚服务、笃守信誉”的职业道德和“主动、迅速、合理、准确”的给付原则，竭诚为全市广大客户提供各种人身保险服务。2001年，在全市寿险市场上，中国人寿保险的总业务量、团体业务、个人业务所占市场份额均在85%以上；到年底保费收入2.87亿元，较上年增长53%。

【发展个人积累式养老保险】 公司抓住机遇，发展个人积累式养老保险，全市累计有43.6万人次投保了养老金保险。全年共有14798人获得中国人寿保险公司给付养老保险金和长期寿险保险金4073.6万元。

【开展多方位、多层次的短期保险业务】 全面推出人身意外伤害保险，主要险种有旅客住宿平安保险、司乘人员意外伤害保险、公路旅客人身意外险、全家福和女性安康等意外险，为群众提供综合性意外险服务。全市参加各种人身意外伤害险的有14.7万人，得到保险保障的金额达4.7亿元。获得保险伤残赔付的有2741人，赔付金额243.7万元。

开办了学生团体平安保险及中小学生和幼儿住院医疗保险。到年底全市累计有67万人次投保了学生平安保险和少儿住院医疗保险，公司为遇意外事故或患病的12973名学生及时给付保险金额937万余元。

【管理规范化和科学化水平提高】 公司按照防范经营风险、持续发展业务、提高经济效益和偿付能力的宗旨和“减少管理层次、分流管理人员、充实展业一线”的思路，建立了业务、财务、客户服务三个中心，建立了全市电脑处理业务联网系统，顺利实现了财务核算、业务处理、客户服务和电脑信息集中管理，促进了全系统各项工作的全面发展，取得了良好效果。

【迅速合理做好保险理赔】 公司在开拓业务的同时，重视保险理赔工作，制订了规范的理赔工作程序，提供周全、快捷的服务。对属于保险责任的，及时迅速地赔付，决不惜赔。全市共为24982人次赔付保险金2317万元，累计为13287人次满期给付3027.6万元。为在各种交通事故中伤亡的司乘人员给付保险金72.3万元，及时、准确地给予了受害者应有的经济补偿，为事故的善后处理做了积极工作，收到了较好的社会效果。

【改善服务水平】 公司把加大宣传公关力度，提高中保人寿的美誉度当做改善服务的重要内容。在经济广播电台举办了人寿保险知识系列讲座，同电视台联合开办了“警视天地”专题栏目，并采取组织娱乐活动、设立宣传栏、设置咨询点等多种形式，全方位、较系统地介绍各险种条款的特点、功能和优势。开展了千名客户大回访活动，广泛征求意见，改进工作，把良好的服务贯穿于展业、投保、签单、核保、理赔等各个环节。

【建立人寿营销队伍】 2001年，公司在全市范围吸纳了732名下岗及待业人员，经过进行寿险专业营销技能、知识的强化培训学习，成为寿险营销员，形成了寿险营销网络，方便了群众投保，为引导货币合理分流，稳定金融服务发挥了积极作用。也为减轻社会就业压力做出了积极贡献。

（闫鹏斌）

中国人寿保险公司宝鸡分公司负责人

总 经 理 贾兰平
副总经理 高 军 亢会明

中国太平洋财产保险股份有限公司宝鸡中心支公司

【概况】 中国太平洋保险公司是国务院批准的经营各类保险业务的全国性国有股份制保险公司。太保产险宝鸡中心支公司成立于1996年3月，2000年更名为中国太平洋财产保险股份有限公司宝鸡中心支公司。公司坚持以“一流的服务质量，一流的工作效率，一流的公司信誉”为宗旨，以“诚信、敬业、创新、奋进”为企业精神，业务快速发展，公司实力不断壮大。1997年经人民银行批准，在“东五县”设立了代理机构，进一步扩大了服务领域。截至2001年底，财产险累计承保金额180亿元，累计保费收入6800万元，共处理各类赔案7000余起，支付赔款3360万元。

【提供全方位、多层次理赔服务】 公司充分发挥党组织的领导核心作用，加强内部管理，明确各部门职责，使之合理化、科学化，最大程度满足业务发展和服务的要求；把客户服务工作作为重中之重，开通95500服务热线，全年无休，24小时接报案及现场查勘制度，对理赔案件实行限时流转制，为广大客户从投保、防损防灾、理赔提供全方位、多层次的全程服务。

【加大市场开发力度】 公司在业务上提出“三位一体”发展（即大户业务、代理业务、“零星”业务），坚持以市场为导向，在竞争中求发展，在创新中求发展，不断适应市场。采取灵活务实的市场竞争策略，使公司保险产品、营销手段、服务措施更加符合市场的需求。确保续保业务，狠抓代理业务，争取大户业务，发展营销业务，最大限度的扩大业务领地，消灭业务空白点，提高市场占有率。

【企业文化建设】 公司对员工的培训做到近期有

目标，远期有规划，通过培训学习，提高员工理论水平和业务技能，增强员工的凝聚力和战斗力。注重政治理论和职业道德教育，激励广大员工爱岗敬业，推动企业文化建设。同时公司积极参加社会公益活动，利用广播、广告等形式扩大对外宣传和影响，树立良好的企业品牌形象，为全面实现各项管理目标奠定扎实的基础。

（蒋亚红）

中国太平洋财产保险股份有限公司宝鸡中心支公司负责人

总经理 朱 伟

中国平安保险股份有限公司宝鸡中心支公司

【概况】 中国平安保险股份有限公司是中国首家股份制保险公司，也是中国第一家有外资参股的全国性保险公司，是一个拥有产险、寿险、证券、信托、投资和海外控股五大系列以及电子商务 www. Pa18. com 电子商务平台的全国性金融保险公司。目前已形成以保险为主，融证券、信托、投资和海外业务为一体的紧密、高效、多元架构。宝鸡中心支公司（寿险）成立于1998年10月28日。经过短短三年时间，员工已达500多人，拥有客户3万多户，2001年保费规模为2700万元，并在快速增长。

【建设一流的金融服务体系】 平安被众多媒体誉为中国最具文化气息的企业之一。平安文化吸收了中国优秀传统文化和西方现代管理思想的精华，形成了独具个性的特色。平安文化以价值最大化为导向，以追求卓越为过程，本着“对客户、股东、社会、员工”负责的原则，强化“竞争、激励、淘汰”三大机制，致力于建设一流的金融服务体系。在大力拓展水险、非水险、车险、再保险等业务的基础上，推出投资连接保险、健康保险等，在保险产品设计中首创利差返还、减额缴清等，保持了在中国寿险产品转型后的市场领先优势。构建高科技的服务平台，为客户提供专业化的产品和服务。以电话中心和互联网中心为核心，依托门店服务中心和专业直销业务员，建立具有统一的品牌管理系统和服务界面的平安3A服务体系，使客户无论何时（Anytime）、无论何地（Amywhere）、无论以何种方式（Anyway），都可以享受到平安保险公司的满意服务。

（赵 科）

中国平安保险股份有限公司宝鸡中心支公司负责人

产险总经理 贺 勇
寿险总经理 熊宏星

教　　育

综　合　工　作

【概况】　2001年底统计，全市共有驻市和市属大专院校5所（包括成人高校），年内有毕业学生1757名，新招生5324名，在校学生12414名；高级中学64所，毕业学生12976名，新招生22867名，在校学生56614名；初级中学213所，毕业学生63033名，招生82376名，在校学生228246名；职业中学29所，毕业学生7448名，招生9504名，在校学生19217名；小学1944所，毕业生88451名，招生63725名，在校学生450749名；幼儿园116所，包括学前班在内入学幼儿58300名；特殊教育学校1所，毕业生67名，在校学生489名。年内小学毕业升入初中的入学率为93.1%，初中毕业升入高中的入学率为36.3%。初中毕业接受高中阶段教育的入学率为65%。年内市教委加强机关制度建设，重新修订了《市教委党组议事规则》等五项制度；对中小学乱收费进行了治理；对中小学危房进行大规模改造；以初中“创新教育”和小学“快乐教育”为依托，把素质教育向更深层面推进；以高中后勤化改革为突破口，高中建设再上新台阶，又有两所高中跻身省级重点中学行列；启动了信息技术教育工程，加快了教育现代化进程；不断推进“两基”巩固提高工作，两个县区以高水平通过了省级“两基”复查；提高教师队伍整体素质，教师持证上岗进入考核办证阶段；保障教师合法权益，全市实现了教师工资由县上统一发放，设立了教师工资专户；10个乡镇跻身教育强（镇）乡行列，32所小学达到了市级农村示范小学标准，年内市教委22项工作受到省市表彰，目标管理责任制获市级优秀单位，行风评议继2000年后再获优秀。

【金台、渭滨两区通过省政府“两基”复查】　根据《陕西省评估验收普及义务教育工作的意见》要求，“对已普及了义务教育的县，评估验收后的二至三年内由省、地（市）督导部门进行复查”。2001年省政府教育督导团把金台、渭滨两区“两基”复查列入年度目标任务，市政府教育督导室年初分别在金、渭两区召开了迎接省政府“两基”复查动员会，确定了以巩固提高为出发点，把重点放在经费投入、改善办学条件、培养提高教师队伍整体水平、教育信息化、控制学生辍学及实施素质教育的总体工作思路和县区政府负总责，自查为主，市上预查，省上验收的工作程序。3～10月两区自查，10月市上对两区50%的乡镇政府、公企办学校、街道办事处进行了检查，听取了两区政府及教育、财政、税务、公安等相关部门的工作汇报，对近三年来区财政、税务部门执行教育投入政策情况进行了检查，11月中旬省政府教育督导团对两区进行正式评估复查，两区“两基”巩固提高工作顺利通过。

【学校安全整治工作取得成效】　2001年3月28日，市教委与市公安局联合召开了学校安全工作紧急会议，通报了全市2000年下半年以来发生的多起不安全事故。之后市教委对委直单位安全保卫工作进行了检查，对市区19所学校安全保卫工作进行了暗查。4月在教育系统开展“安全教育月”活动，共举办安全知识专题报告会500多场次，印发宣传材料8万多份，组织知识竞赛230多场次。6月份，按照省教育厅、省公安厅《关于开展学校及周边秩序集中整治行动的总体方案》要求，市教委与市公安局联合成立了统一行动整治工作领导小组，制订了行动方案，1个月内共清理学校周边的临时摊点187个，收缴非法书刊332本，非法音像制品233盒（张），取缔电子游戏厅、网吧58个，查处流氓滋扰案件100余起，校门前安装交通红绿灯2处，设置缓行牌、禁鸣牌18面，收缴管制刀具60余把。7月份邀请市防火委员会对大中专院校、中小学、幼儿园消防安全进行专项治理，对近20所问题较严重的学校发出了限期整改通知，小天鹅幼儿园被勒令停业，13所学校被通报批评。9月市教委与市卫生局联合对部分学校周围的饮食摊点、学生食堂进行了检查。10月，公安部、卫生部、教育部联合检查组采用不打招呼的办法对全市6所学校食品安全管理工作进行抽检，5所合格。11月17日市教委举办了首届中小学安全知识竞赛，以县区为单位组成了11个代表队，凤翔县获一等奖，宝鸡县和千阳县分别获二等奖。

【成功举办陕西省第七届中学生田径运动会】 2001年8月26～28日，由省教育厅、省体育局主办，市教委和市体委承办的陕西省第七届中学生田径运动会在市体育场举行，西安、宝鸡等8个地市264名运动员参加了56个项目的比赛。宝鸡市代表队取得团体总分第二名和高中男、女组单项团体前三名、初中女子组单项团体前三名和体育道德风尚奖。龙泉中学、姜城中学、渭滨中学、宝鸡师范学校组织了精彩的大型文艺表演，市内各学校万名师生参加开幕式。

【启动第三期支教工作】 第三期支教工作从2001年9月开始，分三个层面：一是继续落实《中共中央办公厅关于推动东西部地区学校对口支援工作的通知》，安排连云港市7名骨干教师在千阳、陇县任教。二是动员35个市级机关同5个山区县的35所薄弱学校建立了对口支援关系，并从市、区学校选派了30名支教人员到麟游、陇县、千阳、凤县、太白5个县的28个支教点任教。三是在全市12个县区全面展开对口支援薄弱校活动，落实县级党政机关对口支援单位218个，派出城乡双向交流教师88名。为鼓励党政机关及城区骨干教师到山区及薄弱校任教，市委组织部、市人事局、市教委、市财政局联合下发了《关于支教人员有关待遇的通知》，支教人员在原单位一切待遇不变的前提下，职务工资向上浮动一个档次，每人每天生活补助10元，两年期满且考核合格，浮动工资转为固定工资。一年来，连云港市为有关学校建校捐资9.56万元，市县机关捐资51.68万元，全市118名支教人员在师资培训、教学经验交流等方面发挥了显著作用。

【教育强镇（乡）建设规范化】 2001年教育强镇（乡）建设工作结合新世纪教育发展动向及农村减负等新形势，确定了新的工作思路：不分任务，不下指标，把创建基础建立在乡镇干部及群众兴学办学、发展教育的自觉性上；改过去大面积发动为重点培养；强调乡镇政府在创建教育强镇（乡）中的主导作用。按照新思路，县区教育行政部门确定重点培植苗子，市教育督导室逐乡镇逐校进行指导，明确教育强镇（乡）建设中以乡镇政府投入为主体的基本原则。市教委把教育强镇（乡）建设和危漏校舍改造、中小学布局调整捆在一起抓，召开了全市教育强镇建设及中小学危房改造现场会，参观了千阳县水沟镇教育强镇建设和宝鸡县县功镇、双白杨乡危房改造现场，推广了凤翔县数村联建村办小学的经验。年底，市教委对13个教育强镇苗子进行检查验收。千阳县水沟镇、凤翔县陈村镇、宝鸡县桥镇镇、眉县马家镇、扶风县天度镇、凤县平坎镇、渭滨区马营镇、岐山县蔡家坡镇、麟游县两亭镇、太白县王家楞乡等10个镇（乡）达标合格，剩余3个乡镇列为2002年重点培植对象。验收合格的10个乡镇总投入资金2388万元，新建幼儿园30所、农技校7所、楼房27栋、微机室38个，装配微机763台，总价值213万元，136所中小学共添置实验仪器、图书、体育器材等19万件（册），总价值549万元。10个乡镇新申报农村示范小学11所，验收合格10所，占2001年全市新创建农村示范小学的1/3，10个乡镇的小学教师学历大专率平均达到29%。

【32所小学达到农村示范小学标准】 2001年农村示范小学创建工作重在规模建设，提高投资效益，川原地区提倡数村联办，山区以中心小学为重点，兴办寄宿制。创建村、校正确处理减负与建校的关系，本着“自愿、量力、受益”的原则，依法开展群众捐集资，绝不能用强迫命令、摊派方式进行。控制集资总额，分年度筹措，成立监督理事组织，做到公开、公正、透明。严把工程质量关，明确责任追究制度，加强业务指导，对部分学校存在的问题研究解决方案。11月市政府教育督导室对全市40多所苗子校进行验收。凤翔县彪角镇卧龙小学、侯丰小学、田家庄镇小里小学、郭店镇联建小学；扶风县天度镇巩村小学、阎马小学、太白乡二十里铺小学、城关镇后沟小学；眉县马家镇中心小学、张邓塬小学、杜家塬小学、横渠镇街北小学、小法仪镇中心小学、青化乡河湾小学、城关镇下坡小学；宝鸡县桥镇镇冯家山小学、嘴头小学、南湾小

学、县功镇陈家嘴小学、甘峪乡李家楞小学、六川河乡七家沟小学；岐山县蔡家坡镇范家村小学；千阳县水沟镇夹嘴小学、柿沟乡元明寺小学、南寨镇刘家坳小学、小寨小学；麟游县庙湾乡中心小学、两亭镇叶家塬小学；太白县嘴头镇凉峪村小学；凤县凤州镇白石铺小学、黄牛铺镇长滩坝小学；渭滨区神农镇峪泉小学共32所小学达到农村示范小学标准，并予命名。32所示范小学年内共投入资金2124万元，总建筑面积44016平方米。宝鸡市创建农村示范小学活动自1990年推出，已历时12年，已命名345所，占全市农村小学总数的1/6以上，累计投入资金21760万元。

【机关科级干部首次实行竞争上岗】 市教委根据中央《深化干部人事制度改革纲要》精神，2000年安排宝鸡教育学院进行干部“双向选择、竞争上岗”实验，取得了成功。市教委于2001年3月份对机关空缺的3个副科长岗位实行竞争上岗，经过公开报名、资格审查、演讲答辩、民主推荐和组织考察任命等程序选拔了3名副科长。此经验在委直单位全面推广。

【纪检监察信访工作】 2001年度监察信访重点工作有四项：一是制订《宝鸡市教育系统纪检监察宣传教育工作安排意见》；二是对领导干部接受有关单位和个人的现金和各种有价证券情况进行了清查和登记；三是根据市纪委、市委组织部要求，清理了7个单位39个县处级领导干部的护照、港澳通行证、外国居留证；四是加大信访立案办案力度，全年共收到群众来信56件，接待群众来访1200多人，协调处理集体越级上访3起。在56件信访中，由省、市上级立案5件，市教委清查处理报结果5件，市教委结案42件，其中批转县区、委直属单位查处并上报结果32件，结案30件，市教委直接查处10件。

【教育学会工作】 市教育学会2001年召开了二届二次常务理事会，增补了7名常务理事，表彰了眉县、凤翔县、宝鸡县、岐山县、凤县及小学三算、中学外语7个基层学会和14名先进工作者、22名先进会员；组建了市级教育科研“甲级队”，特聘了22名骨干会员为教育科研特约撰稿人；5月20～27日，在市工人文化宫举办了“宝鸡市教育工作者新世纪书画展”，展出书画作品120幅；与市政协教文卫体委员会、千阳县共同组织了为燕伋望鲁台征集名人书画、诗词活动，征得作品近100幅；开展了“新世纪、新园丁、新形象”专题研讨活动，征集论文196篇，评比一等奖20名，二等奖30名，三等奖50名。

普通高等教育

【概况】 2001年度宝鸡文理学院招生3390名，在校学生13453名，新开设了广告学、信息与计算机科学、工业设计、教育技术学、人文资源管理、音乐学等6个专业，并在开发区新区征地850亩，启动了校区东扩工程；陕西电大宝鸡分校大专班招生230名，在校生420名；从统筹教育资源、发挥规模效益、提高办学质量的需要出发，提出了整合宝鸡师范、凤翔师范、宝鸡工业学校、宝鸡卫生学校教育资源，组建宝鸡高等职业技术学院的实施方案，得到省教育厅批准；宝鸡师范、凤翔师范启动了三级师范向二级师范过渡的工作。

【凤师、宝师实行小学教育专科“2+3”培养模式】

为提高小学教师学历层次，逐步实现小学教师大专化，根据省教育厅《关于在部分中等师范学校举办五年制（二、三分段）小学教育专科有关事项的通知》要求，凤翔师范和宝鸡师范学校2001年招收新生中，除英语、信息技术教育外，小学教育、体育教育、音乐教育、美术教育、学前教育等专业全部实行了“2+3”培养模式。师范学校“2+3”培养模式是三级师范向二级师范过渡的重要措施，学生入学后，前两年只有中师学籍，2年后按省教育厅制定的分流办法，组织统一考试，择优选择一部分学生接受学习期限为3年的专科教育，毕业后由所在学校发给国家承认的全日制普通高等学校专科毕业证书。2001年市属两所师范学校招收小学教育专科“2+3”新生570名，其中小学教育300名，音乐教育80名，体育教育40名，美术教育70名，学前教育80名。

职业技术教育

【概况】 2001年职教中心校建任务趋于完成，工作重点向内部管理转移；扩大了省属重点和示范职中的招生区域，突破了以县为主的范围；根据教育部专业目录及专业设置的原则意见，规范了各校的专业名称，审定并公布了各校专业目录；组织职业学校7科5000多名学生参加了全省教学质量检测，规范了教材，保证了学时；成立了市兴农为农服务活动领导小组，重点指导千阳职中、凤县职中、眉县职教中心创建职教兴农示范校。

【中等职业学校招生范围扩大】 2001年市教委对中等职业学校的招生区域进行了调整，省级示范职业学校可在全市范围招生，省级重点职业中学可在全省范围招生，鼓励省级以上重点中等职业学校按国家规定在外省招生。改革彻底打破了县域界限，促使县办中等职业学校走向市场，同时放宽录取条件，除按规定录取参加“三试合一”的学生外，免试招收往届高、初中毕业生，取消了秋季一次招生的限制，实行春秋两季招生。2001年全市职业中学招收学历教育新生9504名，超额完成了省上下达的任务。

【县级职教中心校建工程接近完成】 职教中心建设自1999年始，千阳、眉县、岐山先后竣工。2001年太白、凤县、陇县职教中心完成了一期工程，9月投入使用。凤翔职教中心6月底完成了一期工程，并启动了二期工程，宝鸡县完成了教师宿办楼、图书实验楼、学生公寓楼主体建筑，扶风县在新区征地60亩，总计划投资1300万元，3月开工。年内市教委列支80万元专款支持职教中心建设，至2001年底，全市9个县区职教中心完成或接近完成了校建工程。

【3所学校达到省级重点职中标准】 2001年市教委根据省教育厅关于调整省级重点职业中学的意见，确定了新华路职业中专、千阳县职业中专、岐山县职教中心为省级重点职业中学培植对象，与县区签订了创建责任书，重点对新华路职中的煤场占地问题、千阳职中硬件设施不足及岐山职中发挥职教中心统筹作用不足等问题提出具体要求，指导3所学校建起了能够满足教学、管理需要的校园网。经省教育厅对三校验收，达到了省级重点职中的标准。

【规范社会力量办学行为】 2001年市教委对市属71所社会力量办学机构的办学资格结合年检进行重新审批登记，宝鸡东方艺术专修学院、联想微机培训学校、秦艺编织职业培训学校、文联人才潜能开发培训中心、武术影视培训学校等5所学校被吊销了办学许可证。对66所合格办学单位在《宝鸡日报》上进行了公示。各县区对县属社会力量办学机构同时进行了年检，至年底，全市所有社会力量办学机构240所，比2000年新增62所。针对招生广告与实际情况不符，市教委建立了对学校招生广告和简章的审查制度。

成人教育

【概况】 2001年度驻市和市属成人高等院校3所，成人技术培训学校1723所。宝鸡教育学院新招收成人教育全日制脱产生202名，函授生（包括卫星电视教育）624名，在校生总数2003名；市职工大学新招收夜大生108名，在校生307名；省电子工业职工大学新招生103名，在校生246名；陕西电大分校函授部通过远程教育形式，招收新生1266名；成人文化技术培训学校新招生23957名，在校生165349名。

【创建省、市级示范乡镇成人文化技术学校】 市级示范农技校建设是教育系统骨干体系建设项目之一，2001年度眉县小法仪镇、马家镇、扶风县天度镇、太白县靖口镇、凤翔县彪角镇等乡镇成人文化技术学校通过市级验收，并予以命名。省教育厅借鉴了宝鸡市创建示范乡镇成人文化技术学校的做法，年内开展了创建省级示范乡镇成人文化技术学校活动，宝鸡从已命名的27个示范校中择优推荐了眉县汤峪镇、齐镇、岐山马江镇、凤翔长青镇4校为省级示范校。

【省电子工业职工大学迁址宝鸡】 省电子工业职

工大学是省电子工业厅主办的大专学段职工教育学校，创办于1985年，总部设在西安黄河机器厂，咸阳彩虹电子集团、蔡家坡西北机器厂、宝鸡长岭集团分别设有分校。由于近年来企业改制等原因，职工大学办学经费出现困难，学校规模不断缩小，教育质量下滑。2000年教育部对该校出示了黄牌，要求整改。2001年4月省信息产业厅（原电子工业厅）决定将省电子工业职工大学总部迁址省电子工业学校，原黄河机器厂总校降为分校，决定打破行业限制，面向社会招生。2001年首批招生103名，毕业40名，当年各分校合计在校生246名。

中小学教育

【概况】　2001年市教委以思想道德教育为主线，在所有学校开展了“拒绝邪教、崇尚科学”签名活动，与市科技馆联合命名了6个科技教育基地，举办科普展览；校园环境建设和文化建设中突出了培养学生创新精神和实践能力的主题；开展了大规模危房改造；启动了农村中小学布局调整工作；加大治理中小学乱收费的力度，进一步规范收费行为；对校园周边环境进行了治理；建成了6所省级示范中小学学校。2001年全市小学适龄儿童入学率99.81%，初中95.02%；小学辍学率0.75%，初中1.83%；小学毕业生升学率93.02%，初中65%，高中毕业生升入高一级学校升学率60.9%，比2000年增加6.9个百分点，高考上二本线比率达33.13%，为全省最高。

【完成中小学危房改造36万平方米】　中小学大量危漏校舍的存在是安全工作的最大隐患。2001年市教委对查出的危漏校舍组织专家进行鉴定，分等定级，建立档案。经查，全市中小学危房总面积55.5万平方米，占校舍总面积的16.9%。其中B级危房3.8万平方米，C级12万平方米，D级39.7万平方米，涉及800多所中小学。与县区签订了“消除危房隐患，确保师生安全”责任书，建立了危房及时鉴定、排查、事故报告和责任追究制度；建立县级领导分县区包抓危改责任制，每个县级领导到所包县区检查督促、帮助解决问题不下两次，现场发放整改通知书18份。市上将危房改造补助资金由2000年的50万元增加到300万元，争取教育部、省中小学危房改造专款903万元，国债项目5个570万元，二期义务教育工程专款906万元。机关干部为危改捐资42万元，不少县区也出台了中小学危改集捐资办法。据统计，全市用于危房改造资金共1.5亿元，其中干部群众捐集资7700多万元。2001年全市共完成中小学36万平方米的危房改造任务，占危房总面积的65%。新建校舍24.04万平方米，改扩建校舍2.6万平方米，维修校舍17.85万平方米。

【农村中小学布局调整完成规划目标1/3】　2001年市教委结合危房改造对农村中小学布局进行了调整，配合税费改革组织县区就中小学布局现状进行了调研，按照“合理布局、优化配置、适当撤并、扩大规模、改善条件、确保入学、提高质量、群众满意”的原则，制订了全市农村中小学布局调整规划，计划用3年时间基本实现布局调整任务。组织县区政府和教育行政部门主要领导在千阳、凤翔召开现场会，推广凤翔县数村联建小学和千阳县山区小学高年级集中办寄宿制的经验。12月底统计，全市初中由年初205所减少到194所，小学由2044所减少到1944所，教学点由331个减少到232个，完成了规划目标的1/3。

【中小学素质教育督导评估】　按照分级评估原则，市政府教育督导室2001年度完成了对眉县中学的督导评估。评估分宣传动员、学校自评、省市评估、整改提高4个阶段进行，评估结束后省市联合发出评估报告，督促眉县政府、教育行政部门和眉县中学将存在的突出问题限期予以解决。2001年建立了学校评估责任制，普通中小学综合评估由教育督导机构牵头，对市县乡三级评估范围作出明确规定，年初下达学校评估目标任务，年终考核完成情况，三年完成一轮综合评估。推广眉县多形式开展学校评估和渭滨区注重管理环节、重视评估规范化、科学化的经验，鼓励县区根据本地实际完善市定《评估方案》。据统计，年内全市共评估中小学738所，其中县区评估初中、中心校和示范校156所，乡镇评估普小和初小518所。

【制止中小学乱收费工作】　中小学收费一直是群众关注的热点问题。近年来查处的力度不断加大，乱收费现象得到有效遏制。2001年春季开学初，市教委召开了治理中小学乱收费工作会，对县区提出了刚性要求，即各县区年内发生5起以上乱收费问题，经查实责任在教育部门的，年终考核时实行一票否决。春秋开学初，各县区共下派收费监督员1457名。市教委会同市纠风办、物价局对12个县区的58个乡镇450多所中小学进行了明查暗访，对眉县金渠初中、岐山孝陵初中、渭滨马营初中等24所中小学的51.9万元不合理收费全部清退，责成这些学校写出书面检讨连同清退花名册限时报市教委。县区监察、教育部门按《关于对中小学乱收费行为给予党纪、政纪处分的暂行规定》对责任人作出相应的党政纪处分。市教委会同市纠风办向各县区政府、纠风办、监察局、教育行政部门将检查情况进行了通报，产生了很大震动。省治理中小学乱收费检查组抽查后给予了高度评价。在市委、市政府召开的“三五”普法依法治市工作总结表彰会上，市教委以《标本兼治，依法治理中小学乱收费》为题，进行了经验交流发言。

【推出高中后勤化改革和标准化建设】 随着高校连年扩招，高中教育滞后的矛盾日益突出，自1999年起，全市即开始挖掘高中潜力，扩大招生规模，以每年3000名递增。随之出现了校舍不足、后勤供给紧张等诸多困难，为解决这些问题，市政府出台了《关于加强普通高中建设的意见》，推出了高中后勤化改革和标准化高中建设两项重点工作。2001年初确定宝鸡中学、渭滨中学、扶风高中、眉县中学、槐芽中学为全市首批标准化高中建设苗子校，市教委从城市教育费附加中列支200万元，用于改善办学条件。各县区掀起了高中建设热潮，年内30所高中筹集资金4276.4万元用于学校建设，扶风高中和眉县槐芽高中按省级重点高中标准要求，以高投入、高规格、现代化在全市脱颖而出，市教委邀请省专家组对两校进行了评估，认为达到了省级重点高中的标准。年内新建了晨光和实验两所民办中学；实行联合办学，完成了新宝鸡中学论证、审批及合作协议签订工作；协助金台区政府接收了石油中学。市教委表彰了宝鸡中学等14所2000～2001年度教育质量优秀学校。

【吸纳社会资金建设新宝鸡中学工作启动】 宝鸡中学是全省重点高中中教育质量高的学校之一，也是全市普通高中的龙头，由于占地狭小，仅53亩，扩建和改建没有空间，极大的制约了宝鸡中学发展。近几年市教委通过反复调研，在全市推广高中后勤社会化成功经验的基础上，形成了吸纳社会资金建设新宝鸡中学的思路，结合宝鸡实际提出了《关于吸纳社会投资建设新宝鸡中学的意见》，在“企业投资、国有民办、部门主管、校长负责”的总原则下与诚誉实业有限责任公司签订了共同建设新宝鸡中学协议。新建宝鸡中学在开发区新征地200亩，实行整体搬迁，计划投资1.5亿元，把新宝鸡中学建成一所规模大、条件好、体制新、机制活、质量高的国家级示范高中，规模为90个教学班，4500名在校学生，体制为国有民办。管理体制为市教委管理，专家治校，依法办学。成立学校理事会，实行理事会领导下的校长负责制。企业投资通过享有民办学校收费的有关政策逐年归还，从学校投入使用之年起，45年后终止协议，所有财产归国家所有。

【石油机械厂子校整体无偿移交金台区政府】 宝鸡石油机械厂子校是一所企业办学校，其中学是全市较早跻身省级重点中学行列、社会影响较大的名校之一。但近几年由于企业改革，继续办学面临很多困难，市教委与金台区政府和石油机械厂多次磋商协调，形成了石油机械厂子校移交金台区政府实施方案。《方案》于2001年6月1日经市政府常务会研究同意，决定成立市企业子校移交地方试点工作领导小组，副市长冯月菊任组长，市政府副秘书长周义与教委主任余光雅任副组长，市人事局、财政局、教委、劳动局、土地局、体改委、房管局、国资局和金台、渭滨区政府为成员单位，领导小组在市教委设办公室。10月17日，宝石子校移交金台区政府协议正式签订，《协议》共12条19款，主要精神为宝石子校整体无偿移交金台区政府，归口金台区文教局直接管理。《协议》对人员、财产、经费及过渡办法做了具体规定。

【开展创建特色学校和特色项目学校活动】 至2000年，全市共创建特色学校39所，其中中学16所，小学23所；特色项目学校123所，其中教改类39所，艺体类50所，德育管理类16所，其它类18所。这一活动对实施素质教育初级阶段发挥了很好的作用。

【确定首批宝鸡市素质教育示范校10所】 2001年市教委决定在创建特色学校活动的基础上推出创建素质教育示范活动，实现特色教育向素质教育的全面过渡。市教委出台了《宝鸡市“素质教育示范校”评估标准与操作说明》，各县区对照标准确定了苗子校，市教委多次赴学校检查指导。县区推荐了11所学校，经联评，确定宝鸡县虢镇小学、渭滨区经二路小学、千阳县启文小学、凤县双石铺小学、太白县嘴头小学、麟游县镇头小学、凤翔县纸坊小学、岐山县凤鸣东街初中、扶风县揉谷初中、眉县城关二中等10所学校为首批宝鸡市素质教育示范校。

【普及中小学信息技术教育】 2001年市教委针对本市信息技术教育师资严重不足，教学水平普遍偏低的情况，选送了45所中小学电教工作人员参加省电教馆组织的“全国中小学实施朝阳行动计划业务技术培训”。同时加强对信息技术教育设备的督导管理，加快信息技术课程开设和教育（校园）网络建设。从2001年秋季开始，全市高中、中等职业学校、县区城镇初中和部分条件具备的小学共计308所开设了信息技术必修课，拥有计算机9992台，2001年上课学生人数为231790人。全市高中75%以上、市区中小学77.38%以上已开设信息技术教育课。千阳县千阳中学、宝鸡县虢镇初中等一批学校建成双向互动校园网，满足了信息技术教育课程的开设需要。目前全市建成校园局域网的学校有15所，教育电视台3个，教育电视收转台12个，卫星地面接收站58座，市电教中心已建成中国教育卫星宽带多媒体接收站。

【11所中小学跻身省级示范、重点校行列】 2001年全市有11所学校跻身省级示范、重点校、艺术特色校行列。西凤酒厂子校、渭滨区经二路小学、铁一小建成省级艺术示范校，眉县常兴中心小学、扶风县新店初中、凤翔县陈村镇石头坡小学、宝鸡县石羊庙乡底店小学、渭滨区金陵中学、新建路中学建成省级示范中小学，眉县槐芽中学、扶风县扶风中学建成省级重点中学。

【渭滨区被确定为校园文化建设试验区】 2001年市教委针对城镇学校周边环境复杂，受社会影响较大的情况，确定渭滨区为校园文化建设试验区，拨付专款作为启动资金，开拓校园文化建设新路子。渭滨区举办了3项实验项目：在各中小学举办了艺术节，要求高、初中毕业班学生必须参加；举办了全区小学古诗文朗诵比赛；举办了首届中学生英语课本剧比赛，抵制了不良文化对校园的干扰。

【凤翔县成立特殊教育中心】 凤翔县为解决聋哑少儿受教育问题，80年代在县幼儿园开设了聋哑儿语培训班。但因规模、师资等限制远不能满足全县聋哑儿受教育需求，县教育局提出了发展特殊教育的方案，经县政府常务会研究同意，县编委批准，2001年正式成立了特殊教育中心，这是全市首家成立的县级特殊教育中心。

幼　儿　教　育

【概况】 2001年底，全市共有幼儿园116所，其中教育部门和集体办22所，社会力量办46所，其他部门办48所，小学附设学前班2051个。全市新入园幼儿58300名，在园幼儿70041名，幼儿教育从业教职工1792名，其中专任教师1025名，保健员234名，其他人员394名，另有代课教师170名。

【宝鸡幼儿园被确定为省级“双语教学实验园”】 宝鸡幼儿园依据21世纪公民必须掌握一门外语的要求，率先在幼儿中进行“双语”教学实验。2001年省教育厅将宝幼确定为省级“双语教学实验园”，6月7日幼儿园与市教育学会联合举办了“幼儿双语教学研讨会”，邀请中央教育电视台幼儿英语节目主持人王华作如何开展双语教学的讲座，并现场上了一堂示范课，全市各县区200名幼儿教师参加了学习。幼儿园注重幼儿教育形式创新，率先引进了幼儿教育“感觉统合”运动器械，对幼儿进行“感觉统合”系列训练，邀请上海中易研究所宋克林老师为100多名幼儿家长和40多名老师作了感觉统合理论及训练方法的报告。

教　师　队　伍

【概况】 2001年底，全市各级各类学校共有教职工41280名，其中大专院校169名（不包括文理学院），中等专业学校1272名，普通中学17626名，职业中学1462名，小学18435名，幼儿园1792名，特殊教育学校46名。普通中学专任教师13543名。

其中初中教师12046名，中级以上职称2698名，高中教师3250名，中级以上职称1643名；职业中学专任教师1010名，中级以上职称340名；小学专任教师16808名，中级以上职称3383名。全市中小学师生比分别为小学1:26.82、初中1:18.95、高中1:17.42、职业高中1:19.03。2001年为彻底根治教师工资拖欠，全市实行“教师工资收归县管”，建立了教师工资专户。启动了教师资格认定工作，为全面实行教师聘任制做了前期准备。

【骨干教师培养和市级教学能手评定】 骨干教师培养工作主要从三个层面推进：一是市县两级青年教师达标活动；二是学科带头人的选拔和认定；三是通过层级赛教评选市、县级教学能手。2001年县区上报807名青年教师参与市级达标考核，市教研室为538名师德修养高、教学能力强、教学效果好的青年教师颁发了达标证书，同时启动了宝鸡市第二批学科教学带头人评选工作。启动了校乡县三级层级赛教活动，市上组织县区推荐的279名选手进行赛教，评选了203名2001年度市级教学能手。小学英语和现代信息技术教育课首次列入赛教科目，全市自1995年开展市级评教赛教活动以来，已产生市级教学能手858名。

【启动教师资格证认定工作】 教师资格制度是一种国家法定的职业许可制度，教师资格制度全面实施后，只有依法取得教师资格、持有教师资格证书的人员，才能在教育行政部门依法批准举办的各级各类学校和其他教育机构中从事教育教学工作，不具备教师资格不能从事教师职业。2001年市教委出台了《宝鸡市教师资格认定工作实施意见》，对程序、办法、时限做了规定。市教委承担全市高中、职中、中专、技校教师资格认定，各县区教育文教局承担本辖区中小学、幼儿园教师资格认定，同时成立了市教师资格认定工作领导小组，下设办公室，抽调专人办理日常事务。并在《宝鸡日报》、宝鸡电视台推出了宣传专版，开展了非师范类毕业教师的《教育学》、《教育心理学》培训考试和1996年1月以前毕业的所有在职教师普通话水平测试。

【教师继续教育】 2001年全市共举办各类师资培训班197期，培训教师18051人（次）。其中新教师上岗培训17期1998名；岗位职务胜任培训37期3777名，市级中学骨干教师培训2期149名，小幼骨干教师培训2期134名，计算机培训113期8874名，中小学《信息技术》课程师资培训3期190名，小学英语教师培训8期415名，非师范类教育院校毕业生《教育学》、《教育心理学》课程培训14期2020名，另外与香港晨星教育基金会合作聘请外籍教师培训中学英语骨干教师1期62名，选送208名教师参加了国家和省上举办的骨干教师培训。市教委出台了《宝鸡市“十五”期间中小学（幼儿园）教师继续教育实施方案》及配套的《执行计划》；制订了全市统一的教学计划，严格审察培训院校资格，严把培训证书发证关；落实培训专款10万元，安排180万元用于师训基地宝鸡教育学院图书实验楼和采暖工程建设，投资10万元用于市小教培训中心危房改造；开展示范点评课试验，即采取省市教学能手公开上示范课，名师教授现场评讲，广大教师观摩讨论的形式，为中小学教师继续教育探索出一条新途径；将计算机全员培训和骨干教师培训作为全市中小学教师继续教育的工作重点进行安排。

【中小学校长培训工作】 按照教育部和省教育厅中小学校长培训“十五”规划和《宝鸡市“十五”期间中小学校长培训工作实施意见》要求，以提高中小学校长组织实施素质教育的能力为重点，以造就一支高素质的中小学校长队伍为目标，坚持全员培训与重点提高相结合的原则，2001年共举办各级各类中小学校长和教育行政干部培训班19期，培训中小学校长、幼儿园园长、进校校长和教育行政干部798人。其中在宝鸡教育学院举办中学校长任职资格培训班2期，培训初中新任校长72人，中学校长提高培训班2期，培训初中骨干校长82人；在市小教培训中心和宝鸡、凤翔、岐山、扶风、眉县等5所教师进修学校举办小学校长任职资格培训班6期，培训小学新任校长265人，举办小学校长提高培训班9期，培训小学骨干校长309人；选派70名中学校长、进校校长、幼儿园园长及教育行政干部参加了国家和省上举办的11期各类培训班。继续与陕师大、西大合作在宝鸡教育学院开办研究生课程进修班。2001年新开设2个专业，招收180名骨干校长、优秀教师和教育行政干部，研究生班开设专业增加到4个，进修人员达276人。

【评选优秀教师、优秀教育工作者】 2001年是全国教育系统评优树模年。市教委评出全国教育系统先进工作者1名，全国模范教师1名，全国优秀教师5名，省级优秀教育工作者1名，省级优秀教师4名，市级优秀教师122名，市级优秀教育工作者15名，市级优秀中小学校长22名。

【岐山县启动县域内城乡教师对口支援教育工作】 2001年秋季岐山县启动了教育支援工作。1999年岐山县在教育系统内部实施了以“岗位目标责任制、校长负责制、教师聘任制、结构工资制”为内容的“四制”管理改革，出现了骨干教师相对集中，边远艰苦地区学校教师短缺、师资力量比较薄弱的新问题。县委、县政府统一领导，教育、财政和扶贫办公室等相关部门密切配合，开展了城乡教师对口支援。京当乡、落星乡、西方乡、曹家镇、大营乡、蒲村镇、北郭乡等乡镇的中小学被确定为首批接受援助的学校。岐山高中、城关小学、蔡家坡高中等12所条件较好的学校选派了28名中青年骨干教师前往支援。边远乡镇受援助的学校也分别抽调2~3名有培养前途的中青年教师到援助学校学习，提高业务水平。县上落实了支援人员浮动工资和生活补助金，并在晋升职称、评优树模等方面给予倾斜，保证了支教工作进展顺利。

招 生 与 考 试

【概况】 市考试管理中心年内共组织各类考试8次，即普通高校招生考试、初中毕业生“三试合一”考试、成人高校招生考试、高中会考及4次自学考试。招生考试工作是社会热点，市考管中心适应改革需要，加大社会宣传力度，创刊《招生考试管理》，共编印12期；与宝鸡有线电视台联合开办了《考试热线》栏目，与《宝鸡电视报》联合开设了《招生考试》专栏，与信息公司联合开设了招生考试信息台，增加了考试工作透明度。大型考试邀请市、县四大班子领导及监察、保密等部门参与监督检查。加强了试卷的保密保管，市上投资2万多元为各县区添置了25套保密柜。适应网上录取需要，更新办公设施，使考生报名、试场编排、评卷登分、网上录取实现了全市办公自动化。年内市考试管理中心自学考试工作受到教育部表彰，招生考试宣传报道等4项工作受到省上表彰。

【初中毕业生“三试合一”升学考试】 2001年全市共有57878名初中毕业生参加了“三试合一”考试，占初中毕业生的89.04%，比2000年增加10441名，其中单报高中29972名，兼报高中、中师、中专、职中的26986名。考试科目为语文、数学、英语、理化、政治5科，英语增加了听力测试，总分为580分，全市平均分259.39分，普通高中录取新生22877名，职业高中录取9604名，普通中专录取7875名。

【普通高校招生考试】 2001年全市共有18409名考生参加了全国普通高校招生考试，其中理工类13357名，文史类3681名，外语类674名，体育类255名，艺术类442名。当年为陕西省实行“3+X”高考第一年，考试科目做了较大调整，数学、语文、英语三科列为公共科，地理、历史、政治综合为一科，简称文综，物理、化学、生物综合为一科，简称理综。全市文史类平均成绩为369.71分，高出省均8.3分，理科类平均成绩为385.35分，高出省均6.95分。各类普通高等院校录取新生11896名，其中军事、公安和提前单独录取342名，第一批本科院校录取2609名，第二批本科院校录取3642名，高职一录取653名，高职二录取4409名，电大普专班录取236名，普通高校录取率为64.9%。

【成人高校招生考试】 2001年全市共有9837名在职职工和从业人员参加了成人高校招生考试，其中高中起点专科6772名，高中起点本科864名，“3+2”类专科757名，第二专科学历27名，全市共录取不同类别的专科以上学生5107名，录取率为52%。

【高中会考】 2001年全市共有47064名学生参加了高一至高三年级的会考，其中高一20382名，高二14303名，高三12379名。从2001年起向社会放开了高中会考年龄，且不受学籍限制，一部分社会青年和在校中专生参加了考试，致使高一学段考生比2000年增加了7000名。总计考试129034科次，考查55288科次，参加地理会考人数20382名，平均成绩81.96分，合格率97.04%，优秀率26.96%；物理14303名，平均成绩74.53分，合格率87.83%，优秀率18.12%；化学14303名，平均成绩78.65分，合格率91.72%，优秀率23.39%；生物14297名，平均成绩74.07分，合格率

91.84%，优秀率23.36%；外语14301名，平均成绩64.8分，合格率82.02%，优秀率19.63%；历史14032名，平均成绩76.17分，合格率94.03%，优秀率27.98%；政治12373名，平均成绩65.23分，合格率92.72%，优秀率18.33%；语文12378名，平均成绩66.06分，合格率98%，优秀率12.24%；数学12379名，平均成绩75.31分，合格率89.89%，优秀率24.73%。

【自学考试】 全市年内共组织自学考试4次，参加考试人数40896人次，79045科次，开考专业49个，其中本科16个，专科33个。年内有1582名考生完成专科学业，165名考生完成本科学业。

教育科研与教育经费

【概况】 2001年市教研室在科研引导、科普推广方面推进中学创新教育实验向纵深发展，编印了《初中创新教育实验调研报告》，召开了创新教育经验交流会；开展了小学快乐教育研究征文活动，共征集论文352篇，涉及9个学科，编写了《快乐教育课例稿编》；开展了“九五”教育科研成果汇集和评选；出台了《宝鸡市“十五”基础教育科研规划》；组织了自下而上的层级赛教活动；加强了高中教学管理和“3+X”高考研究，召开了高中教育经验交流会；加强了教育信息现代化和普及中小学实验教学工作。在课题研究方面，市教研室承担的全国基础教育外语教学研究资助金项目1999～2000年立项的重点课题——《素质教育英语教学模式与技能研究》通过了国家专家组鉴定，眉县教研室《基础教育学段整体教学改革实验》通过了省市验收，陇县教研室《“诱思探究”实验》通过了陕西师范大学鉴定。

【县区教研室标准化建设】 1998年市教研室顺利通过省级标准化验收，1999年凤翔县通过了验收，2000年金台和眉县通过了验收，2001年市教研室确定了陇县、岐山、宝鸡县3个达标对象。陇县教育局拨专款23万元增添设施，6月份通过了市级验收，岐山9月份通过了市级验收。宝鸡县投资百万元为教研室新建了独立的办公大楼，增加设施，做好验收准备。由于宝鸡市教研室标准化建设速度快、效果好，省教育厅于4月中旬在宝鸡市召开了基础教育科研工作经验交流会，参观了眉县、金台、凤翔教研室。

【金台区、眉县通过省级中小学实验教学普及县验收】 普及中小学实验教学由省教育厅统一部署，分年度实施。2001年市教委确定金台区、眉县、千阳、麟游4县为普实重点县区，各县区对照省颁标准添置大量设施。市上对各县的中学理、生、化和小学自然实验课的条件装备、设施配套及实验教学开课率进行了复查。6月和10月，省教育厅分别对金台区、眉县“普实”工作进行了评估验收，两县区以“规范化、高标准”顺利通过。由于千阳、麟游两县仪器配备缺额较大，暂不申请省上验收。至2001年底，宝鸡市共有9个县区通过省上验收，居全省第二位。

【“九五”教育科研成果评选】 1985年10月，市教委首次开展了教育科研成果评选活动，之后每五年进行一次。2001年4月，市教委对评选工作作了部署，5～10月征集申报成果564件（项），经审查取消了120件（项）参评资格，确定了444件（项）。其中教改实验类36项，论著、论文类395项，自制教具、多媒体教学课件类13件。10月12～13日，市教育系统“九五”科研成果评审委员会确定“九五”教育科研成果获奖项目277件，其中一等奖13件，二等奖76件，三等奖132件，鼓励奖56件，获奖率62.4%。

【召开创新教育实验经验交流会】 市教委教研室于2001年12月3～5日召开了创新教育经验交流会。会议通过论文交流，总结了一年来开展创新教育的基本经验，通过4节示范教学观摩课点评，展现了在课堂教学创新方面的研究水平；通过22名物理、化学、生物等实验创新技能比赛和多媒体辅助教学比赛，显示了教师实验操作技能的运用和多媒体设计创新的水平；通过学生英语课本剧、辩论、社会实践、计算机应用实践比赛，展示了学生创新能力和素质水平。会议还举办了学生科技小发明、小实验、小制作、小论文、手抄报、粘贴画、标本、雕刻、剪纸、书画等创新教育活动成果展，共30多种1000多件。

【4校获“生物与环境科学探索活动”国家级奖】

“生物与环境科学探索活动”是中国科协、教育部、环保总局和中国自然科学基金会组织的，在青少年中开展的群众性科技活动。目的是培养青少年的科研、环境意识，培养青少年的科技能力和热爱生命的自觉性。1991年开始启动，至2001年已历时6届，本市作品1997年首次获国家级奖，2001年千阳中学郑维平老师指导的“温室生态型改良”项目，姜谭联中赵升瑞、樊海龙老师指导的“家鸽生命力极限观察”项目，横水中学金陵、郭东绪老师指导的“青少年脱发现象调查分析”项目，神武路小学王晓莲、杨玉田老师指导的“秦岭野生植物调查”项目获国家级奖。另有16个项目获省级奖励，获奖率居全省第一。

【生产实践教育基地建设】 2001年全市各级各类学校勤工俭学工作加强生产实践教育基地建设，制订了《宝鸡市农村学校生产实践教育基地标准》。陇县、千阳、宝鸡县等7个县确定拟建县乡两级示范点141个。加强校办企业管理，新办校办企业4个，发展第三产业网点58个。对现有生产实践基地的产业结构进行调整，增加了科技含量，如千阳在校办农场推广间作套种、苹果套袋、地膜覆盖等增产措施，取得良好效果。全市2001年共完成勤工俭学经济指标4700万元。

【教育经费支出增长】 2001年全市教育经费总支出7.29亿元，比2000年增长31.35%，财政性教育经费支出5.47亿元，比2000年增长29.62%，地方政府预算内教育拨款4.11亿元，比2000年增长43.7%。全市预算内教育经费支出占财政支出的比重为28.59%，比2000年增长4.97个百分点，国家财政性教育经费支出占全市国内生产总值的比重为2.8%，比2000年增长0.72个百分点。

2001年省教育厅新批的两所省级重点高中简介

【眉县槐芽高级中学】 眉县槐芽高级中学始建于1956年，校本部占地面积70596平方米，另有10万平方米的农林基地，总建筑面积22800平方米。学校建立了远程教育网络，装备了一流的计算机房、语音室、理化生实验室、多功能厅、美术室、音乐室等，教室均配有“三机一幕”等电教系统，教学手段完全现代化。现有教师130人，专任教师学历合格率达89%。学校以“高质量、有特色、现代化”为办学思路，形成了以文化课为主渠道，体、艺、奥、飞、创新教育、优生培养为特色的多层次的立体化办学格局。学校多次聘请外籍教师来校讲学，加强国内外学术交流，实现教学形式开放化。学校在教育技术信息化、后勤服务社会化方面取得显著成绩，《中国教育报》、《陕西日报》、中央电视台、陕西电台等多有报道。近几年学校教学质量居宝鸡市农村学校之首。2001年12月，槐芽中学被特批为“陕西省重点高中”。

【扶风高级中学】 扶风高中前身是明弘治二年(1489)创立的多贤书院，几经迁址更名，2000年元月由原址县城小西街迁址于县城西塬。新校占地76667平方米，校舍总建筑面积30600平方米，体育运动场占地33334平方米，设有400米标准环形跑道和100米直跑道。校园绿化面积20800多平方米，建有植物园，绿化投资30多万元。学校现有教学楼1幢，内设50个教室，微机室3个，语音室、兴趣活动室各1个；科技楼1幢，内设物理、化学、生物实验室各3个，图书馆、阅览室、音乐室、美术室各1个；办公楼1幢，教工宿舍楼1幢，学生公寓楼两幢，师生灶12个。学校建有地面卫星接收站、校园电视台、电子投影教室、校园网，为43个教室安装了29英寸大屏幕彩电和投影仪，建有校园语音发射台、多媒体网络教室等现代化的教学设施。现有43个教学班2300多名学生，148名教职工，其中专任教师122人，学历达标率71.3%。现有特级教师1人，高级36人，一级49人。学校升学率连年位居全县榜首，为大专以上院校输送了8000余名优秀毕业生。为清华、北大等全国著名大学输送了1500余名优秀人才，空军招飞每年输送优秀飞行员。先后受到北大、清华、西安交大等全国重点院校的嘉奖。2001年被宝鸡市教委评为教学质量优秀学校。2001年12月，省教育厅命名为“陕西省重点高中”。

（马文丁）

科学技术

科研项目与实施

【77个重点项目列入国家和省级科技计划】 根据国家科技部和省科技厅计划项目申报指南要求，市科技局共征集科技项目195个，经过逐个审核和分类筛选，有77个技术含量高、产品附加值高、市场竞争力强的项目推荐上报列入了国家和省级科技计划。其中核电用钴合金材料、智能化真空开关、纳米级微晶活性组分钯碳催化剂等34个项目列入国家级科技计划（火炬计划项目10个，星火计划项目8个，重点新产品计划项目12个，技术创新基金4个）；电动钻ZK－1控制系统、现代农业科技示范园、全混合磨料射流设备等43个项目列入省级科技计划（火炬计划项目13个，星火计划项目22个，攻关计划项目7个，软科学研究计划项目1个）。共争取国家和省上拨付支持经费187万元。这些项目科技含量和产业化程度高，代表了宝鸡市的技术创新能力，通过项目实施促进了企业技术进步，推动了全市经济发展和结构调整。

【重点支持10个重大产业化项目】 2001年全市在组织实施市级科技进步计划中，按照体现特色、突出重点、注重效益的原则，支持和落实市科教领导小组确定的8大类35个重大科技产业化项目。围绕上述项目，重点支持了秦明系列心脏起搏器、数控机床、射流稳压贮能全自动供水设备、美宝消洗灵、双螺旋双出口真空挤砖机组、苦参素、农业良种工程产业化、高效设施农业、布尔肉羊产业化、秦川肉牛产业化10个重大产业化项目。共安排科技经费42万元，占总经费的23%，实现产值3.2亿元，利税5030万元。针对征集的195个项目进行了筛选和论证，全年共安排市级科技计划项目31个，其中火炬计划7项，星火计划12项，科技发展计划6项，农村科技进步计划4项，科技成果推广计划2项，共安排资金2.4亿元。2001年实现产值6.3亿元，税收9450万元。

【星火密集区建设列入科技部重点发展区域项目】 全市着眼于发展壮大区域支柱产业和培育龙头企业，组织实施国家、省、市级星火计划项目42个，其中国家级8项，省级22项，市级12项。在项目安排上突出了高新技术应用、产业结构调整，体现了经济效益好、区域特色浓。2001年实现产值1.75亿元，利税2610万元。市县两级科技管理部门已建成3个国家级和4个省级星火密集区，产生了规模效益，全年7个星火密集区工农业总产值达70亿元，增长23%。形成东起扶风县绛帐镇西到市郊渭滨区的“星火产业带”，构成关中星火产业带的主要部分，并已列入科技部重点发展区域项目。

（郭宝洲）

科研成果与专利

【宣传《企业专利工作管理办法》和新《专利法》】 为促进企业把专利制度纳入企业技术创新的各个环节，市专利事务管理处在2001年组织专利代理人员走访315个企业，宣传《企业专利工作管理办法》和新修改的《专利法》，了解企业专利管理制度建立和完善情况，帮助企业解决实际问题。在长岭纺电公司举办了一期新专利法及实施细则培训班，50多名企业管理人员和技术人员参加了培训。

【搞好专利代理服务工作】 针对自主知识产权的保护和全市专利申请量及申请质量的提高，市专利事务所组织代理员深入省部企业、乡镇企业和民营企业上门开展服务，主动寻找案源。2001年上半年共代理专利申请65件，其中发明7件，实用新型45件，外观设计13件。按省上要求，经初步审查，共向省知识产权局推荐省专利奖申奖项目10项，并协助企业完成专利权转让合同2项，成交金额3万元。

【12项产品获《国家重点新产品》证书】 2001年宝鸡石油机械厂研制的ZJ70D（ZJ70/4500D）直流电驱动钻机、ZJ40DB（ZJ32DB）钻机、陕西秦川机械发展有限公司研制的YK7250数控涡轮砂轮磨齿机、YK73100数控成型砂轮磨齿机、机器人用RV—250AII减速器、宝鸡桥梁厂研制的60KG/M钢轨38号单开道岔、宝鸡中色特种金属有限公司研制的钛制多元贵金属涂层节能电化装置、宝鸡机床厂研制的CK7520数控机床、西安高科陕西金方药业公司研制的双唑泰泡腾片、陕西开达化工有限公司研制的纳米级微晶活性组分钯碳催化剂、宝鸡宝石特种车辆有限公司研制的DC12—7000测井车、陕西皇城建材机械集团研制的Y8M300—III双盘式盲孔砖机等12项产品获国家科技部等五部局颁发的国家重点新产品证书。其中宝鸡石油机械厂、陕西秦川机械发展有限公司、宝鸡中色特种金属有限公司分别享受了60万元、30万元、30万元增值税返还的优惠政策。

【53项科技成果获市政府科技进步奖】 市科技进步奖评审办公室深入企事业优选项目，共征集申请评奖项目56项。经过《宝鸡日报》公告和项目异议处理后，按照技术水平高低、知识产权自主程度、成果转化经济效益大小和社会效益大小的衡量原则，由专业组初评，综合组复评，奖励办公室平衡，报市政府评审委员会审定，最后确定全市获奖项目共计53项。其中一等奖9项，二等奖20项，三等奖24项。在这些项目中达到国际先进水平的3项，国内领先水平的6项，国内先进水平的17项。同时市科技局完成了2000年度宝鸡市农业技术成果推广奖的评审，全市获奖项目8项。其中一等奖3项，二等奖4项，三等奖1项。按照省科技厅要求，做好省科技进步奖的推荐申报工作，全市共获得2000年度陕西省科技进步奖7项，其中二等奖3项，三等奖4项。宝鸡石油机械厂开发的具有国内先进水平的ZJ50D直流驱动钻机，年新增产值3320万元，利税1359万元。长岭集团开发的达到国际先进水平的BCD196冷藏冷冻冰箱，年新增产值5700万元，利税354万元。

【宝鸡市专利成果获奖项目跃居全省之首】 经陕西省专利奖评审委员会审核，省知识产权局决定，全省有41项优秀专利成果项目被授予省2000～2001年度专利奖，其中宝鸡市专利获奖项目有10项，位居全省各地市之首。这些专利成果项目是：①高效灭菌水质保鲜设备；②一种大规格无缝钛筒制造方法及用此材料制作的复合型阴极辊；③中药胃B超助影剂；④六氟化硫气体专用压力密度表；⑤限位定位环；⑥铜铝过渡吊弦线夹；⑦吊弦线夹；⑧智能蓄热电饮水炉；⑨锈死螺母切割钳；⑩4YW－1型玉米收获机。获奖专利项目技术含量较高，市场前景好，成果转化取得了良好经济效益，共新增产值6510万元，利税1159万元。

（郭宝洲）

科技管理与服务

【市科技局机构改革完成】 按照市机构改革领导小组规定的要求，市科技局机关机构改革初步结束。原宝鸡市科学技术委员会更名为宝鸡市科学技术局，新增加职能2项，内设5个科室：办公室、社会发展计划科、科技产业科（火炬计划办公室）、农村科技科（星火计划办公室）、科技成果与市场科。核定市科学技术局机关行政编制20名，其中局长1名，副局长2名，正副科长职数7名。核定市科学技术局大院后勤服务所事业编制6名。

【为民营科技企业做好服务】 全市科技管理部门坚持“总量扩张、质量提高、抓大育小、提高效益”原则，加强政策引导和服务工作，使民营科技企业快速发展，促进了所有制结构调整。(1) 在眉县和渭滨区进行市六委局联合下发的《关于加快民营科技企业发展优惠政策的暂行规定》试点工作，重点解决财税政策落实难的问题。(2) 配合市人大做好执法监督。2001年4月市科技局协同市人大教科文卫委员会深入有关县区和企业，全面了解落实

《陕西省民营科技企业条例》的情况，拿出了民企发展调研报告。全市贯彻落实《条例》的情况通过了市人大常委会的审议。(3) 从科技计划项目立项上给予扶持。2001 年的市级科技进步计划中列入民营科技企业项目 22 个，安排经费 47 万元，占总经费的 26%。(4) 坚持开展了民企科技人员专业技术职称的评定工作。市科技局会同市人事局科干处组织评委会，经过初审和复评，为 67 名科技人员评定了初中级职称，其中初级 41 名，中级 26 名。(5) 重点扶持了 10 个有一定规模和发展前景的民营科技企业（宝鸡力兴钛业集团、宝鸡专用汽车厂、宝深集团、皇城集团、秦新电气有限公司、恒通微电子有限责任公司、金台有色金属加工厂、宝鸡工程液压件厂、东岭集团、宏力塑料模具有限责任公司)，为他们组织外出招商引资，进行人员培训，协调解决银行贷款和征用土地，申报各级科技计划项目，开展 ISO9001 质量体系认证，加强技术创新。如宝鸡秦新电气有限公司开发成功自来水水压水质双保障智能设备，研制出国内第三代二次加压自动供水设备，获得国家创新基金支持。2001 年全市民营科技企业总户数达到 1087 个（当年新增 37 个)，从业人员达 1.7 万多人，拥有资产 14.8 亿元，实现技工贸总收入 30 亿元，比 2000 年增长了 2 倍，上缴税金 1.8 亿元。年产值过亿元的企业已达 5 个。217 个民营科技企业在国家级宝鸡高新技术开发区落户，占到入区企业总数的 50%。全市 109 个高新技术企业中民营科技企业达到 63 个。渭滨区科技局从科技三项费用中拿出 11.5 万元支持企业开发重点新产品，并帮助企业引进科技人才，落实税收返还政策。全区民企总户数达到 54 个，实现技工贸总收入 7400 万元，企业固定资产投入资金 406 多万元。市县政府和科技部门重点扶持发展的宝鸡东岭集团用 1 年时间完成了 6 万吨锌冶炼改造工程，并在 2001 年实现技工贸总收入 15.8 亿元，跨至全国民营科技企业 500 强的第 38 位。

【市农业科技专家大院的运作模式被评为陕西十大科技新闻之一】 市科技局及市生产力促进中心为发展农村经济，调整农业产业结构，全方位搞好技术服务，率先在全国建设了 19 个农业专家大院，选聘 19 位在国内有影响的农业专家牵头组织实施技术推广。为了规范专家大院建设管理工作，生产力促进中心多次走访受聘专家，听取工作建议，制定了《2001 年市聘农业科技顾问管理工作要点》、《关于逐步发挥农业科技顾问作用的意见》、《农业科技专家管理办法》等工作措施和管理制度，召开了市农业信息网络暨专家大院建设座谈会。分别为 19 位专家在宝鸡农业信息港制作了主页，发布了畜牧专家秦川肉牛市场供求信息，上载了苹果专家李丙智副研究员制定的《宝鸡果业生产技术要点》及《苹果和梨产销形势及营销策略》。发布了专家大院布尔肉羊胚胎移植信息，下载了辣椒、花卉、食用菌和美国黑核桃良种引进及栽培技术信息 1500 多条。农业专家大院的建设、管理、工作模式，先后在《中国改革报》、《农民日报》、《经济日报》、《科技日报》和省市新闻媒体上广泛报道，在省内外产生了良好反响。农业科技大院的创立成为陕西十大科技新闻之一。

【县区级信息网络初步建成】 市科技局把县区级生产力促进中心网络建设作为科技服务体系建设的主要工作。在完善宝鸡信息网设施和建成全国生产力信息网宝鸡中心服务区域的基础上，在全市 10 个县区建成了县区级信息平台，宣传国家和省市县的各项方针政策，提高了本县区的知名度。将先进实用的科技知识、市场供求信息通过网络迅速下载向全县发布，同时创建了一条网上销售渠道。县区级信息网络的建成为县域经济的发展提供了新的支撑保障。

【《宝鸡纯种布尔羊胚移成效显著》电视新闻获首届陕西科技新闻奖】 宝鸡市纯种布尔羊引种和胚移技术推广在全国形成很大影响，中央级各新闻媒体都有报道。市生产力促进中心在舆论宣传方面做了大量工作，《宝鸡纯种布尔羊胚移成效显著》电视专题片入选省委科技工委、省科技厅、省新闻工作者协会联合举办的首届陕西科技新闻奖，成为全省唯一的非新闻媒体获奖单位。

（郭宝洲）

科技交流与合作

【科技交易】 市科技局进一步健全了技术市场体系，加强市场管理，对 36 个技贸企业许可证进行了年检，对新申请的 4 个企业办理了技贸许可证，对3个符合技贸免征营业税的企业办理了年技术合同认定和免税申请手续。组织市级有关部门、各县区企业参加了第五届中国东西部合作与投资贸易洽谈会、杨凌农高会、第九届中国西部技术交易会和“两节一会”，在东西部合作与投资贸易洽谈会上推荐科技成果招商引资项目153个，组织14个企业参展，达成技贸合同、意向成交额1.21亿元。据统计，全年共完成各类技贸总额1.31亿元，技术合同项目总数67项，已实施的43项技术合同累计金额5166.8万元，实现率达39.4%。市技术市场在组织实施产学研合作项目的同时，全年完成技术中介项目35个。市科技局在“两节一会”期间开展科技成果引进和合作，完成各类项目的意向、协议、合同引资总额5181.6万元。

【通过全国科技成果服务网开展交流】 市科技交流中心为促进产学研结合和企业技术创新，通过全国科技成果服务网引进最新科技成果项目113项，推广转化4项，并组织有关企业、单位考察技术项目3项。向全市及外地协作单位编发介绍科技成果项目的《信息简报》、《科技动态》12期。通过“中国技术联播”火星863网点击陕西宝鸡即可直接进入宝鸡页面，向外界宣传宝鸡，推介科技成果可直达全国33个省级和近400个地级科技厅(局)。2001年在火星863网上发布全市最新科技成果项目13个，接待访问近万人次。

【陕甘宁毗邻地区经联会科技分会第16届年会召开】 宝鸡市科技局牵头于2001年9月3~5日召开经联会科技分会第16届年会，会议交流论文及经验材料13篇。市科技局交流的《创办特色网站，服务科技农业》一文对农业信息中心和宝鸡市农业信息港建设工作作了总结。会议通过了汉中市科技局所做的《第十届中国西部商品交易会技术市场暨第十届中国西部技术交易会筹办方案》。

（郭宝洲）

科 技 经 费

【政府科技投入增加】 2001年全市投入的科技三项费用共计170万元，投入基金30万元，包括银行贷款、企业自筹等累计达2.4亿元。从国家、省级有关部门争取资金187万元。宝鸡县、岐山、扶风、眉县等7个县区科技三项费用已占到年度财政预算支出1%以上。渭滨区财政安排科技三项费用52万元，金台区75万元。各县区重视项目筛选和论证，严格执行《科技三项费用和科技发展基金使用管理办法》，既支持了项目的顺利实施，又保证了资金的投放效益，调动了企业自筹的积极性。

（郭宝洲）

科 协 工 作

【概况】 宝鸡市科学技术协会是市委领导下的主管科学技术工作的群众团体。2001年全市共有市级学会、研究会47个；县区科协12个；乡镇科普协会182个；农村专业技术协会460个；科普示范基地52个；农民评定技术职称18000人；有35个企、事业单位建立了科协组织，宝鸡有色金属加工厂被中国科协授予“全国企业先进集体”和“优秀科技工作者之家”称号。宝鸡市科协被中国科协、教育部、环保总局、国家自然科学基金委员会评为第六届全国青少年生物和环境科学实践活动优秀组织单位。

【学术交流】 2001年市级学会结合宝鸡市经济建设组织重点学术交流活动67次。以“西部大开发宝鸡科技论坛”为主题，市科协组织有关学会、大专院校、重点企业针对西部大开发战略、高新技术发展和中国加入WTO后企业面临的发展机遇与严峻挑战的新形势，举办了“科技创新与企业发展”学术研讨会，交流论文28篇，重点研讨了如何抓住发展机遇，推动企业技术创新、体制创新、观念创新以及管理创新。会后向市委、市政府提交了《关于推动我市科技创新，促进企业发展的建议》专题报告。市农学会组织“西部大开发与宝鸡农业产业结构调整”研讨会，探讨了全市农业产业结构调整的指导思想、调整原则、内容及区域。市风景园林学会围绕渭河公园整体规划举办的研讨会，市轻工学会组织地方特色食品和食品工程生物技术研讨，市机械、电子学会就行业科技进步进行学术交流，市农机学会举办农业机械化发展研讨会，这些都为促进本行业的科技进步与发展起到了积极作用。市科协并组织有关专家参加了中国科协以“新世纪、新机遇、新挑战”为主题的第三届学术年会。市级学会、企业科协派出技术骨干32人，18次参加省级以上学术会议，提高了学术活动的层次和水平。

【评审市自然科学优秀学术成果奖】 全市共受理2000~2001年283项推荐成果，其中186项受到市委、市政府的通报表彰，宝鸡文理学院杨子元的“晶体掺杂理论系列论文”，李宗孝、原春兰的“振荡化学”和长岭集团林宝玺、丁子明的“DNS/GPS位置速度卡尔曼滤波组合导航系统”的研究3项成果获一等奖，获二等奖的有29项，三等奖99项，四等奖55项。

【第九届“科技之春”宣传月】 2001年3月7日，陕西省、宝鸡市“让科学技术走进千家万户”为主题的第九届“科技之春”宣传月活动在凤翔县启动。省、市领导栗战书、孙天义、梁琦、刘忠良亲临指导。宣传月中，全市2万多名科技人员以组织科技宣传小分队形式开展了220多项科普宣传示范活动，共举办科技图版展览183场次；科技集市194场次；印发科普资料57万份；赠发科技图书10万多册；放映科技电影、录像、幻灯246场次；举办科普报告267场；开展科技下乡276次；培训农民10余万人次。宝鸡市被评为全省“科技之春”宣传月优秀组织单位。

【科普工作重在揭批法轮功】 2001年科普工作中，市科协把弘扬科学精神、传播科学思想、普及科学知识、倡导科学方法、破除封建迷信作为重点，组织科技工作者同邪教法轮功作斗争。开展“反对邪教，保障人权”万人签名活动。在县区城镇、乡村多次举办揭批法轮功邪教组织的科普报告、巡回展览。召开科技人员揭批“法轮功”座谈会，揭露法轮功反人类、反社会、反科学的罪恶实质，批判其祸国殃民、危害社会的罪行，表明科技界坚决拥护党中央决策和与法轮功斗争到底的决心。制作了《崇尚科学文明、反对愚昧迷信》展版，在城区、农村、企业、学校巡回展出，受到群众的欢迎。

【科技下乡活动】 2001年市、县科协把促进农业增产、农民增收作为代表广大农民根本利益的着力点，开展送科技下乡活动，发放各种科普宣传资料9万多份，展出宣传版面100多块，赠送图书1000多册。请农业专家深入田间地头为村民讲授果树、蔬菜栽培技术，现场示范、解答群众提出的问题。市委组织部、市科协、农函大宝鸡分校共同组织“农村党员、干部学用科技致富、共富先进典型报告团”深入千阳寇家河新兴村、麟游县九成宫镇、凤翔县长青镇，向近千名农村党员、基层干部群众作了题为《蔬菜技术革命与产业化战略》、《依靠科技致富共富与农业产业化战略调整》的报告，深受农民欢迎。市农业局、市科协组织科技小分队先后7次赴宝鸡县、千阳县、凤县等地给农民传授最新果树栽培技术，办培训班，培训农民960人，送书籍450册，无偿为农民修理喷雾器17台（件）。

【农技协、科普示范基地带领农民致富】 2001年各县区新建农技协48个，科普示范基地10个。扶风苗木良种协会和林果技术协会引进技术，组织农户繁育优良苗木万余亩，同四川、河北、山东等5省签订销售合同25份，销出苗木3000多万株，价值1310万元。眉县獭兔养殖协会以金渠镇范家寨村为基地，带动2000多名会员发展獭兔30余万只，协会建起了饲料厂、技术咨询部和信息联络部，统一调拨种兔，供应饲料，防疫治病，指导技术和产品销售服务。一年来，协会联系客户上门收购成品兔20余万只，为养兔户增收70多万元。麟游县科协围绕发展布尔羊产业对16个乡镇500多个布尔羊养殖户集中培训，提高了养羊户的技术水平。围绕兴县富民工程和发展区域名优特产品规划抓科普示范基地建设，基地集技术培训、实验示范、品种繁育、成果推广于一体，成为新的经济增长的孵化器。全市科普示范基地已达52个，凤翔县被中国科协命名为全国首批科普示范县。

【青少年科技教育获奖数量多】 为培养跨世纪接班人，加强青少年科技教育，培养科技后备力量，市科协与市教育局紧密协作，组织青少年参加全国、全省各种活动，取得优异成绩。宝鸡市在全国生物和环境科学实践活动大赛中获二等奖1个，三等奖3个，其中神武路小学的“秦岭野生植物调查”获二等奖，并在全省第六届生物和环境科学实践大赛中获一等奖；在全省大赛中获一等奖的还有千阳中学的“温室生态型改良”，市姜谭联中的“家鸽生命力极限观察”，凤翔县横水镇中学的“关于青少年脱发现象的调查分析”，凤翔县石家营中学的“凤翔城区大气污染现状的科学探索”。另外获得3个二等奖，8个三等奖。在全省第六届少儿科幻绘画作品大赛中获一等奖9个，二等奖13个，三等奖18个，居全省第一。在全省中学生奥林匹克数理化竞赛中获一等奖7个，二等奖50个，三等奖84个。市科技馆、气象局、少年宫、图书馆、环境监测站、植物园被省教委、省科协命名为陕西省青少年科技教育示范基地。市科协学会部获第六届陕西省青少年生物与环境实践活动优秀组织奖。

【宝鸡有色金属加工厂科协获全国奖】 2001年围绕企业深化改革、节能降耗、优质高效、技术攻关在广大技术人员中开展“讲理想、比贡献”竞赛活动，全年共完成“讲比”项目450个，提科技建议400余条。宝鸡有色金属加工厂科协组织910名科技人员投入“讲比”活动，一年中完成技术攻关项目257项，为企业增加产值750万元，被中国科协授予“全国企业科协先进集体”和“优秀科技工作者之家”称号。市科协基层科普部获全国第八届“讲比”活动先进集体奉献奖。

【“金桥工程”完成重点项目73项】 2001年“金桥工程”以促进科技成果转化为核心，全市共完成省、市科协管理的重点项目73项，新增工农业产值8640万元。陇县科协组织农口学会和乡镇科协以技术承包形式，在10个乡镇推广优果工程全套袋技术，提高了果品品质，果农增加了收入。

【宝鸡市获全国“千厂千会协作行动”奖】 市级学会与企业结对，开展“厂会协作行动”，解决企业技术进步和新产品研制开发中的问题。市机械工程、科技情报等学会先后为宝鸡消防器材厂、宝鸡真空开关厂、宝鸡金雁集团公司解决了多项技术关键问题，帮助宝鸡江永科技工贸公司开发了WXJ植树挖穴机，产生效益30万元。宝鸡市获国家经贸委、中国科协“千厂千会协作行动”先进组织奖。

【宝鸡市农村科普培训中心挂牌】 中国农函大宝鸡分校1986年建校以来，共培训农村学员2.4万人，其中农村党员、基层干部占60%，农村妇女占30%。获农民技术员、农技师职称的学员8000余人。多次被评为省、市技术培训先进集体，被国家科委、中国科协评为“全国先进科普工作集体”。2001年经市编委批准挂“宝鸡市农村科普培训中心”牌子，中国农函大宝鸡分校的名称继续留用。

（周来喜）

宝鸡市科学技术协会负责人

主　席　巨伯平
副主席　刘国英　贾　斌

社　会　科　学　工　作

【概况】 宝鸡市社会科学界联合会（简称市社科联）编制16人，实有12人，其中公务员3人。设主席1人，副主席2人。下设社会科学研究所、《宝鸡社会科学》编辑部2个机构，领导管理全市社科界44个学会，拥有会员2万多人，其中22个学会已转为法人社团。2001年市社科联坚持以邓小平理论为指导，努力实践江泽民“三个代表”重要思想，紧紧围绕市委、市政府中心工作，在学习、研讨、社科普及、学会建设和机关工作等方面取得新的成绩。先后组织召开了“实施开放年”座谈会、迎“两节一会”座谈会、纪念建党80周年理论研讨会；开展了西部大开发与价值观念更新研究、第六次社会科学优秀成果评奖活动；编辑出版了《姜炎文化论》。市思想政治工作研究会、市教育学会、市检察学会、市炎帝研究会、市工商行政管理学会、市金融学会等社科联所属学会都从本系统工作实际出发，开展理论征文或研讨活动，发挥了学术性群众团体在党政决策中的参谋作用。

【市社科联获全国先进社科联称号】 在2001年10月16～19日南昌全国大中城市社科联第十二次工作会议上，宝鸡市社科联再次被评为全国先进社科联。两年来，市社科联积极开展经济、社会和地域历史文化研究，共组织各类研讨会、座谈会38场次，参加人数800多人次，撰写学习体会和理论文章700余篇，在市级以上报刊发表500余篇，有80余篇先后在省市征文中获奖。各学会根据自己学科特点和工作实际召开了各类研讨会、座谈会、报告会180多场次，发表学习体会和理论文章1100多篇。经省社科联推荐，全国大中城市社科联第十二次工作会议根据《评选全国大中城市先进社科联方案》，以工作业绩为依据，经评选领导小组初评，大会主席团审定，宝鸡市社科联再次被评为全国先进社科联。

【纪念建党80周年理论研讨会】 为配合纪念建党80周年活动，市社科联与市委宣传部于2001年6月25日联合召开了纪念建党80周年理论研讨会。研讨会围绕“建党80周年的辉煌历史与丰功伟绩”、“‘三个代表’重要思想与党的建设”、“党的建设与宝鸡现代化发展”等专题，探讨了新形势下进一步加强党的建设，加大党建理论研究力度的途径和方法。

【“实施开放年”座谈会】 根据全市2001年工作重点，市社科联于2月15日组织市社科理论界专家学者20余人进行座谈。大家以“实施开放年”为主题，就全市对外开放现状、存在的问题以及解决问题的途径和措施等畅所欲言，取得不少共识。

【社科界专家学者迎“两节一会”座谈会】 为给“两节一会”营造气氛，做好宣传，市社科联与“两节一会”宣传处联合于3月30日召开了迎“两节一会”社科界专家学者座谈会，对办好“两节一会”的重要意义和开放开发与改善宝鸡的投资环境进行了充分讨论。《宝鸡日报》、宝鸡电视台3月31日分别予以报道，为“两节一会”营造了良好的舆论氛围。

【第六次哲学社会科学优秀成果评奖活动】 根据《宝鸡市社科优秀成果评奖活动实施办法》规定，市社科联从3月至9月开展了宝鸡市第六次社科优秀成果评奖工作。本次评奖活动共受理申报成果230项，经评奖委员会审查之后，报市委、市政府审定批准，评出社科优秀成果114项，其中一等奖9项，二等奖21项，三等奖84项。这次评奖活动于3月23日和26日两次在《宝鸡日报》刊登公告，评奖范围由团体扩大到个人，申报成果无论在数量上、质量上还是覆盖面上较前都有所突破。

附一等奖获奖名单：专著：赵尚东《跨越峡谷——马克思东方社会发展设想与中国特色社会主义》、赵德利《回归民间——20世纪中国小说的民间文化阐述》；论文：李伯勋《追寻传统文化的轨迹及其特征》、余卫国《论中西形而上学本体论及其特征》、李思民《邓小平关于两个“文明”的思维特色》、王俊卿、曹公奇《创新教育教改实验丛谈》、李全武《发展生产力是邓小平经济思想的核心》、张良铭等《在西部大开发中加快发展县域经济》；调查报告：市委调研组《我市农业发展现状分析及对策》。

【西部大开发与价值观念更新研究取得新成果】 由市社科联、陕西省社会科学院宝鸡分院和宝鸡文理学院课题组承担的陕西省哲学社会科学规划立项课题《西部大开发与价值观念更新——陕西人价值观念更新的实证分析》（专著）结题并通过评审。本课题以辩证唯物主义和历史唯物主义为指导，运用价值哲学的范畴体系和文化人类学、社会学的研究方法，论述了西部大开发的价值意蕴；分析了陕西人价值观念更新的成因，找出了制约陕西人价值观念更新的主要症结，提出了实现陕西价值观念更新的主要任务和对策，被认为是“一部具有较强现实针对性和较高学术水平的专著”，“对西部各级领导和政府部门在更新价值观念方面的实践具有直接的指导作用”。

【编辑出版《姜炎文化论》】 为弘扬祖国优秀传统文化，把炎帝、姜炎文化研究引向深入，由市社科联组织编辑的《姜炎文化论》一书2001年6月由三秦出版社出版。该书是继《炎帝·姜炎文化》和《炎帝论》之后研究炎帝与姜炎文化的成果汇集。全书精选论文55篇，从历史、考古、民俗等角度对姜炎文化的内涵、特征及其地位和作用作了较为深入的研究。

【学会秘书长培训会】 为适应形势发展需要，不断提高学会秘书长整体素质和工作水平，市社科联于12月13日举办了一期全市社会科学学会、协会、研究会秘书长培训会。邀请陕西省社会科学院副院长杨学义作了《关于当前几个热点问题》的学术报告。报告围绕“三个代表”重要思想、思想道德建设和中国加入WTO等热点问题展开，受到与会者欢迎。

【纪念抗日战争胜利56周年暨大同学园座谈会】 为纪念抗日战争胜利56周年，市社科文史界于8月15日举行了纪念抗日战争胜利56周年暨大同学园座谈会。宝鸡市和来自北京、西安的社科文史专家以及日本友好人士与会，座谈会围绕纪念抗战胜利56周年、谴责日本首相公然参拜“靖国神社”、继承弘扬汪大捷先生精神、倡导发展中日友好关系等主题展开。

【《宝鸡工业发展史》出版发行座谈会】　《宝鸡工业发展史》是由王景文、张良铭、程锋合著，三秦出版社2001年7月出版的一部研究宝鸡市工业发展史的专著。该书记载了宝鸡工业发展的历史进程，为进一步研究宝鸡工业发展起到了奠基作用。为把这部专著尽快推向社会，发挥其应有作用，市社科联于9月20日组织经济理论界人士和实际工作者举行《宝鸡工业发展史》出版发行座谈会，并围绕新世纪宝鸡工业发展问题进行了研讨。

（雷念增）

宝鸡市社会科学界联合会负责人

主　席　杨青峰

副主席　张景文　余卫国　马耀斌（兼）　庞德谦（兼）

住房公积金管理要有职工代表参加

建设部、财政部、中国人民银行等部门联合下发了《关于完善住房公积金决策制度的意见》，《意见》指出，住房公积金管理委员会委员的组成有三部分，区城市人民政府负责人和建设（房地产管理）、房改、财政、人民银行、审计等有关部门代表以及有关专家占三分之一；工会代表和职工代表占三分之一；单位代表占三分之一。工会、职工、单位或专家代表中，应当有人大代表、政协委员。《意见》特别强调，北京地区的住房公积金管理委员会要有中央和国家机关事务管理部门及部分在京中央单位、职工代表参加。

住房公积金管理委员会委员实行任期制，每届任期5年，可以连任。住房公积金管理委员会将负责拟定住房公积金具体缴存比例；指定受委托办理住房公积金金融业务的银行；审批住房公积金归集、使用计划（包括购买国债的比例或金额）及计划执行情况的报告等。

文化·新闻·文物

文学创作

【市文联奖励有突出成就的文艺人才】 3月8日，市文联召开“宝鸡市文联艺术成就奖”颁奖大会，对近年来涌现出的10名优秀文艺工作者进行了表彰奖励。这次获奖的10名文学艺术工作者，来自市文联的各个协学会，他们中既有在文学艺术创作中取得优异成就的作家和艺术家，也有热心于协学会工作，甘当人梯，为协学会工作无私奉献的协学会领导。在颁奖大会上，市委副书记刘忠良代表市委、市政府，向获奖作者祝贺。市文联主席张宗良概括介绍了获奖作者的创作情况，对他们取得的成绩给予肯定和赞扬。这次获奖的人员是：李凤杰一等奖；杨宏科、贾雷鸣二等奖；田鸿牛、冯晓伟、任步武、李红林、张志道、赵炜、胡稚三等奖。

【青年作家红柯荣获第二届鲁迅文学奖】 由中国作家协会主办的第二届鲁迅文学奖评选中，宝鸡市青年作家红柯的短篇小说《吹牛》荣获该奖。鲁迅文学奖是为繁荣中国当代优秀短篇小说、中篇小说、报告文学、诗歌、散文、杂文、文学理论、评论、文学翻译等文学门类而设立的全国性最高级别的文学奖，红柯是宝鸡市目前惟一获此奖项的作家。红柯是近年来涌现出来的优秀青年作家，他甘于寂寞，辛勤笔耕，在小说领域独创了一块自己的天地。他的作品先后被《新华文摘》、《小说月报》、《小说选刊》等名刊转载，去年曾随中国作家代表团出访日本。2000年2月，他曾获首届冯牧文学奖，此次是他第二次荣获全国文学大奖。红柯在近年来连获全国两项大奖后，再接再厉，辛勤耕耘，于2001年创作发表出版了一大批文学作品。其中有短篇选集《跃马天山》（长江文艺出版社）、《金色的阿尔泰》（花山文艺出版社）；散文集《手指间的大河》；长篇小说《天下无事》（河南文艺出版社）、《西去的骑手》（《收获》发表，并被收入“金收获”丛书出版单行本）。年内创作中短篇选集、散文集、长篇小说共5本。

【李凤杰、红柯出席第六次全国作代会】 国家一级作家、宝鸡市作家协会主席李凤杰，宝鸡文理学院中文系副教授、市作协副主席红柯，当选12月18日在京召开的中国作家协会第六次全国代表大会代表。李凤杰主要从事儿童文学创作，作品曾5次获得国家级文学大奖，在读者中产生了广泛影响，1993年当选为陕西省作家协会副主席，1997年出任中国作协儿童文学委员会委员。红柯近年来在小说创作方面，被评论家认为“给沉闷的中国文坛带来了一股清新的空气”。

【张丛笑散文在《人民日报》获奖】 市文联副主席、作家张丛笑，在《人民日报》举办的“走进西部散文征文”中获二等奖。这次散文征文，是由《人民日报》文艺部同金丝猴集团联合举办的，以反映中国西部的河山和人文风情为主题。张丛笑的散文《陕西农民》以其优美的文字，刻画出陕西农民的质朴和善良。

【赵德利荣获中国文联文艺评论奖】 市文联选送的宝鸡文理学院中文系教授赵德利的论文荣获首届中国文联文艺评论奖三等奖，为陕西省惟一的获奖者。赵德利教授近年来科研成果显著。他出版了《文艺民俗美学》等4部专著，在《社会科学》、《民族艺术》、《文艺评论》等刊物发表学术论文50多篇。其中，3篇文章被《新华文摘》、人大复印资料转载，2篇文章被收入文选。

【马友庄长篇小说《渭河千转》出版】 宝鸡作家

马友庄的长篇小说《渭河千转》由中国文联出版公司出版。马友庄长期生活在基层，有深厚的生活积累，对故乡的人事熟稔于胸，早年他发表过《渭河五女》，出版过《渭河纪事》等一批文学作品。而这部长篇从初稿到修定，经历10年，生活素材长期在心里积淀、酝酿，终于完成了这部30余万字的大作。作品描写了历史转型期农村生活变革的故事，具有一定的历史深度和思想深度，描绘了众多个性鲜明生动的艺术形象，是作家近年来一部厚重的作品。

【宝鸡市毛泽东诗词研究会成立】 6月23日，市毛泽东诗词研究会成立。市毛泽东诗词研究会是全市毛泽东诗词爱好者、学者等自愿组成的全市学术性法人社会团体。其宗旨是宣传、研究毛泽东诗词，进行学术交流，以诗会友，培养诗词爱好者，提高诗词创作和理论水平。市毛泽东诗词研究会会长是王耀林，副会长是张丛笑、胡云林、赵斌省。

（李广汉）

【市戏剧改稿会召开】 2001年9月9日至15日，宝鸡市戏剧创作改稿会在眉县汤峪太白山大酒店召开。参加这次改稿会的作者36人，讨论、修改小品本子35个、小戏本子26个、大戏本子13个、共计74个本子。在这次改稿会中，出现了话剧《又一个黎明》、新编秦腔传统戏《活祭国舅》、小品《美容店的故事》、《葬母计划》等一批好本子。市委常委、宣传部长吕晓明到会看望了作者，并作了讲话。

【常智奇获“第二届中国戏剧文学奖”和全省优秀文艺评论奖】 常智奇撰写的戏剧理论文章《经验理性的道德审判》，在第二届中国戏剧文学奖评比中，荣获论文一等奖，排名第一。这次参评的作品有339件，其中评为论文一等奖的有10篇。这是中国戏剧文学界最高奖，它是由中国戏剧家协会、中国戏剧文学学会颁发的。常智奇发表在2001年《当代戏剧》第二期的《关于〈白鹿原〉的戏剧评论》，经陕西省戏剧家协会推荐，获陕西省文联、陕西省文艺评论家协会联合举办的“陕西省第二届文艺评论奖”优秀奖，并获奖金。

【霍秉权参与创作的电影及其创作的小品获奖】 由北京电视创作中心拍摄，宝鸡市作者霍秉权参与创作的电影《刮痧》获国家颁发的“华表奖”和“大学生最喜爱的电影奖”。霍秉权创作的小品《美容店的故事》，参加省文化厅、省剧协联合举办的“小戏、小品评奖”活动并获一等奖。

【秦锐创作的小品《葬母计划》在省外获奖】 宝鸡县文化馆创作干部秦锐创作的小品《葬母计划》，在黑龙江小戏、小品赛事活动中，荣获二等奖。

（白喜成　常智奇）

美术·书法

【联合举办首届宣传招贴画大赛】 由市文联、市总工会和宝鸡文理学院等单位共同举办的“时代杯”宝鸡市首届宣传招贴画大赛，2001年4月27日至5月7日在市工人文化宫举办。这次参展的60多件作品，创意新、制作精、时代精神强。作品以西部大开发、人类生存环境、社会公益、两个文明建设为主题，反映了作者强烈的社会责任感和爱国主义精神，作品较好地将主题内容同艺术表现形式有机的融为一体，同时运用电脑设计这一高科技手段，使作品十分好看。这次展赛的一等奖获奖作品是《钢铁长城》，作者唐红岩、刘倩；《思想者》，作者何向阳。二等奖是《保护动物刻不容缓》，作者强雪云；《热浪逼人谁之过》，作者高瑜；《我要生存》，作者董黎娜。

【西普陀雕塑书画院举办师生作品展】 4月25日，新世纪宝鸡市西普陀书画院师生作品展，在市群众艺术馆展厅开幕。西普陀雕塑书画院始建于1977年，位于市西郊宝鸡峡自然风景区。渭河、六川河交汇于此。学校开设素描、速写、水彩、水粉、中国画、版画、雕塑、工艺美术、电脑设计、书法、篆刻、装潢裱糊字画、摄影等专业课。这次展出的作品有国画、速写等50余幅，其中有一年级学生作业选、二年级版画创作选、毕业班学生作品选。

【李维忠山水画展】 4月7日，由市文联、市文化局、市美协、市书协、宝鸡中国画院、伟宝粤公司等单位举办的《李维忠山水画展》在市工人文化宫展厅开幕。李维忠自幼酷爱书画艺术，研习了大量的历代山水名作，并数十次深入秦巴山区，实地考察写生，创作完成了巨幅国画《秦岭魂梦长》、《大秦岭》等系列山水作品和《故国风情》纸本彩墨长卷。作品曾多次在全国、省、市各类书画大赛中获奖，并被国内外艺术团体及同仁收藏，部分作品在《美术报》、《中国书画报》发表。这次展出的书画作品100余幅，既有师法传统之作，又有创新探索之彩，形式多样，令人耳目一新，给宝鸡画坛带来了一股清新的空气，受到参观者的好评。

【张凤彩篆刻展】 张凤彩篆刻作品展，7月5日在秦川书画社展出，共展出作品58幅，其中有毛泽东的《沁园春·雪》、“祭黄陵文”，有“黄陵八景”、“宝鸡十二景”、“金陵十二钗”等，内容十分丰富。张凤彩的篆刻，从形状到艺术，从笔法到技巧，都达到了较高水平。

【王云珩书法作品展】 “两节一会”期间，宝鸡市文联等单位在法门寺为王云珩举办了书法作品展。王云珩是国家特级书法师，长期以来，他潜心研究书法和文学理论，出版了《书法五字诀》等专著，作品多次获国内外大奖，其业绩被编入《世界华人英才录》和《世界名人录》多部典籍。这次书展以他的《论语碑》为主体，展示了其在书法艺术上多方面的成就。涉及楷、行、篆、草各种书体近百幅作品。其中46幅《论语》楷书拓片，是他用三年时间精心创作的，曾在湖北鄂州全国“莲花山碑林”作品征集中夺魁。

【关中三市书展在宝鸡举办】 2000年12月29日，宝鸡、咸阳、渭南三地市书法作品跨世纪联展在宝鸡举办。共展出作品120余件。这次书法联展是三个市的书法协会组织策划的。宝鸡市是联展的第二站。

【统战系统书法、绘画、摄影、工艺作品展】 中共宝鸡市委统战部、宣传部、市文化局、市文联于6月28日～7月5日在市群众艺术馆联合举办了“宝鸡市统战系统庆祝中国共产党建党80周年书法、绘画、摄影、工艺作品展”。这次展出作品201件（套）。经书法、绘画、摄影、工艺品界专家评审团评审，共评出一等奖14件（幅），二等奖19件（幅），三等奖24件（幅），优秀奖60件（幅）。这次展出活动，参观人数逾万人，取得了圆满成功。

【宝鸡市山川秀美书画展】 9月29日，市山川秀美书画展在市老干部活动中心举办。共展出作品110余幅。这些书画作品，以歌颂全市广大干部群众响应江泽民总书记号召，开发大西北，建设秀美山川为主题，作品生活气息浓郁，颇受人们称赞。这次书画大展，是由市文联组织牵头，市纪委、财政局、土地局、水利局、交通局、农业局、林业局、环保局、老干书画学会共同举办的。

【老干部书画展】 9月24日，举办全市老年书画展。这次展览是由市老龄委、老干局、市文联、市老干部书画学会、于右任书法学会、老干部活动中心，为庆祝建国52周年、老人节和市老干部书画学会成立15周年举办的。这次展出作品149幅，都是一些离退休的老干部精心创作的，其中80岁以上的有6位老人。展品体现了老干部热爱党、热爱社会主义祖国的情感，也展示了他们老有所为，老有所乐，钻研艺术，奋发有为的成果。

【沙舟书法艺术展】 年已七旬的陕西省渭河工模具总厂离休干部孙连生（沙舟）是中国硬笔书法家协会常务理事、宝鸡市书协顾问。他多年来潜心书法艺术，形成真、草、隶、篆兼能尤擅隶书的风格，曾多次荣获全国及省市大奖，并有数十篇书论发表于专业报刊及大型专业辞书。建党80周年之际，蔡家坡文化馆和宝鸡市周秦艺术装饰传播有限公司联合为他举办了“沙舟先生书法艺术展”，所展出的90余幅作品系沙舟应邀赴江西举办个展的精心之作。

【张木兰绘画作品入选全国书画作品大展】 5月，由全国老年书画研究会在北京举办的纪念中国共产党80诞辰《红旗颂》书画作品大展上，市老干书画协会会员张木兰老人的绘画作品《歌颂改革功德神州》入展。同时，她的作品还入选这次大展出版的纪念中国共产党成立80周年《红旗颂书画集》。张木兰老人系宝鸡钢厂子校退休教师，一生勤劳，教书育人。退休后，参加了市老干书画协会，致力于绘画创作，并取得了骄人的成绩。

（李广汉）

【宝鸡、天水书画作品交流展】 由宝鸡市和天水市两市文化局主办、两市群众艺术馆承办的宝鸡、天水书画作品交流分别在两市群众艺术馆展厅展出。2月1日至6日，宝鸡市的书画作品80余幅在天水市展出；5月15日至18日，天水市的书画作品90幅在宝鸡市展出。展览受到两市领导的重视和观众及新闻媒体的普遍好评。在两地举办作品交流展的同时，还互派书画作者进行了互访。通过座谈、笔会，参观名胜古迹、了解风土人情等，促进了两地的艺术交流。此间，市群众艺术馆还在天水市举办了宝鸡民间美术品展销活动。

【少儿书法作品获全国第二届“蒲公英”奖】 “蒲公英”奖是文化部设立的以繁荣少儿文化艺术创作，丰富少儿文化生活，促进素质教育，深入贯彻“蒲公英”计划为宗旨的全国少年儿童文化艺术政府最高奖。在第二届“蒲公英”奖评选中，市群众艺术馆组织选送的5幅书法作品荣获银奖。作者分别是9岁的王泽阳、12岁的乔丹、5岁的吴阳、贺宇（女）和王璐（女），辅导老师为赵国强。

【市美术家协会换届】 6月2日，市美术家协会召开第四届会员代表大会，选举产生了该协会新一届理事会和主席团成员，郑玉林当选为主席，王华新、王尊农、林力、刘学生、杨雄、赵伟、罗贯生、党天才当选为副主席，秘书长由王华新兼任。

【市美协吴山写生基地挂牌】 吴山，历史上为雍州的镇山，《中国旅游大词典》称之为“陕西第二名山”。自然风光绮丽，民风淳朴，适宜各类画种的创作，为绘画写生之佳地。在吴岳旅游开发公司的大力支持下，7月11日，“宝鸡市美术家协会吴山写生基地”正式挂牌，倡导画家积极深入生活。市文联、市美协、市群众艺术馆有关领导及市美术界知名人士参加挂牌仪式。

【四城市书法篆刻作品展】 宝鸡、敦化、佳木斯、张家界四城市书法篆刻作品展，于“十一”期间在市群众艺术馆画廊展出。

（王冰莹）

摄　　影

【“世纪春潮”大型摄影展】 2月6日至10日，由市文化局、市总工会、市文联、市文明办、宝鸡日报社等单位联合举办的“世纪春潮”大型摄影展在火车站广场展出。此次摄影展是为迎接新世纪第一个春天举办的大规模群众文化活动之一。120余块展板、500多幅图片与观众见面。影展分《盛典篇》、《改革篇》、《开发篇》和《民情篇》四部分，充分展示了全市改革开放以来社会发展和人民生活的巨大变化及旅游资源、人文景观和乡俗民情。之后，于4月至5月，市群众艺术馆精选“世纪春潮”摄影展版面60块，300幅图片分别在太白县嘴头镇、凤翔县横水镇、宝鸡县坪头镇巡展，并应凤翔县文化馆的邀请，在县城展出一周。

【新宝鸡、新形象、人像摄影艺术展】 国庆期间，由市文化局、市文联、市群众艺术馆、文化传播中心承办的“新宝鸡、新形象、人像艺术摄影展”在火车站广场举行。这次展出人像艺术摄影作品近200幅，展期7天，吸引了上万名观众。开幕式上，市文化局、市文联的领导剪彩，组织了310名模特，由专业摄影师、业余摄影爱好者进行了现场拍摄、创作。

【宝鸡之晨摄影展】 10月1日至7日，市委宣传部、市文化局、市文联联合举办了“宝鸡之晨”摄影展。此次展览收到全市摄影作者创作的同主题作品360幅，精选其中169幅，制成版面在火车站广场展出。这些作品从不同艺术视角集中展示了晨曦中宝鸡秀美的自然风光、多姿多彩的人民生活以及日新月异的城市风貌。上万名观众观看了展览。

（王冰莹）

【香港“三人行”摄影作品联展】 2月2日，香港摄影家简庆福、连登良、黄贵权“三人行”摄影艺术展，在市工商银行宝鸡分行展出。共展出作品193幅，大多为风光摄影，还有部分人体摄影。作品视角独特，画面新颖生动。《老树新花》、《比翼》、《胡杨》等作品，把人们带到西部风情之中。此次展览，由中国摄影家协会、省摄协和市摄协等主办，市文联和宝鸡日报社等学会协办。

【建党80周年“电信杯”摄影展】 为庆祝建党80周年，市摄影家协会、市总工会、市电信局、市工人文化宫、宝鸡图片社等联合举办“电信杯”摄影展，6月29日在市工人文化宫举行开幕式。这次摄影展共展出40多位摄影艺术家的120幅作品。作品从各个方面反映了全市经济建设和精神文明建设所取得的巨大成就，充分表达了摄影工作者对党的热爱和敬仰之情。

【市摄协组织摄影家赴西部采访】 市摄影家协会组织10名摄影家，于10月1日去甘南、青海等地进行摄影活动。目的是反映大西北的风光及风土人情，讴歌实施西部大开发以来取得的成绩。这次西行摄影采访取得了很大成绩，市摄影家协会等单位召开了表彰大会。

【“黄河龙门之夏”摄影展】 8月25日，市摄影家协会举办的“首届黄河龙门之夏”人体摄影创作作品展，在市工人文化宫开幕。这是市摄影家协会会员李长纪、朱良城、吉田林、市老摄协会员程新萍4人自费到历史文化名城——韩城拍摄的。西安市青年摄影家协会主办了这次活动。在这次活动中，这4名会员迈入人体摄影的禁区，拍摄了近百个胶卷，自费冲洗照片1300多幅，从中精选了60幅展出。

（李广汉）

音乐·舞蹈

【举办庆祝建党80周年词曲大赛颁奖会】 6月26日晚，来自北京、山东、陕西等地的获奖作者与千余名观众，在宝鸡市工人文化宫参加了庆祝建党80周年“文化宫杯”全国词曲大赛颁奖文艺晚会。在这次大赛中，北京词作家李昌明获得金奖，许德清和段康获得银奖和铜奖。“文化宫杯”歌词、歌曲大赛历时半年，收到全国20余个省市的参赛作品，来稿中百分之八十左右的作品，先后在《文化风景线》上刊载推出。本次大赛是由宝鸡市工人文化宫、《文化风景线》编辑部、宝鸡市音乐家协会、宝鸡音乐文学学会联合主办的。

【李红林多首歌词获奖】 由中华全国总工会、中央人民广播电台、中国音乐家协会联合主办的“中外建三峡杯”新世纪工人歌曲征集活动中，宝鸡歌词作者李红林作词的歌曲《无悔》、《走进五月》、《中国脊梁》分获二、三等奖。此后，由他作词的歌曲《学会坚强》、《快乐的士》、《红色的士》在第四届“北极星杯”全国词曲创作比赛中分获金、银、铜奖。

（李广汉）

【法门寺大型文化展演】 4月26日，市人民政府在法门寺举办了“中国法门寺国际文化旅游节”大型文化展演活动，市文化局承办并组织了这场文艺演出活动。市歌舞团编导并参加了开幕式的大型演出活动，演职人员共计1060人，观众达8万人次，宝鸡有线电视台进行了现场直播。

【刘建洲论文被香港一书收录】 市歌舞团刘建洲的音乐论文《粤剧与秦腔调式关系初探》被香港中文大学出版的《粤剧音乐探讨》一书收录。陕西省文化厅举办的陕北文化理论研讨会上，其论文《发展陕北文化，促进陕北振兴》获论文三等奖。刘建洲主编的《中国戏曲音乐集成·陕西卷》获市委、市政府颁发的优秀文艺作品一等奖。

【市首届音乐舞蹈展演大赛】 9月份，由市文化局、市文联、市总工会、团市委联合举办“市首届音乐舞蹈展演大赛”，市音协、舞协、市文化传播中心共同承办了这次活动。比赛分为音乐和舞蹈两部分，参演人员500余人，其中有少儿、成人、老年组。评出舞蹈组一等奖3个，二等奖6个，三等奖10个，优秀奖15个；音乐组一等奖3个，二等奖6个，三等奖10个，优秀奖20个。这次活动，促进了全市音乐舞蹈事业的发展，提高了人们的艺术素质。

【国标舞队再获佳绩】 5月1日至3日，在西安举办的全国部分城市国标舞暨陕西省第六届国际标准舞蹈锦标赛上，市艺术馆、市舞协队继前几届赛事获佳绩后这次又获得好成绩。在各舞种和各组赛事中分别获得一、二、三、四、五、六等奖。

（刘建洲）

电影

【放映电影近2万场（次）】 市电影公司2001年除安排好省上计划供应的40部节目外，主动调配各类节目上百部，供片总量达140余部，包括《花样年华》、《考试一家亲》、《宇宙与人》、《垂直极限》、《飞天舞》、《特务迷城》、《我的兄弟姐妹》、《木乃伊归来》、《紫日》、《毛泽东与斯诺》等节目，进出库复映影片达1万部（次），放映电影近2万场（次）。

【《宇宙与人》、《珍珠港》映出成绩突出】 首部国产科教大片《宇宙与人》在市电影公司连续上映10天，放映收入8.2万元；美国大片《珍珠港》在全市上映时，各影院采取各种宣传措施，实现放映收入5.8万元。《宇宙与人》、《珍珠港》是今年单片收入较好的两部影片。

【举办优秀国产影片展映活动】 2001年6月、7月，市电影公司组织了15部优秀国产影片，开展了“建党80周年献礼影片展映月”活动，并于7月1日举办了首映式，市委领导、市级有关部门和新闻单位等200多人参加首映式活动。5部重点影片《毛泽东与斯诺》、《毛泽东在1925》、《家在远方》、《走出西柏坡》、《紫日》都取得了比较好的映出成绩。10月份，开展了庆祝建国52周年优秀爱国影片展映活动。

【推进农村“2131”工程目标的实施】 农村电影放映“2131”工程是加强农村精神文明建设的一项重要举措，承载着党和政府对广大农民群众的深厚感情。市文化局、市计委成立了宝鸡市农村电影放映“2131”工程领导小组。凤翔县、扶风县、眉县、千阳县与市电影公司相互协作，对“2131”工程目标任务的落实起到了积极的推动作用。

（侯文波）

【电视电影《正月十五唱大戏》在千阳开机】 由市作家李君和西安话剧院剧作家王真编剧，市导演杨建生和西安电影制片厂摄像兼导演马德林执导的电视电影《正月十五唱大戏》于12月18日在千阳县正式开机。曾在《一代廉吏于成龙》中饰演于成龙的著名演员李万年在《正月十五唱大戏》中任主角。《正月十五唱大戏》讲述了历史转型期一群乡村老汉的遭遇故事，描述了他们在被时代遗忘的境遇中坎坷的经历，具有深刻的思想性和历史感。作品还表现了关中西部浓郁的风土民情，艺术上极富感染力，被中央电视台电影频道列为2002年重点剧目。这部作品是由中央电视台电影频道出品，宝鸡市话剧团承制的。

（李广汉）

群　众　文　化

【“宝鸡之春”大型灯展】 元月中旬，由宝鸡市人民政府与自贡市人民政府联合主办，市文化局、市城建局等单位承办的“宝鸡之春”大型灯展，在市人民公园举行，展期一个月，观众达10万人次，丰富了广大市民的春节文化生活。

【“秦川王杯”群众秦腔大赛】 3月20日至4月15日，市委宣传部、市文化局、渭滨区文教局等单位联合主办了宝鸡市“秦川王”杯群众秦腔大赛，共有来自12个县区文化馆选送的60名选手参加了比赛，经过激烈的角逐，市文化艺术学校教师张忠诚等荣获一等奖。

【创建文化先进乡镇】 3月下旬，受市政府委托，市文化局抽调人员，组成两个检查组，分别对全市12个县区14个乡镇的文化先进乡镇创建工作进行了检查验收。经报请市政府同意，陈村镇等13个乡镇被市政府命名为宝鸡市第二批文化先进乡镇。

【参加“小梅花奖”比赛】 5月中旬，市戏校学生参加了陕西省“小梅花奖”比赛，获一等奖1个，二等奖3个，三等奖2个。经过选拔，宝鸡市有两名小选手代表陕西省参加了在广东省举办的全国“小梅花奖”比赛，分别荣获“银花”称号。

【庆祝建党80周年声乐大赛】 7月初，市文化局、市音协组织市优秀歌手参加了陕西省庆祝建党80周年声乐大赛，歌手朱晓波和姜浩平荣获一等奖，另外还获二等奖3个，三等奖3个，市文化局荣获组织奖。

【纳凉晚会】 7月中旬，市文化局在炎帝园广场组织安排了为期10天的消夏纳凉晚会，演出戏曲、歌舞节目10台，受到广大市民的热烈欢迎。

【“琴雅杯”戏曲旦角比赛】 10月15日至17日，

市文化局组织举办了全市“琴雅杯”戏曲旦角比赛，参赛演员43人，评选产生出了仝凤琴等10名宝鸡市“十佳旦角演员”。

【参加省武戏绝活和秦腔琴师、鼓师大赛】 11月初，组织市县专业演员和琴师、鼓师参加了陕西省武戏绝活大赛和秦腔琴师、鼓师大赛，市人民剧团副团长郃凯丰荣获琴师、鼓师大赛一等奖，市文化局获组织奖。

【社会文艺论文获奖】 12月，在全国第十一届群星奖评比活动中，宝鸡市武岐省、王冰莹撰写的调查报告《关于我市乡镇文化建设的调查及建议》荣获铜奖，王炳智、刘爱芳的论文分别获优秀奖。群星奖是文化部设立的全国社会文化艺术政府最高奖，宝鸡市获奖人数之多，在近年内还是首次。

【文化下乡】 元月10日，随同陕西省卫生下乡队赴扶风法门镇开展了“卫生、文化”下乡活动，文化系统4个专业团体和扶风县剧团共80多名演职人员为当地群众奉献了一台丰富多彩、形式多样的文艺节目，观看人数达5000余人；3月26日，市直文化单位近100人赴太白县嘴头镇开展了大规模的文化下乡活动。市群众艺术馆以80多幅艺术、生活摄影照片组成大型艺术摄影展，带去了丰富的文化食粮；市图书馆送书下乡800多册，满足了山区人民对农业科学知识的需求；市直专业表演团体精彩的文艺演出，受到当地近3000名农民的热烈欢迎。10月中旬，市文化局和宝鸡电视台共同组成“心连心”艺术团在渭滨区马营镇燃灯寺村举行了大型文艺下乡演出。市直4个专业文艺团体及二炮文工团等单位的专业和业余演员近5000人参加了演出。节目内容丰富，形式新颖，受到当地近万名观众的一致好评。

（武岐省）

【市灯谜学会举办海内外旅游灯谜展猜】 2月6日，海内外宝鸡旅游灯谜创作大展猜暨华宝元宵灯会，在华宝彩印公司门前举办。参加展猜的谜条共500余幅，均是从全国各地采来的，有台湾、兰州、河北廊坊、辽宁锦州、福建泉城、湖南邵阳等地谜友创作的，还有新加坡华侨创作的谜条。之后，市灯谜学会还在聚丰广场等地举办同样的灯谜展猜活动。

【辛巳年宝鸡灯谜闹元宵】 辛巳蛇年元宵节，宝鸡市灯谜界在全市开展一系列展猜活动。从正月十四开始，经二路、中山路、人民公园等地处处是大红灯笼高高挂，彩色谜条迎风舞。宝鸡市灯谜学会分别与工人文化宫、聚丰时代广场、工商银行渭滨办事处、建设银行中山路办事处、金融宾馆、人民公园等联合举办猜谜活动。

【市曲艺家协会第一次代表大会召开】 8月12日，宝鸡市曲艺家协会第一次代表大会在长城宾馆召开。会议选举产生了第一届理事会和第一届主席团。主席：高钦贤。副主席：马红岩、史淑宝、贾志勇、叶杰。秘书长：李艳秋。

【举办首届“红码头杯”曲艺大赛】 市文联、市文化局、红码头美食有限公司、凯司令蛋糕公司于8月8日～8月10日在红码头火锅城联合举办了“红码头杯”曲艺大赛。共有19个单位、45位演员报名参演，演出29个节目。评出演出一等奖1名，二等奖2名，三等奖4名。创作一等奖1名，二等奖2名，三等奖2名。8月11日晚举行颁奖晚会，省曲艺家协会领导到会颁奖，著名表演艺术家石国庆、刘文龙、孙涛、于飞在晚会上表演了精彩的节目。

【市曲协参加西部曲艺邀请赛】 由省委宣传部、省文化厅、省文联主办，省曲协等单位承办的“延安世纪龙俱乐部杯中国西部曲艺邀请赛”于11月23日至11月26日分别在西安、延安举办。共有9省1市和兰州军区、成都军区等十多个代表团27个节目参赛。宝鸡市曲协选送的西府曲子《张连卖醋》是陕西代表团参赛的5个节目之一，获优秀节目奖。

（李广汉）

公 共 图 书 馆

【概况】 全市有公共图书馆13个，工作人员114人，馆舍面积17718平方米，总藏书988255册，其中古籍17435册，善本25种，1125册。2001年度，全市公共图书馆全年开放天数362天，总计接待各类读者339277人次，图书流通590092册次，组织开展各类读者活动54次，采购加工各种新书3801册，征订各类报刊493种。2001年，市图市馆被省文化厅评为“创佳评差”竞赛活动最佳单位，被省教委、省科协确定为青少年科技教育基地。

【馆藏信息容量增加】 市图书馆针对用户最新信息的需求，2001年度加大了对报刊的征订量（增加经费支出15000元）。对过月报纸进行分类剪贴、编辑，共编辑17个方面的专题信息1万余条，装订成20册供读者利用；装订2000年过刊145种206册；购新书1015册，及时上架流通。市图书馆为了使馆藏更具特色，深入各县区、单位，征集地方文献200多册，充实了馆藏，吸引了读者，使更多的地方文献、珍贵史料得以完整保存。

【读者服务范围扩大】 市图书馆对残疾读者实行特许服务，每次可借阅4册，并可进书库选书；对重点读者实行开架阅览；对老寿星和下岗职工提供免证阅览服务。在市上举办的“两节一会”期间，对外地客商提供免证优质服务。举办了推选“读书状元”活动。评选出“读书状元”两名，张榜公布并颁发了奖品。

【自动化服务初具规模】 2000年市图书馆实现了读者办证、检索、借书、还书以及采访、编目自动化。2001年又在自动化服务体系的推广和应用上狠下功夫，为读者提供了“计算机操作指南和计算机公共查询操作方法”，举办了“使用计算机查书目”专题讲座，同时为了提高图书利用率和办馆效益，全面实现了自动化服务。阅览部开展回溯建库工作，共输入数据12063条，贴条形码12032册，24074条。

【举办“第十三届服务宣传周”活动】 5月份，市图书馆成功地举办了“第十三届服务宣传周”活动，在搞好阵地服务的同时，先后深入金河劳教所、老干部活动中心、金陵社区等单位进行上门服务，选配书刊143册，剪报10册。联合渭滨区神农镇文化站赴该镇最繁华的地段进行服务宣传，携带宣传条幅、科技书刊60册、宣传版面20块、科技信息资料10种1200份，共接待群众700多人次，解答咨询十多件，并向该文化站捐赠书刊100余册。通过宣传，使农民感受到了“有文穷不久，无文富不长”，促进了当地农民求知识学科技和农村经济文化的发展。

【16篇论文参与学术交流并获奖】 2001年度宝鸡市图书馆发动每个职工撰写论文或调查报告，并对取得显著成绩的给予奖励。截至10月底，市图书馆共有16篇论文分别被不同的刊物发表或参与学术交流并获奖。其中1篇入编《中国科教兴国战略文库》，并获市委、市政府社会科学优秀成果三等奖，中国管理科学研究院新时期人文科学优秀成果二等奖；1篇入选“第二届海峡两岸公共图书馆基础建设研讨会”；1篇获中国当代优秀管理成果三等奖；1篇获四川省“21世纪之路——理论思考与实践探索”学术研讨会一等奖；1篇获“重庆资源与西部大开发研讨会”三等奖；1篇获“中国改革实践与西部大开发学术研讨会”一等奖。在“川陕甘毗邻地区图书馆协作网首届学术年会”上6篇论文分别获一、二、三等奖。

【承办全市公共图书馆计算机和应用知识大赛】 9月份，由市文化局主办，市图书馆承办了全市公共图书馆计算机应用知识大赛。共有11个代表队的26名选手参加了计算机基础理论和上机操作比赛。经过一天的紧张角逐，分别决出了笔试和上机操作前三名。10月份，在川陕甘毗邻地区图书馆协作网举办的计算机技能比赛中，宝鸡市图书馆陈琪、马蓉分别获得第二名和第四名的好成绩，为宝鸡赢得了荣誉。11月份，由省文化厅组织、省图书馆承办的“陕西省公共图书馆计算机知识大赛”，宝鸡市代表获得了团体第三名，并被授予组织奖。

【举办第二届“全民读书月”活动】 10月份，宝鸡市图书馆根据市“知识工程”领导小组安排，与金台区图书馆、市新华书店等单位在宝鸡书城门前举办了第二届“全民读书月”大型启动仪式，展出揭批“法轮功”图片版面28块，科技书刊200余册，散发科技资料3000多份。

（张金霞）

文　化　交　流

【宝鸡社火参加德国柏林亚太周活动】 9月17日

至10月1日，宝鸡市民间社火团随同中国陕西社火团赴德国柏林参加“柏林亚太周中国艺术节”活动。参加表演的节目有高跷社火、二鬼摔跤、社火脸谱、旱船、赶犟驴等。在柏林王宫广场、柏林博物馆等地的20余场演出中，以其独特的艺术魅力感染了当地群众，在“亚太周”主会场上大放异彩。在演出即将结束时，演员与观众一起载歌载舞，融为一体，把艺术节活动推向了高潮。中央电视台、《人民日报》、《中国文化报》均作了报道并给予高度评价。

【中法文化年法方主席来宝挑选节目】 宝鸡市民间社火在柏林的成功演出，受到了许多国家和地区的关注，中法也将共同举办文化交流活动年。其中“中国—法国年”将于2003年10月~2004年7月举办。为选拔节目，主办2003年中法文化年的法方主席让·皮埃尔·安格瑞女士一行3人于10月23日专程来宝鸡观看社火。市文化局专门组织了宝鸡社火专场表演，同时向全市人民做了汇报演出。古老的宝鸡民间艺术受到法国客人的高度赞誉。

【大型报告剧《红岩魂》赴外地巡回演出】 由市话剧团与重庆歌乐山纪念馆联合推出的大型形象报告剧《红岩魂》继在市区公演后，赴济南、郑州、哈尔滨、杭州、富阳、慈溪、西安、西宁等地巡回演出，获得极大的反响，数万观众留言。山东卫视、浙江卫视、陕西电视台给予专题报道，《齐鲁晚报》以《感动！感动！感动!》为标题在头版头条予以报道。截至10月，该剧共演出85场，观众达13万人。

（王冰莹）

文　化　市　场

【文化市场治理整顿】 根据国务院、省、市安排，开展了文化市场经营秩序清理整顿工作。

1月17日，市文化局对同乐电子游戏厅等154家电游经营场所的文化经营许可证予以吊销。3月26日，市文化局依法吊销了翔乐电子游戏厅等303家游戏经营场所的文化许可证。9月6日，市文化局关闭了金洲文化专业市场音像制品经营场所。11月5日，市文化局关闭了全市非专业影院开办的营业性音像放映场所。12月30日，市文化局关闭了10个县的电子游戏经营场所。12月1日，市文化局联合市公安局等部门，在市垃圾场集中焚毁音像制品33909张（盒），其中盗版光盘19766张、盗版录音带2315盒、盗版录像带3774盒、色情淫秽光盘8054张、盗版书刊7092册、淫秽书刊377册、淫秽扑克48副。

【开展第十三次“扫黄打非”集中行动】 根据省、市安排，2001年2月至12月，全市开展了第十三次“扫黄打非”集中行动。在整个活动中，全市共出动检查人员（文化、公安、工商等部门）4120人次，车辆630多台（次），检查书刊摊点274处，音像制品经营单位176处，打字复印部442家，印刷企业172家，闭路电视单位32家，还检查了325家电子游戏厅、网吧，294家歌舞娱乐场所。取缔严重违章经营单位41家，依法查缴各类出版物21147册（张）。

【培育和发展文化市场】 2001年，全市文化行政部门在开展文化市场秩序治理的同时，积极培育和发展文化市场，并拟定出台了一系列扶持措施。全年共审批新的文化市场经营单位72家，其中经省文化厅批准，宝鸡市新大地电脑文化城（超市）11月9日开业，经营面积1700多平方米，经营品种12000多种。

【文化市场日常监管】 2001年文化市场日常监管继续坚持“一手抓繁荣、一手抓管理”的工作方针。年内配合文化市场治理整顿相继出台了《宝鸡市大型娱乐场所安全管理规定》、《宝鸡市网吧管理暂行办法》、《宝鸡市棋牌室管理规定》等规章制度。全市文化行政主管部门年内稽查297次，按行政处罚一般程序作出行政处罚62次，按简易程序作出处罚决定137次。全市13个文化行政主管部门分片、分行业举办文化市场行政执法人员业务技能培训班及文化市场经营审定负责人法制培训班共14期，约3600人参加。宝鸡市文化局荣获2001年全省文化市场秩序清理整顿工作先进单位，被中共宝鸡市委、宝鸡市人民政府命名为2001年度“创佳评差”优胜系统；市文化市场稽查大队被命名为“创佳评差”竞赛活动最佳单位，被市委、市政府评为先进集体。

（朱文格）

新 闻 出 版

【法规宣传与培训】 市新闻出版局对修订的《印刷业管理条例》、《出版管理条例》进行了广泛的学习和宣传，为配合新条例的实施，市新闻出版局编印了《新闻出版法规文件选编》，印制了条例宣传版牌。7月份，在市县区主要街道举办了法规宣传活动，散发宣传单10000多份，解答法规咨询200多人。12月份举办了全市新闻出版法规培训班，各县区管理人员及各书报刊经营单位负责人和印刷企业厂长经理参加了培训。参加培训人员达300多人，占经营单位人数的80%。

【整顿和规范印刷市场秩序】 2001年10月，按照新闻出版署、公安部、国家工商行政管理总局、国家质量监督检验总局、全国“扫黄”工作小组办公室《关于整顿和规范印刷市场秩序的通知》精神，对全市印刷行业进行了为期3个月的集中清理整顿，压缩取缔了60家不符合资质条件和违规经营的印刷企业，圆满完成了省上下达宝鸡市的整顿任务。为加强行业自律，3月份组织筹备成立了市印刷技术协会，4月份印协赴岐山县、凤翔县、眉县、扶风县对40多个印刷企业进行了检查、指导和调研。

【记者站、内部资料性出版物的管理】 3月份对全市报刊型内部资料进行了清理整顿，取缔非法刊物3家，限期停办4家；8月份，对70多家民办院校印刷内部资料进行整顿，并与市教育局联合发文，重申了编印内部资料的有关规定；10月份，召开了驻宝记者站会议，对驻宝记者站进行了清理整顿，重新登记注册，对符合条件的5家记者站进行了公告。

【出版物市场规范有序】 全市共有各类书报刊经营单位230多家，其中市新华书店系统46家，邮政图书、杂志代销点21家，市内个体书店100多家。年初对经营单位换发了经营许可证；3月份集中开展了打击侵权盗版，查缴各类盗版图书6000多册，光盘2000多张，磁带300多盒；5月份，对出版物市场进行专项治理整顿，净化了出版物市场，规范了经营秩序，查缴了宣扬封建迷信与伪科学类、淫秽色情类以及有其他违禁内容的非法出版物千余册，取缔了各种非法流动摊点10家。通过省新闻出版局的检查验收，受到了好评，媒体先后做了报道。

（徐小明）

宝 鸡 日 报

【“开放年”的宣传】 年初，头版开辟了“面向新世纪，搞好开放年”专栏，围绕贯彻十五届五中全会精神、全国经济工作会议精神和市上“十五”计划的开局及落实情况，展开全方位、多角度的宣传。要闻版刊发了《以良好形象投身“开放年”》系列评论和动态消息百余篇；经济特刊编发“我市实施十大民心工程”的通版报道和展望“十五”前景的稿件40多篇；经济版围绕农业产业结构调整和整顿市场经济秩序等，组织专题讨论4次，发稿180多篇。从9月份起，头版开设“开放发展景象新”专栏，发稿50多篇，报道了全市各条战线以开放开发促发展的成果和经验。12月初，头版隆重推出“宝鸡‘开放年’大手笔”专栏，以“年末特稿”的方式，组织采编人员连续采写、刊发了《碧玉镶嵌渭河滩》、《碧波一湖润良田》、《顶风斗雪架彩虹》等系列通讯十余篇，全面报道了重点工程、重点项目建设的成就和经验，突出宣传了全市人民落实“十五”计划、促进宝鸡经济腾飞的宏伟业绩。

【“两节一会”的宣传】 配合市委、市政府举办“中国宝鸡法门寺国际文化旅游节”、“太白山新世纪旅游登山节”暨招商洽谈会重大决策的实施，从3月份起，头版开设“举市一致办好‘两节一会’”专栏，编发报道和言论，烘托气氛，制造舆论，刊登“倒计时”；临会前夕，报社成立报道指挥部，由一名领导挂帅，抽调人员，明确分工，落实任务，加班加点。从4月24日到5月1日，采写和刊发专题报道84篇，超额一倍多完成了市上下达“两节一会”的宣传报道任务，获得了市上颁发的突出贡献奖。

【改善投资环境的宣传】 为了贯彻省市有关决定精神，营造良好投资舆论环境，头版开辟“改善投资环境，扩大对外开放”专栏，编发了120余篇消息，配发了系列述评；经济版开展了“大力整顿和规范市场经济秩序”大讨论，发稿200多篇；经济特刊围绕“如何管好市场经济秩序”编发了一批加大招商引资力度的稿件。通联部对阻碍和干扰改善投资环境工作的问题，采取公开曝光和编发《内参》的办法，加强了舆论监督。同时，头版在显要位置又先后刊登了介绍千阳、凤县扩大对外开放，石油钢管厂与日本住友公司合资经验的通讯《千河高奏引资曲》、《凤岭涌动开放潮》等典型报道十多篇，使改善投资环境的宣传形成高潮。

【庆祝建党80周年的宣传】 从3月份开始，要闻版开设“学深学好‘三个代表’”专栏，各版同时推出“党旗飘飘”大型征文，宣传了一批基层党组织、广大党员学习实践“三个代表”的做法和体会。5月份，头版推出“风雨辉煌80年”专栏，报道全市各条战线党组织、广大党员贯彻党的基本理论、基本路线，抓好党的建设的成就和经验。党建、理论版约请老红军、老党员撰写回忆文章，回顾中国共产党带领人民群众英勇奋斗的光辉历史；生活特刊、万象影刊、西部周末等系列专刊和“社会地平线”等专版发挥各自特点，组发党史文章、历史照片等，充分宣传了中国共产党作为中国先进生产力、先进文化、最广大人民根本利益的代表，在中国革命、建设和改革开放中的伟大历史地位和作用。在“七一”前的宣传中，一是突出了杨文洲、郭秀明等优秀共产党人事迹的宣传；二是多侧面地宣传党关心群众，为城乡困难家庭、遭遇天灾人祸者送温暖的具体事例，让群众从身边看得见、摸得着的典型报道中感受党的伟大、光荣、正确，从而唱响“共产党好”的主旋律。“七一”后，各版及时开设“学习‘七一’讲话，实践‘三个代表’”专栏，重点刊登了各级领导学习江总书记讲话的体会文章。头版和四版推出“学讲话抓落实，鼓实劲创佳绩”专栏，至年底发稿110多篇，报道了各级干部和广大群众学习贯彻《讲话》的动态和经验。

【六中全会精神的宣传】 9月中旬，党的十五届六中全会召开以后，头版和四版分别开设“深入学习贯彻六中全会精神”和“学决定，抒心声”专栏，集中报道了各级党政领导、各条战线群众学习六中全会《决定》，统一思想，鼓舞士气的动态消息和体会文章。党建、理论版开设“实践‘三个代表’，加强党风建设”专栏，组织记者重点采访、报道了一些部门和单位加强和改进党的作风建设的做法和经验。同时，刊发了五期《学习六中全会精神系列谈》和《公民道德建设实施纲要》系列问答，受到广大读者欢迎。

【增强报纸的群众性】 引导采编人员转变观念，开拓视野，在“官、民同喜”的结合点上做文章，由“工作型”向“服务型”转变，变“我写你读”为“你需我写”，变“我编你看”为“你需我编”。坚持办好“新闻热线（电话）”、“连心线”、“消费者投诉台”和“昨日直击”栏目，奖励提供新闻线索者。全年接待群众来访430人次，受理群众来信900余件，制止集体上访9起；刊发“监督之窗”版面27期，编发《内参》36期，为群众解决问题、办实事245件，受到市上领导、人大代表和广大群众好评。

【强化要闻版和经济版】 经济特刊增加了经济分析稿和经济生活稿的比例和分量，做到期期有热点、有主题；生活特刊注重办好“希望之桥”栏目，为特困学生筹集社会捐款2850元，为12名特困生联系到救助单位和个人；记者部改进政务报道，采写新闻稿做到新、活、快；社会新闻部将“社会地平线”由半版扩成整版；政文部改进了法制版，做到每期有“以案说法”专栏；文艺副刊增加了名家稿件，提高了文化品位；《信息快递》改一次审稿发排为两次发排，提高了稿件的新鲜度。

【完善办报设施】 由新华社给报社电传室装配了全球卫星数据广播网接收小站，并增设了一台新微机；给《信息快递》编辑室配备了电脑；给摄影部购置了数码相机，建起两个新暗室；印刷厂先后购置了一台新型双色平版胶印机和一套彩色微机照排制版设备。

【承办全国地市报总编辑新闻摄影年会】 9月份，报社成功地承办了第12届全国地市州盟报总编辑新闻摄影理论年会。180多家报社的总编辑聚会宝鸡，数十家报纸刊登报道宝鸡市“开放年”成就的稿件，成功地对外宣传了宝鸡，提高了宝鸡市知名度。

【成立宝鸡市新闻摄影学会】 年内，由报社发起，成立了宝鸡市新闻摄影学会，发展会员125名，并培训了摄影通讯员。

【《昨日直击》获全国大奖】 10月中旬，头版开设的《昨日直击》专栏，荣获“中国新闻名专栏”奖。在全国地市报只此一家。这个专栏开办两年来，以抓鲜活新闻、办活党报赢得了广大读者。

（徐文焕）

广 播 电 视

【概况】 2001年，在省广电局组织的广播电视节目评比中，全系统8个项目有41件作品获奖，获奖的节目数量和质量继续保持了全省各地市前列的地位，其他类节目也都取得较好名次。共有450件作品被省以上新闻单位采用（其中中央级采用37篇）。截止2001年11月底，全市骨干台累计安全播出无线5.947万小时、有线24.78万小时，设备完好率保持在100%，台内停播率分别为0秒/百小时。

【围绕中心工作办好栏目】 以纪念建党80周年活动为契机，围绕“开放年”和“两节一会”，全系统把宣传十五届六中全会精神和江总书记“七一”重要讲话放在首位，各台相继开办了《学习实践“三个代表”》、《辉煌八十年》、《辉煌历程80载》等专题和栏目；举办了《纪念建党80周年》、《党旗在我心中飘扬》等征文活动，推出了很有分量的节目和栏目，向建党80周年献礼。开办了《回顾九五，瞻望十五》、《面对新世纪，搞好“开放年”》、《办好“两节一会”扩大对外开放》、《我心中的80年》、《党旗颂》、《开放的宝鸡求发展》等节目和栏目；举办了《建设秀美山川》、《我与春辉共话旅游》等征文活动。

【广播节目、电视作品获多项奖】 宝鸡人民广播电台的13件作品获市广播节目奖，有5件作品分别获省广播电视一、二、三等奖，有3件作品获陕西新闻奖，有5件广播播音作品及论文分别获省广播电视播音作品论文一、二、三等奖，1件作品获省广播电视文艺奖。宝鸡电视台的新闻、社教、文艺、播音等作品分别获省广播电视一、二、三等奖，名列全省各地市前列。拍摄的专题片《大山在悲恸——追忆优秀共产党员杨文洲》获全省好新闻二等奖；戏曲电视片《哑女告状》获全国第四届百家电视台节目展播铜奖；制作的元宵秦腔晚会《秦缘天宝》获全省电视文艺三等奖。

【广播剧《天凤》获全国优秀奖】 宝鸡人民广播电台创作制作的三集广播剧《天凤》播出后受到广泛好评，并荣获全国“五个一工程”优秀广播剧奖，突破了宝鸡市全国“五个一工程”奖零的纪录。

【电视论文获第二届中国电视“金鹰奖”】 宝鸡电视台总编、副台长贾雷鸣撰写的电视论文《商业电视文化与国家意识形态》获第二届中国“金鹰奖”电视艺术评论三等奖，这是陕西省在这次评奖中惟一的一个论文奖项。

【市广播转播台移交省广播电影电视局】 根据上级有关指示精神，2001年元月10日原宝鸡市广播转播台已正式移交陕西省广播电影电视局。

【宝鸡电视台与宝鸡有线电视台合并】 宝鸡电视台与宝鸡有线电视台于2001年8月6日正式合并。原宝鸡有线电视台除网络工作人员外，共有22名人员并入宝鸡电视台。原有线电视台与节目制作、播出有关且未列入省上组建公司资产评估范围的设备、器材等共计190台件，总值（原值）499万元转入宝鸡电视台使用。有线电视台的台标、呼号等将不再存在，有线电视台的播出职能将消失，不再制作、播出节目。合并后的宝鸡电视台在转播好中央和省级广播电视节目的同时，开办反映当地新闻、科教、农业、法制、经济、文艺、体育、生活等节目。原宝鸡电视台无线发射经上级批准的5个频道全部保留。原有线电视台经上级批准的两个自办节目频道予以保留，划归宝鸡电视台使用。两台合并后，宝鸡电视台共有职工189人，内部设12个部门。

【宝鸡电视台四套自办节目设置定位】 第一套自办节目：以新闻和法制宣传为主的综合频道，有线（12频道）、无线（6、11频道）同时传输；第二套自办节目：以经济宣传为主的生活服务频道，有线

(13 频道)、无线（17 频道）同时传输；第三套自办节目：以教育和地方文艺为主的文体频道，有线（8 频道）传输；第四套自办节目：以科普和图文电视为主的信息频道，有线（10 频道）传输。

【组建成立省广播电视信息网络股份有限公司宝鸡分公司】 2001 年 8 月 8 日，以市有线电视台、广播电视传输管理段经营性资产为主的陕西省广播电视信息网络股份有限公司宝鸡分公司（以下简称："广电网络宝鸡分公司"）正式成立，参与组建陕西省广播电视信息网络股份有限公司。成立后的广电网络宝鸡分公司为非法人事业性质单位，公司实行企业化管理。广电网络宝鸡分公司的资产移交是以省广电局委托陕西省同盛评估公司对全市网络资产评估后确定的数额及范围进行移交（评估基准日为 2000 年 12 月 31 日）。评估后全市网络资产总值约 9423 万元（其中市级 6787 万元），有线电视用户 177625 户（其中市级为 117700 户）。

【完成国家部分主干线光缆架设任务】 按照国家广电总局网络建设的总体部署，投资 1000 多万元，于 2001 年 6 月中旬顺利完成了宝鸡市到甘肃神裕、天水的国家光缆干线网宝鸡段 240 公里的建设任务，使国家广电干线网西北和西南环网提前贯通。市到县的传输网于 4 月全部贯通，广电信号运行良好，自办的三套电视节目已通过传输网覆盖全市 10 县 2 区，实现了有线、无线的双重覆盖。

【有线电视网络升级改造】 2001 年，以提高网络整体质量、功能为目标的市区城域网建设，共投资 300 多万元，完成线路改造 50 公里，新建光接点 10 个，使光接点总数达到 50 个，新建地埋管线 30 管孔公里。

【宽带信息网基础平台建设已成型】 按照"升级改造有线电视网，完善开发广电传输网，建设宽带综合信息网"的总体思路，完成投资 1000 多万元，租用了 2 兆的 Internet 国际出口，头端设备、骨干节点设备全部到位，广电信息港网页已制作完成，并开办了《网络在线》栏目。到年底，已接入市人寿保险公司等集团用户 5 家，并向市区部分片区有线电视网提供互联网接入综合服务。

【推进广播电视的数字化、网络化、自动化】 积极采用数字设备，逐步实现摄、录、编、播的数字化。宝鸡人民广播电台投资近 80 万元购置了 14 个音频工作站设备和一台备用发射机，并购置了直播节目延时器。宝鸡电视台筹资 80 余万元，完成了电视演播中心二期工程任务；投资 50 万元购置了摄、录、编设备，在全省电视发射台评比中名列全省第一，实现了五连冠。

【开展"境外卫星电视地面接收设施专项治理"工作】 从 10 月 22 日开始，以境外卫星地面接收设施的查处为重点，对城区各单位有线电视站和无证接收单位以及无证销售门店进行查处。先后出动 396 人次，对辖区 10 县 2 区 2804 个单位和个人的卫星电视地面接收设施进行了全面清理和检查，查出无证接收境内节目的单位和个人 1534 个，补办了许可证；关闭查封了 36 个非法接收境外节目的单位；查处非法销售卫星电视地面接收设施的门市部 14 个；取缔非法安装点 6 个。准确掌握了全市已安装卫星电视地面接收设施的数量和使用情况，顺利地完成了第二阶段专项治理任务。

【举办建党 80 周年电视文艺演出】 6 月 29 日，宝鸡电视台承办的宝鸡市纪念建党 80 周年《献给母亲的歌》大型电视文艺节目成功演出，圆满完成了市委、市政府交办的创作、编排、演出、直播等任务。

【举办"树立新形象，争做文明人"演讲比赛】 5 月份，成功地组织举办了广电系统"树立新形象，争做文明人"演讲比赛，在初赛选拔的基础上，进行了决赛，评出了一、二、三等奖共 6 人。

【参与市"两节一会"活动】 4 月 27 日和 28 日，在"两节一会"期间，成功地完成了大型文艺晚会《宝鸡之光》和法门寺广场文艺展演活动节目的创作、编排、演出、直播等任务；宝鸡人民广播电台经济频道与省台经济频道联手转播"两节一会"3 个开幕式实况。

【举办第二届全国记者节演讲比赛】 宝鸡人民广播电台和宝鸡电视台与市上其他新闻单位于 11 月 3 日共同举办了庆祝第二届全国记者节演讲比赛，展现了广播电视新闻工作者的新风采。

【第二届"心连心"大型文艺演出】 由市委宣传部、市广电局、市文化局主办，电视台承办的第二届“心连心”电视艺术团于10月20日在渭滨区马营镇燃灯寺村慰问演出，受到了群众的赞扬。丰富了农村文化生活，促进了“三下乡”活动的蓬勃开展。

（方　昱）

文　物

【概况】　2001年，全市文物工作坚持“保护为主、抢救第一”的方针和“有效保护、合理利用、加强管理”的原则，在古建筑维修、文物展览、考古发掘、文物监管品市场管理等方面取得新成绩。全市各文物旅游点共接待游客72万人次，收入240多万元。实现了第15个馆藏文物安全年。

【国家文物局局长张文彬视察宝鸡文物工作】　11月25日，国家文物局局长张文彬在省文物局局长张廷皓等领导的陪同下，先后视察了法门寺博物馆、周原博物馆、宝鸡青铜器博物馆和宝鸡市文物商店等。张文彬一行首先来到法门寺博物馆，参观了新推出的由历史文化厅、舍利文化厅、大唐地宫珍宝厅三部分组成的“大唐神采·东方慧光”法门寺历史文化陈列。之后视察了周原博物馆收藏的西周玉器、青铜器、甲骨文和陶器。在参观完宝鸡青铜器博物馆的“周秦文明之光”陈列后认为，青铜器博物馆馆藏文物品质高，内涵丰富，希望改进陈列展示方式，挖掘博大精深的文化内涵，充分展示周秦文明的源远流长和宝鸡作为“青铜器之乡”的风采。

【净光寺塔纠偏取得初步成果】　净光寺塔位于眉县政府院内，建于唐代元和十一年，高22.05米，重580余吨。由于种种原因，塔身向北倾斜163厘米，朝东倾斜37.9厘米。1999年春，省文保中心组织专业人员，进行实测，制定纠偏方案，并由省文物局进行论证，批准实施。2001年8月1日，省文保中心进入施工现场，加固塔身，现已纠偏80厘米，这是本省古塔第一次纠偏，为陕西省乃全国的塔体纠偏积累了经验，也创出了一条路子。

【考古发掘获重要发现】　4月8日，市考古队对宝鸡县陵原大唐秦王李茂贞及其夫人墓进行了抢救性发掘。李茂贞夫人的庭院式结构墓和砖雕端门，填补了陕西五代时期考古发现的空白，墓志铭为五代史研究提供了资料。9月至11月，北京大学考古系、中国社会科学院考古所、陕西省考古所对周原遗址进行了发掘，发掘面积800平方米，发现灰坑130余座，房址3座，窑址3座，墓葬8座，马坑1座。其中，王家嘴和贺家村居址遗存的发掘，填补了周原遗址晚商时期居址考古学文化认识上的空白。全年，市考古队配合宝天铁路复线建设，对宝鸡县建河、毛家庄、关道原等地的墓葬和遗址进行了抢救发掘。对金台科技园等单位53公顷征地进行了考古勘探、发掘。

【市考古队参加三峡库区文物抢救发掘工作】　市考古队从10月开始，历时3个月对三峡库区的重庆市丰都县镇江镇槽房沟墓地、高家镇大湾墓地、农花庙遗址进行了大规模考古勘探、发掘，勘探面积54000平方米，发掘面积2720平方米，清理墓葬23座，出土文物300余件（组）。其中醋房沟9号墓位于镇江镇石滩村东北约700米处的长江北岸小梁上，为刀把形洞室砖墓，由甬道、墓室两部分组成。葬具与人骨均已腐朽，出土铜器、钱币、陶器等文物51件（组），以陶马、摇钱树、铜佛像最为精彩。陶马为泥质红陶，作站立状，昂首、翘尾、尾尖打结，长66厘米，宽20厘米，高65厘米，右后腿刻有“巴郡平都蔡寘骑马”，表明该墓主为蔡寘。摇钱树底座呈覆斗形，底大顶小，正方形顶部有孔，一斜侧面刻“延光四年五月十日作”纪年，延光四年即公元125年，为考古编年提供了标尺。铜佛像残高5厘米，为摇钱树一部分，火焰状发饰，肩披袈裟，右手施无畏印，左手提袈裟，为目前长江中游地区发现最早有确切纪年的佛像，也是全国目前发现的最早佛造像。

【周原出土青铜器精粹展在北京大学展出】　5月4日，由北京大学考古学系、古代文明研究中心、市文物局、周原博物馆共同举办的《吉金铸国史——周原出土青铜器精粹展》在北京大学赛克勒考古与艺术博物馆开展。国家文物局局长张文彬、北京大学副校长何芳川、市委副书记刘忠良等为展览揭幕。该展览展期四个月，共展出周原遗址出土的西周青铜器48件。其中墙盘、卫盘等6件国宝级文物及楚公钟等近年来新出土的青铜器参加了展出。

【举办讲解员、导游员培训班】 3月22日至31日，市文物局和市外事旅游局联合在宝鸡文理学院举办了文物单位、旅游景区（点）讲解员、导游员培训班，有25人参加了培训。培训班邀请省文博宣教委员会主任赵文艺、副主任马青云等专家授课，采用封闭教学，集中进行了语音、形体、讲解技巧的反复学习和训练，组织学员参观了青铜器博物馆、秦公一号大墓博物馆、法门寺博物馆。学习结束后，进行了笔试、语音、形体、讲解综合考核和汇报表演，参加培训的学员全部考核合格。

【举办文物库管员培训班】 7月31日至8月7日，市文物局在周原遗址文管所举办了文物库管员业务培训班，来自18个单位的50余名干部参加学习。培训班邀请省文物局、秦俑博物馆、西安市文物库房、市考古队等单位的10位专家，讲授法律、博物馆库房管理、文物鉴定、考古发掘等专题11场，参观了周原云塘、凤雏、召陈遗址和岐山周原博物馆陈列室、周原考古队标本室及韩城市博物馆的文物库房规范化管理。

【编辑出版《大同学园与第一战俘收容所》】 12月，由市文物局局长张润棠编著的《大同学园与第一战俘收容所》出版。《大同学园与第一战俘收容所》收录了抗日战争时期，设于今渭滨区高家镇太寅村的军政部第一俘虏收容所所长汪大捷创办的战俘学校——大同学园，对战俘实施人道主义感化教育，在日本引起反响；汪大捷重返太寅村，召开大同学园学术研讨会，树立大同学园旧址碑，回忆第一俘虏收容所，及《黄河》编发的俘虏文艺专号等有关文章。全书为第一手资料，共18万字，填补了宝鸡抗战史研究的一项空白。

【整顿规范文物监管品市场】 8月22日至24日，市文物局组织47家文物监管品、复仿制品生产、经营户从业人员52名，对文物法、刑法、行政处罚法等进行了专门的学习培训。根据省、市政府整顿规范文物市场实施方案，从10月到12月底，分3个阶段对全市文物市场秩序进行了专项治理整顿，共核查文物监管品经营商店、地摊和生产厂家97个，依法收缴、暂扣文物监管品19件（组），取缔非法经营户17家，重新审核换发了经营许可证。

（王明利）

我国文化遗产不是太多而是太少

中国历来被认为是“历史悠久，文物众多”的文物大国，然而博物馆专家苏东海认为这是相比较而言的。一方面我国有极浓厚的历史文化积淀和无以计数的文物宝藏，但其中绝大部分还沉睡在地下或地上，未被我们拥有；另一方面我们拥有的登记入网的文物太少。现在全国1500多座博物馆，藏品总量800万件，全国文管会拥有文物200多万件，合在一起最多千万；加上文物商店也不过2000万件。然而美国的国立美国历史博物馆自1964年建馆至今30多年间，征集人藏了有关美国历史的文物1700万件，仅此一馆的藏品就比我国博物馆藏品总和还多一倍多；美国自然历史博物馆的藏品更是已积累至8000多万件。印度的全国重点文物保护单位有5000处，而我国仅有1268处。对这一点有清醒的认识，才能正确面对当前极为严峻的文物保护形势。

卫生·体育

卫　　　　生

【概况】 2001年宝鸡市共有各级各类医疗卫生机构316个，病床10340张，卫生技术人员14703人，其中医生5328人、护理人员3831人，平均每千人拥有卫生技术人员3.38人、病床2.8张。有综合医疗机构64个，中医机构13个，卫生防疫防病机构15个，中等医药教育机构10个，采供血机构4个。共有乡镇卫生院179所，村卫生所（室）2035个，乡村卫生人员5326人。2001年全市卫生工作积极推进卫生管理体制、运行机制的改革，突出农村卫生、预防保健、中医药和人才培养4项战略重点，抓好农村合作医疗、乡镇卫生院建设、地方病防治3项工作，整顿和规范医疗服务市场经济秩序，卫生系统基础设施和业务建设继续改善，医疗、急救、预防、保健、康复、输血、健康教育、人才培养的卫生服务网络得到加强。卫生改革不断深化。制订了《宝鸡市城镇医药卫生体制改革实施意见》，明确改革目标、政策措施和工作原则。按照进入家庭、方便群众的原则，加强社区卫生服务建设，规范诊疗行为。全市已有社区卫生服务机构9个，社区卫生人员59名，设立家庭病床923张，建立家庭健康档案1.6万份，免费开展健康检查7400多人次。在全市二级以上医院继续开展“放心药房”创建活动和推行“病人选择医生”、“一日清单”制度，使患者对药品质量、医疗服务、收费标准三放心。全市实行不同形式农村合作医疗的行政村达1241个，覆盖率58.7%。全年计划建设的15所乡镇卫生院全部建成，建筑面积4221平方米，总投资269.8万元。全市累计建设乡镇卫生院92所，总投资2056.9万元，完成新、扩建面积47248平方米。卫生下乡支农活动在扶风县法门镇、凤翔县城关镇、太白县嘴头镇、麟游县两亭乡、城关镇、凤县瓦房坝乡、扶风县天度乡等地开展8次，参加人员900余人次，发放卫生宣传资料7万余份，义诊咨询2万人次。全市县以上医疗机构与基层建立对口支援关系87对，对口支援县、乡、村医疗机构96个。为对口支援单位捐赠药品、医疗器械价值26万余元，培训基层卫生人员1000余人，会诊、手术、查房500人次，抢救危重病人55人次，推广新技术项目34项。宝鸡市被命名为全国卫生城市，凤翔、扶风、岐山、宝鸡县4个县被命名为省级卫生县城，676个单位被命名为市级以上卫生先进单位。医疗服务“以病人为中心”，在三级以上医院增设了健康教育科、心理咨询门诊，在二级医院开设了社区医疗服务科；实行首问医生负责制，加强急诊科医护人员“三基”训练考核。出台了《关于加强医疗安全管理的若干规定》和《医疗缺陷管理规定》。举办了一期医院管理和医疗质量学习班，请法学教授作了依法行医法律知识讲座。成立了宝鸡市医院感染管理专家咨询委员会，专门负责全市各级医院控感工作。2001年全市二级以上医院的卫生技术人员“三基”知识考核合格率达100%，危重病人抢救成功率90%，治愈好转率97%，诊断符合率96%，门诊处方合格率97%，甲级病案率92%，基础护理合格率93%，护理技术操作合格率98%，有13所医院整体护理病区达到50%以上，全市共开展模式病房126个。加强了中医机构的内涵建设和专科专病建设，制定了《宝鸡市中医“十五”规划》，扶风县中医医院被列入省级示范中医院项目。市卫生学校和市中医药学校开设了临床医学大专班，增设了社区卫生、骨伤科等专业，基本形成了以继续教育为主，学历教育为辅，各类培养形式并举的人才格局。2001年全市卫生系统共获得市级科研成果15项。妇幼卫生工作制定了《宝鸡市产科质量管理办法》，规范了新生儿窒息复苏、产后大出血、子痫、失血性休克4种重危疾病抢救程序，从人员、房屋、设备三方面明确了市县乡三级产科建设标准。全市《出生医学证明》发证率达56.62%，其中城区100%，农村43.84%。孕产妇死亡率由1990年的65.7/10万下降到2001年的33.28/10万，婴儿和5岁以下儿童死亡率由1990年的41.33‰和47.06‰下降到2001年的23.55‰和26.58‰。2001年有2所医院、3所中心卫生院通过了省市评审，达到爱婴医院标准。现全市共有爱婴医院、卫生院133个，其中爱婴医院57个，爱婴卫生院76个。全市卫生系统行业作风有明显改观，通过问卷调查，社会综合满意度达96%以上。

【整顿和规范卫生服务市场经济秩序】 按照国家和省上的统一部署，成立了以局长杨治平为组长的宝鸡市卫生系统整顿和规范市场经济秩序领导小组，下设办公室负责日常工作。2001年5月29日召开了全市卫生系统整顿和规范市场经济秩序工作电视电话会议，制定了《宝鸡市卫生系统整顿和规范市场经济秩序工作方案》。在工作中，一是开展食品“打假”专项活动632次，查处案件208起，没收销毁违法产品12.44吨，价值21.9万元，吊销卫生许可证57个，取缔无证经营户94个。二是整顿和规范医疗医药服务市场。全市共出动医疗机构和药品监督执法人员286人次，检查医疗机构2450个，查处非法医疗机构408个，非法行医人员2547人，清理整顿性病诊疗机构17个，查处违法、违规医疗广告843起，对98个医疗机构进行了行政处罚，共罚款9.95万元。2001年7月（7月以后职能归药品监督管理局）以前，查处假劣药品410种次，货值15.97万元，查获假劣一次性医疗器械206具，净化了医药市场。

【全市卫生事业单位人事制度实行全员聘任制】 全省卫生事业单位人事制度改革会议召开后，市政府常务会议就全市卫生事业单位人事制度改革工作进行了专题研究，成立了以副市长冯月菊任组长，市政府副秘书长周义、市委组织部副部长侯万宝、市人事局局长周东晗、市卫生局局长杨治平任副组长，市级有关部门负责人为成员的宝鸡市卫生事业单位人事制度改革领导小组，负责具体实施工作。2001年12月5日，市委组织部、市人事局、市卫生局联合召开了宝鸡市卫生事业单位人事制度改革工作会议，各县区主管县区长、组织部长、人事局长、卫生局长、市级有关部门负责人、市直医疗卫生单位党政主要领导参加了会议。会议传达了全省卫生事业单位人事制度改革工作会议精神，对全市卫生事业单位人事制度改革工作的目标任务和方法步骤作了安排。下发了《宝鸡市卫生事业单位人事制度改革实施意见》及6个配套性文件，实行全员聘任制和新的分配制度，改革卫生事业单位领导管理体制，逐步实行由身份管理向岗位管理、由单位人向社会人的转变，增强职工的竞争意识和危机意识，提高工作效率。

【推行药品集中招标采购】 采取一家牵头、多家跟进的方式，坚持公开、公平、公正和诚实守信的原则，进行了药品招标采购试点，在此基础上成立了联合招标机构，组织全市二级以上医疗机构对40个品种47个规格的药品公开招标采购。实行药品公开招标采购后，招标药品价格最大降幅为47%，最小为4.8%，平均为20.1%，并把差价部分扣除医院合理留成之外的60%让给了患者，让群众真正得到实惠。

【实行农村合作医疗行政村过半数】 按照政府领导、集体扶持、因地制宜、群众参与和低水平、广覆盖的原则，加强了对农村合作医疗工作的组织领导，制订了《2001年农村合作医疗工作的指导意见》，市政府与各县区政府签订了农村合作医疗责任书，每年拿出5万元对前两年取得显著成绩的县区、乡镇和个人进行表彰奖励；突出宣传教育和资金筹措两个重点环节，加强监督检查和指导。全市实行不同形式合作医疗的行政村达1241个，覆盖率达58.7%。

【推进农村卫生综合改革】 在总结凤翔县农村卫生综合改革试点经验的基础上，全市推行了“三位一体”改革、乡村卫生组织一体化管理和乡镇卫生院改革3项改革。目前全市已有凤翔、扶风、渭滨等9个县区22个乡镇推行了农村医疗、预防保健、计划生育服务“三位一体”体制改革，实行一个单位两块牌子三项职责。6个县区31个乡镇推行了乡村卫生组织一体化管理，实行行政管理、药品采购、业务考核、人员调配、财务管理五统一管理制度，增强了乡村卫生机构的自我发展能力，保证农民能吃上放心药，并使农村预防保健等社会卫生工作任务得到落实。对乡镇卫生院分别采取县级管理、县乡共管、乡镇政府管理、承包经营、股份制运作等各种改革试点，收到了良好的效果。

【派出援藏医疗队】 根据全国第四次援藏会议精神，受陕西省卫生厅委托，由宝鸡市组建的第三批援藏医疗队于2001年3月7日代表陕西省赴西藏自治区开展为期1年的医疗援藏工作。援藏医疗队由市中心医院副主任医师苏振丽、市中医医院副主任医师张科勋、市人民医院副主任医师李军、市妇幼保健院副主任医师张玲娥4人组成，李军任队长。到达西藏后，他们分别到拉萨市人民医院和拉萨市妇幼保健院进行心血管、肾病、产科、B超4个专业的医疗卫生技术支援和带教任务。先后在西藏电视台进行医学专题讲座3次，撰写论文11篇，在国际国内刊物上发表6篇，建立了西藏第一个血液透析室，并帮助拉萨市人民医院设立科研课题2个，其中“高血压对心脑血管并发症影响的研究”为国家“十五”科技攻关计划项目。

【全省二级医院改革现场会在岐山县召开】 2001年3月24～26日全省二级医院深化改革现场研讨会在岐山县召开。会议听取了岐山县医院在医疗、护理、人事分配、财务、信息管理等方面改革的成功经验，部署了全省二级医院的改革工作。省卫生厅厅长李鸿光指出：在市场经济环境下医疗行业面临着严峻的形势，改革医院内在机制、清除医院发展的障碍势在必行。省卫生厅副厅长黄立勋、副市长冯月菊及全省各地市卫生局局长、医政科长和县级综合医院、中医医院、妇幼保健院院长共200多人参加了会议。

【医疗机构分类管理工作完成】 市卫生局2001年制定了《宝鸡市卫生局关于实施医疗机构分类管理工作的安排意见》，从实施医疗机构分类管理的范围、医疗机构分类的界定标准、医疗机构的分类原则、医疗机构分类的核定、实施分类管理的方法步骤、实施分类管理的要求等6个方面做了详细安排。全市进行分类管理的医疗机构1239个，占应分类数的98%，其中政府举办的非营利性医疗机构48个，其他部门举办的非营利性医疗机构302个，营利性医疗机构889个，在新闻媒体上进行了公告，全市已基本完成了医疗机构的分类核定、分类管理工作。

【无偿献血占临床用血的60%】 年初市卫生局与各县区签订了无偿献血目标责任书，健全献血机构，完善服务网络，落实献血任务。市政府下发了《关于进一步加强血液管理工作的意见》，对执行血液工作“三统一”原则，加强采供血机构建设和采供用血机构管理，确保血液质量安全等做出了明确要求。与团市委联合发出《关于在团员青年中开展无偿献血活动的通知》，号召全市团员青年积极参加无偿献血。市卫生局与市电视台、红十字会办公室联合录制了反映全市无偿献血工作的电视专题片《生命之源》。2001年全市参与无偿献血的人数达20780人次，无偿献血已占到临床用血的60%。

【6个医院被评为百姓放心医院】 2000年中华医院管理学会在全国开展“明明白白看病”推荐“百姓放心医院”活动，市中心医院、中医医院、人民医院、扶风县医院、凤翔县医院、岐山县医院申报此项活动。6个医院按照全国统一要求，以病人为中心，制定措施、完善制度、开展承诺服务、实行药品集中招标采购等医疗服务过程“阳光作业”制度，把医疗服务置于社会和患者监督之下，让群众“明明白白看病”。经过群众问卷调查反馈、互联网投票、社会公示、地方人大、政协、卫生行政部门推荐、中华医院管理学会明察暗访等程序，最后推荐出首批全国“明明白白看病百姓放心医院”。2001年12月19日中华医院管理学会在全国政协礼堂召开了全国“明明白白看病”推荐“百姓放心医院”活动总结表彰大会，这6个医院被批准为首批全国“明明白白看病百姓放心医院”。

【疾病控制】 全面实施卫Ⅶ项目和卫Ⅹ项目，落实年度计划，加强项目管理和人员培训，卫Ⅶ项目累计完成投资751万元，占总投资的83%，改善了冷链系统，提高了计免接种质量。加大肝炎、出血热、结核病、艾滋病等重点传染病的防治和监测力度。截至2001年11月底，全市共发生乙类传染病6319例，发病率176.63/10万，比2000年同期略有下降，在全市范围内开展了脊髓灰质炎强化免疫和查漏补种工作，脊灰强化免疫服苗率达95%，保持了无脊髓灰质炎状态。全市儿童“四苗”接种率达99.44%，乙肝疫苗接种率城镇和农村分别达100%和93.11%。

【地方病防治】 以碘缺乏病防治为重点，加强地方病防治力度，完成了地方病防治五年规划的各项任务。全市监测碘盐6056份，合格率97.5%；对全市地氟病的分布、现状进行了全面调查，确定氟中毒病区7县40个乡镇264个自然村，病区人口29.2万人，绘制了全市地氟病病区分布图。完成了

100例氟骨症病人的治疗任务，有效率90.10%，完成了114例大骨节病的手术治疗任务，治愈好转率100%。

【结核病防治】 采取“有奖报病、减免治疗”的新举措，加强结核病人的发现、管理和治疗工作。制订了《宝鸡市2001～2010年结核病控制规划及2001～2005年实施计划》。全市完成结核病全程治疗病人762例，规则服苗率98%，治愈率95.6%，减免药费13.86万元。

【卫生监督】 2001年先后下发了《关于加强学校食品卫生工作的紧急通知》、《关于开展第三个夏秋食品卫生宣传与整顿的通知》、《关于做好“两节一会”卫生保障工作》、《关于做好五一黄金旅游周卫生保障工作》及《加强监督检查，严防食物中毒发生》等文件，要求各级卫生监督部门加强监督检查，确保重大活动及节假日饮食卫生安全，严防食物中毒发生。对食品非法宣传、食盐和粮油制品、生产销售有毒有害和不符合卫生标准食品，以及学生、婴幼儿和儿童食品及无证生产经营、个体食品摊贩、商贩等九类不同行业的食品严格按照方案要求，结合年度卫生许可证审验，遵循“谁发证、谁主管；谁签字、谁负责”的原则，采取“集中打击与日常监督相结合，打假治劣与扶优扶强相结合，重点打击与综合治理相结合，市场监管与企业自律相结合”的方式开展执法监督。2001年全市共出动卫生监督人员3945人次，查获违法卫生产品3.64吨，检查各级各类学校、幼托机构及学校周围商店350个，覆盖面均达85%。在“两节一会”和全国旅游城市检查中，对涉外宾馆、饭店、医疗机构、环境卫生等方面进行了全面检查整顿，规范了市场行为，保障了“两节一会”和旅游城市各项投资活动的顺利开展。

【农村改水改厕工作逐步推进】 近年来宝鸡采取政府扶持、部门协作、典型引路、逐步推进的方法推行农村改水改厕工作，凤翔县被命名为“全国农村改厕普及县”，麟游县、岐山县、金台区被命名为“全国改水先进县”。岐山县是宝鸡市在农村开展改水改厕工作的先进县，截至2001年底，岐山县各乡镇已建成卫生厕所的农户38273户，占总户数的38.5%，建成改厕示范乡镇2个，在全市农村改厕中起到了典型引路的作用。2001年6月在省召开的农村改水改厕工作经验交流会上，岐山县介绍了经验，被省政府命名为“农村改水改厕示范县”。

【卫生先进单位发挥带头作用】 截至2001年底，全市已建成国家级卫生先进单位1个，省级卫生先进单位223个，市级卫生示范单位20个，市级卫生先进单位520个，这些单位在本辖区的社会卫生工作中发挥了带动和辐射作用，为创建卫生城市、卫生县城工作做出了贡献。

（童永锋）

重点医院选介

【宝鸡市中心医院】 宝鸡市中心医院建于1951年，是一所综合性三级甲等医院。编制病床510张，在编职工750名，是西安交通大学医学院、延安大学医学院和陕西中医学院等7所医学院校的教学医院。

医院拥有全身CT、双光子直线加速器、X－刀、磁共振、ECT、C型臂X线机数字减影系统、电子胃肠镜、彩色多谱勒诊断仪、人工肾透析机、体外循环机、纤维支气管镜、体外超声波碎石机、全自动生化分析仪等大型先进医疗设备200多台（件）。设有39个临床医技科室、20个护理单元、4个临床实验室和ICU、CCU病房。在全国及省市医学会任理事长、理事、常委、委员、秘书长等职务的61人次，“三五人才工程”1名，市级有突出贡献拔尖人才5名。有637名专业技术人员，其中高级专业技术人员69名。先后获国家、省、市级科技进步奖21项，培养、引进硕士研究生9名。近年来医院坚持“院有专科、科有专病、人有专长”的发展思路，加强专科建设，整形烧伤科等十余个科室被确定为省市重点专科或优势学科。成功开展了角膜移植、肾移植、冠状动脉造影、脑血管造影、X刀恶性肿瘤的立体定向放射治疗、断掌（指、趾）再植术、胰十二指肠切除术、嗜铬细胞瘤切除术、心内直视手术、永久性心脏起搏器安装、前列腺气化电切术、腹腔镜胆囊和妇科肿瘤切除术、电吸切术治疗腰椎间盘脱出、锥颅抽吸治疗高血压脑出血、恶性血液病的化疗、诱导分化治疗及生物治疗、肾穿刺活检、骨髓活检等200余项新技术、新项目。

先后获全国百佳医院、全国“明明白白看病百姓放心医院”、全国卫生系统先进集体、陕西省卫生行业文明示范单位、省级文明单位、全省十佳医院、陕西省“白求恩精神奖”先进集体、省级先进基层党组织称号，并被省卫生厅授予“创佳评差”先进集体。

2001年10月24日宝鸡市中心医院举行了建院50周年庆典大会，中央、省、市及毗邻地区800多名嘉宾参加了庆典活动。50年来，宝鸡市中心医院励精图治，勇为人先，以“人才奠基、科技兴院”为立院之本，实现了医院跨越式发展，现已成为管理有序、技术优良、设备先进、环境优雅、保障有力的集医疗、教学、科研、预防、保健、康复为一体的综合性医疗机构。

【宝鸡市中医医院】 宝鸡市中医医院（原西关医院）创建于1952年，是宝鸡市一所中西医结合、中医特色突出，集医疗、急救、教学、科研、康复、预防为一体的综合性三级甲等中医医院、爱婴医院，是陕西省中医学院宝鸡附属医院、宝鸡市病理会诊中心和西安交通大学医学院等医学院校的教学医院。医院现开放床位430张，有高级专业技术人员72人，中级专业技术人员152人，设临床医技科室35个，护理单元20个，年门诊量20余万人次，年收住病人1万余人次。医院先后获全国卫生系统先进集体、全国首批“明明白白看病百姓放心医院”、陕西省先进中医医院、陕西省“创佳评差”最佳单位等称号。

医院拥有美国产螺旋CT、惠普影像之星全身彩超，日本产全自动生化分析仪、电子胃肠镜、喉气管镜、宫腔镜、腹腔镜等内窥镜设备，美国产血液透析机及24小时动态血压监护仪、24小时动态心电监护仪、自动煎药包装设备等。内外妇儿骨等专科设置齐全，专病门诊特色突出，其中骨伤科、骨病科、针灸康复科为省级重点中医专科，消化内科、肛肠科、推拿按摩科、中医外科为特色专科，病理科为全市病理会诊中心，心血管内科、干部病房、胸外泌尿外科、普外神经外科、妇产科、儿科、耳鼻喉科等技术力量雄厚。医院在进行中医药特色治疗的同时，相继开展了同种异体肾移植术、椎间盘镜手术、腹腔镜手术、前列腺气化电切术、白内障超声乳化并人工晶体植入术、膝关节及肘关节置换术、股骨头无菌坏死溶通术、椎间盘突出胶原酶溶解术、肝叶切除术、锥颅抽吸法治疗脑出血、永久与临时性心脏起搏器安装、CT引导下经皮肺部肿块穿刺、肝穿刺、肾穿刺活检、经皮注射治疗肝癌、肿瘤介入治疗等多项新技术，诊疗技术水平不断提高。

【宝鸡市人民医院】 宝鸡市人民医院始建于1947年9月1日，地处宝鸡市经二路中段，总占地面积33800平方米，建筑面积4万平方米，现已成为一所集医疗、教学、科研、预防、保健、急救于一体，学科建制齐全，医疗设备先进，技术力量雄厚的市级综合医院。医院编制床位335张，开放床位451张。现有职工600余人，其中专业技术人员440人。高级职称50人，中级职称150人。设有医疗、医技和行政后勤科室43个。年门诊量20万人次，年出院病人8000多人次。市急救中心依托医院建设，年接听“120”电话呼救上万次，年抢救各种急危重患者1000多人次，抢救成功率达96%以上。急救中心下设4个分中心和10个县急救站、36个乡镇急救分站。

医院拥有日本日立公司新一代高速螺旋CT扫描装置、德国西门子彩色B超、DOPP型经颅多普勒、日本欧林巴斯240型电子胃镜、腹腔镜、电视鼻咽喉镜、美国全自动麻醉机、日本东芝大型全自动生化分析仪、日本尼康眼底荧光照相仪、准分子激光治疗仪、玻璃体切割机、美国斯导氏白内障超声乳化治疗仪、德国蔡氏手术显微镜、美国库尔特电刀、脑电地形图、OK镜治疗仪、12座豪华型高压氧舱等先进设备。

医院是西安交通大学、延安大学医学院、陕西省高等医学专科学校、宝鸡市卫校、市中医药学校的教学医院。一批科研项目先后获部、省、市级科技成果奖。眼科、心内科、神经内科和皮肤科的专家先后参加了在美国、日本、法国、新加坡、韩国和香港等地举办的学术研讨会并交流了学术论文。同种异体角膜移植术、活动眼座植入术、白内障超声乳化术、眼底病激光治疗术、体外循环下心房（室）缺损修补术及心脏瓣膜置换术、手指多截断离再植、手腕完全断离七小时再植等技术填补了宝鸡市的医疗空白。眼科、急救科、心内科、神经内科、创伤整形科、妇产科、小儿科、皮肤科等技术力量及诊疗水平在全市处于先进水平。

先后被国家卫生部、民政部、全国残联等11个部委评为“残疾人康复工作先进单位”，被中华医院管理学会授予首批全国“百姓放心医院”，被卫生部确定为“国际紧急救援网络医院”，多次被省市授予“文明医院”、“创佳评差”先进单位和

“园林式医院”等称号。

（童永锋）

药　政　管　理

【概况】 2001年7月26日，宝鸡市药品监督管理局成立。其主要职能是：在省药品监督管理局的领导下负责对辖区内药品（包括中药材、中药饮片、中成药、化学原料及其制剂、抗生素、生化药品、生物制品、诊断药品、放射性药品、麻醉药品、毒性药品、精神药品、医疗器械、卫生材料、医药包装材料）的研究、生产、流通、使用进行行政监督和技术监督，并领导县级分局及其药检所开展工作。内设办公室、人事教育科、安全监管科、市场监督科、医疗器械科、稽查科6个职能科室。2001年11月，宝鸡县、凤翔县、岐山县、扶风县、陇县、眉县、凤县先后成立了药监分局，加挂药检所牌子，为市药监局派出机构。其主要职能是：在本辖区内行使药品监督管理职能，负责对药品和医疗器械的流通、使用进行行政监督和技术监督。千阳县、太白县、麟游县不设药品监督管理分局，保留县药检所，为市药品监督管理局的直属事业机构，行使技术监督职能，并授权行使行政监督职能。市药检所整建制划归市药品监督管理局，为其直属事业单位。金台、渭滨两区不设药监分局，现有的药品检验所并入市药检所。2001年底，全市药监系统有在职人员200多人，平均年龄35岁，大专以上文化程度160多人，中级以上职称40多人。2001年市药监局坚持“人员高素质、工作高标准、运转高效率、管理高水平”的指导思想，一手抓机构组建，一手抓业务工作，体制改革基本完成，新法宣传、市场整顿初见成效，初步实现了建立“执法统一、监督集中、管理垂直、廉洁高效”的药品监管新体制的目标。

【整顿规范药械市场】 根据国务院整顿规范市场经济秩序会议精神和省局关于在全省范围内开展药械集中打假的通知精神，药品监督管理部门在全市范围内开展了3次大规模的“打假”联合行动，取缔无照药品经营企业11个，查处假劣、过期失效药品512种次，没收非法医药广告资料8万余份。破获了非法生产、销售假冒麒麟制药有限公司产品“消疣灵注射液”的特大案件，查获假冒成品15900支，货值144.28万元，激光防伪标识50万个，产品说明书5万套，外包装箱300个，保护了宝鸡市的知名品牌。8月25日将250多万元的假劣药品集中销毁，震慑了违法犯罪分子，规范了药品市场。国家药监局局长郑筱萸来市检查工作时对打假工作给予了充分肯定。

【药品监管工作全面开展】 全市药监系统坚持“以监督为中心，监、帮、促相结合”的工作方针，开展药品监管各项工作。以基层、农村为重点，对过期失效药品、兽药人用、非法制剂、中药材质量进行了监督检查，覆盖率90%。对全市87个药品生产、经营、使用单位的272批次药品质量进行了计划抽验，药品合格率89%。对全市药品零售企业1850名从业人员进行了业务培训。对全市279个药品零售企业进行了检查验收，换发了新的药品经营企业许可证，对条件差、管理不完善、发现假劣药品的19个药店实行限期整改。对全市63个医疗器械经营企业在严格审核的基础上换发了经营许可证。

【4个药品生产企业通过国家GMP认证】 2001年底，全市有华西制药有限公司、西安高科陕西金方药业公司、陕西开凯制药厂、陕西济生制药有限公司等4个药品生产企业通过了国家GMP（药品生产企业生产质量管理规范）认证。

【新《药品管理法》宣传】 2001年12月1日新《药品管理法》正式实施。为使新法深入人心，市药监局从8月份开始组织有关单位和个人开展了一系列活动。一是利用新闻媒体进行宣传报导，营造良好的舆论氛围；二是组织药品执法人员深入基层，举办专题讲座；三是组织专业人员走上街头，深入社区，利用药品展览、宣传版面和典型案例进行宣传；四是采用知识竞赛、文艺演出等形式增强宣传效果。据统计，全市共出动宣传人员2500多人次，宣传车辆40余台，悬挂横幅210多条，实物展览58次，印发宣传资料5万多份，制作宣传版面408块，举办知识竞赛12场，文艺演出4次，免费赠送药品8万元。12月1日，主办了有全市医药企业、医疗单位和有关新闻单位、省市文艺界名家新秀参加的宣传《药品管理法》大型文艺晚会，向社会展示了药监系统的良好形象和医药行业崭新的精神风貌。国家药监局党组成员、纪检组长杨宝祥和省局领导认为专题宣传晚会社会反响好，值得其他地区学习。

（陈 斌）

宝鸡市药品监督管理局负责人

局 长 韩满奎

副局长 赵福礼 王丹红（女）

体 育

【市体育局机构改革完成】 2001年11月14日根据宝鸡市政府机构改革方案，宝鸡市体育运动委员会改名为宝鸡市体育局，是主管全市体育工作的市政府组成部门。市体育局内设4个科：办公室、训练科、竞赛科、群体科，核定行政编制14人，其中局长1名，副局长2名，助理调研员1名，科长4名。宝鸡市第十一届人大常委会第23次会议任命李伯侠为市体育局局长，市人事局任命黄素勤、李富生为副局长。市体育局主要职责：1. 贯彻执行国家体育工作的方针、政策；研究拟定全市体育工作的计划、重点和具体办法，制定体育工作发展规划并组织实施。2. 指导和推动全市体育体制改革，制定体育发展战略，编制全市体育事业的中长期发展规划；协调全市体育事业发展。3. 推行全民健身计划，指导群众性体育活动的开展，实施国家体育锻炼标准，开展国民体质监测；负责全市体育社团的资格审查工作。4. 统筹规划竞技体育发展，研究和平衡全市体育竞赛、竞技体育运动项目设置与布局；举办全市综合性运动会，组织参加或承办全国、全省综合性及专项运动会；组织体育科学研究和科技成果推广；开展反兴奋剂工作。5. 监督全市各运动项目的业余训练工作，发现和培养优秀后备人才。6. 收集、整理、公布全市各项运动竞赛成绩和最高纪录，培训和批准等级运动员、裁判员、教练员和社会体育指导员技术称号。7. 负责市体育场、馆建设和体育设施的管理工作；研究拟定全市体育产业发展及管理办法，开发体育市场；管理体育外事工作，开展国际国内体育交流与合作。8. 组织和指导体育宣传和教育工作，培训体育干部和专业人才，加强体育队伍的思想政治工作。9. 承办市政府交办的其他工作。将管理优秀运动队伍工作、业余训练工作和开展群体活动等项职能交由事业单位承担。强化的职能一是体育馆建设和行政管理职能；二是加大开发体育市场力度，逐步实现由官办体育到体育市场化的改革目标。

【全民健身工程进入第二期】 2001年是全民健身计划第二期工程的头一年，为加快实施《全民健身计划纲要》，重新调整了宝鸡全民健身指导委员会组成人员，召开了全民健身指导委员会会议。总结了全民健身计划一期工程，制定“十五”期间全市群众体育工作规划和全民健身计划二期工程。2001年新发展社会体育指导员88人，累计553人。其中国家级6人，一级17人，二级294人。全年组织群众体育活动数百次，经常参加体育活动的人数在100万人以上。宝鸡市已连续七年获全国全民健身活动周优秀组织奖。2001年新建成全民健身工程7处，其中争取省体育局在市新建健身工程1处，市体育局用彩票公益金新建健身工程6处，总投资20多万元，为全市人民提供了休闲、健身场所。

【竞技体育水平迈上新台阶】 2001年在参加陕西省各项目比赛中共获团体第一名4个，第二名4个，第三名7个。共获金牌44枚，银牌43枚，铜牌49枚，团体总分2945分，名列全省第二，并有7人破12项市纪录，创5项市纪录；56名运动员达到国家二级运动员标准。在全国第九届运动会上，全市有14名运动员入选陕西代表团参加比赛，有8人获奖，为陕西代表团获得金牌1.5枚，银牌1枚，实现了宝鸡市运动员在全运会上金牌零的突破。残疾人运动员范良代表陕西省参加9月21～24日在南京举行的全国残疾人运动会，获F－54级铁饼、标枪、铅球三项第一，打破了F－54级铅球世界纪录。市太极拳研究会组队参加了10月25～30日在江西举行的“庐山杯”国际太极拳邀请赛，获金牌3枚，银牌4枚，铜牌4枚，并获优秀组织奖。

【业余训练体系基本形成】 截至年底，全市共有8所省级三集中少儿体校、4所体育班、2所青少年俱乐部、1所民办武术学院和1所民办体育俱乐部、10所省属传统校、27所市属传统校、近百所县属传统校，县级专职教练员63人，兼职教练员百余人。2001年向省直训练单位输送试训队员14人。达一级运动员2人，二级101人，三级135人。

【举办中英国际足球对抗赛】 2001年5月18日，由宝鸡市足球协会、宝鸡市电力局先行电力（集团）有限公司、宝鸡市社安局合作举办了“先行电力杯”中英足球对抗赛，比赛于当日下午15时在市体育中心足球场进行，对阵双方为2000年冲A成功的陕西国力足球队、英国斯托克港甲级俱乐部足球队，比赛结果陕西国力足球队7:6胜英国斯托克港足球队，观看群众达2万余人。随同斯托克港队来宝鸡的有英国BBC在内的十多名记者，斯托克港市议会、经贸等官员也一同抵达宝鸡，就开展足球希望工程活动达成了具体意见。

【举办宝鸡市第七届青少年运动会】 7月26日～8月11日宝鸡市第七届青少年运动会在市体育中心举行，本届运动会共设田径、游泳、举重、射箭、中国式摔跤、足球、篮球、排球、乒乓球9个项目，全市12个县区2030名运动员参赛，渭滨区、金台区、凤县、眉县代表团获总分前4名。金台区、渭滨区、千阳县、眉县代表团获“体育道德风尚奖”。

宝鸡市第七届青少年运动会
各代表团总分名次表

名次	单位	得分
第一名	渭滨区	4534.67
第二名	金台区	3276.66
第三名	凤县	3001.33
第四名	眉县	2549.34
第五名	宝鸡县	2473.66
第六名	岐山县	1553
第七名	太白县	1495.67
第八名	凤翔县	1399
第九名	千阳县	1228.33
第十名	陇县	1108.33
第十一名	麟游县	1085.67
第十二名	扶风县	156.78

破省、市青少年纪录人数、项数统计表

项目	破省青少年纪录		破市青少年纪录	
	人数	项数	人数	项数
田径			1	
游泳	4	4	12	18
举重	14	31	12	21

宝鸡市第七届青少年运动会
各代表团各项目竞赛成绩表

名次＼单位＼项目	田径	中国式摔跤	排球		游泳	足球
			男	女		
第一名	渭滨区	渭滨区	渭滨区	渭滨区	宝鸡县	金台区
第二名	眉县	凤县	眉县	眉县	金台区	岐山县
第三名	凤县	凤翔县	凤县	陇县	渭滨区	渭滨区
第四名	千阳县	太白县	千阳县	凤县	凤县	眉县
第五名	太白县	陇县	太白县	金台区	岐山县	凤县
第六名	陇县	眉县			太白县	千阳县
第七名	凤翔县	金台区			眉县	
第八名	金台区	岐山县			凤翔县	
第九名	麟游县	扶风县				
第十名	岐山县	千阳县				
第十一名	扶风县	麟游县				
第十二名	宝鸡县	宝鸡县				

名次＼单位＼项目	乒乓球		篮球		射箭	举重
	男团	女团	男	女		
第一名	渭滨区	凤县	宝鸡县	渭滨区	凤县	凤翔县
第二名	凤县	宝鸡县	渭滨区	眉县	宝鸡县	眉县
第三名	金台区	渭滨区	眉县	凤县	麟游县	麟游县
第四名	眉县	金台区	凤翔县	金台区	眉县	金台区
第五名	宝鸡县	眉县	岐山县	扶风县	渭滨区	凤县
第六名	太白县	太白县	凤县		陇县	渭滨区
第七名	扶风县		扶风县		金台区	陇县
第八名					千阳县	宝鸡县
第九名						太白县
第十名						千阳县
第十一名						岐山县
第十二名						

【成功举办省级各项目比赛】 7月12～14日，2001年陕西省“三集中”少儿体校、传统项目田径分区赛在市体育场举行。共有西安、宝鸡、咸阳3个地市21所“三集中”少儿体校、15所传统项目学校的232名运动员参加了比赛。本市有7所

"三集中"少儿体校参加，眉县、渭滨区、麟游县少儿体校分别获团体总分第一名、第三名、第五名。田径传统项目学校渭滨区经二路小学、陕九子校分别获团体总分第三名和第五名。

7月19～23日，2001年陕西省柔道比赛暨省十二运会资格赛在市体育馆举行，西安、宝鸡等9个地市231名运动员、教练员参加了本次比赛，获男子团体总分前三名是：西安市、宝鸡市、榆林市；获女子团体总分前三名是：西安市、延安市、宝鸡市。西安市、宝鸡市男、女代表队获"体育道德风尚奖"。

8月22～26日，2001年陕西省中学生田径运动会在市体育场举行，全省11个地市均报名参赛。这次比赛是省教育厅安排的，由市教委承办，本市有36名运动员参赛，获金牌12枚，团体总分名列第二。

【宝鸡市运动员在全国九运会比赛中获佳绩】 全国第九届运动会是国内最高水平的综合性运动会。全市有14名运动员入选陕西代表团参加比赛，其中：秦丽、张兰花在赛艇女子八人单桨有舵手比赛及秦丽在赛艇女子四人单桨无舵手比赛中获得冠军；金博在跆拳道男子+80公斤级比赛中获得亚军，王双在跆拳道女子67公斤级比赛中获得第五名；马智慧在赛艇男子轻量级四人单桨无舵手比赛中获得第七名；谢男、熊玮、杜艳与队友在女子足球比赛中获得第十一名。秦丽、张兰花等运动员为陕西代表团夺得金牌1枚，银牌1枚，为全市体育事业的发展作出了突出贡献。经市政府同意，决定对这8名运动员予以表彰，并给予秦丽、张兰花各奖励人民币1万元；金博奖励5000元；王双、马智慧、谢男、熊玮、杜艳各奖励500元。

【举办市直机关第11届运动会】 2001年9月22～29日在市体育中心举办了宝鸡市市直机关第11届运动会。本届运动会共设篮球、乒乓球、保龄球、拔河、象棋、田径、射击及老年组9个大项，来自市直机关86个部门的2500多名机关干部职工参加了比赛，47个代表队获集体项目名次，928人（次）获个人单项名次，10个单位获"体育道德风尚奖"，15个单位获"优秀组织奖"。

【2001年群体工作光荣榜】 全国全民健身活动周优秀组织奖：宝鸡市；全国全民健身活动周先进单位：金台区；全国群众体育先进集体：宝鸡市体育局，宝鸡市卫生局，麟游县镇头初级中学，金台区中山东路街道办事处，凤县黄牛铺镇，眉县少儿体校，长岭机器厂太极拳辅导站，宝鸡老年体协；国家体育总局、全国妇联表彰"亿万妇女健身活动"先进集体：市木兰拳专委会；省级体育先进社区：群众路办事处；全国群众体育先进个人：市体育局助理调研员吕树发，市农业局局长刘拴良，凤翔县体委主任王自颖，宝鸡市体育运动学校教练冯召林。

【群众体育重要活动】 2001年元月1日与三和学院联合举办"宝鸡市自行车慢骑赛"，参加比赛的男女运动员近百余人。3月7日和市妇联联合举办"庆三八"健身秧歌、健美操大赛，全市各行业数百人参加。4月26日市体育局干部参与"两节一会"太白山登山节竞赛组织工作，保证了比赛顺利进行。6月9日宝鸡市"农行杯"千人太极拳比赛在市体育场举行，比赛前组成千人方阵进行了集体展示，全民健身活动月拉开序幕。6月24日省"申奥三秦行"车队抵达宝鸡，市体育局在河滨公园举行欢迎仪式。6月21日市太极拳代表队300人参加省上决赛，获二等奖2个，三等奖1个。11月24日以杨士秋副秘书长为领队的省级机关乒乓球队来市与市级领导干部代表队进行乒乓球友谊赛。12月13日下午市体育局举行宝鸡市"体彩杯"全民健身表演赛。12月30日陕西省"百万妇女健身活动"启动仪式在宝鸡体育馆举行。

【电脑型中国体育彩票发行】 宝鸡市体育彩票管理中心成立于1996年9月，主要任务是组织即开型体育彩票的销售管理。至2000年共组织规模型集中销售市场近30次，销售额近千万元，为全市筹集公益金110万元。电脑型中国体育彩票于2001年6月28日在宝鸡上市，受省体彩中心和市体育局双重领导，负责对宝鸡市及各县区电脑体育彩票投注站的管理和服务。经省体彩中心审查同意，一次性在市区内设立投注站108个，为扩大电脑体彩的覆盖面，最大限度的占有市场份额，10月份又从市区迁往外县投注站20余个，截至目前，除麟游县外各县区均设有2台以上电脑体彩投注站，全市共设有109个投注站。随着市场的不断扩大，体育彩票的品牌形象已逐步确立，销售额稳中有升。自电脑体彩上市至2001年12月底共销售600余万元，其中电脑彩票569.5万元，即开型45万，共筹集公益金45万元。体育彩票在宝鸡市销售以来已筹集到相当数量的公益金，分别投入到全市的青少年俱乐部、四城会宝鸡赛区乒乓球比赛、全民健身活动以及市参加省十二运会的体育代表团冬季训练，近两年投资50余万元在市区及各县建设健身路径20余处。

【体育中心贷款继续建设】 市政府于1992年第12次常务会议作出搬迁开发旧体育场、在石坝河建设体育中心的决定，并将此项工程列为“八五”、“九五”重点工程。为解决体育中心建设启动资金问题，通过全国政协委员张西铭的牵线搭线，宝鸡市与香港均利建筑有限公司于1996年9月18日签订了《宝鸡市旧体育场出让和新运动场建筑合同书》，出让旧体育场82亩土地，出让金6560万元，出让后的旧体育场由均利公司进行开发，70年后由宝鸡市无偿收回。解决了体育中心建设的启动资金。石坝河体育中心占地209亩（含代征道路），西区由体育场、体校组成，东区由体育馆、训练馆组成。体育馆（含训练馆）、体校教学宿舍楼工程均于1999年8月完工，交付使用。体育场工程因资金缺口较大，于2000年初停工。为进一步完善体育中心建设，解决体育场未完工程建设资金问题，2001年经市政府同意，将老体育场剩余土地从市体育局划拨到市体育运动管理中心，由市体育运动管理中心以土地作抵押，从市商业银行贷款2000万元用于体育场未完工程建设，力争2002年7月份体育场正式竣工投入使用。

（赵林军）

30位名家作品不许出境

包括李可染、林风眠、徐悲鸿在内的30位1795年（即乾隆六十年）以来的著名书画家，其作品一律不许出境。这是国家文物局自2002年起开始执行的新规定。加上原则上不许出境的精品和各时期代表作品不准出境的，两个大名单上受国家保护的著名书画家多达385位。

1795年至1949年间著名书画家的作品以前没有过限制出境的具体标准。2002年第一次有了明确的规定，其中作品一律不准出境的有20人；原则上不准出境的32人，其中包括我们比较熟悉的刘墉、任伯年、纪晓岚、吴昌硕、李叔同、梁启超、林则徐等。对于建国后去世的著名画家作品限制出境的鉴定标准，1989年、1990年曾两次颁发。而新规定在旧规定的基础上做了较大的增补和调整，受保护的画家增加了一倍。其中作品一律不准出境的包括王式廓、何香凝、李可染、林风眠、徐悲鸿、高剑父、黄宾虹、董希文、傅抱石、潘天寿等10位大师。

社会生活

人口与计划生育

【概况】 2001年，宝鸡市人口与计划生育工作以江泽民“三个代表”的重要思想为指导，认真贯彻中央《决定》和省委、省政府《实施意见》，以稳定低生育水平为目标，以创建计划生育综合服务县为载体，探索适应社会主义市场经济体制的计划生育综合治理、依法管理和利益导向新机制，圆满完成了各项目标任务。全市共出生3.4万人，出生率9.2‰，自增率4.45‰，计划生育率97%。存在的薄弱环节和问题，一是工作发展不平衡，个别地方工作质量和水平仍不高；二是一些地方党政领导在计划生育综合服务县目标实现后存在盲目乐观和松劲情绪，抓工作的力度有所减弱；三是一些地方基层基础工作不够扎实，村级工作比较薄弱，少数计划生育合格村仍有计划外出生；四是一些地方对计生户的优惠政策落实不到位，对计划生育事业投入不足。

【落实“三个一”的领导机制】 市委、市政府把人口与计划生育工作摆到全市经济社会协调发展和可持续发展的重要战略位置，坚持党政一把手亲自抓、负总责，认真研究解决计划生育工作中存在的新情况和新问题。先后召开全市计划生育工作会、人口形势分析会、计生社会保障现场会、城区暨流动人口计划生育工作现场会、创建计划生育综合服务县现场会、人口与计划生育领导小组会议，制定下发《关于加强人口与计划生育工作稳定低生育水平的实施办法》、《2001年人口与计划生育工作安排意见》、《关于在农村税费改革中落实乡村计划生育经费投入的几点意见》、《关于做好计划生育社会保障工作的意见》。年初，市长吴登昌代表市政府与12个县区和13个市级部门签订了《2001年人口与计划生育工作目标责任书》，重新修订了对县区和市级有关部门人口与计划生育工作目标责任制考核办法，对市级有关部门的考核由去年的10个增加到13个。市委、市政府把人口与计划生育工作纳入重大事项督查范围和目标责任制考核之中，定期进行督促检查。在市财政十分困难、市级各部门经费普遍压缩20%的情况下，计生经费没有压缩，全年共投入491.3万元，并率先在全省开展计划生育社会保障试点工作。

【开展“三治理、一整顿”活动】 治理统计误差率偏高、“三查”率偏低、节育措施及时率偏低，整顿二胎生育秩序的“三治理、一整顿”活动，把人口抽查和典型调查作为掌握计生工作情况的重要手段，2001年，全市共进行了3次大型人口抽样调查和典型调查，共抽查了12个县区、89个乡镇（街道办事处）、140个村（居委会），涉及总人口18.6万人。根据抽查结果，上半年对工作滞后的扶风、麟游两县在全市计生工作会议上给予了通报批评，市委、市政府分管领导与扶风县党政主要领导进行了个别谈话，并以市委、市政府两办名义向各县区发了谈话纪要，要求两县采取措施，限期进行整改，在全市产生了很大的震动。扶风县针对存在问题，制定了六条整改措施，县委、县政府对4个乡镇给予了通报批评，对1个乡镇给予黄牌警告，撤销了3个工作滑坡的计划生育合格村。麟游县面对批评找差距，强化措施抓落实，县委、县政府主要领导和分管领导带头在有关会上进行自我批评，带头进行经济自罚，并制定了8条措施，认真进行整改，工作中有了新的起色。12月份，根据省市年终抽查结果，市计生局对工作严重滑坡的宝鸡县慕仪镇给予黄牌警告，撤销了综合服务优秀镇荣誉称号，并责成县上追究了有关领导和工作人员的责任。据统计，2001年，市县共对7个乡镇给予黄牌警告，对2个单位给予“一票否决”，对45个村撤销了计划生育合格村称号。

【宣传贯彻中央《决定》】 市委、市政府把学习宣传和贯彻落实中央《决定》和省委、省政府《实施意见》当做一项大事来抓。1、下发了《关于在全市开展纪念中央〈决定〉及落实省委贯彻中央〈决定〉实施意见宣传活动的通知》，利用《决定》发表一周年纪念日，在全市城乡举行了声势浩大的宣传教育活动，各县区采取知识竞赛、上街咨询、发放资料、文艺演出等形式大张旗鼓地进行宣传。据统计，全市共展出宣传板面500多块，发放宣传资料1.2万多份。市委、市政府制定出台了贯彻中央《决定》和省委、省政府《实施意见》的实施办法。上半年，中央办公厅、国务院办公厅督察组对全市贯彻中央《决定》情况进行了全面调查了解。督察组认为，宝鸡市贯彻中央《决定》扎实认真，人口与计划生育工作富有创新，特别是在建立计划生育利益导向、综合治理人口问题等新机制方面迈出了新的步伐，工作有特色。2、把原定当年创建达标的4个县调整为2个县，列入当年创建的千阳、陇县经过努力已取得明显成效，通过了省市验收；对已经创建达标的6个县区从建立完善人口与计划生育工作新机制、规范化管理、优质服务以及社区建设、村民自治、知情选择等方面狠抓巩固提高工作。列入后两批创建达标的4个县结合实际，从抓基层、打基础入手，采取分类推进的方法，抓了一批综合服务乡镇，为创建工作奠定了良好的基础。

【开展婚育新风进万家活动】 主要围绕转变群众婚育观念，继续在全市广泛深入地开展了婚育新风进万家活动。市县都成立了活动领导小组，市委宣传部、市精神文明办、市文化局、市计生局等6个部门联合制定下发了《关于在全市开展婚育新风进万家活动的实施意见》，在抓试点的基础上，召开现场会，组织有关人员进行了自下而上的考核评估，推动了活动。按照宣传阵地规范化、教育内容系列化、服务活动经常化的要求和“八有”的硬件建设标准，全市共建立乡村人口学校1916所，参学育龄群众67万人。为了增加科技含量，增强人口学校的吸引力，共投入专项资金10万元，全年新发展了100个电化教学村，2001年，全市已发展电化教学村643个。在广播、电视、报刊等媒体上开办婚育新风赞、少生快富奔小康等专题栏目；依托市豫剧团组建的市婚育新风进万家文艺宣传队，深入基层演出累计达70多场次；向群众发放各种宣传资料21.45万份，宣传品进村入户率达到95%以上，人口与计划生育基础知识普及率达到90%以上。为了全面了解近年来婚育新风进万家活动的开展情况，11月中旬，市委宣传部、市计生局、市妇联抽调12名干部组成3个考评组，采取听汇报、查资料，入户问卷、量化打分等方法对12个县区活动情况进行了考核评估，岐山、金台、渭滨等6个县区被评为婚育新风进万家先进县区，宝鸡县、凤县、麟游县等县被评为合格县。4月份，国家计生委宣教司司长陈胜利、副司长石海龙一行来宝调研计生宣传教育工作，通过深入基层调查，对全市开展的以婚育新风进万家活动为主要内容的计划生育宣传教育工作给予了充分肯定，认为宝鸡市计生宣传教育工作方法灵活，富有新意。

【建立利益导向新机制】 把建立完善以计划生育“三结合”和社会保障制度为重点的利益导向机制当作稳定低生育水平，全面提高人口与计划生育工作质量和水平的突破口。在千阳县、陇县抓了试点工作，从为计划生育户办理幸福养老保险，落实各项优惠政策等方面，初步建立了比较完整的计划生育社会保障体系。省计生委在宝鸡市召开现场会，向全省推广了两县的经验。年初，市长吴登昌在全省计划生育工作会议上介绍了经验。两县工作发展势头良好，已为独生子女户和双女绝育户办理计生养老保险5664人份，为80%以上的计划生育家庭落实了各项优先优惠政策。陇县已有2010对夫妇与政府签订一孩生育合同，表示终身只要一个孩子，437对夫妇主动放弃二胎生育机会，千阳县有1872对夫妇领取了独生子女证，180多对育龄夫妇放弃二胎生育机会。市政府出台了《关于进一步做好计划生育社会保障工作的实施意见》，12个县区均出台了计划生育社会保障政策性文件。市委、市政府明确规定，城乡独生子女保健费由原来的每月5元提高到10元；对符合规定可以生育第二个子女但自愿终身只要一个孩子并领取独生子女证的夫妻，根据当地经济条件可一次性给予400元至1000元的奖励；对农村独生子女户和双女绝育户在集体经济收入分配、享受福利待遇、划分宅基地和责任田、承包土地、子女就业和入学等方面给予了优先、优惠和优待。在全市全面推行了以计划生育养老保险为主要险种的计划生育系列保险。农发（扶贫）部门在扶贫资金分配、小额贷款、退耕还林还草等工作中，坚持优先扶助计划生育家庭。2001

年，全市投入计划生育保障资金65万元，省上给予补助113万元专款，合计178万元，有效地促进了计划生育社会保障制度的落实。全市共发放独生子女保健费212万元，为独生子女户和双女户办理养老保险5143人份，金额243万元，为16238户独生子女户和双女绝育户减免九年义务教育杂费99万元，为自愿放弃二孩生育指标领取独生子女证的505户奖励34万元，为2963户独生子女、双女户给予贫困救济32万元，实物折价24万元。2001年全市建立了13个“三结合”示范基地，投入资金55万元，落实帮扶项目2319个，投入帮扶资金800万元。

【信访案件的查处和督办】 2001年，市、县两级共接待群众来访446人次，来信273件，立案33件，结案率100%。按照省《条例》和陕发［1994］11号文件规定，对违纪超生的27名干部职工进行了严肃查处，其中8人给予党纪处分，5人给予政纪处分，开除2人，免职7人，辞退3人，留用察看降低工资9人，开除留用3人；对农村违纪超生的10名党员干部进行了查处，维护了计生法规的严肃性。

【流动人口计划生育管理步入规范化轨道】 各级建立健全流动人口计划生育管理机构。市上在机构改革中增设了副处级流动人口计划生育管理办公室，专门负责全市城区和流动人口的计生管理工作，各县区也都成立了流动人口计划生育管理机构，并明确规定了工商、公安、劳动、城建（规划）等部门在流动人口计生管理中的责任，并制定了具体的考核办法。对在流动人口计生管理工作中成绩突出的市工商局、公安局等部门给予了表彰奖励。继续抓了金台、渭滨两区城区和流动人口计划生育管理方面的典型。7月份，市委、市政府召开了全市城区暨流动人口计划生育工作管理现场会，会上10个单位介绍交流了经验，重点研究了在社区建设中加强计生管理与服务的问题，继续推广了金台区“政府宏管、部门微管、住地主管、单位协管、齐抓共管、严把五关”和渭滨区“双向把关、双向反馈、双向管理”的流动人口计生工作管理经验。制定印发了《宝鸡市城区暨流动人口计生管理实施意见》（初稿），逐步使全市流动人口计生管理工作步入了规范化的管理轨道。据统计，全市共有流动人口8.7万人，其中流入人口4.73万人，持婚育证明率47.8%，流出人口3.97万人，办婚育证明率78.6%，流动人口中已婚育龄妇女2.68万人，占流动人口总数的30.8%，已落实节育措施2.26万人，节育率84.2%。

【加强计生干部队伍建设】 按照思想好、作风正、懂业务、会管理、善于做群众工作的要求，坚持在全市计生干部队伍中开展党的宗旨教育和职业道德教育，全年共举办各类培训9期，培训市县乡计生干部400余人。开展了“十万群众评计生”活动，以人民群众满意程度作为衡量计生工作的重要标准，全市计生系统出现了树一流形象，创一流业绩的良好氛围，涌现出一批先进集体和先进个人，其中宝鸡县周塬镇计生办主任毛莉琴被国家人事部授予“人民满意公务员”荣誉称号。全市“十佳”公务员中，计生系统就有2名。在机构改革中，要按照倾斜照顾的原则，乡镇（街）继续保留计划生育办公室，小乡镇（街）至少有1名、大乡镇（街）有2名以上计划生育公务员编制，确保村（居）级至少有1名计生专干。县乡计生服务站要保持稳定，落实省委（1995）31号文件规定的“全民副科级事业单位”的待遇，目前上述规定在全市基本落实。全市多数村配备了计生副主任，中心户长达4.6万人，计生协会组织达3020个，会员39.1万人，基本做到了人员、职责、报酬落实。

（张少军）

民 政 工 作

【概况】 市民政局按照“强班子、齐队伍、正风气、创新绩”的总体思路，突出抓好精神文明建设各项工作，连续五年荣获目标责任制管理优秀单位，被民政部授予全国民政法制宣传教育工作先进集体，被省委、省政府命名为省级文明机关。

【社区建设】 在金台、渭滨区和县上居民较多的15个镇全面开展社区建设，按照“两级政府、三级管理、四级落实”的基本思路，顺利完成了城镇基层管理体制改革任务。将原来的353个居（家）委会调整划定为180个社区，其中：“板块型”社区115个，“单位型”社区65个。每个社区按照有关规定和程序建立健全了社区党组织和社区自治组织及其各项工作制度；社区干部平均年龄41岁，大专文化程度占45.6%；金台、渭滨区提高了社区干部生活补贴标准和办公经费。麟游县、千阳县、凤县、宝鸡县筹资解决了社区办公用房。在社区广泛开展文化、体育等活动，6月份省委在金台区召开全省城市社区关心下一代工作经验交流会，省委副书记袁纯清对宝鸡工作给予高度评价；11月份市人大代表、市政协委员分别视察调研社区建设工作，给予充分肯定并提出意见和建议。

【城市居民最低生活保障网络初步形成】 2001年，全市城市低保对象1.41万户、4.35万人，其中：一类人员0.18万人，二类人员1.2万人，三类人员2.95万人；中直0.47万人，省直0.55万人，市直1.24万人，县及县以下2.07万人。一个辐射全市所有街道、乡镇，涵盖全体非农业人口的城市居民最低生活保障网络初步形成，应享受城市低保的15653户、43504人全部纳入低保范围，实现了应保尽保，保障标准为市区月人均130元，10个县100～120元，全年累计发放保障资金917.28万元。各级严格审核评定程序，规范档案资料，坚持动态管理和“三公开、一监督”制度，实行由银行代发保障金的专户专账管理办法，强化监督制约机制，确保低保资金按时足额发放到人。

【组织干部群众抗灾自救】 全市遭受历史上罕见的特大旱灾及局部大风、暴雨、冰雹和低温霜冻等自然灾害9起，涉及12县区、118个乡（镇）、603个村，受灾人口48.5万户、210.4万人，成灾34.7万户、140.1万人。农作物受灾355.3万亩，成灾269.5万亩，减产粮食70.3万吨。因灾死亡6人，重伤248人，倒房1071间，损坏房屋1156间。造成直接经济损失约3.7亿元。面对严重灾情和群众生活安排的巨大困难，组织干部群众抗灾自救，先后9次下拨救灾救济款1392万元，下拨救灾救济棉衣5000套、棉被5500床；组织实施“特困灾民安居工程”，为508户无房危房特困户建房、修房1508间，解决了特困灾民住房问题；组织灾民利用冬闲时间外出打工、经商，“填肚子”、“挣票子”、“换脑子”，累计创收2000多万元；发动群众互助互济，解决口粮68.3万公斤，恢复住房670间。灾民生活得到妥善安排，维护了灾区社会稳定。

【生产福利院建设】 探索痴、呆、傻等特困弱智群体社会保障的新路子，指导陇县、千阳县、麟游县、凤县、太白县、宝鸡县等6个县新建和整建10所农村生产福利院，供养院民101人，组织他们进行力所能及的生产劳动，年产粮食3.78万公斤，创收13.07万元，基本达到自给自足，并略有盈余，收到了良好的社会效果。

【“星光计划”工程启动实施】 利用三年时间解决社区老年人口福利服务设施的“星光计划”工程启动实施，首批确定63个项目，其中：市级2个，县区8个，街道8个，社居37个，农村敬老院7个，概算投资6400万元，渭滨区试点工作取得阶段性成果；岐山县、凤县、眉县社会福利中心建成并投入使用，宝鸡县、千阳县、凤翔县、扶风县正在征地筹建；动员社会力量筹资兴办3所民办福利机构；与世界无国界医疗组织合作培训救助流浪儿童62名，省、市政府为220名肢残人员免费安装假肢，搭乘美国“微笑列车”为84名唇腭裂患者进行修补手术得以康复，形成了国家、集体和个人发展社会福利事业的新格局，使一大批孤老和残疾儿童受益，深受社会各界的好评。

【优抚安置政策全面落实】 2001年，继续开展“爱心献功臣行动”，继续投资25万元为40户重点优抚对象新建、维修房屋105间，经过三年努力，重点优抚对象的住房难问题得到解决、生活难问题基本解决、医疗难问题得到有效地缓解。9月份市委、市政府、军分区召开“爱心献功臣行动”总结表彰大会，总结了三年来所取得的成绩和经验，表彰了54个先进单位和25名先进个人。按期完成优抚事业单位和重点优抚对象普查任务，经普查：优抚事业单位8个；各类重点优抚对象12409人，其中：革命伤残人员2448人，烈属、因公牺牲和病故军人家属1689人，在乡退伍红军5人，在乡复员军人7463人，带病回乡退伍军人1181人，红军失散人员19人。优待农村义务兵4511户，户均优待标准为1124元；优待城镇义务兵609户，户均优待标准为821元；优待其他对象123户，户均优待标准为392元，10月底前优待款全部兑现结束。国家全面大幅度提高优抚对象抚恤补助标准，中央、省、市共下拨抚恤补助经费909万元，会同市财政局联合抓好安排和督促检查，市、县区都建立了优抚对象抚恤定补标准自然增长机制，通过增加财政投入，采取由市、县两级共同负担的办法，将在乡老复员军人的月定补标准提高10元，并逐年递增，至年底，全市用于提标的90万元全部落实到位，有效地提高了优抚保障水平。按期完成2935名退役士兵安置任务，其中：2000年冬季退伍义务兵2782（城镇安置对象1294人），2001年春季转业士官153人。协调有关部门解决了军队离退休干部参加医疗保险问题，按规定落实了军队离退休干部的政治生活待遇。

民族·宗教工作

【民族工作取得新发展】 扶持少数民族发展经济和文化教育事业，督促指导千阳县和凤县分别完成少数民族酸枣嫁接大枣及储藏、妇女新法接生技术培训两个加拿大基金扶持项目。协助民族企业在千阳县、凤县招收少数民族职工80人，指导督促3个民族企业对内部存在的管理问题进行整改，民族企业完成年产值2.5亿元，利税2300万元，实现了经济效益和社会效益的双丰收。协助宝鸡中学做好民族班新生招收和教学工作，并动员民族企业和宗教界对15户民族贫困失学学生和陇县等少数民族贫困地区贫困学生资助款物5.2万元。会同公安、工商、技术监督部门依法加强对清真食品的监督管理，颁发清真标志牌300个，清真食品经营户挂牌率达到98%，维护了穆斯林群众的合法权益，市民政局被评为全省清真食品管理先进单位。

【宗教界实现团结稳定】 依法对222处宗教活动场所进行年检，经年检：合格221处，关闭1处。继续在宗教界组织开展创建文明寺观教堂和争当文明教职人员活动，共评选表彰文明宗教场所18个，文明教职人员33名。完成中国法门寺国际文化旅游节法会的组织工作，受到市委、市政府的通报表彰。按照省、市委的要求，坚持不懈地抓好天主教地下势力的综合治理工作，对宗教界出现的不稳定因素和苗头及时妥善处理，确保了社会稳定。

（薛　君）

劳动和社会保障

【健全社会保险体系】 全市养老保险参加统筹的单位1951个，职工25.8万人，占省上下达应参保25.75万人的100.16%，净增参保人数3.54万人；失业保险，全市参统企业1383个，职工32.05万人，净增6.25万人，占省上下达应参保6.02万人的101%；医疗保险，全市参统22.43万人，完成省上下达应参保22万人的102%，净增参保人数6.53万人；工伤保险，全市参统21.07万人，占省上下达应参保20.6万人的102%，净增参保人数1.13万人；养老保险，建立了在职职工、离退休人员、下岗失业人员、企业欠费4个数据库，实行计算机动态管理；建立了离退休人员生死状况调查制度和死亡人员发放丧葬费审核制度，堵塞了冒领养老金的漏洞；失业保险，加强对失业人员的管理，在失业保险金的申领、发放上严格制度、严把关口；医疗保险，注重对重点医院的监督管理，加强对参保患者就医程序、用药范围、医疗项目和医疗服务设施标准，费用结算标准的管理，对大额医疗费用进行会审和月报分析，杜绝了各种不合理费用的支出。加强了基金监督力度，确保基金安全运营。2001年，全市各项社会保险金没有发生任何问题。6月份，顺利实现了失业保险金向省上移交工作。

【做好“两个确保”工作】 全市再就业服务中心298个，在再就业服务中心享受基本生活保障的下岗职工1.96万人，其中，中央属企业563人；省属企业3802人；市属企业1.19万人；市属破产企业2784人；县（区）属企业563人。对进入再就业服务中心的下岗职工按“三三制”的办法保障基本生活，按照规定发放基本生活费和医疗门诊费，代缴养老、失业保险费；破产、停产企业职工按失业保险标准发放救济金，资金发放率100%。4月份，宝鸡市按照陕西省下岗失业人员基本生活保障暂行办法，认真搞好下岗失业人员生活保障的过渡工作。全市共认定下岗失业人员1.85万名，涉及企业565个，其中：国有企业301个，下岗失业人员1.59万人；集体企业264个，下岗失业人员2501人。全市共有参统企业离退休人员8.91万人。在养老金的发放上实行社会化发放办法，全市无一拖欠离退休人员的基本养老金。进行提高企业离休人员基本养老金水平的调整工作，涉及企业464个，离休人员2266人（其中离休干部1925人，老工人341人），调整后人均月增加离休费419.41元。2001年，共办理失业人员登记3849人，其中：宝鸡市本级1766人，发放救济金563.43万元，有效地保障了失业人员基本生活，维护了社会的稳定。元旦、春节、国庆期间，对企业特困职工、进入再就业服务中心的下岗职工进行了救济，为全市2.41万名特困职工发放救济金371.2余万元。

【加大培训就业力度】 把培训学校作为下岗职工培训基地，2001年，共举办下岗职工转岗培训4期，对460人进行了培训。开展了以“下岗无情，关爱无限”为主题的“宝鸡市下岗职工培训暨再就业援助活动”，对市二建、市轴承厂、市车辆厂等企业的839名下岗职工和失业人员进行了再就业培训。全市完成就业培训2.94万人，其中：下岗职工1.06万人，失业职工5014人，职业技术人员2.5万。完成就业安置1.98万人，其中：国有企业2258人，集体企业4524人，私营企业3361人，其他经济组织9660人。全市劳务输出9300人，其中：劳动部门组织1.4万人。全市失业率为3.1%。

【技工学校改制】 在全市技工学校中贯彻“调查布局、提高层次、突出特色、服务就业”的指导方针和“联合、分离、转制、撤销”的改制精神，将市技工学校、市交通技工学校等培训机构联为一体组建宝鸡劳动技术学院，申报、验收、审批已基本完成。对技校招生办法进行了改革，即改过去全市劳动部门统一组织，统一下达计划，统报、统考、统录为各技校根据市场需要和企业用人需要，面向社会多形式自主招生，改一年一度统一一次招生为常年招生，增强了技工学校适应市场办学的能力。改进学生就业方式，将过去技工学校毕业生列入派遣计划、统分统配改为学校推荐就业，学生和用人单位双向选择，自主择业。

【健全监督机制】 2001年，按照劳动和社会保障部［2000］6号令《招用技术工种从业人员规定》要求，成立了“就业准入监察办公室”，下发了《关于对技术工种从业人员进行职业资格认证的通知》，对全市企业、用人单位从事技术工种从业人员进行职业资格培训认证工作及实施专项监察做了具体安排。监察机构深入企业和用人单位帮助制定培训认证实施方案，督促企业和技术岗位职工参加培训认证。就业准入监察机构深入市区属以上企业200个，民营企业、个体工商户1000个。推行职业资格证书制度，全市考核鉴定各类技术职业人员6000余人，颁发职业资格证书5900人。完成了工人技师考核评定工作。

【加强劳动保障执法】 2001年，对全市的职业介绍机构进行了一次全面清理整顿，取缔非法职业介绍机构4个，停业整顿1个。为提高职业介绍人员的素质，根据《陕西省劳动力市场条例》的规定，对全市26个公共职业介绍机构和盈利性职业介绍机构的从业人员63人开办了两期职业介绍上岗培训班，并进行了考试。通过清理整顿，全市的盈利性职业介绍机构由1997年31个减少到13个。查处职业介绍违规案件41起，为求职者挽回经济损失0.62万元，基本规范了职业介绍机构的行为，有效地遏制了劳动力市场管理混乱的局面。全年共检查用人单位3810个（次），补签劳动合同1.9万份，纠正企业规章制度中违反《劳动法》的条款210余条，追发拖欠民工工资7.8万元，涉及民工81名。全年接待群众来信来访247起，受理劳动监察举报投诉案件106起，其中立案查处93起，已全部结案。查处用人单位非法收取保证金、押金等案件11起，为劳动者挽回经济损失13.5万元。查处侵占挪用下岗职工基本生活费3起，依法追回社会保障资金90万余元。认真处理劳动争议案件。全年市县两级共立案131起，已处理结案103起，其中仲裁裁决44起，调解33起，其他方式处理26起，时效内结案100%，在案件总数中，涉及3人以上集体争议8起，其中650人集体争议1起。4月到5月，开展了“送法进厂”、“送法进社区”活动，积极开展养老、失业、医疗保险及《劳动法》等宣传活动。5月29日，按照劳动和社会保障部统一部署，全市劳动行政部门及各项社会保险经办机构统一行动，开展了大规模的劳动保障法律法规宣传咨询活动，受到了广大职工的欢迎。

【企业工资分配制度改革】 2001年，为了加强工资总量的宏观调控，共审批市属企业工资总额方案168个，换发审核工资基金手册188个。以市政府宝政发［2001］36号文件《关于印发2001年度企业工资调控目标的通知》发布了企业工资调控目标，并提出了贯彻意见，做好企业经营者年薪制和内部分配制度试点工作。对宝鸡机床厂等4个企业经营者年薪收入进行考核结算。同时根据市政府批转的《关于印发宝鸡市企业经营者年薪制试行意见的通知》扩大2个试点企业，各县区也不同程度地抓了试点工作。在市燃气公司、市自来水公司、宝鸡车辆厂3个企业进行了企业内部分配制度改革试点，在市自来水公司进行了工资集体协商试点。在全市开展了2000年企业工资价位抽样调查，在对130余个企业7000余名职工2000年工资价位调查的基础上，编制了2000年115个工种的市场工资指导价位。6月份发布了《2001年度全市企业职工增加工资的实施意见》。

【劳动力市场“三化”建设】 劳动力市场“三化”建设通过了部、省两级验收，实现用工洽谈定期化，固定每周二、周五为用人洽谈日。实施用工报告和用工预测制度，建立强大的市场信息网和劳动力资源库。积极与各用人单位协商，实施空岗报告和用工预测，及时掌握市场用工信息，向劳动者提供足够的就业岗位，并率先在全省实施季度职业供求状况分析，向社会发布，受到国家、省劳动保障部门的肯定。同时，建立了宝鸡市劳动力资源库，将下岗、失业人员纳入资源库，逐步实现劳动力资源的规范化管理。全年全市各级职业介绍机构登记求职5.95万人，收集有效就业信息3.12万个，介绍就业2.76万人（次）。市职业介绍中心登记2.79万人（次），接待单位674个，提供就业岗位1.06万个，介绍就业9700人（次），其中下岗职工1300人。开展了劳务输出劳动事务代理，为非正规就业的失业人员办理社会保险、人事档案等其他劳动事务，收到了好的效果。10月份，举办了秋季再就业援助行动暨用工招聘洽谈大会，到会用人单位103个，提供就业岗位1401个，登记求职8000余人，达成就业意向2700余人，其中下岗职工900余人，收到了预期的效果。

（薛水俞）

残疾人工作

【概况】 2001年，全市残疾人工作以发展为主题，突出重点，整体推进，为全面实施残疾人事业“十五”计划开了个好头，在管理用好历年已投放1500万元扶贫资金的同时，新投放康复扶贫贷款1620万元。对2896户贫残家庭落实了干部包扶措施，将3238户特困残疾家庭纳入了最低社保范围。经过扶持，有3872户贫残家庭脱贫；动员和依托社会多渠道安排残疾人就业969名，培训有劳动能力的残疾人2353名，使他们掌握了一技之长；为1510名白内障患者施行了复明手术，完成肢残人功能训练617例，培训智残儿童及家长255人，低视力患者配戴助视器112名，供应残疾人用品用具2712件，与台北曹氏基金会共同为肢残疾人捐赠轮椅94辆。全市残联系统广泛开展了“争优创先、建家作友”活动，渭滨区在全省率先成立了县级肢体残疾人协会。12个县区、196个乡镇、街道办事处残疾人组织建设进一步巩固提高。

【社区、家庭聋儿康复取得新进展】 2001年10月，通过在岐山县试点并逐步推广，全市共建立社区聋儿家长培训学校和语训部3所，乡镇分校（培训站、点）31个，配备专、兼职语训教师和社区康复指导员67名，初步形成了基层社区聋儿康复网络。举办聋儿家长培训班12期，培训家长308名，已训在训聋儿405名，其中103人已进入普小就读。为610名聋儿免费进行了听力检测，为245名聋儿配戴了助听器，使众多的聋儿得到了康复保障。11月举行的全省康复工作会议上，宝鸡市介绍了经验。

【澳大利亚慈善机构为麟游山区残疾人捐赠】 10月16日，澳大利亚慈善机构扶轮社，在麟游县举行隆重捐赠仪式，为37名肢残人捐赠轮椅37辆，为19名残疾儿童捐赠就学扶助金5700元，为31名贫困老年白内障患者捐赠复明手术补助费15500元，为4个乡镇敬老院的32名孤残老人、760户贫困残疾人家庭捐赠了价值3万余元的衣物、药品及学习用具，受到社会各界好评。

【残疾人事业好新闻评选获奖】 3月28日，由省残疾人联合会、省新闻工作者协会、省残疾人事业新闻促进会共同举办的“陕西省第六届残疾人事业好新闻奖”评选活动揭晓。宝鸡市《金牌献给母子仨》等八件作品获奖，同时获本届“残疾人事业好新闻组织奖”。

【残疾人艺术汇演取得好成绩】 7月3日至6日，在省文化厅、教育厅、省残联共同举办的“陕西省第四届残疾人艺术汇演”中，宝鸡市残疾人艺术代表队的舞蹈《希望》《赤色精灵》等6个节目获奖，并取得团体总分第二名，获“全省残疾人艺术汇演最佳组织奖”和团体奖。

朝气蓬勃的市人行领导班子

人行西安分行胡怀邦行长在宝鸡中支行领导陪同下视察市金融机构网点，开展金融调研

中国人民银行宝鸡市中心支行

市长吴登昌视察市人行办公自动化建设

党委书记 行长 扬栓杏
地址：宝鸡市红旗路27号
电话：0917-3211144
邮编：721000

中支行组织科级以上干部深入国家杨凌农业高新开发示范区调研参观

宝鸡市创建金融安全区责任书签字仪式

中国银行宝鸡分行

中国银行宝鸡分行成立于1984年，2001年末全行在册正式员工 285人，现拥有11个部室，3个县（区）支行，1个办事处，18个分理处，7个储蓄所，共30个营业网点。

2001年，中行宝鸡分行在以翟建平行长为首的新一届行党委领导下，认真学习江总书记“七一讲话”，深入实践“三个代表”的重要思想，紧紧把握中国入世和西部大开发的历史机遇，积极推进良好公司治理机制建设，以组织优质客户为主线，以清收不良资产为重点，强化内控管理，狠抓市场营销，用高质量的发展解决历史遗留问题和前进中的问题，打好扭亏增盈的翻身仗，促进宝鸡分行早日走上持续、稳定、健康的良好发展轨道，取得了显著的工作成绩。到年末，全行本外币各项存款较年初新增3.4亿元，不良资产比率较上年末下降了22个百分点，新发各类银行卡11471张，完成进出口贸易结算3308万美元，实现本外币利润661万元，扭转了连续6年亏损的局面，各项工作朝着积极健康的方向发展。

党委书记、行长 翟建平

宽敞明亮的营业大厅

陕西东岭工贸股份有限公司

陕西东岭工贸股份有限公司是2000年由原宝鸡东岭机械厂（集团）改制组建的股份制企业。

企业总资产10.5亿元，员工2800名，以黑色金属贸易和有色金属冶炼为主业，兼及印刷包装、沙石采选、货物运输、房地产开发、电力器材加工等多元化产业。既是西北地区经营规模最大的钢铁物资流通商，也是西北地区金属冶炼产业的后起之秀。年销各类钢铁100万吨，销量第一，是酒钢、首钢、包钢、略钢、海鑫等钢铁集团（公司）最大的经销商，营销网络遍布上海、重庆、郑州、西安、兰州、咸阳、延安、汉中、安康等地市，业务辐射全国；年产锌锭6万吨，出口日本、韩国、新加坡等国家和地区。

2000年，企业完成总收入14.02亿元，在“中国民营企业500强”排名第38位；2001年，完成总收入18.5亿元，实现利税8000万元。

企业曾荣获国家内贸部“首批国家一级代理商（钢材）”、“全国乡镇企业供销系统先进集体”、农行“AAA”级信誉企业等国家、省、市级荣誉称号；董事长、总经理李黑记多次荣获“全国优秀乡镇企业家”、“全国优秀乡镇企业厂长（经理）”、陕西省劳模、“新长征突击手”、“杰出青年”等多项殊荣。

陕西东岭工贸股份公司愿与社会各界朋友一起，与时俱进，勇立潮头，再写辉煌！

电 话：0917-3452431　传真：3452431
地 址：宝鸡市西宝高速公路延伸段东段

陕西省东岭工贸股份有限公司
董事长、总经理　李黑记

市长吴登昌（前排右一）视察
东岭炼锌建设工程

东岭物流的翅膀——庞大的运输车队

锌锭成品

五万吨炼锌厂雄姿

金台区地方税务局

金台地税局党组书记、局长　马林乾

宝鸡市金台区地方税务局组建于1994年，自组建以来，局党组始终坚持以组织收入为中心，以“建一流班子，带一流队伍，树一流形像，创一流业绩”为目标，坚持“内强素质，外树形像，从严治队，强化征管”的工作思路，开拓进取，求实创新，连续七年超额完成了各项组织收入任务，取得了两个文明建设的双丰收，1997年至2001年连续五年被市地方税务局评为“创佳评差”最佳单位；2001年被省委、省政府命名为省级文明标兵单位和“创佳评差”最佳单位，同时被省地税局评为“最佳单位”。

面对新的经济形势和任务，区局党组决心继续坚持市局提出的“巩固、完善、提高、发展”的指导思想，以推行ISO9001质量管理为突破口，以创新为动力，以管理为主线，做好“三篇文章”，实现市局党组提出的“四个突破”，圆满完成各项目标任务，推动地税事业的全面发展。

金台地税局党组一班人（左起：纪检组长程师瑞、副局长宫宪民、局长马林乾、副局长李莉、副局长黑战军）

团结、战斗的领导班子

党组一班人深入基层指导检查工作

中国建设银行宝鸡分行

中国建设银行宝鸡分行是中国建设银行在陕西省设立的二级分行，全行下辖12个县(专)支行、直属机构，67个储蓄网点。多年来，宝鸡建行以支持地方经济和社会事业发展为己任，以客户为中心，以市场为导向，开拓进取，锐意创新，先后开发了一卡通、速汇通、信用卡、生肖卡、代收代付、个人住房贷款、个人消费贷款等新兴业务产品，努力为全市人民生活提供优质服务，综合竞争能力、风险防范能力和综合盈利能力不断增强，各项业务持续、健康、快速发展，逐步向机制先进、质量优良、效益良好，具有较强核心竞争力的现代商业银行迈进。

地　址:宝鸡市红旗路36号
电　话:0917-3215969
传　真:0917-3213985
邮　编:721000

中国工商银行宝鸡分行

中国工商银行宝鸡分行是宝鸡地区规模最大的国有商业银行。截至2001年底，全行各项存款余额773062万元，各项贷款余额665544万元，分别占全市国有商业银行的43%和49%；拥有工商企业贷款户376个，占全市的71%，其中贷款在亿元以上的国有大中型企业有16个。面对西部大开发这一千载难逢的历史机遇，工行全体员工将继续发扬无私奉献、拼搏进取的创业精神，再接再励，努力创造更佳的经营业绩，为全市经济、社会发展做出新的贡献。

渭滨经济管理

区委书记翟震中（左）、区长郭社荣研究试验区工作

开拓创新、团结奋进的一班人

试验区

管委会主任谭建武（左）、副主任杨建民在研究工作

渭滨经济管理试验区是经宝鸡市人民政府批准设立的，位于宝鸡市最繁华的闹市中心，占地300余亩，拥有商业楼群20多幢，个体经营户近3000户，初步形成了规模型小商品、小食品批发市场和集休闲、娱乐、购物为一体的综合市场。

试验区设管委会及办公室，履行政府相应职能。办公室下设工商管理、税务征收、社会治安、市容、交通、行政、环保、卫生、物价、质量、计量、文化、音像等管理机构和人员，实行统一领导、统一管理、统一检查的行政联合执法管理体制和一个窗口对外、一厅式办公、一条龙服务的运行机制。

1997年4月22日正式挂牌以来，内外部环境得到改善，影响面逐步扩大，市场日益繁荣，经济效益明显提高。四年来，区内累计新增个体经营者千余户，建成专业市场12个，税收年递增15%以上。2000年区内税收和行政事业性收费达1370万元。

在西部大开发中，试验区将按照城市管理、非公有制经济发展、改革开放、先进文化四个窗口的要求和一年一个样，三年大变样的工作思路，通过实施城市管理三年规划，使试验区成为宝鸡市又一亮点；通过落实多方面的优惠政策，使试验区成为辐射西北的物流中心。

目前，试验区环境宽松、商贸繁荣、办事便捷、政策优惠，是消费者购物、休闲、餐饮、娱乐的好去处，是投资者事业成功的理想之地。热诚欢迎国内外有识之士来渭滨区共创伟业，共图发展。

经一路步行街夜景

繁花似锦的经一路商业步行街

中国农业银行宝鸡分行

中国农业银行宝鸡分行(简称农行宝鸡分行)是国有独资商业银行一级法人体制下的二级分行。现辖属17个县级支行，拥有营业机构146个，在册员工1757人。

[兴行方略] 团结、务实、创新、奋进。

[经营理念] 以市场为导向，以客户为中心,以效益为目标。

[营销体系] 分行源头公关，支行区域运行,开办金融超市，客户经理部直接营销和服务客户。客户服务行内会商，实行存款与贷款业务、存贷款与中间业务、批发业务与零售业务、人民币业务与外币业务的“一揽子”综合营销。

[金融产品] 居民储蓄、企业存款、外汇存款、各项贷款、个人消费信贷、金穗借记卡、国际结算、保管箱、代收代付、代发国债、代理保险等多项金融业务。

[科技网络] 储蓄通存通兑、实时汇兑、ATM自动取款机、银证转账联网、24小时自助银行。

[闪光业绩] 2001年全行各项存款增加9.7亿元，居全市各金融机构第一位；荣获全市创建金融安全区优秀单位；荣获全市“创佳评差”活动优胜系统和目标管理责任制考核优秀单位。

地址：宝鸡市经二路南165号
电话:0917-3249887　　传真：0917-3249862

中国农业银行宝鸡分行党委书记、行长　汶庆舍

农行宝鸡分行大力提升社会形像，开展了一系列形像推广宣传活动

全行经营业绩持续攀升，一大批盈利支行受到省、市农行的表彰奖励

汽车消费信贷广场营销活动成为一大亮点

市农业局布尔肉羊产业开发

布尔肉羊产业开发是建设畜牧大市的骨干项目，通过引进世界优秀肉山羊品种——布尔羊，嫁接高新技术，建成了布尔羊繁育基地——陕西省布尔羊良种繁育中心。布尔羊产业已成为农村经济快速发展的又一支柱。

布尔羊纯种群

陕西省电信公司宝鸡分公司

5.17电信日，吴登昌市长在电信公司总经理的陪同下视察营业大厅

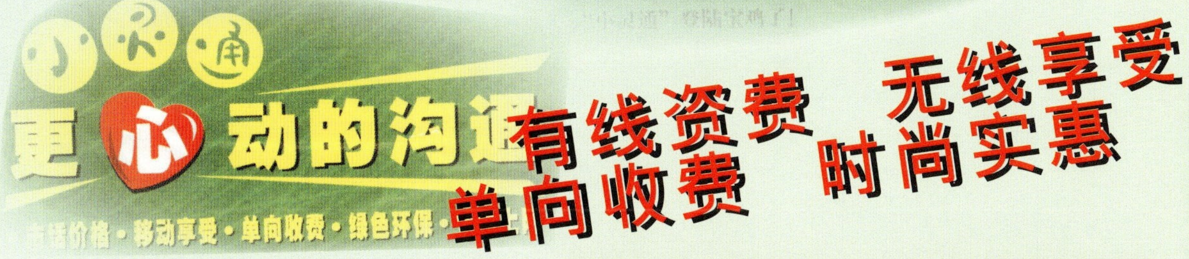

宝鸡高新技术产业开发区国家税务局

局长 王都良

宝鸡高新技术产业开发区国家税务局组建于1993年，现有正式职工133人，具有大专以上学历的107人，占干部职工总数的80.5%。担负着高新区1700余户国有、集体、私营和股份制企业的税收征管任务。

宝鸡高新技术产业开发区国家税务局组建以来，局党组“一班人”坚持以组织收入为中心，坚持用政治凝聚人、用感情温暖人、用制度管理人、用任务考核人，正确处理改革发展和稳定的关系，带领全体干部职工充分发挥职能作用，广泛开展以“建一流班子、带一流队伍、创一流业绩、树一流形象”为主要内容的文明创建活动，取得了物质文明和精神文明建设的双丰收。组建以来，共计组织各项收入12亿元，先后被省委、省政府、市委、市政府命名为“精神文明标兵单位”、“文明单位”、“卫生先进单位”和“治安模范单位”等，为宝鸡经济建设做出了积极贡献。

2002年春训会议

市长吴登昌和均利总经理向省长程安东汇报工作

广场一角

夜景

均利國際廣場
KWAN LEE INTERNATION SQUARE

均利（国际）广场是陕西均利（国际）实业发展股份有限公司投资建设，位于宝鸡火车站正对面，是一座现代化、花园式、智能型、高层次的集金融、办公、居住、商务、购物、宾馆、娱乐为一体的综合性楼盘，成为西北的小香港，宝鸡的不夜城。陕西均利（国际）集团公司以西部经济腾飞为己任，致力于陕西经济发展与繁荣。全体均利人将立足陕西，面向全国，为均利集团的明天更加美好而努力奋斗！

地址：宝鸡市经二路160号
电话：0917—3211197

四川省人大主任谢世杰在市委书记、市人大主任庞家钰陪同下参观均利国际购物广场

庆祝活动

夜景一条街

宝鸡商场（集团）股份有限公司

宝商集团公司宝鸡商场大楼外景

宝鸡商场（集团）股份有限公司是宝鸡市首家上市公司(股票名称:宝商集团，证券代码：000796)，是陕西省建立现代企业制度试点单位。公司现有员工1500多名，总资产10亿元，净资产6.8亿元，拥有商贸、酒店、广告、保险、路桥经营、房地产开发、生物制药、电子商务等经营产业。

面对西部大开发和中国加入WTO带来的机遇与挑战，公司将充分发挥机制优势和融资功能，全方位创新管理模式，开拓市场，提升管理水平，在基础设施建设，商贸业态调整、生物制药工程、房地产开发等领域不断探索、创新，使公司持续、健康、高速发展，为西部大开发、宝鸡大发展做出新的、更大的贡献。

贸大酒店外景

宝商集团控股的陕西晨鸡药业有限责任公司GMP厂房

宝鸡航天华科机电工业有限公司

公司总经理　刘选春

宝鸡航天华科机电工业有限公司是以中国航天科技集团公司七一0七厂为投资主体成立的研制开发生产和销售机电产品的高新技术企业。现有生产经营面积5300 平方米，总资产1536万元；拥有各类机加设备200余台，精密仪器仪表100余台；现有员工309人，中高级专业技术人员136人。

公司现主营自动化控制设备、小型数控机床、机床动力进给装置、液压自动仿形仪、系列康复医疗保健床、测控仪器仪表、烟机部件等，产品多次荣获部级省级优质新产品称号，其中铣床动力进给器已列入国家“双加”工程及2002年重大科技产业化项目计划。

公司将以西部大开发为契机，以高科技产品为重点，坚持质量第一的宗旨，热忱欢迎广大客商前来投资、合作、洽谈业务。

公司外景

地　址：宝鸡高新技术开发区英达路副2号
电　话：0917-3321906
传　真：0917-3321900
Web:www.hthuake.com
E-mail:hthuake@public.xa.sn.cn

铣床动力进给器

宝鸡市考试管理中心主任　肖炳良

宝鸡市考试管理中心书记　刘松桥

宝鸡市考试管理中心

宝鸡市考试管理中心成立于1992年，是市教育局直属的副县级事业单位。内设办公室、招生会考科、自学考试科，编制18人。主要负责全市普通高校招生考试，飞行员选招，中考及中专招生，成人院校招生考试，高中毕业会考，高等教育自学考试的组织管理等项工作。

自恢复高考制度以来，全市共向全国各类高校、中专学校输送合格新生154948名。其中：普通高校85063人，高中专15454人，初中专54431人。高等教育自学考试自开考以来，在册人数已达72844人，开考专业49个，共有584人本科毕业，8122人专科毕业，为我市培养了一大批优秀人才。

多年来，市考试管理中心坚持狠抓招生队伍建设，深化招生改革，强化考试管理，圆满完成了全市各项招生考试工作任务。连续十年被市教育局评为目标管理先进单位。多次被省教育厅、省考试管理中心评为全省招生工作、自学考试管理、考点建设、宣传报道等先进单位。1997年被国家教委评为全国普通高等学校招生和研究生招生工作先进集体。1996年、2001年两次被国家教委评为全国高等教育自学考试先进集体。

微机室正在处理考生报名信息

自学考试报名

店子街中学

学校领导班子在研究工作（左起为：教导主任谢理俊、党支部副书记王瑞琴、校长兼党支部书记邹希金、副校长陈雅琴、副校长柯忠辉）

店子街中学位于市区蟠龙原脚下，是一所区属公办全日制初级中学，校园面积约6337平方米，现有教职工72人，23个教学班，1439名学生。

多年来，学校以“勤奋、严谨、求实、创新”为校训，坚持“以人为本”的管理思想，辅以奖励竞争机制的管理特色，连续多年被区文教局评为目标管理先进单位，良好的校风和办学业绩，受到社会各界的赞誉。

为适应现代化教学要求，学校还多方筹措资金，逐渐改善办学条件。2001年9月2200平方米的教学实验楼投入使用。目前学校正在整修新操场，新校门，信心百倍的朝着“省级示范初中”的目标奋进。

校　长：邹希金
电　话：3575625

全国优秀教师、省级教学能手靳燕梅在上物理课

在金台区体委举办的运动会上荣获举重团体第一名的全体运动员合影

宝鸡市渭滨区经二路小学

校长　梁治中

团结战斗，开拓创新的校领导班子

经二路小学创建于1944年秋，系区属公办重点小学，现有教学班38个，学生2315名，教师118人。

学校相继被命名为陕西省示范小学，红领巾示范小学，艺术教育特色学校，现代教育技术实验学校，基础教育科研项目学校。先后被国家教委、体育总局评为全国体育教学工作先进单位。校田径队获渭滨区十五连冠，并多次获省市冠亚军。三跳、足球、举重、象棋在全区名列前茅；文艺表演、书画比赛成绩斐然，在区艺术节中屡屡获奖。教师基本素质展示获市、区一等奖。学校与日本八幡市南山小学结为友好学校。涌现出国家级先进教师4人次，省级教学能手2名，市区级教学能手20余名，1000余名学生在各级各种比赛中获奖。校长梁治中先后荣获宝鸡市优秀校长、有突出贡献中青年拔尖人才等荣誉称号，并被推选为全国骨干校长工作研究会副会长，在教育界享有较高声望。

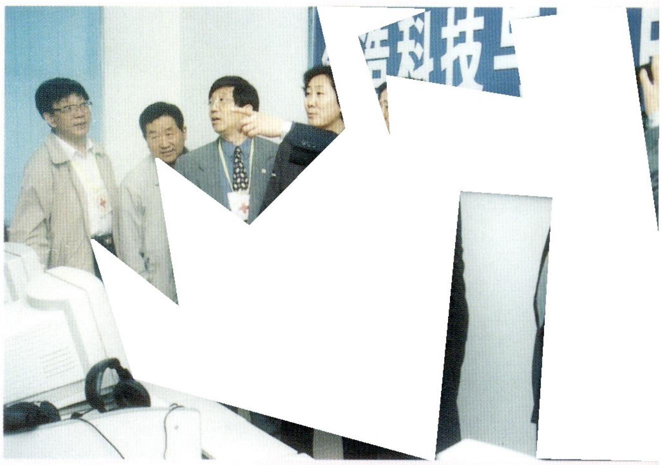

市长吴登昌、副市长冯月菊来学校视察教学工作

庆“七一”大合唱

美国客人来校参观访问

凤翔县教育局

局领导班子在研究工作

凤翔县教育局管辖中小学274所，学生11万人，教职工5300多名。近几年来，县教育局认真实施高中建设工程、义务教育工程、职业教育工程、教育质量工程、园丁工程和文明校园工程这“六大工程”，投资3600万元，使全县40%的小学实现了楼房化，创建市级农村示范小学42所，占全县小学总数的18%；初中学校实现了楼房化，内部设施达到了标准化；创建省级示范初中1所，省级示范小学1所，省级示范幼儿园1所，省级成人文化技术学校2所，省级艺术示范学校2所，市级教育强镇4个。培养国家、省、市级优秀校长、学科带头人120多名，先后获得全国“两基”达标县，全国扫除文盲工作先进单位，全国“注·提”实验先进单位，全国学校体育卫生工作先进单位等荣誉。几年来，共获得国家、省、市、县各级各类奖励170多项，其中国家级5项，省级2项。

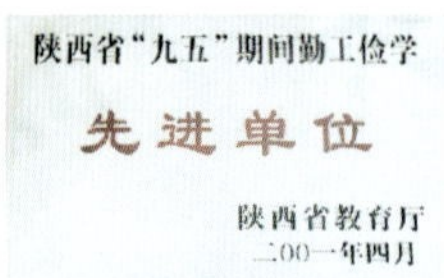

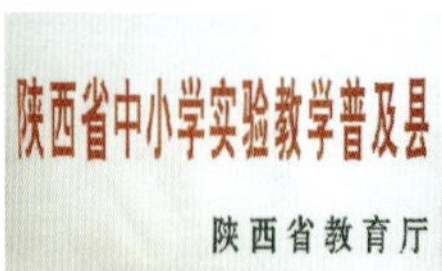

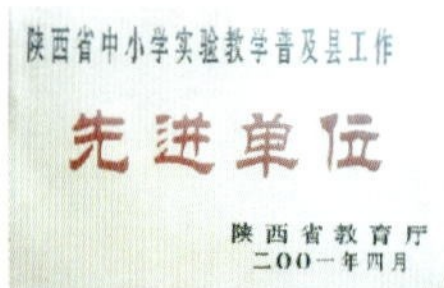

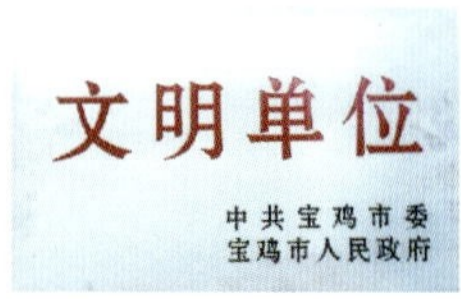

省级重点中学凤翔中学领导班子在制订学校发展规划

省级示范初中纸坊中学

【范良在全国锦标赛中夺3金】 9月21日至24日，宝鸡市6名残疾人运动员参加了在南京举行的“全国残疾人田径举重锦标赛”夺得5枚奖牌。其中范良打破F54级铅球世界纪录，获得F54级铁饼、标枪、铅球3项金牌。周伟获男子T37级100米银牌、林立获男子T42级标枪铜牌。

【岐山县、金台区获全国和全省残疾人工作先进县区】 “九五”期间，岐山县和金台区采取切实有效的措施发展残疾人事业，残疾人康复、教育、就业、扶贫等各项工作全面开展，残疾人状况明显改善。3月22日，国务院残疾人工作协调委员会决定，授予岐山县为“全国残疾人工作先进县”。5月18日，省政府残工委授予金台区、岐山县为“全省残疾人工作先进县（区）”。

【第十一个“助残日”活动】 5月19日，是全国第十一个“助残日”，宝鸡市围绕“深入贯彻保障法，携手迈入新世界”的主题开展活动。全市走访慰问贫困残疾人家庭639户，送衣物1680件、面粉10.5万公斤、慰问金3万余元，为1200名贫困残疾学生减免学杂费6万元，为57名失学残疾儿童募集捐款1.35万元，使他们重返校园，为农村6010户贫困残疾人家庭减免统筹费、提留款、义务工等费用290余万元，为残疾人解难办实事2120件（次），维护了残疾人合法权益，促进了社会稳定。

（王恩长）

宝鸡市残疾人联合会负责人

理事长 王恩长

老 龄 工 作

【概况】 2001年，市委、市政府认真贯彻中共中央、国务院《关于加强老龄工作的决定》，加大了老龄工作力度，老龄机构建设、争创“两奖”、“双先”和“敬老模范村”活动，宣传贯彻《老年法》、扶助贫困老人和开展老年文体活动等项工作，取得了显著成绩。

【老龄工作新举措】 市委和市政府先后于6月1日和6月15日召开了常委会和常务会议，做出了加强老龄工作的四项决定：一是按照省上要求，理顺市老龄工作机构。市老龄工作委员会办公室由市民政局代管，邹福焕局长兼任办公室主任，对市老工委组成人员作了调整。二是把老龄事业纳入全市国民经济和社会发展计划，由市计委、市民政局负责制定《宝鸡市老龄事业“十五”规划和2010年远景目标纲要》。三是老年事业专项经费按全市老年人口每人每年2元的标准拨给。全市90周岁以上的老年人每人每月可享受政府津贴50元，百岁以上老人每人每月可享受政府津贴100元。四是召开全市老龄工作会议。

【老龄工作会议召开】 8月份，市委、市政府召开了全市老龄工作会议，市委副书记、市长吴登昌出席会议并讲了话，市委副书记王俊彦主持了大会，市委常委、常务副市长孟祥义传达了全省老龄工作会议精神，安排部署了当前和今后一个时期的老龄工作，12个县区主管老龄工作的领导、民政局长、老工办主任、市级各部门负责人共170多人参加会议。会后，市老工委召开了调整后的第一次全委会，讨论、修改并通过了《宝鸡市老龄工作委员会成员单位职责》。

【表彰老龄工作先进】 10月份，宝鸡市人民政府发出通报，对获得“敬老好儿女金榜奖”的杨义香等82名代表，获得“老有所为精英奖”的张坤等35名代表，获得“老龄工作先进集体”的宝鸡县老工委办公室等37个单位，获得“老龄工作先进个人”的王继贤等39名代表进行了表彰奖励。2001年建成县级敬老模范村72个。截至年底，全市已建成敬老模范村966个，其中乡镇级294个，县级414个，市级238个，省级20个，市级敬老模范村已达到全市行政村总数的11.3%。

【庆祝“老人节”】 市委、市政府办公室于9月13日联合下发了《关于庆祝“老人节”暨开展〈老年法〉宣传月活动的通知》，10月份，一个以学习、宣传、贯彻江泽民“三个代表”重要思想和中共中央、国务院《关于加强老龄工作的决定》为主题，以检查落实《老年法》为重点，以广泛开展为老年人“送温暖、献爱心、做好事”为主要内容的庆祝“老人节”暨《老年法》宣传月活动在全市城乡普遍展开。宣传月期间，全市共印发41500多份《老年法》和宣传资料，悬挂宣传横幅560多条，布置宣传版面1660多块，被市级以上新闻单位采用的宣传稿件有260多篇，全市共出资83.5万元，为老年人做好事、办实事1.58万件（次）。

【检查《老年法》贯彻实施情况】 自10月份开始，全市各县区、各部门、各单位对《老年法》颁布以来的贯彻实施情况进行了一次全面检查。在农村，重点检查了老年人被赡养和扶养的权利，老年人房产、林木、牲畜等财产不受侵犯的权利，贫困老人和“五保”老人从国家和社会获得物质帮助的权利，老年人享受不承担义务工和劳动积累工的权利是否得到落实。在城镇，重点检查了离退休老年人依法享有养老金和其它待遇的权利，老年人依法享受社会发展成果的权利，老年人参与社会主义物质文明和精神文明建设的权利是否得到落实。针对检查中存在的问题，市老年法执法协调小组办公室提出了具体解决办法。

【老年群团组织工作】 市老年基金会全年为14名百岁老人发放助养金11340元，资助特困高龄老人现金24000元，发放离退休慰问金8000元，赞助老年文体活动经费5000元。市老年科技经济咨询服务中心直属经济实体经营收入1122.5万元，同比增长90%。市老年学学术研究组召开了新世界第一次老年学学术研讨会，有56人参加了会议，黄明科等9名研究员分别交流了各自的学术论文。

【老年文化活动】 2001年共组织大型文化活动与比赛11场（次），举办老年艺术培训班3期，培训老年文艺骨干749名，成功举办“庆祝建国50周年暨《老年法》颁布实施五周年演唱会”及“宝鸡市庆祝老人节老年文体活动展演”，受到广大老年人和各界人士的好评。市夕阳红艺术团已发展为8个分团，124个演出队，登记在册2189人，艺术团副团长张鑫被市政府授予“老有所为精英奖”。

（魏冀宁）

关心下一代工作

【概况】 市关心下一代工作委员会是经市委1991年4月18日批准成立的。它是以离退休老干部为主体做青少年教育工作的群众性工作组织。截至2001年，全市共建立各级关工委组织4206个。其中，乡镇、街道办事处421个，村、居委会2244个，机关单位155个，企事业单位218个，学校等单位1168个。参与关心下一代组织的离退休老干部2.55万人。组建各类教育报告团组723个，报告团成员4423名，撰写、印发宣传材料1万多份，向青少年做爱国主义等各类教育报告3万多场次，受教育青少年700多万人（次）。

【庆祝市关工委成立十周年】 2001年4月18日，市关工委在宝鸡饭店召开了“宝鸡市关心下一代工作委员会成立十周年暨第三次宝鸡市关心下一代‘双先’表彰会”。会议回顾总结了市关工委成立十年来工作成绩和经验，表彰了50名关心下一代工作先进集体和120名关心下一代先进个人，安排部署了全市关心下一代工作的目标任务。省关工委主任牟玲生、常务副主任陶长胜和市委副书记刘忠良参加会议，并分别作了讲话。

【青少年教育活动】 2001年，市关工委重点围绕建党80周年庆祝活动，广泛深入地对青少年进行了爱党、爱国、爱社会主义教育。一是市关工委先后与市委党史研究室、市文化局、市电台等单位联合举办了《解放大西北纪实图片展》、“全市暑期青少年电影节”、“庆‘七一’少儿英语演讲大赛”活动。二是各级关工委组织了一批离退休老干部结合江泽民“七一”讲话精神，自编通俗易懂的宣传稿，深入工厂、农村、学校等地为青少年讲党史、上党课。三是各县区关工委配合有关部门在中小学生中广泛开展了“没有共产党，就没有新中国”征文活动、“纪念建党80周年爱国影片放映活动”。据统计，全市各级关工委共向青少年作爱国主义、集体主义、社会主义、革命传统等内容的教育报告4962场（次），受教育青少年90万人（次）。四是市关工委先后三次在市电视台《警视天地》栏目就贯彻新《婚姻法》中对离婚子女行使探视权、《预防未成年人犯罪法》、如何提高家长监护人意识及加强全市网吧文明建设等问题发表了电视讲话。7月20日在全市预防青少年违法犯罪工作交流会上，市关工委作了题为《充分发挥老同志政治优势，有的放矢地抓好预防青少年犯罪工作》的大会发言。五是各级关工委积极组织广大老干部深入学校、工厂等地，通过宣讲会、揭批会、座谈会等形式，积极配合学校开展揭批“法轮功”活动，帮助和引导广大青少年认清“法轮功”的邪教本质，自觉树立起崇尚科学，反对迷信的世界观。六是各级关工委配合有关部门，为中、小学校配备了470名法制副校长。法制副校长在校内促进法制教育进课堂，在校外清理学校周边社会环境，深受学校师生和家长的欢迎。七是各县区关工委通过举办演讲会、在县城设点、法制宣传月等形式，向广大青少年宣传《预防未成年人犯罪法》和《未成年人保护法》。同时广泛开展了帮教失足青少年活动。全年共对633名失足青少年进行了帮教，其中有481人有明显好转。

【学习推广经验】 2001年6月7日至8日，省关工委在宝鸡市召开了“全省城市社区关心下一代工作经验交流（金台）现场会”。来自全省10个市(地)、杨凌区、省直教育、司法、国防工办、西铁分局、军队系统和市属区、县级关工委的负责人，宝鸡市属各县、金台区各街道关工委的代表百余人，按照中央领导“新世纪关心下一代工作要有新发展、新高度”的指示精神，结合城市基层管理体制的变革，围绕加强社区关心下一代工作，营造社区青少年教育大环境这一主题，总结交流开展城市社区关心下一代工作方面的经验和做法。会议听取了金台区关工委、教育系统关工委、十里铺街道关工委、陕棉十二厂关工委、铁路四总队家委会关工小组的经验介绍。还听取了新城、临渭等区关工委和部分办事处关工委负责人的大会发言。与会人员认为，金台区关心下一代工作是有特色、有经验、有成效的，值得学习和推广。全省城市社区关心下一代工作经验交流金台现场会的召开，有力地促进了全市城市社区关心下一代工作的深入开展。

【扶贫帮困助学活动】 2001年，各级关工委动员组织社会各界共捐款200万元，捐赠衣物2.8万件，图书1.5万册，资助中小学73所，救助贫困学生2800人。在市关工委的牵线搭桥下，组织动员万国家具城向宝鸡县赤沙镇放马沟村小学捐赠了108套新桌椅和200件衣物，陕西惠西公司总经理徐桂红投资80万元在麟游县创建了一所能容纳500名儿童的县级幼儿园，填补了该县自建国以来没有幼儿园的空白，市新鸿利有限责任公司资助全市8个县区的90名贫困中小学生，每人每年100元学费，一直到毕业，渭滨区文教局和经二路小学向宝鸡县贫困山区新民乡赵家山村学校捐赠桌凳65套，宝鸡电气化器材厂向宝鸡县赤沙镇樊家河小学捐赠40套桌椅，金台区关工委将全区捐赠的1万多件衣物、棉被、3800多件学习用具、3200多本图书和300元钱送给了宝鸡县赤沙镇樊家河村、放马沟村等地贫困村民和学生，市关工委向70名贫困学生赠送了新书包，受到了当地村民和学生的热烈欢迎。

（张宝琴）

宝鸡市关心下一代工作委员会负责人

主　　任　赵文举
常务副主任　杨中哲
办公室副主任　朱广玉（女）

消费者协会工作

【概况】 2001年，宝鸡市消费者协会按照省消协总体工作要求和安排，认真贯彻江总书记“三个代表”的重要思想，紧紧围绕“绿色消费”年主题，在深入宣传贯彻《消法》、《省条例》，切实履行消协七项职能，规范会员制工作，加强自身建设等方面做了卓有成效的工作。

【开展以“绿色消费”为主题的活动】 以“绿色消费”为主题的2001年3·15国际消费者权益日纪念活动，从2月初，市消协就对纪念活动进行了安排和动员，同时邀请市技术监督局、环保局、卫生局、宝鸡海关共同参与。纪念活动从3月14日至16日，市消协及各县区消协全部上街设点咨询，受理投诉，散发各类宣传材料等。“3·15”活动，全市共设立咨询服务点260多处，散发各种宣传资料近20万份，板报150余块，气球180个，拱门11个，标语5500余条，出动宣传车辆120余辆，参加企业500个，咨询人数4.5万人，现场接待投诉300多件，组织下乡服务46次，举办展览20次，开办消费教育讲座10次。“3·15”当天，市上领导亲临纪念活动现场，市委副书记刘忠良发表了电视讲话。“3·15”纪念日已不再是出气日、诉苦日，而是成为消费者获取大量信息和知识的宣传日、咨询日。

【开展国民消费教育活动】 宝鸡县消协在“6·1儿童节”组织虢镇小学三年级以上学生以“为国民强壮加杯奶”为主题进行演讲比赛，对获奖学生进行表彰。4个县区设立了国民消费教育学校，不定期组织广大消费者进行消费知识学习。扶风县消协9月份组织工商干部、个体工商户进行《消法》知识竞赛。陇县消协也组织消协4个分会以及企业职工开展了“移动杯”《消法》知识竞赛。2001年，全市共征订《中国消费者》杂志2000份，市消协雇请人员专门投送，得到了用户的一致好评。

【规范受理消费者投诉】 结合投诉工作的具体实际，制定了《宝鸡市消费者协会受理、调解消费者投诉规定》、《投诉档案管理办法》和一系列办案文书，如：投诉书、投诉登记表、现场勘验笔录、调解（调查）笔录、撤诉书等，规范了全市消协的投诉调解工作。全市共受理消费者投诉5194件，为消费者挽回损失223万余元。其中质量投诉1848件，占总数的35.6%；价格投诉215件，占总数的23.6%；虚假广告491件，占总数的9.5%；假冒商品634件，占总数的12.2%；计量问题295件，占总数的5.7%；欺诈骗销387件，占总数的7.5%；其他问题324件，占总数的6.2%。

【整顿手机市场】 根据2001年受理手机投诉较多的情况，市消协对手机市场进行了整顿。首先，对全市所有手机经营企业进行了填表登记摸底，了解其经营的基本情况。其次《在手机三包规定》实施之际，11月9日市消协联合市工商局公平交易分局、市技术监督局召开“手机三包”座谈会，共同探讨如何贯彻实施《移动电话机商品修理、更换、退货责任规定》。全市54个手机经营企业参加了会议，同时邀请了移动、联通公司及新闻单位代表参加。11月15日，市消协联合有关执法单位对全市贯彻落实《手机三包规定》情况进行全面检查。

【规范试行会员制工作】 全市共成立分会105个，依托工商所成立的83个，依托街道办事处、乡镇政府成立的22个，投诉站248个，联络站80个，全市网络建设取得一定成效。2001年，陇县消协对全县18个基层工作站进行了业务培训和全面检查，完善了工作制度，使各项工作更趋规范。金台区消协在日常工作中坚持“送法上门、宣传到户、服务基层、方便会员”的原则，得到消费者一致好评。渭滨区消协试行投诉有偿服务制度，凡是会员来投诉，优先免费解决，非会员按规定收费，促进会员制的开展。元月份市消协对全市试行会员制的县区使用的会员费票据进行了全面的检查。7月份市消协对会员制工作进行了检查，对发现的问题及时指出和纠正，进一步规范会员制的发展。

（张美群）

宝鸡市消费者协会负责人

会　长　朱生民

人　民　生　活

【概况】 2001年，在国家继续实施积极的财政政策和稳健的货币政策中，宝鸡市加快经济结构调整，积极稳妥地推进各项改革，国民经济持续健康发展，国内生产总值达到195亿元（口径调整），同比增长9.6%，人均国内生产总值5360元，同比增长8.8%。经济的稳定增长，带动居民收入继续增加，人民生活水平日益提高，消费明显回升。

【城镇居民生活】 2001年，宝鸡市城镇居民人均可支配收入5145元，同比增加391元，增长8.2%，其中，市区居民人均可支配收入5906元，同比增加565元，增长10.6%，人均消费性支出3830元，市区4355元，分别比上年同期增加111元和375元，同比增长3%和9.4%。居民收入快速增长，消费结构有所改善，恩格尔系数（食品消费占总消费支出比例）下降，住房消费、旅游消费、文化消费正在成为居民的消费新热点，享受发展型消费比例上升，消费观念转变。①全市居民恩格尔系数为35%，市区为36.8%，分别比上年下降0.6和1.6个百分点，居民在食品消费中更注重营养、追求方便，粮食消费量下降明显，蛋类增长13.8%，主食呈现出多样化和成品化，各类加工食品不断涌现，商场和超市的净菜、速冻食品、绿色食品、儿童食品倍受青睐，在外用餐人数越来越多，人均消费支出增长31.7%；②衣着继续向时装化、个性化发展。中老年人追求服装质地和款式，年轻一代追求时装化和个性化，2001年，市区居民人均衣着消费376元，同比增长12.5%，其中，成衣消费人均241.3元，同比增长14.9%；③交通通讯继续成为消费热点。伴随着经济的发展，人们进入信息时代，现代化的交通通讯工具迅速进入居民家庭，2001年人均用于交通通讯的消费支出为369.51元，同比增长45.0%；④城镇居民的居住水平继续提高。随着收入水平的提高以及住房制度改革的进一步深化，购置商品房及室内外装修已成居民一项重要消费内容，人均用于居住的消费支出581.56元，增长45.4%，占支出的17%，比上年提高3个百分点，其中，用于住房的消费支出375.19元，增长76.3%，水电燃料等其他配套设施消费性支出206.37元，增长18.6%；⑤旅游消费已成时尚。物质生活的满足转变了人们的生活观念，人们渐渐追求高质量的精神享受，利用节假日及闲暇时间外出旅游人数增加、费用增高，人均用于旅游消费的支出为103.36元，同比增长2.2倍；⑥高档家庭耐用消费品拥有量增加。每百户拥有摩托车12辆，家用电脑5台，钢琴1架、其他中高档乐器6件，健身器材3件，移动电话16部。人们的生活节奏加快，生活质量不断提高；⑦城市居民最低生活保障工作取得了突破性进展。全市享受城市低保待遇的户数和人数分别达到1.57万户、4.35万人，占城镇非农业人口的5%，实现了应保尽保，市区保障标准为人均130元，10个县为100～130元。确保了城乡困难群众的基本生活。

【农村居民生活】 2001年，全市农民人均纯收入1603元，同比增加60元，增长3.9%，人均生活消费支出1343.75元，增长5.5%，在人均总收入构成中：①家庭经营收入快速增加，人均1558.06元，同比增长9.02%，从第一产业中得到的收入增长16.6%，其中，牧业收入365.48元，增长51.5%，占总收入15.87%，比上年提高4.4个百分点，建设畜牧业强市战略的实施，畜牧业收入已成为农民增收的一个新亮点，养猪业是牧业收入主要来源，农民人均出售牧业产品现金收入为298.52元，其中，出售肉猪收入137.11元，占45.9%，第二产业收入增长11.6%，第三产业收入则下降22.5%；②工资性收入稳定增长。调查资料显示，农民人均工资性收入570.1元，增长6.5%，其中，农民在本地企业打工人均收入83.3元，同比降低16.8%，外出打工人均收入143.33元，同比增长12.6%，乡镇企业结构调整和城市下岗职工的增多，使农民的非农业收入减少，农民从第二产业得到的工资性收入同比减少1.9%，第三产业降低15.9%；③财产性收入中土地征用补偿收入增幅较大，增长3倍。收入提高，农民的消费水平提高，消费结构发生较大变化。恩格尔系数为39%，比小康标准中恩格尔系数50%低11个百分点；用于居住的消费人均227.95元，居消费支出的第二位，占消费支出的比重由2000年的14.2%上升至17%，人均居住面积从2000年的21.6平方米上升至22.3平方米，其中钢筋混凝土和砖木结构已达75%以上，在调查的800户农户中，住房有卫生设备的490户，有526户使用安全饮用水，683户有取暖设备，生活用电16.19万度，同比增长18.4%；非商品支出比例上升较快，其中，交通通讯消费支出上升最快，增长19.1%，占消费支出的5%。经济发展，农民的生活环境优化，消费档次提高，2001年底，通公路的村达到97.7%，88%的村通上电话，所有的村通电，98.8%的村能接收到电视节目；每百户拥有大型家具14件，洗衣机3台，电风扇5台，电冰箱0.6台，自行车12辆，摩托车1辆，电话机2.6部、移动电话0.42部，彩色电视机5台，照相机0.3架。

（张　琳）

人　　物

光　荣　榜

2001年宝鸡市全国五一劳动奖章获得者（1人）

【张吉焕】　陕西省太白酒厂厂长、党委书记

2001年宝鸡市获省级劳动模范、先进工作者（68人）

【田慧琴】（女）　宝鸡市金属材料总公司保管员

【贺建锋】　宝鸡市汽车修配总厂修理工

【施　前】（女）　宝鸡市公共交通公司乘务员

【韩广知】　宝鸡县虢镇桥南粮库保管员

【兰宗礼】　扶风县地下水工作队工人

【袁素玲】（女）　宝鸡市绛帐社会福利院儿童所所长

【祖天佐】　宝鸡市技工学校高级讲师

【魏新太】　岐山县故郡乡西方南沟村小学教师

【栾陇霞】（女）　陇县西大街小学高级教师

【罗琪改】（女）　宝鸡市中医医院主任医师

【上官金虎】　宝鸡市农业科学技术推广中心高级农艺师

【李军平】　中铁宝桥股份有限公司技术研发部高级工程师

【刘军社】　宝鸡市考古工作队队长、副研究员

【李秋礼】　宝鸡县中医医院院长

【巨光耀】　凤翔县医院内科主任

【王连生】　岐山县岐星水泥厂总工程师

【郝珠成】　陕西银母寺矿业有限责任公司总工程师

【王宝和】　宝鸡专用汽车厂总工程师

【吕小平】　宝鸡啤酒股份有限公司设备动力部经理

【张万虎】　宝鸡市第二建筑工程公司七分公司经理

【张　魁】　宝鸡市财政局办公室主任

【张勤政】　宝鸡县人民政府招待所所长

【金洪祥】　宝鸡机床厂厂长

【张玉浦】　陕西汽车制造总厂厂长

【李大信】　陕西西凤酒厂厂长

【王勇伟】　宝鸡车辆厂厂长兼党委书记

【张烈财】　宝鸡惠民乳品（集团）有限公司董事长兼总经理

【何宗礼】　宝鸡天兴建筑工程集团总经理

【王发林】　岐山县雍川镇王家村工业园区总经理

【高亚凤】（女）　宝鸡得力康乳业有限公司董事长兼总经理

【赵凤侠】（女）　扶风县天度镇天度村农民

【白智勇】　眉县汤峪镇豆家河村农民

【王志魁】　陇县东南镇荀家沟村党支部书记

【李林功】　千阳县文家坡乡曹家塬村党支部书记

【王永杰】　凤县三岔镇酒铺村党支部书记

【张存喜】　太白县嘴头镇塘口村村委会主任

【李秀英】（女）　麟游县常丰乡紫石崖村党支部书记

【冯英耀】　宝鸡市渭滨区马营镇燃灯寺村支书、村委会主任

【李黑记】　宝鸡东岭集团董事长兼总经理

【王宗礼】　宝鸡聚丰房地产开发（集团）有限公司董事长

【赵志军】　渭滨区人民法院刑事审判庭庭长

【张锦哲】　宝鸡市岐山县京当乡司法助理员

【柏淑群】（女）　凤县政法委综合治理委员会综治办副主任

【陈　晖】　宝鸡卷烟厂厂长

【李大开】　陕西汽车齿轮总厂厂长

【龙兴元】　秦川机床集团有限公司董事长

【阎录芳】　陕西省红旗化工厂厂长

【王秀娥】（女）　宝鸡铁塔厂厂长

【徐掌恒】　眉县电力局局长

【雷胜利】　宝鸡石油钢管厂副总工程师

【易汉德】　陕西铅铜山矿业有限公司经理

【吕培成】　宝鸡有色金属加工厂副总工程师

【邓宽录】　陕棉十二厂厂长

【周　锋】　省石头河水库灌溉管理局局长、党委书记

【邱世琪】　陕西九棉实业有限责任公司董事长

【王忠武】　中国人民解放军5702厂厂长

【王志荣】　烽火通讯集团有限公司董事长

【吴　忠】　陕西凌云电器总公司设计师

【贺厂生】　陕西金山电器集团公司工人

【陆永宽】　长岭机器厂军品所设计师

【苏新顺】　长岭集团公司工艺研究室主任

【陈兴旺】　群力无线电器材厂工人

【东树岐】　西北机器厂铸造分厂工人

【李淑兰】（女）　省二建二公司工程师

【余开喜】　西北有色地质局七一七总队维修班长

【韩卫国】　九冶安装公司工人

【杨宝周】　宝鸡第二发电有限公司工人

【丁志文】（女）　凤县国税局局长

2001年度宝鸡市被授予陕西省有突出贡献专家（3人）

【李　航】 男，1960年7月生，汉族，中共党员，大学文化程度，长岭（集团）股份有限公司副总经理、高级工程师。

【张玉浦】 男，1943年3月生，中共党员，大学文化程度，陕西汽车集团有限责任公司董事长、陕西欧舒特汽车股份有限公司董事长。

【韩金科】 男，1946年8月生，中共党员，大专文化程度，法门寺博物馆馆长，研究员。

2001年度宝鸡市被授予陕西省有突出贡献中青年专家（2人）

【田　沙】 男，1962年4月生，汉族，中共党员，大学文化程度，秦川机床（集团）有限公司技术研究院院长，工程师。

【王周录】 男，1957年10月生，中共党员，大学文化程度，市农技中心主任，农艺师。

2001年宝鸡市有突出贡献拔尖人才（29人）

【刘春雨】 男，1950年10月生，中共党员，大学文化程度，宝鸡市农技中心总农艺师，高级农艺师。

【陈顺道】 男，1955年11月生，中共党员，大学文化程度，长岭机器厂高级工程师。

【程玉泉】 男，1953年12月生，高中文化程度，陕西皇城建材机械集团副董事长、副总经理，工程师。

【宋英杰】 男，1952年5月生，中共党员，大学文化程度，陕西宝成航空电子公司新纺公司副经理，高级工程师。

【毛曼利】 女，1955年8月生，中共党员，大学文化程度，宝鸡市科技情报所所长、书记，高级工程师。

【刘根焕】 男，1951年12月生，中共党员，大学文化程度，宝鸡五一纸业有限公司董事长、党委书记，高级经济师。

【李献军】 男，1966年6月生，大学文化程度，宝鸡有色金属加工厂科长，高级工程师。

【陈超寰】 男，1953年5月生，大学文化程度，中国航天科技集团公司7107厂主任工艺师，高级工程师。

【王连生】 男，1958年1月生，中共党员，中专文化程度，岐山县蔡家坡镇岐星村党委书记，岐星企业集团公司董事长兼水泥厂厂长，经济师、工程师。

【张烈财】 男，1959年4月生，中共党员，大专文化程度，宝鸡县天王镇八庙村党委书记，宝鸡惠民乳品有限公司董事长、总经理，经济师。

【湛民生】 男，1947年10月生，中共党员，大学文化程度，宝鸡北方照明电器公司董事长、党委书记，高级经济师。

【陈　晖】 男，1961年1月生，中共党员，硕士研究生，宝鸡卷烟厂厂长、党委副书记，高级经济师。

【杨金善】 男，1960年11月生，中共党员，大学文化程度，宝鸡供电局局长，高级工程师。

【韩勤有】 男，1957年1月生，中共党员，大学文化程度，宝鸡市环境监测站副站长，高级工程师。

【薛浩智】 男，1949年1月生，中共党员，中专文化程度，扶风县西关逸夫小学高级教师。

【李伯勋】 男，1950年5月生，中共党员，大学文化程度，宝鸡教育学院中文系主任、副教授。

【郭冬梅】 女，1957年11月生，中共党员，大专文化程度，金台区西街小学副校长，小学高级教师。

【阎　惇】　男，1946年10月生，大学文化程度，千阳县千阳中学高级教师。

【赵秋生】　男，1957年10月生，中共党员，大学文化程度，凤翔师范学校高级讲师。

【张有智】　男，1950年2月生，中共党员，大专文化程度，宝鸡市中医医院CT室主任、副主任医师。

【张清明】　男，1948年10月生，中共党员，大专文化程度，宝鸡市中心医院传染科主任，副主任医师。

【郭　健】　男，1952年3月生，大专文化程度，宝鸡市人民医院外三科主任，副主任医师。

【武雅俐】　女，1957年8月生，中共党员，大专文化程度，宝鸡市妇幼保健院书记兼副院长，副主任医师。

【贾雷鸣】　男，1956年4月生，中共党员，大学文化程度，宝鸡电视台总编辑、副台长、高级记者。

【余卫国】　男，1960年3月生，中共党员，大学文化程度，宝鸡市社科联副主席、副研究员。

【李红林】　男，1953年11月生，九三学社成员，大专文化程度，宝鸡市工人文化宫科长，馆员。

【常智奇】　男，1953年9月生，中共党员，硕士研究生，宝鸡市艺术创作研究室主任，研究馆员。

【李全武】　男，1956年3月生，中共党员，大学文化程度，宝鸡文理学院财务处处长，教授。

【赵海林】　男，1949年11月生，中共党员，大学文化程度，太白县委党校高级讲师。

2001年宝鸡市有突出贡献中青年拔尖人才（32人）

【马文哲】　男，1966年4月生，中共党员，大学文化程度，宝鸡县桑果工作站农艺师。

【谢义魁】　男，1956年7月生，中共党员，中专文化程度，宝鸡烟草分公司烟叶公司副经理，农艺师。

【任雅琴】　女，1963年9月生，中共党员，大学文化程度，宝鸡市农科所农艺师。

【谭根堂】　男，1965年10月生，大学文化程度，宝鸡市农技中心高级农艺师。

【黄　力】　男，1960年6月生，大专文化程度，扶风县农技中心主任，农艺师。

【于焕琦】　男，1959年3月生，民建成员，中专文化程度，陇县水利管理工作站站长，工程师。

【王锦玲】　女，1959年2月生，中共党员，大专文化程度，宝鸡得力康乳业有限公司副总经理，畜牧师。

【张　鹏】　男，1957年8月生，中共党员，大专文化程度，凤翔县农机技术推广站站长，工程师。

【吕会霞】　女，1967年10月生，大学文化程度，渭滨区农技站助理农艺师。

【马致民】　男，1962年5月生，大学文化程度，陕西烽火集团公司副所长，高级工程师。

【蔡小让】　男，1964年9月生，中共党员，大学文化程度，西北机器厂工程师。

【梁会林】　男，1965年1月生，大学文化程度，渭阳柴油机厂副所长，高级工程师。

【李　旸】　男，1967年11月生，中共党员，大学文化程度，宝鸡宝化化工有限公司董事长兼总经理，经济师。

【王宏潮】　男，1963年11月生，中共党员，大专文化程度，宝鸡水泵厂设计室主任，工程师。

【杨兆鸣】　男，1957年8月生，中共党员，大学文化程度，宝鸡工程机械厂技术研发中心办公室副主任，高级工程师。

【杨子元】 男，1962年5月生，中共党员，硕士研究生，宝鸡文理学院物理系副主任，教授。

【吴文博】 男，1957年7月生，中共党员，大学文化程度，宝鸡中学教导主任，中学高级教师。

【刘　丽】 女，1968年2月生，大专文化程度，岐山县城关小学高级教师。

【岳西乾】 男，1957年4月生，中共党员，大学文化程度，麟游县教研室副主任，中学高级教师。

【汪全尧】 男，1960年3月生，农工民主党党员，研究生，陕西省第二商贸学校教研室主任，高级讲师。

【刘军成】 男，1959年10月生，中共党员，大学文化程度，眉县教研室主任，中学高级教师。

【梁治中】 男，1957年1月生，中共党员，大专文化程度，渭滨区经二路小学书记、校长，小学高级教师。

【袁改过】 女，1962年10月生，大学文化程度，凤翔县凤翔中学高级教师。

【窦寒梅】 女，1970年5月生，中共党员，大专文化程度，凤县双石铺小学教导主任，小学高级教师。

【韦小波】 男，1972年4月生，大学文化程度，陇县西大街小学高级教师。

【陈　蓓】 女，1963年3月生，大学文化程度，宝鸡教育学院政教系副主任，副教授。

【炊昌劳】 男，1962年3月生，大专文化程度，宝鸡市中医药学校讲师。

【孙甲虎】 男，1957年7月生，中共党员，大学文化程度，宝鸡电视台中心发射台主任，高级工程级。

【谢义明】 男，1958年11月生，中共党员，大学文化程度，宝鸡人民广播电台党总支书记、台长，主任记者。

【谢建钢】 男，1961年11月生，中共党员，大学文化程度，陕西省广播电视信息网络股份有限公司宝鸡分公司总经理，高级工程师。

【龙剑辉】 男，1960年9月生，中共党员，大学文化程度，宝鸡民俗博物馆馆长、党支部书记，馆员。

【肖亚平】 男，1959年1月生，大专文化程度，宝鸡师范学校讲师。

2001年宝鸡市十佳公务员

【毛莉琴】 宝鸡县周原镇人民政府计生办主任

【卓俊义】 金台区物价局主任科员

【郑　文】 市公安局金台分局副局长

【杨林森】 千阳县水沟镇人民政府副镇长

【刘根义】 凤翔县公安局副局长、交警大队队长

【张建兴】 扶风县水利局党委书记、局长

【张少军】 市计划生育局办公室主任

【刘东科】 眉县马家镇人民政府镇长

【侯宏泰】 陇县农业局党委书记、局长

【李忠科】 市地税局直属分局副局长

2001年宝鸡市第三届“巾帼十杰”

【李秀英】 汉族，1954年6月出生，中共党员，小学文化程度，麟游县常丰乡紫石崖村党支部书记。

【李丁芬】 汉族，1957年8月出生，初中文化程度，民建会员，宝鸡秦隆商贸有限公司总经理。

【李惠玲】 汉族，1954年3月出生，中共党员，大专文化程度，长岭美神实业公司经理。

【高亚凤】 1956年5月生，汉族，中共党员，大专文化程度，宝鸡得力康乳业有限公司董事长兼总经理。

【袁素玲】 汉族，1957年4月出生，中共党员，大专文化程度，宝鸡市绛帐社会福利院儿童所所长。

【丁志文】 汉族，1960年6月生，中共党员，大学文化程度，凤县国税局局长。

【张玲娥】 1952年4月出生，汉族，中共党员，大学文化程度，宝鸡市妇幼保健院妇产科主任。

【陈 蓓】 1963年3月出生，汉族，大学文化程度，宝鸡教育学院副教授。

【崔玉爱】 1964年10月生，汉族，中共党员，大学文化程度，陕西汽车制造总厂总装二分厂副厂长。

【胡新娥】 汉族，1955年3月生，中共党员，大专文化程度，太白县计划生育局局长。

全国优秀民警（2人）

【郝晓辉】 男，汉族，1975年12月出生，陕西省眉县人，大专文化程度，1993年1月加入中国共产主义青年团，1996年7月参加工作，在宝鸡市公安局交通警察支队渭滨大队红旗路岗台任交通民警，科员，三级警司警衔。

郝晓辉把交警工作比做城市交响曲的指挥者，交通秩序的维护者，展现城市精神文明窗口的使者。他为了做一名合格交警，达到身正、腰挺、臂直、头不歪等训练要求，总是抽空头顶砖块、领别钢针、腰插T字木尺，一练就是几个小时，从不喊苦叫累，练就一身硬功。手势指挥，军体强化名列全队第一。他做到上岗一分钟，站好六十秒，顶烈日，战严寒，以岗为家，乐于奉献。护送老人迷童百余次，为民办好事、实事上千件，收到群众感谢信30余封。他处理违章公正文明，严格执法，从不刁难。郝晓辉先后荣获省公安厅交警总队交警管理先进个人，宝鸡市公安保卫战线先进个人，共青团宝鸡市委新长征突击手等光荣称号。2001年3月1日被公安部授予全国优秀民警光荣称号。

【王勇平】 女，汉族，1953年10月出生，原籍陕西省合阳县，大学文化程度，1971年3月参加工作，1980年1月加入中国共产党，宝鸡市公安局金台分局出入境管理科科长，二级警督警衔。

王勇平担任领导职务后，在经费、人员少，业务性、政策性强的情况下勇挑重担，凭着埋头苦干的工作作风，为出入境管理工作倾注了大量的心血和汗水。建立外管队伍，健全外管网络，率先编制完成出入境管理微机程序，编写印制《出入境管理知识问答》等宣传资料。她四年来安全接待境内外人员4000多人次，涉及40个国家和地区。验证率、合格率、及时率达到98%，该科连续四年被评为市、省出入境管理工作先进单位。她多次被评为优秀民警，文明服务标兵，荣记个人三等功。2001年3月1日被公安部授予全国优秀民警光荣称号。

获省级以上荣誉称号人物（5人）

【张克玉】 女，汉族，出生于1961年8月，中共党员，河北省河涧县人，1979年11月参加工作，中共陇县纪律检查委员会副书记。

张克玉担任陇县纪委副书记以来，她扎实系统地学习了马列主义、毛泽东思想、邓小平理论和江泽民“三个代表”重要思想，记学习笔记6.4万字，撰写心得体会文章8篇。在分管县纪委案件查办工作中，她亲自参与查办案件73件，其中大要案34件，没收违纪资金54.5万元，挽回经济损失376.9万元，处理违纪人员69名。2000年基层办案数达到了46件，是1997年的3倍。该县查办案件工作连续四年荣获全市第一，并连续两年受到省纪委表彰奖励。4个基层纪委办案工作受到市纪委表彰。她狠抓反腐败领导小组和案件协调小组办公室的工作，召开专门会议12次，研究通报大要案件16起，协调办案力量58人（次），每年召集执法执纪部门联席会4次。张克玉坚持原则，敢于碰硬，勇于为办案人员撑腰壮胆，被人们称为“关山脚下一腊梅”。由于工作成绩突出，她多次被市、县评为优秀纪检干部、优秀共产党员、优秀党务工作者、优秀公务员等，其先进事迹先后被《中国纪检监察报》、《中国监察》杂志、《陕西日报》、《宝鸡日报》、《法制报》等多家媒体报道。2001年被中央纪委、国家人事部、国家监察部授于全国纪检监察系统先进工作者称号。

【胡国平】　男，1956年8月出生于河南中牟，现任宝鸡车务段宝鸡南站站长。自担任站长、中心站长以来，19年如一日，埋头实干，关心职工疾苦，千方百计解决职工饮水、用电、子女入托、上学等实际困难，将一个被动落后的中间站改变成全路的先进集体，并被局、分局命名为“双文明”标兵车站、优秀示范站。2000年10月1日，宝鸡南站一列开往昆明的液化气罐车严重泄漏，如不及时处理即会引起爆炸，其后果不堪设想。在这紧急关头，胡国平置生死于不顾，挺身而出，果断指挥，避免了一场特大爆炸事故的发生，保护了人民的生命财产。他的事迹被多家媒体报道。胡国平连续十余年被局、分局、段评为先进工作者、优秀共产党员。2001年被铁道部评为“全国铁路劳动模范”。

【曹铁铸】　男，汉族，1962年7月出生，安徽人，中共党员，国家特级技师。曹铁铸1982年由红光技工学校毕业后分配到航天总公司7107厂工作，任车工。他具有过硬的高精密零件加工技术，尤其在超薄壁零件的加工方面更为突出，解决加工技术难题十多项，曾被聘为国家技师、高级技师、国家特级技师。先后被航天部授予“新长征突出手”、“百优青年”称号，1998年，航天工业总公司授予“航天奖”，2000年6月，航天科技集团公司授予“航天技术能手”，2001年，国防科工委授予“劳动模范”称号，并在航天科技集团公司第十研究院开展向曹铁铸学习活动。

【王云侠】　女，生于1946年11月23日，山西省万荣县人，汉族，大学文化程度，中共党员，宝鸡市中心医院党委委员、整形烧伤科副主任、主任医师，中共十五大代表。

干烧伤这一行既脏又累，换药时，在烤箱里一站就是几个小时，特别是在夏天换完一个大面积烧伤患者的药，人就像从水缸里捞出来一样，可王云侠一干就是30多年。多年来，她始终牢记全心全意为人民服务的宗旨，一心扑在工作上，想患者之所想，急患者之所急，待病人如亲人。她先后获得了全国先进工作者、全国百名优秀医生等多项光荣称号。2001年，王云侠又被评为全国优秀共产党员、全国“十行百佳”妇女和全国“三八红旗手”荣誉称号。

【强峻峰】　男，生于1956年11月，1974年参加工作，陕西省宝鸡县人，汉族，大学文化程度，中共党员，宝鸡市中医医院党委副书记、纪委书记。多年来，张峻峰在院党委和上级纪检组织的领导下，认真落实上级纪检组织的工作部署，创造性地开展工作。他依靠群众，认真查办工作人员违纪案件多起，为医院挽回经济损失5万余元。他率先开展聘请社会监督员进行医德医风查房活动，为医院工作注入了活力。他先后多次被评为省、市卫生系统纪检监察先进工作者。2001年被评为陕西省纪检监察先进工作者，受到省纪委、人事厅、监察厅的表彰。

县 区 概 况

金 台 区

【概况】 金台区总面积72平方公里，总人口26.82万人，其中非农业人口23.6万人，占88%。辖2镇7个街道办事处，67个社区居民委员会，25个村民委员会。2001年底，撤销长寿镇，所辖村组分别就近划归有关街道办事处管辖。2001年，区委、区政府按照“开放带动，开发兴业，突出三产，多元发展”的总体思路，全面实施“三产富区，科教兴区，城市化带动”三大战略，全年完成国民生产总值38.4亿元(含驻区单位。因统计办法变更,不再沿用区属增加值),工农业总产值15.94亿元,社会商品零售总额9亿元,财政收入5927万元,分别同比增长10.9%、8.11%、-2.1%、5.2%。

金台区主要经济和社会发展指标一览表

	项目		单位	2001	比上年±%
经济状况	国内生产总值	第一产业	万元	29157	+3.4
		第二产业	万元	14000	+10.9
		第三产业	万元	19220	+15.2
	财政收入		万元	5927	5.2
	各项贷款余额		万元		
	社会固定资产投资		万元	18448	22.5
农业	总产值		万元	1835	-20.46
	粮食总产量		万吨	0.39	2.85
	农作物总面积		万公顷	0.19	-24.65
	粮食作物总面积		万公顷	0.12	0.83
	平均亩产		公斤	217.8	2.1
	蔬菜瓜类总产		万吨	1.08	-47
	果园面积		公顷	184	-4.66
	果业总产		万吨	0.18	34.69
	畜牧业总产值		万元	663	7.28

续 表

	项目		单位	2001	比上年±%
工业	总产值(不变价)		万元	157580	8.57
	完成利税		万元	1910	41.01
	实现利润		万元	380.2	158
	企业总数	国有企业	个	1	
		集体企业	个	140	
		股份制企业	个	2	
		私营企业	个	466	
	职工		万人	1.8458	4.41
建设环保	年内完成基本建设投资		万元	2824	20.69
	建筑业完成总产值		万元	950.2	
	建筑业实现利税		万元	-10	
	建筑面积		平方米	17623	
	环境保护总投资		万元		
商业旅游	消费品零售总额		万元	90127.8	-2.1
	居民消费总水平下降(上升)百分比				
	商业从业人员		万人	1.8	28.5
科技教育	普通高中(完全中学,含初中)		所	4	25
	高级职业学校		所	1	
	中等专业学校		所		
	初中		所	4	
	小学		所	35	
	幼儿园		所	22	-38.9
	在校学生共计		万人	4.1723	2.4
	义务教育学段在校学生共计		万人		
	教职工共计		名	3339	6.4
	适龄儿童入学率百分比		%	100	
	高中入学率百分比				
文体卫生	老干部活动室		处	4	
	有医院		所	13	
	医院有床位		张	1701	1.6
	医院有医生		人		

续 表

	项　　目	单位	2001	比上年±%
社会生活	年底下岗职工就业率百分比	%	64.7	
	全年为下岗职工支出救济金	万元	26.96	72.82
	城镇居民人均可支配收入	元	5906	105
	城镇居民人均住房面积	平方米	11.79	2.3
	农民人均收入	元	2905	3.01
	城镇居民百户拥有电话	部	80	12.67
	城镇居民百户拥有电视机	台	113	2.7
	农民百户拥有电话	部	78	6.7
	农民百户拥有电视机	台	120	8.1

【非公经济和第三产业快速发展】 2001年，先后新建了东岭市场、大庆路综合市场、老火车站口市场、西关再就业市场、联盟建材市场、万众家具城等综合市场，改建扩建了金利建材市场，新增市场占地面积22895平方米。全年新发展个体工商户2425户，新发展私营企业130户，新增注册资金959万元，市场贸易成交额达6.32亿元，同比增长9%。全区非公有制经济占国内生产总值的51%。

【工业经济运行质量、效益明显回升】 本年度，金台区以产权置换为核心，加大对传统产业的改造、改组力度。完成了曙光彩印公司等7户工商企业的股份制改造；宝鸡得力康乳业有限公司兼并眉县畜牧场，紫伊商贸有限公司兼并金台食品工业公司；龙凤宾馆、百货大楼等4户企业的破产工作正依法进行；依靠科技进步，全年完成工业技改项目43个；开发了一批新产品，使工业企业的市场竞争能力和应变能力进一步增强。全区工业总产值达15.76亿元，同比增长8.57%，其中规模以上工业企业年增长幅度达15%以上，区属工业企业亏损面和亏损额下降20%。

【农业经济结构调整初见成效】 全年建成蔬菜、水果、食用菌等高新技术生产示范点19个。其中，蔬菜平均每公顷收入49500元，同比增长120%，新发展杂果93.3公顷，鲜奶年产量达3259吨；认真实施山川秀美工程，完成长寿沟小流域治理，北坡退耕还林263.6公顷，兑现210.6公顷退耕还林优惠政策粮款；乡镇企业完成改制35户，占总数的99.3%，利税总额达1.16亿元，首次突破亿元大关。农村第三产业发展迅猛，总收入达15.6亿元，占农村经济总收入62.9%，成为农村经济发展的支柱产业。农村经济总收入达24.74亿元，同比增长34.29%，进入快速发展时期。

【项目建设有新成果】 2001年，金台区被列入宝鸡市目标责任考核的15个经济社会发展项目和10个办实事项目均全部完成。良种奶牛胚胎移植繁育中心和农业节水灌溉示范项目已建成使用。宝鸡东岭印务有限公司、得力康乳制品加工生产线等一批工业项目建成投产。全年共完成固定资产投资1.85亿元。

【实施“科技兴区”战略】 坚持扶强扶优，培育新兴产业，加大科技项目的资金支持力度。全年共完成区级科技计划项目10项，科技攻关项目1项，科技发展项目5项。民营科技企业有了长足发展，金台科技园经过努力已对外开园。

【社区建设取得阶段性成果】 全区共建成社区居民委员会67个，建成居委会办公用房243间，总面积3976平方米。顺利进行了长寿镇撤镇扩街工作。人事制度改革完成了近60个事业单位的设岗方案，并在城建、农业等系统全面推行聘约制管理。采取公开招考办法为文教系统录用教师60名。卫生改革大胆尝试合作经营、承包经营、技术合作等方式，积极探索公有制医院发展的新路子。

【加强精神文明建设】 在全区两镇和49个区级部门、61个基层站所认真进行了“三个代表”重要思想学习教育活动，在全市学教活动交流会上交流了经验。在城区，进一步深入开展文明社区、文明单位、文明校园创建活动。在窗口行业和执法部门开展“创优评差”活动和行风评议活动，区政府分别与12个行业、部门签订了“创佳评差优质服务竞赛”活动责任书；在农村，广泛开展创建文明村镇和“十星级文明户”活动，狠抓农民思想、道德、文化教育，着力改善生产生活环境。全年共创建市、区级文明卫生单位30个，区级文明社区3个，区级文明村4个，“十星级文明户”5499户，占总户数的63%。

【社会各项事业稳步发展】 教育工作以提高教学质量和办学水平为重点，狠抓教师队伍建设和危旧校舍改造，并顺利接管了宝石学校。计划生育工作出台《金台区计划生育社会保障工作实施办法》，巩固了省级计划生育综合服务区成果。

【城乡居民生活水平有新提高】 全区农民人均收入达2905元，比上年增加85元；职工平均年工资达7221元，比上年增长25%；下岗人员的基本生活费和离退休人员养老金实现省级统筹，区属企事业单位养老保险参统率和社会发放率均达100%，农村社会养老保险也稳步进行。全区实行最低生活保障人数11448人，月发放保证金45.73万元。

【城市管理迈出新步伐】 2001年，区围绕个别地区存在的“脏、乱、差、占”现象，在全区开展了一系列市容市貌整治活动。一方面，采取行政措施，清理辖区内非法占道经营市场10处，取缔了长青路花鸟市场和群众路口的占道经营市场；另一方面，集中力量进行工程治理。相继清理了引渭渠两岸、铁路沿线和马营路的垃圾1000余吨，并对市区北坡居民及单位的垃圾实行袋装化收集，设专人服务，专人管理，使北坡和引渭渠多年来的垃圾瀑布得到根本治理。

【旧城改造取得新进展】 2001年在市政府的支持下，金台区积极创造条件，对群众路进行拓宽改造，共拆迁各类建筑物2862.46平方米，保证了工程顺利进行和按期交付使用；完成中山路、马营路西口、红旗路铁桥北侧、汉中路北段等人行道铺设13212平方米，改造硬化道路3424.4平方米；被拓宽改造的5条道路及东风路南侧的路灯已全部改造安装完毕；按照“谁投资，谁受益”的原则，吸引社会投资修建水厕2座，已交付使用；争取上级资金，对陈仓游乐园进行高质量改造，于6月份对外开放，成为斗鸡地区人民群众休闲游乐的好去处。

【金台科技园开工奠基】 经过前期大量准备工作，2001年12月28日，宝鸡市金台科技园暨新地中海锦绣园开工建设。宝鸡市市长吴登昌、市委副书记吴新成、市人大副主任郝改桂等参加开工奠基仪式，金台区区长牛力平致辞。金台科技园是金台区按照宝鸡市政府高新区建设“一区多园”战略部署，筹备建设的高新技术产业园。也是实施科技兴区战略的重大举措之一。

【加快技术改造步伐】 2001年，金台区坚持科技兴企，努力推进技术改造，开发引进了一批先进实用的技术和产品。宝鸡阀门厂的270千瓦烧结炉和宝鸡水松纸厂的彩色印刷生产线技改项目均已告竣；金台消防器材厂成功研制开发了推车式二氧化碳灭火器，建华制药有限公司投资研制的高效包衣机，填补了省内空白；投资400万元新建的宝鸡三色金属加工厂已进入设备安装调试阶段。渭河冷饮食品厂的食品生产线、宝鸡市人民胶印厂新生产线、太平堡村高低压开关厂和工农村铸炼厂等项目均已建成投产；良种奶牛胚胎移植繁育中心建设完成投资132万元，建成了实验室，购置了相关药品和胚胎移植车，胚胎移植工作已经展开。

【招商引资成效明显】 2001年，金台区抓住东西部经贸洽谈会和“两节一会”机遇，按照“活资产、强财力，求发展”的思路，举全区之力招商引资。组建政务大厅、实行“一厅制”办公，加强对招商引资工作的协调和服务；进一步整顿和优化投资环境；将招商引资任务量化分解到单位和个人，纳入年度岗位责任目标考核，并设立60万元招商引资奖励基金，制定相应的奖惩办法；制作《金台区招商引资项目册》，在互联网、报纸等媒体上广泛宣传，组建4个招商团，由区级领导带队，分赴东南沿海发达地区和泰国招商引资。全年共签约项目104项，协议引资3.14亿元。年底到位资金已达9200万元。

【生态环境明显改善】 2001年，金台区大力实施山川秀美工程，完成北坡退耕还林面积296.7公顷，投资额150万元，治理长寿沟流域面积1166.7公顷；对联盟路、跃进路进行了绿化，在渭河滩栽植草坪4.2万平方米。对东风路的绿化改造实现了四季常绿、三季有花的目标。全年新建绿地10.62万平方米，新增绿化用地1800平方米；强化对大气污染、垃圾污染和噪音污染的综合治理，开展专项检查7次，关闭取缔了2个非法小电镀厂，并对金台水泥厂实施关停，城乡生态环境明显改善。

【进行市场专项整治】 2001年，金台工商分局按照“突出重点，标本兼治，整改结合，确保实效”的工作思路，集中力量出重拳，进行多层次、全方位的执法检查，专项整顿和治理市场秩序。严厉打击假冒伪劣商品，整顿文化市场，净化广告市场。相继捣毁了五里新村全市最大的“海豹油”传销窝点、人民路变质酱牛肉加工窝点、李家崖劣质洗洁精生产窝点和菜市街假冒酱油、醋勾兑窝点，并查获私商粮贩非法贩运玉米23.88吨。全年累计出动执法人员1639人（次），开展成品油、农资、汽车、饮料、肉食品及文化市场专项市场检查整治活动14次。共检查个体工商户4530户（次），私营企业410户（次），端掉制假黑窝点21个，取缔无照经营者146户，查办经济违法违章案件1177件，罚没钱款42万元。受理群众投诉2546件，为消费者挽回经济损失19万多元。

【落实安全生产责任制】 2001年，成立了区安全生产监督管理局，调整了区安委会组成人员。区政府与各镇街、各部门以及各企事业单位层层签订安全生产责任书，组织了5次全区性拉网式安全生产大检查，及时进行妥善处理。在全区开展民用爆破物品、烟花爆竹、道路交通、危险化学品、公众聚集场所等安全专项整治活动。全年安全生产形势基本平稳，各类事故发生人数、死亡人数、受伤人数和直接经济损失分别比上年下降22.3%、11.1%、8%和21.9%，被市政府评为安全生产先进县区。

【市长现场办公解决城市建设问题】 2001年6月15日上午，宝鸡市市长吴登昌带领市政府及市规划局、城建局、交通局等有关负责同志，到金台区现场办公，解决城市建设方面存在的问题。在区委书记齐桢、区长牛力平、副区长王明理等陪同下，吴市长一行现场考察了金陵东路、群众路等地区，吴市长要求以建设生态城市、人居最佳城市和西北一流城市为目标，搞好宝鸡市的规划建设。确定下半年，在金台区高起点、高标准改造群众路、中山路、文化北路、汉中路和红旗路北段，并在店子街地区规划修建一块绿地。由市规划部门设计方案，城建部门实施，金台区做好土地划交工作。

【龙凤宾馆、百货大楼破产】 2001年7月30日，宝鸡市龙凤宾馆、宝鸡市百货大楼经职工大会讨论通过，分别向金台区人民法院申请破产还债。龙凤宾馆是一家以沐浴、餐饮、住宿服务为主的商业企业，百货大楼是宝鸡市百货商业中的老字号，两企业均系金台区所属的规模型国有商业企业，在宝鸡市知名度较高。近几年，由于效益滑坡，经营困难，已然资不抵债。7月31日金台区人民法院受理了这2户企业的破产申请，并向社会公告，2户企业依法进入破产还债程序。8月6日成立由市人行、区工商、国税、地税、人劳、商贸、审计、国资和体改等9部门参加的破产清算小组。11月6日、7日，百货大楼、龙凤宾馆债权人大会召开。至2001年底，资产、债权、债务清算工作基本结束。

【金台区与柳北区结为友好城区】 为进一步加强横向联合，优势互补，共同发展，经协商，宝鸡市金台区与广西柳州市柳北区结为友好城区。拟主要开展工作交流，及时交换两区在经济建设、精神文明建设等方面的工作经验；搞好经济协作，围绕双方各自优势，在平等、互惠、互利原则下，积极开展信息、物资、技术、资金、人才等方面的交流与协作。2001年4月28日，金台区区长牛力平与柳北区区长陈虹分别在协议上签字。

【人大代表、政协委员调研评议行风】 2001年10月，金台区组织区人大代表、政协委员对税务、卫生两系统的行业风气进行为期一周的调研评议。代表和委员深入群众，直接与纳税户和患者见面，了解他们的意见和建议。共收集到反映执法不公、作风粗暴等方面的意见、建议近百条。群众对税务、卫生两系统行风的综合满意率分别为93%和91%。并通过召开反馈意见会，使被评议部门知道有压力有目标，促进了行业风气好转。

【依法治区成效显著】 2001年初，金台区“四五”普法依法治理工作全面启动。制订了工作规划，组建了普法讲师团，广泛开展“法制宣传月”和“宪法宣传日”活动，举办依法治企、依法治校培训班，在辖区大中型企业推行《企业依法治理工作模式》，并组织全区各级干部和农村基层干部6000多人进行基本法律知识考试。同时，在治安秩序、文化市场、土地、环境保护等10个方面进行依法重点治理，取得明显社会成效。其《五抓五要五个方面落实，普治并重实现五个跨越》的经验及《探索模式，分类指导，不断提高基层单位法治化管理水平》的做法，先后在省、市有关会议上推广。并于2001年5月31日在第五次全国法制宣传教育工作会议上，被中央宣传部、司法部命名为“全国法制宣传教育先进县（区）”。全区涌现出依法治省先进个人2名，依法治市先进单位4个，先进个人5名。

【金台区被授予全省“同法轮功邪教组织斗争先进集体”】 2001年5月，金台区被省委组织部、省委宣传部、省政法委、省公安厅、省民政厅、省人事厅授予“同法轮功邪教组织斗争先进集体”光荣称号。金台区是受“法轮功”邪教毒害的重灾区，全区有固定练功点14处397人，宝鸡辅导站6名主要成员均在金台区。中央取缔邪教“法轮功”后，金台区迅速行动，依法进行严厉打击，5名“法轮功”分子被依法劳教，16人受到治安处罚。并发动干部进行认真细致的教育转化工作，实行领导、单位和帮教责任制，采取“重点抓、抓重点，基层抓、抓基础，多方合作几包一、多层包抓”等办法，实现了“法轮功”练习者的大面积转化和30名痴迷者先后转化。为防止“法轮功”死灰复燃，全区大力开展丰富多彩的群众文娱活动，加强社区精神文明建设，努力营造崇尚文明、抵制邪教的社会氛围，从根本上铲除了“法轮功”等邪教滋生的土壤。

【环保治理力度加大】 2001年，区环保局、监察局联合行动，对78家企业进行现场检查，重点对金石水泥有限公司违法生产进行了严肃查处，上报区政府，责令其停产；对一些企业的污染源限期治理，东岭工贸服务有限公司和益尔高科源生化有限公司已分别投资30万元改造电镀废水处理设施和建设污水处理站；加强建设项目管理，严格控制新污染的产生。进行了两次细致检查，查处违法建设项目6起，并要求所有建设项目进行排污申报登记，使辖区内的同级建设项目“环境影响评价”及“三同时”执行率达100%；采取有效措施，严防“十五小”、“新五小”企业回潮。开展专项检查7次，查处非法小电镀厂2处，依法予以处罚和关闭。取缔露天烧烤280家。在农村深入宣传秸杆焚烧的害处，变被动禁烧为主动开发综合利用，使环境污染状况得到有效扼制。

【金台区人武部开展小流域治理见成效】 2001年，金台区人武部按照上级关于开展小流域治理的指示精神，主动与区农业局携手，发动民兵预备役人员，对区内水土流失严重的北坡进行小流域工程治理。工程涉及长寿镇的罗家塄、福临堡、新春、胜利、金台等7个行政村，流域总面积14.33平方公里。人武部军政主官主动向区委、区政府汇报，成立了以区长牛力平为组长，各有关部门和镇街领导参加的治理领导小组，协调政府配套资金100万元，层层签订责任合同，并聘请水利、林果专业技术人员驻村包点，跟踪指导。人武部领导多次深入一线解难题，跑资金，搞协调，共发动驻区企业、厂矿和民兵预备役人员3.8万人义务投工投劳，先后建成治理区3条道路，平整台田97块，完成水保林、经济林、风景林的种植和管护277.7公顷。治理后的流域区经国家验收总评92分，是当年小流域治理方面全市惟一的优质工程。

【全省关心下一代工作现场会在金台区召开】 全省城市社区关心下一代工作经验交流现场会于2001年6月7～8日在西府宾馆召开。省关工委名誉主任李溪溥、顾问林茵如、主任牟玲生、常务副主任陶长胜、副主任孙坚、王宏和全省10个地市、国防工办、西铁分局、军队系统及宝鸡市各县区、金台区各街道办事处关工委的领导130多人参加会议。市委副书记刘忠良、区委书记齐桢分别代表宝鸡市和金台区向大会致辞。会议按照中央领导同志“新世纪关心下一代工作要有新发展、新高度”的指示精神，结合目前城市管理体制的变革，围绕“加强社区关心下一代工作，营造社区青少年教育大环境”这一主题，总结交流了城市社区关心下一代工作的经验和做法。会上，金台区、金台区教育系统、十里铺街道、陕棉十二厂关工委和铁路四总队家委会关工小组分别介绍了经验。会议还听取了西安市新城区、渭南临渭区、宝鸡市渭滨区和商州等地及宝铁关工委的发言。

【宝鸡得力康乳业有限公司兼并眉县畜牧场、兽医站】 2001年9月，宝鸡得力康乳业有限公司对眉县畜牧场、兽医站进行了整体兼并。这一重大举措将使宝鸡得力康乳业有限公司新增总资产305.43万元，负债79.7万元，所有者权益225.72万元，土地面积98667平方米，新增奶牛108头，增加职工76人。不但使公司的奶牛养殖规模进一步扩大，而且使生产经营领域由原先的乳制品向饮料、兽药、药械等领域进一步拓宽，并使眉县成为公司开拓宝鸡东部销售市场的据点，可逐步向法门寺、汤浴、五丈原等旅游景区辐射，进一步提高企业产品的市场占有率。兼并后的企业整体运行良好，发展势头迅猛。

【开展区级领导下基层活动】 为切实改进领导作风，确保全年各项目标任务的完成，金台区从2001年10月15日起，开展了区级领导下基层活动。区级党政主要领导带头，其他区级领导成员也带着任务深入到分管或联系的部门、单位及职工群众中，督促指导工作，协调解决问题。区委副书记、区长牛力平深入科技园调查研究，召集有计经、科技、城建、土地、招商、工商等部门和陈仓镇、科技园建设管委会负责人参加的联席会议，分析问题，制定措施，使一些久拖不决的难题迅速解决。区政协主席蒋坚益多次深入基层社区居委会，实地听取基层对区委、区政府工作作风的意见、建议，并深入村组协助解决北坡绿化的树苗选购等问题，确保了绿化任务的完成。截至11月底，共有20多名区级领导先后深入基层单位90多个，召开座谈会、协调会86（场）次，走访基层职工群众和帮扶对象930多名，征求意见94条，解决问题73个，为基层和群众办实事57件。

【展销四川成都风味小吃】 2001年4月24日，由金台区政府、成都市工商联合会、成都市经协办联合举办的“四川成都风味小吃展销”在曙光路展销城正式开业。展销城分南、北两区，分别呈封闭和半封闭状态，全部采用防火阻燃建筑材料，建有高、宽各8米的大彩门，安装了射灯、满天星和灯笼。宝鸡市委书记庞家钰，副书记陈鼎金，市委常委、常务副市长孟祥义参加开幕式并参观展销城。中共成都市委副秘书长彭琳、成都市经协办主任林应龙在参加宝鸡“两节一会”期间也到展销城参观并给予肯定。展销活动历时18天，至5月10日结束，共有32家个体户入城参展，从业人员218人，成交额120万元。活动的开展，有效地促进了两地饮食文化的交流，为两地在其他领域的合作打下了基础。

【公开招考录用教师】 2001年8月，金台区抽调各方面专家、业务骨干组成考核组，通过笔试、面试、上微型课等办法，从2001年师范类毕业生和2000年非师范类毕业生共123名考生中择优录用了68名教师，分配到区、镇属20所学校任教，试用期1年。至年底，新录用的教师均能胜任本职工作，社会反映良好。

【宝石学校移交金台区管理】 2001年10月6日，宝鸡石油机械厂所属宝石学校移交签字仪式在石油宾馆隆重举行。中国石油天燃气总公司党委书记陈永胜、宝鸡市委副书记刘忠良、市人大副主任周允庄、市政府副市长冯月菊及金台区委、区政府领导，市、区两级相关部门和石油机械厂领导及宝石学校代表100余人出席。移交仪式由市政府副秘书长周义主持，金台区区长牛力平、石油机械厂副厂长雷新平、中国石油天燃气总公司党委书记陈永胜和市教委主任余光雅分别代表接收方、移交方和监交方在协议书上签字。副市长冯月菊、区长牛力平分别讲话。宝石学校系宝鸡石油机械厂所属子弟学校，包括中学和小学，中学系省级重点完全中学，拥有教职员工200人，在校学生4000余名。此次移交属试点性整体移交，无偿划拨，一次交清，平稳过渡。移交后，学校的人事、干部管理、经费开支、教学活动等将由金台区统一管理，其三年过渡期经费由宝鸡石油机械厂承担。

【“两基”工作通过省上复查验收】 11月11日，由陕西省副总督学、省教育督导团办公室主任冯齐昌为团长的省“两基”评估复查团一行4人，在市政府、市教委和区领导的陪同下，深入到神武路小学、宝平路中学等4所学校及部分镇、街，通过听、查、看、访、谈等形式，对普及程度、师资水平、办学条件、教育经费和扫盲工作等进行了全面检查，认为金台区自1994年被省政府命名为“两基”达标县区后，区委、区政府继续全力推动“两基”巩固提高工作，累计投入资金2000多万元改善办学条件，使全区的学校面貌发生巨大变化。12日，复查验收顺利通过。

【计划生育保障措施落在实处】 2001年，区政府对计划生育户出台了16条优先优惠政策。区农业局、教育局、民政局、人劳局等部门也制定了相关配套措施，教育部门给予减免学杂费，民政部门优先给予救助，劳动部门组织劳务输出时优先照顾计生户。从而建立起完整的有利计划生育工作的社会经济政策保障体系。区上投入专项资金2.8万元，采取区、镇、村和个人分别负担的办法，为首批96户独女户办理国寿养老保险。区、镇两级计划生育服务站对计划生育户实行检查优惠10%服务卡，对生育妇女进行生殖保健系列跟踪服务，并督促落实了企业职工晚婚晚育及婚产假期间的待遇问题。年底，已帮扶120户家庭脱贫致富。逢年过节上门慰问独生子女户和双女结扎户，在评选“十星级文明户”、“五好家庭”、评优树模等方面体现计划生育政策，并评选出30户少生快富文明幸福家庭。2001年全区人口自然增长率保持在6.55‰以内。

【新华职业中专通过省级复查验收】 2001年12月17日，陕西省教育厅省级重点职业高中复查组对宝鸡市新华路职业中等专业学校进行了为期两天的检查评估，认为金台区委、区政府对发展职业教育认识明确，在土地使用、职教专款、图书实验楼建设方面措施得力，效益明显。18日下午，复查组通报了复评结果：宝鸡市新华路职业中等专业学校基本符合省级重点职业高级中学标准，将报请省政府予以审批命名。金台区常务副区长沈勇飞在会上表示，区政府将进一步从经费投入、校舍建筑、校园网建设和职教中心的建立等方面搞好落实，促进职业教育更好地向前发展。

（梁发祥　刘建高）

金台区委、人大、政府、政协负责人

区委书记　齐　桢
副书记　牛力平　杨振龙　甘世杰
　马保民
区人大常委会主任　齐　桢
副主任　米万福　陈树华　杨天明
区长　牛力平
副区长　沈勇飞　熊义伟（挂职）
　王明理　刘岁虎
　王　金　和惠敏（女）
　杨文海
区政协主席　蒋坚益
副主席　靳淑英（女）　王　晨
　兰福俊　张守国

渭　滨　区

【概况】　渭滨区地处“炎帝故里”，是宝鸡市政治、经济、文化中心，全区辖4个镇5个街道办事处，面积582平方公里，人口326867人，其中非农业人口251464人，占77%。

渭滨区主要经济和社会发展指标一览表

项目			单位	2001	比上年±%
经济状况	国内生产总值	第一产业	万元	6000	
		第二产业	万元	55000	8.9
		第三产业	万元	51500	15.2
	财政收入		万元	8289	10.26
	社会固定资产投资		万元	26028	31.3
农业	总产值		万元	5476	
	粮食总产量		万吨	2.152	
	粮食作物总面积		万公顷	0.475	
	蔬菜总产		万吨	5.2	
	果园面积		公顷	384.5	
	果业总产		万吨	0.55	
	畜牧业总产值		万元	1885	
工业	总产值		万元	215475	10.4
	完成利税		万元	817	
	企业总数	私营企业	个	847	
建设环保	建筑业完成总产值		万元	21091	
	建筑业实现利税		万元	1206	19
商业旅游	消费品零售总额		万元	126416	10
	商业从业人员		万人	5.8	
	旅游业年内收入		万元	470	
科技教育	高级职业学校		所	1	
	初中		所	27	含高中
	小学		所	57	
	幼儿园		所	21	
	在校学生共计		万人	5.18	
	义务教育学段在校学生共计		万人	51794	27
	教职工共计		名	3713	
	适龄儿童入学率百分比			100	
	高中入学率百分比				33
社会生活	城镇居民人均可支配收入		元	5906	10.6
	农民人均收入		元	2491	4.2

【国民经济持续发展】　2001年全区国内生产总值50.8亿元，比上年增长12.5%。其中：第一产业增加值0.6亿元；第二产业增加值29.9亿元，增长13.2%；第三产业增加值20.3亿元，增长12.4%。区属国内生产总值11.25亿元，比上年增长10.1%，其中：第一产业增加值0.6亿元；第二产业增加值5.5亿元，增长8.9%；第三产业增加值5.15亿元，增长15.2%。非公有制经济增加值6.19亿元，同比增长31.7%。三产增加值和非公有制经济增加值占国内生产总值的比重分别达到45.8%、55%。全区财政一般预算收入8289万元，比上年增长10.26%；财政一般预算支出9716万元，增长10.02%。

【农村经济结构调整步伐加快】 2001年，农村社会总产值249620万元，比上年增长8.6%，其中：农村非农行业总产值236797万元，增长8.9%。农林牧渔业总产值7587万元，比上年增长2%，其中：农业总产值5476万元，牧业产值1885万元，林业、渔业产值分别为147万元、79万元。多种经营产值6231万元，比上年增长2.4%，占农业总产值的82.1%。农产品质量和效益有很大提高。2001年，全区粮食种植面积4746.7公顷，秋粮种植面积2978.6公顷，全年粮食总产量21520吨，其中：夏粮14101吨，秋粮7419吨。油料种植面积300.5公顷，产量364吨。蔬菜种植面积640公顷，产蔬菜52006吨。果园面积384.4公顷，产果品5530吨。肉、蛋、奶产品分别为1720吨、2153吨、2111吨。当年造林面积1310公顷，零星植树72.3万株。水产品产量183吨。全区农用机械总动力31392千瓦，比上年增18.9%。其中：大型拖拉机41台，增长32.3%；小型拖拉机1492台，增长11.3%；农用水泵280台，增加4.1%。全区乡镇企业总数达4471个，比上年增加378个；乡镇企业总产值247983万元，增长12.2%；总收入234502万元，增长9.9%。

【工业经济持续发展】 2001年，全区实现工业总产值215475万元，比上年增长10.4%。其中：规模以上工业总产值23988万元，下降5.9%；规模以下工业总产值191487万元，增长12.9%；公有制经济工业总产值81270万元，下降2.1%；非公有制经济工业总产值134205万元，增长19.7%。全区规模以上工业企业12户，实现增加值7816万元，实现利税817万元。

【建筑业生产不断发展】 2001年，全区建筑业总产值21091万元，其中：农村建筑业总产值18298万元，全区四级以上建筑企业实现增加值4519万元，增长9.7%，实现利税总额1206万元，增长19%。

【固定资产投资速度明显加快】 2001年，全区完成固定资产投资额22833万元，比上年增长17.9%。其中：国有经济单位完成投资额4107万元，增长49.6%；集体单位完成投资额8223万元，增长179.1%；个体经济完成投资10503万元，增长45.2%；安居工程完成投资额3340万元。全区新增固定资产26028万元，比上年增长31.3%。

【国内贸易和对外经济稳步发展】 2001年，全区实现社会消费品零售总额126416万元，比上年增长10%。按所有制分，公有制经济完成26758万元，下降14.7%；非公有制经济完成99658万元，增长19.3%。

【对外开放迈出新步伐】 在国际互联网上建立区人民政府公众信息网站，加大投资环境和重点项目建设宣传力度，积极参与“中国东西部合作与投资贸易洽谈会”、“两节一会”和“西交会”，完成招商引资协议金额5.2亿元，到位资金9500万元。全区出口产品交货值5872万元。

【第三产业蓬勃发展】 2001年，全区第三产业收入160727万元，比上年增长14.5%。其中：社区服务收入206万元，民营科技收入556万元，旅游业收入470万元。全年公有制经济三产收入33668万元，增长9.2%。非公有制经济三产收入127059万元，增长16%。

【市场建设稳步推进】 2001年，全区市场总数达到62个，个体工商户累计达21208户，从业人员46700人；私营企业847户，从业人员7606人。当年新发展个体工商户1744户，新增从业人员2831人；新发展私营企业117个，新增从业人员930人。

【科教、卫生、体育事业不断发展】 全年编制科技进步计划20项，其中工业计划10项，农业计划8项，社会发展计划2项。全年共引进农业新品种20个，发展产业结构调整专业村5个，专业户8个，新发展民营科技企业5个，企业总数达到54个，实现技工贸总收入7400万元，比上年增长17.4%。全区共有各类学校85所，其中：普通中学27所，职业中学1所，小学57所。全区共有在校学生54794人，比上年增长2.7%，其中：普通中学22021人，职业中学3173人，小学26600人。全区共有教职工3713人，比上年增长4.4%；共有幼儿园21所，在园幼儿8162人，有幼教职工528人。有40个村实行合作医疗，覆盖率达50.6%；建成4个甲级村卫生所；清理辖区医疗机构无证上岗人员20余人；严厉打击制售假冒伪劣药品，取缔游医药贩22起，查处伪劣药品价值30500余元，取缔不符合标准的医院制剂室7个，净化了医药市场。全区共举办各类运动会20余次，参加运动会的运动员3万余人。实施《国家体育锻炼标准》的学校25所，达标学生22954人，达标率85.2%。

【城乡居民收入稳定增长】 2001年，全区城镇在岗职工工资总额为6976万元，比上年增长21%，年平均工资9857元/人，比上年增长1681元/人。增长20.6%。其中：国有经济单位职工年平均工资12447元/人，集体单位职工6872元/人。市区城镇居民人均可支配收入5906元/人，增长10.6%。全区农村人均纯收入为2491元，比上年增加101元，增长4.2%。全区人口自然增长率为5.35‰。

【民政工作取得显著成绩】 2001年，民政工作城乡低保扩面提标，以实施“星光计划”为重点，以争创全国社区建设示范区为目标，整体推进社会救济、养老保险、社区建设及老年福利工作，全区农村享受低保人数218户613人，城市享受低保人数2933户8195人，有效地保障了困难弱势群体的基本生活。建成社区居委会57个。启动落实“星光计划”项目52个。

【城市建设和环保工作有新进展】 对太白路、清姜路、汉中路等五条主次干道进行绿化，对新建路等12条道路人行道树缺苗补栽、新栽1018棵，新植灌木8546株。完成了渭河生态公园47600平方米的绿化任务，对经一路实施“绿化、美化、亮化、净化”专项工程，使试验区的形象更加鲜明。开展了“绿色家园环保示范户”、“绿色家园十佳户”、“绿色文明示范学校”评选活动，营造良好的环境保护氛围。依法取缔清姜河沿岸35家洗车点，依法取缔新出现的“十五小”企业，有23个新建项目办理了环保“三同时”手续，确保了环境保护工作的顺利进行。

【宝鸡市渭滨区第十四届人民代表大会第四次会议】 于2001年1月15日至19日在市复转军人接待站召开。出席代表176人，列席135人。会议听取和审议了区人民政府工作报告、2000年国民经济和社会发展计划执行情况和2001年计划（草案）的报告、2000年财政预算执行情况和2001年财政预算（草案）的报告、区人大常委会和区人民法院以及区人民检察院工作报告。大会根据《地方组织法》，接受邹福焕辞去区人大常务委员会主任职务、翟震中辞去区人民政府区长职务、周义辞去区人民政府副区长职务的请求报告，并报大会备案。投票选举翟震中为区第十四届人民代表大会常务委员会主任，郭社荣为区人民政府区长，张辉、冯爱志为副区长。大会通过讨论，分别作出有关决议。

【政协宝鸡市渭滨区第五届委员会第四次会议】 于2001年1月17日至19日在区机关西三楼会议室召开。出席会议委员138人，列席56人。市政协副主席傅忱、区委书记翟震中在开幕式上分别讲话，区政协副主席刘黑杰作《政协渭滨区五届四次委员会常务委员会工作报告》。提案委员会主任贾宗尧代表区政协提案委员会作《关于政协宝鸡市渭滨区五届四次会议提案工作情况的报告》，还代表区政协提案委员会作《提案审查情况的报告》。与会委员列席了渭滨区第十四届人民代表大会第四次会议，听取并讨论了《区人民政府工作报告》及其他报告。区政协主席张掌乾在闭幕会上讲话，大会通过了有关决议。

【可持续发展实验区通过国家验收】 1998年以来，渭滨区按照“国家可持续发展实验区”建设的目标任务，组织实施了89个科技项目，区财政投入科技、经济与社会发展资金500多万元，企业和单位自筹资金25000多万元，促进了区级经济协调发展。2001年8月31日，国家科技部地理信息产业发展中心，中国21世纪议程管理中心领导、研究员、博士及省科技厅人员组成的专家组，对区上创建活动进行了三天实地考评，通过了国家级验收。专家组认为“渭滨区站在新的科学技术起点上，综合考虑经济政策、人口消费与服务、资源与环境合理利用和保护，不仅可以实现自身的发展，还将对宝鸡市经济和社会的协调发展起到带动作用”。

【区检察院被命名为“全国检察系统人民满意检察院”】 近年来，渭滨区检察院紧紧围绕党的中心工作，以“五好”、“两满意”为奋斗目标，领导带头，公正执法，建设了一支政治可靠、业务精通、纪律严明、作风过硬的检察队伍。三年来，共查办贪污贿赂等职务犯罪案件48案55人，挽回经济损失814.2万元。在“严打”斗争中，共受理提请逮捕案件540案821人，经审查批准逮捕479案677人，受理移送起诉案件618案863人，经审查提起公诉530案700人，法院均做了有罪判决。为维护辖区社会稳定、经济发展做出了贡献。2001年度，被最高人民检察院命名为“全国检察系统人民满意的检察院”。

【燃灯寺村被省委省政府授予省级“文明村”】　马营镇燃灯寺村在改革开放中，按照邓小平同志“发展就是硬道理”的伟大理论，因地制宜，合理调整农业结构，植树造林。先后办起燃灯寺水电站等12个村办企业，投资210万元建起一所高标准的村办小学。2001年，村党总支、村委会一班人带领群众以经济建设为中心，全村工农业总产值达到3454.13万元，总收入3130万元，农民人均纯收入2311元，产粮639吨。同年3月，该村被省委、省政府授予“文明村”，并荣获省、市、区“五个好先进党总支”称号。

【非公经济产值达6.5亿元】　近两年来，区委、区政府积极贯彻省委、省政府两个决定，创新政策环境，简化审批环节，完善一厅式办公，为投资者提供方便。2001年上半年，区率先在全市成立了非公有制经济发展局，落实了人员编制，完善了服务职能，制定了一系列优惠政策，全力支持非公有制经济的快速发展。还先后开辟了经二路通讯市场一条街、经一路小商品批发一条街、新建路建材市场一条街和公园路家具市场一条街等特色市场。到9月底，全区新增私营企业97个，累计达827个，完成工业总产值6.5亿元，占全区国内生产总值“半壁江山”。

【营造良好投资环境引进资金5.2亿元】　2001年，渭滨区大力改善投资环境，“人人都是投资环境，事事关系投资环境，处处维护投资环境”成为渭滨人的自觉行动。区上主要领导现场办公，留住了外地客商建设服饰城的800万元投资；土地、旅游、计经等部门支持神沙河景区旅游开发项目，100多亩征用地一周内交付开发商使用。金雁公司与石坝河村签订了0.3公顷土地使用协议，农民主动砍掉已经挂果即将上市的250棵梨树和苹果树，以支持项目开发。据统计，去年外地的技术、人才、资金竞相拥入渭滨，全区签约招商项目13个，引进资金5.2亿元，到位1.2亿元，新增私营企业55个，个体工商户819户。工农业总产值，地方财政收入分别比上年同期增长6.5%和14.75%。

【机制创新促使政府职能得到转变】　区上着眼于增强区域经济发展后劲，机制创新取得实质性进展。一是适应新形势，先后成立了非公有制经济发展局、招商局、安全生产监督管理局、会计核算中心和政务大厅，落实人员编制，初步走出了一条通过机制创新促进工作的路子。二是激活国有资产，成立了国有资产经营公司，101#楼重新恢复经营，建国路西巷41#楼整体对外出租，引进资金200万元，国有资产全年实现效益收入450万元。三是以公厕竞标承包、人行道有偿占用等为主要形式的城市经营活动的开展，标志着经营城市的理念已付诸于实践。四是抓落实的机制不断优化。对《政府工作报告》确定的目标任务，采取区长与副区长、副区长与镇街部门一把手签订目标责任书的办法，层层落实工作责任。成立专门机构，坚持督查考核、定期通报，各项工作取得了预期效果。

【环境整治使对外开放的形象更好】　按照全省“投资环境整治年”和全市“开放年”活动的总体要求，先后在全区开展了以优化“市容、执法、用地、服务、治安、旅游景区”六大环境为重点的“优化环境双月活动”和“优化环境规范程序扩大开放综合整治活动”。通过配合市上建设十大民心工程，改造6条背街小巷，实施金陵游园二期工程，完善城市管理措施，使全区市容环境大为改观；通过规范执法行为，清理和精简行政审批事项，出台优惠政策，推行缴费明白卡制度，聘请义务监督员，使执法环境得到改善；通过宣传土地统征统管机制，使用地环境更加宽松；通过推行机关“首问责任制”、部门“黄牌警告制”和干部“末位待岗制”，设立“群众优秀建议奖”，使服务环境不断优化；通过实施“严打”整治斗争，开展打黑除恶和治爆缉枪专项行动，创建“安全小区”，治理企业周边环境，使辖区治安环境明显好转；通过健全各项制度，取缔封建迷信活动，创建精品旅游景点，使全区旅游景区环境不断改善；通过严厉打击制售假冒伪劣商品行为，使商品、建筑、文化、医药等市场得到净化，经济秩序进一步规范。通过环境整治，对外开放的形象更加良好。

【农业结构调整走出新路子】　近年来，渭滨区突出发展蔬菜、水果和畜牧业，增加优质粮、专业粮和小杂粮的生产面积，使农村产业结构逐步趋于合理。2001年8月中旬，区政府出台了《渭滨区农业结构调整规划》和《渭滨区实施农业结构调整配套办法》。上半年，全区扩大蔬菜种植面积239.4公顷，使菜田面积达到1200公顷；区上先后在高家镇、石鼓镇分别建起了猕猴桃、葡萄、桃基地；并在全区发展奶牛、肉牛、肉羊、生猪、鸡、鸭等养殖大户126户。刘家村19公顷菜田基本实现了以大棚为主的反季节生产，每公顷平均收入达75000元以上。据统计，上半年全区实现农林牧渔业产值3867万元，比上年同期增长5.1%。

【完成投资2亿多元，11个项目提前竣工】 2001年，为完成市要求区招商引资2亿元，到位资金6000万元的任务，不断加大招商引资力度，把重点项目建设与招商引资成效作为领导干部政绩的主要内容，政绩突出的，按有关规定给予重奖；对完不成任务的，在年终目标管理责任制中扣分，并由镇街和部门行政一把手向区政府作出书面检讨。全区上下围绕确定的24个重点项目，层层签订责任书，锁定目标。到10月底，有11个项目提前竣工，完成投资2亿多元，区属国内生产总值达9亿多元，同比增长10%。

【马营镇改善投资环境吸引资金3000万元】 马营镇是宝鸡高新区东区的主要地段，地处市郊，交通便利，有着明显的区位优势。为使这种优势在经济快速发展中发挥作用，先后投资3500多万元，对镇上主要街道广济路、中心市场、电网等基础设施进行了全面改造。同时，努力为来投资的客商搞好服务，镇土地、农经等部门主动上门为企业服务，为基础设施定址、安排上报立项。通过改善投资环境，全镇上半年新上项目14个，吸引投资3000万元，完成社会总产值3.6亿元，比2000年同期增长5%以上。

【高家村广种优质葡萄增加农民收入】 近几年来，高家村突出发展果业，以种植葡萄为龙头，先后从北京、山东等地引进新品种，投资64万元打深井4眼，砌果园渠道1.5万米，实现了农果渠道网络化。同时，利用村农技学校，每年举办6～8期培训班，请专家讲课和果园指导，提高农民作务技术。利用新闻媒体和广告及上因特网扩大宣传覆盖面。并在村上组建了产地批发市场，让农民销售葡萄不出村。2001年，共向外地客商批发优质葡萄150余吨，全村农民人均纯收入达2350元，村上条条道路被硬化，多数农户盖起了楼房，电视和有线电视入户率达到100%。村被区命名为科技示范村和农业经济调整先进村。

【精神文明建设和社会各项事业全面发展】 积极实施科教兴区战略，渭滨国家级可持续发展实验区授牌，民营科技企业完成技工贸收入7400万元，比上年增长17.4%。全面推进素质教育，顺利通过省政府“两基”复验，新建路中学、金陵中学被省教育厅命名为示范初中，经二路小学被授予省级艺术教育示范学校，马营镇通过市级教育强镇验收。投资469万元建成渭滨中学学生宿舍楼，投资90万元对8所学校危房进行了改造。全民健身活动广泛开展，农村合作医疗卫生条件逐步改善，计划生育综合服务区创建成果得以巩固。成功接待了市“心连心”电视艺术团慰问演出；以“十星级文明户”创建为主要内容的农村精神文明建设得到进一步加强，燃灯寺村被授予“省级文明村”。

【试行“三个制度”以改进干部作风】 在2001年，区明确规定：凡来电、来信、来访的第一接待或处理的干部是“首问责任人”，坚决杜绝事不关己，高高挂起或推诿扯皮、冷落办事群众的现象；凡年度目标管理责任制考核结果为一般的部门给予黄牌警告；未完成岗位目标任务或年度考核不称职的干部均实行末位待岗制，期限一年。这三个制度试行后，全区59个区级部门领导带头，纷纷走出机关，深入农村田间地头和农户家庭，下到工厂车间班组与群众同吃、同住、同劳动，帮助群众解决生产生活中的困难问题，受到普遍好评。

【财政监督重拳“打假”】 2001年，区财政局抽调专人组成检查组，在全区开展了以打击假账本、假凭证及虚假会计信息为主的大检查，先后在区属4户商贸、城建企业和24个一级预算单位中进行，共查出收入不入财务账、以物易物、票据不实等涉假会计资金150余万元。区财政局依据《会计法》、《税收征管法》等有关规定，作出了罚款等处理，有效地打击了会计造假行为，规范了财务秩序。

【建成板块型社区25个，单位型社区32个】 渭滨区通过修建社区医疗服务中心、托儿所、文化活动室、青少年阅览室等设施，满足居民生活、休闲需要，为道德教育奠定基础。各社区单位给居民上党课，散发宣传材料，开展丰富多彩的文化活动，对居民进行道德宣传教育，并在社区广泛开展“五爱、三德”，争做“文明市民”，争创“五好家庭”及“十星级文明户”评选活动，把道德教育渗透到各项活动当中。居民自发组建义务保洁队和治安联防队，使社区环境卫生和治安状况得到明显改善。有4个单位被评为省、市级社区先进单位，10个社区居委会被评为区级先进单位。

【宝鸡“心连心”电视艺术团在燃灯寺村慰问演出】 2001年10月20日，由市委宣传部、市文化局、市广播电视局、宝鸡电视台主办，中共渭滨区委、区人民政府协办的宝鸡市“心连心”电视艺术团在燃灯寺村隆重举行慰问演出。市人民剧团、市歌舞团、市豫剧团、市话剧团、驻宝96401部队文工团、市少林武术院、陕西省说唱团著名丑角张武宏、刘西玲等演出了舞蹈、武术、歌舞、歌曲、戏曲、小品、报告剧等精彩节目，吸引观众达3万余人，不仅满足了人们文化生活的需求，而且密切了党和政府同人民群众的关系。

【13户民营企业建立党组织】 近年来，渭滨区非公有制经济发展迅猛，累计发展私营企业806户，新建、扩建大型专业综合市场59个，拥有个体工商户20647户，从业人员5万余人，非公有制经济占全区国内生产总值的46%。为了进一步促进非公有制经济发展，区委明确了“非公有制经济发展到哪里，党组织就建到哪里”的思路，先后协助指导13家中心市场个协、民营企业、私立学校建立了党支部。宝鸡神农锅炉（集团）有限公司是一个拥有15家联营分厂、年产值5500多万元的民营科技企业。通过学习“七一”讲话，深受鼓舞，积极申请成立了“中共宝鸡神农锅炉（集团）有限公司支部委员会”。

【全市第一家个体劳动者联合工会在金陵地区成立】 江总书记“七一”讲话发表以后，渭滨工商分局组织干部职工认真学习，针对《讲话》中所提出的一些新观点，在工作实践中积极探索，成立了金陵地区个体劳动者工会联合会，发展会员650人，从中选举产生会员代表68名。参加了当天召开的第一次会员代表大会，有7名个体劳动者当选为该工会第一届工会委员。金陵地区个体劳动者工会联合会的成立，将进一步加强党对非公有制经济的领导，促进非公有制经济健康向前发展。

【建起电影大篷车】 1999年，渭滨区根据国家教委、广电部和文化部《关于做好中小学爱国主义教育影片发行放映工作的通知》精神，在全区中小学校开展了爱国主义影视教育活动。由于市区学生看电影，教师要停课，去电影院要排长队过街道，极不安全。尤其是山区学生看电影要翻山越岭耽误学业。对此，区领导决定：为了下一代，由区上拿钱建立电影大篷车，将爱国主义教育影片送到学校放映。一年多来，电影大篷车进校园，进深山，共放映160多场，接受教育学生达6万余名。电影大篷车在中小学生爱国主义影视教育中创出了新路，受到了省上肯定。经验被中央电视台宣传并向全国推广。

【在29个村无条件推行火葬】 2001年7月，渭滨区区委、区政府批转了区民政局《关于开展农村殡葬改革的意见》，将全区4个镇位于市郊的29个村列为首批推行火化村。自12月1日起，29个村无条件推行火化。之后，区政府组织各镇领导和村党支部书记、村委会主任，前往全省农村殡葬改革先进县——三原县学习取经，现场安排本区农村殡葬改革工作。4个镇于11月底出台了殡葬管理办法，经过努力，2001年共火化农民遗体17具，在破除千年旧习上迈出了一大步，也为全市农村殡葬改革带了好头。

【神农镇两名失学孤儿生活上学有保障】 刘伟是宝鸡农校99（18）园林班的学生，弟弟刘坤现就读于益门中学。1995年，父母离异后母亲改嫁，从此父子三人相依为命。1999年，父亲被诊断为癌症，使不幸的家庭更是雪上加霜。2000年8月，其父久治无效而去世，两兄弟成为孤儿，不仅上学成了问题，连基本生活也无着落。神农镇党委、政府先在镇机关工会、妇联、团委倡议，为兄弟俩捐款1360元。镇上从民政部门争取到最低生活保障金，发到兄弟俩手里，并协调农校减免了刘伟当年的学杂费，农校表示每年给刘伟一定的困难补助，益门中学也减免了刘坤的学杂费，赠送了学习用品。兄弟俩表示，一定要好好学习，早日成才，回报党和政府及社会对他们的关爱。

【打击“法轮功”邪教组织工作有新进展】 2001年，全区集中举办法制教育学习班3期，先后对36名“法轮功”重点人员进行教育转化。认真落实防范监控责任，健全基层防范监督体系。以破案为突破口，全年共破获“法轮功”案件16起，对148名“法轮功”违法犯罪分子依法予以惩处。其中劳教24人，刑事拘留24人，批准逮捕1人，有力地打击了“法轮功”顽固分子的嚣张气焰，维护了全区社会稳定。

（张存明　李书贵）

渭滨区委、人大、政府、政协负责人

区委书记	翟震中
副书记	郭社荣　陈增光　刘德明　刘弟华
区人大常委会主任	霍震中
副主任	马　恕（女）　段天宝　贾安生　桑永悦
区长	郭社荣
副区长	闫小明　郑志海　侯寇绵（女）　苏国宝　张　辉　冯爱志
区政协主席	张掌乾
副主席	刘黑杰　张文涛　肖　禾　郭碧琪

宝　鸡　县

【概况】 宝鸡县位于陕西省关中平原西陲，居陕甘川交通要冲，三面环绕宝鸡市区。因相传陈仓山有“石鸡啼鸣”之祥瑞而得名。全县总面积3082平方公里，辖18镇18乡492个村2927个村民小组，14个民族，72.3万人。历史悠久，文化灿烂，商贸繁荣，土地肥沃，气候温和，四季分明，自然资源丰富，土特产品众多，交通四通八达，素有西府“农业大县、工业重镇、交通枢纽、旅游文化胜地”之称。2001年，国民经济持续增长，社会各项事业全面进步。预计全县实现国内生产总值22亿元，比上年增长10%。

宝鸡县主要经济和社会发展指标一览表

	项目		单位	2001	比上年±%
经济状况	国内生产总值	第一产业	万元	37849	6.5
		第二产业	万元	90494	12.2
		第三产业	万元	55753	8.8
	财政收入		万元	8809	2.8
	各项贷款余额		万元	277161	5.3
	社会固定资产投资		万元	62153	23.9

续　表

	项目	单位	2001	比上年±%
农业	总产值	万元	45693	1.2
	粮食总产量	万吨	23.9	
	农作物总面积	万公顷	9.2	-2.2
	粮食作物总面积	万公顷	8.6	-2.3
	平均亩产	公斤	184	1.7
	蔬菜瓜类总产	万吨	27471	-22
	果园面积	公顷	3472	-17.5
	果业总产	万吨	4.4	-10
	畜牧业总产值	万元	21448	19.0
工业	总产值	万元	533474	4.7
	职　工	万人	7.48	
建设环保	年内完成基本建设投资	万元	12691	5.8
	建筑业完成总产值	万元	23212	10.2
交通邮电	年邮政业务总量	万元	5942	2.4
	邮政业务总收入	万元	5637	7.0
	陆路年货运量	万吨	151.0	245
	陆路年客运量	万人次	132.3	17.8
商业旅游	消费品零售总额	万元	80587	66
	居民消费总水平下降(上升)百分比	元	122	3
	旅游业年内收入	万元	932	
外经外贸	外贸出口创汇	万美元	503	50.4
	合同利用外资额	万美元	402	31
	批准外商投资企业	个	2	
科技教育	普通高中	所	6	—
	高级职业学校	所	5	—
	初中	所	43	—
	小学	所	481	0.4
	幼儿园	所	11	
	在校学生共计	万人	15.3	
	义务教育学段在校学生共计	万人	14.3	
	教职工共计	名	6806	
文体卫生	有医院	所		51
	医院有床位	张	1368	7.0
	医院有医生	人	1607	-4.0
社会生活	全年为下岗职工支出救济金	万元	27.79	
	实现社会商业保费收入	万元	3784.0	47.6
	赔款支出	万元	7550	24.6
	城镇居民人均可支配收入	元	4431	2.4
	城镇居民人均住房面积	平方米	13.6	10.6

续 表

	项　　目	单位	2001	比上年±%
社会生活	农民人均收入	元	1530	3.4
	城镇居民百户拥有电话	部	90	11.0
	城镇居民百户拥有电视机	台	110	0.4
	农民百户拥有电话	部	31	11.0
	农民百户拥有电视机	台	69	6.2

【粮食生产】 粮食生产在遭受干旱、低温等自然灾害的情况下，仍获得较好收成。全年粮食总产23.93万吨，其中夏粮14.03万吨，比上年增产9.6%，秋粮9.9万吨，比上年减产10.8%，种植优质粮31334公顷，占粮食播种面积的43.9%。油料总产3764吨，减产10.4%。

【农业结构调整】 以政策引导、信息服务、科技示范为主要手段，新栽杂果734公顷，建立优质示范园214公顷，高接换头233公顷，果品总产4.4万吨，其中鲜杂果1.1万吨，全县优果率平均达到40%。八鱼猕猴桃和葡萄、赤沙红富士苹果荣获省优奖。新栽桑园134公顷，年产蚕茧19.8万公斤，种植蔬菜4734公顷，总产10.5万吨，粮经比由上年的76:24调整到71:29。畜牧业成为农业结构调整的优势产业，新增规模养殖户327个，新建规范化养殖小区4个，大家畜、生猪、羊只、家禽饲养量稳步增长，饲养量分别达到10.9万头、41.8万头、12.4万只和361.5万只。肉、蛋、奶总产分别达到2.42万吨、1.37万吨和3.06万吨，较上年分别增长1.7%、2.2%和17.2%，完成畜牧业产值18420万元，占农业总产值的40.2%。开展了创建“特色农业第一村”活动，建成初具规模特色村、示范园90多个。杨家沟太公庙蔬菜、天王八庙奶牛、坪头鷦鷯沟庄花椒等形成特色。

【农业重点项目和综合开发】 列入2001年全县13个农业重点项目进展良好，其中生态环境建设、优质高效农业工程、农业综合开发等项目完成了年度建设任务，通过省市检查验收。其中改造中低产田1000公顷，新建排灌站2座，新修灌溉渠道44.6公里，埋设节水暗管12公里，发展低压管灌200公顷，新打和改造机井20眼，改良土壤1134公顷，其中完成施用黄腐酸土壤改良134公顷，平衡法土地施肥667公顷，秸秆还田334公顷，建立秦麦11号小麦一级原种田220公顷，新建良种贮藏设施两处，购置农用机械16台套，推广优质高产技术两项，建设“双千田”234公顷，推广种植优质高产小麦680公顷；培训农民技术人员5400人次；扩建多经企业1个。完成人工造林2334公顷，封山育林3200公顷，飞播造林2200公顷，建成农田林网100公顷；植树11.4万株，完成林木育苗734公顷，建成人畜饮水工程21处，解决了2.14万人的用水困难。

【实施温饱工程】 在西部山区及渭河南6乡镇实施“温饱工程”，种植地膜玉米2212公顷，地膜小麦371公顷。为龙头企业和贫困群众投放小额贷款1585万元，帮助2652户群众发展脱贫致富项目，启动实施通洞孟家塬村的扶贫开发综合示范村建设项目。新修乡村道路247公里，解决了凤阁岭东会、西会、页岭山群众用电困难。全县发放救灾救济款129万元、救济粮73万公斤，帮助5312户群众渡过难关。西部山区抢抓宝兰二线开工和310国道开通的新机遇，组织劳务输出15951人，新建商贸小区两个，新增个体工商户367户、私营企业30个。

【减轻农民负担】 农民人均负担额37.77元，占上年人均纯收入的2.89%。加强对全县统筹资金提取和使用情况的专项审计，审计资金1365万元，查出违纪资金21.4万元，纠正各类违规问题78个。全县发放农民负担明白卡14.95万份，入户率达97%。

【县属企业运行机制得到完善】 县属企业预计完成工业总产值42亿元，比上年增长2.6%，其中县办工业产值1.85亿元，比上年增长0.4%。县办工业狠抓技术创新和招商引资，完成技改7项，开发新产品22种。华伟水泥公司自筹资金310万元完成技改，新增产量6万吨。纺织机械厂自行研制的税控电脑加油机取得国家颁发的4个资质证件，进入批量生产。拖拉机厂引资100万元建成锅炉调速箱生产线。地毯厂引资1000万元，扩大地毯加工能力，并与土耳其客商建立了稳定的销售关系。华裕丝绸公司引资120万元，完成二轮承包。FA311高速并条机、工业锅炉调速箱、秦川酒系列等新产品投放市场。

【乡镇企业完成总产值84亿元】 乡镇企业突出招

商引资、项目建设和企业改制。年内合同引资2.15亿元，到位1.04亿元。实施新扩改91项，完成投资1.9亿元。彩虹精制棉、东风磷肥厂锌焙砂、宏达机械、宝冶钛镍等61个项目建成投用，完成改制46个，累计396个，改制面达70%。全年乡镇企业完成总产值84亿元，实现营业收入82亿元，均增长10%。全年新增个体工商户2000户，注册资金3020万元，新增私营企业100个，注册资金4980万元，非公有制经济占到全县国内生产总值的28%。

【43个重点项目开工建设】 全年“八大工程”确定的48个重点项目有43个开工建设，完成投资2.23亿元，占年度投资任务的105.6%，其中喷爆制浆、六寨粮库、美宝消洗灵、蓝天洁净煤等27个项目建成。县级领导包抓的职教中心、钓鱼台旅游公路等20个重点项目完成投资1.07亿元，占年度任务的117%。积极配合国家重点建设项目宝兰二线建设、宝鸡峡加闸加坝工程进展顺利。西门外道路拓宽改造工程顺利竣工。清溪垃圾场完成一期工程。颜家河渭河大桥建成通车。县石公路基础工程全线完工。完成10千伏千河线、八鱼线改造，凤阁岭供电转接和拓石变电站建成。新建程控电话交换点2处，接入网点16个，全县交换总容量达到85152线。新铺设城区天然气管网3公里，发展用户1000户。建成经济适用房2.2万平方米。

【整治投资环境】 县政府以“开放年”活动为契机，组织行政执法和经济部门以“四清理、五整顿”为主要内容，集中开展投资环境专项治理，废止不利招商引资，不符合法律、法规或与世贸规则不一致的文件395个，清理行政审批事项219个，清理收费项目72个，妥善处理积案7件，影响投资环境的突出问题得到解决。政务大厅对外办公，宝鸡高新技术开发区在南环路设立虢镇科技园。

【招商引资到位3.05亿元】 全县制定和落实招商引资优惠政策和跑项目、争资金奖励办法。全年共引进项目60个，合同引资6.4亿元，到位3.05亿元，已落实项目55个，建成37个，18个在建。TCL集团与陕机、湘火炬与陕齿总厂合作，在本县注册新企业。引资1960万元的富强花园小区项目、1400万元的废水低成本处理、800万元的永成机械等项目进入实施阶段。跑项目、争资金力度加大，共争取财政补助和项目资金9310万元，已到账6392万元，比去年净增3000万元。

【实现商品贸易成交额4.3亿元】 积极改善商贸基础设施建设，蓝天综合市场、书香巷综合市场、百隆批发市场建成投用，西安海星、楼外楼超市投入运营。推进连锁、配送、超市等新型流通机制，开拓农村市场。全年社会消费品零售总额8亿元，增长5.8%。组团参加市“两节一会”、西部商品交易会、杨凌农高会等商贸技术交易活动，实现商品贸易成交额4.3亿元，完成全年目标任务的117%。

【旅游综合收入达932万元】 钓鱼台景区创“3A”通过国家旅游局验收，旅游专线开工，门票收入首次突破百万元。吴山、云台山、千王海水上乐园开发有了新进展，大唐秦王陵开发初具规模，“五大镇山联袂对接活动”的开展，提高了旅游景点的知名度。年内接待游客62万人次，旅游综合收入932万元。

【财政金融稳步增长】 全面落实财政收入目标责任制，与乡镇签订“财政目标责任书”，建立了财政与国地税抓收入协调组织机构，完成收入考核办法，推行税收社会化管理，加强重点税源监控，突出清欠和对利税大户的监督。理顺县乡财政体制，严格实行收支两条线管理和零基预算，坚持按进度和预算拨款，统管面达到100%。积极推行政府采购，完成政府采购总额410.2万元，比预算节支41.2万元。会计核算中心正式运行，纳管单位118个，办理报账业务支出金额1415万元，拒付不合理支出28万元。全年完成财政收入8809万元，同口径增长2.8%，上划中央两税收入2578万元，完成财政支出15739万元，比去年增支3748万元，增长31.3%，保证了全县干部教师工资的按时发放、机构正常运转和各项事业支出需要。全县金融机构期末存款余额26.12亿元，较年初增加2.1亿元；贷款余额29.18亿元，较年初增加1.3亿元，不良贷款比例下降11.8%。基金会借款清收力度加大，为兑付股金奠定了基础。

【城乡群众生活水平提高】 全县城镇居民可支配收入4450元，比上年增加122元，增长3%。农民人均纯收入1530元，增加50元，增长3.4%。社会保障工作全面加强。全年为低于生活保障线的1342户4030名农村群众和531户1353名城镇居民发放保障金36万元，以“两个确保”为重点，做好下岗职工基本生活保障和再就业工作，向全县70个单位383名困难职工发放生活补助费64.39万元，为331人发放失业救济金27.79万元。全年通过银行代发支付养老保险金1662.9万元，拨付率100%。推进城镇职工医疗保险制度，全县参保单位342个，参保职工18473人，征缴医保基金655.6万元，核销个人医疗费用744人次，审核医疗费用286.6万元，清结率达100%。

【虢镇西门外道路拓宽改造竣工通车】 县城西门外道路东起西门坡什字，西至城雕，全长784米，由于原路基强度不够，路面窄，加之年久失修，路面坑坑洼洼，晴天尘土飞扬，雨天积水成潭，群众意见很大。年初县委、县政府决定由县城建局负责对这条道路进行拓宽改造。在县财政、电力、电信、交通、自来水公司等单位的支持和沿路单位的配合下，县城建局克服资金不足、工期紧张等困难，高标准设计，精心组织施工，用短短5个月时间完成了拓宽工程。拓宽改造后的西门外道路红线跨度42米，其中主车道15米，绿化带各2米，自行车道各4.5米，人行道各7米。施工中拆迁面积7225平方米，开挖管沟1854米；修检查井、雨水井138座；完成开挖铺垫土方38872立方米；铺设沥青路面18706平方米，安装路灯50盏，新设磁卡电话34部，安装雨水井篦50个，埋设电信、电力、自来水管、天然气管道1794米，除了铺设草坪2104平方米外，栽树1923棵，提高了整条道路的观赏性。2001年11月13日上午10时，县政府在西门口举行了道路拓宽改造竣工典礼。西门外道路建成通车，不仅打破了多年来城区向西通往南北环路的“瓶颈”，而且为改善虢镇城区环境，提高城市品位起到了重要作用。

【清溪垃圾厂建成】 宝鸡县重点建设工程清溪垃圾场，地处清溪乡境内310国道南侧，占地10公顷，工程总投资600多万元，设计使用年限30年。该工程自2000年5月开工建设以来，县上先后投资200多万元，其中争取省、市无偿建设资金52万元。目前修通宽6米的进场道路1000米，修筑长45米，宽25米，高6米的大坝一座，埋设直径2米，长150米的泄水涵洞一条，水、电、管理、生活用房等附属设施也相继建成。经过广大建设者的共同努力，一期工程已于2001年底建成投入使用，二期工程（投资120万元）目前也正在抓紧建设中。

【清退乡镇临时人员293人】 宝鸡县36个乡镇历年来因各种原因共聘用临时人员320名，县乡每年需支付其工资、办公经费、差旅费等上百万元，加重了财政和农民负担，同时也造成了乡镇机关人员臃肿、效率低下，群众对此意见很大。年初，县委、县政府两次召开常委会、常务会，研究制定了清退实施意见。县人劳局、编委办牵头组织，县纪委、组织部、财政局、西山建委紧密配合，巡回乡镇督促检查，清退工作实施顺利。截至7月底，全县已有33个乡镇完成了临时人员清退工作，共清退293人，占临时人员总数的92%；兑付经济补偿费50.9万元，占应兑付总额68.6万元的74%；支付拖欠的工资、差旅费2.4万元，占拖欠总额14.9万元的16%。

【建筑市场专项整顿】 整顿规范建筑市场秩序工作，从4月底开始至10月结束，共分三个阶段（宣传学习、自查自纠、全面检查）进行。在建设单位、施工企业、监理公司自查自纠的基础上，县城建局全面细致的检查26个乡镇的93个工程，建筑面积29.34万平方米，其中在建工程66个，竣工工程15个，查出违规工程12个。针对检查出的问题，县城建局依据行业法律规定，分别给予违规单位责令停工整改、补办手续、罚款等处罚。同时，对历年来制发的不符合世贸规则要求及公平竞争机制条文规定的建筑管理文件进行了清理，共清理文件22份，废止12份，修改2份，净化了建筑市场。

【虢镇北坡事故多发路段综合治理措施已落实】 2001年1～4月，虢凤路虢镇北坡段连续发生三起重大交通事故，给人民生命财产造成重大损失。此事引起县政府高度重视，4月18日，县政府召集县交警大队、县公路段的负责同志就有关问题进行研究、协调，对虢镇北坡事故多发路段进行了综合治理。一是在被肇事车辆损坏的防护栏处，临时设置9个示警桩，以提示过往车辆注意安全。二是由县交警大队同县公路段联合有关企业，在北坡事故多发路段增设两面约15平方米的大型警示标志牌和一面反光转变标志牌，消除虢镇北大街路灯灯光对驾驶员视线的误导。三是由县公路段在沿198米距离弯道路肩边缘设立48个混凝土安全防护墩，每墩长2米，宽0.4米，高0.6米，表面喷涂红、白相间反光漆，有效地遏制了事故多发的势头。

【宝鸡县采用 BOT 模式解决虢镇渭河大桥资金难题】 虢镇渭河大桥加宽（含引道）工程是市县“十五”重点建设项目，预算总投资 2645 万元，在县财政困难的情况下，县政府采用 BOT 投融资模式，通过特许协议的方式将工程的立项、筹资、建设、营运等权利让渡给宝鸡市通达路桥工程公司，解决了资金难题。该公司作为项目发起人，设立项目公司，依靠政府支持，从工程立项到收费管理全程操作，建成后通过经营所得，收回投资，偿还贷款，经营期满后无偿交由政府管理。BOT 投资模式在宝鸡县尚属首次运用，它有利于解决基础设施建设资金不足的难题，使县重点工程提前上马，在资金筹措渠道上取得了新突破。该工程已于 2002 年 3 月 16 日开工建设。

【县十三届五次人代会】 宝鸡县第十三届人民代表大会第五次会议于 2002 年 3 月 1 日至 4 日在西虢宾馆举行，出席会议代表 252 名，按照大会议程听取和审议宝鸡县人民政府工作报告；听取和审议宝鸡县 2001 年国民经济和社会发展计划执行情况及 2002 年计划安排（草案）的报告，审查批准 2002 年国民经济和社会发展计划；听取和审议宝鸡县 2001 年财政预算执行情况和 2002 年财政预算（草案）的报告，审查批准 2002 年县本级财政预算；听取和审议宝鸡县人大常委会工作报告；听取和审议宝鸡县人民法院工作报告；听取和审议宝鸡县人民检察院工作报告；会议经过认真讨论审议，做出决议通过了上述报告；大会接受商宝庆辞去县长职务，补选张宗智为宝鸡县人民政府县长，接受万良驹辞去县人大常委会委员职务，选举李生银为县人大常委会副主任，接受朱保利辞去县人民检察院检察长职务，选举王胜为县人民检察院检察长。

【第八批小康村建成】 2001 年，全县各级党政组织和干部群众，全面贯彻落实中央、省、市委农村工作会议精神，以建设小康社会为目标，以增加农民收入为核心，小康村建设取得新的成绩，年终经检查验收，3 个村达到小康村标准，县委、县政府决定命名贾村镇仓园村、东坡村，陵原乡马家塬村为本县第八批小康村。6 月份，市委、市政府命名本县八鱼镇淡家村，清溪乡小庵村为市级小康示范村。

【调整部分乡镇区划】 根据宝市民发［2001］323 号《关于宝鸡县调整部分乡镇区划的通知》精神，县人民政府于 12 月 30 日在天外天大酒店召开大会，宣布宝鸡县调整部分乡镇区划通知如下：

撤销甘峪乡、固川乡并入晁峪乡，乡名晁峪乡，乡政府驻地晁峪。

撤销双白杨乡、上王乡并入县功镇，镇名县功镇，镇政府驻地县功。

撤销新民乡并入坪头镇，镇名坪头镇，镇政府驻地坪头车站。

撤销颜家河乡并入胡店乡，乡名胡店乡，乡政府驻地胡店。

撤销通洞乡并入拓石镇，镇名拓石镇，镇政府驻地拓石车站。

撤销六川河乡并入硖石乡，乡名硖石乡，乡政府驻地赵家坡。

撤销石羊庙乡并入千河镇，镇名千河镇，镇政府驻地司家崖。

蜀仓乡与钓渭乡合并后设立钓渭镇，镇名钓渭镇，镇政府驻地张家村。

撤销清溪乡并入磻溪镇，镇名磻溪镇，镇政府驻地凤鸣村。

撤销杨家沟乡并入虢镇，镇名虢镇，镇政府驻地县城。

其余乡镇行政区划不变，调整后宝鸡县辖 5 个乡 19 个镇。

（胡培明）

宝鸡县委、人大、政府、政协负责人

县委书记	韩玉堂		
副书记	商宝庆	段兴奇	张校平
	王宝平	冯乃善	王西科
县人大常委会主任	韩玉堂		
副主任	张德明	胡广学	刘少鹏
	康绍东		
县长	商宝庆		
副县长	张宗智	刘志仪	张耿贤
	李铁	田来锁	葛德生
	杨天明		
政协主席	肖建农		
副主席	张书俭	姚仕彬	强文

陇　县

【概况】 陇县位于陕西省西陲。东接千阳县，北、西与甘肃省灵台、崇信、华亭、张家川、清水县毗邻，南与宝鸡县接壤。境内面积2418平方公里，辖10镇5乡240个村，总人口25.07万人。

2001年，全县完成国内生产总值6.24亿元，比上年增长8%。其中：第一、二、三产业增加值分别完成2.92亿元、1.40亿元和1.92亿元，分别增长3.7%、8%和15.9%。实现地方财政收入3156万元。(一)开展"结构调整年"活动，压粮增经、压夏增秋、压普增优、粮经饲三元结构初步形成，面积比达到60:31:9。针对多种自然灾害开展了"调管并举，三增补灾"活动，粮食总产达9.6万吨，油菜籽1031吨。新建畜牧小区5个，新增奶牛2514头，奶牛存栏1.5848万头，奶羊存栏3.53万只。奶产量3.61万吨，增长10.6%。畜牧总产值1.44亿元，增长14.9%。种植烤烟4400公顷，虽受灾减产，仍实现产值1658万元，税金362万元。果品总产量达到1.75万吨，实现产值1549万元，种植饲草266.7公顷，高蛋白玉米2733.3公顷，黄姜673.3公顷。蔬菜、种植等产业规模和效益都有所增长。(二)以国有资产退出和弱势企业破产为重点，对和氏、关山等县属企业进行了产权置换，对东南纸厂和固关综合加工厂进行了产权制度改革。技改项目7个，开发出了和氏液态奶、瑞芙干吃奶粉、关山玉液酒等新产品。县及县以上企业实现工业总产值1.76亿元，利税1948万元，分别增长3.3%和84.1%，亏损企业亏损额下降35.1%。(三)重点项目建设成效显著。扶贫搬迁、黄姜基地建设、二期生态工程、集雨窖灌、千河堤防、陇马路拓宽改造等30个重点项目建设全面完成。县政府向全县人民承诺的十件实事落到实处。重点项目投资达1亿元，全社会资产总投资1.46亿元。通过争取，农业及生态环境建设工程、牧草种子基地县、中小学危房改造等28个项目已列入上级计划，总投资1.16亿元。(四)第三产业健康发展。与陕旅集团合作，投资924万元，加强了景区基础设施建设，增加了娱乐项目。成立了龙门洞景区管委会，理顺了景区旅游管理体制。全年接待游客6.4万人次，实现综合收入952万元。发展个体工商户281户，私营企业30个。在城乡流通市场发展专业合作社2个，累计达到12个，建成村级综合服务站20个。社会消费品零售总额2.2亿元，增长4.9%。(五)对外开放和招商引资取得新成绩。精减行政审批项目68项，减少事业性收费项目22项，废止过期文件48份，建成政务大厅。参加"西高会"、"西洽会"及全市"两节一会"与外商签订合作开发项目7个，合同引资1.03亿元，到位3157万元。(六)实施开发式扶贫，集中建设扶贫示范村，共发放小额扶贫信贷477万元，异地搬迁181户823人。实施农村和城镇生活困难户低保政策，共发放救济粮18万公斤，生活保障金81万元。农民人均纯收入1100元，增长1.8%，城镇居民可支配收入4132元，增长5%。(七)财政收入实行责任制，实现了收支目标。全面推行部门综合预算，完成了"两个确保"和"两个保证"任务。成立了核算中心和政府采购中心，清退编外人员333人，减轻了财政压力。顺利完成了基金会二期兑付，累计兑付1.08亿元，兑清了所有股金。全县金融机构存款余额6.21亿元，贷款余额3.15亿元。(八)开展精神文明"五大创建"活动，建成省级文明单位4个，市级文明单位33个，女子防雹连被省上命名为高炮防雹英雄女民兵连。在撤乡并镇中将麻家台、唐家庄、关山乡分别并入东风镇、城关镇和天成镇，至此全县共10镇5乡。在科技兴县中实施科技进步项目10个，获进步奖5项。在义务教育和高、职中教育中，共调减小学校54所，幼儿园1所。初中在校生较上年增长11.4%，高中增长28.5%，职中增长35%，高考升学率达到60.2%。计生综合服务县通过市上验收，人口自增率控制在4.13‰以内。

陇县主要经济和社会发展指标一览表

项目			单位	2001	比上年±%
经济状况	国内生产总值	第一产业	万元	29157	+3.4
		第二产业	万元	14000	+10.9
		第三产业	万元	19220	+15.2
	财政收入		万元	3156	+1.7
	各项贷款余额		万元	31491	-13.7
	社会固定资产投资		万元	12188	+78.7
农业	总产值		万元	4587	+5.1
	粮食总产量		万吨	9.6	+9.3
	农作物总面积		万公顷	5.22	-1.5
	粮食作物总面积		万公顷	3.86	-4.6
	平均亩产		公斤	223	+1

续　表

项　　目			单位	2001	比上年±%
农业	蔬菜瓜类总产		万吨	4.24	-45.9
	果园面积		公顷	0.424	+5.5
	果业总产		万吨	1.75	-6.1
	畜牧业总产值		万元	14430	+10.4
工业	总产值		万元	105628	+2.8
	完成利税		万元	1949	+84.8
	实现利润		万元	773	17倍
	企业总数	国有企业	个	11	减1
		集体企业	个	75	-29.2
		股份制企业	个	2	持平
		私营企业	个	97	+7.8
	职　工		万人	0.8891	+0.6
建设环保	年内完成基本建设投资		万元	7363	+85.1
	建筑业完成总产值		万元	9216	2.1倍
	建筑业实现利税		万元	483	3倍
	建筑面积		平方米	10.91	+3.1
交通邮电	年邮政业务总量		万元	346	1.2倍
	邮政业务总收入		万元	34.5	+38.9
	移动通讯载频容量		个	6000	
	陆路通车里程		公里	1050	+0.5
	陆路年货运量		万吨	29	持平
	陆路年客运量		万人次	51	+13.3
	陆路客运线路		条	10	持平
商业旅游	消费品零售总额		万元	22020	+4.9
	居民消费总水平下降(上升)百分比			101.9	+1.9
	商业从业人员		万人	0.7782	+12
	商业完成销售收入		万元	11443	+4
	旅游业年内接待国内客人		万人次	6.4	+3.3
	旅游业年内收入		万元	952	+15.5
科技教育	科技人员		千人	3.187	+1.06
	年内获科技成果		项	10	
	普通高中		所	1	持平
	高级职业学校		所	2	持平
	初中		所	17	持平
	小学		所	160	-25.2
	幼儿园		所	8	-11
	在校学生共计		万人	5.2053	+1
	义务教育学段在校学生共计		万人	5.0155	+1.65
	教职工共计		名	2201	-0.9
	适龄儿童入学率百分比			100	+0.5
	高中入学率百分比			35.6	-4.4

续　表

项　　目		单位	2001	比上年±%
文体卫生	文化馆、博物馆、图书馆、文化中心	处	2	持平
	老干部活动室	处	12	持平
	有医院	所	22	持平
	医院有床位	张	540	+3.4
	医院有医生	人	430	+10.5
社会生活	年底下岗职工就业率百分比		63.8	
	全年为下岗职工支出救济金	万元	44.9360	+97
	实现社会商业保费收入	万元	1045	+67.2
	赔款支出	万元	344	+27.9
	城镇居民人均可支配收入	元	4132	+4.9
	城镇居民人均住房面积	平方米	13.7	+1.1
	农民人均收入	元	1100	+1.9
	城镇居民百户拥有电视机	台	112	+5.7
	农民百户拥有电视机	台	101	-1

【改善人民生活的十件大事】　2001年县政府为改善人民生活办了10件大事：投资1220万元新建集雨水窖5138眼，集雨场34万平方米；建成温河等8处人畜饮水工程，解决2.8万头大家畜饮水困难；先后投资371万元完成异地扶贫搬迁181户，823人；县城南道巷拓宽改造，杜阳文化站大楼建设工程竣工；温水、关山两个移动通讯站建成；县职教中心大楼、陇中实验楼、西大街小学教学楼竣工；建成经济适用性住房1.6万平方米；建成卫星地面接收站1处；投资799万元完成农村电网改造和两个无电村民组通电工程；神泉变电站建设已近尾声。

【生态环境治理取得成效】　陇县生态环境综合治理工程，受国家计委达华技术公司生态项目第五监理部和省市业务主管部门大力支持与精心指导，年内涉及农、林、水、牧四大行业，分布两个流域的计划工程均告完成。（一）杜阳沟流域完成单项工程的续建、竣工项目的修复完善，其中农业项目有：新建沼气池24座，购置仪器设备10台件；林业项目有：人工造林1160.8公顷，封山育林补播造林725公顷，退耕还林636.4公顷，修建护林检查站6处400平方米，宣传门4座，栽置铁丝网围栏6公里，购置护林摩托车2辆；水利项目有：新修梯田179公顷，建水窖60眼，修筑沟头防护24公里，6座拦泥坝的溢洪道衬砌、坝面绿化；退耕还草139公顷，草场改良58.5公顷，草籽基地57.5公顷，购置机械设备17台件。至此，全面完成总投资982.2万元、73.3平方公里的综合治理工程，经市生态环境建设委员会逐项检查，质量符合设计要求，验收合格。（二）北河流域完成林业项目：植树造林720.6公顷，封山育林补植补播87.9公顷，修建护林检查站3处273.9平方米，宣传门2座，宣传牌14面，购置护林摩托车2辆；水利项目：新修梯田169公顷，生产道路25.45公里，修水窖50眼，修筑沟头防护5公里；人工种草422.2公顷，工程累计投劳18.7万个，移动土石方84万立方米，完成投资240.09万元。

【农业科技承包呈现新进展】 2001年，县政府组织农林、果、牧科技人员，对“万元田”建设、优质核桃产业开发带建设、优质牧草基地建设、优果增效工程建设、黄姜生产技术研究与推广等五个项目实施技术承包。全县共承包粮经作物8133.3公顷，其中“万元田”示范76.9公顷；早密丰产示范核桃园26.7公顷，育苗5.8公顷，75万株；种植高蛋白玉米2666.7公顷；人工种植牧草2000公顷；优果增效工程管理果园2666.6公顷，建立示范园614.9公顷；种植黄姜713.3公顷，实现产值4353.57万元。期间，技术人员在项目实施单位协作下，技物配套举办各类培训会、现场会249场（次），受训38万人（次），印发各种技术资料3.89万份（册），组织供应地膜12吨，化肥260吨，微菌肥2.4吨，农药1.2吨，有计划、有重点地进行测土配肥和病虫害综合防治，使各项措施落实，承包任务顺利完成。

【创建计划生育综合服务县】 按照中央［2000］8号文件和省上的要求，陇县从2000年3月起，广泛开展了创建计划生育综合服务县活动，一是逐级落实一把手负责制。全县各级成立组织机构，印发《实施意见》和《细则》，层层签订创建目标责任书，定期检查考核，实行责任追究。动员会、现场会、经费保证、各个具体措施环环紧扣，人均经费达到3.93元，为创建工作提供了组织、人力、物力保证。二是完善三级服务载体。全县在建立健全计划生育各类表、卡、册、牌的同时，对4.6万名已婚育龄妇女实现微机动态管理，把基层计生队伍和服务站建设当做要事来抓，投资30万元改善县服务站设施，提高服务功能，投资206万元，改扩建了15个乡镇服务站的基础设施，投资132万元落实了村级“两室一校”建设，95%的村实现了“六有”，70%的村实现电化教育，彻底解决了计划生育工作断层问题，216个村被命名为“合格村”。三是强化宣传，优质服务，投资16万元办起了计划生育宣传品电脑制作服务部，投资2.7万元装配摄像器材一套，以婚育新风进万家为主线，对县乡村三级计生干部和主管领导进行系统的知识培训，加大对育龄人群的宣传力度，投入8万元印制中心户长宣传袋5000个，《五期教育》读本5万册，使婚育知识走进千家万户。在县域各主要干道建立国策门12座，树国策碑302个，固定标语583条，县城繁华路段设置大型醒目宣传牌5面，制作宣传展板36面巡回展出。四是抓综合治理。贯彻“党委领导、政府统筹、计生牵头、各级配合”的方针，彻底改变一家唱独角戏的被动局面，落实社会保障走特色创新之路，建立和完善计划生育利益导向机制，出台了《陇县计划生育社会保障工作实施方案》、《工作章程》、《计划生育家庭20条优惠政策》，对计生户予以政策措施、养老保险、社会福利、生育保健、扶贫救济、政治地位、筹措资金、三结合帮扶八个方面的优先优惠。优惠优质服务带来新变化：干部服务意识增强、干群关系改善、计生质量提高，人口出生率由五年前15.56‰下降到10‰以下，人口自然增长率由9.7‰下降到4.13‰，计划生育率由89.6%提高到98.7%，多孩生育得到杜绝，计划外生育得到有效控制。

【旅游业开发再上台阶】 2001年，县上把旅游业基础设施建设作为开发工作的重点来抓，使景区综合服务能力和收入再创新高。完成投资30万元的《关山草原景区详细规划》编制任务；完成投资180万元景区移动通讯设施修建，开通了景区移动通讯信号；投资30万元新打水井2眼，山门售票房一座，购置了消防车，开辟了6000平方米的饮食经营区，新增各类经营户21家；陕旅集团投资760万元建设的“绿园山庄”建成投入运营，使景区服务质量和档次提高，日接待能力达到1500人次；投资60万元的滑索项目基础设施建设已经完成；秋菊山庄的浮桥和平场整修工程竣工；成立景区管理委员会，理顺龙门洞管理体制，投资170万元新建龙门洞景区综合服务楼18间，平房15间，停车场4000平方米，水冲式厕所1座，基础设施的完善，极大地提高了景区综合服务能力和水平。全年共接待游客6.43万人（次），旅游直接收入119万元，实现综合收入1000万元，促进了旅游产业的快速健康发展。

【陇县网络中心成立】 按照国家和省市要求，为了加快信息产业化进程，县委、县政府重视支持，将原县电视台网络资产进行评估，重新组合，于2001年8月30日成立“陕西省广播电视信息网络股份有限公司陇县中心”，对有线电视经营、管理实行企业化运作，由公司授权，中心自主开展以广播电视节目传输和电子政务、电子商务等综合信息传输为主业，兼营相关产业的网络传媒企业，标志着陇县综合信息传输进入了信息化、网络化时代。

【实行会计统一核算制度】 2001年5月成立陇县会计核算中心，取消全县财政供给的83个党政群机关和33个事业单位的会计岗位，实行统一的财务核算与监督管理，各被监管单位设立报账员，承担本单位财务开支的核销与对账。此项制度已于2001年7月1日起在全县施行。

【小城镇建设步伐加快】 年内10个建制镇相继成立城镇建设管理站，规划建设势头良好。天成镇投资90万元完成街区1.7公里道路铺筑油化和街道两侧1520米的排水渠，动员集资180万元建设经营性楼房27幢，4250平方米，投资20万元对镇区电力设施进行改造，扩大了通讯容量，城镇建设初具规模。

【成功举办“党旗颂”歌咏大赛】 6月27日至29日，中共陇县县委宣传部、文化广播电视局、教育局、精神文明建设委员会办公室联合举办“党旗颂”庆祝建党80周年职工歌咏大赛，全县32个部门和单位组成17个代表队，1500余名职工干部登台演唱，2万多名群众观看了比赛。围绕“党旗颂”主题，高歌赞颂伟大光荣正确的党，歌唱祖国改革开放取得的辉煌成就，唱响了主旋律，活跃了全县人民的文化生活，激励人民奋发向上，为党旗添彩，推进社会主义精神文明建设。

【县民兵女子防雹高炮连再获殊荣】 陇县民兵女子防雹高炮连自1974年5月组建以来，时刻牢记党的教导，始终把全心全意为人民服务的宗旨作为建连育人的根本，以防雹减灾、保障农业丰产增收为己任，发扬艰苦奋斗的光荣传统和特别能战斗的优良作风，“置身险恶不退缩，敢与雹魔去抗衡”，顽强拼搏，无私奉献，为陇县两个文明建设做出了卓越贡献。先后荣获“精神文明建设先进单位”、“三八红旗集体”、“学雷锋标兵单位”、“巾帼文明示范岗”荣誉称号。继2000年10月被陕西省委、省政府、省军区树为“民兵预备役基层建设标兵单位”之后，又于2001年8月31日被陕西省委、省政府、省军区授予“防雹英雄女民兵连”称号。

（郑珠绪）

陇县县委、人大、政府、政协负责人

县委书记	郑耀峰
副书记	何满焕 张恩科 李天麟 杨广慧
县人大常委会主任	郑耀峰
副主任	王麦焕 张满仓 阎明泰 张福成
县长	何满焕
副县长	陈海泉 蔚凤仙（女） 付德全（2001年7月离任） 罗克让 李宏侃 阎 林（2001年7月任职） 刘西斌（2001年7月任职）
县政协主席	朱江海
副主席	张栩新 刘光照 贺陇萍（女）

千 阳 县

【概况】 千阳县位于陕西关中西部，与凤翔、宝鸡、陇县毗邻，距宝鸡市36公里，至省会西安200公里。全县辖6镇5乡，128个行政村，595个村民小组，总面积959平方公里，总人口12.7707万人。千阳县历史悠久，人杰地灵，有许多可供开发和利用的经济优势。

资源丰富。全县有耕地2.4万公顷，草地2.8万公顷，林地3.3万公顷，气候、土壤等条件非常适宜发展种养业。矿产资源丰富，尤以石灰石储量大、品位高，南山石灰石储量达40亿立方米。水力资源潜力较大，县境内水域面积3000公顷，特别是冯家山水库县境内的水面640公顷，很有开发利用价值。

基础设施改善。宝（鸡）中（卫）铁路穿境而过，千（阳）凤（县）、西（安）千（阳）、千（阳）灵（台）三条干线公路在此交汇，与县乡公路纵横成网，四通八达；11万伏输变电线路及变电站配备完善，全县已实现村村通电；开通程控电话3000多门，建成了移动电话和无线寻呼台，电视覆盖率已达98%。

旅游资源富有开发潜力。县内有闻名遐迩的燕伋望鲁台，有水面广阔、碧波荡漾的冯家山水库，有翠柏长青的天台山风景，有黄昏景色迷人的石鱼沟，有险峡奇妙的卧虎山青崖洞，有巧夺天工、飘洋过海的民间工艺美术品。

实施大开发，千阳县筛选确定了50余个发展项目，投资近10亿元。竭诚欢迎国内外有识之士，前来千阳投资兴业，共展宏图。

2001年全县实现国内生产总值19416万元（可比价），比上年增长6.2%；地方财政收入1228万元，同比增长5.2%；农民人均纯收入1037元，同比增长2.1%；人口自然增长率5.4‰。

农村经济持续发展。全年粮食总产5.8万吨，实现农业总产值15948万元，其中多经产值12601万元。以“两个增收”为目标，积极实施“双增”工程和“五个万大会战”，奶畜、蚕桑、果蔬、烤烟四大主导产业迅速壮大。奶肉畜存栏12万头（只）；建设骨干桑园1600公顷；建设精品果园2133.3公顷；日光温室和塑料中棚分别达到146座、2175座；栽植烤烟1000公顷；新种中药材373.3公顷。奶粉、苹果、玉米、胡萝卜通过了国家绿色食品质量认证。人工造林2300公顷，飞播造林3600公顷，森林覆盖率24.2%，生态环境极大改善。

工业商贸平稳增长。全县工业总产值17998万元，其中县办工业完成产值4500万元，实现税金390万元；乡镇企业完成工业产值15300万元，实现利税1230万元。新上技改项目14个，完成投资1618万元。累计发展个体工商户3631户、私营企业151户。社会消费品零售总额12100万元，同比增长5.1%；集市贸易成交额4827万元。

招商引资成效显著。全县累计引进涉农开发户55户，总投资580万元，签订各类引资协议47个，协议引进资金10.96亿元，到位资金3273万元。其中投资7.3亿元的日产4000吨水泥生产线项目工程已动工建设；6666.7公顷经济林项目建设已经启动实施。引进资金加快旧城改造，水文站地段开发进展顺利。

基础设施明显改善。全县完成固定资产投资6891万元，同比增9%。争取项目投资和各类补助资金1.07亿元，县列十大重点项目完成了年度建设任务，完成投资2539万元。建成现代化苗圃6.7公顷；治理水土流失面积23平方公里；新修千河堤防3.78公里；新建北线公路路基10公里；建成了柿沟千河大桥；拓宽改造了石坊街北段；新修人饮工程9处；新增有效灌溉面积213.3公顷。新建粮食仓库容量1500吨，维修粮食仓库容量3400吨。

社会事业全面发展。实施科教兴县战略，年内被评为省级科技先进县。水沟镇建成市级教育强镇，创建市级农村示范小学4所。中小学危房改造实现突破，投资518万元，新建校舍6299平方米。农村合作医疗制度稳步推进，覆盖面57.3%。累计发展有线电视用户5400户，完成了省、市网络联通。计划生育综合服务县创建通过了省、市验收。人口计划顺利完成，出生率11.2‰，自然增长率5.4‰，计划生育率98.1%。顺利完成了红峰乡并入城关镇、上店乡并入草碧镇、普社乡并入高崖乡的并乡建镇工作。

社会保障水平提高。养老金社会发放率达到100%，159户、697人得到扶贫移民搬迁安置，503名农村困难群众和3027名城镇困难居民纳入最低生活保障。211名下岗职工享受了困难职工生活保障金。努力实现了省市提出的“两个确保”、“两个保证”目标，在可用财力增长的前提下，落实了住房公积金，为1580名在千阳工作满8年的干部固定了浮动工资，提高了干部的福利水平。城乡居民各项存款余额28004万元，同比增长24%。

2001年，县委、县政府按照“走出去争项目、沉下去抓发展”的两条腿工作思路，在对外开放、招商引资和结构调整、“双保”等工作中，取得了前所未有的突破。但同时也存在一些困难和问题，主要是农业产业化经营步伐缓慢、工业经济总量偏小、县乡财政收支矛盾加剧、城乡基础设施落后等。

千阳县主要经济和社会发展指标一览表

项目			单位	2001	比上年±%
经济状况	国内生产总值	第一产业	万元	18203	5.3
		第二产业	万元	5349	7.4
		第三产业	万元	7290	9.2
	财政收入		万元	1228	5.2
	各项贷款余额		万元	20037	3.0
	社会固定资产投资		万元	6891	9.0

续　表

项　　目			单位	2001	比上年±%
农业	总产值		万元	25748	6.2
	粮食总产量		万吨	5.9	0.5
	农作物总面积		万公顷	2.48	－13.6
	粮食作物总面积		万公顷	1.95	－13.3
	平均亩产		公斤	202	15.4
	蔬菜瓜类总产		万吨	1.91	0.5
	果园面积		公顷	1760	－14.4
	果业总产		万吨	0.5818	11.9
	畜牧业总产值		万元	7748	22.3
工业	总产值		万元	11784	3.29
	完成利税		万元	542.5	2.4
	实现利润		万元	－76.9	3.8
	企业总数	国有企业	个	5	－16.6
		集体企业	个	65	持平
		股份制企业	个	7	持平
		私营企业	个	76	持平
	职　工		万人	0.54	－2.1
建设环保	建筑业完成总产值		万元	6153	5.2
	建筑面积		平方米	128484	3.6
交通邮电	年邮政业务总量		万元	749	19.8
	邮政业务总收入		万元	648	15.2
	陆路通车里程		公里	421	持平
	陆路年货运量		万吨	157.5	3.7
	陆路年客运量		万人次	43.6	11.8
商业旅游	消费品零售总额		万元	12100	5.1
	居民消费总水平下降(上升)百分比			6.3	－0.7
科技教育	普通高中		所	1	持平
	高级职业学校		所	1	持平
	初中		所	11	持平
	小学		所	106	－2.8
	幼儿园		所	2	2
	在校学生共计		万人	2.6	4
	义务教育学段在校学生共计		万人	2.37	0.5
	教职工共计		名	1225	9.5
	适龄儿童入学率百分比			99.5	持平
	高中入学率百分比			48.1	持平
文体卫生	文化馆、博物馆、图书馆、文化中心		处	2	2
	老干部活动室		处	1	1
	有医院		所	2	持平
	医院有床位		张	320	1.6
	医院有医生		人	170	1.8

续　表

项　　目		单位	2001	比上年±%
社会生活	实现社会商业保费收入	万元	505	26.7
	赔款支出	万元	160.2	15.6
	农民人均收入	元	1037	2.1
	农民百户拥有电话	部	20	70.9
	农民百户拥有电视机	台	105.0	5.0

【“交友帮扶”党群关系密切】　2001年，县委、县政府针对全县企业困难职工较多的实际情况，号召全县31名县级领导干部和64个部门的负责同志，都要交友帮扶1名困难职工。两级领导干部针对帮扶的150名困难职工的实际情况，积极为帮扶对象牵线搭桥，解决各类困难和问题，向县外推荐就业240人，争取上级支持，救济特困职工20名，协调劳动、民政部门救济特困职工247名，用真心和真情温暖了困难职工的心，密切了党群关系。

【落实老干部待遇连续四年获先进】　县委、县政府认真落实老干部的医药费和生活补贴费待遇，克服困难，为机关、事业单位40名离休干部报销2000年第四季度医药费30284元，2001年1～8月份医药费实报实销。全年共解决离休干部“两费”155439元，其中：医药费140386元，生活补贴费15053元，连续四年被评为全市落实老干部“两项待遇”先进县。

【农村党支部“两机一室”率达80%】　县委组织部切实加强党员教育阵地建设，多方争取，投资15万元，为全县103个大中型村配备了电视机和VCD播放机，建起了规范化的党员活动室，使全县农村党支部“两机一室”率达到80%。年内全县共举办各类培训班2180场次，培训党员13570人次，播放电教片213场，组织收看收听新闻媒体报道先进事迹460场次，党员收看率达85%以上。

【县委党校被省委命名为全省先进党校】　县委党校立足自身职能，不断改善办学条件，严格教学管理，提高干部培训质量，投资60多万元，建成了面积1300多平方米的教学楼，设图书室、电教室各1个，可同时容纳200名学员上课。从1991年起共办学历班17个，招录学员1070名，毕业本科、大专、中专学员14届，976名，先后有220名学员被提拔为副科级以上领导干部，其中县级领导5名。2001年初，被中共陕西省委授予“先进党校”称号。

【“双增”工程顺利实施】 县委、县政府针对全县农民收入增长缓慢、财政收入困难的现状，果断实施了千阳县农村建设与发展“双增”工程，并确定2001年为双增工程建设年。全县共下派14个工作队、90个工作组、421名科技人员和干部驻扎90个村开展工作，一定三年不变，帮助农民调整结构，培育产业。通过全县各级组织同心协力，“双增”工程取得了显著的成效，主导产业规模迅速壮大，全县奶肉畜存栏12万头（只），实现了人均1头奶肉畜；蚕桑实现产值560万元；栽植烤烟1000公顷；出售果品4000吨，新栽经济林1600公顷；种植蔬菜3000公顷，日光温室、塑料大中棚累计达到2274座，香菇袋料栽培55万袋。产业化步伐逐步加快。飞天乳业公司实现产值1289万元，生产奶粉1361吨，同比增长了16.2%；兑付奶款1400万元，同比增长29.3%，奶农户平均从乳品公司取得收入2480元。宏亮茧丝绸公司生产白厂丝51.3吨，实现产值800万元，兑付群众茧款608万元，年茧农户均收入500元。县烟碱厂、蔬菜脱水厂、秦丰草业股份公司等公司已先后投产。财政和农民收入显著增加。地方财政收入1228万元，同比增长5.2%，全县税收超过5万元以上的村达到38个，农民人均纯收入1037元，增长4%，80%的“双增”村农民人均纯收入净增百元以上，有力地推动了县域经济的快速发展。

【“五个万大会战”结硕果】 为推动农业结构调整实现突破性进展，县委、县政府筹资1800多万元，在全县农村实施以新增万头（只）畜（万亩草）、万亩桑、万亩果、万亩菜、万亩药为主要内容的“五个万大会战”。经过县乡联动，大会战初战告捷。全县新栽桑1000公顷，新栽果树666.7公顷；种植各类蔬菜2666.7公顷，总产3.2万吨，新建日光温室塑料大中棚1212座，累计达2274座；新增奶牛2760头，新增奶山羊9996只，新种苜蓿2221公顷，农业结构调整取得了突破性进展。

【旱作农业示范区建设通过市级验收】 旱作农业示范区建设是国家扶持农业发展的重要项目。项目共投资377万元，其中：中央财政预算内专款资金180万元，群众投工投劳197万元，先后完成了旱作基本农田建设、抗旱良种繁育基地建设、配肥站及墒情网站和旱作农机具配套建设等四大类十一个子项目，全面完成了项目任务，取得了预期效益。7月，市政府旱作农业示范区建设检查验收组逐项对示范区建设进行验收认定，同意通过市级验收，交付使用。

【科技示范带动设施农业发展】 县上大力支持创办科技示范点，带动设施农业发展。张家塬镇王家庄村创办了省力化养蚕和优果工程示范点，发展省力化养蚕户13个，制作蚕台架310个，推广果园生草5.3公顷、果实套袋30万只，高接换头1.4公顷、规范树形10公顷，实施农户达94户。寇家河乡新兴村创办了千亩无公害蔬菜示范点，建成5.3公顷～10公顷反季节蔬菜方田6个，累计种植各类蔬菜64公顷，其中反季节蔬菜12.3公顷，小阳畦韭菜棚476座，建弓形棚18座，建日光温室15座。水沟镇创办了高效设施农业示范区，全镇蔬菜面积已达306.7公顷，其中日光温室17座、塑料大中棚691座、小阳畦200座，建成集种植、养殖、能源、环保“四位一体”生态温室7座，引进低成本、高效益反季节蔬菜小阳畦200座。

【奶畜产业化带动畜牧强县】 依托乳品龙头企业陕西飞天乳业有限公司和奶畜良种基地陕西省莎能奶山羊繁育中心等，充分发挥县域资源优势，加快奶畜产业化步伐，使奶畜产业保持了旺盛的发展势头。全县累计建成百头奶牛村26个，千只奶山羊村11个，奶牛存栏9146头，奶山羊存栏5.3万只。陕西飞天乳业有限公司全年收购鲜奶11378吨，生产奶粉1361吨，完成产值1289万元，实现销售收入1824.2万元，与上年相比，分别增长13.8%、16.2%、4.1%；实现利税176万元，向奶农兑付奶款1400万元，比上年分别增长5.2%和29%。

【日产4000吨水泥生产线落户千阳】 县委、县政府把力促秦岭公司日产4000吨水泥生产线落户千阳作为改变千阳贫困面貌的头等大事，全力以赴做好招商、协调和援建工作，县委、县政府领导多次赴铜川秦岭公司总部，登门介绍县情、石灰石等资源优势和良好的投资环境，邀请公司领导来千阳实地考察。多次召集相关职能部门为秦岭公司兴建水泥厂协调解决困难和问题，并先后出台了免征城建收费、土地出让金优惠、配备专用电源、所得税减免各项优惠措施。经最后磋商洽谈，双方于4月26

日在宝鸡市“两节一会”上正式签订投资建厂协议。这标志着千阳历史上招商引资规模最大的项目（投资7.3亿元）洽谈成功。该项目厂前区工程已于12月26日破土动工。

【莲花山狩猎场开门迎客】 陕西省莲花山狩猎场是经省林业厅、公安厅批准建立的全省惟一的狩猎生态旅游新景点，由千阳县林业局投资开发建设，于12月正式开放。狩猎场地处千阳县北部的千山境内，距千阳县城39公里。场区南北长12公里，东西宽6公里，总面积3500公顷，场内有简易公路30公里，林道60公里，交通十分便利。场区分狩猎区（设徒步区、车猎区）、多功能区（设接待中心，动物养殖场，试枪场，狩猎通道，标本展览及制作室）和旅游观光区。它的建成为全省旅游产业增加了新的项目，也加快了千阳旅游事业的发展步伐。

【千阳县政务大厅和会计核算中心成立】 按照省、市统一部署，县政府从3月份起积极实施政务大厅和会计核算中心的筹建工作。争取协调资金96万元购置了房地产，投资150万元进行装修改造，建成了政务大厅和会计核算中心，分别于7月份和9月份投入使用，同时还安置了县审计局、计划生育局、农发办等三个办公用房紧张的单位。县会计核算中心成立至年底，共纳管县级党政机关、县直属事业单位和二级事业单位95个，设置行政、事业账套119个，各类资金银行存款344万元，纳管单位总资产10973万元。县政务大厅成立至年底，共有7家单位进驻办公，先后接待客商29家，接受咨询220人次，受理各项业务106起，签合同和协议48个，协议和合同引资额达到10.9亿元，创千阳县历史最好水平。

【信息技术教育步伐加快】 县文教局制定出台了《千阳县信息技术教育规划》，下发各乡校启动实施。各乡校广筹资金，加大力度，使信息技术教育推广迅速，全县15所学校装备微机335台，建成无盘站网络教室3个，有盘站网络教室2个，千阳中学开通了校园网，26所学校开设了信息教育课，受教育学生数达到10703人。

【长篇记实文学《葵花吟》出版】 千阳中学退休教师王育林创作的长篇记实文学《葵花吟》于6月被西北大学出版社出版。全书56.6万字。该书以建国初期一位中学生22年的磨难经历，表达了一个普通共产党员的理想、信念和对后辈人所寄予的爱党、爱国、忠于社会主义的无限期望。作者以此献给中国共产党80诞辰，它的面世，引起了社会各界的广泛关注和好评。

【人工影响天气减少灾损2000万】 县人影办针对县境冰雹、干旱等灾害发生频繁的实际，积极开展防雹增雨工作。年内共实施增雨作业4次，防雹作业6次，累计作业34炮次，消耗炮弹706发，WR—IB火箭两枚，作业及时有效，全年仅6月12日高崖乡、南寨镇的部分地方出现了2～5分钟的小冰雹，有效地扼制了灾害性天气的发生，减少损失达2100多万元。

【并乡建镇平稳交接】 为合理调整小城镇布局，加快小城镇建设步伐，精减乡镇管理机构，减轻农民负担，加快区域经济发展，按照省市部署，从10月19日开始准备，到11月12日正式交接，将红峰乡、普社乡、上店乡分别并入了城关镇、高崖乡、草碧镇。红峰乡和城关镇合并，称城关镇。合并后区域面积78.5平方公里，辖16个村（居）委会，66个村民小组，人口29208人，耕地1427公顷，镇政府驻城关。普社乡和高崖乡合并，称高崖乡。合并后区域面积195.5平方公里，辖15个村委会，48个村民小组，人口4840人，耕地2308.8公顷，乡政府驻高崖。上店乡和草碧镇合并，称草碧镇。合并后区域面积139.8平方公里，辖13个村委会，57个村民小组，人口7443人，耕地2704公顷，镇政府驻草碧。

（柳积功）

千阳县委、人大、政府、政协负责人

县委书记 孟　军
副书记 刘升周　吕述谦　王拴虎　田振锋（11月到任）
县人大常委会主任 赵珍仓
副主任 张仲杰　李重宗　上官岗　张志新
县长 刘升周
副县长 阎拴太　李存梅（女）　张　宁　段寅生　赵宝润　王明中
县政协主席 段延年

副　　主　　席 吕存祥　赵　杰　樊生和

凤　翔　县

【概况】 凤翔县位于宝鸡市东北，距市区47公里。县境域南北长45公里，东西宽39公里，总面积1179平方公里，有耕地面积55906.7公顷。县辖12个镇，5个乡，250个行政村，1977个村民小组。2001年末全县总人口514498人，总户数为126668户，其中非农业人口45092人。2001年，在县委、县政府领导下，按照“坚持两个战略，抓好三件大事，实施十大项目，确保两个增收”的经济工作总思路，使经济建设和各项社会事业保持了持续发展的良好态势。全县完成国内生产总值19.3亿元，较上年增长10%。其中第一产业实现增加值5.3亿元，增长1.2%，第二产业实现增加值9.8亿元，增长12.5%，第三产业实现增加值4.2亿元，增长12.5%，全县地方财政收入达到5790万元，较上年增长2.4%，农民人均纯收入1544元，较上年净增82元。年末城乡居民存款余额15.35亿元，同比增长30%。

2001年，全县在农业和农村经济结构调整中，采取“典型引路，示范带动”的办法，因地制宜，分层次抓点，建成各级各类示范点111个。通过抓点促面，农业结构调整步伐不断加快，全年粮食总产22.52万吨，其中优质粮3.6万吨。新增经济作物1000公顷，苹果优质率达40%以上，粮经比例稳定在60:40。充分发挥农村劳动力资源优势，不断拓宽农民增收渠道，组织劳务输出1.1万人次，创劳务收入4400万元。工业生产力在深化企业改制中获得新发展，通过改制和技改，工业企业经营情况进一步好转，全县全年完成工业总产值39.5亿元，销售产值28.5亿元。商贸流通企业改革继续深化，粮食企业效益稳步提高。项目建设和招商引资工作再上新台阶。十大重点项目年度建设任务圆满完成，累计投资2.79亿元，占计划的114%。其中生态环境建设项目造林绿化3680公顷，超额完成任务。招商引资工作成效显著，积极参加中国东西部投资贸易洽谈会和宝鸡“两节一会”，全年合同引资6.8亿元，到位资金2.89亿元。非公有制经济快速发展，长虹、陈村、长青工业园区和城区私营工业园区规模不断壮大，全年新发展私营企业92个、个体工商户830户，分别较上年增长8%和6%，涌现出投资500万元以上的私营企业12个，1000万元以上的6个。

精神文明和各项社会事业取得了新成绩。精神文明建设以群众性精神文明创建活动为载体，不断深化思想道德建设，努力提高城乡群众文明素质，全县创建省级文明单位2个，市级文明单位6个，保持了省级卫生县城和全省精神文明建设先进县称号。科技工作狠抓科技进步和科技推广，发展民营科技企业6个，引进开发新成果15项，跨入全国首批科普示范县行列。教育事业积极实施素质教育，教育、教学质量不断提高。2001年全县参加高考人数2816人，上大专分数线2560人，其中上大本分数线707人，创历史最好水平。在教育改革中因地制宜推进中小学撤点并校，改造危漏校舍2.4万平方米，新创建教育强镇1个，市级示范小学4所。文化工作进一步巩固全国文化先进县成果，创建文化先进乡镇7个。卫生工作完成了上级确定的农村卫生综合改革试点县试点任务，积极实施“健康工程”和“民心工程”，有3个乡镇新建的卫生院门诊楼竣工投用。体育工作广泛开展全民健身活动，长青镇被命名为“全国亿万农民健身先进镇”。计划生育工作全面完成人口控制计划，计划生育率为97%，人口自然增长率3.8‰，荣获全省计生综合服务县和婚育新风进万家活动先进县称号。圆满完成了第五次人口普查、并乡建镇及其他各项工作。

凤翔县主要经济和社会发展指标一览表

项目			单位	2001	比上年±%
经济状况	国内生产总值19.3亿元，较上年增长10%	第一产业	万元	53000	+1.2
		第二产业	万元	98000	+12.5
		第三产业	万元	42000	+12.5
	财政收入		万元	13546	
	社会固定资产投资		万元	46000	+100
农业	总产值		万元	82338	+1.2
	粮食总产量		万吨	22.52	
	农作物总面积		万公顷	7.9953	-1.04
	粮食作物总面积		万公顷	6.5664	-3.2
	平均亩产		公斤	229	+1.3
	蔬菜瓜类总产		万吨	10.2106	+19.2
	果园面积		公顷	6667	-4.3

续 表

项目			单位	2001	比上年±%
农业	果业总产		万吨	5.4	
	畜牧业总产值		万元	23000	+4
工业	总产值		万元	395000	+14.8
	完成利税		万元	759	+8.7
	企业总数	国有企业	个	5	-40
		集体企业	个	3	持平
		股份制企业	个	14	14.2
	职　工		万人	0.2849	持平
建设环保	环境保护总投资		万元	500	
	环保总投资占同期国内生产总值的百分比				
交通邮电	年邮政业务总量		万元	748	+156.2
	邮政业务总收入		万元	652	+28.6
	移动通讯载频容量		个	80	
	陆路通车里程		公里	333.8	
	陆路年货运量		万吨	75.3	持平
	陆路年客运量		万人次	68.4	+50
	陆路客运线路		条	30	+10
商业旅游	旅游业年内接待国内客人		万人次	13.3	+12
	旅游业年内收入		万元	14	+3.7
外经外贸	外贸出口创汇		万美元	600	供货总值
	合同利用外资额		万美元		
科技教育	科技人员		千人	8.119	-1.2
	民营科技人员		千人	0.286	-6.2
	年内获科技成果		项	10	-33
	普通高中		所	4	持平
	高级职业学校		所	2	持平
	中等专业学校		所	1	持平
	初中		所	28	(含三所企办技校)
	小学		所	233	持平
	幼儿园		所	2	持平
	在校学生共计		万人	10.6219	-2
	义务教育学段在校学生共计		万人	9.7545	+0.52
	教职工共计		名	4909	+2.7
	适龄儿童入学率百分比			100	100
	高中入学率百分比			49.9	+5.2
文体卫生	文化馆、博物馆、图书馆、文化中心		处	3	持平
	老干部活动室		处	1	持平
	有医院		所	26	持平

续 表

项目		单位	2001	比上年±%
文体卫生	医院有床位	张	831	
	医院有医生	人	288	
社会生活	农民人均收入	元	1544	
	城镇居民百户拥有电话	部	120	
	农民百户拥有电话	部	27.6	
	农民百户拥有电视机	台	108.8	+4.4

【高效农业科技示范园初具规模】 凤翔县高效农业科技示范园分东区和西区。东区位于县城东15公里的横水镇尹家务村、横水村、紫柏村、东白村、路家村、桶王村6村51组，共333.3公顷。规划在三年内建成“六园、两场、一校、一室、一院、一市场”。现已建成反季节日光温室蔬菜大棚300座，栽植美国草莓80公顷，建成精品果园10公顷，红地球葡萄基地16公顷，建成大拱棚西瓜基地13.3公顷，蚕桑苗木基地2公顷，绿化苗木基地1.3公顷。修建示范区道路5.5公里，架设输电线路3公里，打配深机井6眼。西区位于县城西3公里处的唐村乡索落树村，涉及5个行政村27个组，面积333.3公顷。规划三年内建成高标准农业科技示范区五个，以及为示范园配套的公用基础设施、技术培训、产品销售等齐备的综合农业科技园区。计划在已建的40座日光温室大棚的基础上再建60座，建专家大院一处。已建成果菜批发销售交易市场雏形，新打配套深机井1眼，完成1500米暗管规划、配套，配备150千伏安变压器，硬化0.8公里道路。

【高标准、高质量地进行农业综合开发】 凤翔县2001年度农业综合开发土地治理项目区涉及柳林、尹家务两个乡镇10个村66个村民小组，区内有耕地1600公顷，农业人口1.8万人，农业劳动力1万人。在县委、县政府领导的重视及省市业务部门的精心指导下，经过开发区乡镇广大干部群众的艰苦努力，至年底已全面完成了所有项目建设任务 。共计完成改造中低田1333.3公顷，新增灌溉面积600公顷，改善灌溉面积733.7公顷，营造农田防护林133.3公顷，累计投入资金595万元，占计划任务的101%。其中财政资金408万元，占计划任务的93.4%；自筹资金187万元，占计划任务的124.7%。在水利项目建设方面，柳林镇新打机井

16眼，修复配套机井20眼，埋设管道30公里；尹家务乡衬砌渠道54公里，其中支渠新修改造及维修9公里，渠系建筑物315座。在农业项目建设方面，机深翻1333.3公顷，秸秆还田333.3公顷，黄腐酸改良133.3公顷，建设良种基地233.3公顷，仓库90平方米，晒场120平方米，购选种加工设备10台件，修筑机耕路10公里；购买小麦联合收割机2台，背负式收割机3台，配套秸秆还田机4台。在林业项目建设方面，营造农田防护林133.3公顷，植树11万株；育苗8.7公顷，有侧柏、法桐、垂柳、黄金槐、新疆杨等十余个品种。在科技推广项目建设方面，举办各类技术培训10次，参加培训人员1万多人次；示范推广333.3公顷，其中吨粮田、地膜土豆各133.3公顷，双千田66.7公顷。通过项目建设的实施，项目区可增产粮食280万公斤，油料10万公斤，新增农业总产值340万元，项目区农民新增纯收入总额达180万元。

【农田基建蝉联全省先进县】 2001年，凤翔县以水保生态建设为重点地农田水利基本建设工作，共完成水土流失治理面积20.8平方公里，占计划任务的139%，其中新修“四田”712公顷，占市下达任务的213%，完成灌区平地1387公顷，营造水土保持林1196公顷，占市下达任务的170%，种草173公顷，占任务的137%，完成集雨水窖1744眼，占计划任务的174%，改善了全县农业生产条件，优化了农业产业结构，加快了农村经济发展。再度夺得省政府“水利振兴杯”，实现了省、市农田基建先进县12连冠。

【县属工业企业在体制改革中获得新发展】 2001年，县属工业企业紧紧围绕工业生产力恢复和发展的目标，通过深化改革，促进了企业机制创新，使企业在体制改革中各项工作取得了新的进展。县属工业总公司系统22个企业，全年共完成工业总产值1.43亿元，同比增长34.1%，实现销售产值1.38亿元，同比增长32.7%，上缴利润753万元，较上年同期增长2.6%，企业改制推动了经济发展，已改制和正在改制的企业达20个，改制面达91%。在已改制的企业中，陕西东盛科技股份公司制药一厂通过转换机制，努力开发新产品“赛复喜”，当年投资200万元，购置专用设备19台，自年初安装到4月中旬试产一次成功，全年生产“赛复喜”160万片，完成工业总产值8537.58万元，上缴各税432万元，成为县属工业的“龙头”企业。兴翔纸业有限公司，通过扩产技改，产量大增，产销两旺，全年完成工业总产值2382万元，上缴利税98.5万元。维尔雅制衣有限公司应对入世，积极承揽加工外贸服装，并投资60万元购置西门子全电脑控制熨烫设备13台（件），9月份投入运行，首批加工“维尔雅”品牌系列西装1000余套，全年完成工业总产值184.5万元，上缴利税18.7万元。天园植化有限责任公司，通过扩股增资，建立现代化企业管理制度和竞争机制，实行科学管理，使企业效益增长，全年完成工业总产值366.7万元，上缴各税32.3万元。卫东医药化工有限公司，制定了加大投入、扩大生产的目标，克服了市场原材料紧俏的困难，开展生产经营，全年完成工业总产值1412.5万元，上缴各税65.4万元。新改制企业新宝纺织有限责任公司，由原西北国棉一厂凤翔分厂采取部分资产出售的办法，将生产区以420万元出售给乾县自然人张新，于10月份组建成立，共投资600万元，更新设备，启动生产，当年完成工业总产值640.7万元，上缴各税7万元。雍山水泥有限责任公司于11月份整体购买县水泥厂破产财产后，发挥资源优势，努力扩大生产规模，产销两旺，全年实现工业总产值605.5万元，上缴各税76.1万元。其余已改制小企业，通过调整资金结构，盘活存量资产，进行技术改造，各方位吸引人才、技术和资金，使企业也得到较快发展。

【粮食购销企业再次荣获全省扭亏增盈十强县称号】 2001年，全县粮食系统共收购粮食2.42亿公斤，销售2.25亿公斤，全县14个购销企业统算盈利127万元，连续三年荣获全省粮食购销企业扭亏增盈十强县称号。面对粮食市场疲软，粮价持续走低，经营举步艰难的状况，粮食购销企业坚持推行《陕西省粮油收购服务规范》，切实做到“五公开、十不准”，坚持下乡设点收购，方便农民交售，使得当年粮食收购量比上年同期多购进2600万公斤，增长了11%，为经营创效奠定了雄厚的物质基础。与此同时，各购销企业始终坚持随购随销，薄利多销的经营措施。全系统在四川、云南、上海、湖南、河南等地设立了近30个常年销售网点，与省内外20多个用粮大企业签订了长期供货合同，保证了货畅其流。在此基础上，各购销企业严格经营管理，压缩费用开支，年内突击搞了两次大规范的清收外欠款活动，化解了资金风险，同比系统经营费用率降低了0.5个百分点，毛利率上升了1.4个百分点，销售粮食总量增长了8.1%。

【非公有制企业加快发展步伐】 截至到2001年底，全县个体私营企业已发展到26007个，年上缴税金约占全县乡镇企业纳税总额的60%左右，拥有产值50万元以上的私营企业45个，500万元以上的私营企业12个，1000万元以上的私营企业6个，个体私营企业中的从业人员达到96483人。涌现出了东盛公司、兴翔公司、恒立集团、虢王建工集团等一批规模大、效益好、竞争力强的私营企业典范和何宗礼、严保文、贾新民等一批懂经营、会管理、有闯劲的民营企业家，他们在全县非公有制经济发展中起到了“领头雁”的作用。

【凤翔泥塑马跃上国家生肖邮票】 2002年是中国农历的马年，国家邮政局选中了凤翔民间工艺品泥塑马，作为壬午年生肖邮票的主图，这是宝鸡市继“陇县枕头猪”后又一次上了国家生肖邮票的民间工艺品。生肖邮票上白底黑线条的泥塑马，通体浑圆饱满，马头微偏，既威武雄壮，又活泼可爱，双目用墨传神，造型独具匠心，个性鲜明，白与黑的线条应用十分到位，流畅有序。这是国家邮政局邮票印制局主任设计师王虎鸣在中央美院陈列室发现后选用的。作品未署名，只写有“凤翔泥塑马”。经凤翔县文化馆多方考证，中央美院陈列室收藏的凤翔泥塑工艺品，是县文化馆80年代初在京参展的凤翔民间工艺品所留。当时六营村泥塑艺人胡深曾随同前往表演技艺并讲学。以“凤翔泥塑马”冠名作为凤翔泥塑艺术集体智慧的结晶。

2002年1月5日，国家邮政局和省政府、省人大及天水、渭南、平凉等市旅游、文化部门在宝鸡市隆重举行《2002年泥塑马生肖邮票首发暨中国“民间艺术游”（陕西）活动开幕式》，会后，凤翔县举行了旅游参观活动，国家和省市上千名领导、专家、学者、集邮爱好者、民间美术工作者以及新闻媒体的编辑、记者赴六营村参观凤翔泥塑艺术，由县文化馆组织讲解、导游，并送给胡深老先生一幅对联：“凤翔泥塑马跃上生肖票显民间奇艺；六营老艺人传承泥绝活为神州精英”。横批是“泥塑世家”。随着泥塑马生肖票的发行，炒红了凤翔民间艺术。六营村的泥塑品供不应求，产品销往全国各地及港澳台地区。

【城镇建设在改革中快速发展】 2001年，县委、县政府把提高城市化水平作为县域经济发展的“三件大事”之一，确定了以县城建设为中心，以13个小城镇为串珠的城镇建设新格局，编制完成了《凤翔县城2000～2015年总体规划》，并通过了省、市专家的评审，为凤翔县城建设制定了宏伟蓝图。先后完成了县城雍兴路美化工程、凤中路拓宽改造工程、南大门建设工程和经济实用房建设工程。实施了“三街一路”建设工程，累计新开工程33项，3万多平方米，总投资额1800多万元。全县13个小城镇围绕水、电、路、楼等项目，共完成建筑工程20多项，市政工程9项，电力工程2项，不断加快基础设施建设，使小城镇的服务设施更加完善。

【荣获全国城市环境整治先进单位】 近年来，凤翔县以西部大开发为契机，不断加快城镇建设步伐，提高城市管理水平，使县城市容市貌发生了较大变化。2001年荣获全国城市环境整治先进单位。其主要实绩：一是修编完善了县城整体规划。二是制定并实施了“四个一点”的办法，拓展了资金筹措渠道，取得了良好的效果。先后投资3亿元完成了城区电网改造工程，投资8000多万元完成了通信基础设施建设工程。筹资5000多万元，相继完成了东大街、东关街、南大街和小南街拓宽改造工程，雍兴路3.5公里的排水工程，雍兴路美化工程和自来水三期扩建工程等重点工程；按照“谁投资，谁受益”的办法，吸引各界筹资1.2亿元，加快了临街建设的步伐。道路的拓宽，基础设施的完善，有效的改善了县城环境。三是实施综合整治，提高管理水平。先后成立了县城环境综合整治领导小组，组建了“县城管理联合统一执法办公室”，加大了城市监管力度。成立了市容市貌纠察队，在东大街、秦凤路文明示范街聘用70多名卫生保洁员，加强了巡察保洁力度，并落实了单位、门店前“四自一包”及街道清扫垃圾清运责任，使城区环境卫生、占道经营、车辆乱停等问题得到了有效控制。

【县财政局被财政部确定为信息直报点】 近年来，凤翔县“两保”工作的经验和做法受到了省市财政部门的充分肯定，省财政厅发文在全省推广了凤翔的保工资经验，省依法理财试点现场会在凤翔召开，引起了财政部的注意。同时，县财政局局长王云奎的长篇纪实散文《一个财政局长的工作手记》，在《美文》杂志2001年第9期上刊载后，王云奎局长先后被邀赴京参加全国部分财政干部座谈会和财政部办公厅在河北承德组织的财政调研活动。财政部认为，凤翔财政在保工资方面的措施和经验在全国具有一定的典型性和示范性。凤翔财政目前存在的问题和困难，在全国县级财政中具有一定代表性，财政部有必要在信息方面与凤翔财政建立直接联系。据此，确定凤翔县财政局为全国财政信息直报点。县财政局与财政部建立信息直报关系后，一方面，凤翔县财政存在的一些困难和问题可直接上报财政部及部领导，另一方面，财政部重大政策法规出台、项目投资决策等信息，也可及时下传，将对凤翔县财政及项目资金争取工作产生积极的影响。

【凤翔县被评为全国第五次人口普查先进单位】 2000年11月1日零时进行的第五次全国人口普查，是世纪之交进行的一项重大国情国力调查，在历时两年的工作中，经过全县各级党政组织和2600余名普查工作人员的共同努力，圆满完成了人口普查各个阶段的工作任务，取得了丰硕的普查成果。凤翔县被国务院第五次人口普查办公室评为人口普查先进单位。

【社会治安综合治理荣获全省先进县称号】 凤翔县从1996年起开展创建治安模范县活动，层层成立了创建领导小组，县委、县政府作出了《关于开展争创省市治安模范县活动的决定》，制订了创建规划和年度实施意见，县委、县政府先后召开与创建相关的会议16次，下发文件20份，建立了各级领导创建工作联系点制度，综合治理责任书签订率达到了100%，对已命名的364个治安模范单位、5个安全小区，实行了年审制度。给全县17个乡镇、250个村配齐了主管综治工作的专兼职领导和综治助理员。建立了联防小组，确定了治安中心户、“三老”义务调解员、24小时值班制度，居民楼院看护率96%，暂住人口发证率98%，重点人口列管率100%，重新犯罪率为5%，刑事发案和六害问题得到有效控制，刑事案件侦破率达81.2%，重大案件侦破率达84.6%，治安案件查处率99%，“三无”单位达70%以上。民间纠纷调解率达96%，调成率95.1%。未发生游行示威、“法轮功”练习者赴省上京滋事等影响社会稳定的群体事件。“三五”普法受教育面达98%，普法合格率达100%。评出十星级文明户38100户，遵纪守法户56208户，五好家庭11864户。群众对社会治安满意率达95%，全县政治安定，社会稳定。2001年度被陕西省社会治安综合治理委员会授予社会治安综合治理先进县，被市委、市政府授予市级治安模范单位。县综治办被市委、市政府授予社会治安综合治理先进集体，县政法委被省公安厅、民政厅授予同“法轮功”邪教组织斗争先进集体。

【长青镇被命名为“全国亿万农民健身先进镇”】 长青镇地处凤翔城西南，全镇辖9个行政村，84个村民小组，2.5万人口。近年来，镇党委、政府在狠抓经济建设的同时，始终把亿万农民健身活动列入重要议事日程。在镇农民体育协会、老年人体育协会和文化活动指导站的具体组织下，采取财政拨一点、各单位拿一点、群众集一点的办法，共筹资金7万余元，添置了体育设施60多处（件）。镇机关有灯光篮球场一个，乒乓球室一个，各村（校）有篮球场21个，乒乓球台45副，总价值达7.5万元。镇上坚持每年举行一次综合性农民运动会、中小学田径运动会、老年人健身比赛和幼儿趣味运动会。涉及篮球、乒乓球、象棋、拔河、长短跑、打太极拳、扭秧歌等项目，运动会期间，群众像赶集逢会一样集聚会场。参加各种体育活动人口达全镇人口的35%以上。在近年的各项体育比赛中成绩显著。由于全民体育健身参与意识强，有效地促进了镇域内精神文明建设，推动了镇域经济的发展。中华人民共和国农业部、国家体育总局、中国农民体育协会于2000年10月30日命名凤翔县长青镇为“全国亿万农民健身先进镇”。

【凤翔县被评为全国科普示范县】 2001年6月22日，在中国科协第六次全国代表大会上，凤翔县被命名为全国科普示范县。1998年，凤翔县被中国科协确定为首批全国科普示范创建县以来，县委、县政府把创建工作列入了党政议事日程和干部任期目标责任制，成立了创建领导小组，制定了创建规划，落实了科普专项经费，使创建工作取得了可喜成果。一是在队伍、组织网络建设方面，完善了17个乡镇，250个行政村科普组织，组建了专业技术推广、农民科技示范、农村科普服务“三支队伍”。全县专业技术人员8019人，农民科技人员3625人，农村科普服务人员3600人。建成县级专业农协28个，基层农协80个，会员36000人，专业协会村23个，科技示范户1700个，农科贸实体28个。二是在科普宣传方面，利用县电台、县电视台、县报社等媒体，大力宣传和普及了科技知识。全县组织“三下乡”活动36场次，开展大型科普宣传活动19次，发放资料30多万份，展出宣传板块1260多块，放映科普录像、电影、影碟280多场次。三是加强科技、实用技术培训。在科技扶贫活动中，全县结成学科技帮扶村50对，帮扶户4200对。四是在示范基地建设方面，围绕粮、果、辣、菜、畜五大主导产业，共引进先进实用技术36项，建成8类43个科普阵地。建成了3840公顷优质苹果、6666.7公顷辣椒生产基地，年实施科技新技术推广面积2.3万公顷以上，成为全国商品粮生产基地县，苹果标准化生产示范县，辣椒标准化栽植示范县。五是在阵地建设方面，三年累计投资100万元建起了科技楼，配置了科普车和科普电影放映机、电视机、放像机。并建成了秦凤路科普一条街，3个高标准科普画廊。各乡镇都建起了综合科普活动室和功能齐全的“两站一校”。150个村办起了科普专栏，科普夜校。11个乡镇建成了科普示范乡镇，197个村建成了科普示范村。

【卫生综合改革试点任务 全面完成】 2001年，在总结上年度全市农村卫生综合改革试点县试点经验的基础上，认真贯彻国务院办公厅《关于农村卫生改革与发展的指导意见》，以及省、市、县有关《实施意见》精神，全面推进卫生改革，进一步界定了县卫生执法监督所和县防疫站的职责；对执法人员进行了为期一周的专业知识和法律知识培训；县政府聘请食品卫生、公共场所卫生和医疗机构监督员22名，加大执法监督力度，狠抓了医药卫生市场经济秩序的整顿和规范。取缔无证行医92户，查处假劣药品88种、伪禁食品285公斤，食品卫生总合格率88.7%。制定了全县《卫生事业单位人事制度改革中有关问题的通知》，在23个医疗单位实行了院（站、所）长聘任科主任、科主任聘用科员的院科两级全员聘任制。在分配制度改革中，实行全浮动工资和档案工资，初步建立起了责、权、利相结合，重实绩，重贡献，有利于优秀人才脱颖而出的竞争激励机制。实行院（站、所）长任期年度目标责任制和经营成果负责制，采取联合经营、技术合作等形式，积极引进技术、设备和人才。县医院与西安空军医院联合开展腹腔镜手术230例，眼科白内障超声乳化术150余例；县中医医院和彪角中心卫生院与厂家联合办院，开展体外震波碎石术160多例。按照“两保一放”的原则，加强基层卫生院经营运行机制改革。南指挥镇卫生院采取个人领办，陈村中心卫生院实行院长聘任，共吸引社会资金26万元，实现了社会效益和经济效益的双赢。在姚家沟等3个乡镇推行了医疗、计生、防保“三位一体”改革，实现了资源共享，优势互补。同时，按照“四统一”的标准，在全县101个村实行了乡村卫生组织一体化管理，遵循巩固和发展、扩面和升级相结合的原则，在184个行政村实行了合作医疗保健制度，占行政村总数的73.6%，参加群众占农业人口的69.6%。

【凤柳公路改造工程顺利竣工】 西（安）千（阳）公路凤柳段修建于20世纪70年代，由于这段公路技术等级低，行车流量大，路面严重损坏，路基沉陷。根据这一情况，县委、县政府把这段公路改造工程列入重点项目建设，得到宝鸡市政府主管部门和西凤酒厂的大力支持，于2001年7月1日开工建设，至11月14日全段10公里长的公路改造工程，按三级公路标准修建完成。整个工程共计投劳4.5万个工日，投入机械5000多个台班，上料石3万多立方米，白灰3000多吨，铺设涵管8道，总投资500万元。工程竣工验收后，开通了县城至柳林镇公交车。

【圆满完成50个村低压用电网改工程】 2001年，按省农电局的总体部署，在省局的正确领导和凤翔县委、县政府及全县人民群众的大力支持下，县电力局干部职工克服困难，周密规划，严格管理，精心施工，共计完成50个村低压网改工程，改造线路289.89公里，设立供电台区115个，涉及21575户，完成国投资金975.24万元。

【邮电通信设施建设发展迅猛】 2001年，凤翔电信事业坚持“以放号促发展，以发展增效益”的经营指针不动摇，大力实施“管理创新，服务创新，机制创新”。新增电话用户14021户，全县固定电话用户总数达到4.68万户；坚持走效益型发展之路，通信建设步伐大大加快，网络运行质量显著提高，新建成农市话接入网点23个，新增交换能力14000线，全局交换设备总容量达到58818线，建成了市话光环、农话光环，光缆总里程达到548公里，宽带城域网建成。

【因地制宜推进中小学撤点并校】 2001年，凤翔县针对农村学校生源不足，班额较小，造成教育资源浪费的状况，县人民政府制定了《凤翔县合理配置教育资源，调整学校布局，撤点并校的实施意见》，提出了撤点并校的原则，即中小学布局调整与乡村区划调整相结合；调整的对象是小学校舍差、村人口在1500人以下和学生人数在150名以下的村校；相邻的村，基本以2公里为服务半径的小学；山区建寄宿制学校，撤销教学点，初中撤销规模小的学校和教学点。从实施撤点并校工作以来，全县已撤销小学12所，教学点7个，联建小学6所。总投资达500多万元，新建教学、宿办楼7幢，面积8060平方米。当年创建市级教育强镇1个（陈村镇），累计达到4个，创建市级农村示范小学4所，累计达到42所。

【烟花爆竹安全生产管理取得新成效】 凤翔县烟花爆竹起源于隋唐以前，距今已有1000多年的历史，是一项历史悠久的民间传统手工业。到2001年初，全县烟花爆竹生产涉及8个乡镇，40多个村，136个村民小组，1218户，被省政府确定为全省三个烟花爆竹传统生产县之一。但是长期以来，凤翔烟花爆竹生产以家庭作坊生产为主，设施简陋，管理粗放，安全缺乏保障，给群众的生命财产安全带来了严重威胁。2001年以来，县委、县政府集中开展了烟花爆竹安全生产专项治理活动，积极推行“申都模式”，初步扭转了全县烟花爆竹无序生产经营、缺乏安全监管的被动局面，全县未发生一起烟花爆竹不安全事故，有效保障了人民群众生命财产安全。主要做了以下工作：一是加强领导，夯实安全责任。县公安局、传统产区各乡镇也分别与生产企业逐级签订了安全生产责任书，各生产企业、传统产区烟花爆竹生产农户也都按要求建立健全了安全生产责任制，进一步明确了生产、储存、销售、运输等各个环节的安全责任。二是落实“两个一律”，集中治理整顿。全县所有烟花爆竹生产厂一律停业整顿，对现有的危险品及原材料一律封存。县上成立了由县政府县长任组长，县委、县政府分管领导任副组长，公安、工商等11个县级部门主要负责同志和田家庄、纸坊等8个烟花爆竹重点乡镇党委书记为成员的“凤翔县烟花爆竹专项治理领导小组”，采取工作组包抓的办法，向涉及烟花爆竹生产经营的8个乡镇派驻了工作组，公安部门还为每个工作组配备了两名公安干警，以确保“两个一律”落实到位。三是堵疏结合，完善“申都模式”。针对个体作坊式生产安全隐患较多的实际，县委、县政府积极探索，逐步摸索了将带药工序集中到村外安全地带，将无药工序分散生产的“申都模式”，得到了省公安厅等有关方面的认可。经过整改，县礼花厂经省公安厅验收已恢复生产。到年底，县传统产区4个村已组建专业公司2个，按要求将带药工序搬出户外，修建操作车间、装药房、仓库共199间，参与生产农户184户。在烟花爆竹销售上，由供销系统的专营公司实行统一收购，统一销售。经公安、安监、工商、技术监督等部门联合验收，申都、南小里2个村80余户生产作坊已投入正常生产，使凤翔传统产区烟花爆竹生产安全管理工作基本走上了健康、规范、有序的轨道。

（娄　平　巨明堂　彭拉权）

凤翔县委、人大、政府、政协负责人

县委书记	杨瑞乾
副书记	张育仓　李兆科
	赵晓明（3月任职）
	景东成　王宝莉（女）
	张科成
县人大常委会主任	杨瑞乾
副主任	阎江瀛　邢新宇
	张新民　辛炳文
县长	张育仓
副县长	陈万生　张汉铭　李国军
	宁新远　罗广平（2月任职）
	翟希俊　白升安（2月任职）
县政协主席	谢广元
副主席	毕列巧（女）　窦新文
	董润丽（女）

岐　山　县

【概况】 岐山县位于关中平原西部，南接秦岭，北枕千山，中为平原，面积855平方公里，总人口45.94万人，全县辖11个镇，3个乡，188个行政村。

2001年，中共岐山县委和县人民政府，结合制定实施“十五”计划，加快实施城市化发展、科教兴岐、项目带动三大战略和八大综合开发工程，全县经济建设和各项社会事业持续快速发展。至年末，全县共完成国内生产总值164172万元，比上年增长9.5%，其中第一产业28679万元，第二产业90810万元，第三产业44683万元；完成工业产值493422万元，实现地方财政收入5125万元；完成固定资产总投资40102万元；农民人均纯收入达到1644元，比上年增长2.6%；人口自然增长率为3.44‰。全面完成市上下达的各项任务，“十五”计划开局良好。

农业生产在结构调整中发展，农村经济保持增长。全县农村社会总产值达到82290.2万元，比上年增长7.2%；其中非农产值76873.5万元，占农村社会总产值的93.4%。全年农业增加值28679万元，占国内生产总值的17.5%。粮食总产174483吨，油料总产5535吨，造林面积2210公顷。乡镇企业持续发展，全年乡镇企业总产值达768735万元，比上年增长7.7%；营业收入747220万元，增长8.4%；其中农村工业总产值463290万元，增长8.3%。

工业生产保持较快增长。辖区内完成工业增加值81686万元，比上年增长10.3%，占国内生产总值的49.8%。其中国有和销售收入500万元以上非国有工业完成增加值32957万元，比上年增长10.9%。年内县及县以下工业企业完成总产值493422万元，比上年增长9.2%；其中县属工业总产值30132万元，比上年增长7.6%；乡及乡以下工业总产值463290万元，比上年增长9.3%。

固定资产投资在项目带动、城市化发展战略推动下创出新高。全社会固定资产投资完成40120万元，比上年增长48%。其中：基本建设投资7404万元，更新改造投资5049万元，房地产投资580万元，城镇集体投资300万元，农村集体投资17751万元，其他投资9018万元。全县基本建设和更新改造新增固定资产12218万元，比上年增长32.1%。

交通邮电事业仍保持良好的发展势头。2001年加大资金投入，狠抓交通道路基础建设，为县域经济发展创造了良好环境。年内新铺油路10公里，油化岐周二级公路6.5公里，新建公路桥梁一座，全县等级公路总里程达到376.5公里。年末市内电话用户总数达8535户，比上年增加1516户；农村用户总数达到45243户，增加11266户。

消费品市场销售量保持增长。全年全县社会消费品零售总额61322万元，比上年增长3.3%。其中县的零售额28390万元，县以下的零售额32932万元。全县集市贸易成交额38446万元，增长6.9%。

全县地方财政收入完成5125万元，占年度预算的106.3%，超收302万元，比上年增收462万元，增长9.9%。年末银行各项存款余额240695万元，比年初增加22883万元；各项贷款余额223591万元，比年初增加1463万元。

教育、卫生事业持续发展。全县共有普通中学37所，专业任课教师2171人，在校学生41803人；职业中学3所，专业任课教师89人，在校学生3730人；小学199所，任课教师2239人，在校学生59146人；幼儿园16所，在园幼儿8306人。学龄儿童入学率达到99.9%。全县共有卫生机构32个，其中医院29所，卫生机构拥有病床1254张，卫生技术人员1238人，其中医师医士481人，护师护士423人。

城乡居民收入持续增加，生活水平进一步提高。辖区内职工人均货币工资7221元，比上年增加1116元，增长18.3%。年末城乡居民储蓄存款208390万元，人均储蓄存款4460元，增长13.5%。农民人均纯收入1644元，增长2.6%。

岐山县主要经济和社会发展指标一览表

项目			单位	2001	比上年±%
经济状况	国内生产总值	第一产业	万元	28679	5.3
		第二产业	万元	90810	10.1
		第三产业	万元	44683	10.6
	财政收入		万元	5125	9.9
	各项贷款余额		万元	223591	0.66
	社会固定资产投资		万元	40102	48.0
农业	总产值		万元	82290	7.2
	粮食总产量		万吨	17.45	-2.1
	农作物总面积		万公顷	6.47	0.49
	粮食作物总面积		万公顷	5.06	0.03
	平均亩产		公斤	230	-2.1
	蔬菜瓜类总产		万吨	9.44	0.6
	果园面积		公顷	0.64	0.5
	果业总产		万吨	9.19	1.6
	畜牧业总产值		万元	15410	9.2
工业	总产值		万元	493422	9.2
	完成利税		万元	49800	4.1
	实现利润		万元	34734	5.5
	企业总数	国有企业	个	11	持平
		集体企业	个	334	-9.4
		股份制企业	个	13	持平
		私营企业及个体	个	7151	-0.1
	职　工		万人	6.1593	-2.2

续 表

项目		单位	2001	比上年±%
建设环保	年内完成基本建设投资	万元	7404	10
	建筑业完成总产值	万元	35163	8.9
	环境保护总投资	万元	500	
	环保总投资占同期国内生产总值的百分比		0.35	
交通邮电	邮电业务总收入	万元	2725	6.8
	陆路通车里程	公里	376.5	
	陆路年货运量	万吨	9.7	3.2
	陆路年客运量	万人次	218	2.8
	陆路客运线路	条	22	
商业旅游	消费品零售总额	万元	61322	3.3
	商业从业人员	万人	2.37	
	旅游业年内接待国际客人	万人次	0.2	
	旅游业年内接待国内客人	万人次	40	
	旅游业年内收入	万元	400	
外经外贸	外贸出口创汇	万美元	590.9	
	合同利用外资额	万美元		
科技教育	民营科技人员	千人	0.210	
	年内获科技成果	项	52	
	普通高中	所	11	
	高级职业学校	所	3	
	中等专业学校	所	1	
	初中	所	26	
	小学	所	199	
	幼儿园	所	16	
	在校学生共计	万人	10.09	
	义务教育学段在校学生共计	万人	8.7	
	教职工共计	名	5304	
	适龄儿童入学率百分比		100	
	高中入学率百分比		70.54	
文体卫生	文化馆、博物馆、图书馆、文化中心	处	24	
	老干部活动室	处	2	
	有医院	所	29	
	医院有床位	张	1254	
	医院有医生	人	481	
社会生活	城镇居民人均住房面积	平方米	12	4.3
	农民人均收入	元	1644	2.6
	城镇居民百户拥有电话	部	30	21.5
	城镇居民百户拥有电视机	台	87	
	农民百户拥有电话	部	45	33.1
	农民百户拥有电视机	台	46	

【国务院副总理温家宝来岐视察】 2001年1月6日至7日，中共中央政治局委员、书记处书记、国务院副总理温家宝等一行在省委书记李建国、省长程安东、副省长王寿森和市委书记庞家钰、市长吴登昌的陪同下，来岐山县调查研究，走访农户，体察民情，看望农村基层干部，了解掌握农村情况，指导农业和农村工作。温副总理一行冒着严寒，轻车简从，走访了西方、故郡、马江、麦禾营4个乡镇的5个村、14个农户，召开座谈会2次，接触群众168名，在视察和与群众座谈中，温副总理高兴地称赞岐山民风淳朴，人民安居乐业。

【并乡建镇工作圆满完成】 按照省政府《关于开展并乡建镇工作的实施意见》，本着实施"三点一线"经济发展战略和撤县设市、壮大发展县域经济的目标，在深入调查研究的基础上作出方案，报经省、市审批，于2001年9月25日开始，12月20日全部结束，圆满完成全县并乡建镇工作。共撤销了5个乡镇。其中：撤销北郭乡、孝子陵乡并入凤鸣镇，镇名凤鸣镇，镇政府驻地县城；撤销马江镇和麦禾营镇，合并、组建为雍川镇，镇政府驻地原麦禾营强家村；撤销落星乡并入安乐镇，镇名安乐镇，镇政府驻地安乐寨；撤销西方乡并入故郡乡，乡名故郡乡，乡政府驻地冯家村。其余乡镇行政区划不变。调整后现辖3个乡，11个镇，乡镇数减幅达26.3%。新建乡镇和撤并乡镇工作实行整体交接、挂牌，管理机制和运行机制实现平稳过渡。

【重点项目建设进展顺利】 2001年，全县确定重点建设项目40个，到年底，完成或基本完成项目14项，完成投资0.62亿元。渭河大桥拓宽项目于8月份建成通车；中心苗圃工程建成投用并通过市上验收；窖灌工程建成高标准水窖1733眼，新修渠道36公里，发展节灌面积813公顷；绿色通道工程完成路旁植树4.5万株，绿化面积34.3公顷；农发工程全面完成，改造中低产田1000公顷；乡村道路建设完成孝刘路油化、蒲益路路面硬化、马家河桥建设；节水示范项目完成益店133.3公顷暗管输水工程和青化266.7公顷高标准方田，铺设UPVC管道18.9公里，砖砌渠道25公里；甘露工程建成人饮工程2处，其余3处完成90%；防洪保安工程已超投资完成计划，加固渭河堤防2.5公里；县纸厂污水处理、化肥脱碳装置技改、烟气制酸技改、铅锌冶炼项目建成投产。进展顺利且达到进度要求的项目8项，完成投资0.73亿元。这8

个项目是：天然气利用工程铺设管道700米，发展用户200多户；农村电网改造项目共完成蒲村等15个乡镇0.4千伏电网改造；岐蔡五公路二期工程，完成岐周路6.5公里路面油化，上原路路基工程全部完成；商品房开发项目，6栋楼房全面竣工，1栋进入主体四层；生态环境建设工程，治理水土流失面积24平方公里，完成坡改梯400公顷，草地540公顷，造林633公顷，封育治理812公顷，淤地坝3座，水保工程225座，沼气池27座，节柴灶2620座，生产道路21公里，整个工程形象进度达到88%；纱管纸生产线进入主体二层建设；旧城改造工程中，电机厂住宅、综合楼工程和农械厂、通用机械厂住宅楼已竣工验收，县纸厂、生产资料公司、商总司、蔡家坡工人俱乐部等工程正在建设中；真空开关项目已基本建成投产。

【岐蔡五绿色通道建成】 岐山县围绕地方经济发展，狠抓以道路绿化为重点的生态环境建设，初步建成北起周公庙风景名胜区、南至诸葛亮庙风景名胜区，全长31公里的岐蔡五绿色通道。该工程按照高标准上档次的要求，由陕西省林业勘察设计院设计，县林业局制定施工方案，5家专业园林绿化工程队承包栽植。树种选择高规格的桧柏、黄杨、银杏、女贞、紫薇、木槿、垂柳及爬山虎等观赏绿化植物，实行大跨度布局，乔、灌、花、草、果立体配置，内低外高，常绿与落叶相结合，针阔叶混交。至年底，该工程共投入劳力2万 人次，动用大型机械60余台，共移动土方30余万立方米，栽植绿化大苗4.5万株，投资260万元，已初步取得成效。

【天然气利用一期工程竣工点火】 岐山县天然气利用工程是以岐蔡公路为轴心，凤鸣镇、蔡家坡镇为重点，为城镇居民、工业企业、公共服务业提供燃料与原料的基础设施工程。该工程于1998年纳入陕西省天然气工程，次年由四川石油管理局川南矿区设计室设计，并与四川巨能天然气股份有限公司达成合作协议，5月16日在蔡家坡建国路正式动工，至2001年12月14日一期工程全部建成，举行竣工点火仪式，600多户居民开始用气。

【农业结构调整取得新进展】 按照“优粮扩经，突出林果，强抓畜牧，创新经济组织，推进产业化”的思路，围绕农业增效、农民增收这个中心，把培育川原灌区优质粮油、千山南麓苹果、秦岭北麓猕猴桃、南北二山干杂果、旱腰带地区畜牧业、渭河两岸及县城郊区精细菜“六大产业带”，继续调整优化农业和农村经济结构，全县粮经比由2000年的68:32调整到今年的57:43。在粮食生产上，围绕发展“两高一优”农业，以川原灌区为重点，压缩淘汰劣质粮食面积和品种，推广种植优质玉米7533.3公顷，总产达5万吨；以旱腰带及山区为重点，扩种优质豆类、甜高粱等秋杂作物1420公顷；推广种植优质小麦2.35万公顷，占小麦总播面积的81.3%；推广“双低”油菜666.7公顷。多种经营向高效特色化迅速发展：苹果生产实施“优果工程”；猕猴桃推广秦美、海沃德等新品种；结合退耕还林及生态县建设项目，在南北二山发展梨枣、核桃、柿子、黑李子、仁用杏等鲜杂果1333.3公顷；突出无公害设施菜、精细菜、反季节新鲜蔬菜发展，建成高效设施菜基地“万元田”533.3公顷，使全县保护地栽培面积达到686.7公顷；中药材种植、苗木繁育成为农民增收新途径，全县引进种植丹参、黄姜、生地等中药材200公顷，建立良种苗木繁育基地80公顷。畜牧业实施“畜牧强县”战略，引进推广先进技术和设施，先后建成2个种猪场、5个奶牛养殖场、2个肉牛养殖场、9个布尔肉羊示范场以及一批综合养殖示范点和奶牛专业镇，2001年畜牧业总产值达9559万元，占农业总值的26.8%。组建了猕猴桃、黑李子、仁用杏、大棚西瓜协会等农协服务组织13个，入会会员达4000多人。发展各类贩运大户、联合组织130个，提高了农民组织化程度和市场适应力。

【故郡大棚西瓜一举创出名牌】 2001年，故郡乡把发展大棚西瓜作为调整农业结构和富民兴乡的重点项目，通过广泛动员引导，当年发展大棚西瓜面积达66.7公顷，获得成功，“故郡大棚西瓜”也成为名牌产品，取得显著的经济效益，平均每亩收入达3800元。该乡从长远目标出发，强化统一育苗、农资采供、技术、销售“四个服务”，并加强道路、商贸市场和水利等配套设施建设，为种植户协调货款83万元，今年已为来年整地266.7公顷，预计可实现销售收入1500万元，纯收入1000万元，仅此一项全年人均可增加纯收入500元。

【七星河流域综合治理工程获国家命名】 七星河流域涉及京当、祝家庄、青化三个乡镇，12个行政村，60个村民小组，总人口1.65万人，总面积38.59平方公里。该工程于1999年被列为中央预算内专项资金水土保持项目建设计划，下达治理任务15平方公里。工程从当年10月动工，2000年8月竣工，共新修基本农田308公顷，栽植经济林306公顷，营造水保林556公顷，种草158公顷，封禁治理220公顷，建成谷坊、水窖等水保工程210座，修筑沟头防护21处，修筑沟（地）边埂27公里，修筑生产道路22.4公里，完成治理面积15.5平方公里。2001年初，七星河流域综合治理工程被国家水利部、财政部命名为“全国水土保持生态环境建设示范小流域”。

【非公有制经济发展实现新的突破】 2001年，全县发展非公有制经济坚持以开放合作为主题，以第二产业为重点，以优化环境为动力，努力提高整体运行质量和效益。一是突出结构调整主线，引导非公有制经济朝着有利于所有制结构优化，产业结构、产品结构升级，区域经济结构合理的方向发展。首先立足资源优势，发展特色经济，在原奶牛养殖、甜玉米种植形成规模的基础上，年内又发展了故郡千亩大棚西瓜，枣林红地球葡萄、花卉、青萍基地，一批挂面、食品、果品、西岐名吃为龙头的私营企业已形成产业优势。其次在全县选择了20户规模大、实力强、发展前景好的企业，重点扶持其开发新产品，发挥典型示范作用。凤鸣化工厂在原产品市场销售不畅的情况下，又新建了大豆异黄酮生产线，产品远销日本和东欧等国家。再次，引导企业按照市场需求，搞技改，上项目。金山石油化工公司投资600多万元资金，与科研单位联姻，开发生产出车辆润滑油小包装，在西北各地出现热销局面。二是贯彻落实全县加大招商引资力度，优化投资环境的《暂行规定》，加大6个非公有制经济园区基础设施建设力度，集中开展整顿规范市场经济秩序，取消不必要的行政审批事项，治理“三乱”，为非公有制经济发展营造了宽松的环境。先后与台湾玄峰、上海金磊、西安爱地等集团公司签订了5个合作项目，合同引资4700多万元。年内新增个体工商户2072户，私营企业108个，总数在清理剔除历年停歇业成分后，分别达到14595户和512个；实现年产值42.5亿元，占到乡镇企业的58%；上缴税金1550余万元。非公有制经济的总体水平已大为提高。

【整顿和规范市场经济秩序取得成效】 2001年，按照国家、省市的统一部署，在全县扎实开展了市场经济秩序整顿规范工作。一是通过对准入资格的登记，查验注册资本（金），查验前置审批许可证、变更登记、改制、换照、企业年度检验等工作，有力地规范了市场主体的准入资格和经营资格；二是加大执法监管力度，全年共查处各类经济违法违章案件260起，255208元，查处各类违法经营的物资有柴油3421公斤，冒牌白酒600瓶，冒牌葡萄酒240瓶，冒牌洗衣粉3338袋，冒牌水果糖50公斤，劣质粉条735公斤，掺油有毒大米1500公斤，“三无”汽车配件1680件，净化了市场环境；三是加强了合同监督管理工作，共办理合同鉴证124份，标的金额2425万元，办理企业动产抵押登记73起，县政府命名13户企业为“重合同、守信用”单位。四是工商局成立“公用企业执法检查组”，加强了对公用企业的监督管理力度，先后对供电、供水、银行、邮政、电信、新华书店和医院等行业依法进行检查。五是宣传贯彻《消费者权益保护法》，全年接待处理各类投诉举报752件，从中发现案件线索200多个，调解处理消费纠纷385起。

【西岐民俗村饮食文化旅游闹出大气候】 西岐民俗村位于周室肇基之地、周文化发祥地的周公庙风景名胜区内，自堰河、北郭至祝家巷，全线沿岐周公路延伸3公里，以源远流长的西岐民俗、富有特色的岐山臊子面等饮食文化旅游而闻名遐迩。岐山臊子面发源于西岐民俗村，制作讲究，吃法别致，具有薄、劲、光、煎、稀、汪、酸、辣、香等特点，在中华传统面食名吃中享有盛誉，被称为“神来之食”。2000年3月以来，结合旅游产业开发，原北郭乡党委、政府借助岐山县首届周文化艺术节，成立了西岐民俗村臊子面协会，并在北郭村、堰河村、祝家巷村成立了三个分会，以乡协会为龙头，组织引导农户开展“住农家小院、吃岐山臊子面、赏西岐民俗风情”的特色旅游服务，通过农户自愿申请、协会审批挂牌，实行重点接待，进行文明礼仪、烹饪知识培训和环境治理，经过两年多时间的发展和营运，至2001年底全乡西岐臊子面协会会员已发展到150户，其中北郭村分会88户，堰河村分会35户，祝家巷村分会17户。累计接待海内外游客50多万人次，收入达750多万元，民俗村内人均增收300多元，先后被中央、省电视台及诸多新闻媒体专题报道，并参加了宝鸡电视台“2001年春节文艺晚会”外景节目的拍摄。省委副书记袁纯清在考察西岐民俗村工作时挥笔题词“到民俗村做客，给人一个回家的感觉”。为了确保民俗村更快更好地发展，北郭村投资80万元兴建民俗园，县上将投资200多万元兴建休闲庄，还将在民俗村建设生态民俗旅游区。

【“爱心献功臣行动”受到全国双拥工作领导小组表彰】 岐山县“爱心献功臣行动”开始于1999年，在县委、县政府领导和全社会各方支持下，取得显著成绩。2001年，在受到市委、市政府表彰奖励的基础上，受到全国双拥工作领导小组表彰。主要工作是在全县广泛开展了与革命功臣结对帮扶工作，共结帮扶对象3200个，为帮扶对象捐款4万元，送化肥10吨，面粉400袋，菜油50公斤，衣服1200件，各类慰问品360份。同时对优扶对象医疗实行“两减免、三减半、四优先”的优惠政策，送12名优扶对象到荣复院疗养；县、乡两级筹措资金8万元，其中民营企业家赵其昌捐款1万元，群众义务帮工2000个，为30户优扶对象建房70间，修缮22间，解决了复退军人的住房困难。

【吴庆彤来岐山调研残疾人工作】 2001年9月19日，中国残联评议会主任吴庆彤、评议会副秘书长李志岐等一行4人在省残联副理事长缪顺良等陪同下来岐山调研残疾人工作。调研组参观了岐山残联基础设施建设及聋儿社区语训工作，并赴安乐镇进行了考察。调研组对岐山残疾人工作给予高度评价。

【社会保障事业稳步推进】 2001年，养老保险扩面目标任务超额完成，全县共参加养老保险的国有、集体、企事业单位175个，在职职工10550人；私营、股份制企业22个，参保职工627人；个体工商户903人。与上年度相比，新增参保人数3628人，完成全年扩面目标任务的103.7%。全年共征收养老保险费1119.67万元，发放养老金1390.26万元。继离退休人员养老金100%按时足额社会化发放之后，按照省、市统一部署，在县养老保险经办中心设立“岐山县企业下岗失业人员生活费发放中心”，从4月份开始至年底，共为66个企业377名下岗失业人员发放生活费7.2万元，对3300多名离退休人员实行了领取养老金资格验证制度和持卡领取养老金制度。工伤保险工作进展顺利，至年底，参加工伤保险的企事业单位共117个，参保职工8005名，全年共征收工伤保险基金28.34万元，基金征缴率达96%；全年共拨付工伤待遇9.41万元，兑现工伤奖励返还资金6.11万元。

【医疗保险制度启动并顺利实施】 岐山县社会医疗保险事业管理中心，主要负担全县辖区内400多个参保单位，5万多名参保职工医疗保险基金的预算、筹集、给付、营运和管理工作。根据国务院《关于建立城镇职工基本医疗保险制度的决定》和《岐山县城镇职工医疗保险制度改革实施细则》，2001年，全县参加基本医疗保险的行政机关、企事业单位209个，参保职工29575人，其中：行政单位60个，参保职工1874人；事业单位63个，参保职工2279人；企业（含部、省属企业）26个，参保职工24445人；下岗、失业人员参保涉及单位60个，参保职工977人。医保基金累计收入495.90万元，其中大病互助基金46.5万元，统筹基金353.6万元，个人账户基金95.8万元。累计审核报销参保职工的住院医疗费70.4万元，门诊医药费64.4万元，医保基金征缴到账率、报销拨付率分别达到了98.3%和100%。

【招商引资与对外开放取得新成绩】 围绕“宝鸡开放年”活动，岐山县狠抓招商引资工作。“两节一会”期间，共落实上会签约项目21项，总投资8.3亿元，合同（协议）引进资金总额6.3亿元。至年底，已有汽车散热器生产线、有色金属冶炼、塑编袋生产线扩建等项目建成投产，汽车大厢生产线、辣果贮藏贸易等项目已动工建设，共完成投资1.18亿元。动员和组织企业参加西安东西部经贸洽谈会、第十三届西部交易会等大型经贸活动，总成交额4.01亿元。

（李三虎）

岐山县委、人大、政府、政协负责人

县委书记	赵文学
副书记	魏崇勇（2001年12月离任）
	常崇信（2001年12月任职）
	索富平　刘周安　巨来侠
县人大常委会主任	赵文学
副主任	冯兰堂　吕　文　曹宗仁
	罗科让
县长	魏崇勇（2001年11月离任）
代县长	常崇信（2001年12月任职）
副县长	常崇信（2001年12月离任）
	张乃卫　谢长录　武世孝
	雷岁劳　段长军　蔡积仓
县政协主席	雒启堂
副主席	雷纪成　王温让　张岐明

扶　风　县

【概况】　扶风县距宝鸡市90公里，面积751平方公里，人口45万人，辖9镇3乡205个行政村。2001年，实施“三大战略”、“六大工程”，国民经济稳步增长。全县国内生产总值完成（当年价）11.83亿元，比上年增长7.6%。其中第一产业增加值3.64亿元，下降0.5%，占国内生产总值的30.7%；第二产业增加值4.22亿元，增长8.4%，占国内生产总值的35.7%；第三产业增加值3.97亿元，增长11.6%，占国内生产总值的33.6%。人均国内生产总值2603元，比上年增长9.7%。

扶风县主要经济和社会发展指标一览表

	项目		单位	2001	比上年±%
经济状况	国内生产总值	第一产业	万元	36396	-0.5
		第二产业	万元	42187	8.4
		第三产业	万元	39667	11.6
	财政收入		万元	3630	0.3
	各项贷款余额		万元	114370	5.4
	社会固定资产投资		万元	32236	62
农业	总产值		万元	65173	-0.4
	粮食总产量		万吨	24.78	-5.9
	农作物总面积		万公顷	5.97	-6.1
	粮食作物总面积		万公顷	5.32	-3.1
	平均亩产		公斤	310	-3.1
	蔬菜瓜类总产		万吨	7.74	-27.7
	果园面积		公顷	2775	-25.2
	果业总产		万吨	6.41	-14.1
	畜牧业总产值		万元	16825	-6.9
工业	总产值		万元	58400	4.6
	完成利税		万元	3000	16.3
	实现利润		万元	500	10.2
建设环保	年内完成基本建设投资		万元	6200	15
	建筑面积		平方米	6200	35.4
	环境保护总投资		万元	300	30
	环保总投资占同期国内生产总值的百分比			0.8	0.05
交通邮电	年邮政业务总量		万元	522	24.28
	邮政业务总收入		万元	521.51	24
	陆路通车里程		公里	652.04	4.5
	陆路年货运量		万吨	2617.84	-1.5
	陆路年客运量		万人次	185	2.7
	陆路客运线路		条	57	2
商业旅游	消费品零售总额		万元	27958	2.6
	商业从业人员		万人	1350	35
	商业完成销售收入		万元	8520	1.4
	旅游业年内接待国际客人		万人次	1.05	-15
	旅游业年内接待国内客人		万人次	125	4.5
	旅游业年内收入		万元	2816	0.54
科技教育	科技人员		千人	6.6	4.4
	民营科技人员		千人	1.659	20
	年内科技成果		项	20	
	普通高中		所	4	0
	高级职业学校		所	2	0
	中等专业学校		所	1	0
	初中		所	23	0
	小学		所	218	0
	幼儿园		所	3	33.3
	在校学生共计		万人	106409	-0.6
	义务教育学段在校学生共计		万人	100192	-0.1
	教职工共计		名	4577	6.8
	适龄儿童入学率百分比			100	0.01
	高中入学率百分比			28.7	3
文体卫生	文化馆、博物馆、图书馆、文化中心共		处	12	0
	儿童乐园		处	0	
	老干部活动室		处	27	17.3
	卫生机构		所	25	0
	医院有床位		张	910	3.4
	卫生技术人员		人	1056	-5.6
社会生活	赔款支出		万元	529	5.2
	城镇居民人均住房面积		平方米	13.2	5.3
	农民人均收入		元	1399	0.2
	城镇居民百户拥有电话		部	24.5	4.5
	城镇居民百户拥有电视机		台	126	2
	农民百户拥有电话		部	30	
	农民百户拥有电视机		台	122.5	
	年底下岗职工就业率百分比			38	5
	全年为下岗职工支出救济金		万元	28.92	30

【农业产业化工程初见成效】 2001年，扶风县优质粮、辣椒、蔬菜种植面积扩大，畜牧规模养殖有所突破。全年实现农业总产值（当年价）6.5亿元。粮食生产不断调整扩大优质粮和种子田种植面积，使其占全县粮食种植面积近20%。夏粮总产达到1.33亿公斤，创近三年来最高水平。新栽名优果树340公顷，果实套袋3700万只，全县水果总产6.41万吨，3个红富士苹果样品被评为省优质水果，名列宝鸡市第一位。全年造林1630公顷，封山育林2670公顷，零星植树180万株，新育苗木711公顷。蔬菜种植6933公顷，其中辣椒5400公顷；蔬菜总产6.23万吨，其中辣椒4万吨。畜牧业强劲增长，总产值1.68亿元。大家畜出栏1.36万头，比上年增长12.2%；猪出栏13.68万头，比上年增长5.3%；羊出栏1.69万头，比上年减少10.5%；家禽出栏92万只，比上年增长35.3%；奶类产量1.28万吨，禽蛋产量1万吨。年末大牲畜存栏3.36万头，猪存栏12.99万头，家禽存栏133万只。水产品产量890吨，比上年增长7.2%。

【工业企业技改成效明显】 企业改制步伐加快，股份制企业比重增加。金牛公司二期技改、扶风纸厂扩建等19个项目建成投产。毛巾厂、化工厂、棉纺厂等企业通过改制增强了适应市场的能力。全县国有及年产品销售收入500万元以上的非国有工业企业完成工业总产值（1990年不变价）28292万元，比上年下降5.5%。其中股份制工业企业完成工业总产值8478万元，比上年增长36.6%，占规模以上工业总产值30%，比上年增加9.3%。规模以上工业企业完成产品销售（当年价）34656万元，比上年减少3.3%。其中股份制工业企业完成10765万元，增长53.7%，占规模以上工业企业完成产品销售产值的31.1%，比上年提高了11.6%。宝鸡建忠佳家乐食品有限公司年生产各类方便面5000多吨，产值过亿元，成为西部地区最大的民营方便面生产企业。

【基础设施工程驰入快车道】 县城新区开发工程进展顺利。全县基础设施工程共开工建设项目13个，完成投资近亿元。有线广播电视传输网工程完成投资85万元，架设光缆70公里，8个乡镇开通了光缆信号，累计发展用户9000多户。县乡油路铺设完成投资210万元，铺筑油路16.5公里，超任务6.5公里。西宝北线县城段改线工程完成投资1400万元，土方工程、两座小桥和大桥架设工程均已完成。农业综合开发工程完成596万元投资计划，共改造中、低产田2000公顷，衬砌渠道8000米、田间斗分渠道65000米，更新提灌站机电设施18台（套），新修恢复抽水站4座，打配机井24眼。经济适用住房建设完成投资2600多万元，建成新华书店、绛帐高中、变压器厂等20多处经济适用住房。县城新区已开通道路5000米，清理路基4450米，完成了启动区4686米排水沟和385米管道铺设、闭水试验和回填工程；电力和水利部门相继解决了基建用电和用水问题；通信光缆、区内供热、供气、广播电视等地下管网陆续开工，已有16个单位和部门在新区征用了土地，土地局、建设局等办公楼工程正在进行主体施工；财政局、水利局、消防中队办公楼和职教中心教学楼、学生公寓等基础工程已近尾声。

【旅游开发工程稳步推进】 法门寺院二期扩建工程完成投资774万元，千佛阁、玉佛殿如期完工对外开放，藏经楼、东西方丈楼、中国佛学院法门寺分院四栋教学楼工程完成主体建设。法门寺博物馆完成投资700万元，法门寺文化三大陈列工程先后完工向游人开放，并与美国圣德公司签订了合资亿元在西院建设“法门寺文化坛——中国佛教文化馆”项目合同书。由中华梨园学研究会和陕西省文联少儿文艺董事会联合投资1000万元的“班马纪念馆”旅游项目已正式动工建设。4月26～30日，县委、县政府配合市政府成功举办了首届法门寺国际文化旅游节，提高了法门寺在国内外的知名度。全年共接待游客125.46万人次，旅游业直接收入2816.49万元，同比增长0.54%。

【各项社会事业持续发展】 创建国家级科技星火密集区取得突破性进展，全县24个重点兴县项目有9个科技进步计划项目分别安排在星火密集区实施，共完成投资4268万元，年内密集区科工贸总产值8.5亿元。全县共发展民营科技企业40户，总投资10721万元，累计开发新产品28个，总产值6435万元。教育质量不断提高，扶风高中、法门高中被评为市级教学质量优秀学校，扶风高中还被命名为“陕西省重点高中”。全县共向高等院校输送大专以上学生2450名，其中本科650名，居全市前列。在学科竞赛中，129名学生获国家级奖励，13名学生获省级奖励，19名学生获市级奖励。文化事业健康发展，全年共举办群众性文化活动31

场，创作各类艺术作品140篇（幅），在省、市以上报刊发表42篇（幅）。电影放映12600场，戏剧下乡演出412场（次）。卫生事业不断进步，境内共有卫生机构25个，床位910张，卫生技术人员1056人，计划免疫保偿率98%，合作医疗覆盖率66%。农民收入稳中有增，职工工资增长较快，城乡居民存款余额147514万元，比上年增长12%。人口自然增长率2.5‰。

【温家宝副总理在扶风视察】 1月7日下午，温家宝副总理由省、市、县领导陪同视察扶风县。3时40分，温副总理一行首先视察扶风县段家镇“陕西省秦川牛繁育改良推广中心”，在中心总经理昝武银的导引下，先后查看了基础牛舍、地下青贮饲料库以及养殖小区，观看了高科技大院专家楼，听取了昝武银以及西北农林科技大学研究员、博士昝林森对有关企业发展的汇报，询问了秦川牛的防疫、出栏、出口等情况后，鼓励他们“继续努力，再创新的业绩”。4时10分，温副总理一行又到段家镇东关村公路边的一粮食收购点视察粮食收购情况，当交谈中了解到群众反映粮价低的情况后，找到粮点负责人叮咛说：“一定要保护农民的利益，认真执行政策，注意价格。快过年了，老百姓等钱，服务态度要好，保证兑现”。离开收粮点，温副总理又走进东关村的人群中，与退休工人、小学教师、农民、学生拉起家常，了解退休费、教师工资是否按期发放，详细询问了他们的经济、生活、学习等情况后，亲切与群众告别，并挥手高声说：“向大家拜年啦”！随之群情振奋，一阵阵掌声、一双双深情的目光，欢送温副总理起程，前往杨凌视察。

【迟浩田上将在法门寺视察】 4月15日，中共中央政治局委员、国务委员、中央军委副主席、国防部长迟浩田上将在省委书记李建国、副省长赵德全、市委书记庞家钰、市长吴登昌以及扶风县委书记曹毓刚、县长亢兰斌陪同下，视察了法门寺院和法门寺博物馆。先后听取了法门寺情况介绍，观看了专题录像片，参观了法门寺出土文物，随后挥毫题书：“绝佳珍宝，举世无双”。参观结束，迟浩田上将在扶风宾馆用餐，还即兴题词一首：“扶风风光好，五谷饭菜香，三秦大地美，来年更辉煌”。

【并乡建镇】 按照省、市总体要求，11月报经省、市人民政府批准，扶风县撤销原新店镇建置，将原新店镇所辖村组并入城关镇；撤销原黄堆乡、建和乡建置，将原黄堆乡、建和乡所辖村组并入法门镇。并乡建镇后，由过去的10镇5乡变为9镇3乡。

【县城新区开发工程进展顺利】 县城新区建设工程指挥部按照县委、县政府提出的“高起点，高标准，功能配套，集约开发”的原则，狠抓新区开发建设，工程进展顺利。目前，共征用道路用地19.1公顷，开通道路5000米，清理路基4450米；完成了启动区4686米排水沟和385米管道铺设，闭水试验和回填工作基本完成；电力、水利部门已完成基建用电、用水设施建设；通信光缆地埋工程进入实施阶段，区内供热、供气、广播电视等地下管网陆续开工建设。全县已有16个单位和部门在新区征地20.7公顷，城关粮站2000吨粮仓已建成，开发公司商住楼正在建设，后沟小学教学楼主体工程已完工，土地局、建设局办公楼工程正在进行主体施工，财政局、水利局、消防中队办公楼和职教中心教学楼、学生公寓等基础工程已近尾声。区内第一个引资项目西安市建民印务有限公司的商贸餐饮项目已于11月底正式签约。

【农业产业化工程初见成效】 全县种植优质粮和种子粮6733.3公顷，总产3500万公斤，比上年有较大幅度增长；新栽优质富士、丽嘎啦、南方脆等名优品种340公顷，果实套袋3700万只，果品总产6.41万吨；共种植辣椒5400公顷，总产干椒1万吨；秦川牛饲养量4.76万头，出栏1.3万头；奶牛饲养0.47万头，产奶量0.56万吨；生猪饲养29万头，出栏13.68万头；蛋鸡饲养137万只，产蛋量0.78万吨；羊只饲养3.28万头，出栏1.69万头。共种植各类蔬菜1533.3公顷，其中设施栽培286.7公顷。农业产业化龙头企业建设稳步发展，年内新建宝鸡天马公司辣椒烘干生产线、宝鸡平安乳业公司养殖场、陕西鑫良畜牧养殖场、扶风天龙果品公司冷库等9家龙头企业。

【重点水利工程建设步子加快】 2001年，扶风县重点水利工程建设投资达4829.8万元，其中中央和省1977.3万元，再次创历史新高。经过努力，全年基本完成了七大工程建设计划任务。一是水保生态工程完成投资201.9万元，新修梯田340公顷，新修生产道路5公里，修筑沟头防护工程15公里，淤地坝4座。二是农业综合开发工程完成土地治理

2000公顷，衬砌支渠8公里，田间斗、分渠65公里，埋设田间输水管道30公里，购置移动式喷灌机20台，更新北四、五抽水机电设备18台（套），打配机井24眼，新修恢复抽水站4座，架设低压线路10公里。截至6月底，已全面完成了2000年度农发工程投资与建设任务，经市农发办验收，被评为优质工程。2001年度农发水利项目已新修土渠29.2公里，衬砌渠道18.6公里，打配机井4眼，安装田间输水管道14公里。三是节水灌溉示范县工程完成投资182万元，新打机井14眼，修建水塔19座，铺设管网40公里，解决了149万人饮水困难。四是防洪保安工程已接近尾声，完成土方1.8万立方米，购置铁丝120吨，修建圆筒坝基21座，完成投资410万元。五是北五抽三级站改建工程完成宿办楼建设、安装大口径管道1050米，机房工程正在加紧施工。

【农田水利基本建设取得好成绩】 一是农田基建工作共完成灌区平整土地面积533.3公顷，新修“四田”446.7公顷，分别占任务的160%和197%。其中66.7公顷以上的5处，33.3公顷以上的3处，20公顷以上的2处，13.3公顷以上的5处，6.7公顷以上的集中连片治理面积占完成总面积的100%，最高日上劳6.7万人，投入机械526台（辆），被省上评为夏季农田基建先进县。二是“三清三修”工作，全县日上劳5.2万人，累计投工201.4万个，完成土石方64.4万立方米，混凝土0.2万立方米，清修各类渠道3320条3472公里，占任务的106%；维修建筑物2511座，抽水站197座，机井1846眼。年底被省上评为关中灌区“三修两清一绿化”先进单位。三是水利建设取得了好成绩，共新增有效灌溉面积400公顷，改善灌溉面积2533.3公顷；发展民办水利设施422处，投资159.9万元；共打配机井45眼，新改建抽水站5座，衬砌渠道31.4公里。

【山川秀美工程成绩喜人】 2001年，扶风县有计划、分步骤实施山川秀美工程建设。全县共完成工程造林1513.3公顷，其中经济林693.3公顷，防护林820公顷；关中灌区农业综合开发工程法门、召公、天度项目区营建农田防护林网2000公顷，绿化渠道林带长181.29公里，植树13.3万株；平原绿化完成渠路45.2公里，栽植树木43.7万株，绿化村组40个，绿化街道12公里，栽植树木3500株；四旁植树180万株；新建种苗基地17.3公顷，全县共育树苗711公顷。

【苹果荣登全省金榜】 在10月下旬举办的“2001陕西水果评优活动”中，扶风县参评的3个红富士苹果样品荣获陕西省优质水果称号。获奖数居全省第三位、宝鸡市第一位。

【飞龙市场建成开业】 10月24日，扶风县招商引资项目——飞龙综合大市场正式建成对外营业。该市场与飞凤市场相呼应，总投资1000多万元，建筑面积1.5万平方米，拥有门面房357间，摊位近百个，可容纳个体工商户400多户。飞龙市场的建成与营业，对进一步繁荣市场、激活消费、发展个体工商业将产生积极的促进作用。

【3.5亿元水泥合资生产项目获国家批准】 全市水泥行业最大的招商引资项目——扶风县与河北冀东水泥集团合资3.5亿元兴建日产3000吨水泥熟料生产线项目，8月24日获国家计委批准，即将动工建设。该项目建成后，年可生产水泥120万吨，实现利润8000万元，税金2000万元。

【扶风高中被命名为“陕西省重点高中”】 扶风高中是一所县办全日制高级中学，创建至今已有500年历史。2000年投资2100万元建成的新校，建筑面积30600平方米，建筑规模宏大，设计新颖，内部布局合理，建有现代化物理、化学、生物实验室、计算机网络教室、电子备课室、多媒体投影教室、校园闭路电视网、校园电视台，所有教室和集体办公室配有大屏幕彩电和投影仪。学校共设43个教学班，在编教职员工146名，其中专任教师122名，特级教师1名，高级教师36名，大学本科以上学历87人，占专任教师71.3%。3名教师分别被评为国家级和省级优秀教师；30名教师分别被评为市、县级优秀教师、教学能手和学科带头人；50多人先后荣获先进教育工作者、模范共产党员、模范班主任称号。1990年以来，共向大专以上院校输送合格学生3500多人，高考上线率、会考合格率连续多年居宝鸡市前列。先后荣获省级“文明校园”，省、市级“德育工作先进集体”、“国防教育先进集体”、“教育质量优秀学校”、“综合治理先进单位”等称号。2001年12月6日，省重点高中评估验收团专家组对扶风高中进行了检查、评审，并于2002年1月14日，由陕西省教育厅正式命名扶风高中为“陕西省重点高中”。

【法门寺被评为全国首批“4A”级旅游区】 法门寺是闻名中外的佛教圣地，是陕西省西线和宝鸡市旅游龙头。1998年，扶风县委、县政府组建了法门寺经济开发区管理委员会，全面负责法门寺旅游区的开发、建设和管理工作，先后依据国家旅游点质量等级标准，从交通、游览、卫生、通讯、购物、综合管理、旅游资源与环境保护等多方面投资建设和加强管理，对旅游服务人员进行职业道德教育，全面提高了法门寺旅游区的管理和服务水平。2001年1月，法门寺旅游区被国家旅游局公布为全国首批“AAAA”级旅游景区。

【法门寺成功举办国际文化旅游节】 扶风县人民政府配合宝鸡市人民政府于4月26～30日成功举办了“首届法门寺国际文化旅游节”。节日期间，在法门寺院内举行了隆重的玉佛殿、千佛阁落成开光仪式和佛骨瞻拜大法会活动；在法门寺博物馆举办了唐宫廷茶道演示和唐宫廷乐舞表演；在法门寺广场举行了“盛世法门”大型文化展演活动；同时还在景区内举办了地方戏曲表演和旅游商品、纪念品、邮品、民间工艺品展销活动；推出地方餐饮文化一条街专业市场，展示民间工艺品和西府风味小吃50余种。活动期间商家众多，宾客云集，达到了“以节会友，宣传法门”的目的。法门寺国际文化旅游节已形成有影响的比较固定的法门寺旅游节庆品牌。

【法门寺历史文化文物陈列正式对外开放】 11月15日，法门寺博物馆《大唐神采·东方慧光——法门寺历史文化文物陈列》正式对外开放，成为法门寺旅游区的又一新景点。该陈列于去年开始建设，共投资350万元，由法门寺历史文化厅、舍利文化厅、大唐地宫珍宝厅三部分组成，展室面积3000平方米。采用现代化科技艺术手段，以法门寺地宫文物为载体，内容丰富，形式新颖，全面再现了千年之前大唐社会壮丽辉煌的历史画卷，为法门寺及西部旅游业发展增添了新的魅力。

【《扶风报》创刊发行】 为了更好地宣传党的路线、方针、政策和县委、县政府的重要决策，及时反映全县经济社会发展和各项工作情况，表达广大人民群众的心声，由中共扶风县委主办，县委宣传部主管的《扶风报》于8月13日试刊发行，该报为周刊，4开4版，至年底共出刊10期，发行近5万份。

【《天南地北扶风人》出版发行】 《天南地北扶风人》是中共扶风县委办公室组织编辑的一部人物志书。全书分上下两卷，包括序言、前言、彩页、正文、附录、后记等，约100万字，采取传记、简介和名录三种体裁，共收录在全国各地工作的扶风籍人士3800多名，其中副厅（师）职以上200余名，副县（团）职以上900余名，副高以上专业人才1400余名，企业经理400余名。该书的出版发行，对于更好地发挥扶风人才资源优势，扩大对外交流与合作，推动招商引资，激励后代，全面促进县域经济发展和社会事业进步都具有重要意义。

【“班马纪念馆”动工建设】 10月28日，由中华梨园学研究会和陕西省文联少儿文艺基金董事会联合投资1000万元修建的“班马纪念馆”在扶风县城关镇南台村正式动工建设。该纪念馆在纪念旧县志记载的班固、班超、马援、马融、马超、马钧等历史先贤的同时，还将设“现代人才馆”，展现扶风近现代杰出人才的风貌和辉煌成就，旨在纪念历史先贤，弘扬民族文化精神，激励后人向先贤学习，为振兴扶风、建设祖国做贡献。

（段兴东）

扶风县委、人大、政府、政协负责人

县委书记　曹毓刚
副书记　亢兰斌（12月离任）
　王拴虎（12月到任）
　田振锋（11月离任）
　马卫东（11月到任）
　赵宏旭　杨文科
县人大常委会主任　王明兴
副主任　罗治恒　高向东　胡广元　史明轩
县长　亢兰斌（12月离任）
代县长　王拴虎（12月到任）
副县长　马卫东（11月离任）　马拴堂
　徐占良　张彩变（女）　倪智存
　黎焕焕　滕　雯（女）　梁宗建
　魏武生（12月到任）
县政协主席　马志斌
副主席　罗生宏　张月贤（女）

麟　游　县

【概况】　麟游县位于关中西部，宝鸡市东北，县城距省会西安市160公里，距宝鸡市106公里，距西宝高速公路眉县入口处55公里。全县总面积1606平方公里，共有5个乡，5个镇，110个行政村，436个村民小组，年末总人口87472人。2001年，全县完成国内生产总值20383万元，比上年增长8%，完成地方财政收入902万元，比上年增长6.9%，农村居民可支配收入达到883.05元，净增50.05元。在干旱、冰雹、霜冻等自然灾害影响严重的情况下，粮食总产仍保持在5万吨以上，粮经草三元结构调整步伐加快，面积比为62:24:14，产业结构调整取得了明显成效；畜牧业生产取得了突破性进展，全县羊只饲养量达到17万只，养羊户达到7295户，人工种草3334公顷。全县畜牧业产值达到6716万元，占农林牧渔业总产值的比重由2000年的32.3%上升到2001年的37%，增加了4.7个百分点；狠抓了干杂果建园、退耕还林、工程林建设和苗木基地建设，共完成退耕还林和荒山造林3467公顷，完成以仁用杏、核桃为主的干杂果建园213公顷；完成林业总产值871万元，比上年增长10.1%；积极实施可持续发展战略，狠抓生态家园富民工程建设，在6个乡镇建立生态沼气示范户126户，发展无公害示范田34公顷，促进了农村可持续发展。

麟游县主要经济和社会发展指标一览表

项目			单位	2001	比上年±%
经济状况	国内生产总值	第一产业	万元	7058	2.0
		第二产业	万元	4390	9.0
		第三产业	万元	8935	14.5
	财政收入		万元	901	6.9
	各项贷款余额		万元	13746	5.2
	社会固定资产投资		万元	7001	4.8
农业	总产值		万元	8577	10.0
	粮食总产量		万吨	5.15	-7.2
	农作物总面积		万公顷	2.353	-5.0
	粮食作物总面积		万公顷	1.913	-15.8
	平均亩产		公斤	179.3	10.2
	蔬菜瓜类总产		万吨	0.25	-8.6

续　表

项目			单位	2001	比上年±%
农业	果园面积		公顷	1126.7	12.7
	果业总产		万吨	0.25	15
	畜牧业总产值		万元	6716	37
工业	总产值		万元	14382	20.3
	完成利税		万元	754.9	
	实现利润		万元	238.8	
	企业总数　18	国有企业	个	10	
		集体企业	个	3	
		股份制企业	个	3	
		私营企业	个	2	
	职　工		万人	0.0956	
建设环保	年内完成基本建设投资		万元	7001	4.8
	建筑业完成总产值		万元	4309	1.92
	建筑业实现利税		万元	77.03	3.4
	建筑面积		平方米	60555	24.7
交通邮电	年邮政业务总量		万元	405	42.2
	邮政业务总收入		万元	405	42.2
	陆路通车里程		公里	321.7	4.8
	陆路年货运量		万吨	13.5	15
	陆路年客运量		万人次	92.4	5.4
	陆路客运线路		条	14	持平
商业旅游	消费品零售总额		万元	7335.3	5.0
	居民消费总水平下降(上升)百分比			7.9	7.3
	商业从业人员		万人	0.251	-5.9
	商业完成销售收入		万元	6112.7	5.9
	旅游业年内接待国际客人		万人次	0.0501	
	旅游业年内接待国内客人		万人次	3	
	旅游业年内收入		万元	200	
外经外贸	外贸出口创汇		万美元		
	合同利用外资额		万美元	967	
科技教育	科技人员		千人	1.508	
	普通高中		所	1	持平
	高级职业学校		所	1	持平
	初中		所	7	持平
	小学		所	113	持平
	幼儿园		所	1	持平
	在校学生共计		万人	1.7005	-6.0
	义务教育学段在校学生共计		万人	1.61	
	教职工共计		名	950	1.9
	适龄儿童入学率百分比			99.57	0.08

续 表

	项 目	单位	2001	比上年±%
文体卫生	文化馆、博物馆、图书馆、文化中心	处	4	
	老干部活动室	处	2	
	有医院	所	17	-34.6
	医院有床位	张	290	1.8
	医院有医生	人	202	持平
社会生活	年底下岗职工就业率百分比		350	73.3
	全年为下岗职工支出救济金	万元	24	
	实现社会商业保费收入	万元	142.3	24.5
	赔款支出	万元	12.3	-11
	城镇居民人均可支配收入	元	3100	3.0
	城镇居民人均住房面积	平方米	14.94	4.7
	农民人均收入	元	899.22	-3.0
	城镇居民百户拥有电话	部	14	40
	城镇居民百户拥有电视机	台	150	64.8
	农民百户拥有电话	部	10	10
	农民百户拥有电视机	台	90	20

【完成并乡建镇工作】 2001年9月20日宝鸡市并乡建镇工作会议之后，中共麟游县委于9月30日成立了麟游县并乡建镇工作领导小组，在县民政局下设办公室。经过广泛征求社会各界人士对全县并乡建镇工作的意见、建议，提出并乡建镇的具体方案，上报市政府审批。11月22日中共麟游县委办公室、麟游县人民政府办公室联合发出《关于实施我县并乡建镇方案的具体工作意见》，要求11月29日前完成撤并乡镇的财务、资产清理和审计任务。12月4日至5日用两天时间，由各监交组分别下乡召开移交大会，全面实施撤并乡镇的移交工作，全县将撤销的6个乡镇并入5个乡镇。具体是：庙湾乡并入常丰乡；洪泉乡并入崔木镇；良舍乡、澄铭窑乡并入九成宫镇；花花庙乡并入酒房乡；阁头寺乡并入招贤镇。至此，麟游县乡镇数由过去的16个减少到10个。

【全面完成年度人口控制计划】 麟游县以稳定低生育水平为目标，抓好计划生育综合服务县的创建工作。全市综合服务县创建现场会后，对创建活动作了全面安排部署，加强了宣传教育、综合服务、各项优惠政策的落实。县、乡服务站对安排二孩的生育对象跟踪服务，定期上门入户访视，开展咨询活动，坚持每月下乡一次，为全县育龄妇女提供上门服务，进行妇女病普查普治工作。全县出生人口833人，死亡人口523人，人口出生率9.58‰，自然增长率3.56‰，计划生育率99.4%。出生人口中男440人，女393人，性别比为112:100。全年度共落实节育措施1051例（上环499例，结扎267例，取环274例，皮埋5例，人流6例）。

【城镇基础设施建设加快】 2001年6月25日，麟游县人民政府颁布了《麟游县县城总体规划》。《规划》确定县城建设要紧紧围绕九成宫遗址的开发利用，加强旅游避暑资源系统建设，形成人工与自然相互融合的山水城市格局，把麟游县城建设成历史文化名城。根据《规划》的要求，2001年，麟游县城镇建设又有了新的进展：一是投资189万元完成了永安路拓宽改造及配套设施工程建设任务。拓宽油化街道长720米，宽26米，整理铺筑油化路面12800平方米，移动土方25000立方米，砌筑排洪暗渠610米，排污涵洞51米，铺设排污管道720米，石砌检查井36座，铺设整平人行道5700平方米，栽道沿石2486米。进行了城区供水设施的建设和改造。投资52.8万元完成了管网更新改造2010米，其中永安路供水主管网铺设908米，延伸杜阳路东段供水管网373米，永安路供水支管729米。投资15.1万元新建了栗川水厂的厂区道路、围墙、护坡等设施，水厂年内供水55万吨。二是投资14.8万元完成了碧城路380米油化工程建设任务。共拓宽人行道长760米，宽25米，路基处理找平2597平方米，铺设Φ400排污管道18米，油化路面2450平方米，整平砖铺人行道1900平方米。三是加强小城镇建设。规划指导招贤镇加快城镇基础设施建设，投资25万元移动土石方3640立方米，铺设排污管道604米，砌筑检查井12座，架设高压线路600米、电信杆500米，铺设沙石料13800立方米，栽植道沿石800米，基本完成了街道拓宽改造、排污管道铺设及配套设施建设任务。四是加快旅游开发的勘察规划工作。邀请技术人员完成了西海口公园0.2平方公里和青莲山旅游区1.4平方公里的勘察和规划工作，为开发旅游资源提供了科学依据。

【水利水保及生态环境建设】 继续抓好新庄塬水电站工程建设，2001年投资70万元，完成了引水隧洞、压力前池、退水渠槽开挖和砌石工程，占大坝工程总量的80%。4～11月份，投资88.93万元建成了崔木镇机关、原洪泉乡机关、常丰乡机关、招贤镇机关、河西乡的三里马、常丰乡的西咀咀、招贤镇的硬里、九成宫镇的栗川、贺家楼、石头坡、良舍等11处人畜饮水工程，解决了5700人的饮水困难。在丈八乡的壑口村、居国寺村，河西乡的合阳村新建集雨水窖400眼，新增灌溉面积80公顷，完成投资66.76万元。投资60万元在丈八乡壑口村实施小流域耕地综合治理项目，完成坡改梯134公顷，营造水土保持林87公顷，移动土方19.94万立方米。全县采取人机结合、坚持标准、规模治理、突击会战的方法，共新修“四田”225公顷，平整土地34公顷，全部符合质量要求。

【公路建设成绩突出】 一是省道旬麟路151公里~164公里+300米段13.3公里改造工程。该工程总投资700万元，从2001年4月22日开工，11月18日竣工。工程在原路面的基础上，对基础进行补强，铺筑了沥青碎石面层，改建后为山岭三级公路标准，改善了麟游—崔木路段的路况。二是麟益公路改建工程。投资480万元，从2000年3月开工，2001年8月完工，全长46公里，其中重点改建工程26公里，油路罩面20公里，挖填土石方88万立方米，修建浆砌挡土墙4万立方米，修建涵洞62道，加宽桥梁5座。改建后二级公路15公里，三级公路31公里。三是两花公路油路工程。投资90万元，2001年4月1日开工，11月14日完工，备运料石6000立方米，铺筑油路10公里。

【国土资源调查】 麟游县开展了西部大开发国土资源大调查活动，查清了麟游全县15°~25°坡耕地6796.9公顷，25°以上坡地3987公顷，编绘了《麟游县耕地坡度分级图》，为实施退耕还林项目提供了依据。这项工作2001年3月5日被陕西省国土资源厅评为优秀。

【麟游被国家农业部列为两大战略示范县】 国家农业部科教兴农与可持续发展示范县项目启动会2001年3月4日在北京泰山饭店召开。麟游县是第一批启动的15个县之一，县长牟林乐、畜产局局长张志勇、农业局副局长荀文锋参加了会议。2001年10月13日农业部科教兴农与可持续发展示范县建设工作会在宝鸡市西府宾馆举行，县长牟林乐在会议上介绍了麟游县的工作经验。14日参加会议的农业部副部长张宝文、科教司司长牛盾、副司长段武德、信息中心主任刘平，陕西省农业厅副厅长许胜利、胡小平，宝鸡市委副书记吴新诚、副市长王宏及全国30个省、市区农业厅的副厅长及其示范县的农业局长等一行200多人参观了麟游县桑树塬乡兽医站前站后场、桑树塬乡桑树塬村布尔羊产业协会、桑树塬乡桑树塬村布尔羊交易市场、九成宫镇城关村祁家河组生态家园富民工程示范点、陕西省布尔羊良种繁育中心，张宝文副部长代表国家农业部授予麟游县“科教兴农与可持续发展综合示范县”牌匾。新华社、中央电视台、《经济日报》、《科技日报》、《农民日报》等十多家新闻媒体作了跟踪报道，提高了麟游县的知名度。

【国家农业部“科技下乡”到麟游】 10月14日，国家农业部在麟游县九成宫镇举行了2001年“科技下乡”活动。农业部副部长张宝文、科教司司长牛盾、副司长段武德、信息中心主任刘平，陕西省农业厅副厅长许胜利、胡小平，宝鸡市委副书记吴新诚、副市长王宏等领导出席了科技下乡活动。中共麟游县委书记乌永陶代表县委、县政府致欢迎词。中国农业大学、中国农业科学院、全国畜牧兽医总站、中国农业广播电视学校、中国农业出版社、西北农林科技大学等单位在麟游县城设点8处，40多位全国农业战线上的专家教授开展了农业科技咨询服务活动，全县干部群众2万多人参加了活动，有5700多人（次）向专家教授咨询了有关问题。前来参加“科技下乡”的专家教授向群众赠售科技书籍1.5万册，发放科普资料3万多份。国家农业部向全县16个乡镇兽医站及农业局、畜产局等单位赠送了20台电视机和VCD。专家教授对麟游县农业产业结构调整、畜牧业发展提出了30多条建议。

【省委书记李建国来麟游县视察工作】 2001年6月5日，省委书记李建国带领省委副秘书长励小捷、省委组织部副部长何安聚、省农业厅副厅长王峰、省农发办副主任何昌信莅临麟游，在市委书记庞家钰、市长吴登昌、市委副书记陈鼎金、市委秘书长张文通和麟游县委书记乌永陶、县长牟林乐、县人大主任李振清、县委副书记、县政协主席赵解放、县委副书记杨建成、副县长张万民的陪同下，先后对该县的桑树塬村、桑树塬乡兽医站、九成宫镇永安村张挺创办的羊场、永安村干杂果示范园、省布尔羊良种繁育中心进行了视察，了解县农业产业结构调整、布尔羊产业发展及农村“三个代表”重要思想学习教育等情况。在听取汇报、座谈了解、走访群众中，李建国书记充分肯定了麟游县布尔羊产业开发工作，希望市、县、乡各级组织都要高度重视和大力支持布尔羊产业的发展，从技术、信息等方面给农民提供实实在在的服务，把科技兴牧的活力继续保持下去，带领群众脱贫致富。

【省长程安东来麟游视察工作】 2001年2月6日，陕西省省长程安东带领省上有关部门负责同志来到麟游。在市长吴登昌、市委副书记陈鼎金及县上领导乌永陶、牟林乐、李振清、赵解放、赵玉平、张万明等陪同下先后去桑树塬村、省布尔羊良种繁育中心等地视察了布尔羊产业开发工作。在听取县上领导汇报及同群众广泛交谈中，程安东省长对麟游县布尔羊产业开发给予了充分肯定，要求全县各级要把布尔羊产业开发作为山区农民致富的重点产业，要快养多养，解决花钱问题，提高生活质量，全面建设社会主义新农村。

【国家农业经济专家赴麟游县调研】 5月5日，由中央政策研究室农村司司长张从明，全国人大常委会农委会委员、研究员陈吉元，国务院政策研究室农村司司长李炳坤，中国社科院经济研究所研究员徐逢贤，中国改革报社记者陈铁苞等组成的国家农业经济专家考察组一行5人，在副市长王宏和麟游县领导牟林乐、赵解放、张万民、王生珍的陪同下就全县农业结构调整、科技兴农和农业社会化服务体系建设等情况进行了考察。通过现场考察和召开专题座谈会的形式，重点考察了桑树塬村养羊协会、桑树塬乡兽医站、陕西省布尔羊繁育中心的建设和运作情况。专家们对麟游县发展特色农业给予了充分肯定，提出了重要意见。

【2001年上级领导来麟游视察工作一览表】

时间	视察领导	视察内容
2001年2月	陕西省省长程安东	布尔羊产业开发
2001年2月	陕西省农业厅副厅长王锋	布尔羊产业开发
2001年5月	中央政策研究室农村司司长张从明 全国人大常委会农委会委员研究员陈吉元 国务院政策研究室农村司司长李炳坤 中国社科院经济研究所研究员徐逢贤 中国改革报社记者陈铁苞	农业产业结构调整，科技兴农和农业社会化服务体系建设情况等

续 表

时间	视察领导	视察内容
2001年6月	国家财政部农业司处长吕书奇 国务院扶贫办处长吴忠 世界银行（美国）专家顾定国 陕西省财政厅农业处处长王会权	世界银行扶贫援助项目考察
2001年6月	陕西省委书记李建国	布尔羊产业开发
2001年6月	国家退耕还林还（草）办公室副主任柏章良	布尔羊开发及人工种草情况
2001年6月	国家人事部外专局领导	布尔羊产业开发
2001年7月	陕西省委常委组织部长栗战书	党建工作
2001年8月	省军区雷新平政委	检查人武工作
2001年10月	国家农业部副部长张宝文、科教司司长牛盾、副司长段武德、信息中心主任刘平、陕西省农业厅副厅长许胜利、胡小平等	视察以布尔羊产业开发为主的“两大战略”示范县项目实施情况，开展送科技下乡活动
2001年10月	参加农业部在麟游举办的2001年科技下乡活动的全国30个省、市、自治区农业厅厅长及其示范县领导共200多人	视察以布羊产业开发为主的“两个战略”示范县项目实施情况
2001年11月	畜牧司副司长张喜武	布尔羊产业开发
2001年11月	陕西省委副书记、常务副省长贾治邦	布尔羊产业开发
2001年12月	陕西省农业厅副厅长胡小平	布尔羊产业开发

【金麒麟药业有限公司注重新品研制开发效益显著】 金麒麟药业有限公司陆续开发出的10ml鱼腥草注射液和10ml丹参注射液两种新产品，新增产值400万元，利税35万元。随着这些产品投放市场，将进一步促进该公司产品结构的调整和优化，提高

市场竞争能力。

【实施布尔羊开发再上新台阶】 麟游县把发展布尔羊产业作为强县富民的主导产业来抓，按照“引进良种、政府启动，优质服务、市场带动，育种加工、龙头推进”的“三步走”发展思路，大力实施布尔羊产业化开发项目，取得了明显成效。至2001年底，全县羊只饲养量达到17万只，比上年增加6.7万只，全县建成存栏万只羊的乡3个，两千只羊的村9个，千只羊的村40个，比上年增加11个，养羊户达7295户，占农户总数的42.9%，比上年增长4.6%，畜牧业收入占农民人均总收入的43.4%，全县3000多农户靠养殖布尔羊脱了贫。经全国养羊协会评估，该县已成为全国布尔羊品系最全、种公羊数量最多、基础设施最完善、服务农户最直接、杂交改良面最大的县。

【退耕还林项目实施良好】 2001年，麟游县紧紧抓住国家政策机遇，大力实施退耕还林项目，全年共完成退耕还林3466.6公顷，其中完成2000年度退耕还林尾留新植1602.2公顷，2001年度退耕还林新植1866.6公顷。结合退耕还林项目的实施，全县共栽植以仁用杏、核桃为主的干杂果建园133.3公顷，山杏、核桃等野生资源嫁接改造和抚育805.3公顷。5月份，对完成1999年度退耕还林尾留面积和2000年度退耕还林任务并且经省、市验收合格的农户兑现了粮钱补助。累计兑现种苗费68万元，现金补助3.4万元，发放补助粮17万公斤。

【实施生态家园工程】 麟游县配合两大战略示范县建设，大力实施生态家园富民工程，该项目从2001年6月份启动以来，共建农用沼气池156座，其中发展“四位一体”生态户61户，“五配套”模式42户，“三位一体”模式生态户53户，配套建立果园、蔬菜等后续产业无公害生产示范田34公顷，有效地解决了农村生活用能和养殖业与种植业系统内部饲料、肥料短缺的矛盾，使项目村初步实现了生活用能自产化，居住环境清洁化，庭院经济高效化，农业产品无害化，形成了农户基本生活生产单元内部的良性循环，促进了农业可持续发展。

【招商引资成效显著】 为了抢抓西部大开发历史机遇，进一步扩大开放，做好招商引资工作，加快麟游经济发展，麟游县委、县政府从税收、土地、收费、引资奖励等6个方面制定出台了33条招商引资优惠政策，建立了政务大厅，为投资者提供“一厅式”办公、“一条龙”服务。大力改善投资环境，使全县招商引资工作取得了突破性进展。全年共签约招商引资项目53个，合同引资8660万元，落实到位资金1750万元，是近年麟游签约项目最多、引资 额最大、成效最好的一年。

【龙凤翔女士救助残疾人项目在麟游县实施】 麟游县通过省、市残联牵线搭桥，赢得了澳大利亚扶轮协会龙凤翔女士救助残疾人项目，并于10月16日在麟游县政府大院举行了隆重的捐赠仪式，龙女士发表了热情洋溢的讲话并当场为35名白内障患者、24名残疾失学儿童捐赠人民币21200元；为38名下肢瘫痪者每人捐赠一辆轮椅。捐赠仪式结束后，龙女士一行三人在省、市、县领导陪同下，看望了三所小学的400多名师生，并给每个师生赠送了学习用品；给三所敬老院的40多名五保老人每人赠送了药品和衣物。

【麟游县被省委、省政府命名为精神文明建设先进县】 麟游县大力开展了群众性精神文明建设创建活动。一是落实了四个到位。做到了思想认识到位、任务责任落实到位、考核奖惩到位和领导到位。二是围绕“灵魂工程”开展思想道德教育。狠抓政治理论教育，不断提高广大干部群众的政治理论水平，增强全县广大干部群众开发麟游、建设麟游的信心和决心。三是大力倡导文明新风，努力改善投资环境，重塑麟游新形象，开展了争做人民满意的公务员评选活动。四是积极创建文明单位。以创建文明机关为龙头，开展以“创佳评差”竞赛活动为载体的优质服务工程；开展了文明村镇创建及“十星级文明户”评选活动。五是加强文化事业建设，努力满足人民日益增长的精神文化需求。六是以创建卫生县城为重点，大力开展爱国卫生活动。对城区公共场所环境卫生进行了集中整治，狠抓了农村改厕改水工作。由于工作成绩显著，2002年初，陕西省委、省政府命名麟游县为2001年度精神文明建设先进县光荣称号，并授予奖牌。

【实行会计集中核算】 麟游县从2001年7月1日起，县级党政机关、司法机关、人民团体及其所属由财政拨款的事业单位全部实行会计集中核算。会计集中核算的基本运作方式：由会计集中核算中心对纳入集中核算单位的财务进行统一管理。纳入集中核算的单位一律取消会计岗位，其现金、转账、汇兑等资金结算和行政经费、事业费、专款的拨入、支出，往来款项的收付以及日常会计核算监督、会计报表编制、会计档案管理等工作，从2001年7月1日起统一交由会计集中核算中心办理和承担。

【慈禅寺被列为全国重点文物保护单位】 位于麟游县城东部约5公里的慈禅寺石窟，2001年被国务院列为全国重点文物保护单位。这是继周原遗址、雍城遗址、九成宫遗址之后，宝鸡市第四处被国务院公布的全国重点文物保护单位，也是麟游县继九成宫遗址之后的第二处全国重点文物保护单位。

【8棵古树被省政府公布为陕西古树名木】 2001年麟游县8棵古树被省政府公布为陕西古树名木。分别是九成宫镇城关村的2棵银杏树，天台山的2棵侧柏，九成宫镇城关村、石臼山、丈八乡丈八村的3棵槐树，崔木镇洪泉村的1棵油松。其中树龄最长的1300多年，最短的130多年，最高的34米，最低的11米。

【慈禅寺旅游道路及御驾河大桥建成通车】 慈禅寺旅游道路及御驾河大桥于2001年4月20日开工，总投资98万元，其中：苏陕交流对口扶贫的江苏省赣榆县先后两次为建桥无偿提供资金40万元。11月17日上午在御驾河大桥上举行了大桥落成通车典礼，赣榆县县长吴立生、县人大副主任朱学余、政府办主任郑涛、副主任陈继法、农业局长尚德强、工商局长盛快先远道而来，参加了典礼。麟游县委副书记杨建成主持典礼，县长牟林乐致祝词。麟游县级机关干部、职工、群众2000多人参加了剪彩仪式。该大桥建成通车后，将为游客前往名刹慈禅寺旅游带来便利。

【罕见低温造成冻灾】 2001年4月上旬正值核桃树花絮形成的关键时期，因受强降温（日平均降温11.3℃，极端最低气温-5℃）天气影响，核桃树花絮受冻坏死。麟游县是宝鸡地区核桃主要产区之一，以量大质优而久负盛名，也是当地群众经济收入的主要来源之一。受冻灾影响，全县年产200万公斤、收入360万元的核桃绝收。仅此一项农民人均减收26元。

【有线广播电视传输网市县联通】 麟游县积极筹措资金，顺利完成了总投资119.3万元的有线广播电视市县联网麟游段工程。将省、市四套节目于4月19日传送到麟游，顺利地实现了有线广播电视传输市县联通。

（赵登峰）

麟游县委、人大、政府、政协负责人

县委书记	乌永陶
副书记	牟林乐　赵解放
	杨建成(2001年8月10日任职)
县人大常委会主任	李振清
副主任	冯元军　赵锦铭　马生玉
县长	牟林乐
副县长	乔新录(2001年8月10日离任)
	曹钧泰(2001年8月10日任职)
	杨建成(2001年8月10日离任)
	阎巧梅(女)　赵玉平
	张万民(2001年1月5日任职)
县政协主席	赵解放
副主席	孙宗海(2001年1月8日离任)
	王生珍(2001年1月5日任职)
	刘志扬　李春花(女)

眉　县

【概况】 眉县位于关中平原西部，地处秦岭主峰太白山脚下，横跨渭河两岸，地形地貌由南而北依次为山区、浅山丘陵区、黄土台原、渭北平原，总体呈现“七河九原一面坡，六山一水三分田”。西距宝鸡市65公里，东距西安市120公里，东与周至县接壤，南和太白县毗邻，西连岐山县，北界扶风县，全县总面积863平方公里，居全省第80位，其中农耕地24978公顷，全县辖10镇2乡155个行政村。

眉县自古人文荟萃，为西周发祥地之一，素称“成周首善之区”，先秦有五代王公建都眉邑。先后涌现出了春秋时期宁戚、唐初王，蜀汉法正等著名政治家；先秦白起，唐朝刘感、丘行恭，明代曾志贤与现代李达等著名军事将领；汉代井丹，北宋张载，元代萧维斗，明代刘九经和清代李柏等著名学者、思想家、教育家；唐代王焘等著名医学家。近

现代以来，各条战线英模和先进人物层出不穷，特别是杨文洲同志扎根山区，立志创新，振兴旅游事业的感人事迹在全省乃至全国引起关注，先后受到市委、市政府、省委、省政府、国家林业部、国家旅游局表彰奖励。

眉县山清水秀，风景名胜众多。以太白山为依托，总面积2800公顷的太白山国家森林公园，因其丰富的自然植被和美不胜收的人文景观誉满天下，具有极高的旅游品位和科研价值，系国家林业部所属的20个国家级重点森林公园之一。千年道观钟吕坪，波光滟滪斜峪湖，松柏常青烈士陵，关学圣殿张载祠等一系列自然人文景观，给古老的眉县大地增添了生机和魅力。

境内交通便利，电力充足，各种类型、等级的铁路、公路四通八达，联结成网。陇海铁路、西宝高速、西宝中线、西宝南线及本县南环线横穿东西，法汤高速、青果、横汤、槐汤、槐小、常教、营河、眉太、眉麟等公路纵贯南北，形成了便捷的交通网。县内大小变电站7座，水电站8座，农村电气化建设获省评审通过。移动通讯增长较快，除新建青化等4个机站外，完成了太白山旅游区移动通讯扩容项目，开通了下板寺传输信号。

眉县自然资源极其丰富，境内大小河流纵横交错，达19条之多，水力充裕，雨量充沛，年平均降水589毫米，气温适中，宜于农林牧副渔业发展，年产粮食连年稳定在14万吨左右，人均占有粮食超过450公斤。多种经营布局合理，在东辣西蒜、南果北渔大格局中，尤以果品生产看好，全县各类果树面积6700多公顷，其中苹果、猕猴桃、蜜桃、油桃、草莓及板栗、核桃等干鲜杂果驰名省内外，畅销不衰。沿秦岭北麓一带，经地质科考探明，矿产资源丰富。

眉县气候的垂直差异极其悬殊，既有平原气候，还有低山丘陵气候，更有高山寒冻气候，山地垂直气候带十分明显。夏秋之季，多发生锋面雨、对流雨、地形雨，雨量分布不均，系关中地区秋雨较多的区域之一。平原和台原区土壤肥沃，种植业发展历史悠久，农作物基本以冬小麦和夏玉米种植为主。秦岭北麓缓坡带和渭河河谷水草丰美，适宜畜牧业发展。县境内土壤除秦岭山前洪积扇与渭北台原斜坡地熟化层薄，通透性不良，保水保肥能力不够外，一般平原区土地肥沃，适宜粮食和多种经营生产。

2001年，全县人口呈缓慢增长趋势，人口自然增长率5.58‰，计划生育率达98%，全县总人口30.10万人，其中农业人口26.6万人。

眉县主要经济和社会发展指标一览表

项目			单位	2001	比上年±%
经济状况	国内生产总值	第一产业	万元	26844	
经济状况	国内生产总值	第二产业	万元	45820	
经济状况	国内生产总值	第三产业	万元	21845	
经济状况	财政收入		万元	3360	
经济状况	各项贷款余额		万元	95681	
经济状况	社会固定资产投资		万元	38055	
农业	总产值		万元	46285	
农业	粮食总产量		万吨	13.69	
农业	农作物总面积		万公顷	3.82	
农业	粮食作物总面积		万公顷	3.52	
农业	平均亩产		公斤	259	
农业	蔬菜瓜类总产		万吨	1.97	
农业	果园面积		公顷	2970	
农业	果业总产		万吨	6.03	
农业	畜牧业总产值		万元	13205	
工业	总产值		万元	346344	
工业	企业总数	国有企业	个	12	
工业	企业总数	集体企业	个	123	
工业	企业总数	股份制企业	个	6	
工业	企业总数	私营企业	个	2542	
工业	职　工		万人	3.34	
建设环保	建筑业完成总产值		万元	44043	
建设环保	建筑面积		平方米	71469	
建设环保	环境保护总投资		万元	50	
建设环保	环保总投资占同期国内生产总值的百分比			0.053%	
交通邮电	年邮政业务总量		万元	3258	
交通邮电	移动通讯载频容量		个	机站19个	
交通邮电	陆路通车里程		公里	274	
交通邮电	陆路年货运量		万吨	4992	
交通邮电	陆路年客运量		万人次	5242	
交通邮电	陆路客运线路		条	8	
商业旅游	消费品零售总额		万元	30221	
商业旅游	商业从业人员		万人	0.6	
商业旅游	商业完成销售收入		万元	5010	
商业旅游	旅游业年内接待国内客人		万人次	98.5	
商业旅游	旅游业年内收入		万元	8800	
科技教育	科技人员		千人	4300	
科技教育	民营科技人员		千人	1400	
科技教育	年内获科技成果		项	13	

续　表

	项　目	单位	2001	比上年±%
科技教育	普通高中	所	3	
	高级职业学校	所	2	
	中等专业学校	所	1	
	初中	所	14	
	小学	所	155	
	幼儿园	所	177	
	在校学生共计	万人	64639	
	义务教育学段在校学生共计	万人	62024	
	教职工共计	名	3620	
	适龄儿童入学率百分比		100	
	高中入学率百分比		64	
文体卫生	文化馆、博物馆、图书馆、文化中心共	处	3	
	儿童乐园	处	—	
	老干部活动室	处	1	
	有医院	所	14	
	医院有床位	张	444	
	医院有医生	人	294	
社会生活	年底下岗职工		2284	
	全年为下岗职工支出救济金	万元	58.148	
	农民人均收入	元	1389	

【农村经济全面发展】　2001年，坚持“稳定猪鸡、大上牛羊、发展奶畜、兼顾特种养殖”的思路以推动全县畜牧业的快速发展。2001年底，全县牛、猪、羊、家禽存栏分别为7860头、127381头、17856只、838330只，全县畜牧业产值达1.3亿元，占全县农业总产值的23.9%。全县农民养殖业人均收入265.45元，占人均总收入的14.2%。相继涌现了一批养殖大户、大村和畜牧小区，全县建成规模养殖大村12个，各类规模养殖户400户，年内争取畜牧小区建设项目4个，其中陕西皇城集团良种奶牛示范小区和马家镇祁家村奶业示范小区完成了基建工程，宝鸡得利康奶牛有限公司投资的挤奶设备已安装调试完毕。年内，对县上确定的恒兴果汁饮料有限公司、海洋公司、槐芽淀粉厂、老牛面粉厂等4个龙头企业，落实优惠政策，重点扶持保护，引导其与农户签订基地建设和各类农产品购销合同4000多份，涉及面积1000公顷。目前，全县80%的苹果和30%的猕猴桃可就地加工转化。先后聘请专家学者16人组成科技宣讲团，深入村组和田间地头，对农民进行面对面的技术传授和交流，全年共举办科技交流大会8次。同时建立了农业信息中心，通过发信息、发传单、搞咨询等进行信息服务。一年来，以解决农产品“卖难”为重点，充分发挥全县260个中介组织（含208个果库、冷库）、24个专业协会及5000多名长期从事贩运的农民的作用，成功举办了眉县首届猕猴桃节和眉县第二届草莓节，共洽谈项目5个，引资2500万元。全县粮经比例达到6:4，多种经营面积已达11067公顷，其中猕猴桃2463公顷，苹果1019公顷（含高酸苹果275公顷），草莓400公顷，干鲜杂果2000公顷，辣椒1067公顷，药材、蔬菜等短线品种1400公顷。年农业总产值（当年价）46284万元；粮食总产13.7万吨；农民人均纯收入1389元，比上年净增11元。

【工业生产势头强劲】　全年工业经济运行平稳。一是突出质量和效益，加快太白酒厂、水泥厂、渭河玻璃厂、县造纸厂、轴线厂的改革步伐。县石墨矿、五金厂、钢木家具厂3户破产企业年内全部终结。二是加快企业结构调整，着重抓了太白酒厂100吨白酒扩产，县造纸厂3000吨瓦楞纸扩产，渭河玻璃厂万吨包装瓶技改，水泥厂30万吨水泥生产线技改，实现了企业的产销两旺和利税增长。以太白酒厂为例，该企业2001年完成工业总产值（现价）7123.8万元，销售收入13500万元，完成利税1225.8万元。同比分别增长19%、115.8%、69.2%，均创历史最高纪录。三是以产权置换为中心，制定出台了《眉县商贸流通企业改制意见》，在全县5个商流企业进行了“一脚蹬到底”的改革试点，确定了企业改制形式，摸索了改制经验。全县年内共完成工业总产值346344万元，同比增长9.2%。其中：国有和年销售收入在500万元以上的非国有企业完成现价工业总值44171万元，比上年增长2.6%。全县工业增加值40926万元，比上年增长10.9%。其中：规模以上工业增加值11894万元，比上年增长6.4%。全县规模以上工业完成销售产值45602万元，比上年增长19.4%，产销率达103.2%，提高8.5%。粮食企业经营效益显著提高，全系统共实现利润103万元，继续位列全省盈利大县前十名。

【旅游综合收入8800万元】　2001年，依托太白山、张载祠等资源优势，坚持“大旅游、大产业、大发展”的指导思想和“旅游牵线、文化搭台、企业洽谈、经贸唱戏”的思路，积极参加“两节一会”；利用“五一”黄金周，成功举办“相聚太白山”大型文艺演出和万人登山健身游活动，邀请著名主持人张政、朱迅和王宏伟、白雪、江涛、倪睿思等实力派歌手加盟，提高了太白山的知名度；召开了第二届张载关学国际学术研讨会；在北京成功举办了“太白山书画摄影展”和太白山旅游推介会，中央电视台等6个新闻媒体进行了宣传。同时，重点抓了地面有轨缆车、环形旅游线路、开发区中心大道、迎宾大道、汤峪河治理、电力通讯上山、开天关森林浴场等工程建设，部分工程已全面完工。年内，太白山国家森林公园荣获“全国文明森林公园”称号，旅游区确定500万元以上招商项目8个，招商引资项目总投资5.068亿元，到位资金1.048亿元，其中投资500万元的红河谷太乙宾馆项目已建成投用。全年旅游区共接待省内游客98.5万人（次），旅游综合收入8800万元，旅游对县财政的贡献达470万元。

【非公经济稳步发展】 按照以个体私营经济再造县域经济主体的思路，县委、县政府制订优惠政策，对星王公司、宝深公司、皇城集团、第二水泥厂、恒兴果汁饮料有限公司、海洋公司等一批民营骨干企业进行重点扶持，引导企业走高科技、创名牌、大规模、集团化发展的路子。年内海洋公司已被国家农业部等八部委确定为全国农业产业化重点龙头企业之一。恒兴果汁饮料有限公司年产果汁5万吨，已成为西北地区最大的浓缩果汁加工企业。同时，开展了以“清费、治乱”为中心的优化个体私营经济发展环境活动，制定出台了《眉县重点企业挂牌保护办法》，对12户私营企业进行了挂牌保护。在全县私营企业实行了“两证一卡”（即收费许可证、收费员证、企业交费登记卡）制度，遏制了“三乱”行为的发生。年内全县新增个体工商户776户，个体私营企业48个，私营经济产出增加值占全县国内生产总值的53%，个体经济对县财政的贡献额达40%以上。

【重点项目建设再创佳绩】 2001年，共争取国家、省、市项目71个，总投资20416.8万元，落实招商引资项目30个，引资61235万元，落实资金19214万元。年底前有15个项目建成，10个项目在建，共完成投资9500万元。实行县级领导联系包抓重点项目建设制度，在全县安排的38个重点建设项目中，国债旅游一期工程、石头河灌区挖潜改造、退耕还林、绿色通道及天然林保护工程、常兴渭河大桥加宽、西宝高速公路眉县进出口等26个项目已全面完成，其余12个进展顺利，累计完成投资24155万元。同时，为改善生态环境，积极争取国家投资，重点实施了常教路、眉马路、槐汤路、法汤路（眉县段）、西宝南线绿化工程，效果明显。

【小城镇建设步伐稳步加快】 年内，以县城、汤峪口和常兴小城镇改革试点为突破口，全力构建全县城镇建设网络。实行土地规模化统征，按照“谁投资、谁所有、谁受益”的原则，广泛吸纳企业、个人、社会多方投资。全县年内用于城镇基础设施、住宅和商业网点开发等资金7400万元。还聘请省设计院对全县城镇建设网络进行设计，对县城等重点城镇进行高起点规划，完善了功能，提高了档次。

【教科文卫事业发展良好】 全县以教育、文化、卫生、体育为重点，落实《提高全民科技素质培训纲要》，在全县范围内广泛开展了干部职工计算机、科技等知识和能力培训，开展了素质教育示范校（镇）创建活动。全县创建市级教育站镇1个，市级农村示范校7所。本年眉县高考升学率97.5%，向各类大专院校输送人才近2000名，位居全市第一，培养各类专业技术人才840多名。吸纳1037万元社会资金，为3所高中建成学生公寓楼3栋，建筑面积1000平方米。全年新建中小学教学楼44栋，建筑面积33953平方米，总投资3100万元。引资建成计算机网络教室28个，县职教中心和3所高中加入中国教育科研网。大力推进医疗体制改革，采取与大医院联合、聘请客座教授等形式，不断提高县级医院的医疗水平；采取承包经营、合伙经营等方式搞活乡镇卫生院；在全县120多个小康村推行农村合作医疗制度。此外，取缔非法医疗机构13家、无证经营1家，查处药贩2人，保障了人民群众生命健康。

【广泛开展“交友帮扶”活动】 截至2001年底，全县科级以上领导、工会干部与449名困难职工交上了朋友，并向帮扶对象捐助现金8万余元、衣物256件，赠送降温品、礼品603份，送化肥2.7吨，解决了14名下岗职工子女的学杂费，使6名失学儿童重返校园。其中县级领导捐款5800余元，赠送礼品40余件，为帮扶对象解决具体问题23个。

【贫困救济和社会捐助】　2001年，全县农村贫困人口共2614户9235人，其中人均收入在500元以下的特困户689户2297人，农村五保户110人，集中供养73人。县委、县政府积极实施救济救助活动，全年共下拨各类救济款90多万元，其中用于走访和慰问贫困户10万元，购置下拨救济粮15万斤，给100户特困群众建房282间，资助300名失学儿童重返校园，资助40户居住在高崖滑坡险段的特困户搬迁住房，下拨农村敬老院修建补助款20万元，新建汤峪敬老院，资助因突发性灾难造成生活困难的群众5万元，对部分残疾人进行了救助。此外，先后发动机关干部开展各类社会捐助，共向贫困人口捐款1.64万元，衣物6000余件。

【城乡居民最低生活保障】　在2001年11月份以前，全县纳入城镇居民最低生活保障对象共57户190人，人均月生活标准120元，人均月补31元，共给190人发放城镇低保金7万元。市“双保”工作会后，全县城镇低保对象扩大到1600户3782人，人均月生活标准130元，人均月补25元，月补助总额9.3万元。2001年12月20日前已将3872名城镇低保对象的2001年12月和2002年1～2月及加发的1月共4个月的保障金37万元全部发放到户。其次向594名农村低保对象下发农村低保金8.6万元，人均补助生活救济费145元。

【实行“一厅式办公”】　2001年，成立了招商引资局、政务大厅和项目环境监督办公室3个相互配套的办事机构，从工商、税务、计经、土地、城建等部门抽调相关工作人员28名，实行“一厅式办公，一条龙服务”。制定环境问题投诉和案件查处限时办结等一系列制度，全年处理客商投诉和项目建设矛盾纠纷9起。同时，废止了一批与现行法律、法规和政策不相一致的政府文件，

【司法审判职能不断加强】　2001年，全年共受理各类案件1776件，审结1538件，结案诉讼标的总额853.9万元。其中受理刑事案件111件，审结96件，判处106人。一年来分别在小法仪镇、汤峪口、常兴镇召开公判大会3场（次）。共受理各种经济案件210件，审结180件，为国家、集体、个人挽回经济损失361.9万元。全年受理各类民事案件845件，7～10月，开展了“百日办案竞赛”活动，到年底审结712件。

（杨虎平）

眉县县委、人大、政府、政协负责人

县委书记	戴征社
副书记	刘焕勋
	亢惠民（女，8月离任）
	袁录怀　郑天勤
	王兴怀（6月份到任）
县人大常委会主任	张明贤
副主任	薛省生　许西岳
	李雪莉（女）
县长	刘焕勋
副县长	卢文远　王文华　何存贵
	陈平　杨伦　姚建社
	李兴安　史天社
县政协主席	孙宝元
副主席	张德才　蒋遐龄　杨参天

太白县

【概况】　太白县位于陕西省西部，宝鸡市南端，总面积2780平方公里。全县原辖5镇5乡，2001年12月底，并乡建镇后，辖5镇3乡，89个行政村，261个村民小组，总人口51918人。

2001年，县委、县政府抓住西部大开发和姜眉公路建设的历史机遇，加速结构调整，发展特色经济，突出项目建设，保持了县域经济的平稳发展和各项社会事业的全面进步。全县国内生产总值完成18680万元，同比增长7.2%，其中第一产业增加值4397万元，增长2%；第二产业增加值10533万元，增长8.6%；第三产业增加值3750万元，增长9.8%。地方财政收入969万元，完成年计划的108%。

大力调整农业结构，发展特色经济。在连续遭受罕见低温霜冻、冰雹等自然灾害影响及夏粮面积压缩15%的情况下，粮食生产仍取得了较好收成，总产量达到15328吨。特色农业以优化品种结构为重点，做大做强菌、菜、果、药四大主导产业的同时，不断加强科技投入和新品种的引进，承担市科技进步项目PA牛繁育试验产犊80头，繁育一代布尔肉羊500只，奶畜饲养量快速增长，奶类总产量

达306吨，比上年增长2.6倍。主导产业规模不断扩大，农民收入稳步增长，农民人均年纯收入达到1293元，比上年增长4.9%，净增60元。农业结构调整步伐加快，成效明显，以绿色产业为主导的特色经济呈现出强劲的发展势头。全年农业总产值8889万元，比上年增长1.8%。

工业企业改革进一步深化。通过优化结构，规范管理，推进企业资产重组，实现了骨干企业优势互补，经济效益得到提高，植物化工、建材、钨钼产品等支柱产业在市场上具有较强的竞争优势。全县工业总产值达到25186万元，比上年增长5.8%。

教育文化事业快速发展，基础建设进一步增强。全年新建校舍880平方米，维修和改扩建校舍13275平方米，办学条件进一步得到改善；基础教育工作不断加强，素质教育全面推进，中、高考取得历史最好成绩。

有线电视传输网建设进一步发展。全县有线电视用户达到2024户，村村通工程完成40套，电视节目由原18套增至22套，广播电视综合人口覆盖率达到99.7%。

重点项目建设成效显著。年初确定的43个重点项目已完成22项，完成投资6316.9万元，占年度计划总投资的76.9%，其余项目正在建设之中。

太白县主要经济和社会发展指标一览表

项目			单位	2001	比上年±%
经济状况	国内生产总值	第一产业	万元	4379	2
		第二产业	万元	10533	8.6
		第三产业	万元	3750	9.8
	财政收入		万元	969	－10.8
	各项贷款余额		万元	8482	－22
	社会固定资产投资		万元	5850	48
农业	总产值		万元	8889	1.8
	粮食总产量		万吨	1.5328	－14
	农作物总面积		万公顷	0.81	－2
	粮食作物总面积		万公顷	0.6405	－15
	平均亩产		公斤	159	－15
	蔬菜瓜类总产		万吨	5.5240	80
	果园面积		公顷	125	
	果业总产		万吨	0.1324	－81.5
	畜牧业总产值		万元	643	－6
工业	总产值		万元	25186	5.8
	完成利税		万元	2842	

续　表

项目			单位	2001	比上年±%
工业	实现利润		万元	2058	
	企业总数447	国有企业	个	8	+429（乡企）
		集体企业	个	4	
		股份制企业	个	6	
		私营企业	个		
	职　工		万人	0.5861	
建设环保	年内完成基本建设投资		万元	5850	48
	建筑业完成总产值		万元	500	
	建筑面积		平方米	6300	
	环境保护总投资		万元	20	
交通邮电	年邮政业务总量		万元	260	73
	邮政业务总收入		万元	260	13
	无线寻呼台		个	5	
	陆路通车里程		公里	650	
	陆路年客运量		万人次	95	
	陆路客运线路		条	38	
商业旅游	消费品零售总额		万元	6183	7.6
	商业从业人员		万人	0.2105	
科技教育	科技人员		千人	2.618	
	普通高中		所	1	
	高级职业学校		所	1	
	初中		所	9	
	小学		所	69	
	幼儿园		所	3	
	在校学生共计		万人	0.8869	
	教职工共计		名	861	
	适龄儿童入学率百分比			98	
文体卫生	文化馆、博物馆、图书馆、文化中心		处	2	
	老干部活动室		处	1	
	有医院		所	13	
	医院有床位		张	192	
	医院有医生		人	204	
社会生活	农民人均收入		元	1293	4.9
	城镇居民百户拥有电话		部	55	
	农民百户拥有电话		部	20	

【特色经济规模不断壮大】 2001年，太白县产业结构调整步伐进一步加快，菌、菜、果、药四大主导产业发展势头强劲。食用菌生产在大力发展袋料香菇的基础上，向名优新特品种方向发展，在嘴头

镇塘口、黄凤山、李家沟、拐里等村引进推广栽培黑菇、白灵菇、鸡腿菇、杏鲍菇等十多个高档新品种。仅黄凤山村就建成17座新品蘑菇大棚，产品在市场俏销，广州等南方客商纷纷前来收购。全县共发展袋料食用菌203万袋，棒料食用菌15000余架，袋料食用菌产量达405吨，比上年增长40%，木耳266吨，增长9%，高档新品种的引进推广有力地促进了袋料食用菌的快速健康发展；蔬菜产业以优化品种结构，推广无公害蔬菜栽培管理为重点，扩大经营规模，加快产业化发展步伐，在继续发展甘蓝、西兰花、荷兰豆等骨干品种生产的同时，引进推广种植春大白菜、象牙萝卜、架豆王等十多个市场看好的新品种，全县各类蔬菜总面积达到2133.3公顷，比上年增加533.3公顷。“太白山”牌绿色蔬菜作为陕西卫视天气预报背景，在电视中播出，进一步提高了“太白山”牌无公害蔬菜的知名度；新栽花椒、核桃、反季节桃梨等杂果866.7公顷，嫁接板栗666.7公顷，全县杂果总面积达7533.3公顷；新种植山萸、黄姜、柴胡等多种中药材566.7公顷，全县累计种植中药材2133.3公顷。全县多种经营产值达7898万元，比上年增长4%，在农业总产值中占89%，农民收入的80%以上来自多种经营，多种经营已成为农民增收的主要渠道。

【蔬菜产业化龙头企业康华蔬菜公司成立】　随着农业产业化的快速发展，太白县无公害蔬菜基地已经建成，“太白山”牌绿色蔬菜不仅畅销国内各大中城市及香港、澳门等地区，并远销日本及东南亚国家，太白绿色无公害蔬菜的销售市场不断拓宽，竞争优势逐步增强。9月，无公害蔬菜基地塘口村组建了全县第一个集科技推广、产、供、销一条龙服务的蔬菜龙头企业——康华无公害蔬菜有限责任公司，该公司拥有日处理鲜菜10吨的气调冷库一座，聘请县农技人员进行蔬菜生产全程技术指导，开展良种引进、试验栽培推广、技术培训等综合服务项目；组织基地蔬菜供货生产及联系外销等。康华蔬菜公司的成立，标志着太白蔬菜产业化生产已具有一定规模和市场竞争实力。

【姜眉公路宝鸡段一期路基工程全线贯通】　2001年，是太白人民期盼已久的通衢大道—姜眉公路宝鸡段一期工程建设最关键的一年，县委、县政府开展环境保障、征地拆迁等协调服务工作，为工程的顺利推进创造了良好的施工环境。公路建设有关各方密切协作，加快工程进度。姜眉公路宝鸡段一期工程王家塄—白云段山峰耸立，河谷狭窄，地质情况复杂，隧道、桥梁多，施工难度较大，但施工单位克服困难，顽强拼搏，使该段工程按期完成。姜眉公路宝鸡段一期50.5公里路基工程于12月全线贯通。

【麟留公路太白县城段开工建设】　麟留公路是纵贯县境北部与姜眉公路在太白县城连接的又一主干线公路。2001年8月，麟留路太白县城段开始动工拆迁，共签订拆迁协议36份，拆迁砖混结构房屋101.1平方米，砖木结构房屋1480.69平方米，砖土木结构房屋128.8平方米，土木结构房屋472.7平方米，棚房359.28平方米，围墙100.9米，征用土地0.68公顷；迁移电信光缆2300米，10千伏电线杆及城区路灯杆共36根。由于拆迁协调工作扎实细致，拆迁工作得到沿线群众的支持与配合，于8月15日前全部完成拆迁工程。总投资240万元的麟留公路太白县城段2公里工程于8月25日开工建设，已完成路基土石方9610立方米，砌石4800立方米，边沟盖板混凝土315立方米，涵洞763延米，已累计完成投资119.26万元。

【太白金矿顺利实现企业改制】　在20世纪90年代曾被列为全国十大黄金矿山之一的太白金矿，由于受国际黄金市场价格持续低迷直接影响等原因，矿山发展陷入困境。2001年，在各方共同努力下，成功与中国华融资产管理公司和中国长城资产管理公司签订债转股权协议，在全国黄金矿山企业中首家完成债转股7860万元，实现了黄金矿山企业的资产重组，减轻了债务，增强了企业发展后劲。2001年10月28日举行了改制成立陕西太白黄金矿业有限责任公司的挂牌仪式，新组建的公司由中国华融资产管理公司控股经营，占总股份的65%；原陕西太白金矿和中国长城资产管理公司分别占总股份的22.6%和12.4%。在此前，另一黄金矿山企业新星金矿已由中国地质矿业总公司控股，改制为股份制矿山企业。县内两大黄金矿山企业实现资产重组，实行股份制企业管理，使矿山企业开始走出低谷，步入良性发展轨道。

【县乡公路建设取得新进展】　新世纪伊始，太白县以省级重点工程姜眉公路建设为契机，带动了县、乡村公路建设更快发展。县乡公路重点项目鹦（鸽）高（龙）路二期改建于8月份开始施工，至

12月已全线贯通。路基拓宽，护坡、挡墙浆砌已基本完成，二期工程的完成使鹦高公路通行质量提高，使高龙这个边远乡的交通状况进一步得到改善。王（家塄）太（白河）公路在四期改建基础上加修了防护工程，达到了县乡公路三级标准，通过了市上验收。无公害蔬菜基地塘口村新修村级公路5.5公里，改造旧路2公里，为蔬菜产业的快速发展创造了良好的交通条件；靖口、高龙、黄柏塬、王家塄4个乡镇的7个村新修和改造道路共18公里，新修混凝土板桥和吊桥各1座，边远乡村交通状况明显改善。

【深化工业企业改革，培育壮大支柱产业】 2001年，太白县在工业生产上坚持有所为有所不为的原则，大力调整工业结构，深化企业改革，以产权制度改革为重点，积极推动企业资产重组，加快企业改制步伐，全县县属企业改制面达到100%，其中涉及产权置换的11户企业国有股已全部退出。县林产品经销公司与宝鸡电视通讯实业公司，县运输公司与县饮食服务公司，县秦隆木业有限责任公司与县食品公司等企业进行资产重组，实现合并经营，增强了企业发展活力和市场竞争实力，加快了发展步伐。同时，县上加大优势资源开发力度，培育和壮大具有太白特色的支柱产业，在开发黄金矿产业方面大力实施探矿增储工程，登高选矿厂、太白河堆浸场等矿山企业动工建设；依托太白山丰富的药材资源优势，建成由太白钠厂转产的天元植物化工有限责任公司、青峰植物化工有限责任公司二分厂及北南公司等骨干植物化工企业，引进两条青藤碱生产线和一条二甲基二硫生产线，植化品种增多，效益提高；利用水能资源投资1687万元建成峡口、三岔峡（在建）两座水电站；完成鹦鸽钨制品厂技改项目，投资337万元新建唐龙钨业公司，钨钼材料生产规模进一步扩大。黄金矿产、植物化工、钨钼材料、水电等重点支柱产业不断发展壮大，并保持了较强的竞争优势。

【非公有制经济迅速发展】 2001年，县委、县政府以增强县域经济实力和发展后劲为目标，把发展非公有制经济作为实现县域经济新跨越的重要突破口，依托资源，立足县情，努力营造宽松的投资环境，加快非公有制经济的发展步伐。同时，积极应对我国加入世界贸易组织的新形势，转变政府职能，强化服务功能，提高办事效率，完善和落实各项优惠政策，以促进非公有制经济扩大经营规模，提高运行质量；加大执法力度和治理“三乱”力度，规范市场管理，整顿市场秩序，净化市场环境；多方筹集资金在县城西部嘴头镇大沟塬村征地13.3公顷，建起了大沟塬村非公有制经济园区，并制定入园优惠政策，实行挂牌保护。到年底，完成投资500余万元。已吸引唐龙钨业公司等6户企业落户经济园区。个体工商户和私营企业也在快速发展，全县新发展个体户160户，累计达到2809户，同比增长9.4%；新增私营企业7个，全县私营企业累计达到74个，比上年同期增长11.2%。

【嘴头镇应邀参加全国农业结构调整经验交流会】 太白县嘴头镇海拔1500米以上，植被好、无公害，昼夜温差较大，具有发展无公害蔬菜得天独厚的气候自然条件，是太白最早发展蔬菜产业的乡镇。从20世纪80年代初期的陕西省补淡蔬菜二线基地到现在的无公害蔬菜基地，经过20年的发展，全镇蔬菜种植面积已增长十多倍，品种也由过去的不到10种增加到今天的50余种，其中紫甘蓝、西兰花、荷兰豆、生菜、架豆王等20多种名优新特品种，由于品质好，味鲜美，无公害，在省内外市场颇受青睐，不仅远销南方十多个大中城市及港、澳地区，且走出国门，跻身于日本和东南亚国家蔬菜市场，是创建“太白山”牌优质蔬菜品牌和获得国家绿色食品A级认证的主要蔬菜生产基地。现已形成了早中晚熟品种搭配，名优新特品种并举，大路菜、精细菜互补的生产格局。嘴头镇年种植蔬菜达1133.3公顷，占全镇耕地面积的50%以上，年销售总量4.4万吨，产值达2100余万元，占农业总产值的65%以上。蔬菜种植面积占全县蔬菜总面积的53%以上，产量占全县总产量的65%以上。在农业结构调整中，生产规模不断扩大，专业化水平逐渐提高，在蔬菜产业化发展中取得了许多成功经验，成为全县农业产业结构调整中发展特色经济的典型，其发展无公害蔬菜产业的经验已辐射和带动了其他乡镇。全县以嘴头镇为重点的2133.3公顷蔬菜产业带已形成。2001年，全县蔬菜总面积达到2666.7公顷，产销总量达6.8万吨，实现产值3320万元。2001年9月13日至14日，国家农业部在北京召开的全国农业结构调整经验交流会上，嘴头镇应邀参加，镇党委书记张国栋在会上交流了调整农业结构、发展蔬菜产业、实现强镇富民的经验，成为参加本次会议的3个乡镇之一，也是惟一一家交流发展蔬菜产业经验的乡镇。

【太白被列为全国生态示范区建设试点县】 太白县是陕西省六大林业县之一，林地总面积达26万公顷，植被覆盖率达93%。驰名中外的“绿色植物宝库”、“动物乐园”太白山位于境内中东部，建国后首批划定的国家级太白山自然保护区大部位于太白县境内。这里具有典型暖温带山地自然生态系统及其山地生态环境，有我国特有的生物种的单种属与单种科及古老孑遗植物，多样性天然生物基因库和完整的第四纪冰川遗迹。这里已知的近1900种森林植物中，国家列为重点保护的珍稀植物多达21种，已知的290余种动物（不包括昆虫）中，包括大熊猫、金丝猴、羚牛、金钱豹等一类珍稀动物在内的保护动物达55种，是多种学科进行科学考察与研究的重要基地。2001年6月，太白被国家环境保护总局列为第六批全国生态示范区建设试点县，太白县以此为契机，狠抓天然林保护和封山育林，退耕还林还草，小流域治理等重点工作，全面推动生态环境保护工作向纵深发展。年内完成小流域综合治理7.35平方公里，退耕还林还草403.6公顷，植树造林666.7公顷，飞播造林1333.3公顷，封山育林333.3公顷，在全国水土保持生态建设“十百千”工程中，太白嘴头镇牛家沟流域治理工程于6月19日顺利通过省水利厅的达标验收，获“优秀工程”。天然林得到有效保护，全年未发生一起森林火灾，森林盗伐活动得到有效遏制，生态环境保护工作取得显著成效。

【扶贫开发成效显著】 2001年，太白县被国家确定为扶贫工作重点县，县委、县政府全面贯彻落实中央及省、市扶贫开发工作会议精神，按照参与式扶贫要求，已制定出市上分配的60个扶贫重点村的扶贫开发规划和《太白县扶贫开发规划2001～2005》，分别投入30万元，启动了嘴头镇七里川、桃川镇下河坝两个综合示范村建设；向6个乡镇的42个村，1320户，17162人投放小额信贷扶贫到户贷款456万元，扶持药材、杂果、蔬菜为主的种植业项目18个；发放日光温棚专项贷款60万元，建成反季节日光温棚10个，扶持种植地膜玉米1085.2公顷，发展食用菌203万袋；新栽花椒353.3公顷，板栗嫁接改良666.7公顷，种植中药材700公顷，种植蔬菜2133.3公顷。采取整体搬迁与分散安置相结合的方式，大力实施移民搬迁工程，全县共完成172户、843人的移民搬迁任务。新建房屋567间，建筑面积14909平方米，人均住房17.7平方米，共兑现移民搬迁补助资金82.68万元，配套解决宅基地4.6公顷，木材指标1720立方米，调整承包地55.2公顷，新建基本农田56.8公顷，使搬迁户生活、生产条件明显得到改善；先后投资20万元开展实用技术培训和农民职业教育，全年培训农民技术人员1633人，增强了贫困人口自我造血和自我发展能力；深入开展联村包扶工作，省、市“两联一包”单位先后下派干部40余人次，投入资金47.6万元，帮助扶持项目40多个，捐献物资价值12.8万元；县级联村领导深入贫困村247人次，协调各种资金55.7万元，兴办实事38件，县级联村包扶单位积极帮助包扶村争项目，跑资金，办实事，促发展；修建人畜饮水工程9处，投资70万元新修基本农田173.3公顷，完成了嘴头镇塘口村26.7公顷、靖口镇冯家山13.3公顷坡改梯示范工程和桃川镇下河坝村6.7公顷河滩造田工程，扶持资金22万元，支持新修乡村道路61.5公里，桥涵35座，完成了8个村的低压线路整改，使贫困村水、电、路等生活与生产条件大为改善。

【县会计核算中心成立运作】 2001年，根据省、市统一安排，太白县积极推进财政体制改革，于6月21日正式成立太白县会计核算中心，并于当月开始运作，会计核算中心将全县42个县本级一级单位首批纳入集中核算。县会计核算中心为正科级事业单位，人员编制23名，在县综合商场设180平方米的核算大厅，配置HP2000服务器和联想奔腾2000单机为核心的网络系统，并配置了先进的用友8.01财务管理软件系统。实行会计集中核算后，撤销单位的会计岗位，各设报账员1名，共撤销单位账户64个，合并为42个，纳入会计集中核算的单位原有财务人员86名，现只设报账员42名，原各单位共86名会计人员的工作由县核算中心22名工作人员办理，达到了精干、高效、快捷的目标。

【农村水、电基础设施进一步改善】 2001年，在连续推进小流域治理和农田基本建设的同时，加大农村水利基础设施和低压电路整改建设力度，取得了明显成效。人畜饮水“甘露工程”集中于王家塄、鹦鸽等乡镇，止11月，全县年内开工的9处人畜饮水工程全部完成，修建蓄水池22座，浇筑混凝土27.84立方米，安装输水管道27290米，移动土石方11926立方米，总投资46.11万元，使2138人、439头大家畜的饮水困难得以解决；为无公害蔬菜基地嘴头镇塘口村建节水灌溉工程1处，主体工程和主渠道工程两大部分共投资50.37万元。节水灌溉工程的建成，可保障该村33.3公顷菜田的灌溉用水，改过去大水漫灌为方便、快捷、高效的节水灌溉，既节约了水资源，又提高了灌溉质量，对增加单位面积蔬菜产量和提高蔬菜品质发挥了重要作用。农村电力设施建设年内建成鹦鸽35千伏变电站，使鹦鸽镇等3个乡镇的电网运行水平大为提高，为农村居民生产生活用电提供了保障。同时完成4个村组的低压整改任务，新建0.4千伏线路33.5公里，改造780户；10千伏配网以鹦鸽35千伏变电站为中心，对原桃川镇线路分网改造，共新架线路10.50公里，完成配变改造580千伏安19台；完成了白云乡古迹村通电工程，新架配变1台，架设0.2千伏线路1.932公里。通过网改，提高了农村供电的可靠性，安全性，降低了电网损耗。

【西宝线太眉线勘界及太眉边界勘界工作全面完成】 2001年，在省、市勘界工作领导小组的精心指导和县委、县政府的高度重视与领导下，太白县勘界工作坚持勘界原则，加大工作力度，先后完成了太眉线、西宝线和宝汉线勘界工作，部分界桩已埋设完毕。宝鸡市人民政府于2001年12月28日发出《关于对眉县与太白县行政区域界线未贯通地段裁决的通知》（宝政发〔2001〕48号）对太白县与眉县两县未贯通地段以土地资源详查时双方达成一致并签订协议书的接边线和陕西省民政厅最新编制的两县行政区划图上标绘的边界线予以划定。即从H=1585.7米高程沿山脊线向东南延伸经12个高程点后转向东，经3378米、3650米两个高程点后至3630米高程点太白、眉县、周至三县交汇点止。陕西省人民政府于2001年12月31日发出《关于西安市与宝鸡市太白山段行政区域界线划定及有关问题的批复》（陕政函〔2001〕391号），对西安市周至县与宝鸡市太白县、眉县三县行政区域界线正式裁决划定。三县交会点坐标为X=3765050，Y=18756720，H=3630米。太白县与周至县两县界线从三县交会点向南偏西南经3567米、3731米高程向南延伸980米后拐向东380米、向南150米，再经3715米高程向西南到双方一致点（X=3761390，Y=18754250，H=3650米）处，与原双方达成一致的边界线相接。此次勘界对太白山主峰拔仙台东北、东部及偏西南走向太白县与周至县之边界线再次正式确定，太白山主峰拔仙台（3767.2米）再次确定位于宝鸡市太白县境内，位于拔仙台西北部的冰斗湖泊大太白海为太白县境内高山湖泊。太眉、西宝线勘界裁定已正式标绘于附图。

【“两节一会”展示太白建设新成就】 4月下旬，在宝鸡市举办的“两节一会”期间，太白县委、县政府高度重视，统一部署，制定方案，精心组织，县属各有关部门及企业落实项目和参展产品。“两节一会”期间，太白县参展企业30多家，组织产品5大类120多个品种，印制项目册500余册，各种宣传资料5000多份。共组织各类签约项目17项，累计总投资12418.4万元，上会签约项目8项，其中国内投资项目7项，总投资为7806万元，引进资金7806万元；国外投资项目宝太肉牛育肥基地建设，总投资3500万元，引进外资1715万元，本次会议期间，共完成内贸成交额16500万元，外贸成交额200万美元。通过广泛宣传和产品展览，全面展示了太白县改革开放的新成就。

【县邮政局营业大楼竣工投运】 太白县邮政局生产综合楼位于县城东大街中段北侧，于2000年6月开工，2001年12月28日竣工正式投运。该楼建筑面积为3531平方米，同时建成油机房、配电房、锅炉房、浴室、车库、消防、管网道路、绿化带等配套工程。主楼由陕西省第七建筑工程公司第三分公司承建。邮政生产楼是邮政、电信分营后首建生产楼，包括附设工程共计投资770余万元。邮政生产楼设计结构新颖，外形壮观，使用功能齐全，成为太白县城东大街又一道亮丽的风景。由于邮政基础设施的完善，使太白邮政事业发展更快，全年完成邮政业务总量200万元，比上年增长73%；业务收入比上年增长13%；劳动生产率比上年增长37.3%；邮政储蓄接收了太白工商银行办事处撤并后的个人储蓄业务，净增储蓄余额3300万元。

【电信扩容通讯网络进一步扩展】 电信扩容工程是今年县委、县政府确定的43个重点建设项目和实事之一，由太白县电信局具体实施。全年完成县局1000门大唐交换机的扩容工程与升级改造工作，完成鹦鸽电信交换扩容128门工程，配合宝鸡市电信工程公司完成了04交换机RM和RSU的改造工程项目。年内，中国移动通讯宝鸡分公司和中国联通宝鸡分公司先后在太白县城设联网营业厅，全面开展通讯业务，成为仅次于县电信局的两大通讯营业单位。

【安全生产管理取得明显成效】 2001年，县委、县政府认真贯彻落实国务院关于安全生产的一系列重要批示精神，把安全生产作为政府各项工作的重中之重，在建立和完善安全生产责任制基础上，全县举办了两期安全生产培训班，参训人员350多名。县政府领导带领安全生产检查组对厂矿企业进行了7次大规模的安全生产监督检查，查安全隐患，抓薄弱环节，落实整改措施280条，处理违法人员456人。5月，成立了县安全生产监督管理局，县政府挤出编制和经费，保障其各项工作的正常运转。2001年全县没有发生一起森林火灾和大的安全事故，保持了全县的安全与稳定。

【并乡建镇工作全面完成】 依据省、市关于并乡建镇的通知精神，太白县成立了并乡建镇领导小组，领导小组办公室设在县民政局。太白县并乡建镇工作实施方案经省、市两级人民政府批准同意，于2001年11月下旬开始实施。根据有关并乡建镇原则要求，这次全县撤并乡镇2个，占全县10个乡镇总数的20%。县人民政府于11月28日下发了《关于调整部分乡镇区划的通知》（太政发［2001］43号）："一、撤销白云乡并入嘴头镇，镇名嘴头镇，镇政府驻地嘴头镇。二、撤销二郎坝乡，并入黄柏塬乡，乡名黄柏塬乡，乡政府驻地黄柏塬。"调整后全县共辖3乡5镇。并乡建镇工作开始实施后，县上抽调有关职能部门工作人员组成工作组，由县领导带队分赴合并乡镇指导工作，各合并乡镇分别成立了监交工作组，财产移交领导小组和审计组，紧张有序的开展工作。并乡建镇后，原二郎坝、白云两乡分别设立办事处，保留2～3名工作人员。并乡建镇经过半个多月的紧张工作，于12月中旬顺利完成交接。二郎坝、白云这两个于20世纪50年代初建立的行政乡级机构自此撤销。

【城镇社区机构选举组建完成】 太白全面贯彻落实宝鸡市社区建设工作会议精神，把社区建设作为加强城镇基层政权建设的一个重要方面来抓，印发了《太白县社区机构组建选举工作实施细则》，成立了县社区建设协调指导委员会，制定了社区工作规划，明确了社区建设工作有关部门工作职责。县城按居民分布状况划为东大街、北大街和南大街三个社区，组建了3个社区居委会，通过选举选出了3名社区居委会主任，并成立了相应的党组织，使城镇社区建设进一步得到加强。

【罕见低温雪冻酿成重灾】 2001年4月8～11日，一场暮春罕见的大雪低温袭击了太白全境，给农业和多经生产造成了十分严重的冻害。由于从早春开始持续月余的干旱少雨，气温上升较快，平均温度已上升到12℃以上，春日融融，小麦拔节，草木绽绿，各种果树繁花盛开，孕育着丰收的希望。4月8日晚，细雨纷纷，气温开始下降，9日凌晨大雪纷飞，气温骤降，由－5℃骤降至－10℃，大雪连降两日，10日下午始停，积雪半尺，绿叶花朵枯萎，果树枝头结冰，大片松林被雪压倒。严寒持续至11日，12日午方晴，气温略有回升。一周后，气温回升至8℃以上，冰雪消融，但大片麦苗叶片枯黄，草木花朵凋零。此次数十年不遇的春末大雪、低温对太白的小麦、春菜，特别是各类杂果危害甚大，酿成重灾。县内各地核桃、花椒、桃、李、杏、梨等数十种杂果绝收。暮春降大雪、低温冻害数十年不遇，核桃树等耐寒的高大乔木被冻枯死也属罕见。此次大雪低温，使全县成灾5006.3公顷，果树等经济作物2866.7公顷，1113.6万株，造成直接经济损失近3000万元。

【部分乡镇遭受特大冰雹袭击】 2001年6月下旬，正是太白县多数乡镇收割小麦季节，嘴头、白云等乡镇也即将进入收割期。23日下午16时，嘴头镇及东部各乡镇大雨如注，县城及周围突降冰雹，最大雹径达3厘米，降雹持续竟达40分钟之久，冰雹消融加之暴雨，县城街道及周围农田洪水横流，大雹至翌日午后仍堆积未完全消融，24日16时再次降雹，大如玉米粒，持续5分钟左右。6月下旬麦收季节降雹在太白十分罕见，冰雹之大，持续时间之长也极其少有。此次冰雹袭击除县城周围嘴头镇的几个村外，靖口、鹦鸽、高龙等乡镇的部分村也不同程度受灾，灾害涉及4个乡镇的16个村，47个村民小组，受灾人口1610户，9475人。受灾最严重的嘴头镇城郊各村即将收割的小麦被冰雹打折茎秆，倒伏在地，麦穗光秃；已成熟的生菜、早甘蓝及西兰花、荷兰豆、薯类等蔬菜也遭受损失，有些只得重栽，玉米等秋田作物也不同程度受灾。此次降雹范围虽小，但强度大，持续时间长，估计全县因灾造成粮食减产5092吨，直接经济损失达3928万元。暴雨雹灾发生后，县委、县政府及时组织有关部门深入受灾村，查看灾情，慰问受灾群众，发放救灾款16万元，救灾粮3500公斤，并组织受灾群众复种补播，开展生产自救，把灾害造成的损失降到了最低程度。

【珍贵植物红豆杉引种太白】 美国红豆杉又称紫杉，原产于北美，是世界上仅存的56种珍稀植物的一种，系珍贵药用树种。从红豆杉的树皮、枝、叶中提取分离出来的紫杉醇，是抗癌的最有效药物之一，有着很高的药用价值。太白县青峰植化有限责任公司与西安贯通科技有限责任公司签订合作协议，在太白引种红豆杉，并在青峰植化有限责任公司研制生产红豆杉提取加工药物。首批20万株价值6万美元的红豆杉种苗系由美国空运而来，在西北苗木培育专家的精心指导下已进入温室扦插培育阶段，将于次年春正式移栽入露天苗木基地。其后将陆续分批运来种苗，数量将超过100万株，直接引种国外珍稀药用植物种苗栽培，在太白历史上尚无先例。红豆杉太白培育基地将逐步扩大栽培数量，这为太白青峰植化有限责任公司开发新的药用新产品提供了充足的药材资源，为这个县属植物化工企业开辟了新的发展前景。

【县文化馆举办大型书法美术工艺展览】 在跨入新世纪的第一年里，太白以创建文化先进县为契机，努力加快社会主义先进文化事业的发展步伐，唱响主旋律。在庆祝建党80周年活动中，文化娱乐活动达到了高潮。除文艺汇演、演讲赛、诗歌朗诵、大型健身秧歌比赛、秦腔、电影、灯迷等各种庆祝活动外，还举办了为期15天的庆“七一”书画工艺展。这次活动共展出县内专业、业余作者书画、工艺作品近300件，吸引了300多名艺术爱好者参观，清新、纯朴、健康的作品令人耳目一新，获得各界一致好评。

【保险事业发展快】 2001年，社会医疗保险在全县机关事业单位中全面推行，保险金额达到164万元；参加劳动保险人数2036人，退休职工参保人数193人；全县各类财产承保总额9977万元，比上年增长75%，全县有10户企业参加了企业财产保险；参加人身保险的居民达到14918人，比上年增长8.5%，保险公司共处理财产险赔偿案件175件，支付赔款486万元。人寿保险公司吸纳了一批非专业营销员，并在鹦鸽、桃川两镇建立了站网，经过营销技能、知识的强化培训学习，成为县公司的营销员，形成了寿险营销网络，也方便了群众投保，使个人保险成为人们投资理财的新热点。

（杨文锦）

太白县委、人大、政府、政协负责人

县委书记 乔春芳

副书记 杨瑞霞（女）
李　明（11月离任）
张万奎

县人大常委会主任 乔春芳

副主任 薛繁成 薛明瑾（女）
赵保全 王新荣

县政府县长 杨瑞霞（女）

副县长 宫志宏 仵春哲
李德文（4月离任）
王兴怀（8月离任） 王长号
毛陇萍（女） 王宏良

县政协主席 李　明（11月离任）

副主席 邓振宁 屈耀翔 陈斌杰

凤　县

【概况】 凤县地处秦岭腹地，嘉陵江之源，位于宝鸡市西南端。全县总面积3187平方公里，人口10.67万人（其中农业人口7.9万人），辖10镇2乡151个行政村。2001年，全县以经济建设为中心，按照“农业抓调整，工业上项目，三产扩规模，建设旅游大通道，营造改革开放大环境”的思路，积极开展“开放年”活动，抢抓机遇，与时俱进，克服困难，真抓实干，全县经济建设和各项社会事业保持良好的发展态势。

凤县主要经济和社会发展指标一览表

项目			单位	2001	比上年±%
经济状况	国内生产总值(现价)	第一产业	万元	3526	-7.6
		第二产业	万元	13072	21.8
		第三产业	万元	5698	0.5
	财政收入		万元	3019	12.6
	各项贷款余额		万元	33729	-2
	社会固定资产投资		万元	37935	2.8倍
农业	总产值		万元	6112	-0.5
	粮食总产量		万吨	3.33	-3.8

续 表

项目			单位	2001	比上年±%
农业	农作物总面积		万公顷	1.41	-12.8
	粮食作物总面积		万公顷	1.23	-10.6
	平均亩产		公斤	237	15
	蔬菜瓜类总产		万吨	1.7	2
	果园面积		公顷	0.07	-25.2
	果业总产		万吨	0.59	-10.4
	畜牧业总产值		万元	891	3.9
工业	总产值		万元	52835	2.8
	完成利税		万元	4678	-23.3
	实现利润		万元	2013	-39.2
	企业总数	国有企业	个	9	0
		集体企业	个	151	-12.7
		股份制企业	个	6	20
		私营企业	个	96	6.7
	职　工		万人	0.9912	1.6
建设环保	年内完成基本建设投资		万元	8562	24.7
	建筑业完成总产值		万元	25302	1.4倍
	建筑面积		平方米	213100	57.6
	环境保护总投资		万元	582.4	-28
	环保总投资占同期国内生产总值的百分比			2.6	-0.9
交通邮电	年邮政业务总量		万元	345.2	102
	邮政业务总收入		万元	290.2	23
	移动通讯载频容量		个	20000	25
	无线寻呼台		个	2	持平
	陆路通车里程		公里	997	持平
	陆路年货运量		万吨	70	-5.4
	陆路年客运量		万人次	71	-2.7
	陆路客运线路		条	36	持平
商业旅游	消费品零售总额		万元	14822	1.5
	居民消费总水平下降(上升)百分比				9.6
科技教育	科技人员		千人	2.636	持平
	民营科技人员		千人	0.09	3倍
	年内获科技成果		项		
	普通高中		所	1	持平
	高级职业学校		所	1	持平
	中等专业学校		所	—	—
	初中		所	14	持平
	小学		所	127	-7.3
	幼儿园		所	2	100
	在校学生共计		万人	1.8598	2

续 表

项目		单位	2001	比上年±%
科技教育	义务教育学段在校学生共计	万人	1.7196	2
	教职工共计	名	982	-1.2
	适龄儿童入学率百分比		98.45	-1.5
	高中入学率百分比		26.2	2.3
文体卫生	文化馆、博物馆、图书馆、文化中心	处	2	持平
	儿童乐园	处	—	—
	老干部活动室	处	2	持平
	有医院	所	16	持平
	医院有床位	张	190	持平
	医院有医生	人	395	持平
社会生活	全年为下岗职工支出救济金	万元	54.64	1.6
	实现社会商业保费收入	万元	923	44.4
	赔款支出	万元	293	20.6
	城镇居民人均住房面积	平方米	12	
	农民人均收入	元	1181	-4.7
	城镇居民百户拥有电话	部	84	11
	城镇居民百户拥有电视机	台	128	4
	农民百户拥有电话	部	8.2	8
	农民百户拥有电视机	台	111.6	17.4

【固定资产投资创历史新高】 2001年，全县社会固定资产投资完成37935万元，是上年的2.8倍，其中：国有及国有控股企业投资完成8625万元，增长113.1%；集体经济投资完成972万元；其他经济投资完成28338万元，增长10.2倍。

【重点项目建设进展顺利】 全县共实施了29个重点项目建设。平木、三岔等5座变电站新建及改造、紫柏山旅游区道路建设、花园小区市场、粮贸大厦、凤中路二期工程、交通巷及新庄路改造、双石铺中学教学楼、职业综合学校等重点工程已竣工投入使用。核坪公路改造、公路桥梁建设、移动基站建设、县医院改造一期工程、新体育场建设、“长治”五期工程等项目已基本完成。万吨浓缩果汁生产、商贸广场、双石铺商贸大厦、邮政生产楼等项目正在抓紧建设，全县基础设施得到进一步改善。

【招商引资成效显著】 认真开展“开放年”和“投资环境整治年”活动，加大招商引资力度，全年共签订招商引资协议、合同34项，总投资65696万元，合同、协议引资额61391万元，其中“两节一会”签约项目11项，引资46135万元。到年底项目落实到位资金17114万元，完成投资额16706万元，荣达磷肥厂、东岭五万吨锌冶炼厂等招商引资项目建成投产。

【整顿和规范市场经济秩序】 以规范市场主体资格，严厉打击制售假冒伪劣商品和商业欺诈行为为重点，整顿和规范了市场经济秩序。全年累计出动工作人员1799人次，检查整顿各类市场46次，检查各类企业171个、个体工商户1380户。全年共受理消费者投诉124件，结案率100%，查处违章违法案件111起，集中开展了对日用百货、食品、农资等商品的专项整治，有效保护了消费者的合法权益。加强对市场的监管，规范经营行为，取消了马路市场，全县市场经济秩序有了明显好转。

【政务大厅正式启动】 为了加快凤县对外开放步伐，优化投资环境，提高机关办事效率，为境内外投资者提供优质、便捷、高效服务，县政府设立政务大厅，于9月1日正式起动运行。政务大厅的主要职能是为境内外投资者提供政策、法规、投资项目的咨询服务；受理、代办境内外投资者申办企业所需各类文件、材料的审核、审批；承办批件的核准、证照登记和发放工作；受理客商投诉、申诉；负责招商引资项目洽谈的组织协调等服务工作。第一批进驻大厅办理业务的部门有县计经局、乡企局、工商局、城建局、土地局、国税局、地税局。

【会计核算中心正式运行】 为了加强廉政建设，规范行政事业单位财务管理，凤县会计核算中心自7月1日正式运行。按照“集中管理，统一开户，分户核算”的原则，全县所有财政供养的党政机关、直属机构和人民团体及有收入的自收自支事业单位全面纳入集中核算。在保留部门、单位财务主体和资金使用权不变的前提下，取消部门、单位会计岗位，撤销银行账户，集中办理会计核算和监督业务。

【多种经营稳步发展】 紧紧围绕农业产业结构调整，按照“稳粮促经、突出花椒、优化果业、狠抓食用菌、大力发展畜牧业和特种动植物开发、推进农业产业化经营”的思路，狠抓多种经营生产，初步形成了果、椒、药、菜、牧、菌六大主导产业。花椒、干杂果种植面积不断扩大，新栽花椒230万株，全县花椒累计发展到1100万株，建成唐藏辛家庄、双石铺西山、平木白蟒寺3个千亩花椒示范园。发展矮化核桃、板栗等干杂果425公顷，建成了瓦房坝板栗一条沟。中药材种植有新的突破，扩大薯芋种植面积420公顷，新发展黄花、柴胡、天麻、杜仲等224公顷，开发引进红三叶标准化种植，建成示范基地10.6公顷，全县药材留存面积达到1533.3公顷。积极发展反季节蔬菜，在黄牛铺、红花铺、凤州、岩湾等乡镇发展白菜花、西兰花等秋菜种植200公顷。食用菌生产稳步发展，稳定黑木耳，开发反季节菇，支持大户，扶持农户，典型示范，带动发展，全年新增黑木耳2.1万架，发展袋料食用菌690万袋。特种动物养殖得到开发，全县发展林麝、果子狸、银狐、锦鸡、火鸡等特种动物养殖53户9325只，其中林麝养殖9户172只。

【实施移民搬迁工程】 按照“搬得出，稳得住，能致富”的目标，在总结完善提高的基础上，坚持“政府引导，政策优惠，农户自愿，有土安置，个人自筹，国家扶持”的原则，采取整体搬迁集中安置与分散安置相结合的办法，确定了搬迁对像和酒铺、凤州、黄牛嘴三个集中移民安置点。按照移民新村建设要求，统一规划、统一设计、统一施工，进行水、电、田、路、宅综合治理，大力改善贫困人口生产、生活条件。全年搬迁251户1015人，其中三个集中安置点累计投工3200个，投资340万元，修建房屋297间，安置移民99户509人。

【“天保”工程全面实施】 加快生态环境建设步伐，全面实施天然林保护工程，全年共完成人工造林3533.3公顷，飞播造林2466.7公顷，四旁、义务植树39.6万株，育苗15.3公顷，封山育林1733.7公顷；加强森林资源保护，严厉惩处毁林开荒、破坏森林植被的违法行为，建设天然林管护站17个。

【“长治”工程样板县正式命名】 以创建“长治”工程样板县为目标，围绕“长治”五期工程和水保国债工程的实施，遵循“预防为主、全面规划、综合治理、因地制宜、加强管理、注重效益”的工作方针，积极开展了“山、水、田、林、路”综合治理工作，全年共完成流域治理面积40.54平方公里，其中：新修坡改梯370.7公顷，栽植经果林

664.7公顷，营造水保林1623.7公顷，封禁治理926.7公顷，实施农耕措施186.7公顷，修建谷防12座，新修生产道路51公里。流域区形成了缓坡地梯田化，荒坡地绿装化，基本农田水利化，大地园林化，田间道路网络化的治理格局，涌现出了西庄、魏家湾、李家山等6个治理示范典型。2001年4月，国家长治委正式命名凤县为“长治”工程样板县。

【农村专业合作社创建运营】 以加快县域经济发展为目标，坚持“成熟一个，发展一个，先发展，后规范”的工作方针，全面开展农村专业合作社创建工作。围绕果品、花椒、蔬菜、药材、畜牧等主导产业创办专业合作社，全年创办各类专业合作社5个。各专业合作社购销苹果20万公斤，甜椒、莱花、白萝卜、秋豆角等蔬菜123.5公斤，销往四川、西安等地，为农民创收88.9万元。

【东岭集团五万吨锌冶炼项目建成投产】 宝鸡东岭集团依托凤县丰富的矿产资源和优越的投资环境，在对凤县锌品厂进行租赁改制的基础上，抢抓西部大开发历史机遇，扩大企业规模，着力打造优势企业，从2000年10月开工，投资3.5亿元，仅用15个月时间，于2001年12月建成了五万吨锌冶炼项目，创造了国内同等规模锌冶炼企业建设速度之最。

【非公有制经济快速发展】 县委、县政府把发展非公有制经济做为新的经济增长点，积极开展“投资环境整治年”活动，推行一厅式办公，营造宽松的经营环境，鼓励非公有制经济全面发展。年内新发展个体工商户465户，私营企业44个，全县个体工商户累计达到2003户，私营企业累计达161个，非公有制经济总量达到国内生产总值的39.1%。

【环境保护成效显著】 高度重视环境保护工作，坚持“三同时”制度，巩固“一控双达标”成果。全年共投入治理资金528.4万元，完成治理项目13项，复垦废弃尾矿库4公顷，污染防治设施运转率保持在98%以上。加强环境质量监测，对污染源实行月检季查制度，全年累计提供监测数据889个，完成发布了县城空气质量报告和县域地表水质量公告。加大环保执法力度，全年共查处环境违法事件6起，县政府被市上评为2000~2001年度环保目标责任制先进单位，县环保局被省环保局命名为全省环境执法先进单位。

【结合布点调整抓好中小学危改工程】 年初，组织县、乡、村三级人员对全县182所中小学校舍进行拉网式排查，共查出危房540间10771平方米，漏房556间11203平方米，建立了中小学危房排查档案。在危校改造中，注重与布点调整相结合，全年共投入危改资金257万元，新建校舍222间4667平方米，改扩建校舍39间780平方米，维修校舍299间6295平方米。危改后的校容校貌发生了显著变化。

【推行合作医疗覆盖面达60%】 按照“政府领导、集体扶持、群众参与、因地制宜、科学管理、民主监督”的原则和《宝鸡市农村合作医疗实施意见》的要求，县政府与各乡镇政府签订了责任书，纳入年终岗位目标责任制考核，各乡镇、村在县政府的领导和县卫生局的指导下，突出宣传引导，狠抓资金筹措，不断扩大合作医疗的覆盖面。全县推行合作医疗的村累计达到84个，覆盖面达到60%，受益人口45700多人。

【在宝鸡市七青会上取得佳绩】 凤县代表团体育健儿，在全市第七届青年运动会上顽强拼搏，取得金牌28枚，银牌38枚，铜牌49枚，代表团以3001分总成绩获团体总分第三名，荣获宝鸡市体育贡献奖。

【卫生管理体制和运行机制改革见成效】 按照中组部、人事部、卫生部《关于深化卫生事业单位人事制度改革的实施意见》等系列卫生改革文件和省、市卫生工作会议精神，结合凤县医疗卫生单位实际，以改革卫生管理体制和运行机制为突破口，积极谋求卫生事业发展。一是深化人事分配制度改革。按照重实绩，重贡献，向优秀人才、关键岗位和业务骨干倾斜的原则，实行了按岗位、按任务、按业绩定酬的分配机制，初步建立起了档案工资与实际工资分离的分配制度，80%的单位实行本人工资总额30%~50%的浮动，极大地调动了医疗工作者的积极性。二是理顺了乡镇卫生院管理体制，提高了补助标准，加强财务审计监督。三是打破乡镇卫生院院长任免制，实行聘任制，对少数思想涣散、作风漂浮、业务萎缩、经济社会效益下滑的县级卫生医疗单位的领导班子进行了调整。四是出台了《凤县医务人员管理办法》，全面加强医疗单位和医务人员的管理，重视精神文明建设。积极开展“创佳评差”和“三优”、“两满意”活动，大力纠正行为不正之风。并先后投资10万元用于医务人员的医技培训，走人才奠基、科技兴卫之路，向业务质量要效益。2001年，全系统业务收入首次突破千万元大关，取得了良好的社会效益和经济效益。

【“七保”工作扎实到位】 克服财力困难，千方百计筹措资金，确保了“七个保”的实现。一是以扶贫帮困救济为重点，积极帮助农村群众解决生产生活困难。全年共为173户、543名农村最低生活保障对象落实保障金72600元。二是积极做好城镇居民最低生活保障工作。落实保障对象368人，发放保险金12万元。三是妥善做好企业下岗失业人员基本生活保险工作。共为150名下岗失业人员发放生活费36.9万元。四是深入开展“交友帮扶”活动，扎实解决困难职工实际问题。五是确保离退休人员养老金按时足额发放、医疗费实报实销。全年共发放养老保险金467.48万元，报销医疗费33.9万元。六是确保机关事业单位干部职工和教师工资按时足额发放。七是深入开展“严打”斗争，落实综合治理各项措施，确保了社会政治稳定。

【公开选拔副科级领导干部】 按照《党政领导干部选拔任用工作暂行条例》和《深化干部人事制度改革纲要》精神，采取公开报考与考试考核相结合的方式，面向全县公开选拔城建局副局长等副科级领导干部，全县有106名干部报名，经初审、笔试、面试、公示和差额考察等程序，共有8名具备任职条件的干部走上了领导岗位。

【“8.23”特大交通事故】 8月23日晚9时50分，甘肃省陇南地区汽车运输公司第六分公司一辆“宇通”牌双层卧铺大客车，在凤县境内灵官峡316国道2372公里+120米处翻入嘉陵江河道，造成32人死亡、18人受伤的特大交通事故。事故发生后，县委、县政府立即调集干部、职工、农民、公安干警、武警等360余人参与救援，县委书记李统计、县长孙惜玲等县级领导参与抢救指挥。国务院副总理吴邦国、省委书记李建国、省长程安东对事故善后作出批示，副省长潘连生、市委书记庞家钰、市长吴登昌、副市长刘忠等领导亲临现场，协调指导。以国家安全生产监督管理局副局长闪淳昌为组长的国务院事故调查组一行十余人赶赴凤县，协调陕、甘两省，进行事故调查和善后处理。调查组对县委、县政府积极组织救援及救死扶伤、无私奉献的精神予以高度评价。

（董汉民）

凤县县委、人大、政府、政协负责人

县委书记 李统计
副书记 孙惜玲（女） 朱永生 陈智清 张明海
县人大常委会主任 李统计
副主任 沈志华 李恒久 童书信 景 峰
县政府县长 孙惜玲（女）
副县长 高 海 窦林吉 张 斌 景振钧 周志贤 石计宝 赵永怀
县政协主席 张玉杰
副主席 钟礼春 张秉儒

文件·政令·题录

宝鸡市人民政府
关于印发市直机关事业单位
医疗制度改革试行办法的通知

宝政发［2001］7号

（2001年2月22日）

为建立健全市直机关事业单位医疗保险制度，切实保障职工的医疗水平，根据国务院办公厅转发劳动保障部、财政部《关于国家公务员医疗补助意见的通知》（国办发［2000］37号）、陕西省人民政府《关于印发省直机关事业单位医疗制度改革试行方案的通知》（陕政发［2000］30号）和宝鸡市人民政府《关于印发〈宝鸡市城镇职工医疗保险制度改革方案（试行）〉的通知》（宝政发［1999］110号）精神，本着节约资金，减少浪费，简化管理环节，强化个人责任的原则，结合市直机关事业单位实际，制定本办法。

一、实施范围。市直党政机关、人民团体和财政全额拨款事业单位（以下简称党政机关事业单位）的工作人员及退休人员（以下简称职工），均执行市直机关事业单位医疗制度改革试行办法。

二、医疗费用的负担。职工医疗发生的费用，属于小病费用由个人账户负担，个人账户不足时由个人自付；属于大病住院和门诊紧急抢救医疗费用，由个人账户（含个人，下同）和财政共同负担。

三、建立职工医疗个人账户。职工医疗个人账户实行分档补助、资金上卡、个人支配、超支不补、节约留用的管理办法。职工医疗个人账户的资金由基本医疗费用和补助医疗费用两部分组成，依据职工不同工龄，按本人医疗补助工资组成的一定比例计算，即：

工龄1~10年的，记入6%（基本医疗费用记入2.5%，补助医疗费用记入3.5%）；

工龄11~20年的，记入8%（基本医疗费用记入2.5%，补助医疗费用记入5.5%）；

工龄21~30年的，记入11%（基本医疗费用记入3%，补助医疗费用记入8%）；

工龄31~40年，记入15%（基本医疗费用记入3%，补助医疗费用记入12%）；

工龄41年以上的，记入20%（基本医疗费用记入3%，补助医疗费用记入17%）；

退休人员记入20%（基本医疗费用记入4%，补助医疗费用记入16%）；

个人账户的支付范围：门诊发生的费用；在定点零售药店购药的费用；起付标准以下的费用；住院治疗以及门诊紧急抢救应由个人自付的费用；门诊或住院期间进行特殊检查，特殊治疗应由个人负担的费用；最高支付限额以上应由个人负担的费用。

职工就诊采取自主选择定点医院和定点药店的办法。个人账户的本金及利息归个人所有，可以结转和依法继承，但不得提取现金或挪作他用。职工跨地区流动时，其个人账户随同转移。

市劳动局所属的市社会医疗保险事业管理处负责个人账户管理，根据公务员个人补助标准将补助资金记入个人账户；市财政局负责个人账户资金的按时足额划转；相关银行负责个人账户资金的保值、增值和支付。

四、医疗补助的工资组成

1.行政单位工作人员的工资组成为：工龄工资、职务工资、级别工资、基础工资、未纳入津贴和保留的地区补贴；

2.行政单位工人的工资组成为：技术岗位工资、技术等级工资、工人奖金、未纳入津贴和保留的地区补贴；

3.事业单位职工的工资组成为：职务工资、津贴、未纳入津贴和保留的地区补贴；

4.事业单位工人的工资组成为：职务工资、津贴、未纳入津贴和保留的地区补贴；

5.1993年工改前退休人员的工资组成为：基本退休费、书报费和洗理费；

6.1993年工改后退休人员的工资组成为：基本退休费、未纳入津贴和保留的地区补贴。

五、住院医疗费用。在一个统计年度内，职工住院和门诊紧急抢救发生的医疗费用，设立个人起付标准和财政最高支付限额。起付标准为市直机关事业单位上年度职工平均工资的10%。2001年暂定为：第一次住院的起付标准为境外医院800元，三级医院600元，二级医院500元，一级医院400元。在一个年度内多次住院的，起付标准降低200元（以后年度根据工资增长水平每年确定一次）。财政最高支付限额为市直机关事业单位上年度职工平均工资的4倍，2001年暂定为25000元（以后年度根据工资增长水平每年确定一次）。

超过起付标准以上，最高支付限额以下的医疗费用，根据就诊医院等级及医疗费数额，由个人账户和财政按年累进制分段计算的办法分担。职工个人自付比例见下表：

住院医疗费职工个人负担比例

项目	个人负担比例				
在职职工	医疗费发生金额	一级医院	二级医院	三级医院	境外医院
在职职工	起付线标准以上至5000元	10%	13%	14%	18%
在职职工	5001～10000元含10000元	8%	10%	11%	15%
在职职工	10001元至最高支付线	5%	6%	7%	10%
退休人员	同以上分段标准	以上各项均按相对应档次降低两个百分点执行			

超过财政最高支付限额的大病医疗费用，由个人账户和财政共同负担，具体比例为：财政支付90%，个人自付10%。

职工大病住院医疗费用包括的范围：住院发生的费用；门诊紧急抢救支付的费用；门诊或住院期间进行符合规定的特殊检查、特殊治疗支付的费用；部分医疗费用支出较大，需长期门诊治疗的特殊慢性病发生的费用。

职工大病住院及门诊紧急抢救医疗费用实行统一管理的办法。职工大病住院医疗管理工作由市劳动局社会医疗保险事业管理处负责，大病医疗费用由市财政局按支出预算定期拨付给市社会医疗保险事业管理处后与定点医疗机构结算。所需费用由财政兜底。

职工大病住院病种和门诊紧急抢救病种目录、门诊或住院期间进行特殊检查、特殊治疗应由个人自费项目目录，以及大病住院医疗费用管理办法，由市劳动局会同市财政局、卫生局另行制定。

六、医疗费用的管理监督。医疗费用纳入财政专户进行管理，专款专用，不得挤占或挪用。市财政局根据市社会医疗保险事业管理处提出的医疗费用用款计划，及时审核拨付，按期结算。

职工医疗个人账户存款按照国家规定的有关银行利率计息。

市社会医疗保险事业管理处要建立健全医疗费用预决算制度、财务会计制度和内部审计制度，市财政局、劳动局要加强对医疗费用的监督管理，审计部门要定期对医疗费收支及管理情况进行审计。

七、有关人员的医疗待遇。离休人员、老红军和保健对象的医疗待遇不变，医疗费用由市社会医疗保险事业管理处按原资金渠道解决。

二等乙级以上革命伤残军人的医疗待遇不变，医疗费用由市社会医疗保险事业管理处按原资金渠道解决；

职工因公（工）受伤的医疗费和女职工生育费由市社会医疗保险事业管理处按原资金渠道解决。

八、本试行办法由市财政局、劳动局负责解释。

九、本试行办法从2001年1月1日起执行。

宝鸡市人民政府办公室关于转发《宝鸡市国家公务员聘任制暂行办法》的通知

宝政办发［2001］18号

（2001年2月27日）

为了实现对我市国家公务员的科学管理，改进机关作风，提高行政效能，建设高素质的国家公务员队伍，根据《国家公务员暂行条例》及人事部有关规定，经市委、市政府研究决定，在市政府机关及政府列入推公范围的直属事业单位国家公务员中实行聘任制。经市政府同意，现将市人事局制定的《宝鸡市国家公务员聘任制暂行办法》予以转发，请结合实际情况贯彻执行。

第一条 为了实现对国家公务员的科学管理，改进机关作风，提高行政效能，建设高素质的国家公务员队伍，根据《国家公务员暂行条例》及人事部有关规定，制定本办法。

第二条 实行聘任制是国家行政机关的基本用人制度，是国家公务员任用的一种基本形式。

第三条 国家行政机关实行聘任制必须坚持党的组织人事工作路线、方针、政策，坚持德才兼备、任人惟贤的用人标准，贯彻公开、平等、竞争、择优的原则。

第四条 实行聘任制的范围是指市政府行政机关及市政府列入推公范围的直属事业单位科级领导职务和主任科员及其以下非领导职务的国家公务员，在本单位内部接受聘任。

第五条 国家行政机关新进人员，应当在年度增人计划内安排。对政策性安置人员，应先接收、后聘任。

第六条 聘任的基本程序：

（1）单位根据《职位说明书》的职位需要，公布职位、职位职责、聘任条件和聘用的有关事项。

（2）应聘公务员书面申请相应应聘的职位。

（3）单位组织资格审查。

（4）科级领导职务按照市委组织部、市人事局联合下发的《关于党政机关推行竞争上岗的实施意见》规定的程序进行竞争上岗。经单位党组审定后，由行政首长聘任。

（5）正、副主任科员及科员、办事员由本人按科室职位设置向科长提出申请，科长提出竞聘人选，单位党组根据资格审查和平时考核与年度考核结果，同意后，通过公开竞争，明确受聘上岗人员，由行政首长聘用。

（6）局长或科长应与被聘用人员签订聘用协议书。

（7）对所有聘用人员按《国家公务员职务任免暂行规定》任免公务员职务。遇到职位空缺时，先通过竞争，再聘用，后任职。

第七条 国家公务员聘期一般为两年。聘任期满前的两个月之内，由用人单位对聘用人员在聘期内的德、能、勤、绩，进行综合考核。对需续聘的，按本办法重新办理聘任手续。聘期应当自上一任期届满时算起。

第八条 对落聘和未申请到职位的人员实行待岗。在本单位未竞争到岗位的人员，一年内保留原工资待遇。待岗期间，本单位要加强对落聘人员的管理教育，可安排临时性工作。年度考核只写评语，不定等次。对表现较差的，考核时可确定为不称职等次。落聘满一年后，表现积极，工作成绩突出的，经本单位组织考核，符合应聘要求的，按规定程序聘任。从第二年度起，仍然未被聘任的，发给基本工资（基础工资、工龄工资、职务工资、级别工资、保留津补贴、地区补贴），停发地方各项补贴和奖金，不享受单位福利待遇。年终参加考核只写评语，但不确定考核等次。本人也可辞职。对受聘人员，一年考核不称职的降职（办事员降低职务工资）使用；两年考核不称职的，予以辞退。对待岗人员，在落聘的下一月起执行相应的工资标准，报市人事局审批后，市财政局在IC工资卡上予以执行。待岗人员重新聘任后，从上岗之日的下一月起恢复与其职务相对应的工资和各项福利待遇。

第九条 被聘任的公务员有下列情形之一的，用人单位可以解除聘任：

（1）试用期内不合格的；

（2）在聘期内不履行聘任要求，经教育仍不改正的；

（3）违法触犯刑律的，自行解聘；

（4）受开除公职处分的，自行解聘；

（5）离职学习期限超过一年的；

（6）因健康原因不能坚持正常工作一年以上的。

第十条 有下列情况之一的，用人单位不得终止或者解除聘任：

（1）受聘公务员患病或者负伤在国家规定的医疗期内的；

（2）女公务员在产期或哺乳期内的；

（3）因公（工）负伤，治疗终结后被确认丧失或部分丧失劳动能力的；

（4）国家另有规定的。

第十一条 单位应根据聘任要求加强对受聘公务员的聘后管理，健全公务员平时和年终考核制度，并把考核结果作为续聘、低聘以及奖惩、晋升、降职、工资增减的依据。

第十二条 各县、区政府可参照本办法，结合实际，制定本地实行国家公务员聘任制的有关文件。

第十三条　本办法由市人事局负责解释。

第十四条　本办法自发布之日起施行。

宝鸡市人民政府办公室转发市公安局关于放宽户口迁移的意见的通知

宝政办发［2001］75号
（2001年8月8日）

为了更好地实施城市化带动战略，加快建设百万人口大城市进程，促进小城镇建设快速发展。根据中共中央关于实施西部大开发的战略和国家户口管理有关政策，结合我市实际，特提出如下意见：

一、放宽解决户口迁移人员的范围

（一）具有中级以上技术职称的科技人员；

（二）中级以上管理人员；

（三）到全市边远地区承包土地荒山植树造林的人员；

（四）在全市城镇务工经商的农村人员；

（五）在全市投资兴办实业的人员；

（六）侨胞家属或其他有引资能力的人员；

（七）在全市城镇购置商品房的人员；

（八）夫妻、子女、父母投靠的人员；

（九）取消农转非户口限制指标。

二、放宽解决户口迁移人员的条件

（一）凡被全市国有大、中型企业和非公有制企业招收、招聘的中级以上职称的人员，在与企业签订了劳动合同，并有住所后，可以申请办理本人及其配偶、子女在现住地的迁入非农业户口手续；

（二）对愿来宝就业的全日制大学专科文化以上的毕业生，一时未能落实工作单位的，可允许其在全市范围内先落户，后找工作。人事关系由市县（区）人才交流中心代理，户口暂按非农业户口落人才交流中心集体户，待工作落实后，户口可自由迁往工作单位所在地派出所落户；

（三）凡被全市国有企业和非公有制企业招收、招聘的中级以上管理人员，经省、市人事、劳动部门认定并有固定住所的，可以申请办理本人及其配偶、子女在现住地非农业人员落户手续；

（四）凡自愿到全市边远贫穷地区开荒植树的人员，经当地政府同意并签订了承包合同后，可以申请办理本人及其配偶、子女在现住地的落户手续，一律落为非农业户口，合同到期后，户口可自由迁移；

（五）凡在全市投资、兴办实业，年上缴税收2万元以上的人员，可以申请办理本人及其配偶、子女在投资地的非农业户口；

（六）凡在全市城镇购置商品房已有合法稳定的非农职业的人员或在市区购置商品房且有固定收入、具有高中以上文化程度的人员，可以申请办理本人、配偶及其子女在现住地的落户手续，落为非农业户口；

（七）只要为全市引进资金项目的人员，视情况可以申请办理本人配偶及子女在现住地的落户手续，落为非农业户口；

（八）夫妻、子女、父母相互投靠迁移，取消现住地居住年限、婚龄、年龄、有无工作的限制，但必须有赡养或抚养能力证明；

（九）凡全市的科技干部、技术工人受聘到市区或乡镇任职的，可不迁转户口。

三、申报办理户口所需材料

凡符合上述条件，申请在市区、县区及小城镇迁入落户的人员，应备齐下列材料以便向户口主管部门申报：

（一）本人的书面申请书；

（二）单位出具的正式证明；

（三）有关合同、房产证或单位固定住房证明、工商营业执照、注册资金证明、验资报告及税收凭证；

（四）本人、配偶及其子女户籍证明、身份证。

四、申报办理户口的程序

（一）凡符合上述条件申请在市区落户的人员，若属非农业户口，由本人持申报材料向单位所在地派出所申请，经派出所调查提出办理意见报上级公安分局审核，最后由市公安局审批；若属农业户口，办理程序与非农业户口相同，不受农转非指标控制。

（二）凡符合上述条件申请在县区城镇落户的的人员，若属非农户口，由本人持申报材料向单位所在地派出所申请，经派出所调查提出意见报县公安局审批。若属农业户口，上报市公安局审批，不受指标控制。

（三）经批准同意办理城镇常住户口的申请人员，持县、市公安机关开具的准予迁入证明，到原户口登记机关办理迁出户口手续，即户口迁移证，再持户口准迁证、户口迁移证和房产证到迁入地户口登记机关办理落户手续。

五、除上述放宽解决户口迁移的意见外，其他类别的户口迁移、户口登记、变更等事项仍按原规定执行。

六、在户口迁移过程中，办理机关不得向迁户人员收取城镇增容费以及国家规定以外的其他费用。

七、本意见自2001年9月1日起施行。

八、本意见由市公安局根据有关规定负责解释。

中共宝鸡市委办公室 宝鸡市人民政府办公室 印发《关于减少会议的规定》等四个规定的通知

宝市办发［2001］38号

（2001年11月5日）

为了认真贯彻落实党的十五届六中全会精神，切实转变工作作风，提高办事效率，经市委常委会研究，现将《关于减少会议的规定》、《关于减少文件的规定》、《关于市委市政府领导班子成员深入基层调查研究的规定》和《关于改进和规范会议及领导公务活动新闻报道的规定》印发给你们，请监督执行。

关于减少会议的规定

1. 严格会议审批制度。坚决减少以市委或市委、市政府名义召开的会议。以市委或市委、市政府名义召开的全市性会议，要求县区党政主要负责同志参加的，须经市委常委会或市政府常务会审定，也可由市委书记或市长批准，要求县区分管领导参加的，由市委、市政府分管领导批准。市级部门召开的全市性工作会议一般每年只召开一次，确需增加的，要严格按程序报批、严格控制各种不必要的会议，坚决不开没有实质内容的会议，能合并召开的会议不单独召开。

2. 严格控制会议规模和时间。除党代会、人代会、政协会等法定会议外，其他会议原则上不得超过一天。市级机关要带头少开会、开短会、开小会，提倡开电视电话会。工作会议的主旨讲话或报告一般不超过1小时，大会发言不超过20分钟。会议工作人员要控制在合理的范围。

3. 严格控制会议经费。市级会议继续沿用经费包干的办法（市党代会、人代会、政协会、纪委全会、民主党派换届会、经济工作会，以及经过审批以市委或市政府名义召开的会议，由主办单位提出会议经费预算报告，市财政局审核后拨付，由主办单位包干使用），逐步过渡到由市财政局统一结算、定点开会的办法。会议主办单位要严格按规定办事，勤俭节约，吃工作餐或自助餐，提倡走会，严禁发放礼品或纪念品。

4. 减少领导同志陪会。市委或市政府召开的会议，根据需要请市委书记、市长或分管副书记、常委、副市长出席，一般只安排一位领导同志讲话，尽量减少领导陪会。其他会议需请市委或市政府领导同志出席的，由承办单位报市委办公室或市政府办公室审核并作出安排，一般不得自行邀请。一般性会议只设主持席和报告席，不介绍到会领导。

5. 减少领导应酬性的活动。各县区、市级各部门、各企事业单位举办的纪念、庆典、剪彩、开业等会议或活动，市委、市政府领导原则上不出席，特别重要，确需市委、市政府领导出席的，须将会议通知、邀请函等送市委、市政府秘书长协商安排，不得直接邀请市级领导。

关于减少文件的规定

1. 严格控制文件数量，坚决做到“七不发”。属于部门业务范围的工作，不以市委或市政府名义发文；属政府行为的工作，市政府的单独发文，不与市委联合发文；过去已有明确规定的，不重复行文；各种临时机构的人员调整，由相应人员接任，一般不再行文；公开见报的，不另行文；市级领导的会议讲话，不以文件形式印发，会上已经印发或公开见报的，一般不再刊登内刊；中央和省发至县团级的文件，除有明确要求的外，一般不再发文。

2. 严格文件审批制度。各部门、各单位上报市委或市政府的文件，凡需批转的，由市委或市政府办公室提出拟办意见，报有关领导同志审定后再作处理。涉及编制、机构、经费等方面具体问题的，报送文件的部门和单位要事先与有关方面进行协调，并将协调结果附文报市委办公室或市政府办公室。请示市政府办理的事项，如需报告市委的，应主送市政府抄送市委。部门或单位不得将文件直接送领导同志，领导同志也不直接批阅这类文件。

3. 严格控制各类表彰性文件。市委或市委、市政府行文表彰的先进集体和个人，严格控制在：(1) 市特等劳动模范和市劳动模范；(2) 市级文明单位；(3) 在某一方面工作或完成某一重大任务中，做出重大贡献的先进集体和先进个人；(4) 市委、市政府认为应当予以特别表彰奖励的集体和个人。属人民团体、部门或系统范围的表彰活动，一律不以市委或市政府名义行文。

4. 市委或市政府文件，要严格按发文程序办理；减少文件数量，提高文件质量和办文效率。

关于市委市政府领导班子成员深入基层调查研究的规定

1. 市委、市政府领导班子成员要经常带头深入基层调查研究，每人每年下基层2个月以上，完成调研文章不少于2篇。

2. 结合市级领导“双深入”活动，每年至少安排两次蹲点调研或专题调研。调研要突出经济建设中心，围绕全局工作中的重点问题、群众关心的热点问题、分管工作的难点问题来进行。

3. 下基层调研，要不打招呼，轻车简从，原则上只带一名工作人员。要力戒形式主义，不给基层增加麻烦，不搞层层陪同，便民而不扰民。

4. 调查研究要深入基层，深入一线，努力了解真实情况，掌握第一手材料。既要进行定性分析，又要进行定量分析，努力把握客观事物的本质。要自己动手理思路、列提纲，形成有情况、有分析、有见解的调研材料。

5. 对市委、市政府领导班子成员的调研成果，要注意在实际工作中采纳应用。

关于改进和规范会议及领导公务活动新闻报道的规定

1. 市党代会、市委全委会、市人代会、市政协会、市纪委全会等重要会议，按照批准的宣传方案报道；市委常委会、市人大常委会、市政府全体会、市政协常委会需报道的，由各家办公室通知新闻单位。

2. 以市委、市政府名义召开的工作会议只作一次综合报道，部门召开的业务会一般不报道，内容重要有新闻性的，可从工作角度发消息。

3. 减少市级领导同志公务活动的报道，提倡发短消息。市委、市人大常委会、市政府、市政协主要负责同志带指导性的公务活动，可作重点报道。市上统一组织的多位领导同志分别参加的活动，可作综合报道。市级领导同志下基层调查研究、检查工作、现场办公等活动，可作简短报道。

4. 除市党代会、市人代会工作报告和根据法律规定需要公众周知的工作报告和领导讲话全文刊登外，其他会议上的工作报告和领导讲话，在综合新闻中适当反映，不单独摘发。

5. 各新闻单位要按照新的要求改进新闻栏目，《宝鸡日报》头版和市电台、电视台要闻时段，一天刊播本市会议、领导活动的新闻报道一般不超过2条，一般性会议可采用标题性新闻处理。有关领导活动或会议的新闻报道，由各新闻单位负责把关，拿不准的请示市委宣传部，必要时宣传部与各家秘书长商定。

宝鸡市城市管理行政执法暂行办法

第26号

《宝鸡市城市管理行政执法暂行办法》已经市政府审议通过，现予发布，自2002年1月1日起施行。

市长　吴登昌

2001年11月9日

第一章　总　　则

第一条　为了保障城市管理相对集中行政处罚权试点工作的顺利实施，依法进行城市管理，根据国务院法制办公室《关于在陕西省宝鸡市开展相对集中行政处罚权试点工作的复函》和《陕西省人民政府办公厅转发省政府法制办关于在宝鸡市开展相对集中行政处罚权试点工作意见的通知》及有关城市管理的法律、法规和规章，结合本市实际，制定本办法。

第二条　本办法所称城市管理行政执法，是指市城市管理行政执法局根据国务院复函的授权，在城市规划区内集中行使市容环境卫生、规划、绿化、市政公用、环境保护、工商行政、公安交通管理等方面法律、法规、规章规定的全部或者部分行政处罚权，以及履行省、市人民政府规定的其他职责的活动。

第三条　在本市城市规划区内（含高新技术开发区、风景名胜区、经济实验区、经济示范区），进行城市管理行政执法，适用本办法。

第四条　市城市管理行政执法局，是市政府主管城市管理行政执法的职能部门，负责本市城市规划区内的城市管理行政执法工作，具有独立的行政处罚主体资格。

第五条　机关、团体、企事业单位和个人有权制止和举报违反城市管理的行为。对维护城市管理秩序有突出贡献的人员，由市城市管理行政执法局给予表彰奖励。

第六条　城市管理行政执法工作，必须遵循有法必依、执法必严、违法必究和合法、公正、文明、高效的原则。

第七条　城市管理行政执法人员执行公务时，行使下列职权：

（一）行政执法巡查、现场调查或依照法律、法规的规定进行检查；

（二）查阅、调阅或复制被检查单位或个人与检查事项有关的资料；

（三）采用录音、录（摄）像等手段，取得与违法行为有关的证据材料；

（四）依法实施行政处罚；

（五）依法对违法行为所涉及的工具、物品、证件以及建（构）筑物予以查封、扣押、没收或对证据进行登记保存；

（六）法律、法规、规章规定的其他职权。

第二章　执法职责

第一节　市容环境卫生管理

第八条　凡不符合城市容貌标准、环境卫生标准的建筑物或者设施，责令有关单位和个人限期改造或者拆除；逾期未改造或者未拆除的，强制拆除，并可处以罚款。

第九条　未经批准，擅自设置、张贴户外广告，或者广告画廊、匾牌、标语、霓虹灯、灯箱等破损、污浊或显示不全，影响市容的，责令停止违法行为，限期清理、拆除或者采取其他补救措施，并可处以罚款。

第十条　有下列违法行为之一的，给予批评教育，责令改正，并视情节轻重，处以罚款：

（一）随地吐痰、便溺，乱扔果皮、纸屑、烟头等废弃物和司乘人员沿街抛洒杂物的，处以1元罚款。非机动车辆不在保管站停放的，处以5元以下罚款；

（二）在城市道路、广场抛洒、焚烧纸钱冥票的，未经批准或未按要求悬挂张贴标语、宣传品或设点宣传的，临街建筑物的阳台、窗外、门前吊挂、堆放杂物、炉灶有碍市容的，运载沙石、泥土、垃圾、煤灰及其他散装货物和液体未密闭、覆盖沿街抛洒的，擅自在建筑物、公共设施、树干、电杆上涂写、刻画、贴挂、靠放的，在主干道、人行道、集贸市场、公共厕所、城乡结合部等处乱堆乱倒垃圾、渣土、污水、粪便及其他污物的，责令改正，并处以2～20元罚款；

（三）不履行清扫保洁责任，街道、公共厕所、停车场点、棚亭周围及集贸市场的清扫保洁不符合要求的，对责任单位处以10～100元罚款，并处以直接责任者5～15元罚款；

（四）在城区和近郊居民区饲养鸡、鸭、鹅、兔、猪、牛、狗等家禽家畜的，责令限期处理，逾期不处理的，予以没收，并处以5～20元罚款；

（五）对进入市区或在市区道路行驶的车容明显不洁，车轮、车体带有大量泥沙的车辆，责令其就近清洗干净，车容车貌严重影响市容的，处以5～20元罚款；

（六）违反市容和环境卫生管理规定，沿街建设工程施工现场不按规定围档，污水流溢，工程竣工后不及时清理场地的，处以5～20元罚款；

（七）公厕、垃圾台（站）不清洁，造成粪便外溢，垃圾堆积，处以责任单位20～200元罚款，并处以直接责任者5～20元罚款；

（八）占用、破坏、偷窃、拆除环境卫生设施或任意改变其位置、形态和使用性质的，除照价赔偿或者恢复其位置、形态和使用性质外，处以责任单位50～200元罚款，处以直接责任者20～50元罚款；

（九）在街道上乱摆乱放，摆摊设点和出店经营，乱搭乱建影响市容和通行的，处以 50 元以下罚款；

（十）倾倒未经无害化处理的医疗、放射性等垃圾，乱倒生产、经营性垃圾或基建工程废土的，处以单位 200～400 元罚款，并处以直接责任者 20～50 元罚款。

（十一）将运载的垃圾倾倒在非指定场所的，责令清运到指定场所，并处以责任单位 200～400 元罚款，处以直接责任者 20～50 元罚款；

（十二）不履行市容和环境卫生承包责任的，责令限期改正，并处以责任单位 500 元以下罚款，处以单位主管人员和直接责任人 50 元以下罚款；

（十三）擅自建立城市车辆清洗站的，不按规定地点设立清洗场（站），挤占车行道或人行道以及不按要求运营，影响市容环境卫生的，责令拆除或停业整顿，并可处以罚款。

第二节 规划管理

第十一条 有下列违法行为之一的，视其情节轻重分别给予停止建设、限期拆除、没收违法建筑物、构筑物或者其他设施；尚可采取改正措施的，责令限期改正，并按建设工程造价的 3%～10% 处以罚款。

（一）未取得建设工程规划许可证进行建设的；

（二）擅自改变建设工程规划许可证确定的内容进行建设的；

（三）利用买卖、转让手段取得建设工程规划许可证进行建设的；

（四）利用失效的建设工程规划许可证进行建设的；

（五）临时建设逾期未拆除的，在临时使用的土地上建设永久性建筑物和其他设施的。

属于前款第五项规定行为的，由市人民政府责令退回占用土地。

第十二条 破坏城市环境，影响城市规划的实施，非法占用道路、广场、绿地、高压供电走廊、压占地下管线进行建设和未经批准在城市规划区内掘土、堆弃垃圾和挖掘道路、损毁路面的，责令停止违法建设活动，拆除违法建设工程，恢复原有地形地貌，并处以 200 元以上 1000 元以下罚款。

第十三条 对违反《建筑法》或《招标投标法》规定的，依照《建设工程质量管理条例》或《陕西省建设工程施工招标投标管理办法》的规定予以处罚。

第三节 绿化管理

第十四条 有下列违法行为之一的，责令停止侵害，并处以 100 元以下的罚款；造成树木或设施损坏的，按实际价值予以赔偿：

（一）就树搭棚、盖房或围圈树木；

（二）在道路两侧绿地内设置营业摊点；

（三）在绿地内放牧，堆放物料、乱倒乱扔废弃物，在树木、花卉、绿篱旁堆放有毒有害物品及焚烧树叶、废纸等杂物；

（四）向树木、花草倾倒有害污水、热水；

（五）在树上钉栓刻划，攀折花木和任意采摘枝叶、花果；

（六）在园林建筑设施上刻划留名、攀登踩踏；

（七）其他损坏城市绿化及其设施的行为。

第十五条 有下列行为之一的，对责任单位给予处罚：

（一）建设工程绿化用地面积因客观环境限制达不到规定标准，未按所缺的绿化用地面积补缴绿化补偿费的，责令补缴绿化补偿费；

（二）绿化工程未与建设工程同时规划、同时设计，并未按批准的设计方案进行建设，完成绿化的时间迟于主体工程投入使用后的第二个年度绿化季节或者绿化工程竣工后，经验收不合格的，责令限期完成绿化建设；逾期不完成的，加收绿化费额 1～2 倍的绿化建设费。

第十六条 擅自占用已建成或规划的城市绿地的，或在建设工程竣工后，未按规定清理绿化用地的，责令限期退还、清理，恢复原状，从侵占之日起，按占用地每平方米每天 5～10 元处以罚款。

第十七条 擅自砍伐树木的，责令补栽被伐株数 5 倍的树木，并处以砍伐树木价值 2～5 倍的罚款。

（一）盗伐树木的，责令赔偿损失，补栽盗伐株数的 10 倍的树木，并处以违法所得 3～10 倍的罚款；

（二）盗窃花木、绿化设施的，责令赔偿，并处以盗窃花木、绿化设施价值 3～5 倍的罚款；

（三）擅自砍伐、迁移古树名木，或因养护不善，致使古树名木受到损伤或死亡的，每株处以 10000～30000 元的罚款。

第四节 市政公用管理

第十八条 有下列违法行为之一的，除盗窃由公安机关依照有关法律规定处理外，处以 50 元以上500元以下罚款；情节严重的处以500元以上5000元以下罚款；造成重大危害后果的处以5000元以上20000元以下罚款：

（一）盗窃、毁坏排水井盖、井篦、阀门、管道；

（二）拦渠筑坝，设障阻水，堵塞排水、防洪管渠；

（三）盗窃、损坏照明设施及其附属设备；

（四）盗窃、污损公共客运交通设施；

（五）盗窃、损坏供水、供热、燃气设施的管道、井盖、阀门。

第十九条　有下列违法行为之一的，责令停止违法行为，处以警告，并可处以50元以上1000元以下罚款；情节严重的处以1000元以上10000元以下罚款；造成重大危害后果的处以10000元以上20000元以下罚款：

（一）擅自占用、挖掘道路和占用桥涵；

（二）在道路、桥涵保护范围内取土、采沙、爆破、取石、打井、倾倒垃圾和存放易燃、易爆物品；

（三）擅自在道路、桥涵及其保护范围内修筑建筑物、构筑物；

（四）在桥涵上架设压力在4公斤/平方厘米以上煤气管道、10千伏以上高压电线和其他易燃易爆管线；

（五）在排水、防洪设施及其保护范围内取土、挖沙、破堤、填埋、堆物、垦植、打井和修筑建筑物、构筑物；

（六）擅自连接、更改排水管线；

（七）擅自迁移、拆卸、改动城市道路照明设施；

（八）在供水、供热、燃气设施的保护范围内采沙、取石、爆破、堆放物料、存放易燃易爆物品和擅自修筑建筑物、构筑物；

（九）向供水、供热、燃气管道的控制设施中排放雨水、污水、工业废液和易燃易爆残液或倾倒垃圾和其他杂物；

（十）擅自改装、拆除、迁移、连接供水、供热、燃气管道及其附属设施；

（十一）擅自迁移、占用公共客运交通停车场、调度室和站台、站牌及其设施。

第二十条　有下列违法行为之一的，责令停止违法行为，处以警告，并可处以50元以上500元以下的罚款；情节严重的处以500元以上5000元以下罚款：

（一）在道路和桥涵上冲洗车辆、焚烧杂物、倾倒污水、晾晒碾打农作物；

（二）在非指定的道路和桥涵上试刹车，履带车、铁轮车或超重、超高、超长车辆在道路、桥涵上擅自行驶；

（三）擅自在道路、桥涵上设置广告，牵引、吊装作业；

（四）向排水、防洪设施内倾倒垃圾杂物和排放不符合标准的污水和其他有害物质；

（五）依附道路照明设施搭建构筑物、堆放物料、牵引作业或搭设通讯线路；

（六）擅自在道路照明设施上悬挂物品、拉线接电；

（七）非管理人员私自启闭供水、供热、燃气管道的井盖、阀门；

（八）利用或依附供水、供热、燃气管道拉绳挂物或牵拉、吊装作业；

（九）其他损害道路、桥涵设施的行为。

第二十一条　违反下列规定，未提前办理变更手续或未按规定补办手续或未领取排水许可证排放污水的，责令改正，处以警告，并可处以500元以上20000元以下罚款：

（一）因工程建设需要挖掘城市道路的，应当持城市规划部门批准的文件和有关设计文件，到市政公用行政主管部门和公安交通管理部门办理审批手续。需要移动挖掘位置、扩大挖掘面积、延长挖掘时间的，应当提前办理变更审批手续；

（二）经批准挖掘城市道路的，应当在施工现场设置明显标志和安全防围设施。竣工后，应当及时清理现场，由市政公用行政主管部门检查验收；

（三）直接或间接向城市排水、防洪设施排放污水的企事业单位和个体工商户，须经市政公用行政主管部门批准并发给“城市排水设施使用许可证”后，方可排放。

第二十二条　市政公用设施各类检查井、箱盖或者覆盖物以及其他附属设施出现缺损影响使用和安全时，养护、维修单位未及时补缺或者修复的，以及违反本办法第十九条第二项规定的，责令改正，处以警告，并可处以500元以上5000元以下罚款，造成他人人身伤害和财产损失的，应当承担相应的法律责任，对直接负责的主管人员和其他直接责任人员由其所在单位或其主管部门给予行政处分。

第五节　环境保护管理

第二十三条　在城市市区内，露天焚烧秸秆、落叶等产生烟尘污染物质的，责令停止违法行为；情节严重的，处以200元以下罚款。

第二十四条　在城市市区内，焚烧沥青、油毡、橡胶、塑料、皮革、垃圾及其他产生有毒有害烟尘和恶臭气体物质的，责令停止违法行为，并处以2万元以下罚款。

第二十五条　在城市市区进行建设施工或者从事其他产生扬尘污染的活动，未采取有效扬尘防治措施，致使大气环境受到污染的，限期改正，处以2万元以下罚款，对逾期仍未达到环境保护规定要求的，可以责令其停工整顿。

第二十六条　在城市市区内，有下列违法行为之一的，责令停止违法行为，限期改正，给予警告或处以5万元以下罚款：

(一) 未采取防燃、防尘措施，在人口集中地区存放煤炭、煤矸石、煤渣、煤灰、沙石、灰土等物料的；

(二) 未采取密闭措施或其他防护措施，运输、装卸或者贮存能够散发有毒有害气体或者粉尘物质的；

(三) 城市饮食服务业的经营者未采取有效污染防治措施，致使排放的油烟对附近居民的居住环境造成污染的。

第二十七条　有下列违法行为之一的，责令改正，可以并处5万元以下罚款：

(一) 未经批准，建筑施工单位在城市市区噪声敏感建筑物集中区域内，夜间进行禁止进行的产生环境噪声污染的建筑施工作业的；

(二) 经营中的文化娱乐场所，其经营管理者未采取有效措施，使其边界噪声超过国家规定的环境噪声排放标准的；

(三) 在商业经营活动中使用空调器、冷却塔等可能产生环境噪声污染的设备、设施，其经营管理者未采取措施，使其边界噪声超过国家规定的环境噪声排放标准的。

第二十八条　有下列违法行为之一的，给予警告或者处以50元以下罚款：

(一) 在城市市区噪声敏感建筑物集中区域内使用高音广播喇叭；

(二) 在城市市区街道、广场、公园等公共场所组织娱乐、集会等活动，使用音响器材，产生干扰周围生活环境的过大音量的；

(三) 使用家用电器、乐器或者进行其他家庭室内娱乐活动，以及在已竣工交付使用的住宅楼进行室内装修活动，未采取有效措施，从家庭室内发出严重干扰周围居民生活的环境噪声的；

(四) 在商业经营活动中使用高音广播喇叭或者采用其他发出高噪声的方法招揽顾客的。

第六节　工商行政管理

第二十九条　未经工商行政管理机关核准登记颁发营业执照，属非法经营的应予取缔，没收非法所得，并依据有关规定处以罚款。

第七节　公安交通管理

第三十条　机动车辆驾驶员不按规定临时停车的，或者在明令禁止停放车辆的地方停放车辆的，处以警告或5元以下罚款。

机动车辆驾驶员在禁行的时间、道路上行驶的，处以警告或30元以下罚款。

第三十一条　有下列行为之一的，处以警告或者200元以下罚款，并对非法建筑物予以拆除；

(一) 在道路上搭棚、盖房的；

(二) 在道路两侧国家规定留地范围内修建临时或永久性建筑，妨碍交通的；

(三) 在道路上设置停车场、站的；

(四) 未经公安交通管理机关批准，在道路上装卸货物，堆放材料影响交通的；

(五) 砍伐树木，维修电杆和电缆，或在道路上打开井盖作业不采取安全措施的。

第三章　执法程序

第三十二条　市城市管理行政执法局实施行政处罚要严格遵守法定程序。

对公民处以50元以下，对法人或其他组织处以1000元以下罚款或者警告的行政处罚的，执法人员可以当场填写预定格式、编有号码、加盖市城市管理行政执法局公章的处罚决定书，作出行政处罚。其中，依法给予20元以下罚款或不当场收缴罚款事后难以执行的，执法人员可以当场收缴罚款。

除前款规定的可以当场作出的行政处罚外，实施的其他行政处罚，必须全面、客观、公正地调查。调查终结，由市城市管理行政执法局对调查结果进行审查，对确应受行政处罚的，作出处罚决定，下达处罚决定书；对情节复杂或重大违法行为给予较重的行政处罚，市城市管理行政执法局应当组织集体讨论决定。

第三十三条 市城市管理行政执法局在作出责令停产停业、对公民罚款2000元以上、对法人和其他组织罚款1万元以上等行政处罚决定之前，应当告知当事人，当事人有要求举行听证的权利。法律、法规或者规章对举行听证的罚款数额另有规定的，从其规定；当事人要求听证的，应当按照《宝鸡市行政处罚听证程序试行办法》的规定组织听证。

第三十四条 城市管理行政执法人员发现违法行为，应当当场责令其改正；当场不能改正的，应当责令其限期改正；对拒不停止违法行为的，可以扣押违法活动的工具和物品。

第三十五条 对需要处以降低、吊销资质证书或吊销营业执照的，应提请有关部门依法处理。

第三十六条 有两种以上违法行为的分别裁决，可合并执行；对同一个违法行为同时违反本办法若干罚款规定的，可按其中罚款最重的一项规定进行处罚，但不得重复处罚。

第三十七条 市城市管理行政执法局实施行政处罚时，必须遵守下列规定：

（一）开具统一印制的行政处罚决定书；

（二）使用财政部门统一印制的罚没票据；

（三）当场作出罚款处罚决定的（按本办法第三十二条第二款规定当场收缴罚款除外）应告知被处罚人在15日内到指定的银行缴纳罚款；

（四）告知当事人应有的权利；

（五）罚款、没收违法所得或者没收非法财物拍卖的款项全部上缴国库。

第三十八条 市城市管理行政执法局，应严格在本办法规定的职责内从事城市管理行政执法工作；实施行政处罚，应按照《中华人民共和国行政处罚法》和《陕西省行政处罚程序操作规范》的规定执行；其中，适用一般程序作出的行政处罚案件，应当在发现违法行为之日起15日内作出行政处罚决定；案情重大、疑难、复杂的经市城市管理行政执法局负责人批准，可以适当延长期限，但最长不得超过30日。行政处罚法律文书必须使用全省统一的或经市政府认可的文书。

第三十九条 市城市管理行政执法局实施强制措施时，必须遵守下列规定：

（一）以市城市管理行政执法局的名义向当事人发出执行强制措施的通知书，并向有关单位发出协助执行通知书；

（二）实施查封、扣押时，应制作清单，写明财物的名称、种类、规格、数量和完好程度等，由承办人和当事人签名或盖章。清单由执行单位和当事人各执一份；

（三）查封、扣押的期限不得超过一个月。特殊情况经市城市管理行政执法局负责人批准可延长期限一个月；

（四）可以委托有关单位和个人保管被查封、扣押的物品，保管费由被查封、扣押人支付；

（五）违法建筑物、构筑物和设施需要强制拆除的，应向当事人发出限期拆除通知书，逾期不拆除的，予以强制拆除，所需费用由当事人支付或以料抵工。

第四十条 当事人对市城市管理行政执法局实施的行政处罚不服，可依法向市人民政府申请行政复议或向人民法院提起行政诉讼。当事人逾期不申请复议、不起诉又不履行行政处罚决定的，由市城市管理行政执法局申请人民法院强制执行。

第四十一条 市城市管理行政执法局作出的重大行政处罚决定，应当在作出后15日内，将行政处罚决定书报市政府法制办公室备案。市政府法制办公室应按照《宝鸡市行政执法和行政执法监督暂行办法》的规定，及时进行监督并做好协调指导工作。

第四十二条 城市管理行政执法人员执行公务时，应统一着装，佩戴执法标志，秉公执法，严格执法程序，并持省人民政府颁发的行政执法证。

第四十三条 对侮辱、殴打城市管理行政执法人员、妨碍城市管理行政执法人员依法执行公务的，由公安机关依照《中华人民共和国治安管理处罚条例》的规定予以处罚；构成犯罪的，由司法机关依法追究刑事责任。

第四十四条 城市管理行政执法人员因玩忽职守、滥用职权、徇私舞弊等原因造成违法行为得不到及时纠正和处理，给国家和人民利益造成损失的，由市城市管理行政执法局给予行政处分并追究赔偿责任；构成犯罪的，由司法机关依法追究刑事责任。

第四章 附 则

第四十五条 本办法由宝鸡市人民政府法制办公室负责解释。

第四十六条 本办法自2002年1月1日起施行。

宝鸡市统一征地暂行办法

第27号

《宝鸡市统一征地暂行办法》已经2001年12月30日市政府第十一次常务会议审议通过，现予发布，自2002年1月1日起施行。

市长 吴登昌

2001年12月30日

第一条 为了加强和规范统一征地工作，保护、开发和合理利用土地资源，保障建设用地环境和耕地占补平衡，根据《中华人民共和国土地管理法》(以下简称《土地管理法》)、《陕西省实施〈中华人民共和国土地管理法〉办法》(以下简称《省实施办法》)的有关规定，结合本市实际，制定本办法。

第二条 在本市行政区域内，经国务院或省、市人民政府依法批准建设项目征用农民集体所有的土地，市、县人民政府统一组织的实施工作，适用本办法。

第三条 市国土资源局是市人民政府负责本市辖区内统一征地工作的行政主管部门。市统一征地办公室在市国土资源局领导下具体承办征地业务工作。

第四条 统一征地实行分级负责：

(一)为实施城市规划，在土地利用总体规划确定的县城区建设用地范围内，征用农民集体所有土地的，由县人民政府统一征地，县国土资源行政主管部门具体实施。

(二)在市区土地利用总体规划确定的建设用地范围内，征用农民集体所有土地的，由市人民政府实行统一征地，市国土资源局具体受理并组织实施。

(三)国家、省、市重点建设项目及大中型基础设施建设用地项目，由市人民政府实行统一征地。

1. 需要在市规划区内征地的，由市国土资源局与被征用土地所在区人民政府签订《重点建设项目统一征地责任书》。市国土资源局负责组织对被征用土地进行现场勘察、测算，合理确定征地补偿标准，与用地单位签订《统一征地(拆迁)实施协议书》。区人民政府负责组织，区国土资源行政主管部门具体实施与村组协商签订征地补偿协议，做好人员安置和征地补偿费用的监督管理工作，按时向用地单位移交土地，市统一征地办公室协助配合。

2. 建设项目需要在县上征地的，由市国土资源局与被征用土地所在县人民政府签订《重点建设项目统一征地责任书》，县人民政府具体组织实施征地工作，市统一征地办公室协助配合。

各级人民政府及其有关部门，应当按照各自职责，配合国土资源行政主管部门实施统一征地工作。

第五条 统一征地必须坚持政务公开、依法补偿、妥善安置、严格管理，依法维护社会主义土地公有制，依法维护建设用地单位、被征地单位和农村村民合法权益的原则。

第六条 建设用地单位和非法定统一征地机关，不得实施统一征地，不得与被征地单位或农村村组商定征地补偿。违反规定的，其行为无效。

第七条 依法统一征地的，被征地单位应当服从，任何单位和个人不得拒绝、阻挠。

第八条 在土地利用总体规划确定的城市建设用地范围内，为实施城市规划分批次征用土地的，由市、县人民政府及其国土资源行政主管部门依照本办法第十二条实施统一征地。

第九条 市国土资源局负责组织对市区土地利用总体规划范围内未被征用的农民集体所有土地和各县城郊及重点建制镇周围的农民集体所有土地征用补偿标准，进行调查测算，合理确定征地补偿标准，分别报经市、县人民政府审查同意后，予以公告。

第十条 建设项目单独征地，应当符合下列条件之一：

(一)国家、省、市重点建设项目；

(二)依法通过行政划拨方式供地的建设项目；

(三)不适宜采取招标、拍卖方式提供国有土地使用权的其他建设项目；

(四)市人民政府批准的土地储备项目。

第十一条 建设项目单独选址征地前期准备工作：

(一)单独选址征地的建设项目在可行性研究论证时，用地单位应当依法向建设项目批准机关的同级国土资源行政主管部门提出建设用地申请，受理机关根据土地利用总体规划、土地利用年度计划和国家土地供应政策，对建设项目进行审查，出具建设用地预审报告。用地单位持批准的预审报告(或批复)到有权实施统一征地的国土资源行政主管部门联系，根据建设项目初步设计对拟征用土地进行核查，编制征地补偿费用和相关费用概算。

（二）建设用地单位提出单独征地申请后，应当与有权实施统一征地的国土资源行政主管部门签订《统一征地（拆迁）实施协议书》。协议书内容包括：统一征地工作组织形式、双方职责、征地范围和土地数量、质量，征地拆迁补偿标准和安置办法，征地费用计算和付款方式、付款期限，供地方式和交地时限，违约责任，因设计变更、地类变化发生增补费用的补偿标准等。

（三）市国土资源局可以与县、区人民政府签订《重点建设项目统一征地（拆迁）责任书》。内容包括：双方职责、征地费用、付款方式、交地时限、奖惩办法和建设用地环境保障等。

本市辖区内由省人民政府统一征地的交通、能源、水利等重点建设项目，由市人民政府与省国土资源厅签订《重点建设项目统一征地（拆迁）责任书》，统一领导组织协调完成本市辖区内重点项目征地任务。

第十二条 统一征地实施程序：

（一）市、县人民政府应当自收到批准征地文件之日起10日内，按照国土资源部《征用土地公告办法》规定，在被征用土地所在地的乡镇、村发布公告。

（二）实施统一征地的国土资源行政主管部门要组织有关单位对被征用土地的现状、青苗及地上附着物、构筑物进行清点。拟订补偿、安置方案，在被征用土地所在地的乡镇、村予以公告，听取被征用土地的农村集体经济组织和农村村民的意见后报同级人民政府审批。补偿、安置方案内容包括：土地补偿费、安置补助费、青苗及地上附着物补偿费标准和支付对象，征地拆迁安置办法。

（三）被征用土地的所有权人、使用权人应当在公告规定的期限内，持土地权属证书到公告指定的国土资源行政主管部门办理征地补偿登记。

（四）被征用土地的所有权人、使用权人应当在公告规定的期限内，申请土地登记机关注销被征用土地的农民集体土地所有权证书和农民集体土地使用权证书。逾期不申请的，由土地登记机关直接注销。

（五）征地补偿、安置方案经人民政府批准后，由国土资源行政主管部门组织实施。对补偿内容有争议的，由县级以上人民政府协调；协调不成的，由批准征地机关裁决。征地补偿、安置争议不得影响征用土地方案的实施。

（六）国土资源行政主管部门要按工程进度提供土地，建设用地单位要依法办理土地登记手续，并按照土地使用权出让等有偿使用合同的约定或土地使用权划拨批准文件规定使用土地。

第十三条 征用土地按下列标准进行补偿：

（一）征用耕地的补偿费、安置补助费和青苗补偿费，按照《土地管理法》第四十七条和《省实施办法》第二十九条第一款第三项规定的标准补偿。

（二）征用其他土地的土地补偿费、安置补助费和青苗补偿费按照《省实施办法》第二十九条规定的标准补偿。

（三）被征用土地上零星树木，根据树龄、树木种类等因素合理补偿。

（四）被征用土地上的坟墓，按新旧程度给予迁移费，限期迁移；逾期按无主坟处理。

（五）征用农用地上其他附着物按重置价扣除折旧后适当补偿。

（六）被征用建设用地上的建筑物、构筑物，参照《宝鸡市城市房屋拆迁管理实施办法》的有关规定，根据用途、结构、使用年限等因素确定类别、等级和补偿单价，列入征地补偿安置方案。

（七）征用林地补偿按《陕西省征用占用林地及补偿费征收管理办法》规定补偿。

（八）按照上述规定支付土地补偿费和安置补助费，尚不能使需要安置的农民保持原有生活水平的，经省人民政府批准，可以增加安置补助费。但是，土地补偿费和安置补助费的总和最高不得超过土地被征用前三年平均年产值的三十倍。

土地补偿费支付给被征用土地的农村集体经济组织用于发展生产；地上附着物及青苗补偿费支付给地上附着物及青苗所有者；需要安置的人员由农村集体经济组织安置的，安置补助费支付给农村集体经济组织管理和使用；由其他单位安置的，安置补助费支付给安置单位；不需要统一安置的，安置补助费发放给被安置人员个人或征得被安置者同意后用于支付被安置人员的保险费用。

第十四条 企业单位征用农民集体所有土地的，经征用和被征用双方协商同意后，土地补偿费、安置补助费可以入股，参与企业经营。

城市基础设施建设用地，在所有权不变的前提下，经与村组协商同意，在一次性付清青苗补偿费后，土地补偿费可以采取签订合同、分期付款、定期付清的办法，支持城市建设。

第十五条 违法建筑物、构筑物和征地公告发布后抢建的建筑物、构筑物，抢种的农作物、林木等，不予补偿。

第十六条 能源、交通、水利等法律规定以划拨方式供地的重点建设项目，征地补偿可按规定标准的低限补偿。

第十七条 国家和本省、市确定的管线工程用地，除站点设施用地按征地补偿外，地下管线用地可以依法取得埋设权等土地他项权利，造成土地所有者、使用者实际损失的给予适当补偿。

第十八条 征地补偿费用，由组织实施统一征地的国土资源行政主管部门向建设用地单位收取，并实行专户储存，专项用于征地补偿，禁止任何单位和个人截留、挪用。

征地补偿费收取、支付情况，由财政、审计、监察行政主管部门会同上级国土资源行政主管部门依法监督检查。

第十九条 农民集体所有土地被依法征用后，县区、乡镇人民政府应当核减农业税、农业特产税和相关费用。

第二十条 征用土地造成地上地下管、线、路等迁建改建的，由统一征地的人民政府协调，建设用地单位支付费用。

第二十一条 在统一征地补偿过程中出现不可预见情况，由组织实施统一征地的国土资源行政主管部门与建设用地单位另行据实结算。

第二十二条 征用耕地用于建设的，必须按照“占多少、垦多少”的原则，由占用耕地单位负责开垦与所占耕地的数量和质量相当的耕地；没有条件开垦或开垦的耕地不符合要求的，应当按照省政府确定的耕地开垦费缴纳标准向市国土资源局缴纳耕地开垦费，市国土资源局组织开垦数量和质量相当的耕地。

第二十三条 因挖损、塌陷、压占等造成土地破坏的，建设用地单位应当按照国家规定复垦；没有复垦条件或复垦不符合要求的，按照《省实施办法》第二十五条规定标准分别向市、县国土资源行政主管部门缴纳复垦费，由市、县国土资源行政主管部门组织复垦。

第二十四条 经批准征用农民集体所有土地的，用地单位应当按国家物价局、财政部《关于发布土地管理系统部分收费项目与标准的通知》（［1992］价费字597号）规定标准向国土资源行政主管部门缴纳征地管理费。

第二十五条 在统一征地工作中成绩显著的单位和个人，由负责统一征地的人民政府给予奖励。

第二十六条 对在统一征地中违反国家规定收费的，由县级以上人民政府责令改正；情节严重的，由监察部门对主管人员和直接责任人员依法给予行政处分。

第二十七条 截留、挪用征地补偿费用的，由县级以上国土资源行政主管部门责令限期改正；违反财政、审计、监察法律法规的，由有关行政主管部门依法给予行政处罚；情节严重的，对直接负责的主管人员或者其他直接责任人员依法给予行政处分；构成犯罪的，依法追究刑事责任。

第二十八条 违反土地管理法律、法规和本办法规定，拒绝、阻挠统一征地的，由县级以上国土资源行政管理部门责令其限期交出土地；逾期不交的，由国土资源行政主管部门申请人民法院强制执行。

第二十九条 国家工作人员在实施统一征地中玩忽职守、滥用职权、索贿受贿、徇私舞弊的，依法给予行政处分；构成犯罪的，依法追究刑事责任。

第三十条 本办法应用中的具体问题，由市国土资源局负责解释。

第三十一条 本办法自2002年1月1日施行。1994年4月23日市人民政府《批转市土地管理局〈关于进一步加强建设用地统一征用工作的意见〉的通知》（宝政发［1994］35号）、2000年2月21日市人民政府《关于金台、渭滨两区贯彻〈陕西省实施中华人民共和国土地管理法办法〉有关问题的通知》（宝政发［2000］14号）同时废止。

市人大及其常委会决议、决定目录

序号	决议、决定名称	制定通过	生效日期
1	关于《宝鸡市国民经济与社会发展“十五”计划纲要》和《纲要》报告的决议	市第十一届人大四次会议	2001年2月26日

2	关于宝鸡市2000年国民经济与社会发展计划执行情况和2001年国民经济与社会发展计划的决议	市第十一届人大四次会议	2001年2月26日
3	关于宝鸡市2000年财政预算执行情况和2001年财政预算的决议	市第十一届人大四次会议	2001年2月26日
4	关于宝鸡市人民代表大会常务委员会工作报告的决议	市第十一届人大四次会议	2001年2月26日
5	关于宝鸡市中级人民法院工作报告的决议	市第十一届人大四次会议	2001年2月26日
6	关于宝鸡市人民检察院工作报告的决议	市第十一届人大四次会议	2001年2月26日
7	关于修改《宝鸡市人民代表大会常务委员会任免国家机关工作人员办法》的决定	市十一届人大常委会第19次会议	2001年2月7日
8	关于开展第四个五年法制宣传教育的决定	市十一届人大常委会第21次会议	2001年6月8日
9	关于批准宝鸡市2000年市本级财政决算的决议	市十一届人大常委会第21次会议	2001年6月8日
10	关于加强市级预算审查监督的决定	市十一届人大常委会第21次会议	2001年6月8日
11	关于市本级2001年财政预算部分调整的决定	市第十一届人大常委会第23次会议	2001年11月14日
12	关于召开市十一届人大五次会议的决定	市第十一届人大常委会第23次会议	2001年12月25日
13	关于市人大常委会对“一府两院”述职人员进行民主测评的实施办法	市十一届人大常委会第39次主任会议	2001年1月17日
14	宝鸡市公民旁听市人民代表大会常务委员会会议试行办法	市第十一届人大常委会第40次主任会议	2001年2月1日
15	宝鸡市人大常委会主任、副主任、秘书长定期接待市人民代表实施办法	市第十一届人大常委会第40次主任会议	2001年2月1日

统计资料

行政区划、土地面积

单位：个、平方公里

	镇人民政府	乡人民政府	村民委员会	街道办事处	居民委员会	土地面积	比重（%）
全　　市	101	37	2112	12	160	18172	100.0
市区	5		104	12	87	555	3.1
渭滨区	4		79	5	34	483	2.7
金台区	1		25	7	53	72	0.4
县小计	96	37	2008		73	17617	96.9
宝鸡县	19	5	492		24	3019	16.6
凤翔县	12	5	250		5	1179	6.5
岐山县	11	3	188		15	855	4.7
扶风县	9	3	205		5	751	4.1
眉　县	9	1	155		6	863	4.7
陇　县	10	5	240		2	2418	13.3
千阳县	6	5	128		3	959	5.3
麟游县	5	5	110		1	1606	8.8
凤　县	10	2	151		10	3187	17.5
太白县	5	3	89		2	2780	15.4

注：行政区划根据陕民发［2001］56号文件已做调整。

国内生产总值及构成

	2001年（万元）	2001年比2000年增长（%）	构　成（%）
国内生产总值	1950662	9.6	100.0
1. 第一产业	255913	1.9	13.1
2. 第二产业	919163	10.3	47.1
3. 第三产业	775586	11.6	39.8
人均国内生产总值（元）	5360	8.8	

全市农林牧渔业总产值

单位：万元

	现价		1990年不变价格		2001年比2000年增长（%）
	2001年	2000年	2001年	2000年	
合　计	445066	448405	278425	278989	-0.2
1.农　业	296259	304484	185204	188455	-1.7
2.林　业	11609	17758	7550	12430	-39.3
3.牧　业	133543	123515	83323	76421	9.0
4.渔　业	3655	2648	2348	1683	39.5

农作物播种面积和产量

	面积（公顷）			产量（吨）		
	2001年	2000年	增长（%）	2001年	2000年	增长（%）
农作物播种面积	455797	483558	-5.7			
一、粮食作物	396247	414560	-4.4	1303885	1326030	-1.7
1.谷物	375751	389185	-3.4	1260441	1277354	-1.3
其中：小麦	222032	229400	-3.2	671053	631910	6.2
玉米	139873	143087	-2.2	556535	607675	-8.4
2.薯类（干）	5890	6943	-25.5	26570	29161	-8.9
3.豆类	14606	18432	-21.2	16874	19515	-13.5
二、油料	13134	18322	-28.3	22358	24524	-8.8
三、棉花	175	1561	-88.7	161	162	-0.6
四、麻类	217	169	28.4	217	115	88.7
五、烟叶	3964	6342	-37.4	6779	7488	-9.4
六、药材	2803	2414	16.1			
七、蔬菜	32421	33421	-2.9	453594	547903	-17.2
八、瓜类	4117	2628	56.6	38608	38399	0.5
九、其它	3997	4141	-3.5			

全市规模以上工业总产值

单位：万元

	现价	1990年不变价		现价	1990年不变价
总　计	1512220	1295252	8.港澳台投资经济	13600	11033
1.国有企业	843801	720155	9.外商独资企业	59311	67165
中央企业	369792	267146	10.其他企业	1244	1239
省市县属企业	474009	453009	按轻重工业分组		
2.集体企业	136143	107434	1.轻工业	604764	486663
3.股份合作企业	12735	9792	2.重工业	907456	808589
4.联营企业	34842	3437	按大、中、小型分组		
5.有限责任公司	163291	129294	1.大型企业	821762	714155
6.股份有限公司	235544	205506	2.中型企业	184697	147886
7.私营企业	43067	40198	3.小型企业	505761	433210

全市规模以上工业主要经济指标（一）

单位：万元

	实收资本	流动资产年平均余额	固定资产原价合计	资产总计	产品销售收入	产品销售费用	产品销售税金及附加
总计	1117803	1388189	2288047	3661281	1481983	71194	88822
国有经济	693542	845330	1271923	2066156	879566	34078	80106
其中：中央企业	309404	321752	500674	794307	448475	18211	77644
省市县属企业	384138	523577	771250	1271849	431091	15867	2462
集体经济	47179	69543	97019	178929	118917	4470	566
股份合作企业	1385	7335	10971	15603	10996	794	205
联营企业	945	1341	1333	4040	3462	104	10
有限责任公司	164093	151472	625285	734962	153528	5646	1136
股份有限公司	137147	238398	190016	470566	220386	21518	6613
私营企业	18731	15133	31126	50789	28783	1007	96
港澳台投资企业	14020	16763	17570	46948	11512	197	9
外商投资企业	40512	41968	42359	92013	53701	3335	72
其他企业	250	905	444	1276	1132	46	8
轻工业	309624	394728	494660	949633	568944	42176	84505
重工业	808179	993461	1793387	2711649	913039	29018	4318
大型企业	702861	924598	1153879	2097385	874765	43636	81610
中型企业	90918	138608	241648	352447	169933	9471	4702

全市规模以上工业主要经济指标（二）

单位：万元

	盈亏相抵后利润总额	利税总额	本年应交增值税	工业增加值（当年价）	全部职工年平均人数（人）
总计	3337	185892	93732	548013	157163
国有经济	－4436	138812	63142	336477	88504
其中：中央企业	1935	121658	42080	185663	21296
省市县属企业	－6371	17154	21062	150814	67208
集体经济	5164	9822	4092	41343	15515
股份合作企业	18	846	623	3938	1963
联营企业	－24	94	108	1029	355
有限责任公司	－4248	7329	10442	53061	22128
股份有限公司	1773	20284	11898	73017	20151
私营企业	549	1889	1244	12958	3820
港澳台投资企业	－109	278	378	4888	2600
外商投资企业	4719	6498	1707	20828	2011
其他企业	－69	40	101	474	116
轻工业	15267	148847	49075	251231	47760
重工业	－11930	37045	44657	296782	109403
大型企业	13892	158058	62557	325650	78502
中型企业	－15598	－2060	8837	60347	24333

规模以上工业主要产品产量

产　品　产　量	计量单位	绝对数	比上年增长（%）
配混合饲料	吨	2019	-32.1
乳制品	吨	10292	18.4
酒精	吨	9349	-9.9
白酒	吨	8129	11.2
啤酒	吨	140147	-6.3
方便面	万吨	3	6.1
卷烟	万箱	42	-5.1
纱	吨	19057	
布	万米	8870	-2.1
丝	吨	98	-2.6
机制纸及纸板	吨	57202	9.0
硫酸	吨	161852	7.3
三聚磷酸钠	吨	21628	67.2
化肥	吨	207006	8.1
水泥	万吨	223	21.0
平板玻璃	万重量箱	63	29.4
生铁	吨	56093	-1.5
钢	吨	28103	5.9
成品钢材	万吨	17	-2.2
黄金	千克	1809	-19.5
金属切削机床	台	2484	-9.2
叉车	台	1166	-
泵	台	7989	-28.8
家用洗衣机	万台	4	11.4
冰箱	万台	30	-12.9
空调器	台	5835	-38.2
灯泡	万只	14600	-14.5
原煤	万吨	40	23.5
发电量	万千瓦时	329938	52.1
煤气生产量	万立方米	1726	-14.9
农用运输车	辆	4500	107.9

固定资产投资完成情况

指 标 名 称	单 位	2001年	比上年增长（%）
一、全社会固定资产投资	万元	776901	10.0
（1）国有经济及国有控股	万元	592900	10.7
（2）集体经济	万元	85501	14.3
（3）其他经济	万元	98500	2.0
二、全年施工项目个数	个	624	5.8
三、建设项目投产率	%	58.7	1.7
四、新增固定资产	万元	443292	5.8
五、固定资产交付使用率	%	57.1	6.1
六、房屋建筑面积竣工率	%	55.5	17.5

城镇物价指数

项 目	以上年为100			项 目	以上年为100		
	2001年	其中：			2001年	其中：	
		市区	县区			市区	县区
居民消费价格指数	101.8	100.3	103.3	3.鞋袜帽及其他	98.2	97.6	99.0
一、食品	99.6	99.0	100.6	三、家庭设备及用品	98.6	96.9	99.6
1.粮食	93.4	92.1	95.3	四、医疗保健	100.4	98.6	101.9
2.淀粉及薯类	77.7	73.3	89.6	五、交通和通信工具	98.1	98.0	98.2
3.干豆类及豆制品类	96.3	97.4	94.5	六、娱乐教育文化用品	113.0	108.1	116.5
4.油脂类	98.5	86.6	107.0	七、居住	100.6	100.6	100.6
5.肉禽及制品	105.4	105.9	104.4	八、服务项目	109.4	106.5	111.8
6.蛋类	104.3	109.0	94.5	1.电讯类			
7.水产类	101.5	100.6	111.8	2.邮费			
8.菜类	96.4	97.0	95.9	3.交通费	102.3	106.7	99.7
9.调味类	107.4	101.1	111.4	4.文娱费	99.4	95.0	120.2
10.糖类	103.1	106.8	100.8	5.学杂保育费	123.8	128.6	122.1
11.烟草类	101.9	105.2	99.4	6.医疗保健费	101.7	101.3	102.0
二、衣着类	99.4	98.7	100.1	商品零售价格指数	99.2	98.2	100.1
1.服装	99.7	99.7	99.7	农业生产资料类价格指数	97.3	0.0	97.3
2.衣着材料类	99.3	93.4	108.3				

辖区内全部在岗职工人数和工资

单位：人、万元

	合计		国有经济单位		城镇集体经济单位		其他经济类型单位	
	年末人数	工资总额	年末人数	工资总额	年末人数	工资总额	年末人数	工资总额
总计	335131	298732	257167	241711	34677	20580	43287	36442
企业	234928	204272	159439	148950	32202	18881	43287	36442
事业	72582	66269	70199	64654	2383	1615	—	—
机关	27621	28191	27529	28107	92	85	—	—
市区	176301	181073	130720	142552	17114	11120	28467	27402
宝鸡县	36806	28270	29408	23912	3630	1911	3768	2448
凤翔县	19007	12997	16689	11904	2101	1001	217	92
岐山县	29721	21556	24299	18610	2345	1249	3077	1607
扶风县	17212	12137	12045	9337	3766	2132	1401	668
眉县	15503	11877	11868	9760	1816	1039	1819	1079
陇县	11289	8413	8868	7062	1092	514	1329	837
千阳县	5984	4618	5131	4054	390	274	463	290
麟游县	4972	3827	4481	3523	333	194	158	111
凤县	10983	9119	7921	6912	474	297	2588	1909
太白县	7353	4846	5737	3996	1616	850	—	—

农村居民家庭人均收支情况

	单位	2001年	2000年	比上年增长（%）
调查队个数	个	12	12	–
调查户数	户	800	800	–
平均每户家庭人口	人	4	4	–
人均可支配性收入	元	1569.27	1471.10	6.67
农民人均纯收入	元	1603.02	1543.30	3.87
人均生活消费性支出	元	1343.75	1274.27	5.45
其中：1. 食品	元	523.44	496.48	5.43
2. 衣着	元	86.60	88.24	–1.86
3. 设备用品及服务	元	63.66	71.13	–10.50
4. 医疗保健	元	102.83	102.65	0.18
5. 交通和通讯	元	67.05	56.31	19.07
6. 娱乐文教服务	元	219.75	218.81	0.43
7. 居住	元	227.95	181.33	25.71
8. 杂项商品服务	元	52.47	59.32	–11.55
人均住房面积	平方米	22.25	21.33	4.31

社会消费品零售总额分类

单位：万元

	2001年	比上年增长（%）
社会消费品零售总额	602535	8.6
（一）按销售地区分：		
（1）市的零售额	286174	10.1
（2）县的零售额	156597	7.5
（3）县以下的零售额	159764	6.9
（二）按经济类型分：		
国有经济	175446	4.8
集体经济	95018	2.1
私营经济	19579	13.3
个体经济	189304	14.2
联营经济		
股份制经济	31322	22.7
股份合作企业	374	–
有限责任公司	3608	–
外商投资经济		
港澳台投资经济		
其他经济	87884	2.1
（三）按行业分：		
批发、零售贸易业	379766	9.8
餐饮业	70398	15.5
制造业	49473	4.3
其　他	102898	2.1
其中：农民对城镇居民零售	87884	2.1
附：商品交易市场个数（个）	265	1.0
商品交易市场成交额	310000	19.2

城镇居民家庭人均收支情况

	单　位	2001年全市	其中	
			市　区	县　城
调查队个数	个	3	1	2
调查户数	户	180	100	80
平均每户家庭人口	人	3.14	3.06	3.23
人均可支配性收入	元	5145	5906	4243
人均消费性支出	元	3830	4355	3208
其中：1. 食品	元	1341	1603	1031
2. 衣着	元	388	376	401
3. 设备用品及服务	元	297	269	330
4. 医疗保健	元	345	414	264
5. 交通和通讯	元	319	370	260
6. 娱乐文教服务	元	483	508	452
7. 居住	元	455	581	305
8. 杂项商品服务	元	202	234	165
人均住房面积	平方米	12.90	11.80	14.10

附　　录

工作生活便览

宝鸡市主要医院一览表

医院名称	法人代表	电话	传真	邮政编码	地址	床位	医院等级
宝鸡市中心医院	徐西秦	3397644	3394476	712008	宝鸡市姜谭路8号	510	三级甲等
宝鸡市中医医院	王　喆	3662933	3652736	71001	宝鸡市宝福路43号	430	三级甲等
宝鸡市人民医院	宁建国	3217766	3217237	721000	宝鸡市经二路新华巷24号	383	二级甲等
宝鸡市急救中心		120					
宝鸡市妇幼保健院	石国柱	3213061		721000	宝鸡市新建路东段2号	100	二级甲等
宝鸡市康复医院	袁宏周	3554688		721000	宝鸡市群众路241号	160	二级甲等
宝鸡市口腔医院	刘改琴	3519715		721000	宝鸡市中山东路227号	65	二级甲等
陕西电子四〇九医院	彭建堂	3619506	3626306	721006	宝鸡市清姜路4号	320	二级甲等
宝鸡铁路医院	席　剑	3224414		721000	宝鸡市上马营红卫路	300	二级甲等
宝鸡石油有限责任公司医院	郝福君	3212936		721000	宝鸡市经二路15号	180	二级
宝成通用电子公司职工医院	赵宝森	3629548		721006	宝鸡市清姜路7号	100	二级
宝鸡有色加工厂职工医院	陈爱兵	3382685	3382685	721014	宝鸡市渭滨区钛城路1号	120	二级乙等
陕西省荣复军人第一医院	吉沛文	3411025	3411025	721004	宝鸡市韩家崖103号	200	二级乙等
中国人民解放军第三中心医院	宋世田	3415511		721000	宝鸡市东风路45号	520	三级甲等
中国人民解放军五三七医院	李泉来	3360311		721000	宝鸡市新建路中段6号	150	二级甲等

宝鸡火车站旅客列车时刻表

方向	车次	等级	区间	到达	开车	站停	终到	备注
向东	1046	普快	乌鲁木齐—郑州	7:58	8:06	8	当日 19:28	
	K766	快速	安康—西安	8:13	8:24	11	当日 10:56	空调车
	K378	快速	西宁—上海	8:53	9:01	8	次日 8:26	空调车
	1354	普快	成都—上海	9:18	9:34	16	次日 10:44	
	1364	普快	成都—北京西	9:37	9:49	12	次日 5:41	
	1044	普快	奎屯—西安	10:05	10:13	8	当日 12:57	空调车
	2120	普快	重庆—西安	10:11	10:32	21	当日 13:18	
	K118	快速	攀枝花—北京西	10:02	11:10	8	次日 5:50	空调车
	1434	普快	成都—合肥/南京西	12:23	12:32	9	次日南 12:15	合肥 9:35
	1486	普快	成都—太原	13:32	13:50	18	次日 5:00	
	1068	普快	库尔勒—西安	17:11	17:23	12	当日 20:14	
	T118	特快	兰州—上海	17:46	17:57	11	次日 12:41	空调车
	T54	特快	乌鲁木齐—上海	18:23	18:31	8	次日 13:03	空调车
	T70	特快	乌鲁木齐—北京西	19:59	20:07	8	次日 11:40	空调车
	T8	特快	成都—北京西	20:50	20:58	8	次日 12:26	空调车
	T152	特快	西宁—北京西	21:14	21:27	13	次日 13:20	空调车
	T76	特快	兰州—北京西	22:44	22:52	8	次日 14:30	空调车
	2010	普快	西宁/兰州—郑州	23:18	23:30	12	次日 10:45	
	T198	特快	乌鲁木齐—郑州	23:56	0:04	8	次日 9:00	空调车
	3587/6	普快	银川—西安	3:40	3:50	10	当日 6:13	
	K120	快速	兰州—西安	3:59	4:07	8	当日 6:30	空调车
	K228	快速	兰州—广州	4:35	4:43	8	次日 11:56	空调车
	1395/8	普快	银川—上海	4:44	4:53	9	次日 6:34	空调车
	K292	快速	成都—上海	4:46	5:04	18	次日 5:01	空调车
	K166	快速	昆明—西安	5:03	5:16	13	当日 8:22	空调车
	T190	特快	乌鲁木齐—济南	5:20	5:28	8	当日 21:28	空调车
	K174	快速	西宁/兰州—青岛	5:35	5:44	9	次日 6:26	
	T114	特快	兰州—南京西	5:50	6:01	11	当日 22:12	空调车
	2098	普快	成都—郑州	5:55	6:10	15	当日 17:34	
	T194	特快	乌鲁木齐—汉口	6:38	6:46	8	当日 21:19	空调车

续　表

方向	车次	等级	区间	到达	开车	站停	终到	备注
向西	T113	特快	南京西—兰州	8:28	8:37	9	当日 17:44:	空调车
	T75	特快	北京西—兰州	9:40	9:48	8	当日 18:16	空调车
	T117	特快	上海—兰州	10:18	10:26	8	当日 19:23	空调车
	1045	普快	商丘—乌鲁木齐	11:14	11:38	24	第三天 6:32	
	T69	特快	北京西—乌鲁木齐	11:54	12:02	8	次日 19:59	空调车
	T53	特快	上海—乌鲁木齐	12:52	13:00	8	次日 21:04	空调车
	1083	普快	重庆—乌鲁木齐	13:59	14:07	8	第三天 8:16	
	K173	快速	青岛—兰州/西宁	18:58	19:06	8	次日宁 9:58	兰 6:12
	K377	快速	上海—西宁	19:52	20:03	11	次日 10:37	空调车
	K119	快速	西安—兰州	20:40	20:48	8	次日 6:51	空调车
	K227	快速	广州—兰州	21:03	21:16	13	次日 7:35	空调车
	1043	普快	西安—奎屯	22:51	22:59	8	第三天 20:13	空调车
	1012	普快	成都—乌西	23:02	23:15	13	第三天 14:23	经中卫
	T193	特快	汉口—乌鲁木齐	0:02	0:11	9	次日 8:53	空调车
	1067	普快	西安—库尔勒	1:32	1:40	8	第三天 6:06	
	T197	特快	郑州—乌鲁木齐	1:57	2:05	8	次日 10:30	空调车
	2009	普快	郑州—兰州/西宁	2:14	2:22	8	当日宁 17:58	兰 13:53
	K346/7	快速	成都—兰州	3:52	4:09	17	当日 15:35	空调车
	T189	特快	济南—乌鲁木齐	6:40	6:48	8	次日 15:58	空调车
	T151	特快	北京西—西宁	7:23	7:31	8	当日 20:39	空调车
始发	6063	普客	宝鸡—广元		8:48		当日 18:27	
	4760	普快	宝鸡—西安		9:20		当日 13:06	
	2262	普快	宝鸡—连云港		12:45		次日 10:24	
	2536	普快	宝鸡—太原		16:09		次日 7:47	
	K798	快速	宝鸡—西安		13:40		当日 15:43	
	4702	普快	宝鸡—新乡		17:10		次日 8:39	
	4708	普快	宝鸡—汉口		18:08		次日 12:26	
	T56	特快	宝鸡—北京西		19:16		次日 11:30	空调车
	6072	普客	宝鸡—平凉		6:28		当日 11:42	
	2306	普快	宝鸡—杭州		7:16		次日 12:15	
	K796	快速	宝鸡—西安		7:58		当日 9:59	

续 表

方向	车 次	等 级	区 间	到 达	开 车	站 停	终 到	备 注
向南	K291	快速	上海—成都	7:59	8:17	18	当日 20:55	空调车
	1353	普快	上海—成都	14:23	14:40	17	次日 5:12	
	1011	普快	乌西—成都	15:00	15:33	33	次日 5:56	
	1084	普快	乌鲁木齐—重庆	16:15	16:28	13	次日 13:27	经由西安、安康、达县
	2119	普快	西安—重庆	17:05	17:20	15	次日 18:10	
	1433	普快	合肥/南京西—成都	18:22	18:44	22	次日 7:50	
	1363	普快	北京西—成都	18:44	18:59	15	次日 8:28	
	2097	普快	郑州—成都	21:37	21:52	15	次日 10:49	
	K348/5	快速	兰州—成都	22:15	22:36	21	次日 11:40	空调车
	K765	快速	西安—安康	23:04	23:20	16	次日 10:56	空调车
	K165	快速	西安—昆明	0:46	1:01	15	次日 9:10	空调车
	K117	快速	北京西—攀枝花	5:46	6:01	15	次日 7:40	空调车
	1485	普快	太原—成都	6:11	6:32	21	当日 19:58	
	T7	特快	北京西—成都	7:31	7:46	15	当日 19:18	空调车
向北	2585/8	普快	西安—银川	19:27	19:35	8	次日 7:39	
	1397/6	普快	上海—银川	22:01	22:09	8	次日 9:43	空调车
终到	2535	普快	太原—宝鸡	9:57				
	4701	普快	安阳（新乡）—宝鸡	10:35				
	4707	普快	汉口—宝鸡	12:05				
	2261	普快	连云港—宝鸡	12:19				
	K795	快速	西安—宝鸡	12:38				
	K799	快速	西安—宝鸡	17:41				
	6064	普客	广元—宝鸡	18:12				
	6071	普客	平凉—宝鸡	17:20				
	4759	普快	西安—宝鸡	18:33				
	K797	快速	西安—宝鸡	20:03				
	2305	普快	杭州—宝鸡	21:20				

自 2001 年 10 月 21 日零点起实行

宝鸡市律师事务所一览表

单　　位	地　　址	电　话	负责人	邮　编
陕西新纪律师事务师	市红旗路3号	3218347	郝江荀	721000
陕西高理律师事务所	市红旗路17号	3212771	高俊斌	721000
陕西国文律师事务所	市红旗路20号	3231554	汶　莉	721000
陕西炎城律师事务所	市经二路40号	3223221	萧志扬	721000
陕西永佳律师事务所	市经二路90号	3212175	王御春	721000
陕西渭源律师事务所	市中山西路44号	3656427	吴新民	721001
陕西宝吉律师事务所	市曙光路155号	3527496	李　文	721001
陕西秦川律师事务所	市新华巷76号	3216163	王立文	721000
陕西博仁律师事务所	市中山西路2号	3662526	周志国	721001
陕西正泰律师事务所	市中山西路9号	3653234	陈少芳	721001
陕西华维律师事务所	市中山东路148号	3514159	辛宁叶	721001
陕西金宝律师事务所	宝鸡县城中街	6214141	张文福	721300
陕西西虢律师事务所	宝鸡县城西街	6213465	朱木忠	721300
陕西秦雍律师事务所	凤翔县城灶爷庙巷19号	7212432	蒲周勤	721400
陕西扶济律师事务所	岐山县城凤鸣西路	8218359	徐更新	722400
陕西博鼎律师事务所	岐山县城凤鸣西路16号	8212244	史海让	722400
陕西扶法律师事务所	扶风县政府院内	5215825	赵征祥	722200
陕西秦兴律师事务所	眉县首善街服务楼	5542260	韩少民	722300
陕西田园乐律师事务所	千阳县城东大街20号	4241883	赵坚固	721100
陕西法豪律师事务所	陇县西大街16号	4603745	张利民	721200
陕西衡真律师事务所	陇县西大街48号	4602333	吴晓彤	721200
陕西金麒麟律师事务所	麟游县城杜阳路41号	7962116	袁志峰	721500
陕西红岭律师事务所	太白县南大街	4955444	屈建军	721600
陕西工合律师事务所	凤县双石铺镇新建路	4762070	张效民	721700

宝鸡市公证处一览表

单　　位	地　　址	电　话	负责人	邮　编
宝鸡市公证处	市新建路西段副1号	3211634	庞玉霞	721000
渭滨区公证处	市新华巷76号	3214774	李胜德	721000
金台区公证处	市中山东路148号	3515429	李昌利	721001
宝鸡县公证处	宝鸡县虢镇法院街	6222662	蔡美珍	721300
凤翔县公证处	凤翔县城灶爷庙巷19号	7212535	鲁志勤	721400
岐山县公证处	岐山县凤鸣镇凤西路16号	8212254	王宗宏	722400
扶风县公证处	扶风县政府大院	5126750	任耀文	722200
眉县公证处	眉县城关镇首善街36号	5542913	赵周月	722300
千阳县公证处	千阳县城东大街20号	4242214	张盼明	721100
陇县公证处	陇县城关镇东大街15号	4601774	马红霞	721200
麟游县公证处	麟游县城杜阳路41号	7962116	石林琨	721500
太白县公证处	太白县城北大街	4955907	穆公义	721600
凤县公证处	凤县双石铺镇新建路	4762069	夏　睿	721700

旅　游　指　南

宝鸡市主要旅游线路

市区一日游	北首岭遗址—金台观—炎帝祠—渭河公园—炎帝陵—青铜器博物馆—西秦瑰宝艺术馆
东线（北）一日游	秦公大墓博物馆—凤翔东湖—周公庙—法门寺
东线（南）一日游	钓鱼台—云台山庄—五丈原—太白山森林公园
北线二日游	关山草原（宿）—龙门洞—景福山
东线二日游	钓鱼台—五丈原—红河谷森林公园—太白山国家森林公园（宿）—法门寺—周公庙
南线二日游	炎帝陵—大散关—嘉陵江源头—凤县紫柏山（宿）—张良庙
宝鸡民间艺术一日游	市民间美术展览—社火马勺脸谱—凤翔泥塑、木版年画制作—岐山县民俗村
宝鸡佛教文化二日游	凤翔灵山寺—麟游慈禅寺石窟—法门寺（宿）
宝鸡古文化探秘二日游	北首岭遗址博物馆—秦公大墓博物馆—周公庙—法门寺博物馆—周原遗址
高山草坦溶洞探胜二日游	凤县紫柏山风景区

宝鸡市旅行社一览表

序号	单　　位	负责人	地　　址	电　话	邮　编
1	宝鸡中国国际旅行社	杨军科	中山东路210号宝鸡大酒店	3528808	721001
2	宝鸡旅行社	蔡长明	红旗路3号宝鸡饭店内	3226454	721000
3	宝鸡春晖旅行社	袁天军	汉中路205号宝陵大厦6楼	3236525	721000
4	宝鸡铁路旅行社	杜　军	宝鸡火车站内	3223558	721000
5	宝鸡通程旅行社	赵宝平	汉中路怡园宾馆4楼	3210729	712000
6	宝鸡青年旅行社	刘晓应	经二路交通饭店2楼	3212177	721000

续 表

序号	单　　位	负责人	地　　址	电　话	邮　编
7	宝鸡怡高假日旅游公司	王　浩	经二路金陵饭店二楼	3237583	721000
8	宝鸡青园旅行社	黎　娇	体育路11号太阳商城401室	3213836	721000
9	宝鸡万全旅行社	王　捷	经二路万全宾馆4楼	3270901	721000
10	宝鸡金色假日旅游公司	李　涛	红旗路万合宾馆三楼	3201155	721000
11	宝鸡龙凤泉旅行社	刘晓玲	经二路12号白云宾馆一楼	3211415	721000
12	太白度假村旅行社	罗福省	眉县汤峪镇太白度假村内	5711090	721000
13	太白山旅行社	王新社	眉县汤峪镇太白楼	5711084	722305

宝鸡自然风光旅游景区(点)一览表

序号	单　　位	负责人	地　　址	电　话	邮　编
1	太白山国家森林公园	张新科	眉县汤峪镇	5711083	722305
2	嘉陵江源头景区	李和平	宝鸡市川陕路	4795012	721006
3	关山草原旅游区	兰存书	陇县关山乡	4538019	721200
4	红河谷森林公园	段朝选	眉县营头镇	5790019	722308
5	天台山风景名胜区	何长发	宝鸡市渭滨区	3305803	721001
6	恒星乐园	王武锁	眉县汤峪镇	5711340	722305
7	通天河森林公园	金景林	凤县唐藏镇	3417192	721004
8	大散关	邓升文	宝鸡市川陕路	3305772	721006
9	西镇吴山	冯宏波	宝鸡县新街乡	13891735819	721300
	吴山森林公园	万水利	宝鸡县新街乡	3682888	721300
10	玉女潭	康天铭	麟游县鱼塘峡	7962217	721500
11	凤县紫柏山景区	郝珠成	凤县瓦房坝乡	4850067	721700
12	崛山森林公园	史智敏	岐山县崛山林场	8214237	722400
13	莲花山狩猎场	杨治仓	千阳县高崖乡	4241031	721100
14	王家崖水上游乐中心	师建亚	宝鸡县千河镇	6416268	721300
15	银铜峡自然风景区	颜全有	宝鸡市川陕路	3398698	721008
16	渭河公园	王宗焕	宝鸡市渭河段	3570027	721000
17	人民公园	张天祥	宝鸡市公园路	3313076	721006
18	宝鸡植物园	贾晓卫	宝鸡市姜谭路	3390674	721008

宝鸡历史人文旅游景区（点）一览表

序号	单　　位	负责人	地　　址	电　话	邮　编
1	法门寺博物馆	韩金科	扶风县法门镇	5254152	722201
2	法门寺寺院	王宁波	扶风县法门镇	5254154	722201
3	周原遗址博物馆	魏兴兴	扶风县法门镇	5254155	721400
4	炎帝陵	孙润古	宝鸡市清姜路	3351311	721006
5	炎帝祠	阎长松	宝鸡市南关路 99 号	3218307	721000
6	姜子牙钓鱼台	周永平	宝鸡县钓鱼台	6772320	721306
7	五丈原诸葛亮庙	贾林宝	岐山县五丈原镇	8770149	722406
8	周公庙博物馆	张　华	岐山县周公庙	8110154	722400
9	青铜器博物馆	张亚炜	宝鸡市公园路	3305770	721006
10	九成宫遗址博物馆	王麟昌	麟游县九成宫	7962277	721500
11	张载祠	张世敏	眉县横渠镇	5755422	722300
12	龙门洞与景福山	宋满栋	陇县龙门洞	4687037	721200
13	金台观	龙剑辉	宝鸡市金台区	3512861	721001
14	北首岭遗址	郭　强	宝鸡市群众路群众巷 17 号	3554179	721001
15	秦公一号大墓	赵生祥	凤翔县南指挥乡	7585520	721400
16	凤翔东湖	卢英明	凤翔县东湖路	7212948	721400
17	扶风县博物馆	胡社生	扶风县东大街	5211766	722200
18	东方佛都	董永平	扶风法门镇	5254130	722201
19	慈禅寺文管所	王存建	麟游县蔡家河	7962217	721500
20	云台山庄	郝绪生	宝鸡县八鱼镇	6224864	721300
21	望鲁台	任爱莲	千阳县城关镇	4241960	721100
22	灵山寺	弘　智	凤翔县唐村乡	7423422	721400

宝鸡市旅游定点涉外饭店、商店一览表

序号	单位		负责人	地址	电话	邮编
	星级饭店					
1	宝鸡大酒店	★★★	高保安	中山东路 210	3522662	721000
2	宝鸡国贸大酒店	★★★	谭志福	经二路 115 号	3249360	721000
3	宝鸡西凤大酒店	★★★	赵国富	体育路中段	3217621	
4	宝鸡公爵饭店	★★★	张利民	东风路 2 号	3469158	721000
5	宝鸡颐和酒店	★★★	朱召绪	火炬路中段	3313866	721006
6	天外天大酒店	★★★	张喜善	宝鸡县虢镇	6215940	721300
7	工行太白度假村	★★★	罗福省	眉县汤峪镇	5711091	722305
8	白云宾馆	★★★	毛发孝	经二路 12 号	3238780	721000
9	万全宾馆	★★★	张浩儒	经二路 58 号	3270690	721000
10	铁苑宾馆	★★★	姚晓明	大庆路中段	3418726	721003
11	西府宾馆	★★	何登科	中山西路	3652202	721001
12	世府宾馆	★★	雷智锋	中山西路 63 号	3655657	721001
13	佳庆宾馆	★★	李逸超	中山东路	3529858	721001
14	华康宾馆	★★	罗　基	经二路 93 号副 1 号	3270090	721000
15	宝陵大厦	★★	杨光民	汉中路 205 号	3252391	721000
16	金融宾馆	★★	李卫兵	公园路 36 号	3675254	721006
17	凤皇大酒店	★★	郭宏武	姜谭路 10 号	3398900	721008
18	西虢宾馆	★★	张勤政	宝鸡县虢镇	6212021	721300
19	凤凰宾馆	★★	寸立峰	凤翔县南大街 6 号	7212393	721400
20	太白国税山庄	★★	王应芳	眉县汤峪镇	5711777	722305
21	桃源山庄	★★	姚　琦	眉县汤峪镇	5711100	722305
22	水培中心	★★	孙亚维	眉县汤峪镇	5711020	722305
23	青园山庄	★★	任荣刚	眉县汤峪镇	5711135	722305

续 表

序号	单位	负责人	地址	电话	邮编
			旅游涉外定点饭店		
24	秦龙度假村 ★★	梁川训	红河谷森林公园	5791088	722308
25	烽火宾馆 ★★	徐 娟	清姜路72号	3624134	721006
26	凤县宾馆 ★★	曹根升	凤县新建路159号	4762621	721700
27	怡园宾馆	张建英	汉中路45号	3217613	721000
28	宝鸡宾馆	郑海科	公园路212号	3675006	721006
29	友谊宾馆	乔志林	汉中路28号	3249988	721000
30	宝鸡饭店	雷小宁	红旗路3号	3213030	721001
31	天鹅湖大酒店	张曼丽	中山东路	3525419	721000
32	凌云宾馆	严玉儒	清姜东二路	3622760	721006
33	东湖宾馆	何宗礼	凤翔县东湖路	7217006	721400
34	岐山县政府招待所	党舟利	岐山县	8212807	722400
35	扶风县政府招待所	张志强	扶风县	5211182	722200
36	法门寺宾馆	毕耀锋	扶风县法门镇	5254141	722201
37	眉县政府招待所	郝志敏	眉县县城	5542290	722300
38	粮食宾馆	汶改常	眉县汤峪镇	5711079	722305
39	太白山大酒店	张永强	眉县汤峪镇	5711042	722305
40	千阳县政府招待所	向贵才	千阳县	4241783	721100
41	麟游县政府招待所	史天恩	麟游县	7962179	721500
42	陇县政府招待所	雷兴虎	陇县东大街	4601654	721200
43	红河谷度假村	段朝选	眉县营头镇	5790019	722308
			定点商店		
1	宝鸡博雅礼品公司	刘万全	红旗路北口	3514176	721000
2	泰坦礼品公司	焦有根	红旗路23号	3525447	721000
3	宝鸡市文物商店	胥孝平	中山西路	3654727	721001

办 事 指 南

民事、经济纠纷案件起诉的法律程序

公民、法人和其他组织，当其民事权益受到侵害或发生经济纠纷时，向人民法院提起诉讼的程序如下：

1. 由原告本人或委托律师起草诉状及搜集相关证据，向有管辖权的人民法院申请立案。人民法院经审查认为符合起诉条件的，予以立案并通知原告；认为不符合起诉条件的裁定不予受理；原告对裁定不服的，可以提起上诉。

2. 人民法院在立案后将起诉状副本发送被告，被告在收到之日起15日内提出答辩状。被告不提出答辩状的，不影响人民法院审理。

3. 人民法院在开庭3日前通知原、被告及其他诉讼参与人，当事人接到开庭通知后应按时参加开庭审理。

4. 人民法院依法开庭审理并做出判决或裁定。当事人对一审判决或裁定不服，有权在法定期限内向上一级人民法院提起上诉。

5. 二审人民法院依法审理并做出判决或裁定，该判决或裁定为终审判决或裁定，直接发生法律效力。

宝鸡市失业保险金发放规定

1. 失业职工在解除劳动合同后60天内，由本人持身份证、两张免冠照片、解除劳动合同证明，到宝鸡市劳动就业服务处失业保险科办理登记手续。

2. 每月1～5日，为失业人员持身份证、城镇失业人员证和银行救济卡，在指定银行实行通存通兑，领取失业保险金。

3. 失业保险金标准：金渭两区180元；麟游县135元；其他县155元。另外加发医疗费8元。

4. 救济期限：缴费时间满1年不足5年的，最长为12个月；缴费时间满5年不足10年的，最长为18个月；缴费10年以上的，最长为24个月。

失业人员丧葬补助金和抚恤金规定

根据陕劳社发［2001］253号《关于失业人员领取失业保险金期间死亡后有关丧葬补助金和抚恤金问题的通知》精神，失业人员在领取失业保险金期间死亡后，一次性发给丧葬补助金1500元；对其供养的直系家属抚恤金以每人每月130元的标准，按原核定的失业人员本人应领取失业保险金期限一次性发放。

个体工商户办理工商登记的程序

1. 受理。包括以下三个环节：

一是申请。从事个体工商业经营的个人或家庭，持本人或主持经营者的身份证及必要的有关文件，向所在地工商行政管理所提出书面申请。

二是办理证明文件。工商行政管理所接受申请书后，认为申请人所申请生产经营的行业或商品需要有关部门和单位批准证件的，要求申请人到有关部门和单位办理这些证件。《城乡个体工商户管理暂行条例实施细则》规定，申请人属下列情况之一的，应办理有关证明：

(1) 申请从事机动车船客货运输的，应出具车船牌照、驾驶执照、保险凭证；

(2) 申请从事饮食业、食品加工和销售业的，应出具食品卫生监督机关核发的证明；

(3) 申请从事资源开采、工程设计、建筑修缮、制造和修理简易计量器具、药品销售、烟草销售等的，应提交有关部门批准文件或者资格证明；

(4) 申请从事旅店业、刻字业、信托寄卖业、印刷业的，应提交所在地公安机关的审查同意证明；

(5) 请帮手、带学徒的，应当报送与帮手、学徒分别签订的合同书。涉及人身健康和生命安全的，还应出具保险凭证。

三是填表。工商行政管理所发给申请者开业申请登记表，申请者填写登记表后，再交回工商行政管理所。

2. 审查。工商行政管理所依法审查，认为符合条件的，由承办人在登记表上签署意见，所长签字并加盖公章后，将全部申请登记有关资料呈报县（区）级工商行政管理机关。

3. 审批。县（区）级工商行政管理机关对工商行政管理所呈报的全部申请登记资料进行复审，并在受理登记之日起30日内作出审查决定。复审认为符合从业条件的，由承办人在登记表上签署意见，送局长审定；复审认为不符合从业条件的，不予登记，书面通知申请人。

4. 发照。县（区）级工商行政管理局对工商行政管理所呈报的各种材料复审认定合格，批准其具有经营资格，发给营业执照。

如何申请变更企业名称

1. 企业申请变更的名称，属原登记机关管辖的，由登记机关直接办理变更登记。

2. 企业申请变更的名称，不属原登记机关管辖时，应该按以下规定程序办理：

（1）企业应向原登记机关申请名称变更登记，变更申请书应说明变更名称的原因和理由，并填写企业名称预先核准申报表。

（2）企业原登记机关应向有企业名称核准管辖权的工商行政管理机关报送企业名称预先核准申报表及有关资料，并以企业拟变更名称签署意见。

（3）有企业名称管辖权的工商行政管理机关应在收到申报资料之日起3个工作日内，对申请的企业名称作出核准或驳回的决定。核准的发给《企业名称预先核准通知书》；驳回的，发给《企业登记驳回通知书》。

（4）原登记机关收到《企业名称预先核准通知书》或者《企业登记驳回通知书》后，应及时通知申请人。

（5）企业名称由上级登记机关核准变更的，登记机关应在企业名称变更登记之日起30日内，将加盖登记机关印章的营业执照复印件送核准企业名称的工商行政管理机关备案，未备案的，其名称不予保护。

企业名称变更登记中，当拟变更的企业名称涉及法律、行政法规规定必须报经批准的，应该先报经批准。企业名称变更登记核准之日起30日内，企业应当申请办理其分支机构名称的变更登记。

选　　　　介

宝鸡市自来水公司

近年来，在市城建局的正确领导下，在全体干部、职工的共同努力下，较好地完成了上级下达的各项任务，取得了一定成绩。

冯家山水厂是公司重点建设项目之一，目前已正式投入运行，比利时、法国等国外专家对水厂进行了调试，使水厂总水平达到了预期设计要求，各项水质指标已达到或超过国家标准。在搞好城市供水的情况下，我们大力发展各种经营，并不断加强管理，扩大规模，促使其向规模型、效益型发展。扩大了纯净水厂的生产规模，加强了汽修厂、净化剂厂、水晶宫等实体的管理。按照上级有关政策，实行以岗定薪、岗变薪变的动态管理，同时，在斗鸡、石坝河新建了两栋家属楼，有效地缓解了职工住房紧张的矛盾，受到了广大职工的好评。

回顾过去，我们虽取得了一定的成绩，但随着企业内部改革的深化，重点抓好生产经营管理、工程基建、企业“三定”等工作，抢抓机遇，群策群力，努力工作，在新的一年“百尺竿头，更进一步”，将成为我们新的奋斗目标。

宝鸡文理学院

2001年，宝鸡文理学院高举邓小平理论伟大旗帜，以“三个代表”为指导思想，紧抓西部大开发、高教大发展的历史机遇，更新观念，开拓创新，加快发展，办学质量和效益明显提高。教职工841人，其中有高级职称的143人。有政法、中文、历史、外语、教育、艺术、经济管理、数学、物理、化学化工、机电工程、计算机科学、电子电气工程、地理科学和环境工程、体育和社会科学部等16个系（部）和成人教育学院。招收全日制大学生2613名，在校全日制大学生7380名。成教院在读生1931人。开始招收外国留学生。

成功召开了第三次党代会，选举产生了新一届党委领导班子。制定颁布了学院“十五”计划和2015年发展规划，明确了办学的指导思想、定位、模式及奋斗目标。

在连年扩招、学生人数有较大增加的情况下，学院坚持质量立校，先后颁布了《教学质量管理监控体系》等一系列加强教学及管理的规章制度，遴选出21门院级重点课程重点建设，教学质量和学生综合素质不断提高。在2001年全省第24届大学生运动会上，获得了B组男子、女子及男女团体总分3个第一名和体育道德风尚奖。1110名毕业生一次性就业率达98.1%。

坚持以改革促发展。成立了计算机科学系。进行了机构、干部人事制度、岗位津贴分配办法和后勤社会化改革，后勤集团于3月底正式成立，规范分离。精简了机构、优化了结构、焕发了活力、提高了效率。广大教职工特别是教学第一线教师的收入有了较大幅度的提高。

强化科技强校意识，整合科研力量，加强学科建设和教师队伍建设。实施“百名人才工程”、“拔尖人才工程”等激励和吸引人才的政策，选派15名教授与西北大学等4所院校的6个学科7个专业合作培养研究生。确立了7个院级重点学科，其中马克思主义哲学、自然地理学、基础数学3个学科获准为省级重点学科，两个省级重点实验室通过了省教育厅合格评估。省学位办在4月份将学院列入2002年申报硕士授予单位的院校，为提升办学层次提供了新的机遇。有34项科研成果分获省、市哲学社会科学优秀成果奖和陕西高校科技进步奖。《宝鸡文理学院学报》（自然科学版）继2000年被评为省科技期刊一等奖之后又入围中国科技期刊方阵“双效期刊”。中文系副教授、青年作家杨宏科（笔名红柯）继获得首届冯牧文学奖之后又获第二届鲁迅文学奖。

加大投入，改善条件。新建教学楼、学生公寓等9项工程约28500平方米，校园网建设完成一期工程。经省计委、省教育厅和宝鸡市政府批准，在宝鸡市高新技术开发区东区为学院规划建设用地800亩。全年总收入比上年增长34.3%。

校园精神文明建设取得新的成就，被省委、省政府命名为“文明校园”，被省教育厅授予“依法治教”先进集体。

党委书记：张志鸿教授

院　　长：王志刚教授

学院地址：陕西省宝鸡市西宝路44号

邮政编码：721007

院办电话：0917—3368966

传　　真：0917—3364273

网　　址：http：//www. bjwlxy. edu. cn.

电大宝鸡分校远程开放教育初具规模

1999年秋，我校被批准随陕西广播电视大学首批开展电大“人才培养模式改革和开放教育试点”项目研究工作。几年来，在各级领导的关怀与支持下，在市教育局的直接领导下，领导班子得到加强，教师队伍充分提高，基础设施不断完善，开放教育试点项目工作进展顺利，各方面工作得到发展。远程教育试点专业从开始的2个发展到10个（本科7个，专科3个），在校学生达1358名。

目前，学校基本配齐了开展远程开放教育的现代化教学设施，先后建起了两个拥有80名配置较高的计算机多媒体教室、42座的语音教学室、24座的视听阅览室和42座的财会模拟实验室；建立了数字卫星IP数据接收系统和VBI信息接收装置；建成了校园局域网，通过ADSL以512K宽带方式与互联网（intemet）联通。这些设施的建成和配置，使中央电大、省电大快速接入我校的教学平台，为参加远程教育学习的学员提供了一个交互式网上学习的良好环境。

近几年，学校在重视基础设施建设的同时，狠抓了教师队伍的建设，先后新进了普通高校本科毕业生7人，在职教师中有6人参加研究生课程进修学习，有14人先后参加了中央电大、省电大举办的课程培训，还聘用了50名学历较高、业务能力较强的兼职教师。对专兼职教师多次进行远程教育理论知识和现代教育技术的培训，使大家基本适应了远程开放教育工作的要求。为了适应电大面向基层、面向农村的办学宗旨，还注意了办学网络的建设。截至目前，县级工作站已发展到7个，教学点36个，基本形成了覆盖市辖10县2区的城乡远程教育网络。

宝 鸡 铁 一 中

铁一中是西铁分局所属的一所完全中学，现有27个教学班，在校学生为1400人，其中初中班级12个，学生有660人，高中班级15个，有学生750人。建校43年来，始终坚持服务铁路，面向社会，秉承为更高一级学校输送优秀人才的宗旨，创造了基本教育的一个又一个神话。

这几年铁一中靠自己辛勤工作取得了辉煌的成就，赢得了家长和社会的一致好评，因其“低分进、高分出”被称为郑铁教育的“西部明珠”。与你一起开创宝铁一中的未来是我们的希望，我们相信选择宝鸡铁一中最终会是你的骄傲。

陕西双鸥集团

概况：陕西双鸥集团是国有大型一类企业，由陕西机床厂、陕西洗衣机厂、宝鸡双鸥电镀厂三个紧密型实体构成。企业占地面积33万平方米，固定资产1.52亿元，拥有大型设备和精密仪器1000多台（套），现代化洗衣机生产线两条，具有年产磨床1000台，家电40万台的生产能力。磨床产品远销美国、加拿大、香港等48个国家和地区。1999年通过ISO9000质量认证，与国际质量体系接轨。

发展情况：2001年，由于机械工业面临的市场、资金外部环境发生了很大变化，企业经济运营步入较为困难的时期。企业根据实际情况，及时加大了企业内部机制改革，从管理机构、运营模式等几方面入手，通过加强资金管理，降低生产成本，节约挖潜等有效手段，积极开展生产自救，使企业经济得以平稳过渡和发展。全年生产磨床113台，洗衣机6.6万台，工业总产值7089万元，销售收入5435万元。

磨床生产已开始从老产品向高科技含量及专用磨床迈进。2001年，企业加大了新产品开发力度，先后开发研制了MK1320数控外圆磨床、MK2150数控轴承磨床、MK1620数控端面外圆磨床、GZ073/1、GZ094、GZ096、GZ097端面外圆磨床、GZ040/1轴承磨床等八种磨床新产品，其中MK1320数控外圆磨床、MK2150数控轴承磨床、MK1620数控端面磨床属国内领先水平。新产品销售收入占磨床产品销售收入的52%。在新技术新工艺方面，成功的对磨床砂轮架主轴系统——动静压轴承结构进行了改进，并已广泛的应用于外圆磨床、端面外圆磨床，提高了机床的技术性能。为了调动科技人员的积极性，企业对科技人员实行了新的岗位技能工资，落实了岗位津贴、职务津贴，并从新品销售利润中提成资金进行奖励。企业对全体科技人员进行CAD、CAPP技能培训，目前基本实现了“甩图板”目标。企业已被认定为“陕西省技术中心”。

洗衣机经营模式发生了重大变化。2001年7月，集团下辖的陕西洗衣机厂与TCL集团合作成立了新的合资公司，建立了由TCL集团负责采购、销售，由陕西洗衣机厂组织生产管理的新的运营机制。在集团各方面的大力支持下，洗衣机厂相继颁布了《关于实行合资公司运营模式的决定》和新的《陕西洗衣机厂部门工作标准》，从宏观上对企业运营和工作架构进行了调整；将原来8个部门缩减为6个，中层干部由原来的19人缩减为6人，并压缩了130名员工，对机构进行了简化，保证各部门高效运行；制定了合理透明的分配制度，实行了岗位单台计值法，极大的调动了员工们的生产热情。洗衣机装配线原有员工240人，班产量为400台，而现在车间仅有员工80人，班产量达到了700台，生产效率大幅度提高。

技术改造：2001年，集团在经济状况极为困难的情况下，拿出490万元进行技改投资。其中在机床方面投资70万元，完善了CAD室的软硬件设施，为试制车间补充检测试验设备，派出技术人员参加国际机床展览会，学习国内外最新制造技术，聘请山东工业大学、西安交大教授来企业传授高新知识，解决技术难题；在洗衣机技改方面，投资420万元，重建了两条洗衣机生产线（一条双桶线，一条全自动洗衣机生产线）及喷涂线（包括进口喷粉设备），对洗衣机质量检测设备进行了更新。

党委书记、总经理：王爱生
地　　址：陕西宝鸡
邮　　编：721300
电　　话：0917－6292362
传　　真：0917－6413116

中央储备粮宝鸡直属库

中央储备粮宝鸡直属库坐落在宝鸡市郊区，入市主要公路从库区南北两侧通过，交通便利。总占地面积160亩，具备有新建的现代化仓房和一定数量的储备粮油能力，拥有铁路专用线1180米，铁路罩棚4200平方米，自备食用油罐车8辆，专用线可一次完成40节车皮的装卸作业。库区供水、供电、消防、粮油装卸、微机粮情监测、质量检验等配套设施齐全。

为适应粮食流通体制改革的需要，在改革大潮中求生存、求发展、争取经济效益，几十年来，储备库积极争取积累资金，更新改造库属设施，改变库容库貌，取得了明显成就，资产在不断壮大。1999年进入中国储备粮管理总公司的管理系统后，按照《中储粮直属库管理规范》的要求，在坚持储粮安全的前提下，更新观念，加强管理，积极探索轮换工作的新路子，确保储粮保值增值。在工作中不断总结积累经验，强化基础，落实责任，广泛采用科技储粮新技术，确保了仓储整体水平逐步提高和目标的实现。

面向未来，全库广大干部职工在新一届领导班子的带领下，按照上级“专心致志地搞好中央储备粮管理，确保中央储备粮数量真实，品质良好，储存安全，国家需要时调得动、用的上”的要求和库实行“优化机制，加强管理，抓住主营，搞好经营”的宗旨，立足本职，严格执行粮食政策，充分发挥粮食主渠道作用和粮食储备库应有的作用，为落实中央西部大开发的战略目标做出应有的贡献！

联系电话：0917－3412138

陕西华炎会计税务咨询服务有限公司

陕西华炎会计税务咨询服务公司是经企业登记机关核准注册，具有独立法人资格的中介服务机构。实行独立核算、自主经营、自负盈亏。公司经营范围为：从事企业改制策划咨询、企业经营管理咨询、财务会计咨询、人才培训；代理会计记账、财务税务顾问；代编工程预（决）算、标底；经销会计账簿、凭证、会计书刊等。

陕西华炎会计税务咨询公司本着“质量第一、服务第一、信誉第一”的宗旨，愿与您携手合作，顺利到达成功彼岸。

公司地址：宝鸡市高新开发区创业大夏 B 座
联系电话：（0917）3318247
邮　　编：721006

宝鸡华强有限责任会计师事务所

宝鸡华强有限责任会计师事务（原华炎有限责任会计师事务所）是报经陕西省财政厅批准，由审计事务所脱钩改制设立的社会中介服务机构。在市工商行政管理局登记注册，具备独立的法人资格。主要从事基建工程（预）决算审计、企业财务审计、资本金验证和资产评估等项目业务。

华强会计师事务所设施精良、管理领先、人才荟萃。执业人员配有交通、通讯工具和电脑、计算器等办公用品，便于快捷、高效的工作需要。事务所内部设置财务审计部、基建工程（预）决算审计部、资产评估部、验资部和业务综合部等职能部门，在市工商局、宝鸡高新开发区、太白县、凤县、麟游县等地设有业务部。目前，华强会计师事务所拥有中国注册会计师、注册资产评估师和工程造价师等执业人员 23 人，审计、财务、工程技术人员 41 人，聘有审计、财政、金融、投资、法律等方面的高级专业人才担任技术顾问，全面提升了服务水准，保障了工作质量。

华强会计师事务所执业规范、作风严谨、服务周到。多年来，严格恪守“独立、客观、公正、保密”的执业准则，倡导“团结、诚信、敬业、奉献”的工作精神，追求”“态度惟善、工作惟实、服务惟优、质量惟佳”的执业风格，打造出了一支“素质优良、作风过硬、业务精湛、服务一流”的工作队伍，赢得了客户的信任，取得了良好的社会、经济效益。

华强会计师事务所秉承“客户第一、质量第一、信誉第一”的服务宗旨。面对入世带来的机遇和挑战，华强对前景充满信心，愿以专业能力为支点，以为客户创造价值为理念，以超越历史、超越自我为目标，竭诚为客户提供高标准、高质量的专业服务。

董事长、主任会计师：强建平
所　　址：宝鸡市中山东路 148 号（金台区政府前楼三层）
联系电话：（0917）3515470　3521501
邮　　编：721001

宝鸡市大新面粉有限责任公司

宝鸡市大新面粉有限责任公司是经宝鸡市人民政府批准，由宝鸡市益门粮库、宝鸡市人民面粉厂、宝鸡冯氏食品有限公司等企业和团体共同出资组建的股份制企业。公司的前身宝鸡市人民面粉厂是荣氏家族30年代在西北地区创办的惟一面粉生产企业。

宝鸡市大新面粉有限责任公司是宝鸡地区惟一集面粉加工、粮食储存、粮油经营于一体的综合性粮食企业。企业占地7万多平方米。现有员工237人。拥有国内先进的制粉生产线、方便面生产线、挂面生产线、精制米生产线和极其便利的铁路专用线。年加工小麦10.5万吨，生产和销售面粉7万余吨。

公司生产的"天然"牌大新系列面粉连续五年被技术监督部门认定为免检产品；1999年和2000年在全省面粉普查中被陕西省技术监督局评为"好中好产品"；2000年在全国质量万里行"打击假冒伪劣产品，扶持名优产品"活动中被评为"用户满意产品"；2001年在全国面粉专项抽查中被国家技术监督检验检疫局评为合格产品；2002年"天然"牌大新面粉被国家粮食储备局行业协会评为首批全国"放心面"。

公司管理严格规范，生产工艺先进，技术力量雄厚，有严格的三级质量管理网络和完善的售后服务体系，检化验设备齐全。从原粮进厂到成品出库四道检测，四道化验，确保面粉质量稳定。主导产品"天然"牌大新系列面粉目前在市区的市场份额已达50%以上，产品远销延安、汉中、山西、甘肃、宁夏、四川等地。

"天然"牌大新系列面粉，现已形成十大品种，20多个规格。大新雪花粉、天然特一粉、精品特一粉等产品，不含任何添加剂，色泽淡黄，口感香甜，天然纯正，蛋白质含量高，拉伸性强，倍受消费者青睐，与"天然"饺子粉、面条粉、馒头粉、高筋粉等产品一道已成为众多宾馆、饭店、食品厂和居民食用的首选放心面粉。

宝鸡市大新面粉有限责任公司本着"诚实守信、服务至上、规范经营、共同发展"的原则，牢固树立质量和服务意识，愿与社会各界建立良好的合作关系，共谋发展大计。

电　　话：0917－3673181　　　　**传　　真：**0917－3352653

渭滨区国税局

渭滨区国税局地处市区中心地带，具有得天独厚的地理优势。主要负责金陵河以西、福临堡以东、陇海铁路以南、渭河以北地区和清姜河以西的属国税部门征管范围内的纳税户的征收管理工作。辖区共有纳税户3329户，其中国有企业93户，集体企业352户，私营企业176户，其他企业756户，个体经济1952户。

全局现有正式干部职工133人。其中：35岁以下64人，大专以上学历118人。全局设有两个分局、三个税务所共五个基层征收管理单位和票证所、信息中心两个事业单位，设办公室、人教股、监察股、计财股、税政征管股五个股室。

渭滨区国税局连年完成税收任务，其中：2000年完成税收收入6556万元，完成年计划的102%，比上年增加457万元；2001年完成税收收入7275万元，完成年计划的117%，超额1061万元，提前80天完成全年税收任务。

渭滨区国税局先后被省委、省政府授予省级文明单位和省级卫生先进单位；2000年、2001年连续被市委、市政府评为创佳评差最佳单位；连续四年被市国税局评为全市国税系统岗位责任制目标管理先进单位，并两次被市国税局评为创佳评差最佳单位；同时，多次被上级评为征管质量考核、干部教育、人事教育、党风廉政建设先进单位。

陕西正泰律师事务所

陕西正泰律事务所成立于1994年10月，是由原国资律师事务所资深律师组建的合伙制律师执业机构。拥有专职律师、律师助理30人，均具有法律本科学历。

正泰律师以“受人之托，忠人之事；申张正义，助人泰安”为宗旨，以“诚信务实，勤勉尽责”为准则；运用代理、咨询、见证等执行方式，为公民、企业、社会团体和政府部门等委托人提供各类法律事务的服务。其主要包括：金融、保险、房地产、对外贸易、股份制改造、企业兼并与重组，大型项目投标等重大事项的策划、谈判、法律文书起草和审查，出具法律意见书等系列法律顾问服务。同时为经济、民事、行政纠纷担任诉讼代理和刑事案件的辩护及调查。

正泰律师事务所成立以来，先后受聘为宝鸡市金渭两区政府、中保公司宝鸡分公司、中行宝鸡支行、佳庆投资公司、陕西双菱化工有限公司、宝鸡公路管理局、宝鸡人民广播电台等50余个单位担任常年法律顾问；承办诉讼案件2600余件，非诉讼代理3000余件。其中在全国有重大影响的“向阳阁与消费者权益纠纷案”和“扶风县20余个个体工商户诉扶风县政府案”中“正泰律师”据理力争，引起社会各界强烈反响，捍卫了公民的合法权益。

目前，我所正积极筹建西安分所，将开拓新的业务领域和空间，向社会各界人士提供优质高层次的法律服务。

地　　址：宝鸡市中山西路9号、47号

联系电话：3653234　3652898　3652284　3652244　3662555　3662559

传　　真：3662555

邮　　编：721001

凤翔县卫生局

局领导班子研究制订卫生综合改革方案

卫生改革与发展

2001年，县卫生局认真贯彻国务院办公厅转发国务院五部委《关于农村卫生改革与发展的指导意见》和省、市有关文件精神，以全市农村卫生综合改革试点县为契机，全面积极稳妥地推进医疗卫生单位经营运行机制，以分配制度、卫生监督体制、医疗计生防保“三位一体”和乡村卫生组织一体化管理改革、农村合作医疗改革为基础，切实加强乡镇卫生院建设，取得了显著成效，促进了卫生事业全面健康发展。

县委副书记、县长张育仓(右三)、县政协主席谢广元（右一）陪同省卫生厅副厅长耿庄义（右二）、副市长冯月菊（右五）、市卫生局局长杨治平（右四）检查指导农村卫生工作

县长张育仓（前排左一）、县卫生局长卢广成（后排左一）陪同全国政协常委、省政协副主席李雅芳（前排左二），省政协委员、医疗体改委员会副主任、原卫生厅厅长卢希谦（后排左二）视察乡镇卫生院改革工作

副县长宁新远，陪同省、市领导在糜杆桥镇西白村了解合作医疗开展情况

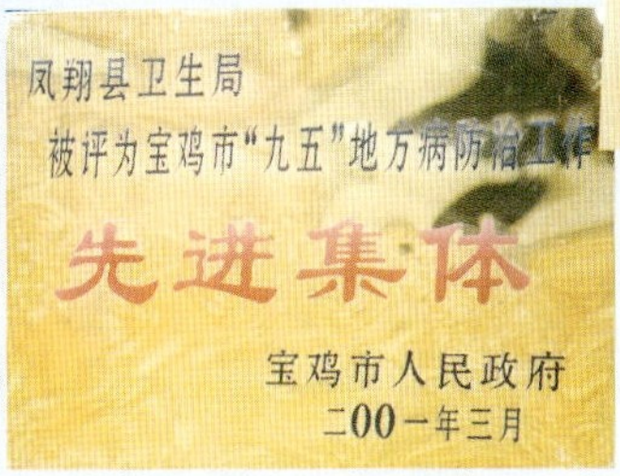

国文律师事务所

国文律师事务所是经省司法厅批准，于1994年8月成立的合伙制律师执业机构，曾连续多年被省、市司法机关评为先进集体，被宝鸡市人民政府授予“人民满意的政法单位”。该所由具有二十年丰富经验的资深律师及具有高素质的中青年律师组成。近年来，陕西国文律师事务所先后担任50余家大型企业及事业单位常年法律顾问并连续担任宝鸡电视台、宝鸡日报社、宝鸡人民广播电台新闻台法律顾问。以一流形象、一流服务、一流质量向社会提供优质法律服务，赢得社会各界的广泛赞誉。今后将继续竭诚为社会各界提供高效优质的法律服务。该所主要承担法律服务项目：（一）担任政府，企事业单位和其他组织，个人的常年法律顾问；（二）担任刑事案件的辩护人，代理人；（三）担任公民、法人和其他组织从事民商活动的代理人及民事、经济和行政诉讼活动的代理人；（四）解答法律咨询，代写法律文书，提供各类法律服务；（五）对市场经济发展中新兴的金融、证券、股票、商标、专利、房地产、高新科技开发等行业，开展优质服务，并承办涉外法律事务。

地址：宝鸡市红旗路20号国文律师楼　主任：汶莉（中华全国律师协会理事）　党支部书记、副主任：张国春
副主任：吴智丰　电话：0917-3231554　0917-3231410　0917-3221529

全市妇幼保健工作的领头雁
——宝鸡市妇幼保健院

宝鸡市妇幼保健院领导班子研究医院发展规划

近几年，宝鸡市妇幼保健院先后获得全国妇幼卫生先进单位、全国卫生文化建设先进单位、陕西省妇幼卫生工作先进单位、陕西省卫生行业文明示范单位和陕西省“三八”红旗集体等荣誉。以院长石国柱同志为首的院领导班子，决心带领全院200名职工，与时俱进、开拓创新，为把保健院建设成具有突出的专科特色和一流水平的、适应社会主义市场经济和人民群众医疗保健需求的现代化妇幼保健院而努力！

宝鸡市卫生防疫站

宝鸡市卫生防疫站始建于1952年，自1980年以来先后受到国家部委奖励9次，省卫生厅表彰奖励20多次，先后获得“全国卫生防疫先进集体”、“全国传染病和疫情报告管理先进单位”、“全国计划免疫先进集体”、“全国消灭脊髓灰质炎工作先进集体”等多项光荣称号。1998年又荣获陕西省首家“全国地市级一等卫生防疫站”。

站长丁东泉（左三）与团结务实的站党政领导班子一起研究工作

解放军第三医院

屹立在麟游县的双拥纪念碑

三医院的前身是延安八路军医院。为适应战争需要于1951年再度组建，先后参加过抗美援朝、对越自卫反击战等重大任务的医卫后勤保障。医院位于交通便利的东风路45号，面积258亩，设置科室24个，其中神经内(外)科、精神病科为兰州军区的中心科室，拥有总值4000多万元的大型医疗设备和大批高学历人才，是西安交通大学等多家大专院校的教学医院，是解放军总后勤部评定的“三级甲等”医院和国家卫生部评定的“爱婴医院”。院内建有现代化外科大楼和多功能学术会议厅，绿树成荫，花草芬芳，市民誉为“花园式医院”。

宝鸡龙兴眼病防治研究所

宝鸡龙兴眼病防治研究所是2000年经宝鸡市科委批准、扶风县工商局登记注册的一个眼病防治、眼科学、药物研究、验光配镜及眼病咨询的科研机构。现有员工30多人，其中高级验光师3人，验光师9人，眼科医师4人，拥有进口的全自动电脑磨边机、检测仪、全自动电脑验光仪等眼科检查诊断先进设备，注册资金50万元。

研究所下设眼病防治研究中心、扶风龙兴眼镜行、岐山龙兴眼镜行、法门龙兴眼镜行、县医院医学验光配镜部、如意眼科配镜中心及巡回各地和学校免费验光检查视力的售后服务流动组。该所注重人才培训和职工技术培训，拥有一支素质全面、技术力量强的人才队伍和先进科研医疗设备，致力于近视、远视、斜视、弱视等各种眼病的研究，尤其在小儿斜视、弱视的矫正和近视的预防与治疗等方面取得了显著成绩。该所更注重于回报社会，为残疾儿童免费配镜、为孤寡老人做复明手术等。先后被评为“配戴眼镜放心店”、“质量信得过单位”、“消费者信得过单位”、“不经销假冒伪劣商品先进单位”、“优秀私营企业”、“省眼镜业一级企业”、“售后服务最佳单位”、“精神文明建设先进单位”、“创优评差竞赛最佳单位”等。

地址：扶风县城中街县委大院
电话：0917——5215100
扶风县龙兴眼镜行地址：扶风县城中街
电话：0917——5215100

所长、高级验光师　褚佑涛

简　介

宝鸡县医院是一所集医疗、预防、教学、科研、急救为一体的县级综合医院，具有五十年的辉煌历史。医院占地3万平方米，建筑面积3万多平方米，设床位250张，现有职工400余名。全院有副高以上职称30名，中级职称80余名，初级职称专业人员200余名。年接待门诊病人140000余人次，住院病人8600多人次。

宝鸡县卫生局副局长
宝鸡县医院院长　张世伟

宝鸡县医院科室齐全，医疗设备精良，专业技术力量雄厚，整体诊疗技术强硬，就医环境优美舒适。院内设两个门诊部，由年高资深专家常年接诊，住院部设护理单元12个，ICU（重病监护室）、CCU（心肺监护室）、NICU（新生儿重症监护室）4个。拥有以CT为代表的高档医疗设备共100余台（件）。

宝鸡县医院以科技求发展，抓管理上台阶，抓服务求信誉，先后被国家卫生部命名为二级甲等医院、爱婴医院，是陕西省高等医学专科学校、宝鸡市卫校、宝鸡市中医学校等大专院校的教学医院，为全县医疗技术指导的中心。

宝鸡县医院

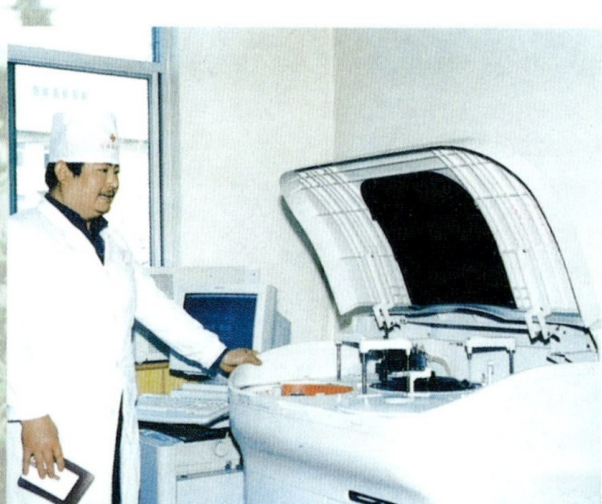

日立7070全自动生化分析仪

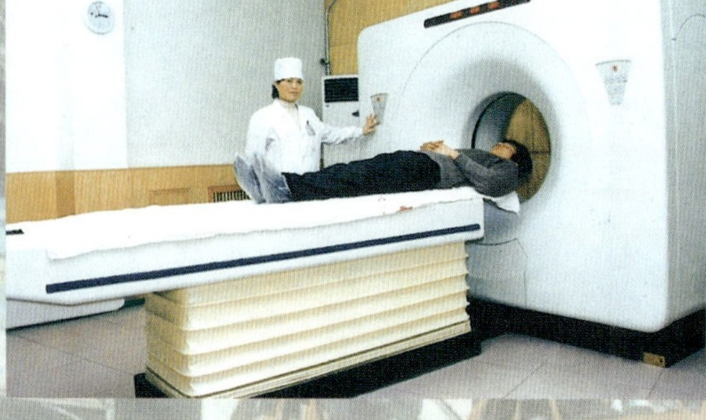

东大阿尔派CT-2000型全身CT扫描仪

解放军二十八医院

院领导及部分科室人员与受表彰的战士合影

解放军28医院是一所具有近50年历史的综合医院，现有床位120张，有中高级专业技术干部40余名，获国家发明专利7项，科室15个，其中血液内科为兰州军区的重点学科，外科、妇产科、内儿科的诊疗水平在兰州军区医院中居领先地位。几年来，有多项科研成果获军队科学技术进步奖，连续五年被宝鸡市卫生系统评为“创佳评差，三学一创”先进单位，连续二年被兰州军区授予“为兵服务先进医院”称号，2001年又被军区评为“计划生育服务”先进单位。

院长：沈建华　　政委：张宁力

地址：宝鸡市宝平路24号　　电话：0917－3551319

全国血液病专家来院会诊

虢镇镇初级中学

宝鸡县虢镇镇初中始建于1981年，地处县城西关，占地1.5万平方米，2002年有教职工162名，49个教学班，学生3024名，是目前全县办学规模最大、师资力量较为雄厚的初中。

近年来，学校积极强化内部管理，开展教学改革，推进素质教育，提高办学效益，教学质量连年攀升，一直稳居全县初中前列。学校先后荣获“宝鸡市创佳评差竞赛最佳单位”、“市级特色项目学校”、“宝鸡县教育教学质量优秀学校”等各级各类荣誉称号20多个。

学校领导班子在研究工作（校长尉成福、书记董保、副校长尹会、杨银科）

陕西省太

陕西省太白林业局局长
局 党 委 书 记　　李平顺

企业简介

陕西省太白林业局地处秦岭山脉西部，始建于1963年，隶属省森林资源管理局。现管护经营面积12.84万公顷，活立木蓄积1345万立方米。建局以来累计给国家提供商品木材170万立方米，实现工业总产值3.6亿元、上交国家利税5000余万元。1998年10月28日省政府《禁伐令》颁布后，我局立即停止了一切采伐活动，全面启动实施天然林资源保护工程。目前全局共辖属林场、南滩实验苗圃、秦岭国药厂、宝鸡农林机械科技开发公司、建筑工程设计部等森林管护、政社性以及转产项目单位32个，现在册职工1265人。

启动实施天然林资源保护工程，我们一手抓现有资源管护和后备资源培育，一手抓产业结构调整和项目开发，使之齐头并进，相得益彰。加强了森林资源管护力量，已初步形成了森林资源管护点、线、面相结合的管护网络体系。加大了公益林建设力度，三年时间共完成公益林建设任务6700公顷，超过了建局30多年人工造林面积总和。加快了林业产业建设步伐，重点抓了“南滩实验苗圃种苗基地改扩建工程”、“以技术改造为重点的

陕西省太白林业局

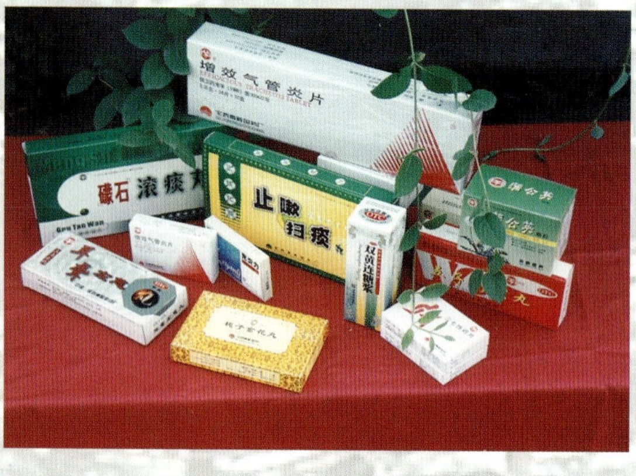

宝鸡秦岭国药厂系列产品

天然林保护工程

白林业局

局级领导班子成员

秦岭国药厂改扩建工程”、“以技术创新为主的研制开发农林多功能园艺机”等工作。南滩实验苗圃现已初具规模，成为西北地区最大的苗圃。秦岭国药厂投资400多万元建成了面积为627平方米，配有专用设备36台（套）的固体生产车间和生产线，年内将实现GMP达标验收。宝鸡农林机械科技开发公司研制的小型农林多功能园艺机目前已小批量投入市场，受到广大农民的青睐。

企业法定代表人李平顺局长同时兼任党委书记，他1970年毕业于北京林学院，1991年起主持全面工作。他投身林业事业30余年，富于开拓，勇于创新，经验丰富，多有建树。

随着天保工程进一步向纵深推进，我们将以对党、对人民、对历史负责的精神，自觉实践江总书记“三个代表”重要思想，筑起绿色长城，再造秀美山川，为早日实现陕西林业跨越式发展做出不懈努力。

地址：太白县南大街
电话：0917-4951238
传真：0917-4951236

职工文化生活

南滩试验苗圃——温室大棚育苗

宝鸡农林机械科技开发公司生产的卧龙牌ML-60型多功能园艺机

宝鸡天台银河旅游服务有限公司

2002年4月6日，在东西部合作与投资贸易洽谈会上，英国亚洲龙财务投资（集团）有限公司代表黄渭清同宝鸡天台银河旅游服务有限公司董事长马宝忠签订双方投资“宝鸡银河郊野公园”综合项目的正式合同和章程

宝鸡天台银河旅游服务有限公司成立于1998年3月，企业注册资金52万元（人民币）。经营范围包括旅游服务、种植、养殖、药材花卉种植、水资源开发利用、农副产品批发零售。自1998年元月签约荒山荒坡绿化经营林产303公顷，荒山荒坡36公顷，总计339公顷，经营使用权45年，权属林界清晰。

公司现设四部一室（行政办公室、建设指挥部、科技信息部、财会部、后勤部），经立项的“宝鸡银河郊野公园”是公司开发利用的综合项目，为天台山国家重点风景名胜区的组成部分，距宝鸡火车站15公里。

1998年以来，已投资780万元修筑了从天台山黄峪沟—东沟口—李家河宽4.5米，长16公里的沙石公路，种植药材、经济林达9公顷。

目前，“宝鸡银河郊野公园”项目投资方已落实，具备了开发建设的基础条件。现正在完成开发区域规划设计和可研性方案，综合项目总投资5100万美元，建设工期4年。工程项目被列入宝鸡市“十五”规划工程项目。

公司将以更加积极的姿态，完善经营管理机制，增强竞争力，把企业创办成集科技、水资源利用、旅游为一体的名牌优秀企业。

董事长兼总经理：马宝忠
公司地址：陕西省宝鸡市公园路210号（渭滨区文化馆二楼）
联系电话：0917-3306062
传　　真：0917-3306062
邮　　编：721006

“宝鸡银河郊野公园”综合项目景观之一 望月瀑布

“宝鸡银河郊野公园”综合项目景观之一将军石

局长兼党组书记　张桂存

领导班子成员（左起：稽查队副队长王伟、副局长袁小林、局长张桂存、副局长朱国良、稽查室主任成文慧、办公室主任杨智明）

宝鸡市质量技术监督局金台分局

宝鸡市质量技术监督局金台分局是区域主管标准、计量、质量和锅容管特安全监察工作并行使行政执法监督的政府职能部门，赋有综合管理和行政执法两大职能。内设机构为：办公室、综合管理室、稽查室、安监室、计量检定室，共有工作人员39人。

近年来，局领导班子带领全体干部职工严格依法行政，廉洁自律，务实高效，围绕区域经济建设，整顿和规范市场经济秩序，优化投资环境，取得了突出成绩。先后获得国家级“消灭无标生产先进县（区）”、陕西省质量技术监督工作先进单位、宝鸡市“创佳评差”最佳单位、金台区依法治理、依法行政先进集体。

金台区城乡建设局

近年来，金台区城建局在区委、区政府的正确领导和上级有关部门的指导下，按照江泽民总书记的题词“开发古陈仓，建设新宝鸡”，坚持两个文明一起抓、两个成果一起要的方针，城建工作取得了丰硕的成果。曾多次被评为省市先进单位，精神文明单位，园林式单位，治安模范单位等。

汲取华夏五千年文明的深厚底蕴，沐浴在新世纪的朝霞之中，面对西部大开发的历史机遇和挑战，城建局努力改善区域环境，提高城市服务功能，为全区的社会经济发展做出新的贡献。

局领导在文明工地讲话

庆祝建党八十周年文艺演唱大会

联盟路拓宽改造开工典礼仪式

渭滨区人民防空办公室

人防办主任　乌宗锁

全办同志在认真学习江总书记“三个代表”重要思想

主任乌宗锁（左）、副主任杨守孝（右）在研究人防工作

主任乌宗锁向全办同志讲授全区人防工事情况

宝鸡高新技术产业开发区

地税分局

高新技术产业开发区地税分局始终坚持物质文明和精神文明“两手抓，两手硬”的原则。紧紧围绕组织税收收入这一中心，实施“三大工程”，开展“三次创业”。不断强化税收征管，创新税收管理模式，实现了从无到有的突破，逐步完善，飞跃发展，各项工作取得了较好的成绩，为实现一年打基础，两年上台阶，三年大发展的奋斗目标打下了良好的基础。

局长 刘周社

分局2002年春训会

局职工队伍

宝鸡市公共交通公司

宝鸡市公共交通公司成立于1959年，目前拥有员工1809名，各种车辆303部。近几年推出了一系列重要的改革措施，推行了“无人售票”的营运模式，节省了人力，提高了效率。先后获得全国城市公交系统优质服务竞赛“优胜企业”、省“创佳评差”先进单位等荣誉称号。

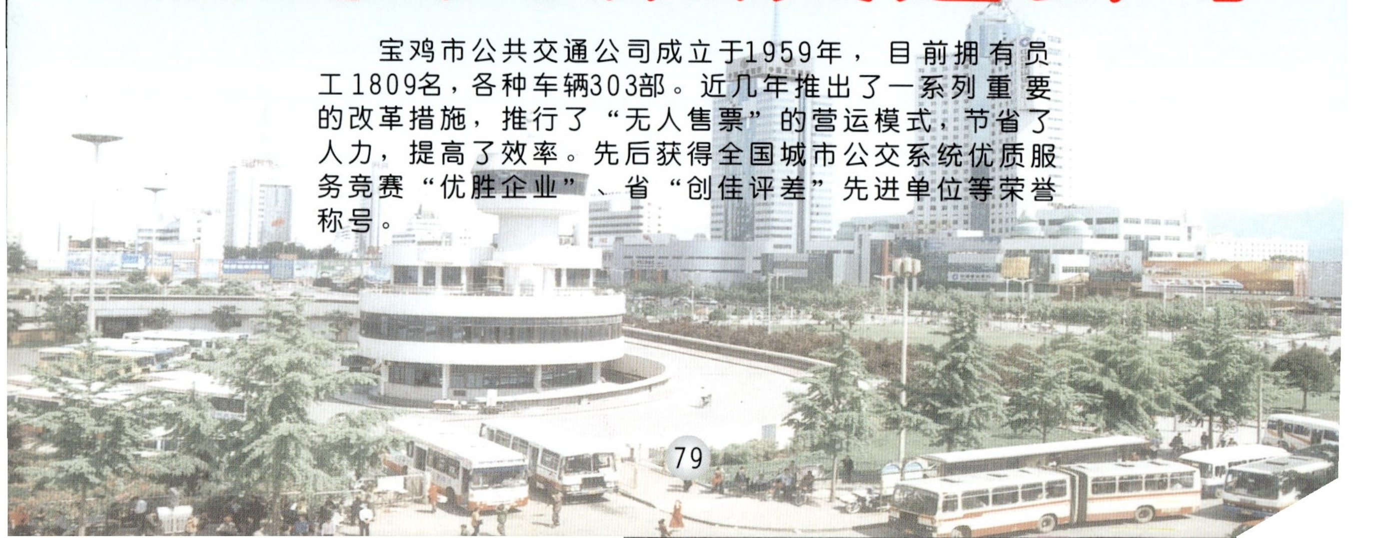

宝鸡市医药总公司

宝鸡市医药总公司是宝鸡市经营品种最全、规模最大、实力最强的国有医药商业企业，被陕西省列为大中型流通企业。经营范围：化学原料药及制剂、生物生化药品、精麻药品、中药材、中成药、医疗器械、玻璃仪器、化学试剂、保健用品等7大类共1万多个品种规格。

总公司现有在职员工720人，大专以上文化程度161人，各类专业技术人员572人，其中高级技术职称9人，中级职称51人。总公司占地面积10万平方米，拥有固定资产2388万元，办公、营业、仓储用房面积4万平方米，企业注册资金625万元，现有批发网点14个，药品零售网点51个，2001年实现销售收入1.65亿元，上缴税金438万元，公司业务销售主要辐射宝鸡市12个县区、甘肃陇南和陇东地区及宁夏固原地区，并与全国上千家医药生产经营企业建立了长期业务合作关系。宝鸡市医药总公司在质量、价格、财务、党建、思想政治工作等方面，多次受到国家、省、市有关部门的表彰奖励。

地址：宝鸡市经二路151号
邮编：721000
电话：0917-3212643
法人代表：胡国保

悠久的历史　辉煌的业绩

——发展中的宝鸡市绛帐社会福利院

党委书记　赵文贵

院长　张永辉

宝鸡市绛帐社会福利院是一所综合性的市属城市社会福利事业单位。由辛亥革命老人原华北慈善联合会主任委员朱子桥先生于1929年9月创立。位于陕西省宝鸡市扶风县绛帐火车站。目前全院共有职工184名，总建筑面积27000平方米。院部机关设办公室、医护科、财务科、总务科和工会，下设精神病所、复退军人精神病人康复中心、残老所、儿童所、精神病医院5个基层单位。办院宗旨是：发展慈善事业，弘扬人道主义，提供社会福利。主要职能是：收养老年人、孤残儿童、精神病患者，并为他们提供养护、医疗、康复服务；收养优抚对象为复退军人精神病患者，面向社会为一切有需求的老年人、儿童、精神病患者、残疾人提供有偿托管服务；对社会精神病患者提供门诊、住院治疗。

领导班子研究工作

地址：陕西省宝鸡市扶风县绛帐火车站
电话：(0917)5331145
邮编：722205

扶风县土地管理局

求真务实　开拓进取

扶风县土地管理局成立于1987年5月，现内设秘政、耕地保护、地政地籍、执法监察4个股，下辖土地勘测规划队、土地统征开发事务所、土地估价所、土地执法监察队4个事业单位和12个基层土管所，全系统编制60人。

该局依靠自身力量先后在全省率先完成土地详查、土地初始登记、土地利用总体规划、耕地评等定级、城镇土地定级估价、基本农田保护区划定、土地利用现状数据库建设等基础业务工作。综合档案室建设走在省、市土地系统前列，1995年被晋升为省一级。积极推行土地有偿使用制度，为县、乡(镇)财政收缴土地收益上千万元。持续开展非农用地大清查，不断规范土地行政执法行为，全县土地管理逐步走上依法、科学、规范、有序的轨道。先后被评为全国土地开发复垦、“三无”乡镇活动、土地管理系统、土地详查、基本农田保护工作、地籍管理工作先进集体(单位)，获得全国土地利用优秀成果三等奖、全国土地调查优秀成果一等奖、全国日常地籍管理科技应用一等奖、全国县级土地利用总体规划优秀成果二等奖。

近年来，该局在局长王同川等新一届领导班子带领下，团结奋进，开拓进取，积极服务于县域经济建设，围绕实现本县耕地总量动态平衡战略目标，全面贯彻实施新《土地管理法》，坚持土地资源与资产管理并重，狠抓耕地保护，不断深化土地使用制度改革，为保障土地资源的持续利用和社会经济的可持续发展坚持不懈地继续努力。

局长　王同川

领导班子成员在研究工作(左起：纪检组长田军平、党组书记强德智、局长王同川、副局长魏永忠)

在县城新区刚落成的办公楼外景

太白县劳动就业管理处

太白县劳动就业管理处主任 张润岐

太白县劳动就业管理处隶属于县人事劳动局，是经办社会失业保险、就业培训、劳务输出为主的劳动就业管理部门。现有再就业培训中心和劳动力市场。再就业培训中心内设先进的微机培训室和普通专业培训室，附设招待所、餐厅等配套服务设施。已累计培训各类专业人才2200人次，劳动力市场拥有现代化网络信息体系和设施齐全的劳动力交流固定场所，提供政策咨询、合同签证、档案托管、代办劳动保险等服务，已向省内外输出劳动力2826人。2001年被市劳动就业服务处评为“劳服企业指导工作先进单位”和“就业训练工作先进单位”。

对机关事业单位人员开展计算机等级考试培训

太白县道路运输管理所

太白县道路运输管理所所长 吕向党

运政稽查人员整装待发

太白县道路运输管理所隶属于县交通局，全所现有干部职工17名。运管所自成立以来，以严格执法、文明服务为宗旨，以规范道路运输管理，大力发展地方道路运输事业为己任，连续多年圆满完成上级下达的规费征收任务，为太白公路交通事业聚集了发展资金，增强了发展后劲。2001年，运管所为适应西部大开发、太白大发展的新形势，大力开展外树文明执法新形象，内强素质抓基础建设活动，严格规范县内道路运输市场秩序，优化运输行业结构，使道路运输管理工作成为文明执法、办证的窗口。先后被市委、市政府授予“市级文明单位”，被省交通厅运管局授予“文明执法单位”、“七化六统一达标单位”、“文明运管所”，被县委、县政府授予“创佳评差”最佳单位。

陕西省
岐山县漂白粉厂

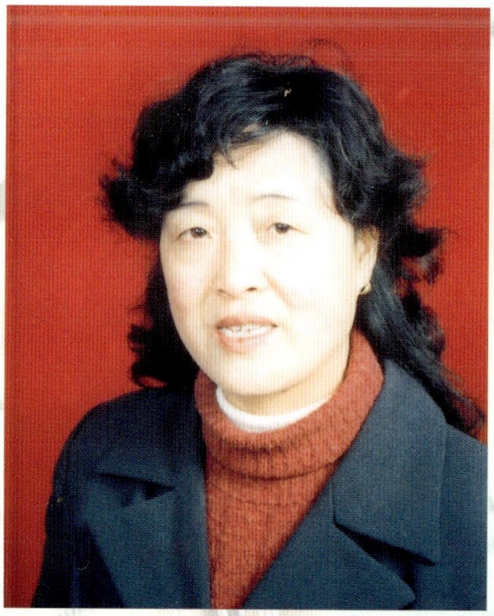

厂长　李建华

2000年中国岐山首届周文化艺术节经贸洽谈会上，李建华与南京化工总公司签订合同

李建华及丈夫张周茂与孩子们

陕西省岐山县漂白粉厂是一个具有年产1.5万吨生产能力的西北地区最大的漂白粉生产厂家，生产的“洁美”牌漂白粉各项性能指标均达到部颁标准，销往全国十多个省市和地区，广泛用于医院、自来水、饭店、宾馆、游泳池及家庭餐具，对养蚕养鱼及其他家禽养殖等方面均有消毒杀清毒菌和预防疾病功能。亦可作为纸浆、丝棉织物的漂白剂，地毯及纯毛织物的清洗剂，对冶金、矿石、电镀水去除氯化物等效果极佳。

厂长李建华具有“女强人”之称。她曾当过文化馆的讲解员，招待所的服务员，供销社的营业员。1989年国营单位连年亏损下岗自谋职业。她贩过毛线，卖过西瓜，经营过客运，走过一段艰难的创业之路。1997年，她因经销宁夏精细化工厂液氯系列产品效益显著，该厂在岐山设立了全国惟一的分公司，李建华负责西北地区总代理。1998年她承包岐山县漂白粉厂后，坚持“以质量求生存，以信誉求发展”的宗旨，企业效益大增。为此，她荣获“宝鸡市下岗女工再就业明星”称号。

几年来，她出资近万元用于扶贫济困。1990年扶助一贫困学生上学，现该生已考入陕西凤翔师范学校。2002年6月，她将价值8700元的6吨漂白粉送往灾区。

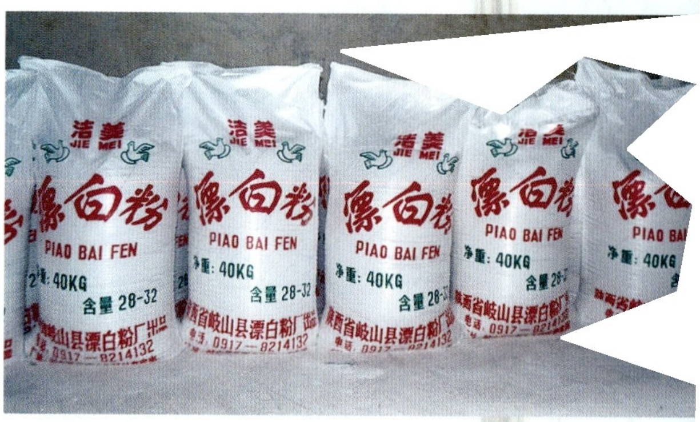

“洁美”牌漂白粉

地址：岐山县凤鸣镇北杨村曹家岗
电话：0917-8212041
手机：13992763228

勇于改革　　强村富民

金台区联盟村

团结奋进的领导班子

村党委书记杨朝阳（左）、村委会主任梁润绪研究工作

迈出改革新步伐

市长吴登昌（前右二）视察联盟村新式村民住宅，区、村领导陪同视察

联盟村位于宝鸡市上马营地区，隶属金台区陈仓镇，辖5个村民小组，763户，2931人，系省、市、区首批命名的“小康示范村”。1995年被省政府命名为“文明村”，1996年村党委被省委命名为“小康村先进党组织”，1999年被省政府命名为“陕西省模范村民委员会”。

村党委、村委会围绕农村工作大局，正确处理改革、发展、稳定之间关系，利用地处城乡结合部的优势，坚定地走农村城市化发展之路。在市区建设重点东移的机遇中，提出“自我发展、自我积累、自我消化、自我安置”和“产业结构多元化、经济发展集团化、村民住宅多层化、村政建设规范化、农村生活城市化”的“四自、五化”新思路。并通过“农村下岗劳动力再就业工程、村民安居工程、旧庄基地开发建设工程、体制改革工程、科教奠基工程、精神文明建设工程”等“六大工程”的实施，达到上为政府分忧，下为村民解难，使本村迅速发展为村民老有所养，少有所教，中青有业，经济繁荣，环境优美，城乡一体化的城市新区。2001年全村经济总收入1.18亿元，人均纯收入达4095元。

宝鸡市金台区人民法院

宝鸡市金台区人民法院驻宝鸡市中山西路203号，有干警87名。全院法官和工作人员在院党组领导下，认真实践“三个代表”重要思想，忠实履行宪法和法律赋予的职责，为全区改革、发展、稳定提供了有力的司法保障。继1999年、2000年获省、市优秀“青少年维权岗”称号后，2001年又被团中央、最高法院命名为全国优秀“青少年维权岗”，连续四年被评为“全省法院思想宣传工作先进单位”，三名法官和群众路法庭荣立三等功。

未成年刑事合议庭在研究案件

宝鸡市金台区人民检察院

党组书记、检察长 强银宝

金台区人民检察院驻宝鸡市东风路中段，内设机构9个，拥有干警71名，大专以上文化程度占95%。在新班子带领下，全院干警公正执法，文明办案，率先在全省检察系统开展首办责任制，查办贪污、贿赂、渎职、侵权案件名列全市前茅。实行“标本兼治，打防并举”，对重点项目建设全过程跟踪预防，帮助企业堵塞漏洞，受到企业好评。先后获省检察院授予的“五好检察院”、“文明接待室”、“省、市青少年维权岗优秀单位”等省、市、区级多项殊荣。

金台区人民检察院办公大楼

渭滨区城建局

节日期间，流动花展扮靓城市

太白路商住楼封顶仪式（右一：渭滨区城建局局长杨义刚；左一：渭滨区房屋开发公司经理张书琦；中：渭滨区城建局副局长黄启奎）

金陵游园一角

区城建局获奖奖牌

扶风县民政局

近年来，扶风县民政局以建立规范的行政管理、有效的社会救助、优质的服务保障、广泛的基层民主、密切的军民关系为目标，狠抓落实，促进了民政工作全面进步和发展。1995年至2000年连续6年被评为陕西省民政工作先进县；1998年荣获“全国村民自治模范县”、“全国宗教活动场所登记先进单位”称号；2000年被评为“全国爱心献功臣活动”先进单位；2001年被评为全国民政工作先进县。

领导班子（左起：副局长马明全、党组书记兼局长邓省平、党组副书记兼副局长凌金浪、副局长梁保贤）

古秦名刹—大明寺

华夏神州，秦川腹地，有一千年古刹——大明寺，坐落在扶风县境内，北依县城，南临渭河，东倚杨凌，西靠午井原，侧背沣河，坐望秦岭，迤逦于飞凤山原的余脉，楼殿亭榭，雕梁画栋，树木荫郁，芳草花卉，厅廊幽径，绚丽多彩，好一座佛门清净圣地，行人游此顿觉心旷神怡。

(陕)新登字 001 号

图书在版编目(CIP)数据

宝鸡年鉴.2002/《宝鸡年鉴》编纂委员会编.—西安:陕西人民出版社,2002

ISBN 7-224-06230-8

Ⅰ.宝… Ⅱ.宝… Ⅲ.宝鸡市—2002—年鉴

Ⅳ.Z524.13

中国版本图书馆 CIP 数据核字(2002)第 068674 号

书　　名:宝鸡年鉴　2002

作　　者:《宝鸡年鉴》编纂委员会 编

出版发行:陕西人民出版社(西安北大街 131 号　邮编:710003)

印　　刷:北京华联印刷有限公司

开　　本:787mm×1092mm　16开　27.25印张　48插页

字　　数:828 千字

版　　次:2002 年 8 月第 1 版　2002 年 8 月第 1 次印刷

标准书号:ISBN 7-224-06230-8/Z·207

定　　价:168.00 元

(图书如有质量问题请与陕西人民出版社发行部联系,电话:7216020)

宝 鸡 市

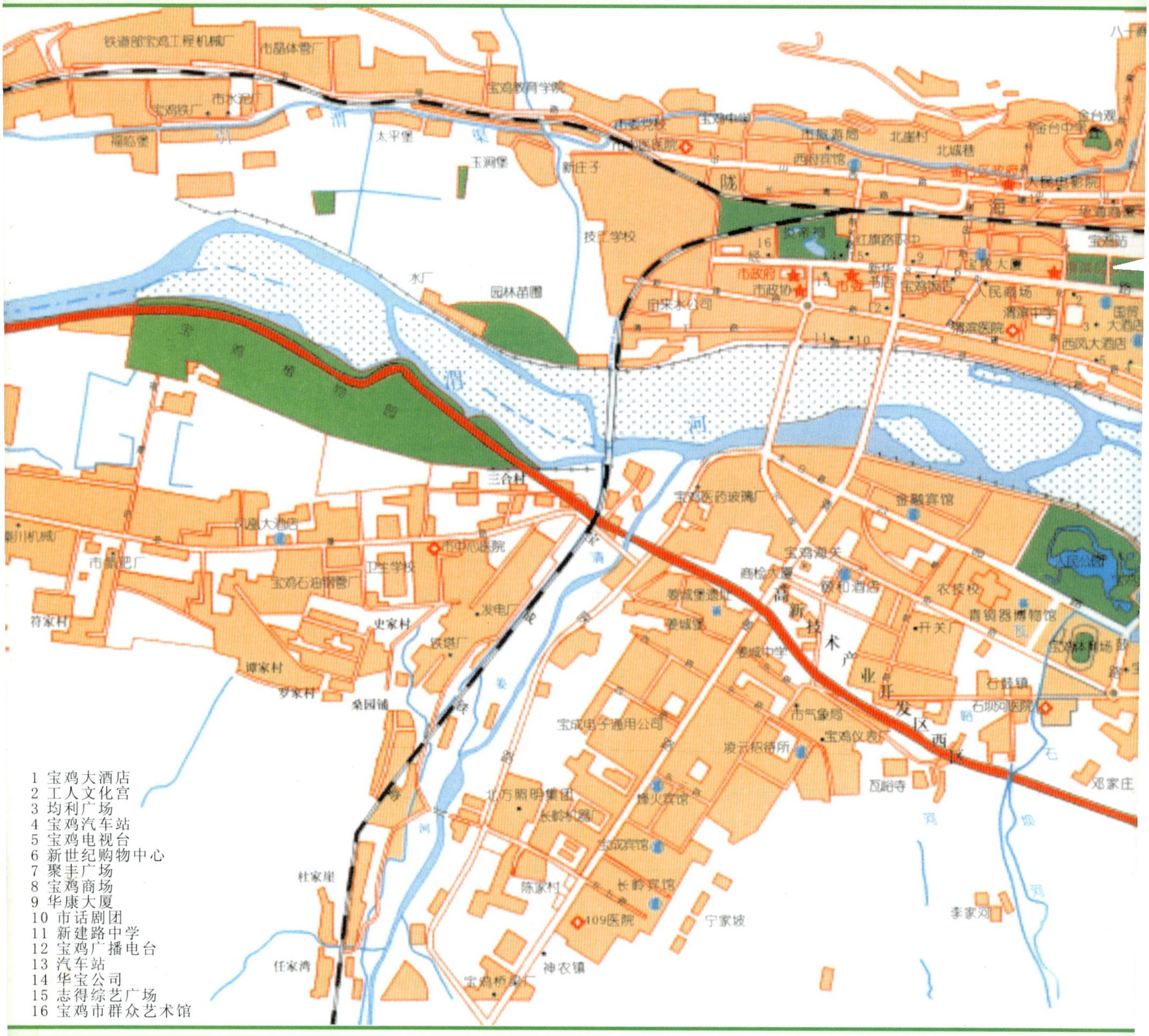
铁道部宝鸡工程机械厂
市晶体管厂
宝鸡教育学院
宝鸡铁厂
福临堡
太平堡
玉涧堡
新庄子
技工学校
水厂
园林苗圃
市政府
市政协
市委
书店
宝鸡饭店
人民商场
红旗路
北城巷
北崖村
西府宾馆
金台观
金台中学
人民电影院
清滨中学
渭滨医院
西凤大酒店
渭
河
三合村
宝鸡医药玻璃厂
金融宾馆
人民公园
市中心医院
卫生学校
宝鸡石油钢管厂
宝鸡海关
商检大厦
颐和酒店
农校
发电厂
史家村
铁塔厂
姜城堡
姜城中学
高
新
技
术
产
业
开
发
区
西
区
开关厂
石坝镇
石坝河医院
谭家村
罗家村
桑园铺
宝成电子通用公司
市气象局
宝鸡仪表厂
凌云招待所
瓦峪寺
邓家庄
北方照明集团
烽火宾馆
长岭机器厂
宝成宾馆
长岭宾馆
杜家崖
陈家村
409医院
宁家坡
李家河
任家湾
神农镇
宝鸡桥梁厂
1 宝鸡大酒店
2 工人文化宫
3 均利广场
4 宝鸡汽车站
5 宝鸡电视台
6 新世纪购物中心
7 聚丰广场
8 宝鸡商场
9 华康大厦
10 市话剧团
11 新建路中学
12 宝鸡广播电台
13 汽车站
14 华宝公司
15 志得综艺广场
16 宝鸡市群众艺术馆